Learning
Data Science

파이썬으로 배우는 데이터 과학

| 표지 설명 |

《파이썬으로 배우는 데이터 과학》의 표지에는 "큰겨울잠쥐(Glis glis)"가 그려져 있습니다. 고대 로마에서는 별미로 구워 먹었고, 오늘날에도 크로아티아와 슬로베니아 일부 지역에서 여전히 소비되는 등 오랜 세월 동안 인간과 특별한 인연을 맺어온 동물입니다.

큰겨울잠쥐는 작은 귀와 짧은 다리, 큰 발, 긴 털북숭이 꼬리를 가진 다람쥐 같은 외형을 하고 있습니다. 앞발에는 네 개, 뒷발에는 다섯 개의 발가락이 있으며, 회색~회갈색 털과 흰색 배를 가지고 있습니다. 발바닥에서는 끈적이는 물질을 분비해 나무를 능숙하게 오를 수 있습니다.

이들은 야행성으로 나무 위에서 주로 생활하며, 유럽 전역과 서부·중앙 아시아 일부 지역에서 발견됩니다. 국제자연보전연맹(IUCN)은 큰겨울잠쥐를 멸종위기 우려가 적은 종(Least Concern)으로 분류하지만, 불법 사냥과 서식지 파괴로 여전히 위협을 받고 있습니다.

오라일리(O'Reilly)의 많은 책 표지에는 멸종 위기에 처한 동물들이 등장하며, 모두 지구 생태계에서 중요한 의미를 지닙니다. 이번 표지 일러스트는 캐런 몽고메리Karen Montgomery가 작업했으며, 리처드 리데커Richard Lydekker의 『Royal Natural History』에 실린 고전 선화를 바탕으로 제작되었습니다.

파이썬으로 배우는 데이터 과학

Copyright © 2025 by Youngjin.com Inc.

B-1001, Gab-eul Great Valley, 32, Digital-ro 9-gil, Geumcheon-gu, Seoul, Republic of Korea

Authorized Korean translation of the English edition of Learning Data Science, ISBN 9781098113001 © 2023 Sam Lau, Joseph Gonzalez, and Deborah Nolan.

This translation is published and sold by permission of O'Reilly Media, Inc., which owns or controls all rights to publish and sell the same.

이 책의 한국어판 저작권은 리앤리에이전시를 통한 저작권자와의 독점 계약으로 영진닷컴이 소유합니다. 저작권법에 의하여 한국 내에서 보호를 받는 저작물이므로 무단전재 및 복제를 금합니다.

독자님의 의견을 받습니다.

이 책을 구입한 독자님은 영진닷컴의 가장 중요한 비평가이자 조언가입니다. 저희 책의 장점과 문제점이 무엇인지, 어떤 책이 출판되기를 바라는지, 책을 더욱 알차게 꾸밀 수 있는 아이디어가 있으면 팩스나 이메일, 또는 우편으로 연락주시기 바랍니다. 의견을 주실 때에는 책 제목 및 독자님의 성함과 연락처(전화번호나 이메일)를 꼭 남겨 주시기 바랍니다. 독자님의 의견에 대해 바로 답변을 드리고, 또 독자님의 의견을 다음 책에 충분히 반영하도록 늘 노력하겠습니다.

파본이나 잘못된 도서는 구입처에서 교환 및 환불해 드립니다.

ISBN 978-89-314-8148-8
이메일 support@youngjin.com
주 소 (우)08512 서울특별시 금천구 디지털로9길 32 갑을그레이트밸리 B동 10층
등 록 2007. 4. 27. 제16-4189호

STAFF
저자 샘 라우, 조셉 곤잘레스, 데보라 놀란 | **역자** 권정민 | **총괄** 김태경 | **기획** 김용기 | **디자인·편집** 강민정
영업 박준용, 임용수, 김도현, 이윤철 | **마케팅** 이승희, 김근주, 조민영, 김민지, 김진희, 이현아
제작 황장협 | **인쇄** 예림

파이썬으로 배우는
데이터 과학

샘 라우, 조셉 곤잘레스, 데보라 놀란 저
권정민 역

역자의 말

처음 번역 제의와 함께 이 책의 원고를 받았을 때, 솔직히 말해 약간의 망설임이 앞섰습니다. 서점에는 이미 수많은 데이터 분석 입문서가 자리하고 있고, 저마다 훌륭한 내용을 갖추고 있어 이미 이 시장은 충분하다고 여겨졌기 때문입니다. '내가 굳이 이 책을 번역해서 이 포화된 시장에 한 권을 더 보탤 필요가 있을까?' 하는 생각이 머릿속을 맴돌았습니다.

하지만 원고를 한 장 한 장 넘겨보며 저의 생각은 기우였음을 알게 되었습니다. 이 책은 단순히 데이터 분석의 기술적인 방법론을 나열하는 데 그치지 않습니다. 초심자의 눈높이에 맞춰 기본 개념을 충실히 설명하면서도, 각 분석 기법이 탄생한 배경과 그 안에 담긴 통계학적 의미, 그리고 현업에서 마주할 수 있는 다양한 문제 상황에 대한 깊이 있는 통찰을 놓치지 않고 있습니다. 입문서를 표방하지만, 그 내용은 결코 가볍지도, 한시적으로만 활용될 것 같지도 않았습니다. 기본적으로 필요한 내용을 다루면서도, '데이터를 다룬다는 것'의 본질에 대해 다시 한번 생각하게 만드는 힘이 있었습니다. 두툼한 분량은 굳이 물리적인 무게에만 그치지 않았고, 저는 이내 '이런 책이라면 더 많은 독자와 만나야 한다'는 확신을 갖게 되었습니다.

번역은 생각보다 긴 시간이 걸리는 작업이었습니다. 책이 다루고 있는 넓은 범위의 지식과 통찰을 우리말로 온전히 옮기는 것은 단순히 언어를 변환하는 것 이상의 노력을 요구했습니다. 때로는 하나의 개념을 더 정확하고 쉽게 전달하기 위해 몇 날 며칠을 고민하기도 했고, 저자의 의도를 파악하기 위해 관련 논문과 자료들을 이것저것 뒤적이기도 했습니다. 하지만 그 과정은 힘들지만은 않았습니다. 오히려 저에게는 지난 시간 동안 쌓아왔던 지식과 경험을 되돌아보고, 기본기를 다시 한번 단단하게 다지는 소중한 기회였습니다. 마치 잘 알고 있다고 생각했던 길을 오랜만에 다시 걸으며, 예전에는 미처 보지 못했던 풍경과 의미를 발견하는 듯한 즐거움이 있었습니다.

오늘날 우리는 인공지능(AI)이 많은 것을 해결해 주는 시대에 살고 있습니다. 버튼 하나로 복잡한 데이터 분석이 가능해지고, 정교한 예측 모델이 순식간에 만들어지기도 합니다. 하지만 화려한 기술의 이면에는 여전히 데이터를 이해하고 올바른 질문을 던지며, 분석 결과를 비판적으로 해석하는 '사람'의 역할이 중요하게 자리하고 있습니다. 인공지능이라는 강력한 도구를 제대로 활용하는 시대를 맞이하면서, 우리는 데이터 분석의 근간을 이루는 기본 원리와 철학을 명확히 이해하고 있어야 합니다. 그런 의미에서 이 책은 데이터 분석가와 데이터 과학자를 꿈꾸는 이들은 물론, 이미 현업에서 데이터를 다루고 있는 분들에게도 자신의 지식을 점검하고 새로운 영감을 얻을 수 있는 훌륭한 길잡이가 되어줄 것이라고 생각합니다.

이 책을 만나서, 이를 제 힘을 실어 사람들에게 소개할 수 있다는 것은 저에게 큰 기쁨이자 보람이었습니다. 이 기회를 함께한 영진닷컴의 김용기 편집자님께 감사한 마음을 전합니다. 부디 이 책이 데이터라는 거대한 바다를 항해하는 많은 분들에게 든든한 나침반이 되어주기를, 그리고 그 여정 속에서 길을 잃지 않고 자신만의 아름다운 풍경을 발견하는 데 작은 도움이 되기를 진심으로 바랍니다.

권정민 드림

들어가며

데이터 과학은 신나는 작업입니다. 지저분한 데이터로부터 인사이트를 끌어내는 능력은 비즈니스, 의료, 정책 등 모든 종류의 의사 결정에 유용합니다. 파이썬으로 배우는 데이터 과학은 독자가 데이터 과학을 하기 위해 준비하는 일을 목표로 합니다. 이 목표를 달성하기 위해 이 책을 구성하면서 다음과 같은 특징을 넣었습니다.

- 기본에 충실함

기술은 계속 변화합니다. 이 책에서는 특정 기술을 다루지만, 독자로 하여금 데이터 과학의 초석을 다지게 하는 것을 기조로 삼고 있습니다. 이를 위해 독자가 데이터 과학 문제 및 도전 과제를 접했을 때 어떻게 생각해야 하는지를 알아보고, 개별 기술에 내재된 기초를 다루는 방식으로 진행하려고 합니다. 우리의 목표는 기술의 변화에 상관없이 여러분을 도와드리는 것입니다.

- 데이터 과학 주기 전체를 다룸

이 책에서는 데이터 테이블을 다루는 법이라든가 머신러닝 기법을 적용하는 법같은 단일 주제에 초점을 맞추기보다, 질문을 하고, 데이터를 얻고, 데이터를 이해하고, 상황을 이해하는 전반적인 데이터 과학 주기를 다룹니다. 전체 데이터 과학 주기에 걸쳐 일하는 것은 데이터 과학자로서 가장 어려운 부분일 수도 있습니다.

- 실제 데이터를 다룸

실생활의 문제에 대비하려면, 실제 데이터를 다루는 문제를 학습하면서 실제 데이터의 장점과 단점까지 모든 면을 접하는 것이 필수적입니다. 이 책에서 사용된 데이터셋은 과하게 다듬어지거나 만들어진 데이터가 아닌, 실질적으로 접할 수 있는 데이터입니다.

- 예제를 통한 개념 적용

이 책 전반에 걸쳐 다른 데이터 과학자가 했던 분석을 살펴보거나 확장하는 방식의 추가적인 예제를 넣었습니다. 이런 예제는 독자가 실제 환경에서 데이터 과학 주기를 어떻게 탐색할 수 있는지 보여줍니다.

- 전산학적 사고와 추론적 사고의 결합

데이터 과학자로서 일하다 보면, 코드를 작성할 때 내리는 결정이 통계 분석에 어떤 영향을 미칠지, 데이터 집합의 크기가 통계 분석에 어떤 영향을 미칠지 예측해야 하는 경우가 생깁니다. 여러분이 미래에 일하게 될 때를 대비해, 이 책에서는 전산학적 사고와 추론적 사고를 통합해서 보여줍니다. 또한 수학적 증명보다는 예제를 시뮬레이션하면서 통계적 개념을 알려줍니다.

이 책의 글과 코드는 오픈소스로 깃허브에서 확인할 수 있습니다.

선수 지식

이 책을 읽는 독자라면 이미 파이썬에 능숙해서, 리스트나 딕셔너리, 셋(set) 같은 파이썬의 데이터 구조를 사용할 수 있고, 다른 패키지로부터 함수나 클래스를 불러와서 사용할 수 있으며, 아무것도 없는 상태에서 함수를 짤 수 있을 것이라고 생각합니다. 또한 여기서는 파이썬의 넘파이(numpy) 패키지를 따로 소개하지 않고 바로 사용합니다. 하지만 이 패키지를 사전에 많이 사용해 봤어야 하는 것은 아닙니다.

또한 사전에 확률, 미적분학, 선형대수학에 대한 지식이 조금 있으면 이 책에서 더 많은 것을 얻을 수 있겠지만, 이 책에서 수학적 개념은 직관적으로 이해할 수 있도록 설명했습니다.

책의 구성

이 책은 6개의 부와 21개의 장으로 이루어져 있습니다.

1부 (1-5장)
1부는 데이터 과학 주기 전반을 기초적인 수준으로 훑어보면서 데이터 과학 주기에 대해서 설명하고, 이 책 전반에서 사용하는 개념을 소개합니다. 이 부는 버스 도착 시간에 대한 짧은 예제로 마무리합니다.

2부 (6-7장)
2부에서는 데이터프레임과 데이터 간의 관계, 판다스(pandas)와 SQL을 사용해서 데이터를 다루는 코드를 어떻게 작성하는지를 다룹니다.

3부 (8-12장)
3부는 데이터를 획득하고, 데이터의 특징을 탐색하고, 문제점을 찾아내는 것을 다룹니다. 이런 개념을 이해하고 나면, 데이터 파일을 가지고 데이터셋의 흥미로운 점을 발견하고 다른 사람들에게 제시할 수 있을 것입니다. 이 부는 대기질에 대한 예제로 마무리합니다.

4부 (13-14장)
4부에서는 널리 사용되는 대안 데이터인 텍스트, 바이너리, 인터넷에서 가져오는 데이터에 대해 살펴봅니다.

5부 (15-18장)

5부에서는 데이터를 사용해서 상황을 이해하는 법을 살펴봅니다. 여기서는 모델 적합, 피처 엔지니어링, 모델 선택뿐만 아니라 가설 검정과 신뢰 구간 같은 추론 관련 주제도 다룹니다. 이 부의 말미에는 케냐의 수의사들이 당나귀 체중을 예측하는 것에 대한 예제를 다룹니다.

6부 (19-21장)

6부에서는 회귀 분석과 최적화를 사용한 지도 학습을 학습하며 이 책을 마무리합니다. 이 부의 끝에서는 뉴스 기사가 진짜인지 가짜인지 예측하는 예제를 다룹니다.

이 책의 끝에는 이 책에서 소개한 많은 주제에 대해서 더 학습하고자 할 때 필요한 자료와 이 책에서 사용한 데이터셋 목록을 추가했습니다.

| 이 책에서 사용하는 표기 방식

일반적인 설명을 뜻함

주의 사항을 나타냄

팁을 말함

| 예시 코드 사용하기

예시 코드, 예제 등 이 책에서 사용되는 자료는 https://learningds.org에서 내려받을 수 있습니다.
또한, 깃허브 저장소(https://github.com/Youngjin-com/learning_datascience)나 영진닷컴 자료실(https://youngjin.com/reader/pds/pds.asp (영진닷컴 〉 고객센터 〉 부록CD 다운로드))에서 다운로드할 수 있습니다.

이 책의 내용을 사용할 때는 출처 표기를 해주는 것을 권장합니다. 출처에는 일반적으로 제목, 저자, 출판사를 병기합니다. [파이썬으로 배우는 데이터 과학] (샘 라우, 조셉 곤잘레스, 데보라 놀란 지음, 권정민 옮김, 영진닷컴, 2025) 같은 식으로 쓰시면 됩니다.

감사의 말

이 책은 캘리포니아 버클리 대학에서 학부 과목인 '데이터 과학의 기초 및 기법'을 개설하고 강의하는 과정에서 만들어졌습니다. 우리는 학생들이 데이터 과학에 대한 두 번째 강의를 만들어 달라는 요청에 따라 2017년 봄에 '데이터 100' 강의를 만들었습니다. 학생들은 데이터 과학을 더 깊이 학습하고 실무에 활용할 수 있도록 준비할 수 있는 수업을 필요로 했습니다.

우리는 처음 수업을 개설한 이후 가르쳤던 수천 명의 학생들로부터 영감을 받았습니다. 또한 강의 진행에 함께해 준 아니 아디카리(Ani Adhikari), 앤드류 브레이(Andrew Bray), 존 드네로(John DeNero), 샌드린 두두아(Sandrine Dudoit), 윌 피시아인(Will Fithian), 조 헬러스타인(Joe Hellerstein), 조시 헉(Josh Hug), 앤서니 조지프(Anthony Joseph), 스콧 리(Scott Lee), 페르난도 페레스(Fernando Perez), 알빈 완(Alvin Wan), 리사 얀(Lisa Yan), 빈 유(Bin Yu)로부터도 도움을 받았습니다. 특히 데이터를 다루는 부분에 대한 인사이트를 준 조 헬러스타인, NetCDF와 같이 더욱 복잡한 데이터 구조를 책에 포함할 수 있도록 도와준 페르난도 페레스, PurpleAir 예제에 대한 아이디어를 준 조시 헉, 이 수업의 초기 버전에 함께해 준 던컨 템플 랭(Duncan Temple Lang)께 특별히 감사를 표하는 바입니다. 또한 수업 조교로 참여해 준 버클리 대학의 학생들에게도 감사를 표하며, 특별히 이 책의 초기 버전에 기여해 준 아난스 아가왈(Ananth Agarwal), 애슐리 치엔(Ashley Chien), 앤드류 도(Andrew Do), 티파니 잰(Tiffany Jann), 소나 제스와니(Sona Jeswani), 앤드류 김(Andrew Kim), 박준서(Jun Seo Park), 앨런 셴(Allen Shen), 캐서린 옌(Katherine Yen), 다니엘 주(Daniel Zhu)께도 감사 드립니다.

이 책의 핵심은 우리가 다루고 분석하는 많은 데이터셋에 있으므로, 데이터를 공개해 주고 사용할 수 있도록 해 준 많은 개인 및 기관에 무한히 감사드립니다. 이 책의 끝부분에는 데이터의 출처와 함께 각 데이터에 기여한 분들, 관련 논문, 블로그, 보고서 목록이 있습니다.

마지막으로, 수업 자료로부터 이 책이 나올 수 있도록 도와준 오라일리 팀의 멜리사 포터(Melissa Potter), 제스 헤이버먼(Jess Haberman), 아론 블랙(Aaron Black), 대니 엘펀바움(Danny Elfanbaum), 마이크 로키데스(Mike Loukides)께 감사드립니다. 또한 이 책이 개선될 수 있도록 아낌없이 의견을 준 기술 리뷰어 소나 제스와니, 토머스 닐드(Thomas Nield), 시다르트 야다브(Siddharth Yadav), 아비짓 다스굽타(Abhijit Dasgupta)께도 감사의 뜻을 표합니다.

목차

1부 데이터 과학 주기

1장. 데이터 과학 주기 _14
1.1 데이터 과학 주기의 단계 _14
1.2 데이터 과학 주기를 보여주는 예제 _17
1.3 정리 _18

2장. 질문과 데이터 범위 _19
2.1 빅데이터와 새로운 기회 _22
2.2 대상 집단, 접근 프레임, 표본 _23
2.3 수단 및 프로토콜 _29
2.4 자연현상 측정 _30
2.5 정확도 _32
2.6 정리 _38

3장. 시뮬레이션과 데이터 설계 _40
3.1 항아리 모델 _41
3.2 예제: 선거 여론조사의 편향과 변동 시뮬레이션 _52
3.3 예제: 백신 무작위 임상시험 시뮬레이션 _60
3.4 예시: 대기질 측정 _64
3.5 정리 _68

4장. 요약 통계량 모델링 _69
4.1 상수 모델 _70
4.2 손실 최소화 _72
4.3 정리 _79

5장. 예제: 왜 내가 타는 버스는 맨날 늦을까? _81
5.1 질문과 범위 _82
5.2 데이터 전처리 _83
5.3 버스 시간 탐색 _87
5.4 대기 시간 모델링 _90
5.5 정리 _95

2부 테이블 데이터

6장. Pandas를 사용한 데이터 프레임 다루기 _98
6.1 나누기 _99
6.2 집계 _115
6.3 조인 _127
6.4 변환 _135
6.5 데이터 프레임은 다른 데이터 표현형과 어떻게 다를까? _141
6.6 정리 _144

7장. SQL을 사용해서 관계형 데이터 다루기 _145
7.1 나누기 _146
7.2 집계 _156
7.3 조인 _161
7.4 변환과 공통 테이블 표현식(CTE) _168
7.5 정리 _174

3부 데이터 이해

8장. 파일 처리 _178
8.1 데이터 예제 _179
8.2 파일 형식 _181
8.3 파일 인코딩 _187
8.4 파일 크기 _189
8.5 쉘과 명령어 _195
8.6 테이블의 형태 및 구분 방식 _200
8.7 정리 _208

9장. 데이터 프레임 전처리 _210
9.1 예제: 마우나 로아 관측소에서의 CO_2 측정치 전처리 _211
9.2 품질 확인 _221

9.3 결측치와 기록 _227

9.4 데이터 변환과 타임스탬프 _230

9.5 구조 변경 _236

9.6 예제: 식당 안정성 위반 사항 전처리 _239

9.7 정리 _251

10장. 탐색적 데이터 분석 _252

10.1 특성 유형 _254

10.2 분포를 확인할 때 _269

10.3 관계를 확인할 때 _273

10.4 다변량 경우의 비교 _278

10.5 탐색 시의 지침 사항 _282

10.6 예제: 주택 거래가 _283

10.7 정리 _299

11장. 데이터 시각화 _300

11.1 구조 파악을 위한 축의 범위 선택 _301

11.2 데이터 평활법과 집계 _311

11.3 의미 있는 비교 유도하기 _322

11.4 데이터 설계 통합 _332

11.5 맥락 추가하기 _338

11.6 plotly를 사용해서 그래프 그리기 _340

11.7 그 외 시각화 도구 _349

11.8 정리 _351

12장. 예제: 대기질 측정 내용은 얼마나 정확할까요? _352

12.1 질문, 설계, 범위 _354

12.2 근처에 배치된 센서 찾기 _355

12.3 AQS 센서 데이터 전처리 _366

12.4 퍼플에어 센서 데이터 전처리 _372

12.5 퍼플에어와 AQS 측정치 탐색 _383

12.6 퍼플에어 측정치 보정을 위한 모델 생성 _390

12.7 정리 _393

4부 다른 유형의 데이터

13장. 텍스트 다루기 _396

13.1 텍스트와 처리 작업 예제 _397

13.2 문자열 조작 _400

13.3 정규표현식 _405

13.4 텍스트 분석 _416

13.5 정리 _422

14장. 데이터 교환 _424

14.1 NetCDF 데이터 _425

14.2 JSON 데이터 _432

14.3 HTTP _438

14.4 REST _443

14.5 XML, HTML 및 XPath _450

14.6 정리 _463

5부 선형 모델링

15장. 선형 모델링 _466

15.1 단순 선형 모델 _467

15.2 예제: 대기질 측정을 위한 단순 선형 모델 _470

15.3 단순 선형 모델 적합화 _476

15.4 다중 선형 모델 _479

15.5 다중 선형 모델 적합화 _485

15.6 예제: 어디에 기회의 땅이 있습니까? _489

15.7 수치 측정치를 위한 특성 공학 _500

15.8 범주형 측정치를 위한 특성 공학 _505

15.9 정리 _514

16장. 모델 선택 _515

16.1 과적합 _516

16.2 훈련-테스트 분할 _522

16.3 교차 검증 _527

16.4 정규화 _533

16.5 모델 편향 및 분산 _535

16.6 정리 _539

17장. 추론 및 예측 이론 _541

17.1 분포: 모집단, 경험치, 표본 추출 _541

17.2 가설검정의 기본 사항 _543

17.3 추론을 위한 부트스트랩 _554

17.4 신뢰 구간의 기본 사항 _559

17.5 예측 구간의 기본 사항 _562

17.6 추론 및 예측을 위한 확률 _569

17.7 정리 _582

18장. 예제: 당나귀의 체중을 재는 법 _585

18.1 당나귀 연구의 질문 및 범위 _586

18.2 전처리 및 변환 _587

18.3 탐색 _593

18.4 당나귀의 체중 모델링 _597

18.5 정리 _609

20장. 수치 최적화 _638

20.1 경사 하강법의 기본 사항 _639

20.2 후버 손실 최소화하기(Minimizing Huber Loss) _641

20.3 볼록하고 미분 가능한 손실 함수 _645

20.4 경사 하강법의 변형 _646

20.5 정리 _650

21장. 예제: 가짜 뉴스 탐지 _651

21.1 질문과 범위 _652

21.2 데이터 수집 및 전처리 _653

21.3 데이터 탐색 _659

21.4 모델링 _668

21.5 정리 _677

· **부록** 1 추가 자료 _680

· **부록** 2 데이터 원본 _684

· 찾아보기 _688

6부 분류

19장. 분류 _612

19.1 예제: 바람에 피해를 입은 나무 _613

19.2 모델링 및 분류 _616

19.3 비율(또는 확률) 모델링 620

19.4 로지스틱 모델의 손실 함수 _625

19.5 확률에서 분류로 _629

19.6 정리 _637

1부.
데이터 과학 주기

Python

1장. 데이터 과학 주기
2장. 질문과 데이터 범위
3장. 시뮬레이션과 데이터 설계
4장. 요약 통계량 모델링
5장. 예제: 왜 내가 타는 버스는 맨날 늦을까?

1장
데이터 과학 주기

데이터 과학 분야는 빠르게 변화하고 있습니다. 이 책을 쓰는 동안에도, 사람들은 여전히 데이터 과학이 무엇인지, 데이터 과학자가 무엇을 하는지, 데이터 과학자가 갖춰야 할 소양은 어떤 것이 있는지 정확히 정의하고자 전전긍긍합니다. 하지만 우리가 아는 것은, 데이터 과학자는 통계와 전산학 지식과 방법론을 적절히 섞어가며 데이터로부터 인사이트를 끌어내는 일을 하고 있다는 것뿐입니다. 그리고 전산학과 통계를 모두 익히면 더 나은 데이터 과학자가 될 수 있을 것입니다. 또한 데이터로부터 얻은 인사이트를 현재 맞닥뜨린 문제의 문맥 하에서 해석해야 한다는 것도 알고 있습니다.

이 책은 데이터 과학자가 모든 종류의 중요한 의사 결정을 내리는 데 필요한 기본 원칙과 기술을 다룹니다. 기술 능력과 개념 이해를 모두 갖추면 백신의 효과 여부를 평가하고 가짜 뉴스를 자동으로 걸러내며, 대기질 센서를 조율하고, 정책 변화에 대해 분석가에게 제안하는 등 데이터 중심의 문제를 해결할 수 있습니다.

이 책에서는 데이터 과학에 대한 더 큰 그림을 파악할 수 있도록, 보통 데이터 과학 주기라고 불리는 워크플로우를 따라서 주제를 정리했습니다. 이 장에서는 이 주기 자체에 대해서 알아볼 것입니다. 전체 주기의 한 부분에 초점을 맞추거나 컴퓨터 및 통계 주제만을 다루는 다른 데이터 과학 책과는 달리, 이 책에서는 전체 데이터 과학 주기의 시작부터 끝까지를 다루면서 컴퓨터와 통계적 관점 모두를 아우릅니다.

1.1. 데이터 과학 주기의 단계

그림 1-1은 데이터 과학 주기를 질문, 데이터 확보, 데이터 이해, 상황 이해의 네 단계로 나눈 것입니다. 여기서는 이 단계를 의도적으로 크게 나누었습니다. 그간 경험에 비추어보

면, 주기의 역학은 종종 변합니다. 컴퓨터 과학자와 통계학자는 데이터를 다루는 새로운 소프트웨어 패키지나 프로그래밍 언어를 개발하고, 보다 세분화된 새로운 방법론을 만들어 내고 있습니다.

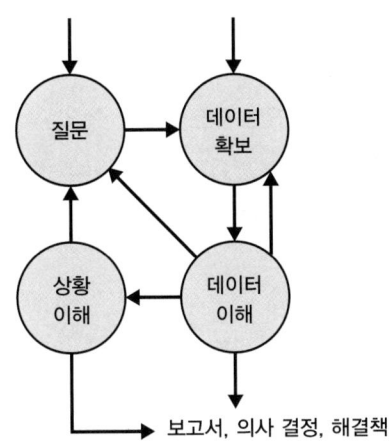

〈그림 1-1〉 데이터 과학 주기를 4개의 단계로 고차원적으로 구분함.
화살표는 각 단계가 다른 단계에 어떻게 선행하는지를 보여줌.

이런 변화에도 불구하고, 대부분의 데이터 프로젝트는 다음의 네 가지 단계로 나뉜다는 것을 발견했습니다.

- 질문

  좋은 질문을 하는 것은 데이터 과학의 핵심으로, 다양한 질문을 인지하는 것은 분석에 도움이 됩니다. 질문은 크게 기술적, 탐색적, 추론적, 예측적 질문의 네 가지 범주로 나눌 수 있습니다. 예를 들어, "시간에 따라 집 값이 어떻게 바뀌나요?"는 기술적 질문이지만, "집의 어떤 부분이 판매가에 영향을 미치나요?"라는 질문은 탐색적 질문입니다. 광범위한 질문을 데이터로 답할 수 있는 작은 범위로 좁혀나가는 것이 데이터 과학 주기의 첫 번째 단계에서 가장 중요한 부분입니다. 여기에는 연구에 참여하는 사람들과 상의하고, 측정 방법을 알아내며, 데이터 수집 방식을 설계하는 것도 포함됩니다. 명확하고 구체적인 연구 질문을 통해 필요한 데이터, 찾아야 할 패턴, 결과를 해석하는 법을 알아낼 수 있습니다. 또한 이 과정을 통해 질문을 다듬고, 질문 유형을 파악하며, 데이터 과학 주기의 데이터 수집 단계에 대한 계획을 세울 수 있습니다.

- 데이터 확보

  데이터가 비싸고 수집하기 어려운 경우나 데이터를 실제 상황에 맞게 일반화하는 게 목표인 경우에는 데이터를 수집하는 명확한 규칙을 정의하는 것이 목표가 됩니다. 데이터가 저렴하고 접근하기 용이한 경우는 보통 온라인 데이터를 사용합니다. 예를 들어, X(이전 트위터)에서는 사람들이 수백만 개의 데이터를 빠르게 다운로드할 수 있습니다. 데이터가 충분할 때는, 데이터를 확보하고 탐색하는 분석에 돌입한 후 질문을 다듬습니다. 양쪽의 경우 모두, 대부분의 데이터에는 결측치나 잘못된 값이 있고, 고려해야 하는 이상치도 있습니다. 데이터가 어디서 오든 항상 데이터 품질을 확인해야 합니다. 데이터의 범위를 고려하는 것 역시 중요합니다. 예를 들어, 수집 과정에서 데이터의 대표성을 파악하고 잠재적인 편향의 원인을 찾아낸다고 가정합니다. 이때 데이터의 범위를 고려해 두면 데이터에서 발견한 것을 어느 정도 신뢰할 수 있는지를 판단할 수 있습니다. 또한, 보다 공식적으로 데이터를 분석하기에 앞서 일반적으로 데이터를 변환합니다. 데이터 분석을 위해 구조를 수정하고, 데이터 값을 정제하고, 측정 값을 변환하기도 합니다.

- 데이터 이해

  데이터를 확보하고 준비됐으면, 이를 조심스럽게 탐색해 나갑니다. 여기에서 보통 탐색적 데이터 분석(exploratory data analysis, EDA)이 중요하게 사용됩니다. 탐색 과정에서는, 그래프를 사용해서 흥미로운 패턴을 발견하고 데이터를 시각적으로 요약합니다. 혹은 역으로 데이터에서 문제를 찾아내기도 합니다. 패턴이나 추세를 탐색할 때는 요약 통계량을 사용하기도 하고, 선형 회귀나 로지스틱 회귀 같은 통계 모델을 구축하기도 합니다. 그간 경험에 비추어 보면, 데이터 과학 주기에서 이 단계는 매우 반복적으로 이루어집니다. 데이터 정제나 전처리를 수정하거나 다시 해야 하기도 하고, 분석에 사용할 데이터를 더 확보하기도 하며, 주어진 데이터의 제약으로 인해 연구하고자 하는 문제를 재정의해야 할 때도 있습니다. 이 단계에서 진행하는 기술적 분석이나 탐색적 분석을 통해 질문에 충분히 대답할 수 있는 경우도 있지만, 데이터 이상의 일반화를 위해 다음 단계로 갈 수도 있습니다.

- 상황 이해

  현재 목표가 순수한 기술 혹은 탐색이라면, 이미 데이터 이해 단계에서 분석은 끝났습니다. 하지만 여러분이 발견한 트렌드가 데이터를 넘어 얼마나 잘 일반화되는지 정량화하고자 하는 경우도 있습니다. 데이터에 적합한 모델을 사용해서 현상을 추론하거나 미래의 관측값을 예측하고 싶을 수도 있습니다. 표본 데이터로부터 모집단에 대한 추론을 하고자 하는 경우, A/B 테스트와 신뢰 구간 같은 통계 기법을 사용합니다. 미래 관측값을 예측하고자 할 때는 예측 구간을 만들고 데이터를 훈련 데이터와 검정 데이터로 구분하기도 합니다.

이 책에서는 데이터 과학 주기의 각 단계에 걸쳐, 이론적인 개념을 설명하고, 데이터 기법과 통계 기법을 소개하며, 실제 예제에서 어떻게 사용하는지를 살펴볼 것입니다. 책 전반에 걸쳐, 미리 다듬어둔 데이터가 아닌, 실제 데이터와 다른 데이터 과학자가 수행했던 분석을 활용합니다. 이를 통해서 본인만의 데이터 획득법과 데이터 정제, 탐색, 형식을 갖춘 분석 기법을 익히고 좋은 결론을 이끌어 내는 것까지 익힐 수 있을 것입니다. 이 책의 각 장은 데이터 과학 주기의 한 단계에 초점을 맞추기도 하지만, 전체 주기를 모두 아우르는 예제를 다루는 장도 포함되어 있습니다.

> **설명**
>
>
> 탐색, 추론, 예측, 인과 간의 차이를 이해하는 것은 다소 어려울 수 있습니다. 사람들은 쉽게 데이터 간의 상관관계를 인과관계로 오인하기도 합니다. 예를 들어, "대기 오염에 더 많이 노출된 사람은 폐 질환에 걸릴 확률이 더 높을까?"에 대해 탐색적 분석이나 추론 분석을 통해 상관관계를 찾는 경우가 있습니다. 인과적 질문은 "위키피디아 기여자에게 상을 주면 생산성이 높아질까?"같은 형태입니다. 보통 무작위 실험(이나 대략 유사한 방법)을 사용하지 않는 한 인과적 질문에 대답하기는 쉽지 않습니다. 이 책 전반에서 이런 중요한 차이에 대해서 살펴보려고 합니다.

1.2. 데이터 과학 주기를 보여주는 예제

이 책 전반에 걸쳐 전체 데이터 과학 주기를 다루는 예제들이 나와 있습니다. 어떤 예제는 특정 단계에 초점을 맞춰 해당 주제의 구체적인 예를 제시하기도 하고, 어떤 예제는 전체 주기를 보여주기도 합니다.

5장에서는 "왜 내가 탈 버스는 항상 늦는 걸까?"라는 간단한 질문으로 초보 데이터 과학자가 데이터 과학 주기의 단계를 하나하나 밟아나아갑니다. 충분히 쉬우면서도 흥미로운 예제이고 질문에 답하기 위해 통계적 사고와 전산학적 사고 모두를 어떻게 적용하느냐에 따라 차이가 날 수 있는 섬세한 질문이기도 합니다. 이 예제에서는 승객 대기 시간의 분포를 시뮬레이션해 볼 것입니다. 그리고 이 대기 시간을 통계량으로 요약하는 간단한 모델을 만듭니다. 또한 데이터 과학자로서, 여러분이 관심을 가지고 있는 질문에 답할 수 있는 데이터를 직접 수집하는 방법에 대해서도 살펴볼 것입니다.

12장에서는 미국 전역에서 사용하는 가정용 대기 센서의 정확도에 대해서 알아볼 것입니다. 환경보호국에서 사용하는 매우 정확한 센서 데이터를 사용해서 더 저렴한 센서의 성능을 높일 수 있는 방법을 찾아볼 것입니다. 이 예제를 통해서 정부가 모니터링하고 있는 엄격하게 유지 및 관리되고 정밀한 장비의 데이터로 크라우드소싱된 오픈 데이터를 어떻게 개선할 수 있는지 확인할 수 있습니다. 이 과정에서는 여러 곳에서 가져온 데이터를 정제하고 결합하는 데 초점을 맞출 것이지만, 측정 성능을 향상할 수 있는 모델도 만들어 볼 것입니다.

18장에서는 당나귀 체중을 잴 저울이 없는 케냐 시골의 수의사가 아픈 당나귀에게 적절한 처방을 할 수 있도록 체중을 예측하는 예제를 다룹니다. 연구 설계, 데이터 정제, 정확도와 단순한 모델 간의 균형을 잡는 법을 익히면서 모델의 예측력을 평가하고, 데이터 과학자가 사람들이 마주한 실생활의 문제를 마주하고 해결할 수 있도록 돕는지 이해하게 될 것입니다.

마지막으로, 21장에서는 가짜 뉴스와 진짜 뉴스를 알고리즘으로 구분하기 위해 수작업으로 분류한 뉴스 기사를 살펴봅니다. 해당 데이터는 인터넷상의 뉴스 기사를 가지고 온 것으로, 기사를 읽지 않고 진짜인지 가짜인지 예측하는 모델을 구축하고 성능을 평가합니다. 그리고 창의적으로 사고하는 데이터 과학자가 뉴스 기사의 내용과 같은 일반적인 정보를 어떻게 분석 가능한 데이터로 변환하여 시사적인 문제를 해결하는지에 대해서도 살펴볼 것입니다.

1.3. 정리

데이터 과학 주기는 잘 짜여진 형태를 가지고 있습니다. 이 주기를 마음에 새기고 과학, 의학, 정치, 소셜 미디어, 정부 등 다양한 분야에서 가지고 온 많은 데이터를 접하게 될 것입니다. 데이터를 처음 사용할 때는 데이터가 수집된 콘텍스트, 데이터 조사에 필요한 관심사 관련 질문, 그리고 데이터를 이해하는 데 필요한 설명이 주어집니다. 데이터 과학 주기를 통해 책 전반에 걸쳐 제대로 된 데이터 과학을 익힐 수 있도록 합니다.

데이터 과학 주기의 첫 번째 단계인 질문 단계는 "이 A/B테스트에서 p값은 얼마지?"와 같이 숫자를 구할 수 있는 기술 적용이 필요한 질문이나, "아메리칸 드림[1]을 다시 회복할 수 있을까요?"와 같은 실생활에서 들을 수 있는 모호한 질문의 형태로 이 책에서 종종 등장합니다. 첫 번째 종류의 질문은 연구용 질문으로 다듬기는 어렵지 않습니다. 하지만 일반적인 관심사를 데이터로 대답할 수 있는 질문으로 변경하는 것에 대해 어떠한 안내도 받지 않은 채, 두 번째 질문에 대답하는 것은 매우 어려운 일입니다. 다음 장에서는 질문을 하는 것과 답변에 필요한 데이터의 제약 조건을 이해하는 것 간의 상호작용에 대해서 알아볼 것입니다.

---

1 [역주] 모든 사람이 부유하고 풍족한 삶을 살고 개인의 능력과 성과에 대한 합당한 보상이 존재하는 이상적인 사회로. 미국 사람들이 공통적으로 가지고 있는 소망.

2장
질문과 데이터 범위

데이터 과학자라면, 데이터를 사용해서 질문에 대답을 해야 됩니다. 이때 데이터 수집 과정의 품질은 데이터의 유효성과 정확성에 중요한 영향을 미치고, 이는 곧 우리가 분석으로부터 끌어낼 결론의 힘을 좌지우지하게 되고, 결국은 데이터 분석을 통해 하고자 하는 의사결정에 영향을 줍니다. 이 장에서는 질문을 통해서 데이터 수집 과정을 이해하고 데이터의 중요성 정도를 평가하는 일반적인 방법에 대해서 살펴봅니다. 이상적으로, 우리가 알아보고자 하는 현상이 모집단의 특성이든, 물리 모델이든, 사회적 행동 양식이든, 데이터가 이런 현상의 특성을 잘 나타내야 합니다. 보통 우리가 가진 데이터는 (범위가 정해져 있는 경우)완전한 정보를 포함하고 있지 않으나, 우리는 데이터로 정확하게 모집단을 나타내거나, 과학적 품질을 측정한다거나, 특성 간의 관계 형태를 추론하거나, 미래의 결과를 예측하려고 합니다. 이런 모든 상황에서, 가지고 있는 데이터가 현재 연구하는 대상을 대표하지 않는다면, 제한적인 결론을 내려야 하거나 오해의 소지가 발생할 수 있고, 심지어 틀린 해결책이 될 수도 있습니다.

이런 문제에 대해서 고려해 보기 위해, 빅데이터의 힘과 무엇이 잘못될 수 있는지에 대한 예제를 살펴보는 것으로 시작하겠습니다. 그 후 연구의 목표(질문)와 데이터 수집 프로세스를 연결하는 데 도움이 되는 프레임워크를 살펴보겠습니다. 이를 여기서는 데이터 범위 (data scope)[2] 라고 하며, 데이터 범위를 설명하는 데 도움이 되는 용어와 설문조사, 정부가 공개한 데이터, 과학적 수단 및 온라인 자료와 함께 데이터 범위를 설명하는 데 도움이 될 수 있는 용어를 같이 살펴봅니다. 이 장의 뒷부분에서는 데이터가 정확하다는 것이 무엇을 의미하는지 알아봅니다. 여기에서는 다양한 형태의 편향과 변동을 소개하고 이러한 편

---

2 "범위(scope)"의 개념은 조셉 헬러스타인의 강의 자료(https://oreil.ly/VrByF)의 범위, 시간성(temporality), 충실성(faithfulness)에서 가져왔습니다.

향과 변동이 발생할 수 있는 상황을 설명합니다. 이 장 전반에 걸쳐 다루는 예시는 데이터 과학자로서 사용할 수 있는 과학, 정치, 공중 보건, 온라인 커뮤니티 등 다양한 분야의 데이터를 가져왔습니다.

2.1. 빅데이터와 새로운 기회

사용 가능한 공개 데이터가 엄청나게 늘어나면서 데이터 과학 분야에서도 새로운 역할과 기회가 생겨났습니다. 예를 들면, 데이터 저널리스트는 기존의 취재 기자가 뉴스 기사를 찾는 것처럼 데이터에서 흥미로운 이야기를 발굴합니다. 데이터 저널리스트의 데이터 과학 주기는 주어진 질문을 해결하기 위해 새로운 데이터를 수집하거나 기존 데이터를 사용하는 방법을 알아내는 것이 아니라, 흥미로운 이야기가 숨어있을 것 같은 기존 데이터를 탐색하는 것에서 시작합니다.

다른 예로는 시민 과학이 있습니다. 여기서는 데이터 수집에 많은 사람(과 많은 수단)이 참여합니다. 이런 데이터는 일괄적으로 프로젝트를 설계한 연구자들이 사용 가능한 형태로 만들어지고, 종종 추가 연구를 위해 공공에 개방되기도 합니다.

행정 데이터나 기관 데이터에 접근이 가능하게 되면서 또 다른 기회가 생겨났습니다. 연구자들은 과학 연구에서 얻은 데이터를 건강 관리 목적으로 수집한 의료 데이터와 연결시킬 수 있게 되었습니다. 이런 행정 데이터는 특정 문제를 직접적으로 해결하기 위해서 만들어진 것은 아니지만, 다른 방식으로 유용하게 쓰이게 되었습니다. 이런 연결고리는 데이터 과학자가 각자의 분석의 가능성을 확장하고 데이터의 품질을 교차검증할 수 있도록 해줍니다. 더불어, 웹 브라우징 활동, 소셜 미디어에 올린 글, 온라인 친구 및 지인 네트워크 같은 디지털 추적 데이터도 찾아볼 수 있는데, 이런 데이터도 꽤 복잡합니다.

많은 양의 행정 데이터나 고차원 디지털 추적 데이터가 손에 들어오면, 기존의 소규모 연구에서 수집한 데이터보다 더 확실한 데이터로 취급하고 싶어지기도 합니다. 심지어 이러한 대규모 데이터셋이 과학적 연구나 필수 인구조사를 대체할 수도 있을 것 같다고 생각할 수도 있습니다. 이러한 도를 넘는 발상을 "빅데이터 오만[3]"이라고 합니다. 넓은 범위의 데이터라고 하더라도 데이터의 대표성에 대한 근본적인 문제를 무시할 수 있는 것은 아니며, 측정, 의존성, 신뢰성 문제도 무시할 수 없습니다(그리고 우연에 의해 나타나지만 실제로는 무의미하거나 무의미한 관계를 발견하기 쉬울 수 있습니다).

잘 알려진 예로 구글 독감 트렌드(GFT) 추적 시스템을 들 수 있습니다.

2.1.1. 예제: 구글 독감 트렌드

디지털 역학(Digital epidemiology)은 공중 보건 시스템 외부에서 생성된 데이터를 활용하여 질병의 패턴과 인구의 보건 동역학을 연구하는 역학의 새로운 하위 분야입니다. 구글 독감 트렌드(Google Flu Trends, GFT) 추적 시스템은 디지털 역학의 초기 사례 중 하나입니다. 2007년, 연구자들은 독감과 관련된 단어를 얼마나 검색하는지를 분석하면, 실제 독감에 걸린 사람의 수를 정확하게 추정할 수 있다는 사실을 발견했습니다. 이 명확한 성공은 단숨에 유명해졌고, 많은 연구자들은 빅데이터의 가능성에 매료되었습니다. 하지만, GFT는 그 기대에 미치지 못했고 2015년에 서비스가 종료되었습니다.

무엇이 잘못되었을까요? GFT는 인플루엔자와 관련된 단어를 인터넷으로 검색하는 것에 대한 수백만 개의 디지털 추적 데이터를 사용해서 독감 활동량을 예측하는 시스템이었습니다. 초반의 성공에도 불구하고, 2011-2012년의 독감 시즌에, 구글의 데이터 과학자는 GFT가 미국 질병통제예방센터(Centers for Disease Control and Prevention, CDC)의 전통적인 추적 관찰 보고서를 대체할 수 없다는 것을 발견했습니다. CDC는 전국 실험실로부터 직접 수치를 수집하는 방식인데 GFT는 108주 중 100주 동안 CDC 수치보다 더 크게 예측했습니다. 여러 주에 걸쳐, GFT는 빅데이터를 기반임에도 불구하고 인플루엔자 발생 건수를 지나치게 높게 예측했습니다.

---

3 https://doi.org/10.1126/science.1248506

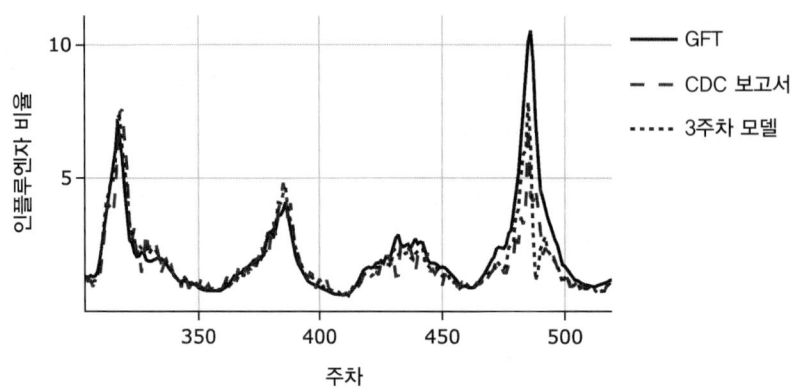

〈그림 2-1〉 주차별 인플루엔자 발생 건수 그래프

그림 2-1의 412주차부터 519주차까지, GFT(실선)은 실제 CDC 보고서의 값(파선)을 100회가량 더 크게 예측했습니다. 이 그래프에는 3주차 CDC 데이터에 계절성을 포함하여 만든 모델의 예측값(점선)도 표시되어 있는데, 이쪽이 GFT보다 실제 값에 더욱 근접합니다. 데이터 과학자들은 과거의 CDC 보고서에서 3주차 CDC 데이터에 계절성을 포함해서 만들었던 모델이 GFT보다 독감 발생 예측 성능이 우수하다는 것을 알게 되었습니다. GFT는 기본 통계 모델에서 발견할 수 있는 정보들을 간과했습니다. 물론 이것이 온라인 활동에서 얻게 되는 빅데이터가 무용지물이라는 것은 아닙니다. 실제로, 연구 결과 GFT 데이터와 CDC 데이터를 결합했을 때 GFT 예측과 CDC 데이터 기반 모델 모두의 성능이 상당히 높아지는 것으로 나타났습니다.[4] 서로 다른 접근법을 결합했을 때 각각의 방식이 더 향상되는 경우는 종종 있는 일입니다.

GFT 사례를 보면, 정보가 엄청난 양으로 쌓여있다고 하더라도, 데이터와 질문 간의 연결 고리를 잘 만드는 것이 무엇보다 중요하다는 것을 알 수 있습니다. 이런 프레임워크를 이해함으로써 잘못된 질문에 대답한다거나, 데이터를 적절하지 않게 사용하거나, 분석 결과를 과장하는 것을 피할 수 있습니다.

---

4 https://oreil.ly/Qlw6u

> **설명**
> 빅데이터의 시대에는 질문에 정확하게 대답하기 위해 더욱 더 많은 데이터를 수집해야 할 것 같다는 생각에 사로잡히기 쉽습니다. 인구 통계는 완벽한 정보이니까, 빅데이터도 거의 완벽하지 않을까요? 하지만 안타깝게도, 이런 생각이 적절하지 않은 경우가 종종 있습니다. 특히 공공 데이터나 디지털 추적 데이터의 경우가 그렇습니다. 연구 대상의 일부에 대한 접근성이 떨어지거나(3장의 2016년 선거 이변에 대한 내용 참고) 측정 과정 자체(GFT 예제)가 잘못되면 예측이 빗나갈 수 있습니다. 조사 중인 질문과 관련된 데이터의 범위를 고려하는 것이 중요합니다.

여기서 명심해야 할 중요한 사안은 데이터의 범위입니다. 이 범위에는 우리가 조사하는 모집단과, 모집단의 정보에 어떻게 접근할 수 있는지, 그리고 우리가 실제로 측정하고자 하는 것이 무엇인지에 대한 것이 모두 포함됩니다. 이런 점들을 고려하면 접근 방식에서 발생하는 잠재적인 격차를 직시할 수 있습니다. 이에 대해서는 앞으로 살펴볼 것입니다.

2.2. 대상 집단, 접근 프레임, 표본

데이터 과학 주기에서 중요한 초기 단계는 주제 영역의 맥락에서 관심이 있는 질문을 표현하고 수집된 데이터와 질문 사이의 연관성을 고려해서 그 질문에 답하는 것입니다.

분석 또는 모델링 단계를 고려하기 전에 이 작업을 연습해 두는 것이 좋습니다. 이런 습관을 통해, 관심을 두는 질문이 데이터와 직접적으로 관련이 없는 것처럼 보이는 단절된 부분을 발견할 수 있기 때문입니다. 데이터 수집 과정과 조사하는 주제를 연결하기 위한 일환으로 모집단, 모집단에 접근하는 방법, 측정 수단, 수집 과정에 사용된 추가 프로토콜을 파악합니다. 대상 집단, 접근 프레임, 표본이라는 개념은 모집단, 과학적 수치, 물리적 모델, 사회적 행동 등 파악하고자 하는 것에 대한 데이터의 범위를 이해하는 데 도움이 됩니다.

- **대상 집단**

  대상 집단은 궁극적으로 나타낸 후 결론을 도출하고자 하는 모집단을 구성하는 원소의 집합으로 이루어집니다. 원소는 한 무리의 사람들 중의 한 명, 선거에 투표한 사람 중 한 명, 여러 트위터 포스트 중 하나의 트윗, 국가 내의 하나의 행정구역일 수도 있습니다. 이런 원소를 원자, 혹은 유닛이라고 부르기도 합니다.

- 접근 프레임

    접근 프레임은 측정하고 관측할 수 있는 원소의 집합으로, 대상 집단을 연구할 때 사용할 수 있는 유닛입니다. 이상적으로는 접근 프레임과 모집단이 완전히 동일한 원소들로 이루어져 있는 완벽히 일치하는 형태일 것입니다. 하지만, 접근 프레임의 유닛은 대상 집단의 부분집합인 경우가 있습니다. 혹은 대상 프레임에는 모집단에 속하지 않은 유닛이 포함되기도 합니다. 예를 들어, 선거권자가 선거에서 투표했는지 파악하기 위해 사람들에게 전화 설문조사를 할 수 있습니다. 그 과정에서 누군가 투표를 했다고 거짓말을 한다면, 그 사람은 실제 모집단에는 포함되지 않지만 접근 프레임에는 포함될 것입니다. 반면에, 모르는 전화번호로 온 전화는 절대 받지 않는 사람이 투표에 참여한 경우, 이 사람은 모집단에 있지만 접근 프레임에는 들어갈 수 없습니다.

- 표본

    표본은 접근 프레임에서 가져온 유닛의 부분집합으로 측정 및 관찰에 활용됩니다. 표본에서 데이터를 가져와서 이를 통해 예측을 하거나 모집단의 특성을 일반화하게 됩니다. 응답하지 않은 사람을 추적한다든가 찾기 어려운 유닛을 탐색하는 데 자원을 투입해야 하는 경우, 대규모 표본을 굳이 만들거나 인구의 하위 집합을 고려하지 않은 인구조사를 진행하는 것보다 적은 표본을 사용해서 분석하는 것이 더 효과적일 수 있습니다.

대상 집단과 비교했을 때 접근 프레임에 포함된 내용과 프레임에서 표본에 들어갈 유닛을 고르는 데 사용된 방법은 이 데이터가 대상 집단을 대표할 수 있는지 없는지를 판단하는 중요한 요소입니다. 만약 접근 프레임이 대상 집단에 대한 대표성이 없다면, 표본의 데이터 역시 대표성이 없습니다. 유닛이 한쪽으로 편향된 상태로 추출되었다면, 역시 대표성 관련 문제가 대두될 것입니다.

데이터 범위에서 시공간 요소도 고려해야 할 것입니다. 예를 들어, 질병이 창궐하는 세계의 한 지역에서 테스트한 약물 임상시험의 효과는 기저 감염률이 낮은 다른 지역의 임상시험과 비교했을 때 좋지 않을 수 있습니다(3장 참조). 또한 대기 중 이산화탄소(CO_2)의 월별 측정치(9장 참조)나 독감 추세를 예측하기 위한 구글 검색량 주간 보고서처럼 시간에 따른 변화를 연구하기 위해 수집한 데이터는 데이터를 검토할 때 시간적 구조도 염두에 두어야 합니다. 혹은 데이터에 공간적 패턴이 존재하는 경우도 있습니다. 뒤에서 설명할 환경 보건 데이터는 캘리포니아주의 각 인구 조사 구역별로 보고되며, 이에 대한 공간적 상관관계를 찾기 위해 지도를 그려볼 수 있습니다.

만약 직접 데이터를 수집하지 못해서 다른 곳에서 수집한 데이터를 사용하게 된다면, 누가 어떤 목적으로 수집한 데이터인지를 살펴봐야 합니다. 특정 목표를 염두에 두고 수집하기 보다는 수동적으로 수집하는 데이터가 많아진 요즘에 들어 특히 중요합니다. 획득한 데이터를 면밀히 살펴보고 이 데이터가 질문의 답을 찾는 데 사용될 수 있는지, 있다면 어떻게 사용할 수 있는지를 스스로에게 물어보며 무의미한 분석을 하거나 부적절한 결론을 도출하는 것을 피할 수 있습니다.

뒤에서 설명할 예제에서는 일반적인 질문으로 시작해서, 데이터로 대답할 수 있는 형태로 질문의 범위를 좁힌 뒤, 대상 집단과 접근 프레임, 표본을 정의할 것입니다. 이 개념을 다이어그램에서 원과 직사각형으로 그리고, 이 도형 간 겹치는 부분을 정하다 보면 데이터 범위에서 핵심적인 요소를 발견할 수 있을 것입니다. 또한 각 예제에서, 데이터 범위의 시공간적 요소도 살펴볼 것입니다.

2.2.1. 예제: 온라인 커뮤니티 회원이 활동하게 만드는 요인은 무엇인가?

위키피디아의 내용은 위키피디아 커뮤니티에 속한 기여자가 작성하고 수정합니다. 이 온라인 커뮤니티는 위키피디아의 성공과 영속성에 중대한 역할을 합니다. 온라인 커뮤니티 회원의 활동을 어떻게 장려할 수 있는지 알아보기 위해, 연구자들은 위키피디아 기여자를 대상으로 실험을 진행했습니다. 전체 질문을 간추리면 다음과 같습니다. 위키피디아 기여자에게 보상을 하면 활동이 늘어날까? 이 실험을 위해, 대상 집단을 상위의 활동적인 기여자들 집합(연구 시작 직전 달의 위키피디아 활동 정도 상위 1%의 기여자)으로 잡았습니다. 접근 프레임에서는 모집단 중 해당 월에 보상을 받은 사람을 제외했습니다. 연구자들은 보상의 효과를 측정하고자 했고, 이미 보상을 받았던 적이 있는 사람은 보상을 처음 받는 사람과 행동 양식이 달라질 것이기 때문에 이런 기여자는 접근 프레임에서는 제외했습니다(그림 2-2 참고).

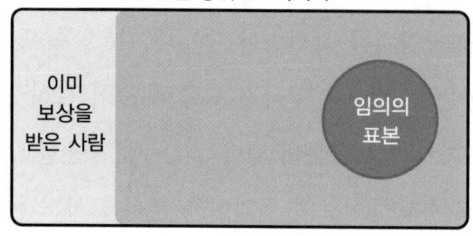

〈그림 2-2〉 위키피디아 실험의 데이터 범위 다이어그램

프레임 내에서 200명의 기여자를 임의로 선택해서 표본을 만들었습니다. 선택된 기여자를 90일간 관찰한 후, 그들이 위키피디아에서 활동한 디지털 추적 내역을 수집했습니다. 이때 기여자 집단은 고정되어 있지 않고, 보통 어느 정도 변동이 있다는 것을 염두에 두어야 합니다. 연구 시작 전 달에는 위키피디아에 144,000명의 기여자가 위키피디아의 내용을 채우는 데 기여했습니다. 이 중 상위 기여자를 선택하는 것은 분석 결과를 일반화하는 데에 다소 한계가 있지만, 주어진 상위 기여자 집단의 크기를 고려했을 때, 비공식적 보상이 이들의 기여 정도가 유지되거나 늘어나는 데 영향을 미친다면, 이 역시도 중요한 결과로 볼 수 있습니다.

많은 연구와 실험에 있어서 프레임에 모집단의 모든 유닛을 포함하기란 쉽지 않습니다. 연구나 실험에 자원한 참가자로 접근 프레임이 만들어지는 경우도 흔합니다.

2.2.2. 예제: 누가 선거에서 이길까?

2016년의 미국 대선 결과는 많은 사람들과 많은 여론 조사 기관을 놀라게 했습니다. 대다수의 선거 사전 여론 조사에서 힐러리 클린턴이 도날드 트럼프를 이길 것이라고 예측했습니다. 정치 여론 조사는 사람들이 누구에게 투표할지 가늠하기 위해 선거 전에 실시하는 여론 조사의 한 유형입니다. 여론은 시간이 지남에 따라 변하기 때문에 응답자에게 내일 선거가 치러진다면 후보자 A와 후보자 B 중 누구에게 투표할 것인지 묻는 '경마'같은 질문 형태로 여론 조사가 이루어집니다.

여론 조사는 대통령 선거 운동 기간 동안 정기적으로 진행되고, 선거날이 가까워짐에 따라, 후보에 대한 선호도가 명확해지기 때문에 결과의 예측률이 높아지는 경향이 있습니다. 여론 조사는 보통 주별로 시행된 후 그 결과를 종합하여, 최종 승자를 예측하는 방식으로 진행됩니다. 이처럼, 여론 조사가 이루어지는 시간과 위치가 결과에 영향을 미칩니다. 여론 조사 기관 역시 결과에 영향을 미칩니다.[5] 특정 기관은 늘 다른 기관보다 결과에 더 근접하곤 합니다.

이 선거 사전 여론 조사에서 대상 집단은 선거에 투표할 사람들로 구성됩니다. 이 예제에서는 2016년 미국 대선에 투표할 사람들이 됩니다. 하지만 여론 조사 기관에서는 누가 투표에 참여할지를 알 수 없기 때문에, 접근 프레임에 들어가는 사람은 투표를 할 것 같은 사람들입니다(이는 보통 과거 투표 기록을 기반으로 추정하지만, 다른 요인도 고려됩니다.). 또한 여론 조사는 전화로 진행하므로, 접근 프레임에 포함되는 사람들은 유선 혹은 무선 전화를 가진 사람들로 제한됩니다. 표본은 프레임에서 전화번호를 임의로 선택한 후 해당 전화번호의 소유주들로 구성됩니다(그림 2-3 참고).

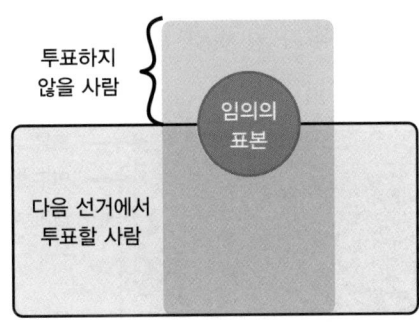

〈그림 2-3〉 2016년 대선 여론 조사의 범위 다이어그램

3장에서는 사람들이 전화를 받지 않거나 여론조사에 참여하지 않는 것이 선거 예측에 미치는 영향에 대해 논의하겠습니다.

2.2.3. 예제: 환경오염은 개인의 건강에 어떤 영향을 미칠까?

해당 예제에 대해 알아보고자, 캘리포니아 환경보호청(California Environmental Protection Agency, CalEPA), 캘리포니아 환경보건재해평가국(California Office of Environmental Health Hazard Assessment, OEHHA), 캘리포니아 주민들이 캘인바이로스크

---

5 https://oreil.ly/iHApH

린(CalEnviroScreen) 프로젝트[6]를 진행했습니다. 이 프로젝트에서는 데이터를 활용해서 캘리포니아 지역의 공중보건과 환경오염 간의 관계에 대해서 알아보고자 했습니다. 이 프로젝트에서는 미국 인구조사에서 가져온 인구통계 정보, 캘리포니아 의료 접근 및 정보 부서(California Department of Health Care Access and Information)의 보건 통계, 캘리포니아 대기 자원 협회(California Air Resources Board)에서 캘리포니아 주 곳곳에 운영하는 대기질 모니터링 스테이션에서 가져온 오염 측정 정보 등의 데이터를 사용합니다.

이상적으로는, 이 연구에서 캘리포니아 주민들을 연구해서 환경오염이 개개인의 건강에 어떤 영향을 미치는지를 측정하면 좋을 것입니다. 하지만 이 상황에서, 데이터는 인구조사구 단위로만 얻을 수 있습니다. 접근 프레임은 동일한 조사구에 사는 사람들의 집단이 됩니다. 주의 모든 구에 대한 데이터를 얻을 수 있다면, 접근 프레임의 유닛은 인구조사구가 되고, 표본은 모든 구에 대한 인구조사 결과가 될 것입니다(그림 2-4 참고).

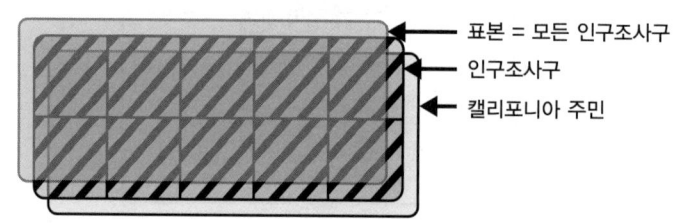

〈그림 2-4〉 캘인바이로스크린 프로젝트의 범위.
접근 프레임의 격자는 인구조사구를 나타낸다.

아쉽지만, 조사구별로 집계된 데이터를 쪼개서 개개인을 조사할 수는 없습니다. 이 집계 내역은 우리가 마주한 질문과 도출해 낼 결론에 영향을 미칩니다. 예를 들어, 캘리포니아의 대기질과 천식으로 인한 입원율 간의 관계에 대한 질문에 대해 탐색할 수 있습니다. 하지만 현재의 데이터로는, 이 질문의 배경이 되는 개개인의 건강에 대해서는 답할 수 없습니다.

앞의 예제들을 통해 대상 집단, 접근 프레임과 표본을 설정하는 법에 대해서 알아보았습니다. 프레임을 통해서 모두를 살펴볼 수는 없지만, 프레임에서 누락된 정보가 결론에 어떤 영향을 줄 수 있는지는 고려해 볼 수 있습니다. 또한 프레임에 모집단 외의 원소가 들어갔

---

6 https://oreil.ly/qeVD0

을 때 어떤 일이 생길 수 있는지에 대해서도 생각해 볼 수 있습니다. 게다가, 표본을 추출하는 기법에 따라 표본이 모집단을 대표하는 방식도 달라질 수 있습니다. 데이터에서 알게 된 사실을 일반화하려면 데이터 수집에 활용한 수단 및 과정의 품질에 대해서도 고려해야 할 것입니다. 만약 표본이 대상 집단을 적합하게 대표하더라도, 여기에서 정보를 제대로 가져오지 못했다면, 정보에서 도출한 발견 내용 역시 신뢰도가 낮을 수 있습니다. 이에 대해서는 뒤에서 더 살펴보도록 하겠습니다.

2.3. 수단 및 프로토콜

데이터 범위를 고려함에 있어서, 측정 도구 및 측정 과정 역시도 고려해야 합니다. 이때 측정 과정을 프로토콜이라고 합니다. 설문조사의 경우, 일반적으로 표본에 포함된 개인이 응답하는 형태의 설문지로 이뤄집니다. 설문조사 프로토콜에는 표본 선정 방법, 비응답자에 대한 후속 조치 방법, 인터뷰 담당자 교육, 기밀 보호 등이 포함됩니다.

좋은 수단과 프로토콜은 모든 종류의 데이터 수집에 있어 중요합니다. 대기 중 이산화탄소의 양 같은 자연 현상을 측정할 때도, 수단의 정확도를 알아두어야 합니다. 수단을 조율하고 측정하는 프로토콜이 필수적으로 진행되어야 정확한 측정 내역을 얻을 수 있습니다. 수단이 올바르게 조정되지 않았다면 시간이 지남에 따라 측정치가 바뀌어 매우 부정확한 결과가 나올 수 있습니다.

프로토콜은 실험에서도 매우 중요합니다. 이상적으로는 실험 결과에 영향을 미치는 모든 요인을 통제할 수 있어야 합니다. 예를 들자면, 온도, 요일, 의료 기록 정보 보호, 측정 순서 같은 것도 이런 요인으로 인해 결과에 미칠 수 있는 잠재적 영향을 배제하기 위해 일관성을 유지해야 합니다.

디지털 추적 데이터의 경우, 온라인 활동에 영향을 미치는 알고리즘은 항상 균일하게 움직이는 것이 아니고 지속적으로 개선됩니다. 한 예로 구글의 검색 알고리즘의 경우 고객 경험과 광고 수익을 늘리기 위해 꾸준히 바뀌고 있습니다. 검색 알고리즘의 변화는 검색 데이터에 영향을 미치고, 이는 구글 독감 트렌드 추적 시스템 같이 이 데이터로 만들어지는 시스템에 영향을 미치게 됩니다. 이런 식으로 변화하는 환경에서는 데이터 수집 프로토콜을 안정적으로 유지할 수 없고 데이터 분석 결과를 재현하기 어렵습니다.

여러 데이터 과학 프로젝트에서는 여러 곳에서 가져온 데이터를 결합해서 사용합니다. 사전에 구축해 둔 데이터 범위 내에서 각 데이터 출처를 확인하고, 출처 간의 차이를 고려해야 합니다. 또한, 여러 곳의 데이터를 결합하는 데 사용되는 알고리즘을 명확히 이해해야 모집단과 각 데이터 출처에서 가져오는 프레임을 비교할 수 있습니다.

자연 현상을 연구할 때 사용하는 수단을 통해 측정한 결과는 대상 집단, 접근 프레임, 표본의 범위 다이어그램에 대입해서 살펴볼 수 있습니다. 이 방식을 사용하면 수단의 정확도를 더 쉽게 이해할 수 있습니다.

2.4. 자연현상 측정

대상 집단을 관측하는 부분에서 소개한 범위 다이어그램은 대기 중 입자의 수, 화석의 연대, 빛의 속도 같은 수치를 측정하는 상황에서도 활용할 수 있습니다. 이런 경우, 측정하고자 하는 수를 특정한 미지수로 둡니다(이 미지수는 매개변수라고도 합니다). 여기서 범위 다이어그램을 적용해 볼 수 있습니다. 대상을 미지수를 나타내는 점으로 축소하고, 수단의 정확도를 프레임으로, 표본은 도구로 측정한 측정치입니다. 프레임을 다트판으로, 도구는 다트를 던지는 사람으로도 생각해 볼 수 있습니다. 이때 다트는 다트판 원 안에 중심점 주변으로 흩어져서 꽂혀 있습니다. 이렇게 흩어진 다트는 도구가 측정한 측정치에 대응시킬 수 있습니다. 대상 값은 다트를 던지는 사람이 보지 못하겠지만, 이상적으로는 다트판의 중심일 것입니다.

대기의 CO_2 측정 문제를 통해 측정 오차와 이에 따른 표본 오차의 개념을 살펴보겠습니다.

2.4.1. 예제: 대기의 CO_2 수준은 어느 정도일까?

CO_2는 지구 대기의 열 방출을 막기 때문에 지구 온난화의 중요한 신호 역할을 합니다. CO_2가 없다면 지구는 사람이 살 수 없을 정도로 춥겠지만, CO_2가 증가하면 지구 온난화가 발생하여 지구의 정상적인 기후를 위협합니다. 그러므로 CO_2의 적절한 균형이 필요합니다. 이 문제를 파악하기 위해 1958년부터 마우나 로아 관측소(Mauna Loa Observatory)에서

CO_2 농도를 관측해 왔습니다.[7] 이 데이터는 지구 온난화의 위험에 대해 이해할 때 매우 유용한 자료입니다.

데이터의 범위에 있어서, 데이터를 수집하는 위치와 시간을 고려해야 합니다. 과학자들은 기본 CO_2 수준을 측정하기 위해 마우나 로아 화산을 측정소로 선정했습니다. 마우나 로아는 태평양 한가운데 있어 오염원으로부터 떨어져 있고, 관측소는 굳은 용암으로 둘러싸인 산 위에 있어, 대기의 CO_2를 줄여주는 식물로부터도 떨어져 있습니다.

CO_2 측정 수단은 최대한 정확해야 합니다. 측정 수단을 최상의 상태로 유지하기 위해 엄격한 프로토콜이 마련되어 있습니다.[8] 예를 들어, 마우나 로아의 대기 표본은 서로 다른 유형의 장비를 사용해 일정한 시간 간격으로 측정되고, 다른 표본은 보다 정확한 측정을 위해 실험실로 보내집니다. 이렇게 측정된 내용은 수단의 정확도를 판단하는 데 도움이 됩니다. 또한 매 시간 5분 동안 기준 기체를 측정하고, 다른 두 가지 기준 기체도 매일 15분간 측정합니다. 이 기준 기체의 CO_2 수준은 이미 확인되어 있습니다. 측정 농도와 알려진 값을 비교함으로써 기기의 편향 정도를 파악합니다.

마우나 로아 대기의 CO_2는 대개 일정합니다. 시간당 측정된 5분 평균 농도는 시간당 평균과 변동이 있으며, 이러한 변동은 기기의 정확도와 공기 흐름의 변화를 반영합니다.

데이터 수집 범위를 다음과 같이 요약할 수 있습니다. 특정 장소(마우나 로아 화산 위)에서 1시간가량 CO_2의 상태가 실제 기본 농도가 되고, 이를 대상 값으로 설정합니다(그림 2-5 참고). 정해진 수단을 사용해서 농도를 측정하고 5분 평균값을 기록합니다. 접근 프레임의 표본에서 읽어온 값은 다트판이 됩니다. 수단이 적절하게 동작한다면, 다트판의 중심(기준값)과 대상(CO_2의 한 시간 평균 농도)이 일치하고, 측정값이 대상 중심과 0.30ppm(백만분율) 이내여야 합니다. 참고로 CO_2 농도(ppm)는 건조한 공기 100만 분자 중 CO_2 분자가 몇 개인지를 나타내는 단위입니다.

---

7 https://oreil.ly/HpqFr

8 https://oreil.ly/r_Da9

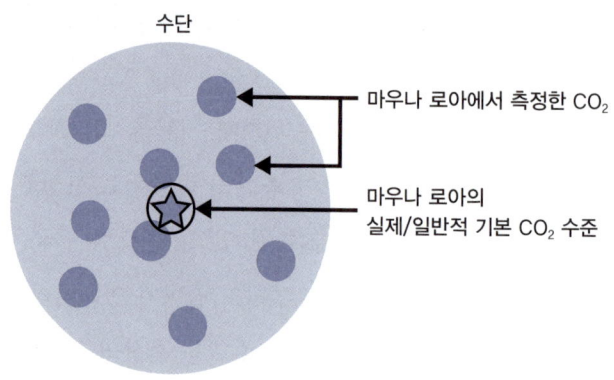

〈그림 2-5〉 접근 프레임은 수단의 정확도를 나타내고,
별표는 관심 주제의 실제 값을 나타냅니다.

다음은 편향과 변동 개념을 다트판을 사용해서 소개하고, 표본이 모집단을 표현하지 못하는 경우를 설명하고, 정확도와 프로토콜 간의 관계에 대해서 알아보겠습니다.

2.5. 정확도

인구 조사에 있어서 접근 프레임은 인구이며, 전체 인구에서 표본을 가져옵니다. 이런 상황에서 잘 만들어진 설문지만 있다면 인구에 대한 완벽하고 정확한 정보를 얻을 수 있고, 데이터 범위도 완벽하게 만들어집니다. 비슷한 방식으로, 대기 중 CO_2 농도를 측정하는 경우에도 측정 장비의 정확도가 완벽하고 제대로 작동한다면 정확한 CO_2 농도를 측정할 수 있을 것입니다(대기 변동은 일단 고려하지 않습니다). 하지만 측정 장비나 사용 방법에 문제가 있다면, 농도를 정확하게 측정하기는 거의 불가능합니다. 대부분의 경우, 발견한 내용을 관측하지 않은 부분의 결론을 일반화하려면 측정 방법의 정확도가 수치화되어야 합니다. 보통 표본을 사용해서 모집단의 평균값을 추정하거나, 측정치로부터 과학적인 미지수를 추정하거나, 새로운 개체의 행동을 예측하기도 합니다. 이런 경우에 있어서도 측정이 얼마나 정확한지 수치화하는 것이 필요합니다. 이를 통해 우리의 추정, 추론, 예측이 진실에 얼마나 가까운지를 판단할 수 있습니다.

다트판에 던져진 다트의 개념은 정확도를 이해하는 데 유용하게 사용되어 왔습니다. 여기서는 정확도를 편향과 정밀도(변동)의 두 가지 개념으로 나누어서 설명할 것입니다. 우리의 목적은 다트를 던져 다트판의 중심을 맞추는 것이고 다트판의 중심이 보이지 않는 대상에 들어맞게 하는 것입니다. 판에 뿌려진 다트는 측정값의 정밀도를 나타내고, 다트판의 중심과 우리의 대상인 미지수와의 차이는 편향 정도를 나타냅니다.

그림 2-6은 편향과 정밀도가 낮을 때와 높을 때를 모두 보여줍니다. 이 다이어그램에서, 점은 측정된 값을 나타내고, 별은 실제의 모르는 매개변숫값을 나타냅니다. 점은 다트보드 형태의 접근 프레임 안에서 흩어져있습니다. 윗줄의 그림에서 접근 프레임의 중심은 별 중간에 위치해 있고, 측정값은 중심값 부근에 흩어져 있으며 편향 정도는 낮습니다. 우측의 큰 다트판은 측정값이 더 넓게 퍼져있음(정밀도가 낮음)을 나타냅니다.

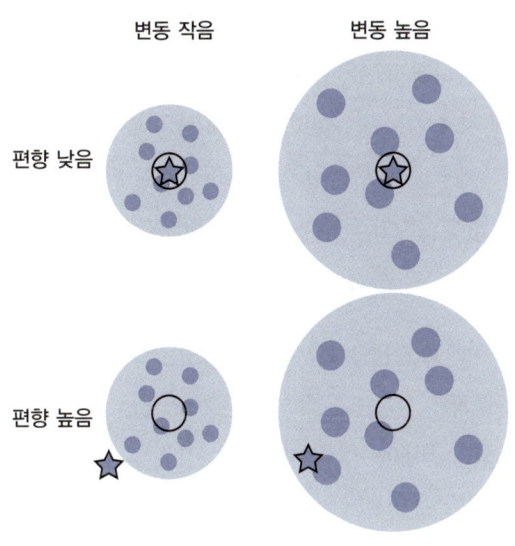

〈그림 2-6〉 낮은 측정 편향과 높은 측정 편향 및 정밀도의 조합

데이터가 모집단을 잘 반영한다면 위 다이어그램의 상단과 같이 편향 정도가 낮아, 미지의 대상이 중심과 잘 맞아떨어져야 합니다. 이상적인 경우, 수단과 프로토콜을 잘 사용하면 다이어그램의 상단 좌측과 같이 변동도 작은 형태가 나올 것입니다. 하단의 경우 점의 퍼진 형태는 전반적으로 대상 값을 벗어나 있고, 더 많은 표본을 사용한다고 해도 이 편향을 고칠 수는 없습니다.

2.5.1. 편향 유형

편향은 여러 가지 형태로 나타납니다. 여기서는 몇 가지 기본적인 형태에 대해 설명하고 이를 우리의 대상-접근-표본 프레임워크와 연결지어 살펴볼 것입니다.

- 범위 편향

    접근 프레임이 대상 집단의 전체를 다루지 않는 경우에 발생합니다. 예를 들어, 전화 설문 조사의 경우 전화가 없는 사람을 포함할 수 없습니다. 이 경우, 포함되지 않은 사람들은 접근 프레임 안의 사람들과 여러 중요한 면에서 차이가 있을 수 있습니다.

- 선택 편향

    특정 기법을 사용해서 표본에 쓸 유닛을 선택할 때, 의도와는 달리 특정 유닛이 더 자주 선택될 때 발생합니다. 한 가지 예로, 편하게 표본을 추출하는 방법으로 가장 쉽게 사용할 수 있는 유닛을 선택하기도 합니다. 이때 쉽게 사용 가능한 유닛이 좀 더 사용이 번거로웠던 유닛과 중요한 차이를 보일 때 문제가 생깁니다. 다른 예로, 관측 연구와 실험에서는 실험 참여자를 지원자 중에서 받는데, 지원자가 대상 집단과 중요한 면에서 차이가 있는 경우 편향이 발생할 수 있습니다.

- 무응답 편향

    유닛과 아이템의 두 가지 형태로 발생합니다. 무응답 유닛은 누군가 참여할 의사가 없는 표본을 고른 경우(모르는 전화번호로 걸려온 전화는 절대 받지 않는 사람들 같은) 발생합니다. 무응답 아이템은 누군가 전화를 받았지만 특정 질문에는 대답하지 않는 경우입니다. 무응답 편향의 경우는 응답을 하지 않은 경우가 응답을 한 경우와 명확한 차이가 있을 때 발생할 수 있습니다.

- 측정 편향

    수단이 명확히 특정 방향의 대상을 놓치는 경우 측정 편향이 일어날 수 있습니다. 예를 들어, 습도가 낮은 경우 대기 오염 수치가 실제보다 더 높게 측정될 수 있습니다. 게다가, 측정 기기가 시간이 지남에 따라 불안정해져 오류를 일으킬 수 있습니다. 설문조사의 경우, 질문에서 모호한 단어를 사용했거나, 문맥이 헷갈리거나, 응답자가 편안한 상태에서 답변을 할 수 없을 때 측정 편향이 발생할 수 있습니다.

각각의 편향 유형은 데이터가 미지의 목적값 중앙에 오지 못하게 합니다. 많은 경우, 접근 프레임 바깥의 유닛, 표본으로 선택하기 어려운 유닛, 응답을 꺼려하는 유닛에 대해서는 정보가 거의 없기 때문에, 편향이 어느 정도나 일어날 수 있는지를 알지 못합니다. 프레임에서 표본을 선택하거나 실험 조건에 유닛을 할당하는 확률적 기법으로 선택 편향을 제거할 수 있습니다. 참여를 독려하기 위한 무응답 후속 프로토콜을 통해 무응답 편향을 줄일 수 있습니다. 파일럿 설문조사는 질문 문구를 개선하여 측정 편향을 줄일 수 있으며, 무작위 순서로 측정하기 위해 수단과 프로토콜을 보정하는 절차를 사용해서도 측정 편향을 줄일 수 있습니다.

2016년 미국 대선의 경우, 승자를 부정확하게 예측한 이유에는 무응답 편향과 측정 편향이 주요 요인이었습니다. 당시에 대부분의 투표자 설문조사는 클린턴이 트럼프를 이기는 결과가 나올 것이라고 예측했습니다. 그래서 트럼프가 예상을 뒤엎고 이겼을 때 다들 당혹스러워했습니다. 선거 후, 많은 설문조사 전문가는 여론조사에서 어디가 잘못되었는지를 파악하려고 했습니다. 미국여론조사협회(The American Association for Public Opinion Research, AAPOR)[9]에서는 예측이 두 가지 요인으로 인해 엇나갔다가는 것을 발견했습니다.

- 학력이 대학 이상인 투표자가 과대표집되었습니다. 대학 이상의 학력을 가진 투표자는 학력이 낮은 투표자 대비 설문에 더 잘 응답했고, 2016년 대선에서 상당수가 클린턴을 지지했습니다. 고학력자에게서 더 높은 응답률이 나옴으로써 표본에 편향이 있었고 클린턴 지지 응답이 과추정되었습니다.

- 투표자들이 선거 직전에 선호를 바꾸거나, 마지막까지 어느 쪽을 지지할지 결정하지 못했습니다. 설문조사는 고정적이고 현재의 믿음만을 측정할 수밖에 없기 때문에, 이런 행동 변화를 예측하기는 어렵습니다.

사람들이 지지를 취소하거나 지지자가 바뀔 경우, 이를 알아차리고 이런 경우가 어느 정도나 발생하는지를 파악하기는 어렵습니다. 하지만 여론조사 전문가들은 출구조사를 통해서 투표 후에 이런 변동이 어느 정도나 되었는지를 파악해 왔습니다. 이 전문가들은 미시건 같은 격전지의 경우, 다수의 투표권자는 선거운동기간 마지막 주에서야 마음의 결정을 했고, 이 사람들이 대거 트럼프에 투표하면서 큰 격차를 만들어냈다는 사실을 발견했습니다.

모든 경우에 편향을 제거할 필요는 없습니다. 어떤 측정 수단이 매우 정밀하고(변동이 적고) 편향이 적다면, 변동이 크고 편향이 없는 수단보다 나을 것입니다. 예를 들어, 설문조사 수단을 테스트하거나 대규모 연구 설계에서 유용한 정보를 가져오는 경우, 편향 연구가

---

[9] https://oreil.ly/uPDIR

도움이 될 수도 있습니다. 많은 경우 연구 참여에 자원을 받을 수밖에 없습니다. 이런 제약 조건 속에서도, 이 자원자들을 연구에 참여시킨 후 이들을 실험군과 대조군으로 임의로 구분한 후 연구를 진행하는 것은 여전히 유용한 방식입니다. 이 방식은 무작위 대조 실험(randomized controlled experiment)의 바탕이 되는 개념이기도 합니다.

현재 편향이 있든 없든, 일반적으로 데이터에는 변동이 존재합니다. 확률적 기법을 사용하여 표본을 선정하는 과정에서 의도적으로 변동을 넣게 되는 경우도 있고, 수단의 정밀도에 따라 자연적으로 발생하기도 합니다. 다음에 이어서는 변동의 세 가지 주요 원천에 대해 살펴보겠습니다.

2.5.2. 변동 유형

다음 변동의 유형은 확률적 기법을 통해서 나타나며 이런 경우에는 정량화가 가능하다는 장점이 있습니다.

- 표본 변동(Sampling variation)
  표본을 고를 때 확률을 사용한 결과 발생합니다. 이런 경우, 이론적으로 표본을 추출할 때 특정 원소의 집단이 만들어질 확률을 계산할 수 있습니다.

- 할당 변동(Assignment variation)
  통제 실험에서 실험군에 임의로 유닛을 할당할 때 발생합니다. 이 경우, 유닛을 다르게 할당하면 실험 결과가 달라질 수 있습니다. 이런 할당 과정에서는 유닛이 특정군으로 할당될 확률을 구해야 합니다.

- 측정 오차(Measurement error)
  측정 과정에서 발생합니다. 측정 도구가 움직이거나 기울어지지 않고 오차의 분포도 일정하다면, 동일한 물체를 여러 가지로 측정했을 때, 측정값은 실제값을 중심으로 임의의 변동을 보입니다.

항아리 모델(urn model)은 변동을 이해할 때 유용하도록 단순하게 추상화된 모델입니다. 이 모델에서는 이름표가 붙어있는 동일한 크기의 구슬을 큰 항아리에 가득 채웠다고 가정합니다. 그리고 이 항아리에서 구슬을 꺼냅니다. 이 방식을 통해 표본 추출 구조, 무작위 대조 실험, 측정 오차에 대해 생각해 볼 수 있습니다. 이러한 각 유형의 변동에 있어서, 항아리 모델은 확률 또는 시뮬레이션(3장 참고)을 사용하여 변동의 크기를 추정하는 데 도움이 됩니다. 비공식적 보상을 줄 위키피디아 기여자를 선택하는 예제의 경우, 두 가지의 항아리 모델을 활용할 수 있습니다.

위키피디아 실험에서, 1,440명의 최상위 기여자 중 임의로 200명의 기여자를 선택했습니다. 이 200명의 기여자를 다시 100명씩 두 집단으로 나눕니다. 한 집단에는 비공식적으로 기여에 대한 보상을 해주었고 다른 집단은 그냥 두었습니다. 여기에 적용한 선택과 분할 과정을 항아리 모델을 사용해서 나타내면 다음과 같습니다.

1. 동일한 모양과 크기의 구슬 1,440개 각각에 1,440명의 위키피디아 기여자의 이름을 쓴 후 이를 항아리에 채웠다고 상상합니다(이것이 접근 프레임입니다).
2. 항아리 안에 있는 구슬을 잘 섞은 후, 구슬 하나를 꺼내서 따로 놔둡니다.
3. 구슬을 섞고 꺼내는 2번의 과정을 반복하면서 구슬 200개를 꺼냅니다.

꺼낸 구슬이 표본이 됩니다. 그리고 이 200명의 기여자 중 보상을 할 사람을 고르려면, 다른 항아리를 사용해야 합니다.

1. 앞서 꺼낸 200개의 구슬을 두 번째 항아리에 넣습니다.
2. 구슬을 잘 섞은 뒤, 하나를 꺼내서 따로 놔둡니다.
3. 한 번에 하나씩 구슬을 고르고, 다시 섞고, 고른 구슬끼리 따로 놓는 과정을 100회 반복합니다.

선택된 100개의 구슬을 실험군으로 할당하고 이 구슬에 이름이 쓰인 사람에게 기여도에 따라 보상을 줍니다. 항아리에 남은 100명은 대조군으로 보상을 주지 않습니다.

표본을 고르고 이 중 보상을 받을 사람을 선택하는 것은 확률적 기법입니다. 만약 전체 1,440개의 구슬을 처음 항아리에 다시 넣고 표본을 고르는 첫 번째 과정부터 진행한다면, 다른 표본을 얻게 될 가능성이 높습니다. 이로 인해서 생기는 변동은 표본 변동입니다. 비슷한 방식으로, (200개의 표본은 바꾸지 않은 상태에서) 임의 할당 과정을 다시 반복한다면 새로운 실험군이 만들어질 것입니다. 이 두 번째 과정에서 할당 변동이 발생합니다.

위키피디아 실험을 통해서 표본 변동과 할당 변동을 모두 살펴볼 수 있었습니다. 이 두 경우 모두, 데이터 수집 과정에서 확률적 기법을 사용했습니다. 항아리 모델을 따르는 확률적 기법에서는 측정 오차 역시 고려해야 합니다. 앞서 들었던 마우나 로아의 CO_2 관측에서의 측정 오차를 생각해 볼 수 있습니다.

데이터의 변동을 항아리 모델에 정확한 비유를 하려면, 항아리 모델에서 변동 크기를 측정할 수 있는 수단이 필요합니다(3장 참고). 이런 수단이 있다면 데이터에 대한 변동의 정확한 값을 구할 수 있을 것입니다. 그러나 이때 주의할 점은 항아리 모델은 변동의 원인을 제대로 설명하고 있는지 반드시 확인해 두어야 합니다. 그렇지 않으면, 정확도에 대해 우리가 주장하는 내용 안에 심각한 결함이 있을 수 있습니다. 이러한 항아리 모델을 적용하려면 데이터 수집에 사용된 수단과 프로토콜, 확률적 기법 등 데이터 범위에 대해 가능한 한 많이 알아야 합니다.

2.6. 정리

사용한 데이터가 어떤 종류든 상관없이, 데이터 정제, 탐색, 분석 전에 있어서 데이터 출처를 확인해야 합니다. 만약 직접 데이터를 수집한 게 아니라면, 다음과 같이 자문해 봅시다.

- 데이터를 누가 수집한 것인가?
- 데이터를 왜 수집했는가?

이 질문에 대한 대답을 통해 해당 데이터가 여러분이 관심을 두는 질문에 활용할 수 있을지를 판단하는 데 도움을 받을 수 있습니다.

데이터의 범위를 고려하세요. 데이터 수집에서의 시공간적 요소에 대해 질문함으로써 가치 있는 인사이트를 얻을 수 있습니다.

- 데이터가 언제 수집되었는가?
- 데이터는 어디서 수집되었는가?

이 질문에 대답하면서 이 데이터에서 발견한 내용을 여러분이 관심을 두는 상황에 적용 가능한지, 혹은 고려하는 상황이 데이터를 수집한 시공간과 비교가 가능한지를 판단할 수 있습니다.

데이터 범위 개념의 핵심은 다음 질문에 대한 답변을 통해 알 수 있습니다.

- 대상 집단(혹은 미지의 매개변수)은 무엇인가?

- 대상에 어떻게 접근했는가?
- 표본을 추출하고 측정한 방법은 무엇인가?
- 어떤 수단을 사용했고 조정은 어떻게 했는가?

이런 질문에 최대한 많이 대답하면서 조사 결과를 얼마나 신뢰할 수 있는지, 그리고 조사 결과를 일반화할 수 있는지에 대한 귀중한 인사이트를 얻을 수 있습니다.

이 장에서는 이런 질문에 대해서 고민하고 대답할 때 사용할 수 있는 용어와 프레임워크에 대해 알아보았습니다. 또한 발견 내용의 정확도에 영향을 미칠 수 있는 편향과 변동이 가능한 원인을 파악하는 방법에 대해서도 살펴보았습니다. 편향과 변동을 판단할 수 있도록 다음의 다이어그램과 개념을 사용했습니다.

- 대상 집단, 접근 프레임, 표본 간의 겹치는 부분을 나타내는 범위 다이어그램
- 수단의 편향과 변동을 설명하기 위한 다트판
- 확률적 기법을 사용해 접근 프레임으로부터 표본을 추출하고, 실험군과 대조군으로 나누거나 잘 조정된 도구로 측정하는 상황을 설명하기 위한 항아리 모델

이 다이어그램과 모델은 한계를 정의하고 데이터가 여러분의 질문에 대답하는 데 유용할지 판단하고, 그 한계를 이해하는 데 필요한 핵심 개념을 정리해서 보여줍니다. 3장에서는 정확도를 보다 공식적으로 정량화하고 시뮬레이션 연구를 설계하기 위해 항아리 모델을 개발하는 과정을 설명하겠습니다.

3장
시뮬레이션과 데이터 설계

이 장에서는 데이터 샘플링 방법과 편향과 분산에 미치는 영향에 대해 추론하는 데 필요한 기본적인 이론적 토대를 다집니다. 이러한 기초를 설명하기 위해 딱딱한 고전 통계학 방정식이 아닌 구슬이 가득 담긴 항아리를 비유로 사용하겠습니다. 시뮬레이션이라는 전산적 도구를 사용하여 항아리에서 구슬을 선택하는 속성과 현실에서의 데이터 수집 상황을 추론해 나갑니다. 시뮬레이션 과정과 일반적인 통계 분포(고전 방정식)를 연결할 것이지만, 시뮬레이션의 기본 도구를 사용하면 방정식을 사용하여 직접 모델링하는 것보다 더 유연하고 강력한 분석을 가능하게 해줍니다.

이 장에서는 세 가지 주요 시뮬레이션 예제를 다룹니다. 첫 번째는 미국의 여론조사 기관들이 2016년의 미국 대선 결과 예측을 어떻게 실패하게 되었는지 살펴볼 것입니다. 펜실베니아의 실제 투표 값을 사용해서 시뮬레이션합니다. 600만 명의 유권자에 대한 여론조사의 표본 변동을 시뮬레이션 하여, 응답 편향이 여론조사에 어떻게 영향을 미치는지를 알아보고, 단순히 데이터만 수집한다고 더 나은 결과가 나오지 않는다는 것을 확인합니다.

두 번째 시뮬레이션 예제로, COVID-19 백신의 효능을 보였지만 동시에 백신의 상대적 효능에 대해서 뜨거운 논쟁을 촉발했던 통제 실험을 살펴봅니다. 실험을 항아리 모델을 활용하여 무작위 대조 실험에서 할당 변동을 분석하고, 시뮬레이션을 통해 임상시험의 예상 결과를 찾아냅니다. 또한, 데이터 범위에 대해 면밀하게 살펴보면서 시뮬레이션을 통해 백신의 비효율성에 대한 주장을 반박합니다.

세 번째 예제는 대기질 측정 과정에 대한 시뮬레이션입니다. 인공적으로 만든 대기질 측정값과 실제 측정값의 기복 정도를 비교해 보면, 대기질 측정에서의 기복을 모델링하는 데 항아리 모델이 적합한지 평가할 수 있습니다. 이 비교 결과를 활용해서 습도가 낮은 시기에 공기질을 더 정확하게 측정할 수 있도록 퍼플에어(Purple Air) 모니터를 보정하는 방법을 제시합니다.

하지만 이 시대의 가장 중요한 데이터 논쟁을 살펴보기에 앞서, 먼저 아주 작은 이야기인 항아리에 담긴 구슬 몇 개에 대한 이야기부터 시작하겠습니다.

3.1. 항아리 모델

항아리 모델은 1700년대 초, 야곱 베르누이(Jacob Bernoulli)가 모집단으로부터 아이템을 가져오는 과정을 모델링하기 위해 만들어낸 방법입니다. 그림 3-1은 항아리 모델을 나타낸 것으로, 항아리에서 구슬을 임의로 추출하는 과정을 묘사했습니다. 처음에 항아리에는 파란색 구슬 3개와 검은 구슬 2개, 총 5개의 구슬이 들어있습니다. 이 다이어그램에서는 이 중에서 처음에 검은색 구슬, 두 번째로 파란색 구슬을 꺼내어, 총 두 번 구슬을 꺼낸 과정을 나타냈습니다.

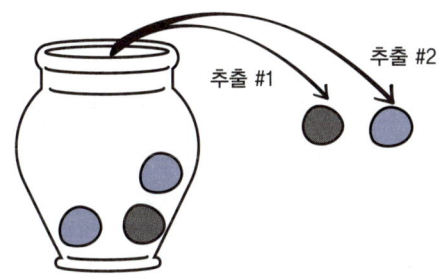

〈그림 3-1〉 복원하지 않고 항아리에서 두 개의 구슬을 꺼내는 과정의 다이어그램

항아리 모델을 처음 설정하려면, 몇 가지 항목을 결정해야 합니다.

- 항아리에 넣을 구슬 수
- 각 구슬의 색(혹은 이름)
- 항아리에서 꺼낼 구슬 수

마지막으로, 추출 방안을 결정해야 합니다. 여기에서는 항아리의 구슬을 섞은 후, 표본에 사용할 구슬을 꺼낸 뒤, 색을 기록한 뒤 다시 항아리에 집어넣거나(복원), 따로 놔둬서 다시 꺼낼 수 없도록 하는 방법이 있습니다(비복원).

이런 결정에 따라 모델의 매개변수가 만들어집니다. 항아리 모델은 이런 매개변수를 잘 선택하여 수많은 현실 상황을 나타내는 데 적용할 수 있습니다. 그림 3-1의 예제를 다시 살펴봅시다. 항아리에서 비복원 방식으로 두 개의 구슬을 꺼내는 과정을 numpy의 random.choice를 사용해서 시뮬레이션할 수 있습니다. numpy 라이브러리에는 데이터 과학에서 특히 유용하게 활용하는 행렬을 지원하는 여러 함수가 있습니다.

```
import numpy as np

urn = ["blue", "blue", "blue", "black", "black"]
print("Sample 1:", np.random.choice(urn, size=2, replace=False))
print("Sample 2:", np.random.choice(urn, size=2, replace=False))
```

```
Sample 1: ['blue' 'black']
Sample 2: ['black' 'blue']
```

이때 구슬을 꺼낸 후에 다시 항아리에 돌려놓지 않는다는 것을 명시하기 위해 replace 인자를 False로 설정했다는 것을 기억해 둡니다.

이 기본 단계에서, 보고자 하는 표본 종류에 대한 질문에 대해 대략적인 답을 얻을 수 있습니다. 추출한 표본 구슬이 하나의 색으로만 이루어졌을 가능성은 얼마일까요? 표본을 추출한 후 다시 돌려놓는 방식을 사용하면 이 가능성이 달라질까요? 항아리의 구슬의 수를 바꾼다면 가능성이 어떻게 달라질까요? 항아리에서 구슬을 더 꺼낸 경우는 어떨까요? 이 과정을 더 많이 반복하면 어떻게 될까요?

이 질문에 대한 답을 통해 데이터 수집에 대한 기본 이해를 다질 수 있습니다. 이런 기본 지식을 사용해서 항아리 모델을 시뮬레이션할 수 있고, 고전 통계 방정식으로 쉽사리 풀 수 없는 실제 문제에 이 시뮬레이션 기법을 적용해 볼 수 있습니다.

예를 들어, 두 개의 구슬을 꺼냈을 때 색이 동일할 확률을 쉽게 추정하기 위해 시뮬레이션을 사용해 볼 수 있습니다. 다음 코드에서, 항아리에서 두 개의 구슬을 꺼내는 작업을 10,000회 반복할 것입니다. 이 표본을 사용해서, 두 개의 표본 구슬의 색이 동일할 확률을 바로 계산할 수 있습니다.

```
n = 10_000
samples = [np.random.choice(urn, size=2, replace=False) for _ in range(n)]
is_matching = [marble1 == marble2 for marble1, marble2 in samples]
print(f"Proportion of samples with matching marbles: {np.mean(is_matching)}")
```

Proportion of samples with matching marbles: 0.4032

이렇게 시뮬레이션을 해냈습니다. np.random.choice를 호출하여 항아리에서 비복원 방식으로 두 개의 구슬을 꺼내는 확률 과정을 흉내 냈습니다. np.random.choice를 호출할 때마다 하나의 가능한 표본을 얻습니다. 시뮬레이션 연구에서, 이 확률 과정을 수 차례(여기서는 10_000) 반복하여 전체 표본 집합을 얻습니다. 그리고 이 표본에서 나타나는 일반적인 행동을 통해 확률 과정에서 얻을 수 있는 결과를 추론할 수 있습니다. 인위적인 예시처럼 보일 수도 있지만, 구슬을 데이팅 앱의 사람들로 바꾸고 색상을 더 복잡한 속성으로 바꾼 후, 신경망을 사용하여 각 두 사람이 어느 정도 잘 맞을지 점수를 계산한다고 생각해 보면, 훨씬 더 정교한 분석의 기초가 무엇인지 조금씩 이해하기 시작할 것입니다.

우리는 표본을 살펴보는 데 집중하고 있지만, 관측할 수 있는 표본과 원래 항아리에 있는 구슬의 "모집단"에 대해 알려줄 수 있는 것 간의 관계에 대해서도 관심을 가집니다.

2장에서 했던 데이터 범위의 개념을 가져올 수 있습니다. 항아리에서 꺼낸 구슬의 집합이 표본이고, 항아리에 있는 모든 구슬의 집합을 접근 프레임이라고 할 수 있습니다. 여기서는 모집단도 동일합니다. 여기서 접근 프레임과 모집단 간의 차이가 모호한 것은 시뮬레이션과 현실 사이의 간극을 나타냅니다. 시뮬레이션은 모델을 단순화합니다. 하지만 이렇게 함으로써 실제 현상을 이해하는 데 도움이 되는 인사이트를 얻게 해 줍니다.

미복원 추출에서 항아리 모델은 단순 임의 표본 추출이라고 하는 일반적인 표본 추출 방법입니다. 이어서 이 방법과 이를 기반으로 한 다른 표본 추출 기법에 대해서 살펴보겠습니다.

3.1.1. 표본 추출 설계

항아리에서 비복원 방식으로 구슬을 꺼내는 과정은 단순 임의 표본 방식과 동일합니다. 단순 임의 표본에서, 모든 표본은 선택될 확률이 동일합니다. 이 방법론의 이름에 '단순'이라는 단어가 들어가 있지만, 단순한 무작위 표본을 구성하는 것은 단순하지만 많은 경우 가장 좋은 표본 추출 절차이기도 합니다. 솔직히 말하면 약간 헷갈릴 수도 있습니다.

다시 항아리 모델을 떠올려보면, 이 표본 추출 기법을 더 잘 이해할 수 있을 것입니다. 여러 구슬이 들어있는 항아리가 있습니다. 구슬에 색을 칠하는 대신, 각각의 구슬에 A부터 G까지 서로 다른 이름을 붙여주었습니다. 구슬마다 이름이 다르기 때문에, 모든 가능한 표본 집합을 보다 명확하게 정의할 수 있습니다. 그럼 비복원 방식으로 항아리에서 세 개의 구슬을 꺼내고, 이때 모든 가능한 조합의 리스트를 itertools 라이브러리를 사용해서 만들어 보겠습니다.

```python
from itertools import combinations

all_samples = ["".join(sample) for sample in combinations("ABCDEFG", 3)]
print(all_samples)
print("Number of Samples:", len(all_samples))
```

['ABC', 'ABD', 'ABE', 'ABF', 'ABG', 'ACD', 'ACE', 'ACF', 'ACG', 'ADE', 'ADF', 'ADG', 'AEF', 'AEG', 'AFG', 'BCD', 'BCE', 'BCF', 'BCG', 'BDE', 'BDF', 'BDG', 'BEF', 'BEG', 'BFG','CDE', 'CDF', 'CDG', 'CEF', 'CEG', 'CFG', 'DEF', 'DEG', 'DFG', 'EFG']
Number of Samples: 35

리스트에는 세 개의 구슬에 대해 35개의 서로 다른 집합이 들어간 것을 볼 수 있습니다. 여기서 각각의 집합은 6개의 서로 다른 경우의 수로 추출할 수 있습니다. 예를 들어 {A, B, C} 집합은 다음과 같이 만들어질 수 있습니다.

```python
from itertools import permutations

print(["".join(sample) for sample in permutations("ABC")])
```

['ABC', 'ACB', 'BAC', 'BCA', 'CAB', 'CBA']

이 간단한 예제를 통해, 항아리에서 어떤 세 개의 구슬을 꺼냈을 때 발생할 수 있는 모든 경우의 수에 대한 전체 그림을 이해할 수 있습니다.

7개의 구슬을 가진 모집단에서 세 개의 구슬의 집합을 만들 수 있는 가능성이 동일하다면, 어느 특정 표본이 만들어질 가능성은 1/35일 것입니다.

$$P(ABC) = P(ABD) = \cdots = P(EFG) = \frac{1}{35}$$

P는 "확률"이나 "가능성"을 나타낼 때 사용합니다. P(ABC)는 "표본에 순서에 상관없이 A, B, C 라는 이름의 구슬이 있을 확률"이라고 읽습니다.

항아리에서 모든 가능한 표본을 합해서 사용하면 이 확률 과정의 추가적인 질문에 답할 수 있습니다. 예를 들어, 구슬 A가 표본에 있을 가능성을 알고 싶으면, A가 있는 모든 표본의 확률을 더하면 됩니다. 이 경우, A가 포함된 표본의 수는 15이므로, 이때 확률은 다음과 같습니다.

$$P(A가 표본에 포함됨) = \frac{15}{35} = \frac{3}{7}$$

모든 가능한 표본을 나열하고 세기 어려운 경우, 이 확률 과정을 이해하는 데 도움이 되는 시뮬레이션 기법을 사용할 수 있습니다.

> **설명**
>
>  많은 사람들이 단순 임의 추출의 중요한 속성은 모든 유닛이 표본에 포함될 확률이 동일하다는 것으로 오해하고는 합니다. 하지만 이것은 사실이 아닙니다. 크기 N의 모집단에서 n개의 표본을 단순 임의 추출한다는 것은 N개의 유닛 중에서 n개의 가능한 모든 집합이 선택될 확률이 동일하다는 것입니다. 이를 약간 변형한 것이 복원 단순 임의 표본으로, 표본 추출 후 유닛/구슬이 다시 항아리에 반환됩니다. 이 방법 역시 크기 N의 모집단에서 n개의 유닛으로 이루어진 모든 표본이 똑같이 선택될 확률이 높다는 특징이 있습니다. 하지만 동일한 구슬이 표본에 두 번 이상 나타날 수 있기 때문에 n개의 유닛으로 만들어진 집합의 가능한 수가 더 많다는 차이점이 있습니다.

단순 임의 표본 추출(과 이에 대응되는 항아리)은 보다 복잡한 설문 조사 설계의 토대가 됩니다. 설문 조사 설계에 더 널리 사용되는 표본 추출 방법에 대해 간단히 설명해 보겠습니다.

- 층화 표본 추출(Stratified sampling)

  모집단을 층(strata, 단수일 경우 stratum)이라고 부르는 겹치지 않는 집단으로 나눈 후 각각의 층에서 단순 임의 표본 추출을 합니다. 이는 각각의 층 별로 항아리를 따로 만든 후 각각의 항아리에서 독립적으로 구슬을 꺼내는 것과 같습니다. 층의 크기는 같을 필요가 없으며, 각각의 층에서 동일한 구슬을 가져올 필요도 없습니다.

- 군집 표본 추출(Cluster sampling)

  모집단을 군집이라고 부르는 겹치지 않는 하위 집단으로 나눈 후, 각 군집에서 단순 임의 표본 추출을 진행한 후, 표본에 군집의 모든 유닛을 포함시킵니다. 큰 구슬이 들어 있는 하나의 큰 항아리가 있고, 그 큰 구슬 안에는 각각 작은 구슬이 들어 있는 구조를 떠올려봅시다. 여기에서 간단한 무작위 표본을 추출한다고 볼 수 있습니다(큰 구슬 항아리에 같은 수의 작은 구슬이 들어 있을 필요는 없습니다). 항아리를 열면 큰 구슬의 표본이 작은 구슬의 표본으로 바뀝니다(군집은 계층보다 작은 경향이 있습니다).

예를 들어, A-G까지 이름이 쓰인 7개의 구슬을 (A, B), (C, D), (E, F, G) 세 개의 군집으로 나누었다고 합시다. 그리고 세 군집 중 하나의 군집을 뽑을 확률은 동일합니다. 이 시나리오에서, 각 구슬이 표본에 포함될 확률은 동일합니다.

P(A가 표본에 포함됨) = P(클러스터 (A, B)가 선택됨) = $\frac{1}{3}$

P(B가 표본에 포함됨) = P(클러스터 (A, B)가 선택됨) = $\frac{1}{3}$

$\vdots$

P(G가 표본에 포함됨) = P(클러스터 (E, F, G)가 선택됨) = $\frac{1}{3}$

하지만 모든 원소의 조합에 대한 확률이 동일한 것은 아닙니다. A와 C 모두를 포함하는 표본은 불가능합니다. A와 C는 각각 다른 군집에 포함되어 있기 때문입니다.

우리가 표본을 요약한 통계량에 흥미를 갖는다는 것은 통계 수치에 관심이 있다는 뜻이기도 합니다. 어떤 표본에서든 통계량을 구할 수 있습니다. 통계량을 구할 때 필요한 가능한 수의 분포를 구하는 데 항아리 모델을 유용하게 활용할 수 있습니다. 이제 간단한 예제를 통해서 통계 분포를 구해보겠습니다.

3.1.2. 표본의 통계 분포

로켓용 새 연료 탱크 설계에 대한 고장 압력 테스트를 수행하려고 한다고 합시다. 연료 탱크를 실제로 파괴하려면 비용이 많이 들고, 제조 과정에서 발생하는 변동을 살펴보려면 두 개 이상의 연료 탱크를 테스트해야 할 수도 있습니다.

이때 항아리 모델을 사용해서 테스트를 할 프로토타입을 선정하고, 테스트에 실패한 프로토타입의 비율을 구해서 테스트 결과를 요약할 수 있습니다. 항아리 모델을 통해서 각 표본이 선택될 확률은 동일하다는 것을 알고 있으므로, 압력 테스트 결과를 모집단의 대푯값으로 사용할 수 있습니다.

예제를 간단히 만들기 위해, 앞서 살펴본 구슬처럼 7개의 연료 탱크에도 이름이 붙어 있다고 합시다. 이때 압력 테스트를 거친다면 A, B, D, F는 실패하고 C, E, G는 통과하는 경우, 어떻게 될지 살펴봅시다.

세 개의 구슬 표본에서, 표본에 4개의 실패하는 프로토타입 중 몇 개가 포함될지를 파악하여 실패 비율을 찾아낼 수 있습니다. 몇 개만 계산해 보면 다음과 같습니다.

〈표 3-1〉 구슬 표본별 비율 예제

표본	ABC	BCE	BDF	CEG
비율	2/3	1/3	1	0

항아리에서 구슬 세 개를 꺼낸 경우, 가능한 표본 비율은 0, 1/3, 2/3, 1이고, 각 구슬 세 개에 대해, 이에 대응하는 비율을 구할 수 있습니다. 다음은 모두 테스트를 통과하지 못한(표본의 실패 비율이 1인 경우) 네 개의 표본입니다. 이 표본 집단은 ABD, ABF, ADF, BDF로, 실패 표본 비율이 1인 경우를 관측할 확률은 4/35입니다. 이런 표본 비율 값의 분포를 표로 요약할 수 있습니다. 이를 비율에 대한 표본 분포라고 합니다.

〈표 3-2〉 표본 수에 따른 실패 비율과 표본 비율 예시

실패 비율	표본 수	표본 비율
0	1	1/35 ≈ 0.03
1/3	12	12/35 ≈ 0.34
2/3	18	18/35 ≈ 0.51
1	4	4/35 ≈ 0.11
총계	35	1

이 계산은 상대적으로 직관적이지만, 시뮬레이션을 통해서도 이를 추정할 수 있습니다. 모집단에서 세 개의 표본을 추출하는 과정을 계속해서(10,000번이라고 가정) 반복합니다. 그리고 각 표본에 대해서 실패 비율을 구합니다. 이렇게 하면 10,000개의 시뮬레이션 표본 비율이 구해집니다. 이 시뮬레이션 비율 표는 표본 분포에 근접할 것입니다. 다음 시뮬레이션을 통해 이를 확인해 보겠습니다.

3.1.3. 표본 분포 시뮬레이션

시뮬레이션은 복잡한 무작위 과정을 이해하는 데 매우 유용한 도구입니다. 앞의 7개의 연료 탱크 예제에서, 항아리 모델을 통해서 모든 가능한 표본을 구할 수 있었습니다. 하지만 모집단이 크고 표본 수도 많고 표본 추출 과정도 더 복잡한 경우, 특정 결과가 나올 확률을 직접 구하기는 쉽지 않을 수 있습니다. 이런 경우, 시뮬레이션을 사용하면 직접 계산하기 어려운 값도 비교적 정확하게 추정할 수 있습니다.

그럼 세 개의 연료 탱크를 단순 임의 추출했을 때 실패 비율의 표본 분포를 항아리 모델을 사용해서 파악해 보겠습니다. 우리는 연료 탱크의 테스트가 실패했는지 아닌지를 알고자 하는 것이므로, 실패한 경우를 1, 통과하는 경우를 0으로 설정합니다. 그러면 이름을 붙인 구슬을 다음과 같이 항아리에 넣을 수 있습니다.

```
urn = [1, 1, 0, 1, 0, 1, 0]
```

연료 탱크 A부터 G까지를 실패의 경우 1, 통과의 경우 0으로 인코딩했으므로 표본에서 실패 비율의 평균을 바로 구할 수 있습니다.

```
sample = np.random.choice(urn, size=3, replace=False)
print(f"Sample: {sample}")
print(f"Prop Failures: {sample.mean()}")
```

```
Sample: [1 0 0]
Prop Failures: 0.3333333333333333
```

시뮬레이션에서, 표본 추출 과정을 수천 번 하면 수천 개의 비율 값을 얻게 되고, 이렇게 나온 값을 사용해서 비율의 표본 분포를 추정할 수 있습니다. 여기서는 10,000개의 표본(과 10,000개의 표본 비율)을 구합니다.

```
samples = [np.random.choice(urn, size=3, replace=False) for _ in range(10_000)]
prop_failures = [s.mean() for s in samples]
```

10,000개의 표본 비율을 사용해서 표본 분포를 만들어 본 뒤, 전체 35개의 가능한 표본에서 구했던 전체 값과 비교해 봅니다. 표본 추출 과정을 정말로 많이, 아주 많이 반복했으므로 이 결과가 앞서 구한 결과와 매우 비슷하게 나올 것이라고 기대합니다. 10,000개의 표본 비율 중 0, 1/3, 2/3, 1이 나온 비율이 앞에서 정확하게 계산해서 나온 비율인 1/35, 12/35, 18/35, 4/35나 약 0.03, 0.34, 0.51, 0.11과 비슷한지 확인해 보겠습니다.

```
unique_els, counts_els = np.unique(prop_failures, return_counts=True)
pd.DataFrame({
    "Proportion of failures": unique_els,
    "Fraction of samples": counts_els / 10_000,
})
```

	실패 비율	표본 비율
0	0	0.03
1	0.33	0.35
2	0.67	0.51
3	1	0.11

시뮬레이션 결과를 보면 앞서 구한 정확한 확률 값과 매우 비슷하다는 것을 알 수 있습니다.

> **설명**
>
>  시뮬레이션에서 무작위 과정에서 많은 표본을 추출해야 하는 경우 난수 생성기를 활용할 수 있습니다. 어떻게 보면, 시뮬레이션은 복잡한 무작위 과정을 이 책에서 다루는 광범위한 계산 도구를 사용하여 쉽게 분석할 수 있는 데이터로 변환한다고 볼 수 있습니다. 시뮬레이션은 일반적으로 특정 가설을 확실하게 증명하지는 못하지만, 중요한 증거를 제공할 수는 있습니다. 많은 상황에서 시뮬레이션은 우리가 할 수 있는 가장 정확한 추정 과정입니다.

항아리에서 0과 1로 표기된 구슬을 꺼내는 것은 임의성을 이해하는 유용한 프레임워크로, 이 확률 과정에는 초기하분포(hypergeometric distribution)라는 공식적인 이름이 있습니다. 대부분의 소프트웨어에는 이 과정의 시뮬레이션 결과를 빠르게 구하는 기능이 있습니다. 이번에, 연료 탱크 예제의 초기하분포를 시뮬레이션해 보겠습니다.

3.1.4. 초기하분포 시뮬레이션

random.choice 대신, numpy의 random.hypergeometric을 사용해서 항아리에서 구슬을 꺼낸 후 실패 횟수를 세는 시뮬레이션을 만들 수 있습니다. random.hypergeometric 메서드는 0-1 항아리에 최적화되어 있어 10,000회의 시뮬레이션을 한 번에 진행할 수 있습니다. 완벽하게 결과를 내기 위해, 시뮬레이션을 반복한 후 이에 따른 결과를 구해보도록 합시다.

```
simulations_fast = np.random.hypergeometric(
    ngood=4, nbad=3, nsample=3, size=10_000
)
print(simulations_fast)
```

[1 1 2 ... 1 2 2]

(이때 통과한 "bad(나쁘다)"는 나쁜 것이 아닙니다. 이는 세고자 하는 값을 "good(좋다)"이라고 쓰고 다른 쪽을 "bad"라고 하는 코드 작명 방식일 뿐입니다.)

10,000개의 표본 중 0, 1, 2, 3회 실패가 난 표본의 총 비율을 구했습니다.

```
unique_els, counts_els = np.unique(simulations_fast, return_counts=True)
pd.DataFrame({
    "Number of failures": unique_els,
    "Fraction of samples": counts_els / 10_000,
})
```

	실패 비율	표본 비율
0	0	0.03
1	1	0.34
2	2	0.52
3	3	0.11

> **설명**
>
>
> 가능한 한, 알려진 분포를 시뮬레이션하는 경우에는 직접 함수를 짜는 것보다 numpy의 난수 생성기 같이 서드파티 패키지에서 제공하는 기능을 사용하는 것도 좋은 방법입니다. 다른 사람이 작성해 놓은 효율적이고 정확한 코드의 이점을 활용하는 것이 좋습니다. 하지만 처음부터 완전히 새로 만드는 것이 알고리즘을 이해하는 데는 도움이 되므로, 이런 것도 시도해 보는 것을 권장합니다.

0-1 항아리에서 1의 개수를 세는 것으로부터 두 개의 가장 유명한 확률 과정이 도출됩니다. 비복원 추출의 경우는 초기하분포이고 복원 추출은 이항분포입니다.

이 시뮬레이션은 매우 간단해서 hypergeom.pmf를 사용하여 직접 분포를 계산할 수도 있었지만, 시뮬레이션 연구를 통해 얻을 수 있는 직관적 이해를 강조하고 싶었습니다. 이 책에서 현재 취하고 있는 접근 방식은 시뮬레이션을 기반으로 확률 과정에 대한 이해하는 방향으로 접근하며 17장에서는 통계의 확률 분포(표본의 실패 비율 같은)라는 개념을 공식화합니다.

여기서는 정확도를 이해하는 도구로서 시뮬레이션을 활용하고 있으므로, 2장의 선거 예제로 돌아가서 여론조사에서 무엇이 잘못되었는지 시뮬레이션을 통해 살펴보려 합니다. 이 시뮬레이션은 600만의 항아리에서 천 개 이상의 구슬(여론조사에 참여한 유권자)을 꺼내는 형태로 만들어질 것입니다. 여론조사 결과의 편향과 변동을 야기하는 가능한 원인을 조사

하고, 항아리에서 더 큰 숫자의 표본을 꺼내면 예측이 어떻게 흘러갈지도 함께 알아 볼 수 있습니다.

3.2. 예제: 선거 여론조사의 편향과 변동 시뮬레이션

2016년, 대부분의 미국 대선 결과는 잘못 예측되었습니다. 이 결과는 통계와 데이터 과학계에 충격을 안겨다 준 역사적 수준의 예측 오류였습니다. 이번에는 거의 모든 정치 여론조사가 왜 틀렸는지 살펴보겠습니다. 이 이야기는 시뮬레이션의 힘을 보여주는 동시에 데이터가 가진 허상적 면과 편향의 문제를 드러냅니다.

미국의 대통령은 일반 투표가 아니라 선거인단에 의해 선출됩니다. 각 주에는 인구 규모에 따라 선거인단에서 투표할 수 있는 일정 수의 선거인단이 할당됩니다. 일반적으로 한 주에서 일반 투표에서 승리하는 사람이 해당 주의 모든 선거인단의 투표를 받게 됩니다. 전문가들은 선거에 앞서 실시되는 여론조사를 통해 선거가 박빙으로 예상되고 선거인단의 투표가 선거를 좌우할 수 있는 '격전지' 주를 파악합니다.

2016년, 여론조사 기관들은 50주 중 46주의 선거 결과를 정확하게 맞췄습니다. 이 정도면 나쁘지 않습니다! 최종적으로 이 46개의 주에서, 도널드 트럼프는 선거인단의 231표를 얻고 힐러리 클린턴은 232표를 얻어서 거의 동점에 가깝지만 클린턴이 아주 근소한 표 차로 앞서 있었습니다. 하지만, 나머지 플로리다, 미시건, 펜실베니아, 위스콘신 주는 격전지로 밝혀졌고 총 75표를 가지고 있었습니다. 이 네 주에서 일반 투표의 표 차는 얼마되지 않았습니다. 펜실베니아 주의 경우, 총 6,165,478표 중 트럼프는 48.18%를 얻고 클린턴은 47.46%의 표를 얻었습니다. 이런 근소한 표차로 인해 여론조사에서 사용한 표본 크기로는 결과를 예측하기가 어려웠습니다. 하지만 설문조사 과정 자체에 숨겨진 더 큰 문제가 있었습니다.

많은 전문가가 2016년 선거 결과를 설명하며 무엇이 잘못되었는지를 정의하기 위해 연구를 해왔습니다. 미국 여론조사협회(AAPOR)에 따르면, 한 사전 동의를 거친 온라인 여론조사는 응답자의 학력에 따라 여론조사 결과를 조정했지만, 크게 세 가지 범주(고졸 이하, 대학 졸업 전, 대졸)만 사용했습니다. 여론조사 기관은 대졸 범주에서 대졸 이상 응답자를 구분했다면 클린턴의 예상 지지율을 0.5% 포인트 낮출 수 있었다는 사실을 발견했습니다. 즉,

고학력 유권자가 여론조사에 더 많이 참여하는 경향이 있다는 학력 편향성이 있다는 것을 확인할 수 있었습니다. 이러한 편향이 중요한 이유는 이러한 유권자들이 트럼프보다 클린턴을 선호하는 경향이 있었기 때문입니다.

이제 사람들이 실제로 어떻게 투표했는지를 알고 있으므로, 만프레드 테 그로테뉴스(Manfred te Grotenhuis) 등의 연구에서와 같이 서로 다른 시나리오에 따른 선거 여론조사를 모사한 시뮬레이션을 만들어 정확도, 편향, 변동에 대한 직관을 얻는 데 도움을 받을 수 있습니다.[10] 다음의 두 시나리오에 대해서 펜실베니아의 여론조사를 시뮬레이션한 뒤 비교해 보겠습니다.

- 여론조사에 참여한 사람들은 이후에도 결정을 바꾸지 않았고, 누구에게 투표를 했는지도 숨기지 않았으며, 선거 당일 투표한 사람들을 대표했습니다.
- 고학력자가 응답하는 경향이 더 높았으며, 이로 인해 클린턴 쪽으로의 편향 현상이 생겼습니다.

궁극적인 목표는 편향이 전혀 없는 표본을 수집했을 때와 소량의 무응답 편향이 있을 때 여론조사에서 힐러리 클린턴의 당선을 잘못 예측하는 빈도를 파악하는 것입니다. 먼저 첫 번째 시나리오에 대한 항아리 모델을 설정합니다.

3.2.1. 펜실베니아 항아리 모델

펜실베니아 유권자 여론조사에 대한 항아리 모델은 선거 결과를 활용하는 사후 상황 모델입니다. 항아리 안의 각 구슬은 각 유권자를 나타내며, 총 6,165,478개의 구슬이 들어있습니다. 이전에 사용한 작은 모집단에 대한 예제와 마찬가지로, 여기에서도 각 구슬 위에 각각의 유권자가 투표한 후보의 이름을 적은 후, 항아리에서 1,500개의 구슬을 꺼냅니다 (1,500은 일반적인 여론조사 대상의 크기입니다). 그리고 이 구슬들 중 트럼프, 클린턴, 다른 후보 표가 얼마나 되는지를 기록합니다. 이 기록에 따라 트럼프가 클린턴을 얼마니 앞섰는지 구할 수 있습니다.

---

[10] Manfred te Grotenhuis et al., "Better Poll Sampling Would Have Cast More Doubt on the Potential for Hillary Clinton to Win the 2016 Election" London School of Economics, February 1, 2018 (https://oreil.ly/hOSC2)

일단 지금 필요한 것은 트럼프가 클린턴을 얼마나 앞섰는지에 대한 것이므로, 다른 후보에 대한 것은 그냥 하나로 합칠 것입니다. 그러면 각 구슬 별 투표 내용으로 가능한 경우는 트럼프, 클린턴, 타 후보의 세 가지 경우입니다. '타 후보' 범주는 표 차이 크기에 영향을 줄 수 있기 때문에 아예 생략할 수는 없습니다. 그러면 이 세 그룹 간의 투표수를 나누어 봅시다.

```
proportions = np.array([0.4818, 0.4746, 1 - (0.4818 + 0.4746)])
n = 1_500
N = 6_165_478
votes = np.trunc(N * proportions).astype(int)
votes
```

array([2970527, 2926135, 268814])

이 버전의 항아리 모델에는 세 가지 종류의 구슬이 들어있습니다. 이는 초기하분포보다는 조금 더 복잡하지만, 이런 형태도 충분히 유명하기 때문에 다변량 초기하분포(multivariate hypergeometric)라는 이름이 붙어있습니다. 파이썬에서 두 개 이상의 구슬을 사용하는 항아리 모델을 구현할 때는 scipy.stats.multivariate_hypergeom.rvs 메소드를 사용할 수 있습니다. 이 함수는 항아리에서 꺼낸 각 구슬 유형별 숫자를 반환해 줍니다. 이 함수는 다음과 같이 호출할 수 있습니다.

```
from scipy.stats import multivariate_hypergeom

multivariate_hypergeom.rvs(votes, n)
```

array([727, 703, 70])

앞에서처럼 새로 표본을 얻고 그 수를 셀 때는 multivariate_hypergeom.rvs를 호출하면 됩니다.

```
multivariate_hypergeom.rvs(votes, n)
```

array([711, 721, 68])

각 표본에 대해 트럼프가 얼마나 앞섰는지는 $(n_T-n_C)/n$ 으로 구할 수 있습니다. 이때 n_T는 표본에서 트럼프의 득표 수, n_C는 클린턴의 득표 수입니다. 만약 앞서 나간 정도가 양수면, 이 표본에서는 트럼프가 이긴 것입니다.

우리는 이미 실제로 0.4818 - 0.4746 = 0.0072 정도로 트럼프가 당선된 것을 알고 있습니다. 항아리에서 구슬을 꺼내는 확률 과정을 계속해서 반복하는 시뮬레이션을 진행하고 결괏값을 탐색하며 여론조사의 변동에 대해 이해해 볼 수 있습니다. 이제 펜실베니아의 유권자 중 1,500명의 유권자에 대한 100,000가지의 여론조사를 시뮬레이션하겠습니다.

```
def trump_advantage(votes, n):
    sample_votes = multivariate_hypergeom.rvs(votes, n)
    return (sample_votes[0] - sample_votes[1]) / n

simulations = [trump_advantage(votes, n) for _ in range(100_000)]
```

주어진대로 600만 명 이상의 유권자를 대상으로 한 조합으로 시뮬레이션을 진행했을 때, 평균적으로 조사 결과는 트럼프가 약 0.7% 정도 앞선 것으로 나타났습니다.

```
np.mean(simulations)
```
0.007177066666666666

하지만 많은 경우 표본에서 앞선 정도가 음수로 나왔습니다. 이는 클린턴이 유권자 표본에서 앞섰다는 의미입니다.

그림 3-2는 1,500명의 유권자 표본에서 펜실베니아에서 트럼프가 우세하게 나온 경우의 비율을 나타낸 것입니다. 0에서 세로로 그려진 점선을 보면, 1,500명 대상의 여론조사에서 트럼프가 우세한 경우가 더 많기는 하지만, 클린턴이 우세한 경우도 많이 나타난다는 것을 알 수 있습니다.

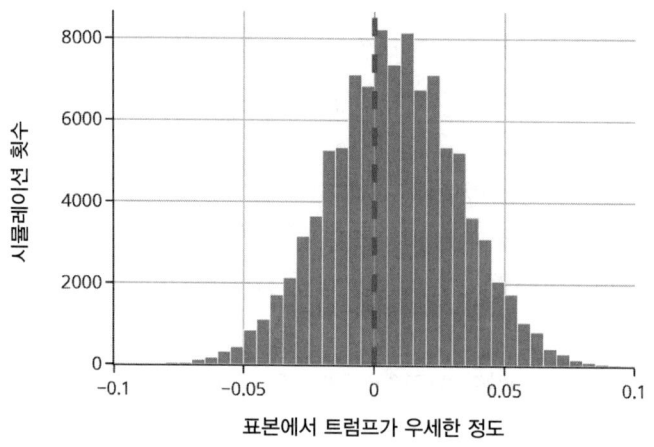

〈그림 3-2〉 여론조사에서 트럼프가 우세한 경우에 대한 비율

100,000회의 여론조사 시뮬레이션 후, 전체 중 60% 정도의 여론조사에서 트럼프가 승리했음을 확인했습니다.

```
np.mean(np.array(simulations) > 0)
```

0.60613

다르게 말해서, 표본이 절대적으로 편향 없이 추출되었다면 표본을 통해서 트럼프의 승리를 정확히 예측할 수 있었던 경우가 60% 정도 된다는 뜻입니다. 그리고 편향 없는 표본에서도 40% 정도는 틀릴 수 있습니다.

지금까지 항아리 모델을 사용해서 간단한 여론조사의 변동에 대해서 살펴보았습니다. 그리고 선택 과정에 어떤 편향도 없다면(구슬은 꺼내기 전에 판별할 수 없고, 6백만 개 이상의 구슬에서 1,500개의 구슬 조합이 만들어질 확률은 모두 동일합니다), 여론조사의 예측 결과가 어떤 식으로 나타나게 될지도 알아보았습니다. 그러면, 이어서 이 모델에 편향이 개입했을 때 어떤 일이 일어나는지에 대해서 확인해 보겠습니다.

3.2.2. 편향이 있는 항아리 모델

그로테뉴스에 따르면, "완벽한 세상에서, 여론조사 표본은 자신의 정치적 성향을 완전히 명확하게 인지하고 그에 따라서 투표하는 유권자들의 집단에서 만들어진다"[11]라고 합니다. 이는 앞서 수행한 시뮬레이션과 같습니다. 하지만 현실은 모든 편향의 원인을 조율하기 어려운 경우가 많습니다.

여기에서 약간의 교육 편향성이 여론조사 결과에 어떤 영향을 미치는지를 살펴보겠습니다. 특히, 클린턴에 유리한 0.5% 편향의 영향을 살펴봅니다. 이 편향은 본질적으로 우리가 여론조사에서 유권자들의 선호도를 왜곡해서 보고 있었음을 나타냅니다. 클린턴이 얻은 47.46%의 표가 아닌, 47.96%로 과대추정되었고, 트럼프에 대해서는 48.18-0.5 = 47.68% 표로 과소추정되었습니다. 이런 차이를 반영하기 위해 항아리의 구슬 비율을 다음과 같이 조절했습니다.

```python
bias = 0.005
proportions_bias = np.array([0.4818 - bias, 0.4747 + bias,
                             1 - (0.4818 + 0.4746)])
proportions_bias
```

```
array([0.48, 0.48, 0.04])
```

```python
votes_bias = np.trunc(N * proportions_bias).astype(int)
votes_bias
```

```
array([2939699, 2957579, 268814])
```

시뮬레이션을 다시 수행하면, 이번에는 편향이 있는 항아리를 사용하므로, 기존과 다른 결과를 얻게 됩니다.

---

[11] Grotenhuis et al., "Better Poll Sampling Would Have Cast More Doubt on the Potential for Hillary Clinton to Win the 2016 Election."

```
simulations_bias = [trump_advantage(votes_bias, n)
                    for _ in range(100_000)]
```

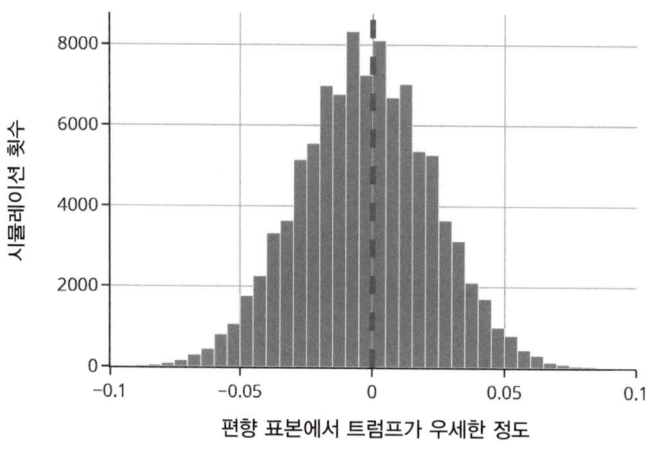

〈그림 3-3〉 여론조사 중 편향된 표본에서 트럼프가 우세한 경우에 대한 비율

```
np.mean(np.array(simulations_bias) > 0)
```

0.44967

이제, 트럼프는 여론조사 중 45%에서만 우세한 것으로 나타납니다. 이때 두 개의 히스토그램의 모양은 유사하다는 것을 기억해 둡니다. 두 그래프는 꼬리의 길이도 비슷하고 대칭 형태를 띠고 있습니다. 즉, 두 그래프는 대략적으로 정규 분포 곡선을 따르고 있습니다. 두 번째 히스토그램이 살짝 왼쪽으로 치우쳐 있는데, 이는 앞서 언급한 무응답 편향을 반영합니다. 이 경우 표본 크기가 더 커지면 도움이 될까요? 이에 대해서는 뒤에서 살펴보겠습니다.

3.2.3. 더 큰 여론조사 다루기

이 시뮬레이션을 활용해서 더 큰 여론조사를 만들면 어떤 영향이 있을지에 대해서도 알아볼 수 있습니다. 예를 들어, 표본 크기를 실제 여론조사의 8배 큰 12,000으로 한 후, 편향이 있는 경우와 없는 경우 모두에 대해 100,000회 시뮬레이션을 실행해 봅니다.

```
simulations_big = [trump_advantage(votes, 12_000)
                   for _ in range(100_000)]
simulations_bias_big = [trump_advantage(votes_bias, 12_000)
                        for _ in range(100_000)]
scenario_no_bias = np.mean(np.array(simulations_big) > 0)
scenario_bias = np.mean(np.array(simulations_bias_big) > 0)
print(scenario_no_bias, scenario_bias)
```

0.78968 0.36935

시뮬레이션 결과 편향이 있는 경우에는 트럼프가 우세한 경우가 1/3의 정도로만 나타났습니다. 그리고 이 결과를 나타내는 히스토그램의 폭은 1,500명의 유권자를 사용한 여론조사 히스토그램의 폭보다 좁아졌습니다. 불행히도, 이는 잘못된 평균값으로 인해 좁아졌습니다. 결국 편향을 극복하지 못했습니다. 그저 편향된 경우에 대한 보다 정확한 청사진만을 얻었을 뿐입니다. 더 많은 데이터만으로 문제를 해결해 주지 못했습니다. 게다가 여론조사가 더 커지면서 다른 문제가 생겼습니다. 여론조사원의 수에는 한계가 있고, 데이터 범위를 개선하는 데 쓸 수 있는 여력이 여론조사의 규모를 확대하는 데 쓰이게 된 것입니다.

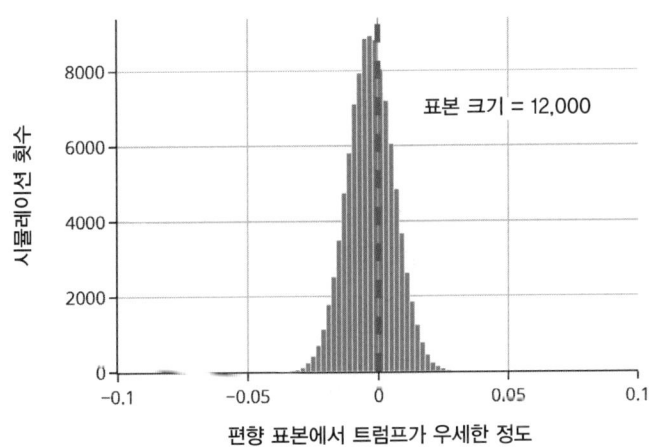

〈그림 3-4〉 새로 구한, 여론조사 중 편향된 표본에서 트럼프가 우세한 경우에 대한 비율

동일한 선거에 대한 여러 여론조사를 통해 편향성을 감지할 수 있습니다. 600개의 주 단위, 주지사, 상원의원, 대통령 선거에 대한 4,000개 이상의 여론조사를 선거 후 분석한 결

과[12], 연구자들은 선거 여론조사가 평균적으로 약 1.5% 포인트의 편향성을 보인다는 사실을 발견했으며, 이는 많은 여론조사가 잘못된 이유를 설명하는 데 도움이 됩니다.

2016년과 같이 승리의 여유가 상대적으로 작은 경우에는 표본 크기가 클수록 표본 오차가 줄어들지만, 안타깝게도 편향이 있으면 예측이 편향된 추정치에 가까워집니다. 편향으로 인해 예측이 한 후보(트럼프)에서 다른 후보(클린턴)로 밀려나면 '깜짝' 이변이 발생합니다. 여론조사 기관은 유권자의 선호도를 교육 수준별로 구분하는 등 편향을 줄이기 위해 유권자 선정 방식을 개발합니다. 하지만 이번 사례에서처럼 예상치 못한 새로운 편향의 원인을 설명하는 것은 어렵고 심지어 불가능할 수도 있습니다. 여론조사는 여전히 유용하지만, 편향성의 문제를 인정하고 이를 줄이기 위해 더 나은 노력을 기울여야 합니다.

이 예제에서는 여론조사에서의 단순 임의 추출을 이해하기 위해 항아리 모델을 사용했습니다. 항아리 모델을 활용하는 또 다른 예로는 무작위 대조 실험(randomized controlled experiments)이 있습니다.

3.3. 예제: 백신 무작위 임상시험 시뮬레이션

의약 임상시험에서 임상시험에 자원한 사람들은 신약이나 위약 중 하나를 받게 되는데, 이때 연구자들은 신약을 받은 집단과 위약 집단에 자원자를 나누는 것을 조정합니다. 무작위 대조 실험에서는 자원자 할당에 확률 과정을 사용합니다. 기본적으로 과학자들은 실험군과 대조군(위약 집단)을 나누는 데 항아리 모델을 사용합니다. 우리는 항아리 모델의 확률 기법을 시뮬레이션함으로써 실험 결과의 변동과 임상시험에서의 효능의 의미에 대해서 더 잘 이해할 수 있습니다.

2021년 3월, 마이크 더건(Mike Duggan) 디트로이트 시장은 시민들에게 "최선을 다해야 한다"며 6,000개 이상의 존슨앤드존슨(Johnson & Johnson, J&J) 백신 선적을 거절하여 전국적인 뉴스[13]가 되었습니다. 시장은 약 66%에 달하는 것으로 보고된 백신의 효능을 언급하고 있었습니다. 이에 비해 모더나와 화이자는 모두 약 95%의 백신 효능률을 보고했습니다.

---

12 http://dx.doi.org/10.1080/01621459.2018.1448823

13 https://oreil.ly/kB757

표면적으로 더건의 추론은 합리적으로 보이지만, 세 개의 임상 실험의 범위는 직접 비교하기 어렵습니다. 즉, 실험 결과를 직접 비교하기는 어렵다는 뜻입니다. 게다가, CDC[14](미국 질병통제예방센터)에서 66%의 효능도 충분하다고 판단하여 긴급 승인을 내렸습니다.

그럼 이제 범위와 효능에 대해서 살펴볼 차례입니다.

3.3.1. 범위

데이터의 범위를 평가할 때, 해당 연구가 언제, 어디서, 누가 수행하는지를 고려했던 것을 떠올려봅시다. 존슨앤드존슨의 임상시험에서 참가자는 다음과 같습니다.

- 약 40%가 중증 COVID-19 감염 위험 증가와 관련된 기존 질환을 앓고 있는 18세 이상 성인을 포함함
- 2020년 10월부터 11월까지 진행
- 미국 및 남아프리카 포함 3개의 대륙의 8개의 국가에서 진행

모더나와 화이자의 임상시험 참가자는 약 40%가 기존 질환을 보유한 미국 사람들이며, 임상시험은 존슨앤드존슨보다 조금 이른 2020년 여름에 시행되었습니다. 임상시험이 시행된 시간 및 위치가 다르면 비교하기가 어렵습니다. 미국의 경우 여름에는 COVID-19 사례가 적었지만, 가을 후반부터 급속도로 증가했습니다. 또한 남아프리카에서 바이러스가 더 전염성이 강한 형태로 변이하여 빠르게 퍼진 것도 J&J의 임상시험이 진행되던 시기였습니다. 각 임상시험은 동일한 환경에서 무작위 할당 방식으로 실험군과 대조군을 나누어 백신이 없는 상황 대비 새 백신의 효능을 비교하는 형태로 이루어집니다. 임상시험마다 범위는 상당히 다르지만, 임상시험 내 무작위 할당을 통해 실험군과 대조군의 범위는 거의 동일하게 유지됩니다. 이토씨 동일한 임상시험에서 집단 간 의미 있는 비교가 가능합니다. 하지만 세 백신 임상시험의 범위는 세 임상시험을 직접 비교하는 것이 문제가 될 만큼 충분히 달랐습니다.

J&J 백신[15]을 대상으로 실시한 임상시험에는 43,738명이 등록했습니다. 이 참가자들은

---

14 https://oreil.ly/25Pok
15 https://oreil.ly/epz0T

무작위로 두 집단으로 나뉘었습니다. 절반은 새로운 백신을 접종하고 나머지 절반은 식염수와 같은 위약을 접종했습니다. 그런 다음 모든 참가자를 28일 동안 추적 관찰하여 COVID-19 감염 여부를 확인했습니다.

각 환자의 나이, 인종, 성별 등 다양한 정보와 코로나19 감염 여부, 질병의 중증도 등 많은 정보가 기록되었습니다. 28일이 지난 후 연구진은 468건의 COVID-19 사례를 발견했으며, 이 중 117건은 치료 그룹에서, 351건은 대조군에서 발견했습니다.

환자를 실험군과 비교군으로 무작위로 할당함으로써 과학자들이 백신의 효능을 평가할 수 있는 프레임워크가 만들어집니다. 이때 일반적인 추론 과정은 다음과 같습니다.

1. 백신이 효과가 없다는 가정을 바탕으로 시작합니다.
2. 그러므로 COVID-19에 걸린 468명은 백신을 맞든 맞지 않든 걸렸을 것입니다.
3. 또한 아직 아프지 않은 남은 43,270명의 임상시험자는 백신을 맞든 맞지 않든 계속 건강한 상태일 것입니다.
4. 실험군에 117명의 환자가 들어가고 비교군에 351명의 환자가 생긴 것은 전적으로 참가자를 치료 또는 대조군으로 배정하는 확률 과정 때문이었습니다.

그럼 이 시나리오를 반영하는 항아리 모델을 설정하고 시뮬레이션을 통해서 실험 결과의 양상을 살펴보도록 합시다.

3.3.2. 무작위 할당에 대한 항아리 모델

이번 항아리에는 임상시험에 참여한 각각의 참가자를 나타내는 43,738개의 구슬이 들어갑니다. 이 중 COVID-19에 감염된 사람이 468명이므로, 468개의 구슬에는 1이라고 표시하고 나머지 43,270개의 구슬에는 0이라고 표시합니다. 항아리에서 전체 구슬의 반(21,869)을 꺼내서 백신을 놓고, 항아리 안에 남은 반에게는 위약을 줍니다. 실험의 핵심 결과는 임의로 항아리에서 꺼내진 구슬 중 1이라고 적힌 구슬의 수입니다.

이 과정을 시뮬레이션하여 이 가정 하에서 항아리에서 1이라고 적힌 구슬을 최소 117개 꺼낼 가능성이 어느 정도인지를 알아볼 것입니다. 항아리에서 구슬을 반을 꺼냈기 때문에, 1이라고 쓰여 있는 구슬도 468개의 반인 234개가 나올 것이라고 예상할 수 있습니다. 이 시뮬레이션에서는 무작위 할당 과정에서의 변동에 대한 감을 알려줄 것입니다. 즉, 임상시험에서 치료 그룹에서 바이러스 감염 사례가 거의 발생하지 않을 확률을 대략적으로 계산할 수 있습니다.

>  **설명**
>
> 항아리 모델을 만들 때 백신 효과가 없을 것입니다 같은 몇 가지 중요한 가정을 도입하게 됩니다. 시뮬레이션 연구를 통해 이러한 주요 가정 하에서만 관찰되는 결과의 희귀도에 대한 근사치를 얻을 수 있으므로 이러한 가정에 대한 의존 정도를 추적하는 것이 중요합니다.

앞서, 확률 과정을 처음부터 프로그래밍하지 않고도 초기하 확률 분포를 사용한 항아리 모델을 시뮬레이션할 수 있다는 것을 살펴보았습니다.

```
simulations_fast = np.random.hypergeometric(ngood=468,
                                            nbad=43270,
                                            nsample=21869,
                                            size=500000)
```

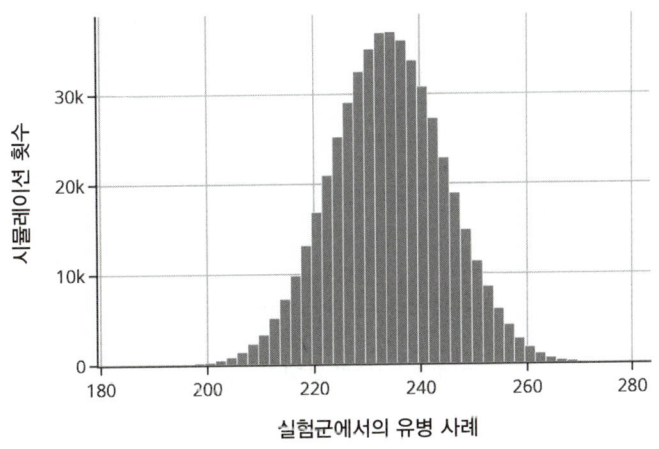

〈그림 3-5〉 실험군에서의 유병 사례 분포

시뮬레이션에서, 무작위 할당 과정을 거쳐 실험 집단을 만드는 과정을 500,000회 반복했습니다. 그 결과, 500,000회 시뮬레이션 중에 단 한번도 117개 이하의 COVID-19 사례가 포함된 적이 없음을 알게 되었습니다. 백신이 효과가 없다는 가정 하에 이렇게 적은 수의 COVID-19 사례가 나타나는 경우는 대단히 이례적입니다.

범위가 다른 약물 임상시험 비교의 문제점과 코로나19 중증 사례 예방 효과가 설명되자 더건 시장은 "존슨앤드존슨 백신이 안전하고 효과적이라는 확신을 가지고 있다"며 기존 발언을 철회했습니다.[16]

이 사례로 다음과 같은 사실을 알게 되었습니다.

- 의학 임상시험에서 실험군을 할당하는 데 확률 과정을 사용함으로써 가상 분석 시나리오에 대한 답을 더 쉽게 찾을 수 있습니다.
- 데이터 범위를 고려하면 서로 다른 데이터셋의 특징을 비교하는 것이 합리적인지를 더 용이하게 판단할 수 있습니다.

항아리에서 구슬을 꺼내는 시뮬레이션은 설문조사 표본이나 대조 실험의 가능한 결과를 파악하는 데 매우 유용한 추상화 기법입니다. 시뮬레이션은 표본을 고르거나 실험군에 사람을 할당하는 데 사용하는 확률 과정을 그대로 모사할 수 있으므로 이런 경우 유용합니다. 자연 현상을 측정하는 경우에도, 측정 수에서 유사한 확률 과정이 나타나는 경우가 많기 때문에, 시뮬레이션은 이럴 때도 유용합니다. 2장에서 설명한 대로, 측정 도구들은 일반적으로 오차를 일으키므로, 객체를 측정할 때의 변동성을 설명하는 데에 항아리 모델을 사용할 수 있습니다.

3.4. 예시: 대기질 측정

미국 전역에서 개인, 지역구, 주 혹은 지역 대기 모니터링 업체에서 대기오염을 측정하는 센서가 널리 사용되고 있습니다.[17] 예를 들어, 2020년 9월 이틀간, 약 600,000명의 캘리포니아 주민과 500,000명의 오레곤 주민은 주 전역으로 화재가 확산되고 있는 것을 보여주는 퍼플에어의 지도를 보고 대피 계획을 세웠습니다(퍼플에어[18]는 센서로부터 실시간으로 가져오는 크라우드소싱 데이터를 활용해서 대기질 지도를 만듭니다).

---

16 하지만, 백신의 효능에도 불구하고, 미국 식약청에서는 희귀하고 잠재적으로 생명을 위협할 수 있는 혈전 발생 위험 증가를 사유로 2022년 5월 J&J 백신 사용을 제한했습니다.

17 https://oreil.ly/t6JzZ

18 https://www2.purpleair.com

센서는 대기 중의 지름이 2.5마이크로미터(1세제곱미터 중의 마이크로그램 단위,$\mu g/m^3$) 보다 작은 미세먼지의 양을 측정합니다. 이때 기록되는 측정치는 약 2분간의 평균 농도입니다. 예를 들어 사람들이 출퇴근하는 시간대에는 미세먼지 농도가 크게 변화하지만, 자정처럼 30분 동안 2분 평균값이 거의 변하지 않는 특정 시간대도 있습니다. 이러한 시간대에 측정된 측정값을 조사하면 기기 기록의 변동성과 공기 중 미세먼지 상태를 종합적으로 파악할 수 있습니다.

누구나 퍼플에어 사이트에서 센서 측정값에 접근할 수 있으며, 이 사이트에서는 다운로드 도구를 제공합니다. 퍼플에어의 지도에 표시되는 모든 센서에 대한 데이터를 사용할 수 있습니다. 하나의 센서에서 24시간 동안의 데이터를 다운로드하고, 30분 동안 측정값이 거의 일정하게 유지되는 30분 간격의 시간대를 하루 동안 세 번 선택했습니다. 이렇게 해서 2분 평균값을 15개씩 세 세트로 총 45개의 측정값을 얻었습니다.

	aq2.5	time	hour	meds	diff30
0	6.14	2022-04-01 12:01:10 AM UTC	0	5.38	0.59
1	5	2022-04-01 12:03:10 AM UTC	0	5.38	-0.55
2	5.29	2022-04-01 12:05:10 AM UTC	0	5.38	-0.26
...	...	...	...	...	...
42	7.55	2022-04-01 7:27:20 PM UTC	19	8.55	-1.29

45 rows × 5 columns

선 그래프를 통해 측정치의 변동을 확인해 볼 수 있습니다. 하나의 30분 단위의 경우, 미세먼지가 대기 중을 떠돌아다니면서 발생하는 약간의 변동과 측정 기기의 오차로 인한 예외를 제외하면 측정치는 대략 비슷할 것으로 예상됩니다.

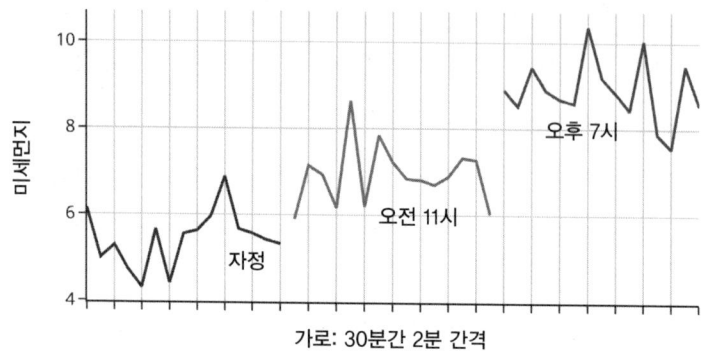

〈그림 3-6〉 시간대별 대기 중 미세먼지 농도

그래프를 보면 대기질이 하루 종일 나빠지고 있는 것을 알 수 있습니다. 하지만 30분 간의 데이터를 각각 살펴보면, 대기질은 자정, 오전 11시, 오후 7시에 5.4, 6.6, 8.6μg/m³으로 대략 일정한 값을 보입니다. 여기서 데이터 범위는 이 특정 장소에서 특정 30분 간격으로, 센서 주변 대기의 평균 미세 먼지 농도라고 볼 수 있습니다. 이 농도 값이 대상이고, 사용하는 도구인 센서가 접근 프레임으로부터 표본에 쓰이는 많은 측정값을 만들어냅니다(2장에서 이 내용에 대한 다트판 비유 내용을 확인하세요). 도구가 제대로 작동한다면, 측정값은 대상값 중심인 30분 평균치에 맞을 것입니다.

30분 간의 변동 내역을 이해하기 위해, 해당 30분 값의 중간값을 구한 후 각 데이터와 이 중간값 간의 차이를 살펴보기로 했습니다. 그 결과 '오차'의 분포는 다음과 같습니다.

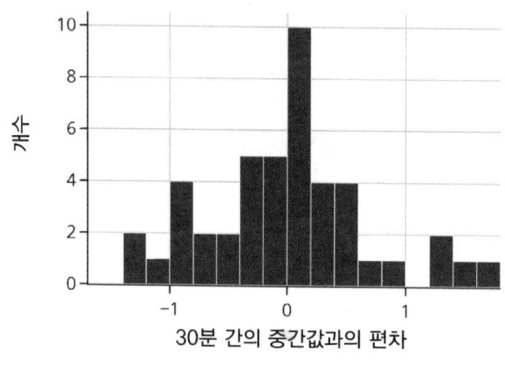

〈그림 3-7〉 대기질 측정치의 변동 정도

이 히스토그램을 통해 측정상의 일반적인 변동은 보통 0.5μg/m³보다 작고, 1μg/m³을 넘어가는 경우는 거의 없다는 것을 알 수 있습니다. 측정 도구를 사용할 때, 보통 표준편차를 평균 대비 비율로 나타낸 상대적 표준오차(relative standard error)를 고려합니다. 이 45개의 값의 표준편차는 다음과 같습니다.

```
np.std(pm['diff30'])
```

0.6870817156282193

주어진 측정값의 범위는 대략 5에서 $9\mu g/m^3$ 이므로, 상대 오차는 8%에서 12%가량입니다. 이 정도면 꽤 정확하다고 볼 수 있습니다.

항아리 모델을 사용해서 측정 과정에서의 변동을 확인할 수 있습니다. 항아리 안에 45개의 모든 측정치에 대해서 30분 중간값과의 편차를 넣고, 항아리에서 15회의 복원추출 후 이 편차를 가정상의 30분 평균치에 더함으로써 30분간의 대기질 측정치 시퀀스를 만드는 과정을 시뮬레이션할 것입니다.

```
urn = pm["diff30"]

np.random.seed(221212)
sample_err = np.random.choice(urn, size=15, replace=True)
aq_imitate = 11 + sample_err
```

이 가상의 측정치 집합의 선 그래프를 앞서 만든 선그래프에 추가한 후 세 개의 실제 값과 비교해 보도록 합니다.

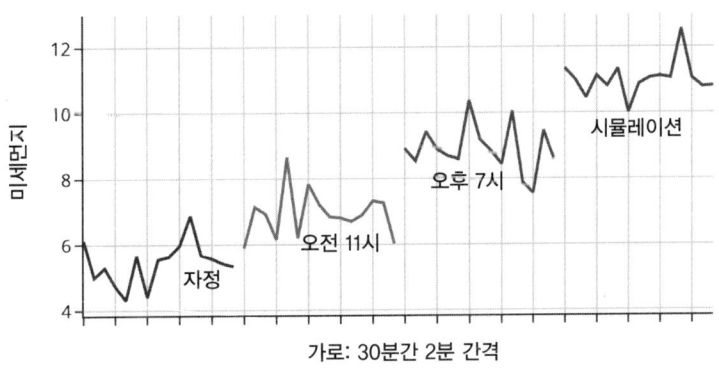

〈그림 3-8〉 시간대별 대기 중 미세먼지 농도 (시뮬레이션 추가)

시뮬레이션 데이터로 만든 선 그래프의 모양은 다른 그래프들과 비슷하므로, 측정 과정에 대해서 만든 모델이 그럴듯하다는 것을 알 수 있습니다. 하지만 아쉽게도, 측정치가 실제 대기질과 유사한 지는 알 수 없습니다. 기기의 편향성을 파악하려면, 미세먼지 양이 알려진 통제된 환경에서의 대기질 측정치나 보다 정확한 측정기기와 비교를 해야 합니다. 실제로, 습도가 낮은 경우나 너무 높은 경우 측정치가 왜곡된다는 사실이 발견되었습니다[19]. 퍼플에어 센서 데이터에 대한 보다 종합적인 분석을 통해 측정 기기의 정확도를 높이도록 조율하는 과정은 12장에서 살펴보도록 하겠습니다.

3.5. 정리

이 장에서는 항아리에서 구슬을 꺼내는 비유를 사용해서 모집단에서의 임의 표본 추출과정과 실험에서 실험군을 무작위 할당 과정을 모델링했습니다. 이 프레임워크를 사용해서 가상의 설문조사, 실험, 혹은 다른 확률 과정을 시뮬레이션하여 이들의 행동 양상을 연구할 수 있습니다. 여기서는 특정 처치가 효과가 없다는 가정 하에 진행되는 임상시험에서 특정 결과가 나타날 확률을 알아보았고, 선거의 실제 투표값을 기반으로 클린턴과 트럼프 지지자 표본을 살펴보았습니다. 이런 시뮬레이션을 통해 확률 과정에서 나타나는 일반적인 편차를 수치적으로 확인하고 표본 통계량과 항아리 모델 하에서 나타난 결과의 가능성에 대한 답을 파악하는데 도움이 됩니다.

항아리 모델은 몇 가지 기본적인 내용으로 요약할 수 있습니다. 항아리에 들어가는 구슬의 수, 각 구슬 위에 적힌 값, 항아리에서 꺼낼 구슬의 수, 꺼낸 후에 다시 넣는지의 여부 정도입니다. 이걸 시작으로, 우리는 엄청나게 복잡한 데이터 설계까지 할 수 있습니다. 항아리 모델은 실제 데이터 수집 과정을 단순화한 개념이라는 것을 유념할 필요가 있습니다. 만약 실제로 데이터 수집 과정에 편향이 있다면, 시뮬레이션에서 우리가 관측할 수 있는 임의성은 완전한 형태가 아닐 것입니다. 이는 2016 미국 대선의 결과 예측 설문조사 문제의 주요 원인 중 하나였습니다.

각각의 예제에서 요약 통계량은 예제 내용의 일부로 다루었습니다. 다음 장에서는 데이터를 나타내는 요약 통계량을 선택하는 방법에 대해서 살펴보겠습니다.

---

[19] https://oreil.ly/Xkvh0

4장
요약 통계량 모델링

앞서 2장에서 데이터 범위의 중요성을 살펴보았고, 3장에서는 데이터 생성 방식의 중요성을 살펴보면서 이 중 항아리 모델로 나타낼 수 있는 경우를 확인했습니다. 항아리 모델은 모델링의 한 측면인 확률 변동을 설명하고 데이터가 대상을 대표할 수 있도록 해줍니다. 좋은 범위와 대표성을 가진 데이터는 모델링의 다른 부분인 데이터에서 유용한 정보를 추출하는 과정을 위한 토대를 마련합니다. 이 정보를 흔히 데이터의 신호라고 합니다. 신호의 근사치를 구하기 위해 모델을 사용하게 되는데, 가장 간단한 모델은 평균이나 중앙값과 같은 단일 수치로 신호를 근사화하는 상수 모델입니다. 그 외 더 복잡한 모델은 대기질의 습도 및 미세먼지(12장), 지역사회의 이동성 및 통근 시간 증가(15장), 동물의 키와 몸무게(18장) 등 데이터의 특징 간의 관계를 요약합니다. 이러한 더 복잡한 모델도 데이터를 기반으로 구축된 근사치입니다. 모델이 데이터에 잘 맞으면 세상에 대한 유용한 근사치를 제공하거나 단순히 데이터에 대한 유용한 설명을 제공할 수 있습니다.

이 장에서는 손실 공식을 통해 모델 적합에 대한 기본적인 내용을 소개합니다. 데이터에서 발생하는 손실을 고려하여 데이터의 패턴을 모델링하는 방법을 살펴볼 것입니다. 상수 모델이라는 간단한 요약을 사용하여 데이터를 설명하는 것에서 발생하는 손실을 고려하여 데이터의 패턴을 모델링하는 방법을 설명합니다. 이후 16장에서는 모델을 맞출 때 신호와 잡음 사이의 균형을 살펴보고, 17장에서는 추론, 예측, 가설 테스트에 대한 주제를 다루면서 항아리 모델과 적합 모델 간의 연결에 대해 자세히 살펴봅니다.

상수 모델을 통해 손실 최소화 관점에서의 모델 적합에 대해서 간단하게 살펴보고, 이를 평균이나 중앙값 같은 요약 통계로 연결하며, 이후에 더 복잡한 모델링 시나리오까지 이어질 수 있습니다. 이번에는 버스가 늦는 것에 대한 데이터를 사용하는 예제를 살펴보면서 상수 모델을 소개하겠습니다.

4.1. 상수 모델

제이크는 주로 대중교통을 이용하는데, 종종 시애틀 시내의 써드 앤 파이크(3rd & Pike) 버스 정류장에서 북행 C 버스를 타곤 합니다. 이 버스는 10분마다 와야 하지만, 제이크는 가끔은 버스를 너무 오래 기다려야 했습니다. 어느 날, 그는 버스가 보통 얼마나 늦는지 알고 싶어졌습니다. 그래서 워싱턴주 교통 센터에서 그가 타는 버스의 예정 도착 시각과 실제 도착 시각 데이터를 확보했습니다. 이 데이터로부터 각 버스가 버스 정류장에 몇 분이나 늦게 도착했는지를 계산했습니다.

```
times = pd.read_csv('data/seattle_bus_times_NC.csv')
times
```

	route	direction	scheduled	actual	minutes_late
0	C	northbound	2016-03-26 6:30:28	2016-03-26 6:26:04	-4.4
1	C	northbound	2016-03-26 1:05:25	2016-03-26 1:10:15	4.83
2	C	northbound	2016-03-26 21:00:25	2016-03-26 21:05:00	4.58
...	...	...	...	...	...
1431	C	northbound	2016-04-10 6:15:28	2016-04-10 6:11:37	-3.85
1432	C	northbound	2016-04-10 17:00:28	2016-04-10 16:56:54	-3.57
1433	C	northbound	2016-04-10 20:15:25	2016-04-10 20:18:21	2.93

1434 rows × 5 columns

데이터 테이블의 minutes_late 열은 각 버스가 얼마나 늦었는지를 기록합니다. 이 중 몇 개의 값은 음수인데, 이는 버스가 예정 시각보다 빨리 온 것을 의미합니다. 각 버스 연착 정도에 대한 히스토그램을 살펴보겠습니다.

```
fig = px.histogram(times, x='minutes_late', width=450, height=250)
fig.update_xaxes(range=[-12, 60], title_text='Minutes late')
fig
```

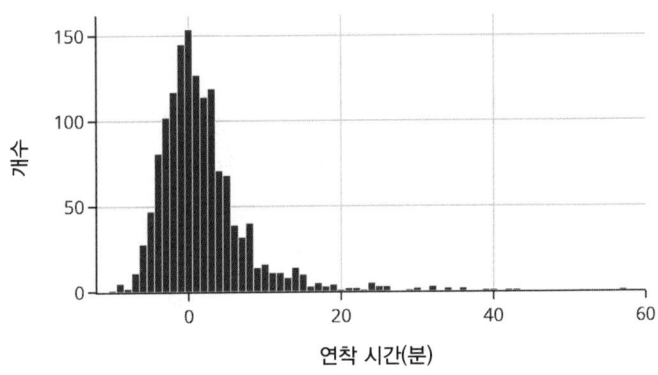

벌써 데이터에 몇 가지 흥미로운 패턴이 보입니다. 예를 들어, 많은 버스가 예정 시간보다 일찍 도착하지만, 일부 버스는 20분 넘게 늦기도 합니다. 또한 최빈값(가장 높은 점)이 명확하게 0인 것을 확인할 수 있는데, 이는 많은 버스가 대략 정시에 도착함을 보여줍니다.

이 경로에서 보통 버스가 얼마나 늦는지를 이해하려면, 늦는 정도를 상수값으로 요약하는 것이 좋습니다. 이는 평균, 중앙값, 최빈값 같은 단일 숫자의 통계치가 됩니다. 그럼 이 데이터 테이블의 minutes_late 열의 요약 통계량을 구해봅시다.

히스토그램을 통해, 데이터의 최빈값이 0이라는 것은 바로 추정할 수 있습니다. 파이썬을 사용해서 평균과 중앙값을 구합니다.

```
mean: 1.92 mins late
median: 0.74 mins late
mode: 0.00 mins late
```

당연히 이 숫자 중 어떤 것이 연착 시간을 가장 잘 요약해서 나타내는지 궁금할 것입니다. 기존 경험에 기대지 말고, 보다 정석적인 접근을 해보겠습니다. 우선 버스의 연착에 대한 상수 모델을 만듭니다. 이를 상수 θ(모델링에서, θ는 보통 매개변수로 쓰입니다)라고 할 것입니다. 예를 들어, θ = 5 라고 가정하면, 이 모델에서는 버스가 보통 5분 늦는다고 대략적

값을 구합니다.

하지만, θ = 5는 그다지 좋은 추측은 아닌 것 같습니다. 분단위 연착 시간의 히스토그램을 봤을 때, 더 5분보다는 0분에 가까운 값들이 더 많았기 때문입니다. 하지만 θ = 0(최빈값)이 θ = 0.74(중앙값), θ = 1.92(평균) 보다 더 나은 선택지인지, 혹은 이 전체보다 더 나은 값이 있는지는 명확하지 않습니다. 각각의 θ 값이 얼마나 데이터에 대략적으로 잘 맞는지에 대한 점수를 매겨서 서로 다른 θ 중 나은 값을 고를 것입니다. 즉, 데이터를 θ = 5처럼 상수로 근사화하면서 발생하는 손실을 측정하고자 한다는 것입니다. 그리고 이상적으로, 이 데이터에 가장 적합한 상수를 고를 것인데, 이 말은 손실이 가장 적은 상수를 고른다는 뜻이기도 합니다. 뒤에 이어서, 손실의 의미를 좀 더 공식적으로 설명하고 이를 모델에 맞게 사용하는 방법을 살펴보겠습니다.

4.2. 손실 최소화

북행 C 버스의 연착 정도를 θ라는 상수로 모델링하고, 실제 각 버스가 몇 분이나 늦는지에 대한 데이터를 사용해서 θ에 적합한 값이 얼마인지를 알아볼 것입니다. 이때 실제 데이터로부터 θ가 얼마나 떨어져 있는지를 측정하는 함수인 손실 함수를 사용합니다.

손실 함수는 θ와 데이터 값 y를 사용하는 수학 함수입니다. 결괏값은 θ가 y로부터 얼마나 떨어졌는지를 측정한 단일 숫자값인 손실값입니다. 손실 함수는 $l(\theta, y_i)$ 로 나타냅니다.

통상적으로, 손실 함수의 결괏값이 작을수록 θ의 값이 더 좋으며 결괏값이 클수록 θ의 값은 좋지 않습니다. 데이터에 적합한 상수를 판단할 때는, 모든 가능한 θ의 선택지 중에서 평균 손실값이 가장 작은 θ를 고를 것입니다. 즉, 데이터 $y_1, \cdots, y_n$의 평균 손실값을 최소로 만드는 θ를 찾는 것입니다. 공식적으로는 평균 손실값을 $L(\theta, y_1, y_2, \cdots, y_n)$이라고 쓰고, 다음과 같이 구합니다.

$$L(\theta, y_1, y_2, \cdots, y_n) = \text{mean}\{l(\theta, y_1), l(\theta, y_2), \cdots, l(\theta, y_n)\}$$
$$= \frac{1}{n} \sum_{i=1}^{n} = l(\theta, y_i)$$

간단하게 쓰기 위해, 보통 y = [y_1, y_2, ⋯, y_n] 형태의 벡터를 활용합니다. 그러면 평균 손실을 다음과 같이 나타낼 수 있습니다.

$$L(\theta, y) = \frac{1}{n} \sum_{i=1}^{n} l(\theta, y_i)$$

> **설명**
>
>
>
> 여기서 $l(\theta, y\_i)$는 특정 데이터 값에서의 모델 손실값을 나타내고, $L(\theta, y)$은 모든 데이터 값에 대한 모델 전체의 평균 손실값을 나타낸다는 것을 기억합시다. 대문자 L은 여러 개의 소문자 l의 값이 모여서 만들어진 평균이라고 생각하면 좀 더 쉽게 기억할 수 있을 것입니다.

손실 함수를 설정하면, 최소 평균 손실값을 가지는 θ의 값을 구할 수 있습니다. 우리는 이를 최솟값 $\hat{\theta}$이라고 할 것입니다. 달리 말해서, 모든 가능한 θ 중, $\hat{\theta}$를 사용했을 때 데이터의 평균 손실값이 가장 작을 것입니다. 이를 모델 적합 최적화 과정이라고 합니다. 이 과정을 통해서 데이터에 가장 최적인 상수 모델을 만들 수 있습니다.

그러면, 두 개의 손실 함수를 살펴보도록 하겠습니다. 바로 절대오차와 제곱오차입니다. 우리의 목표는 모델을 적합시키고 각각의 손실 함수에 대한 $\hat{\theta}$를 찾는 것입니다.

4.2.1. 평균절대오차

우선 절대오차 손실 함수부터 살펴보도록 하겠습니다. 다음은 절대오차에 대한 개념입니다. 상수 θ와 데이터 y가 있을 때,

1. 오차 $y - \theta$ 를 구합니다.
2. 오차에 절댓값 $|y - \theta|$ 을 취합니다.

이렇게 손실 함수 $l(\theta, y_i) = |y - \theta|$ 가 만들어집니다.

오차의 절댓값을 취하는 방법은 오차가 음수인 경우 양수로 바꿔주는 간단한 방식입니다. 예를 들어, y = 4라는 값은 θ = 2와 θ = 6은 각각 오차가 −2와 +2이지만, 절댓값 기준으로는 모두 2로 동일하므로, 동일하게 "나쁘다"고 간주합니다.

절대오차의 평균값을 평균절대오차(mean absolute error, MAE)라고 합니다. MAE는 각

각의 데이터에 대해 계산된 절대오차의 평균입니다.

$$L(\theta, y) = \frac{1}{n} \sum_{i=1}^{n} |y_i - \theta|$$

MAE의 이름을 보면 이를 어떻게 계산해야 할지 알 수 있습니다. 오차(Error) $\{y_i-\theta\}$의 절 댓값(Absolute value)의 평균(Mean)을 구하면 됩니다.

이 손실값은 다음과 같이 간단한 파이썬 함수를 사용해서 구할 수 있습니다.

```
def mae_loss(theta, y_vals):
    return np.mean(np.abs(y_vals - theta))
```

현재 [-1, 0, 2, 5, 10] 다섯 개의 데이터만 있을 때 손실 함수가 어떻게 동작하는지 살펴보도록 합시다. 각각의 서로 다른 θ값에 이 데이터를 적용해 보고 MAE 결과가 각각 어떻게 나오는지를 확인합니다.

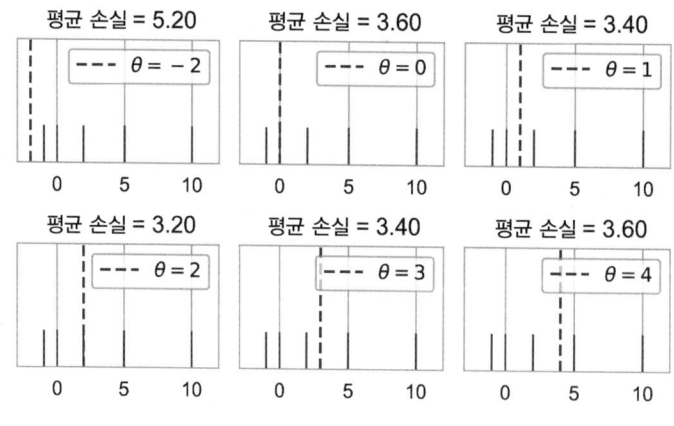

〈그림 4-1〉 θ별 평균 손실 정도

어떻게 MAE가 구해지는지를 이해했는지 확인하기 위해 몇 개의 손실값은 손으로 직접 계산해서 확인해 봐도 좋겠습니다.

앞서 확인한 θ값 중, θ = 2 일 때 가장 낮은 평균절대오차가 구해졌습니다. 이 간단한 예제의 경우, 2는 데이터 값의 중앙값입니다. 이는 우연이 아닙니다. 버스 연착 시간에 대한 원래의 데이터셋의 평균 손실값을 확인해 봅시다. θ가 지연 분값의 최빈값, 중앙값, 평균일 때의 MAE를 각각 살펴보았습니다.

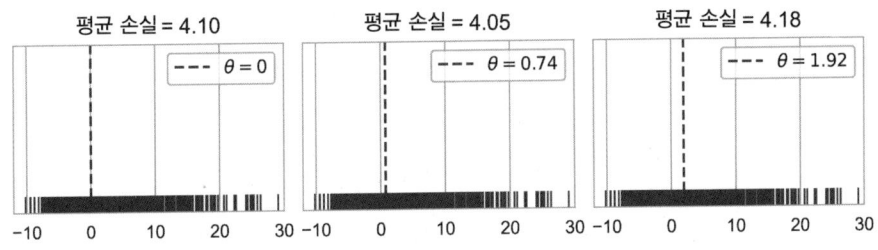

〈그림 4-2〉 θ의 대푯값에 대한 평균 손실 정도

이번에도 중앙값(중앙의 그래프)의 경우 최빈값과 평균(왼쪽과 오른쪽 그래프)보다 작은 손실값이 나왔습니다. 사실, 절대손실값의 경우, $\hat{\theta}$은 $\{y_1, y_2, \cdots, y_n\}$의 중앙값입니다.

지금까지, 간단히 θ에 몇 개의 값을 대입해 보고, 이 중 손실값이 제일 작은 것을 고르는 식으로 θ의 최적값을 찾아보았습니다. θ에 대한 함수로서 MAE에 대해 좀 더 잘 이해하고자 한다면, θ에 더 많은 값을 대입해 보고 θ가 변함에 따라 L(θ, y)가 어떻게 변하는지 선으로 그래프를 그려볼 수 있습니다. 앞의 다섯 개의 값인 [-1, 0, 2, 5, 10]를 사용해서 앞의 예제를 그래프로 그리면 다음과 같습니다.

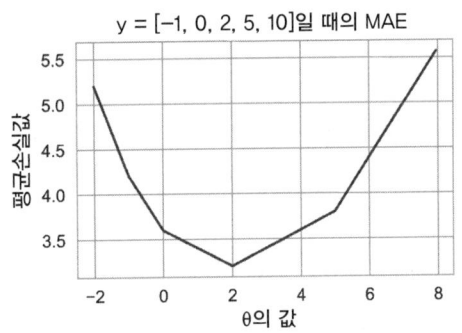

〈그림 4-3〉 θ별 평균 손실 비교

앞의 그래프를 보면 이 다섯 개의 삭은 데이터셋에서는 θ = 2가 최선의 선택임을 알 수 있습니다. 이때 곡선의 모양을 살펴봅시다. 이 선은 각각의 데이터 값(-1, 0, 2, 5)에서 서로 다른 직선들이 맞붙은 형태입니다. 이는 절댓값 함수의 특성입니다. 데이터가 많아지면, 직선 조각이 덜 뚜렷하게 보일 것입니다. 우리가 사용하는 버스 데이터는 1,400개가 넘으므로 MAE는 완만한 곡선으로 나타납니다.

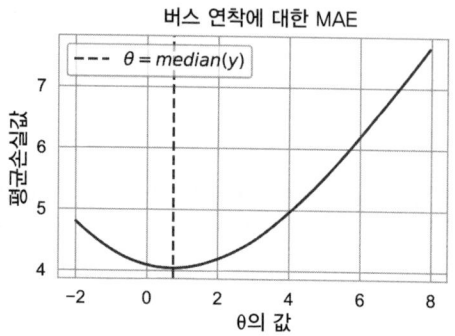

〈그림 4-4〉 버스 연착에 대한 θ별 평균 손실 비교

이 그래프를 사용해서 데이터의 중앙값일 때 손실값이 가장 작다는 것을 확인할 수 있습니다. 다시 말해, $\hat{\theta}$ = 0.74가 됩니다. 이 그래프는 실제 증명은 아니지만, 여러분이 쓰기에는 충분할 것입니다.

그러면, 다음에는 다른 손실 함수인 제곱오차를 살펴보도록 합시다.

4.2.2. 평균제곱오차

데이터에 상수 모델을 적합했을 때, 평균절대오차의 경우 최솟값이 나오는 경우는 중앙값일 때였습니다. 그러면 이번에는 이 모델을 그대로 적용하되 손실 함수를 제곱오차로 바꿔 보겠습니다. 각 데이터값 y와 상수 θ간의 오차의 절댓값을 사용하는 대신, 오차를 제곱할 것입니다. 특정값 θ와 데이터값 y를 사용해서 다음과 같이 계산을 하는 과정은 다음과 같습니다.

1. 오차 y − θ를 구합니다.
2. 오차에 제곱을 합니다. $(y - \theta)^2$

이렇게 손실 함수 $l(\theta, y_i) = (y - \theta)^2$가 됩니다.

앞에서와 마찬가지로, 최적의 θ를 찾는 데 우리의 데이터를 모두 사용할 것이므로, 평균제곱오차(mean squared error, MSE)를 다음과 같이 계산합니다.

$$L(\theta, y) = L(\theta, y_1, y_2, \cdots, y_n) = \frac{1}{n} \sum_{i=1}^{n} (y_i - \theta)^2$$

MSE를 구하는 파이썬 함수는 다음과 같이 간단하게 작성할 수 있습니다.

```
def mse_loss(theta, y_vals):
    return np.mean((y_vals - theta) ** 2)
```

MSE를 최소화할 가능성이 있는 평균, 중앙값, 최빈값을 다시 넣어봅시다.

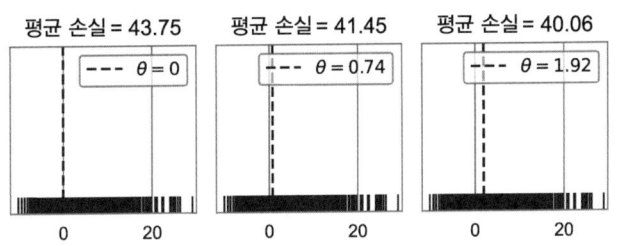

MSE의 손실값을 사용해서 상수 모델을 적용했을 때, 평균(오른쪽 그래프)의 경우 최빈값과 중앙값(왼쪽과 중앙의 그래프)보다 손실값이 작다는 것을 확인할 수 있었습니다. 그러면 버스 연착 데이터에 대해 θ의 여러 값에 대한 MSE 그래프를 그려봅시다. 이 곡선을 보면 $\hat{\theta}$가 2에 근접함을 알 수 있습니다.

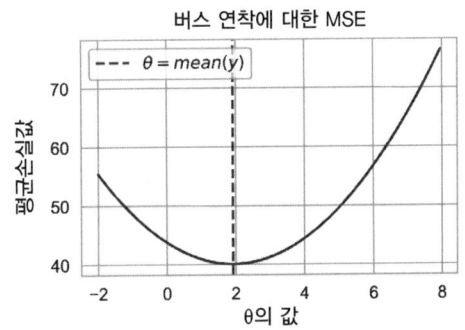

이 그래프에서 하나 살펴봐야 할 것이 있습니다. 이 그래프를 보면 MAE와 비교했을 때 MSE가 훨씬 빠르게 증가하는 것을 확인할 수 있습니다(세로축의 범위를 확인합니다). 이렇게 빠르게 커지는 이유는 오차를 제곱했기 때문에 생기는 현상으로, 데이터 값이 θ에서 멀어질수록 손실값은 훨씬 커집니다. 만약 θ = 10이고 y = 110이라면, 손실값의 절댓값은 |10-110| = 100이지만 손실값의 제곱은 $(10 - 110)^2$ = 10,000이 됩니다. 이런 이유로,

데이터에 특이하게 큰 값이 있는 경우 MSE는 MAE보다 훨씬 민감하게 반응합니다.
MSE 곡선을 보면, $\hat{\theta}$를 최소로 만드는 값은 y의 평균으로 보입니다. 이 역시 우연은 아닙니다. 데이터의 평균은 제곱오차의 경우 언제나 $\hat{\theta}$와 일치합니다. MSE의 제곱의 특성에서 이런 현상이 기인한다는 것을 알아보겠습니다. 그 과정에서 제곱 손실값을 분산과 편향 항의 합으로 표현하는 일반적인 방법을 살펴보겠습니다. 이는 제곱 손실을 사용한 모델 적합의 핵심입니다. 먼저 손실 함수에서 $\bar{y}$를 더하고 뺀 후 다음과 같이 제곱을 확장합니다.

$$L(\theta, y) = \frac{1}{n} \sum_{i=1}^{n} (y_i - \theta)^2$$

$$= \frac{1}{n} \sum_{i=1}^{n} [(y_i - \bar{y}) + (\bar{y} - \theta)]^2$$

$$= \frac{1}{n} \sum_{i=1}^{n} [(y_i - \bar{y})^2 + 2(y_i - \bar{y})(\bar{y} - \theta) + (\bar{y} - \theta)^2]$$

이제 MSE를 세 개의 항의 합으로 나눌 수 있습니다. 이때 $\Sigma(y_i - \bar{y}) = 0$ 이라는 간단한 평균의 특성을 활용하면, 가운데 항은 0이 된다는 것을 알 수 있습니다.

$$\frac{1}{n} \sum_{i=1}^{n} (y_i - \bar{y})^2 + \frac{1}{n} \sum_{i=1}^{n} 2(y_i - \bar{y})(\bar{y} - \theta) + \frac{1}{n} \sum_{i=1}^{n} (\bar{y} - \theta)^2$$

$$= \frac{1}{n} \sum_{i=1}^{n} (y_i - \bar{y})^2 + 2(\bar{y} - \theta) \frac{1}{n} \sum_{i=1}^{n} (y_i - \bar{y}) + \frac{1}{n} \sum_{i=1}^{n} (\bar{y} - \theta)^2$$

$$= \frac{1}{n} \sum_{i=1}^{n} (y_i - \bar{y})^2 + \frac{1}{n} \sum_{i=1}^{n} (\bar{y} - \theta)^2$$

남은 두 항 중 첫 번째 항에는 θ가 포함되어 있지 않습니다. 아마 이 항은 데이터의 분산임을 알아챘을 것입니다. 두 번째 항은 항상 양수입니다. 이 값은 제곱편향(bias squared)입니다. 두 번째 항인 제곱편향의 경우 θ가 $\bar{y}$인 경우 0이므로, 어떤 데이터이건 간에 $\hat{\theta} = \bar{y}$인 경우 MSE가 최소가 됩니다.

앞서 절대오차의 경우 가장 좋은 상수 모델은 중앙값을 가진 경우지만, 제곱오차의 경우에는 가장 좋은 모델의 값은 평균임을 살펴보았습니다. 모델 적합에 있어서 손실 함수로 무엇을 선택하는지는 매우 중요한 요인입니다.

4.2.3. 손실 함수 선택

앞서 두 개의 손실 함수를 살펴보았으니, 이제 원래의 문제로 돌아가도록 합시다. 중앙값, 평균, 최빈값 중 무엇을 고르는 게 좋을까요? 이 통계치가 서로 다른 손실 함수에서 최솟값을 만든다는 것을 알았으니[20], 이 질문도 같이 하는 게 좋겠습니다. 우리 문제에 가장 적합한 손실 함수는 무엇일까요? 이에 답하려면 문제의 맥락을 살펴보아야 합니다.

MAE와 비교했을 때, 버스가 예상 시간보다 많이 늦는(혹은 일찍 오는) 경우, MSE의 값은 손실값이 매우 커지게 됩니다. 보통 어느 정도 늦는지 알고 싶어 하는 운전기사라면 MAE를 사용한 후 중앙값(0.74분 늦음)을 사용할 것이고, 예상치 못하게 많이 늦는 것을 싫어하는 운전기사는 MSE와 평균(1.92분 늦음)을 사용해서 데이터를 파악할 것입니다.

모델을 더 다듬고자 한다면 더 최적화된 손실 함수를 사용할 수도 있습니다. 예를 들어, 버스가 일찍 오는 경우, 버스는 정해진 출발시간까지 정류장에서 기다렸다가 출발하므로, 이렇게 일찍 오는 경우에는 손실 함숫값을 0으로 하고 싶을 수 있습니다. 그리고 버스가 일반적으로 조금 늦는 경우보다 많이 늦는 경우 더 큰 문제가 된다면, 비대칭 손실 함수를 선택해서 과도한 연착의 경우에는 더 큰 벌점을 매길 수도 있을 것입니다.

결론적으로, 손실 함수 선택에 있어서 맥락을 고려해야 한다는 것입니다. 모델을 어떻게 사용할지 꼼꼼히 생각한다면, 좋은 데이터 기반 의사 결정을 내리는 데 도움이 될 손실 함수를 선택할 수 있을 것입니다.

4.3. 정리

이 장에서는 데이터를 단일 값으로 요약하는 모델인 상수 모델을 소개했습니다. 상수 모델을 최적화하려면, 주어진 상수가 데이터의 값과 얼마나 잘 맞는지를 측정하는 손실 함수를 고른 후, 모든 데이터 값에 대한 평균 손실값을 구해야 합니다. 앞에서 손실 함수를 무엇을 선택하느냐에 따라 손실값을 최소로 만드는 값이 달라진다는 것을 살펴보았습니다. 평균의 경우에는 평균 제곱오차(MSE)를 최소로 만들었고, 중앙값은 평균 절대오차(MAE)를 가장

---

[20] 최빈값은 0-1 손실이라고 하는 손실 함수를 최소화하는 값입니다. 이 손실에 대해서는 여기서 다루지 않았지만, 과정은 동일합니다. 손실 함수를 선택한 후, 손실을 최소화하는 값을 찾습니다.

작게 만드는 값이었습니다. 또한 손실 함수를 선택하는 데 있어서 단순히 수학적 계산이 아니라 문제에 대한 맥락과 지식을 고려하는 것이 중요하다는 점도 함께 논의했습니다.

손실 최소화를 통해 모델을 최적화하는 개념은 평균, 중앙값, 최빈값 같은 단순 요약 통계량을 적용하는 것부터 더 복잡한 모델링 상황에까지 엮입니다. 데이터를 모델링하기 위해 진행한 단계는 많은 모델링 시나리오에 적용될 수 있습니다.

1. 모델의 형태(상수 모델 등)를 선택합니다.
2. 손실 함수(절대 오차 등)를 선택합니다.
3. 모든 데이터에 대한 손실(평균 손실 등)을 최소화하여 모델을 맞춥니다.

이 책의 나머지 부분에서는 이러한 모델링 기법 중 하나 이상의 단계를 확장하여 살펴볼 것입니다. 새로운 모델, 새로운 손실 함수, 손실 최소화를 위한 다양한 기법을 소개합니다. 5장에서는 정류장에 늦게 도착하는 버스에 대한 연구를 다시 살펴봅니다. 이번에는 이 문제를 예제로 하여 데이터 과학 주기의 모든 단계를 살펴봅니다. 이러한 단계를 거치면서, 데이터 범위를 고려하고, 항아리 모델을 사용하여 버스 정류장에 도착하는 승객을 시뮬레이션하는 방법, 버스 연착 모델링과 승객의 버스 대기 경험 모델링이 다르다는 사실 등을 발견하게 될 것입니다.

5장
예제: 왜 내가 타는 버스는 맨날 늦을까?

제이크 밴더플라스(Jake VanderPlas)의 파이썬 답사 여행(Pythonic Perambulations) 블로그[21]는 현대의 데이터 과학자가 어떤 사람인지 보여주는 좋은 사례입니다. 데이터 과학자로서 우리는 업무, 일상, 개인 생활에서 데이터를 접하게 되며, 이러한 데이터가 세상을 이해하는 데 어떤 인사이트를 가져다줄 수 있을지 궁금해하는 경향이 있습니다. 이 첫 번째 예제에서는 이 블로그의 게시물 중 하나인 "대기 시간의 역설, 또는 왜 내가 타는 버스는 맨날 늦을까?"[22]에서 아이디어를 빌려왔습니다. 이 글에서는 시애틀의 길모퉁이에서 버스를 기다리는 상황을 모델링합니다. 이 책에서는 데이터 과학 주기 각각의 단계를 다루지만, 이번 예제에서는 데이터 구조와 모델링 기법보다는 질문, 데이터, 모델에 대한 사고 과정에 좀 더 초점을 맞춥니다. 문제를 더 잘 이해하는 과정에서 상수 모델과 시뮬레이션 연구를 활용할 것입니다.

제이크는 자신이 버스를 기다리던 경험에 기인해서 그 글을 썼습니다. 버스를 기다리는 시간은 항상 예상보다 긴 것 같았습니다. 만약 버스가 매 10분마다 오고 여러분이 버스 정류장에 임의의 시간에 온다고 한다면, 평균적으로 대기 시간은 5분가량 되어야 한다고 추론할 수 있지만, 제이크의 실제 경험은 이 추정과 달랐습니다. 그래서 제이크는 워싱턴주 교통센터에서 제공받은 데이터를 가지고 이 현상을 추적해 보았습니다. 그리고 우리도 동일하게 데이터를 분석해 보고, 왜 체감 시간이 더 길게 느껴지는지 살펴보겠습니다.

앞 장에서 '왜 내가 타는 버스는 맨날 늦을까?'라는 질문으로 시작해서 이 개념에 대해 살펴보았습니다. 이 질문을 우리의 목적에 보다 적합한 형태로 다듬은 후 데이터를 살펴볼 것입

---

[21] http://jakevdp.github.io

[22] https://oreil.ly/W8lh5

니다. 그 후 이 데이터가 어떻게 수집되었고 편향이 일어날 수 있는 요소는 어떤 것이 있는지 등의 데이터 범위를 살펴본 후 데이터 분석을 준비할 것입니다. 앞서 말한 현상을 알아보기 위해 시뮬레이션을 할 수 있는 버스 정류장에서의 대기 시간 모델링을 설계할 것인데, 이 모델은 우리가 겪는 체감 대기 시간이 왜 더 길게 느껴지는지를 분석하는 데 중요한 역할을 하게 될 것입니다.

5.1. 질문과 범위

처음 질문은 왜 버스는 늘 늦는 것 같은지 궁금한 일반 버스 탑승객의 경험으로부터 나왔습니다. 여기서는 교통 체증이나 유지보수 문제 등 버스가 왜 지연되는지에 대한 실질적인 이유에 대해서는 알아보지 않습니다. 다만 버스 정류장에서의 버스의 예상 일정 대비 실제 도착 시각의 패턴에 대해 알아봅니다. 이 정보를 통해서 버스 대기 경험에 대해 더 잘 이해하게 될 것입니다.

버스 노선은 전 세계가 다 다르고 어떤 버스는 도시를 관통하기도 하므로, 여기서는 탐색 범위를 시애틀의 한 버스 정류장으로 한정합니다. 데이터에는 써드 앤 파이크 정류장의 급행 노선 C, D, E에 대한 기록이 있습니다. 워싱턴주 교통 센터에서 2016년 3월 26일부터 5월 27일까지의 이 세 버스에 대한 모든 실제 도착 시각과 예상 도착 일정을 제공해 주었습니다.

두 달 동안 특정 정류장의 버스로 범위를 좁히고 이 기간 동안 수집된 모든 행정 데이터에 접근할 수 있다는 점을 고려하면 모집단, 접근 프레임 및 표본은 동일합니다. 하지만 시애틀 안팎의 다른 지역과 연중 다른 시기에도 우리의 분석이 유용하다고 증명될 수 있다고 상상해 볼 수 있습니다. 운이 좋다면 우리가 발견한 아이디어나 우리가 취한 접근 방식이 다른 사람들에게 유용할 수도 있습니다. 일단, 지금은 초점을 좁혀서 진행해 보겠습니다.

그럼 데이터를 들여다보면서 이 구조를 좀 더 이해해 보겠습니다.

5.2. 데이터 전처리

분석에 돌입하기 전에, 우선 데이터 품질을 확인하고, 가능한 한 구조를 단순화하고, 분석에 도움이 될 새로운 측정치를 도출해야 합니다. 이런 유형의 조작법에 대해서는 9장에서 다룰 것이므로, 지금은 여기서 사용하는 코드에 대해서 자세히 알지 못한다고 너무 걱정할 필요는 없습니다. 대신, 데이터를 정제할 데이터 테이블 간의 차이에 집중합시다. 일단 파이썬으로 데이터를 읽어 들이는 것부터 시작합니다.

데이터 테이블의 처음 몇 개의 행은 다음과 같습니다.

```
bus.head(3)
```

	OPD_DATE	VEHICLE_ID	RTE	DIR	...	STOP_ID	STOP_NAME	SCH_STOP_TM	ACT_STOP_TM
0	2016-03-26	6201	673	S	...	431	3RD AVE & PIKE ST (431)	01:11:57	01:13:19
1	2016-03-26	6201	673	S	...	431	3RD AVE & PIKE ST (431)	23:19:57	23:16:13
2	2016-03-26	6201	673	S	...	431	3RD AVE & PIKE ST (431)	21:19:57	21:18:46

3 rows × 9 columns

(웝 데이터는 파일 내에 쉼표로 분리된 값 형태로 들어있지만, 여기서는 테이블로 읽어 들였습니다. 이 과정에 대해서는 8장에서 자세히 다룹니다.)

이 테이블에서 STOP_ID나 STOP_NAME 같은 몇 개의 열은 필요 없어 보입니다. 각 열에서 고유한 데이터의 값을 세어 이를 확인해 봅시다.

```
bus[['STOP_ID','STOP_NAME']].value_counts()
```

```
STOP_ID  STOP_NAME
578      3RD AVE & PIKE ST (578)    19599
431      3RD AVE & PIKE ST (431)    19318
dtype: int64
```

정류장에 두 가지의 3RD AVE & PIKE ST(써드 앤 파이크) 이름이 존재합니다. 이런 경우가 버스의 방향과 연관되어서 만들어진 것일 수 있으니, 방향과 정류장 ID, 정류장 이름의 가능한 조합을 확인해 봅니다.

```
bus[['DIR','STOP_ID','STOP_NAME']].value_counts()
```

```
DIR  STOP_ID  STOP_NAME
N    578      3RD AVE & PIKE ST (578)    19599
S    431      3RD AVE & PIKE ST (431)    19318
dtype: int64
```

앞의 결과를 볼 때, 북행 노선의 정류장 ID는 578이고 남행 노선의 정류장 ID는 431임을 알 수 있습니다. 이 분석에서는 하나의 정류장만을 살펴볼 것이므로, 방향 이외의 것은 필요하지 않습니다.

고유한 노선 이름의 개수도 비슷하게 확인할 수 있습니다.

```
673    13228
674    13179
675    12510
Name: RTE, dtype: int64
```

노선 이름은 숫자로 되어 있어 문제의 원래 설명에 나온 C, D, E라는 이름과는 같지 않습니다. 이 문제는 데이터 전처리의 다른 측면과 관련이 있습니다. 노선 글자와 번호를 연결하는 정보를 더 찾아봐야 한다는 것입니다. 다행히 시애틀 교통 사이트에서 이 정보를 확인할 수 있었습니다. 데이터 전처리의 또 다른 부분은 데이터의 값을 보다 이해하기 쉬운 값으로 옮기는 것이므로, 노선 번호를 문자로 바꾸도록 합니다.

```
def clean_stops(bus):
    return bus.assign(
        route=bus["RTE"].replace({673: "C", 674: "D", 675: "E"}),
        direction=bus["DIR"].replace({"N": "northbound", "S":
"southbound"}),
    )
```

데이터를 살펴볼 때 도움이 될 새로운 열을 테이블에 추가할 수도 있습니다. 예를 들어, 예상 시간과 실제 도착 시각을 사용해서 버스가 얼마나 연착되었는지를 구할 수 있습니다. 이 작업에는 날짜 및 시간 포맷 관련한 몇 가지 작업을 해야 하는데, 이는 9장에서 다룰 것입니다.

이렇게 구한 새로운 값이 계산이 정확한지 살펴보도록 합시다.

```
smallest amount late: -12.87 minutes
greatest amount late: 150.28 minutes
median amount late: 0.52 minutes
```

버스 연착 정도를 구하는데 음수가 나온 것이 조금 신기하지만, 이 값은 그저 버스가 예상 일정보다 빨리 도착한 경우일 뿐입니다. 연착 중앙값은 0.5분 정도밖에 안 되지만, 어떤 버스는 150분이나 늦었습니다! 그럼 버스가 몇 분이나 늦었는지 히스토그램을 그려서 살펴보도록 합시다.

```
px.histogram(bus, x="minutes_late", nbins=120, width=450, height=300,
             labels={'minutes_late':'Minutes late'})
```

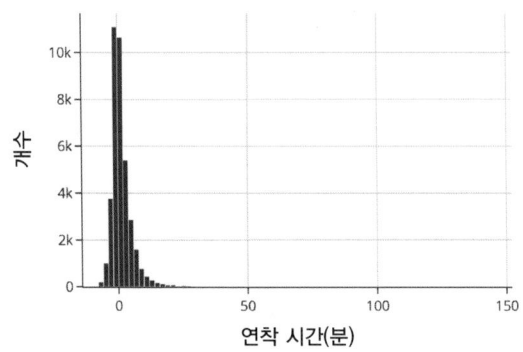

4장에서 비슷한 형태의 히스토그램을 봤었습니다. 버스의 연착 시간 분포는 오른쪽에 매우 치우쳐 있지만, 대부분 제시간에 도착합니다.

마지막으로, 데이터 테이블을 정리한 버전을 만드는 것으로 데이터 전처리를 마무리합니다. 노선, 방향, 예상 시간, 실제 시간, 버스 연착 시간 정도의 데이터만 필요하므로, 원 테이블보다 좀 더 작은 테이블을 만들고 열 이름을 좀 더 읽기 쉽게 변경합니다.

```
bus = bus[["route", "direction", "scheduled", "actual", "minutes_late"]]
bus.head()
```

	route	direction	scheduled	actual	minutes_late
0	C	southbound	2016-03-26 01:11:57	2016-03-26 01:13:19	1.37
1	C	southbound	2016-03-26 23:19:57	2016-03-26 23:16:13	-3.73
2	C	southbound	2016-03-26 21:19:57	2016-03-26 21:18:46	-1.18
3	C	southbound	2016-03-26 19:04:57	2016-03-26 19:01:49	-3.13
4	C	southbound	2016-03-26 16:42:57	2016-03-26 16:42:39	-0.3

이 테이블 변형에 대해서는 6장에서 다룰 것입니다. 버스 연착 모델링에 돌입하기 전에, 이 데이터를 좀 더 살펴보고 이해하는 게 필요합니다. 이는 다음에 진행할 것입니다.

5.3. 버스 시간 탐색

버스 연착 모델링을 하기 전에, 데이터를 정제하고 단순화하면서 데이터에 대해서 많은 것을 알게 되었지만, 버스 연착 상황에 대해 좀 더 이해하기 위해 데이터를 깊이 살펴볼 필요가 있습니다. 앞서 문제를 하나의 버스 정류장(써드 앤 파이크)의 두 달 동안 버스 이동에 대한 것으로 제한했습니다. 그리고 이때 몇몇 버스가 매우 늦어서, 버스 연착 시간 분포가 우측으로 치우친 것을 확인했습니다. 이번 데이터 탐색 과정에서는 다음과 같은 질문을 해볼 수 있습니다.

- 세 버스 노선의 연착 시간 분포가 모두 동일한 형태인가?
- 버스의 방향(남행, 북행)은 연착에 영향을 줄까?
- 버스가 연착하는 것이 특정 시간대에 더 자주 발생하는 경향이 있을까?
- 버스가 하루 종일 동일한 간격으로 도착하도록 일정이 만들어져 있을까?

이 질문에 대답함으로써 모델을 어떻게 만들지 더 잘 판단할 수 있을 것입니다.

4장에서 버스 연착 시간의 중앙값이 3/4분이었던 것을 떠올려 봅시다. 하지만 이 값은 모든 방향의 전체 버스 노선에 대해서 구한 중앙값(1/2분)과는 다릅니다. 이게 4장에서 북행 C버스에 대해서만 살펴보아서 그런 것인지를 확인해 봅시다. 버스 노선과 방향의 6가지 조합에 대해서 연착 시간의 히스토그램을 그려서 이 질문과 앞서 한 질문 목록 중 앞의 두 개의 질문에 대해 알아보도록 합시다.

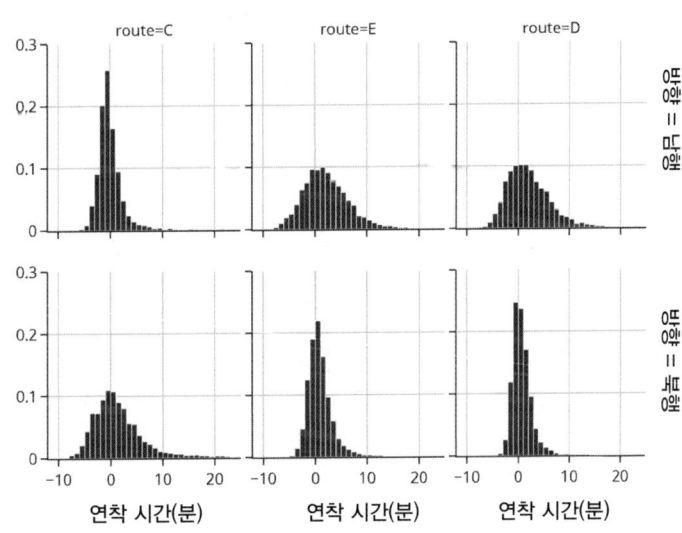

〈그림 5-1〉 버스 경로별 연착 시간 분포

Y축의 범주는 비율(밀도)입니다. 범주를 이렇게 하면 각 집단의 크기가 달라서 생기는 오해 없이 쉽게 히스토그램을 비교할 수 있습니다. X축의 범위는 6개의 그래프 모두 동일하므로, 분포의 중간값이나 형태 차이를 쉽게 파악할 수 있습니다(이런 내용에 대해서는 11장에서 다룹니다).

각 노선에 대해 북행과 남행의 분포는 모두 다릅니다. 이에 대한 내용을 좀 더 알아보니, C 노선은 북행부터 출발하고 다른 두 노선은 남행부터 출발한다는 사실을 발견했습니다. 히스토그램 상으로 버스 노선의 후반부에 해당하는 경우 도착 시각에 더 큰 변동이 있음을 알 수 있는데, 이는 하루가 흘러갈수록 연착이 누적될 것이기 때문에 충분히 타당한 현상입니다.

다음으로, 일별 시간대에 따른 연착 정도를 탐색하려면, 새로운 수치를 도출해야 합니다. 버스 예상 도착 시각의 시간대입니다. 앞서 버스 연착 시간을 살펴봤던 대로, 주어진 각각의 노선과 방향에 따라 그래프를 별도로 그려보도록 합니다.

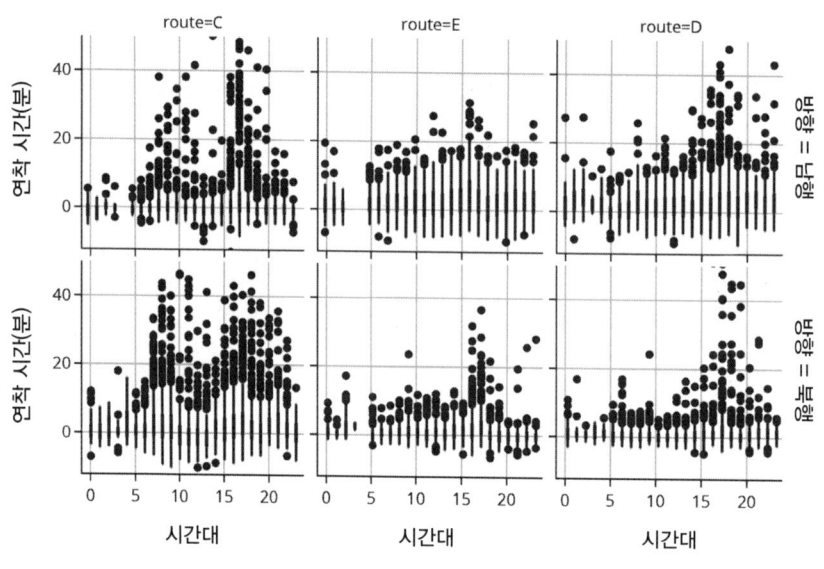

〈그림 5-2〉 버스 시간대별 연착 시간 분포

실제로, 그래프 상에 혼잡 시간대가 나타났고, 이는 오전보다 오후에 혼잡이 더 심한 것으로 보입니다. 북행 C 노선이 가장 영향을 많이 받는 것으로 보입니다.

마지막으로, 버스의 예상 도착 시각 간격을 살펴보려면, 버스 일정 간의 간격을 구해야 합니다. 다음과 같이 북행 C 버스의 일정 간 시간차 값을 새로운 열로 만들어서 테이블에 추가합니다.

```python
minute = pd.Timedelta('1 minute')
bus_c_n = (
    bus[(bus['route'] == 'C') & (bus['direction'] == 'northbound')]
    .sort_values('scheduled')
    .assign(sched_inter=lambda x: x['scheduled'].diff() / minute)
)
bus_c_n.head(3)
```

	route	direction	scheduled	actual	minutes_late	sched_inter
19512	C	northbound	2016-03-26 00:00:25	2016-03-26 00:05:01	4.6	NaN
19471	C	northbound	2016-03-26 00:30:25	2016-03-26 00:30:19	-0.1	30
19487	C	northbound	2016-03-26 01:05:25	2016-03-26 01:10:15	4.83	35

이 버스의 도착 일정 간 간격 분포에 대한 히스토그램을 살펴봅시다.

```python
fig = px.histogram(bus_c_n, x='sched_inter',
                   title="Bus line C, northbound",
                   width=450, height=300)
fig.update_xaxes(range=[0, 40], title="Time between consecutive buses")
fig.update_layout(margin=dict(t=40))
```

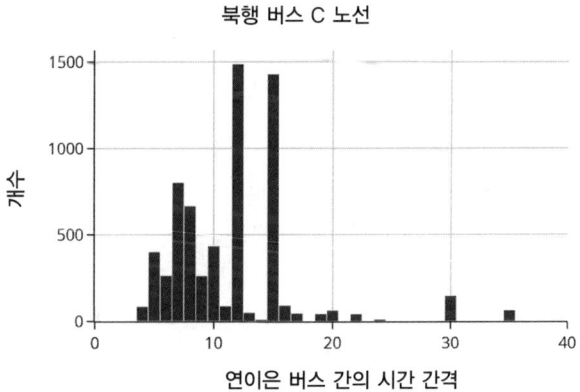

버스가 하루 동안 서로 다른 시간 간격으로 도착하도록 일정이 짜여있다는 것을 확인할 수 있습니다. 두 달 동안, 1,500대 가량의 버스는 12분 간격으로 도착하도록 일정이 잡혀있고, 1,400대 가량은 앞 버스 이후 15분 후에 도착하도록 되어 있습니다.

데이터를 탐색함으로써 많은 것을 이해할 수 있었고 이를 통해 모델을 더 잘 최적화할 수 있을 것입니다. 무엇보다도, 버스 대기 경험에 대해서 보다 명확한 인사이트를 얻고 싶을 때, 버스 노선과 방향을 고려한 버스 간의 예상 도착 시각 간격을 살펴봐야 함을 알 수 있습니다.

5.4. 대기 시간 모델링

여기서는 버스를 기다리는 누군가의 경험에 대해 모델링을 하려고 합니다. 이때 물론 모든 예상 도착 시각 간격, 버스 노선, 방향을 포함하는 복잡한 모델을 개발할 수도 있습니다. 하지만 우선 좀 더 간단하게 범위를 하나의 노선, 한쪽 방향, 하나의 예상 도착 시각 간격으로 범위를 좁혀보도록 합니다. 우선 12분 간격으로 도착하도록 일정이 잡혀있는 북행 C 노선의 도착 시각을 살펴봅니다.

```
bus_c_n_12 = bus_c_n[bus_c_n['sched_inter'] == 12]
```

복잡한 방식이나 좁은 범위의 방식이나 모두 타당하지만, 현재까지는 복잡한 모델을 만들 수 있는 도구가 없습니다(15장에서 모델링에 대해 좀 더 자세히 살펴볼 것입니다).

앞서, 버스의 연착 분 정도의 분포를 살펴보았습니다. 이번에는 이 연착 데이터 중 우리가 분석하려고 하는 부분집합(앞 버스 이후 12분 후에 도착하도록 일정이 잡혀있는 북행 C 노선의 도착 시각)에 대한 히스토그램을 그려봅시다.

```
fig = px.histogram(bus_c_n_12, x='minutes_late',
                   labels={'minutes_late':'Minutes late'},
                   nbins=120, width=450, height=300)
fig.add_annotation(x=20, y=150, showarrow=False,
    text="Line C, northbound<br>Scheduled arrivals: 12 minutes apart" )
fig.update_xaxes(range=[-13, 40])
fig.show()
```

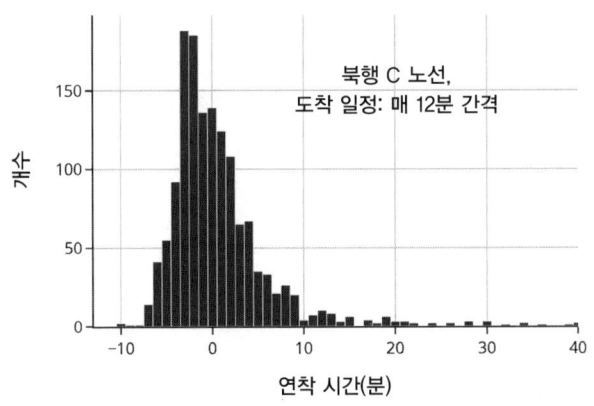

그럼 연착의 최솟값, 최댓값, 중앙값을 구해봅시다.

```
smallest amount late: -10.20 minutes
greatest amount late: 57.00 minutes
median amount late: -0.50 minutes
```

흥미롭게도, 12분 간격의 북행 C노선은 예상 도착 시각보다 빨리 오는 경우가 더 많습니다! 그럼 질문을 다시 살펴보면서 질문에 대한 답을 제대로 찾았는지 확인해 봅시다. 버스가 얼마나 늦었는지에 대한 요약은 버스를 기다리는 사람의 경험을 제대로 다루지 못합니다. 누군가 버스 정류장에 도착하면 버스가 도착할 때까지 기다려야 합니다. 그림 5-3은 승객과 버스가 버스 정류장에 도착할 때까지의 시간 경과를 이상적으로 나타낸 것입니다. 사람들이 무작위 시간에 버스 정류장에 도착하는 경우, 버스 간격이 길기 때문에 버스가 지연되는 시간대에 도착할 가능성이 더 높다는 것을 알 수 있습니다. 이 도착 패턴은 표본 추출 시의 크기 편향의 사례입니다. 따라서 사람들이 버스를 기다릴 때 어떤 경험을 하는지에 대한 질문에 답하려면 버스가 얼마나 늦는지 요약하는 것보다 더 많은 작업이 필요합니다.

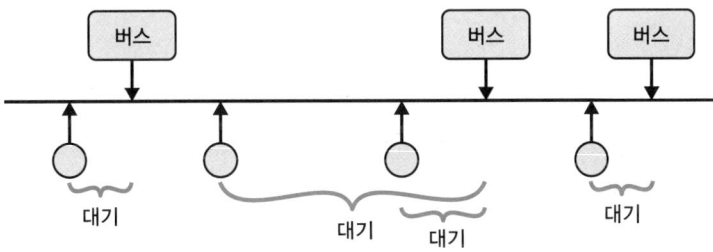

〈그림 5-3〉 버스 도착(사각형), 승객 도착(원),
승객이 다음 도착 버스까지 기다리는 시간(중괄호 모양)에 대한 이상적 시간선

3장의 개념을 활용해서, 하루 동안의 버스를 대기하는 상태에 대한 시뮬레이션을 설계해볼 수 있습니다. 이를 위해, 아침 6시부터 자정까지를 12분 간격으로 나눈 버스 도착 일정 열을 만들어 보겠습니다.

```
scheduled = 12 * np.arange(91)
scheduled
```

```
array([ 0, 12, 24, ..., 1056, 1068, 1080])
```

다음으로, 각 도착 일정에 버스가 늦는 정도를 무작위 숫자로 만들어 실제 도착 시각을 시뮬레이션합니다. 12분 간격으로 운행되는 버스의 실제 지연 분포를 사용하여 현실적인 시뮬레이션을 수행합니다.

```
minutes_late = bus_c_n_12['minutes_late']
actual = scheduled + np.random.choice(minutes_late, size=91, replace=True)
```

버스가 많이 늦을 경우, 다른 버스가 더 먼저 오는 경우도 발생할 수 있으므로, 다음과 같이 만들어진 도착 시각을 순서대로 정리해야 합니다.

```
actual.sort()
actual
```

```
array([ -1.2 , 25.37, 32.2 , ..., 1051.02, 1077. , 1089.43])
```

또한 하루 동안 임의의 시간에 버스 정류장에 도착하는 사람들도 시뮬레이션해야 합니다. 승객의 도착에 대해서는 다른 항아리 모델을 사용할 수 있습니다. 이 경우에는 구슬에 '시간'을 적은 항아리를 만듭니다. 아침 6시를 0으로 두고, 자정의 마지막 버스의 경우 아침 6시부터 1,068분 떨어져 있습니다. 버스 시간을 데이터에 맞추기 위해, 시간을 1/100분 간격으로 만듭니다.

```
pass_arrival_times = np.arange(100*1068)
pass_arrival_times / 100
```

```
array([ 0. , 0.01, 0.02, ..., 1067.97, 1067.98, 1067.99])
```

각각의 승객이 얼마나 기다렸는지를 알아내려면, 각각의 표본 시간 뒤에 가장 빨리 오는 버스를 찾아내야 합니다. 이 두 시간 간의 차이(승객의 표본 시간과 이 시간 이후 가장 빨리 오는 버스의 도착 시각)가 각 승객이 기다린 시간입니다.

```
i = np.searchsorted(actual, sim_arrival_times, side='right')
sim_wait_times = actual[i] - sim_arrival_times
sim_wait_times
```

array([23.31, 22.36, 16.83, ..., 13. , 12.23, 10.58])

이를테면 200일 동안의 버스 도착을 시뮬레이션하는 전체 시뮬레이션을 설정하고, 매일 500명의 사람들이 하루 중 임의의 시간에 버스 정류장에 도착하는 것을 시뮬레이션할 수 있습니다. 이 경우, 총 100,000회의 시뮬레이션 대기 시간이 만들어집니다.

```
sim_wait_times = []

for day in np.arange(0, 200, 1):
    bus_late = np.random.choice(minutes_late, size=91, replace=True)
    actual = scheduled + bus_late
    actual.sort()
    sim_arrival_times = (
        np.random.choice(pass_arrival_times, size=500, replace=True) / 100
    )
    sim_arrival_times.sort()
    i = np.searchsorted(actual, sim_arrival_times, side="right")
    sim_wait_times = np.append(sim_wait_times, actual[i] - sim_arrival_times)
```

이 시뮬레이션 대기 시간의 히스토그램을 그려서 분포를 살펴봅시다.

```
fig = px.histogram(x=sim_wait_times, nbins=40,
                   histnorm='probability density',
                   width=450, height=300)
fig.update_xaxes(title="Simulated wait times for 100,000 passengers")
fig.update_yaxes(title="proportion")
fig.show()
```

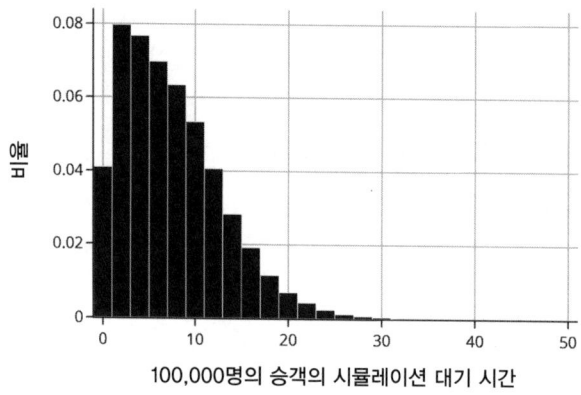

100,000명의 승객의 시뮬레이션 대기 시간

예상대로, 분포가 한쪽으로 치우친 것을 확인할 수 있습니다. 상수 모델로 이 데이터를 모델링할 수 있고, 이때 최선의 상수 선택을 위해 절대 오차를 사용할 것입니다. 4장에서, 본 것 같이, 절대오차의 손실을 최소화하는 값은 중앙값입니다.

```
print(f"Median wait time: {np.median(sim_wait_times):.2f} minutes")
```

```
Median wait time: 6.49 minutes
```

중앙값인 6.5분은 그다지 길어 보이지 않습니다. 모델에서 일반적으로 대기 시간을 고를 때, 이 과정에서 일어나는 변동 추정량도 알면 좋을 것 같습니다. 이에 대해서는 17장에서 다룰 것입니다. 일단 변동 정도에 대한 감을 잡기 위해 대기 시간 중의 상위 4분위값(상위 25%)도 파악해 봅시다.

```
print(f"Upper quartile: {np.quantile(sim_wait_times, 0.75):.2f} minutes")
```

```
Upper quartile: 10.62 minutes
```

상위 4분위값은 10.62분이라는 결과가 나왔습니다. 12분마다 도착한다고 알고 있는 버스를 10분 이상 기다려야 하고 이런 일이 4번 중 한 번씩 일어난다면 분명 기억에 강하게 남을 수밖에 없습니다.

5.5. 정리

첫 번째 예제를 통해서 데이터 모델링의 전 과정을 경험해 보았습니다. 앞서 살펴본 간단한 질문에 대해 수집된 데이터로는 즉각적인 답을 얻을 수 없다는 생각에 다소 충격을 받았을 수도 있습니다. 우리는 버스의 예정 도착 시각과 실제 도착 시각 데이터를 임의의 시간에 버스 정류장에 도착하는 승객에 대한 시뮬레이션 연구와 결합하여 승객의 대기 경험을 밝혀내야 했습니다.

이 시뮬레이션은 버스 탑승과 관련된 여러 실제 패턴을 단순화했습니다. 일단 12분마다 도착하는 한 버스의 한 방향에 대해서만 살펴보았습니다. 또한 데이터 탐색을 통해서 시간대에 따라 지연 패턴이 달라지는 것을 발견했지만 이번 분석에는 포함하지 않았습니다. 그래도 우리가 발견한 내용은 여전히 유용합니다. 예를 들어, 일반적인 대기 시간이 예정 간격의 반 이상인 것을 확인했습니다. 또한 대기 분포는 오른쪽으로 긴 꼬리가 있어 버스 탑승객의 경험이 이 과정에서의 변동성에 영향을 받을 것임을 알 수 있습니다.

또한 버스의 지연 시간이나 버스 도착 시각 간의 간격 같은 새로운 수치를 도출하는 방법이나 데이터를 어떻게 탐색하면 모델링에 유용한지 같은 내용을 살펴보았습니다. 히스토그램을 보면 버스의 특정 노선과 방향이 지연 시간에 영향을 미치므로 이런 사항도 고려되어야 함을 알 수 있었습니다. 또한 버스의 일정은 시간대에 따라 다르며 많은 버스가 이전 버스 도착 후 10, 12, 15분 후 도착하며 어떤 버스는 시간 간격이 더 짧거나 더 길다는 것 역시 알 수 있었습니다. 이런 관측 결과는 이후 모델링 단계에서 다시 활용할 것입니다.

마지막으로, pandas와 plotly 라이브러리 같은 데이터 도구를 사용했습니다. 이에 대해서는 이후에 상세히 다룰 것입니다. 여기서 주로 살펴본 내용은 테이블을 다루거나 그래프를 그리는 방법이 아닙니다. 대신, 데이터를 모델링해서 결론에 이르는 데까지 어떤 질문을 하고 그 질문에 대한 답을 찾아가는 분석적 사고 과정이 중심이었습니다. 이제 다음 장에서는 데이터 테이블을 다루는 실질적인 내용을 살펴보도록 하겠습니다.

2부.
테이블 데이터

Python

6장. Pandas를 사용한 데이터 프레임 다루기

7장. SQL을 사용해서 관계형 데이터 다루기

6장
Pandas를 사용한 데이터 프레임 다루기

데이터 과학자는 테이블에 저장된 데이터를 다룹니다. 이 장에서는 데이터 테이블을 나타내는 데 가장 널리 쓰이는 방법 중에 하나인 데이터 프레임을 소개합니다. 또한 데이터 프레임을 다루는 가장 표준적인 파이썬 패키지인 Pandas도 같이 소개하겠습니다. 다음은 개 품종에 대한 정보가 들어있는 데이터 프레임입니다.

〈표 6-1〉 개 품종 데이터

breed	grooming	food_cost	kids	size
Labrador Retriever	weekly	466.0	high	medium
German Shepherd	weekly	466.0	medium	large
Beagle	daily	324.0	high	small
Golden Retriever	weekly	466.0	high	medium
Yorkshire Terrier	daily	324.0	low	small
Bulldog	weekly	466.0	medium	medium
Boxer	weekly	466.0	high	medium

데이터 프레임에서, 각 행은 하나의 기록(이 경우에는 개의 단일 품종)을 나타내며, 각 열은 기록에 대한 특징을 나타냅니다. 예를 들어 grooming 열은 각 개 품종별로 얼마나 자주 씻겨야 하는지를 기록한 것입니다.

데이터 프레임에는 행과 열 모두 이름이 붙습니다. 예를 들어, 이 데이터 프레임에는 grooming이라는 열이 있고, German Shepherd라는 행이 있습니다. 데이터 프레임의 행과 열에는 순서가 있어서, 이 데이터 프레임의 첫 번째 행을 지정하는 것은 Labrador Retriever 행을 가리키는 것이 됩니다.

한 열의 데이터는 모두 같은 유형입니다. 예를 들어, 먹이 가격에는 숫자가 들어있고, 개의 크기는 범주로 되어 있습니다. 하지만 한 행에 있는 데이터의 유형은 다를 수 있습니다. 이런 특성 덕에, 데이터 프레임에는 여러 가지 유용한 기능을 사용할 수 있습니다.

> **설명**
>
>  데이터 과학자들은 종종 다른 용어를 사용하는 다른 배경의 사람들과 일하게 됩니다. 예를 들어, 컴퓨터 과학자들은 데이터 프레임의 열이 데이터의 '특징'을 나타낸다고 하지만, 통계학자들은 '변수'라는 말을 씁니다. 혹은, 사람들은 같은 용어를 다소 다른 뜻으로 사용하고는 합니다. '데이터 유형'은 프로그래밍 상에서는 데이터를 컴퓨터에 내부적으로 어떻게 저장하느냐에 따릅니다. 예를 들어, size 열은 파이썬의 문자열 데이터 타입입니다. 하지만 통계적 관점으로 본다면, size 열의 유형은 순차적 범주형 데이터(순서형 데이터)입니다. 이런 차이에 대해서는 10장에서 좀 더 살펴보도록 하겠습니다.

이 장에서는 일반적인 데이터 프레임을 다루는 방식에 대해서 알아보겠습니다. 데이터 과학자는 파이썬에서 데이터 프레임을 다룰 때 보통 pandas 라이브러리를 사용합니다. 우선, pandas에서 제공하는 주요 객체인 DataFrame과 Series 클래스에 대해서 설명하겠습니다. 그리고 pandas를 사용해서 슬라이싱, 필터링, 정렬, 분류, 병합 같은 일반적인 데이터 처리 작업을 하는 방법을 살펴보겠습니다.

6.1. 나누기

여기서는 데이터 프레임에서 일부를 가져오는 작업에 대해서 알아보겠습니다. 데이터 과학자가 데이터 프레임을 처음 읽어 들이면, 보통 사용할 데이터의 일부를 나눕니다. 예를 들어, 데이터 과학자는 수백 개의 열을 가진 데이터 프레임에서 10개의 관련된 특징만 잘라낼 수 있습니다. 혹은 데이터 프레임에서 불완전한 데이터를 포함하는 행은 제거하는 필터링을 진행하기도 합니다. 이 장에서는, 아이 이름을 담은 데이터 프레임에서 이런 데이터 프레임 작업을 해보도록 하겠습니다.

6.1.1. 데이터 범위와 질문

영국 해리 왕자와 메건 마클이 그들의 딸 이름을 릴리벳이라고 특이하게 지었다는 것에 대해 2021년 뉴욕타임스에 사설[1]이 실렸습니다. 이 글에는 아이 이름 전문가인 파멜라 레드몬드(Pamela Redmond)와의 인터뷰가 실려있습니다. 인터뷰 내용은 사람들이 자녀 이름을 짓는 재미있는 추세에 대한 것으로, 예를 들어, 최근 몇 년간 L로 시작되는 이름이 유행했으며, J로 시작하는 이름은 1970년과 1980년대에 가장 유행했다는 것입니다. 이런 주장은 데이터에 기반한 것일까요? pandas를 사용해서 한번 알아보도록 합시다.

우선 패키지를 일반적으로 줄여서 쓰는 이름인 pd로 명명해서 불러옵니다.

```
import pandas as pd
```

아이 이름 데이터가 쉼표로 구분된 값으로 들어있는 파일(CSV)인 babynames.csv가 있습니다. pd.read_csv라는 함수를 사용해서 이 파일을 pandas.DataFrame 객체로 읽어 보겠습니다.

```
baby = pd.read_csv('babynames.csv')
baby
```

	Name	Sex	Count	Year
0	Liam	M	19659	2020
1	Noah	M	18252	2020
2	Oliver	M	14147	2020
...	...	...	...	...
2020719	Verona	F	5	1880
2020720	Vertie	F	5	1880
2020721	Wilma	F	5	1880

2020722 rows × 4 columns

---

1 https://oreil.ly/qL1dt

baby라는 테이블의 데이터는 미국 사회보장국(US Social Security Administration, SSA)[2]에서 제공하는 것으로, 출생등록으로 기록된 아이 이름과 성별이 기록되어 있습니다. SSA는 아이 이름 데이터를 웹사이트에 공개해 두었습니다. 여기서는 이 데이터를 baby 테이블에 올렸습니다.

SSA 웹사이트에는 이 데이터에 대한 자세한 내용을 실은 페이지[3]가 있습니다. 이 장에서는 데이터의 한계에 대해서는 깊이 살펴보지 않을 것이지만, 웹사이트에서 관련된 정보는 다음과 같이 확인할 수 있습니다.

> 이 데이터의 모든 이름은 미국에서 1879년 이후 출생자의 사회 보장 카드 신청 내역에서 왔습니다. 1937년 이전 출생자 중 사회 보장 카드 신청을 하지 않은 많은 사람들의 이름은 이 데이터에 포함되어 있지 않습니다. 신청한 사람 중에서도 기록에 출생연도가 누락된 경우, 이름 역시 데이터에 포함되지 않습니다.
>
> 모든 데이터는 2021년 3월 사회 보장 카드 신청 기록 전체 중 표본 100% 로 되어 있습니다.

또한 이 글을 작성하는 시점에서 SSA 데이터셋은 남성과 여성이라는 이진 옵션만 제공한다는 점을 지적하는 것이 중요합니다. 향후에는 이와 같은 국가별 데이터 집합에서 보다 포괄적인 옵션을 제공할 수 있기를 바랍니다.

6.1.2. 데이터 프레임과 인덱스

그림 baby 데이터 프레임을 좀 더 자세히 살펴봅시다. 데이터 프레임에는 행과 열이 있습니다. 모든 행과 열에는 이름이 있고, 이는 그림 6-1에서 강조 표시를 했습니다.

---

[2] https://oreil.ly/EhTIP
[3] https://oreil.ly/jzCVF

	Name	Sex	Count	Year
0	Liam	M	19659	2020
1	Noah	M	18252	2020
2	Oliver	M	14147	2020
...	...	...	...	...
2020719	Verona	F	5	1880
2020720	Vertie	F	5	1880
2020721	Wilma	F	5	1880

〈그림 6-1〉 행과 열 모두에 이름이 붙은(굵은 선) baby 데이터 프레임

pandas에서는 기본값으로 행의 이름에 0으로 시작해서 증가하는 숫자를 배정합니다. 이 경우, 0이 할당된 행에 Name이라는 이름의 열에 해당하는 데이터는 'Liam'입니다.

데이터 프레임의 이름은 문자열이 될 수도 있습니다. 그림 6-2를 보면 개의 데이터로 만들어진 데이터 프레임의 행의 이름에 문자열이 들어간 것을 확인할 수 있습니다.

Breed	Grooming	Food_cost	Kids	Size
Labrador retriever	Weekly	466.0	High	Medium
German shepherd	Weekly	466.0	Medium	Large
Beagle	Daily	324.0	High	Small
Golden retriever	Weekly	466.0	High	Medium
Yorkshire terrier	Daily	324.0	Low	Small
Bulldog	Weekly	466.0	Medium	Medium
Boxer	Weekly	466.0	High	Medium

〈그림 6-2〉 데이터 프레임의 열 이름도 문자열이 될 수 있습니다.
이 예제에서는 각 열의 이름은 개 품종 명이 들어갔습니다.

행 이름에는 특별히 따로 부르는 이름이 있습니다. 우리는 이를 데이터 프레임의 인덱스라고 하고, pandas에서는 이 행 이름을 pd.Index라는 특별한 객체에 저장합니다. 다만 인덱스를 따로 처리해야 하는 경우는 흔하지 않으므로 여기서는 pd.Index 객체에 대해서는 따로 논의하지 않을 것입니다. 지금 중요한 것은 인덱스는 데이터의 열처럼 생겼지만, 이는 데이터가 아니라 행의 이름을 나타낸다는 것입니다. 예를 들어, 인덱스는 열로 세지 않으므로, 개 품종 데이터 프레임에는 5개가 아니라 4개의 열이 있습니다.

6.1.3. 슬라이싱

슬라이싱(slicing)은 하나의 데이터 프레임에서 일부 열이나 행을 취해서 새 데이터 프레임을 만드는 작업입니다. 토마토를 슬라이스로 만드는 것을 생각해 봅시다. 슬라이스는 종단, 횡단 모두 가능합니다. pandas 데이터 프레임을 슬라이스할 때는 .loc와 .iloc라는 속성을 사용합니다. 우선 .loc를 살펴봅시다.

다음은 baby 데이터 프레임 전체입니다.

baby

	Name	Sex	Count	Year
0	Liam	M	19659	2020
1	Noah	M	18252	2020
2	Oliver	M	14147	2020
...	...	...	...	...
2020719	Verona	F	5	1880
2020720	Vertie	F	5	1880
2020721	Wilma	F	5	1880

2020722 rows × 4 columns

.loc를 사용하여 행과 열을 이름을 사용해서 선택할 수 있습니다. 예를 들어, 1번 행의 Name 열에 있는 데이터를 가지고 오고 싶다면 다음과 같이 쓸 수 있습니다.

```
#     처음 인자는 행 이름입니다.
#          ↓
baby.loc[1, 'Name']
#              ↑
#         두 번째 인자는 열 이름입니다.
```

'Noah'

> **팁**
>
> .loc를 쓸 때는 대괄호를 써야 한다는 것을 명심하세요. baby.loc(1, 'Name') 같이 쓰면 오류가 납니다.

여러 행이나 열을 잘라낼 때는 개별 값을 쓰는 대신 파이썬 슬라이스 문법을 사용할 수 있습니다.

```
baby.loc[0:3, 'Name':'Count']
```

	Name	Sex	Count
0	Liam	M	19659
1	Noah	M	18252
2	Oliver	M	14147
3	Elijah	M	13034

데이터의 전체 열을 사용할 때는, 첫 번째 인자를 비워두면 됩니다.

```
baby.loc[:, 'Count']
```

```
0      19659
1      18252
2      14147
       ...
2020719    5
2020720    5
2020721    5
Name: Count, Length: 2020722, dtype: int64
```

이번에 나온 결과는 데이터 프레임의 형태가 아닌 것처럼 보이는데, 실제로도 아닙니다. 데이터 프레임에서 하나의 열이나 행을 가지고 오면 pd.Series 객체로 반환됩니다.

```
counts = baby.loc[:, 'Count']
counts.__class__.__name__
```

```
'Series'
```

pd.Series 객체와 pd.DataFrame 객체는 어떤 차이가 있을까요? 본질적으로, pd.DataFrame은 2차원 데이터로, 행과 열을 가지고 있어서 데이터 테이블을 나타냅니다. pd.Series는 1차원 데이터로, 데이터의 목록을 나타냅니다. pd.Series와 pd.DataFrame은 여러 메서드를 같이 사용하지만, 각 객체가 나타내는 것은 분명히 다릅니다. 두 개를 헷갈리면 버그와 혼란을 일으킬 수 있습니다.

데이터 프레임에서 여러 특정 열을 선택할 때는 열의 목록을 .loc에 넣어줍니다. 실제 데이터 프레임은 다음과 같습니다.

baby

	Name	Sex	Count	Year
0	Liam	M	19659	2020
1	Noah	M	18252	2020
2	Oliver	M	14147	2020
...	...	...	...	...
2020719	Verona	F	5	1880
2020720	Vertie	F	5	1880
2020721	Wilma	F	5	1880

2020722 rows × 4 columns

```
# 다음은 Name과 Year 열만 가져온 데이터 프레임입니다.
baby.loc[:, ['Name', 'Year']]
#              └──────┬──────┘
#                 열 이름 목록
```

	Name	Year
0	Liam	2020
1	Noah	2020
2	Oliver	2020
...	...	...
2020719	Verona	1880
2020720	Vertie	1880
2020721	Wilma	1880

2020722 rows × 2 columns

열을 선택하는 건 흔히 있는 일이라, 단축해서도 쓸 수 있게 되어 있습니다.

```
# baby.loc[:, 'Name'] 단축 형태
baby['Name']
```

0   Liam
1   Noah
2   Oliver
...
2020719   Verona
2020720   Vertie
2020721   Wilma
Name: Name, Length: 2020722, dtype: object

```
# baby.loc[:, ['Name', 'Count']] 단축 형태
baby[['Name', 'Count']]
```

	Name	Count
0	Liam	19659
1	Noah	18252
2	Oliver	14147
...	...	...
2020719	Verona	5
2020720	Vertie	5
2020721	Wilma	5

2020722 rows × 2 columns

.iloc를 사용해서 슬라이싱하는 것도 .loc와 비슷합니다. 다만 .iloc는 행과 열의 이름이 아닌 위치를 사용합니다. 데이터 프레임의 인덱스가 문자열인 경우 .iloc와 .loc를 직접 사용하여 차이를 비교하면 가장 확실하게 확인할 수 있으므로, 이 목적에 적합한 개 품종 정보 데이터 프레임을 사용해서 살펴보겠습니다.

```
dogs = pd.read_csv('dogs.csv', index_col='breed')
dogs
```

breed	grooming	food_cost	kids	size
Labrador Retriever	weekly	466.0	high	medium
German Shepherd	weekly	466.0	medium	large
Beagle	daily	324.0	high	small
Golden Retriever	weekly	466.0	high	medium
Yorkshire Terrier	daily	324.0	low	small
Bulldog	weekly	466.0	medium	medium
Boxer	weekly	466.0	high	medium

앞의 세 행과 앞의 두 열을 위치로 지정해서 가져올 때는 .iloc을 사용합니다.

```
dogs.iloc[0:3, 0:2]
```

breed	grooming	food_cost
Labrador Retriever	weekly	466.0
German Shepherd	weekly	466.0
Beagle	daily	324.0

데이터 프레임 내의 이름을 사용해서 .loc에서 동일한 작업을 할 수 있습니다.

```
dogs.loc['Labrador Retriever':'Beagle', 'grooming':'food_cost']
```

breed	grooming	food_cost
Labrador Retriever	weekly	466.0
German Shepherd	weekly	466.0
Beagle	daily	324.0

그럼 이제 행을 필터링하는 것을 살펴봅시다.

6.1.4. 행 필터링

앞서 .loc와 .iloc를 사용해서 이름과 위치를 사용해 데이터 프레임을 슬라이싱하는 법에 대해 살펴보았습니다.

하지만, 데이터 과학자들은 행을 필터링하는 경우가 있습니다. 특정 조건에 적합한 행만 가져오고 싶은 경우입니다. 예를 들어, 2020년에 가장 인기 있었던 아이 이름을 찾고자 한다고 합시다. 그러려면, 우선 아이 이름 데이터에서 Year가 2020인 행만 가져와야 합니다.

필터링할 때는, Year 열의 각 값이 2020과 같은지를 확인한 후 이 행만 남깁니다.

Year의 각 값을 비교하려면, 일단 이 열만 슬라이싱한 후 여기에 이진 비교를 적용합니다(이는 numpy의 배열에서 사용하는 방식과 유사합니다). 다음은 사용할 데이터 프레임입니다.

baby

	Name	Sex	Count	Year
0	Liam	M	19659	2020
1	Noah	M	18252	2020
2	Oliver	M	14147	2020
...	...	...	...	...
2020719	Verona	F	5	1880
2020720	Vertie	F	5	1880
2020721	Wilma	F	5	1880

2020722 rows × 4 columns

```
# Year 데이터 Series를 가져옵니다
baby['Year']
```

0   2020
1   2020
2   2020
       ...
2020719 1880
2020720 1880
2020721 1880
Name: Year, Length: 2020722, dtype: int64

```
# 2020인지 비교
baby['Year'] == 2020
```

0   **True**
1   **True**
2   **True**
       ...
2020719 **False**
2020720 **False**

```
2020721    False
Name: Year, Length: 2020722, dtype: bool
```

Series를 이진 비교한 결괏값은 이진 데이터의 Series가 됩니다. 다음 예시는 앞서 설명한 내용과 거의 동일한 형태입니다.

```
is_2020 = []
for value in baby['Year']:
    is_2020.append(value == 2020)
```

하지만 이진 비교는 더 쉽게 쓸 수 있고 for 반복문으로 실행할 때보다 더 빠릅니다. 그럼 pandas를 사용해서 비교값이 True인 행만 남기도록 합니다.

```
baby.loc[baby['Year'] == 2020, :]
```

	Name	Sex	Count	Year
0	Liam	M	19659	2020
1	Noah	M	18252	2020
2	Oliver	M	14147	2020
...	...	...	...	...
31267	Zylynn	F	5	2020
31268	Zynique	F	5	2020
31269	Zynlee	F	5	2020

31270 rows × 4 columns

> **주의 사항**
>
>  이진 Series를 .loc 내부에서 사용해서 Series에서 True 값을 가지는 행만 남길 수 있습니다.

필터링도 단축해서 사용할 수 있습니다. 다음은 .loc를 사용하지 않고도 결괏값으로 앞서했던 내용과 동일한 테이블을 만듭니다.

```
baby[baby['Year'] == 2020]
```

	Name	Sex	Count	Year
0	Liam	M	19659	2020
1	Noah	M	18252	2020
2	Oliver	M	14147	2020
...	...	...	...	...
31267	Zylynn	F	5	2020
31268	Zynique	F	5	2020
31269	Zynlee	F	5	2020

31270 rows × 4 columns

마지막으로, 2020년에 가장 흔한 이름을 찾으려면, Count 기준 역순으로 데이터 프레임을 정렬해야 합니다. 긴 표현식을 괄호 안에 넣으면 줄 바꿈이 용이하고 가독성도 좋아집니다.

```
(baby[baby['Year'] == 2020]
.sort_values('Count', ascending=False)
.head(7) # 처음 7개 행을 출력합니다.
)
```

	Name	Sex	Count	Year
0	Liam	M	19659	2020
1	Noah	M	18252	2020
13911	Emma	F	15581	2020
2	Oliver	M	14147	2020
13912	Ava	F	13084	2020
3	Elijah	M	13034	2020
13913	Charlotte	F	13003	2020

이 결과, 리암(Liam), 노아(Noah), 엠마(Emma)가 2020년 가장 인기 있었던 아이 이름임을 알 수 있습니다.

6.1.5. 예제: 루나는 언제부터 유행하는 이름이 되었을까?

뉴욕타임스 사설에서 '루나(Luna)'라는 이름의 경우는 2000년도 전에는 거의 없다시피 했지만 점점 증가하더니 이제는 매우 인기 있는 여자아이 이름이 되었다고 했습니다. 과연 언제쯤부터 루나라는 이름이 유명해졌을까요? 슬라이싱과 필터링을 사용해서 확인해 보도록 합시다. 데이터를 다뤄야 할 때는 문제를 작게 쪼개는 것을 추천합니다. 가령, 이 문제는 다음과 같이 생각해 볼 수 있습니다.

1. 필터링: Name 열에서 'Luna'가 들어간 행만 남깁니다.
2. 필터링: Sex 열에서 'F'가 들어간 행만 남깁니다.
3. 슬라이싱: Count와 Year 열만 남깁니다.

그럼 이제 각 단계를 코드로 바꾸면 됩니다.

```
luna = baby[baby['Name'] == 'Luna'] # [1]
luna = luna[luna['Sex'] == 'F'] # [2]
luna = luna[['Count', 'Year']] # [3]
luna
```

	Count	Year
13923	7770	2020
45366	7772	2019
77393	6929	2018
...	...	...
2014083	17	1883
2018187	18	1881
2020223	15	1880

128 rows × 2 columns

이 책에서는 그래프를 그릴 때는 plotly라는 라이브러리를 사용합니다. 그래프를 그리는 것에 대해서는 지금은 다루지 않으며 11장에서 좀 더 이야기할 것입니다. 일단 지금은, px.line()을 사용해서 간단한 선그래프를 그려보겠습니다.

```
px.line(luna, x='Year', y='Count', width=350, height=250)
```

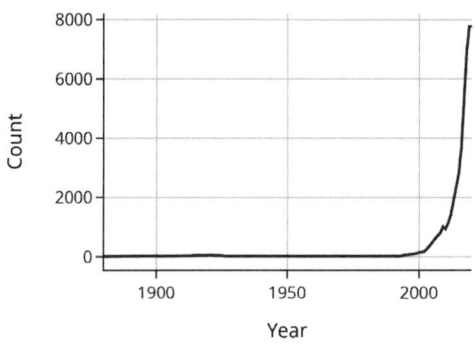

사설에서 말한 내용 그대로입니다. 루나는 2000년 정도까지는 크게 알려진 이름이 아니었습니다. 이는 곧, 누군가가 자신의 이름이 루나라고 한다면, 다른 정보 없이도 대략적으로 그 사람의 나이를 추정할 수 있다는 것입니다!

재미 삼아, 시리(Siri)라는 이름에 대해서도 비슷하게 그래프를 그려봅시다.

```
siri = (baby.query('Name == "Siri"')
        .query('Sex == "F"'))
px.line(siri, x='Year', y='Count', width=350, height=250)
```

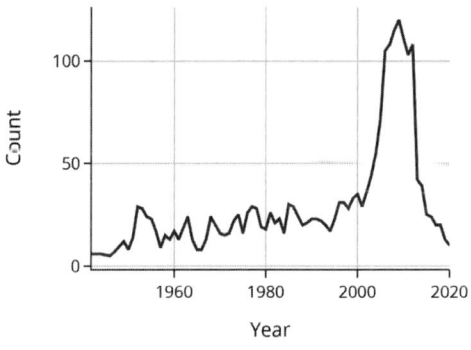

> **주의 사항**
> .query는 .loc와 비슷하며 이진 시리즈 타입을 사용합니다. query()는 필터링 시 제약이 더 많지만 간단히 쓰기에 좋습니다.

왜 2010년 후에 갑자기 이름의 수가 줄었을까요? 시리는 2011년부터 애플의 음성 비서 이름으로 쓰이기 시작했습니다. 한번 2011년에 선을 그리고 살펴보도록 합시다.

```
fig = px.line(siri, x="Year", y="Count", width=350, height=250)
fig.add_vline(
    x=2011, line_color="red", line_dash="dashdot", line_width=4,
    opacity=0.7
)
```

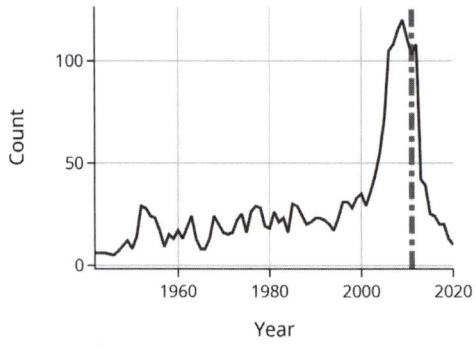

부모들은 사람들이 핸드폰에 대고 "Siri야"라고 말할 때 자신의 자녀들이 혼동하는 것을 바라지는 않았을 것으로 보입니다.

지금까지 pandas의 데이터 프레임에 대해서 살펴보았습니다. 여기서는 데이터 과학자들이 데이터 프레임을 이름에 따라 슬라이싱하거나 이진 상태에 따라 필터링하는 등의 데이터 프레임을 나누는 일반적인 방법에 대해 다루었습니다. 이어서, 행을 모아서 집계하는 방법에 대해서 이야기해 보겠습니다.

6.2. 집계

이번에는 데이터 프레임의 행을 집계하는 방법을 소개하도록 하겠습니다. 데이터 과학자들은 행을 요약하여 데이터의 요약본을 만듭니다. 예를 들어, 일별 판매량에 대한 데이터셋을 요약해서 월별 판매량을 만들 수 있습니다. 여기서는 데이터를 집계할 때 주로 사용하는 그룹화와 피봇에 대해 살펴보겠습니다.

앞서 소개했던 아이 이름 데이터를 가져옵니다.

```
baby = pd.read_csv('babynames.csv')
baby
```

	Name	Sex	Count	Year
0	Liam	M	19659	2020
1	Noah	M	18252	2020
2	Oliver	M	14147	2020
...	...	...	...	...
2020719	Verona	F	5	1880
2020720	Vertie	F	5	1880
2020721	Wilma	F	5	1880

2020722 rows × 4 columns

6.2.1. 기본 그룹화-집계

우선 이 데이터에 기록된 아이의 총 숫자를 확인해 봅시다. 이는 간단히 Count 열의 값을 더하면 됩니다.

```
baby['Count'].sum()
```

352554503

이름이 몇 개인지 세는 것도 결국 여러 행의 데이터를 합치는 것이므로, 이 역시 데이터를 집계하는 한 가지 방법입니다.

하지만 이보다 더 재미있는 질문에 대답해 볼 수도 있습니다. 미국의 출생 정도는 시간이 지날수록 늘어나고 있을까? 이 질문의 답을 알아보려면, Count 열의 값을 한 번에 다 더하는 것이 아니라 연도별로 더해야 합니다. 즉, 데이터를 Year의 값별로 그룹을 만든 후, 각 그룹의 Count 값을 더하는 것입니다. 이 과정은 그림 6-3과 같습니다.

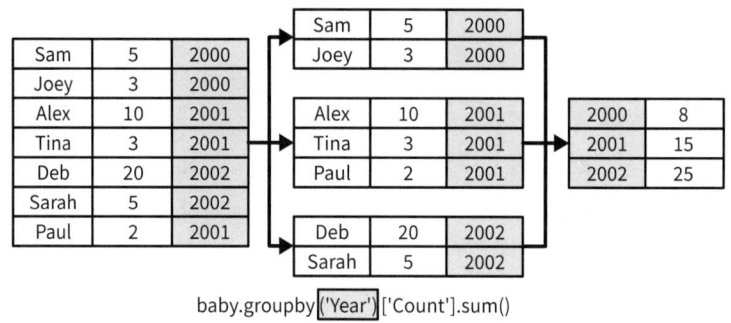

〈그림 6-3〉 예시 데이터를 그룹화하고 집계하는 과정

이 과정을 그룹화 후 집계라고 합니다. pandas에서는 다음과 같이 사용합니다.

```
baby.groupby('Year')['Count'].sum()
```

```
Year
1880  194419
1881  185772
1882  213385
       ...
2018  3487193
2019  3437438
2020  3287724
Name: Count, Length: 141, dtype: int64
```

앞의 코드는 그룹화를 하지 않았을 때의 코드에서 .groupby('Year')를 추가로 호출하는 것을 제외하면 거의 동일함을 알 수 있습니다.

결괏값은 데이터의 각 해에 태어난 아이의 총 수로 만들어진 pd.Series 형태입니다. 이때 이 시리즈의 인덱스는 Year의 고윳값을 사용한다는 것을 확인할 수 있습니다. 그럼 시간에 따른 수치를 그래프로 그려봅시다.

```
counts_by_year = baby.groupby('Year')['Count'].sum().reset_index()
px.line(counts_by_year, x='Year', y='Count', width=350,height=250)
```

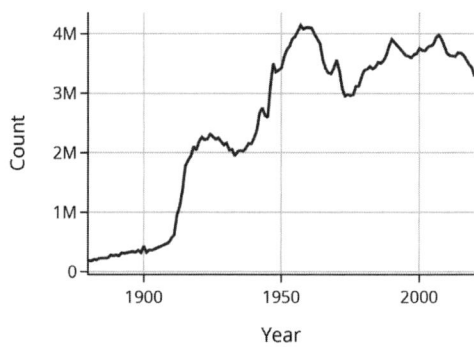

이 그래프에서 무엇을 확인할 수 있을까요? 우선, 1920년 이전에 태어난 아이의 숫자가 너무 작은 것에 대해 의심이 들 수 있습니다. 설명 가능한 한 가지 안은 미국 사회 보장국이 1935년에 만들어졌으므로, 이전에 태어난 출생 데이터는 부족할 수 있다는 것입니다.

또한 1939년의 제2차 세계 대전 시기의 갑작스러운 출생률 저하나 1946년부터 1964년까지의 전후 베이비부머 시기도 확인할 수 있습니다.

다음은 pandas의 기본적인 그룹화 방법입니다.

```
(baby # 데이터 프레임
 .groupby('Year') # 그룹화할 열(들)
 ['Count'] # 집계할 열(들)
 .sum() # 집계 방법
)
```

6.2.1.1. 예제: .value_counts() 사용하기

가장 흔한 데이터 프레임 사용법 중 하나는 한 열의 모든 고유한 아이템이 몇 개씩 있는지를 세는 것입니다. 예를 들어, 다음 classroom 데이터 프레임에서 각 이름이 몇 번씩 나오는지를 알고자 한다고 합시다.

classroom

	name
0	Eden
1	Sachit
2	Eden
3	Sachit
4	Sachit
5	Luke

이때 쓸 수 있는 방법 중 하나는 .size()라는 집계 함수를 사용해서 그룹화를 하는 것입니다.

```
(classroom
 .groupby('name')
 ['name']
 .size()
)
```

```
name
Eden      2
Luke      1
Sachit    3
Name: name, dtype: int64
```

이 작업은 많이 사용되므로 pandas에서도 간단하게 쓸 수 있는 형태를 제공하고 있습니다. pd.Series 객체의 .value_counts() 메서드를 사용하면 됩니다.

```
classroom['name'].value_counts()
```

```
name
Sachit  3
Eden    2
Luke    1
Name: count, dtype: int64
```

.value_counts() 메서드는 높은 값부터 낮은 값으로 정렬된 시리즈를 결괏값으로 내놓으므로, 최빈값과 가장 빈도가 낮은 값을 한눈에 확인하기 용이합니다. 이 메서드는 이후에도 종종 사용할 것입니다.

6.2.2. 여러 열 그룹화하기

여러 열을 .groupby에 리스트 형태로 넣어 한 번에 그룹화할 수 있습니다. 이는 그룹을 이후에 세분화해야 하는 경우에 유용합니다. 예를 들어, 시간에 따라 남녀 출생 정도가 어떻게 되는지를 확인할 때는 연도와 성별로 그룹을 만들 수 있습니다.

```
counts_by_year_and_sex = (baby
  .groupby(['Year', 'Sex']) # groupby의 인자는 열 이름의 리스트임
  ['Count']
  .sum()
)
counts_by_year_and_sex
```

```
Year  Sex
1880  F      83929
      M     110490
1881  F      85034
       ...
2019  M    1785527
2020  F    1581301
```

```
                M        1706423
Name: Count, Length: 282, dtype: int64
```

코드가 어떤 식으로 그룹화를 만드는지를 살펴봅니다.

counts_by_year_and_sex 시리즈에는 다단계 인덱스라고 부르는, 각 열별로 그룹화된 두 단계의 인덱스가 있습니다. 이를 데이터 프레임으로 바꾸면 좀 더 쉽게 확인할 수 있습니다. 결괏값에는 하나의 열만 있습니다.

```
counts_by_year_and_sex.to_frame()
```

Year	Sex	Count
1880	F	83929
	M	110490
1881	F	85034
...	...	...
2019	M	1785527
2020	F	1581301
	M	1706423

282 rows × 1 columns

이때 그룹화에 두 개의 열을 사용했기 때문에 인덱스도 두 단계로 만들어졌습니다. 다단계 인덱스를 다루는 것은 다소 번거로울 수 있으므로, 인덱스를 초기화해서 다시 단일 인덱스의 데이터 프레임으로 돌려놓도록 하겠습니다.

```
counts_by_year_and_sex.reset_index()
```

	Year	Sex	Count
0	1880	F	83929
1	1880	M	110490
2	1881	F	85034
...	...	...	...
279	2019	M	1785527
280	2020	F	1581301
281	2020	M	1706423

282 rows × 3 columns

6.2.3. 사용자 정의 집계 함수

그룹화한 후, pandas를 사용해서 다양한 형태로 데이터를 집계할 수 있습니다. 먼저 그룹화 후 .sum()을 사용하는 법에 대해서 살펴보겠습니다.

```
(baby
 .groupby('Year')
 ['Count']
 .sum()    #합계
)
```

```
Year
1880  194419
1881  185772
       ...
2019  3437438
2020  3287724
Name: Count, Length: 141, dtype: int64
```

pandas에는 이 외에도 .mean(), .size(), .first()같은 집계 함수가 있습니다. 다음은 동일한 방법으로 .max()를 사용해 집계한 내용입니다.

```
(baby
 .groupby('Year')
 ['Count']
 .max() # 각 그룹에서 최댓값을 찾는 방식으로 집계
)
```

```
Year
1880   9655
1881   8769
1882   9557
...
2018  19924
2019  20555
2020  19659
Name: Count, Length: 141, dtype: int64
```

하지만 간혹 pandas에 쓰고자 하는 집계 함수가 없을 수 있습니다. 이런 경우, 사용자 정의 집계 함수를 정의해서 사용할 수 있습니다. pandas에서는 .agg(fn)을 사용하면 되고, 이때 fn은 따로 정의한 함수입니다.

예를 들어, 각 그룹에서 최댓값과 최솟값의 차이(데이터의 범위)를 구하고자 한다면, 우선 data_range라는 함수를 정의한 후 이 함수를 .agg()에 넣으면 됩니다. 이 함수의 입력값은 단일 열을 가지는 pd.Series입니다. 이 함수는 각 그룹에 대해 한 번씩 함수를 호출합니다.

```python
def data_range(counts):
    return counts.max() - counts.min()

(baby
 .groupby('Year')
 ['Count']
 .agg(data_range) # 사용자 정의 함수를 사용한 집계
)
```

```
Year
1880  9650
1881  8764
1882  9552
...
2018  19919
2019  20550
2020  19654
Name: Count, Length: 141, dtype: int64
```

우선 시리즈의 고윳값 수를 세는 count_unique 함수를 정의합니다. 그리고 이 함수를 .agg()에 넣습니다. 이 함수는 짧으므로, 별도의 함수를 정의하지 않고 람다(lambda) 식으로 사용해 보겠습니다.

```python
def count_unique(s):
    return len(s.unique())

unique_names_by_year = (baby
 .groupby('Year')
 ['Name']
 .agg(count_unique) # count_unique 사용자 정의 함수를 사용한 집계
)
unique_names_by_year
```

```
Year
1880    1889
1881    1829
1882    2012
         ...
2018   29619
2019   29417
2020   28613
Name: Name, Length: 141, dtype: int64

px.line(unique_names_by_year.reset_index(),
x='Year', y='Name',
labels={'Name': '# unique names'},
width=350, height=250)
```

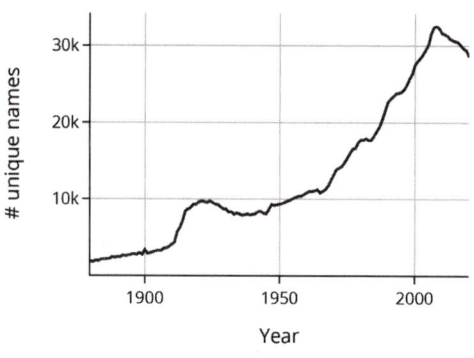

사용되는 이름의 수는 대략 시간에 따라 계속 증가함을 알 수 있습니다. 심지어 1960년 이후에는 출생 숫자가 정체되고 있음에도 불구하고 이런 현상은 계속되었습니다.

6.2.4. 피봇팅

피봇팅은 기본적으로 두 열을 사용해서 그룹화한 후 그룹 결과를 나열하는 편리한 방법입니다. 앞서 아이 이름 데이터를 연도와 성별로 그룹화했었습니다.

```
counts_by_year_and_sex = (baby
 .groupby(['Year', 'Sex'])
 ['Count']
 .sum()
)
counts_by_year_and_sex.to_frame()
```

Year	Sex	Count
1880	F	83929
	M	110490
1881	F	85034
...	...	...
2019	M	1785527
2020	F	1581301
	M	1706423

282 rows × 1 columns

이 결과 그룹별 합계에 대한 pd.Series가 만들어졌습니다. 그러면 이 데이터가 Sex 인덱스 기준으로 성별을 열로 "피봇(pivot)"한 데이터 프레임으로 바꿔볼 수 있습니다. 이는 다음 예제와 같이 손쉽게 확인해 볼 수 있습니다.

```
mf_pivot = pd.pivot_table(
    baby,
    index='Year', # 새 인덱스로 바뀌는 열
    columns='Sex', # 새 열로 바뀌는 열
    values='Count', # 집계되는 열
    aggfunc=sum) # 집계 함수
mf_pivot
```

Sex	F	M
Year		
1880	83929	110490
1881	85034	100738
1882	99699	113686
...	...	...
2018	1676884	1810309
2019	1651911	1785527
2020	1581301	1706423

141 rows × 2 columns

> **설명**
>
>
> mf_pivot 테이블에서처럼, 데이터 프레임 인덱스에도 이름이 붙을 수 있습니다. 결과를 확인할 때, Sex라는 이름의 인덱스로 들어있던 M과 F란 값이 데이터 프레임의 열의 이름이 되었다는 것을 반드시 확인해야 합니다. 비슷한 경우로, 데이터 프레임에는 141개의 행이 있고, 각 행에 고유한 이름이 붙어있습니다. 이 이름은 Year라는 인덱스에 들어있던 값입니다. 여기서 Sex와 Year는 데이터 프레임의 인덱스 이름이고, 행이나 열의 이름이 아닙니다.

피봇 테이블과 .groupby()로 만들어진 테이블의 데이터의 값은 동일합니다. 그저 값이 다르게 나열된 것뿐입니다. 피봇 테이블은 두 특성을 사용해서 빠르게 데이터를 요약할 때 유용해서 기사나 논문 같은 데서 종종 볼 수 있습니다.

또한 px.line() 함수는 데이터 테이블의 각 열에 대해 각각 선을 그리므로 피봇 테이블과 함께 쓰이는 경우가 많습니다.

```
fig = px.line(mf_pivot, width=350, height=250)
fig.update_traces(selector=1, line_dash='dashdot')
fig.update_yaxes(title='Value')
```

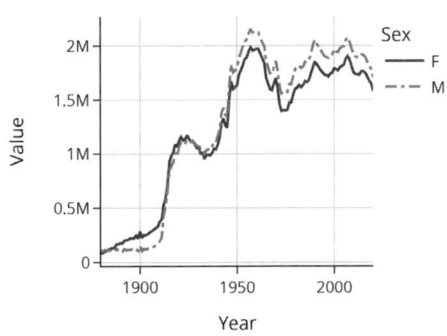

지금까지 pandas에서 .groupby() 함수나 pd.pivot_table() 함수를 사용해서 하나 이상의 열을 기준으로 데이터를 집계하는 일반적인 방법에 대해서 살펴보았습니다. 이어서, 데이터 프레임들을 조인(join)하는 방법에 대해서 알아보겠습니다.

6.3. 조인

데이터 과학자는 데이터 프레임 간의 데이터 값을 연결하기 위해 두 개 이상의 데이터 프레임을 빈번하게 조인합니다. 예를 들어, 온라인 서점에서는 각 고객이 구입한 책에 대한 데이터 프레임이 있고, 각 책의 장르가 입력된 다른 데이터 프레임이 있다고 합시다. 데이터 과학자는 두 데이터 프레임을 조인해서 각 고객이 선호하는 장르를 파악할 수 있습니다.

다시 아이 이름 데이터로 돌아가 봅시다. 조인을 사용해서 뉴욕타임스(NYT) 사설[4]에서 언급한 몇 가지 추세를 확인해 봅니다. 이 사설에서는 시간이 지남에 따라 몇 가지 종류의 이름이 더 많이 사용되거나 점점 적어진 경우에 대해 언급했습니다. 예를 들어, 줄리우스(Julius)나 카시우스(Cassius) 같은 신화적(Mythology) 이름은 점점 인기를 얻고, 수잔(Susan)이나 데비(Debbie) 같은 베이비 부머(Boomer) 시기에 인기 있었던 이름은 점차 인기가 없어진다고 했습니다. 실제 데이터에서도 시간에 따라 이런 유형에 대한 인기에 변동이 있었을까요?

뉴욕타임스 사설에서 나온 이름과 유형을 가지고 와서 작은 데이터 프레임을 만들어 보도록 하겠습니다.

---

4 https://oreil.ly/qL1dt

```
nyt = pd.read_csv('nyt_names.csv')
nyt
```

	nyt_name	category
0	Lucifer	forbidden
1	Lilith	forbidden
2	Danger	forbidden
...	...	...
20	Venus	celestial
21	Celestia	celestial
22	Skye	celestial

23 rows × 2 columns

이름의 유형에 따른 인기 정도를 확인하기 위해, nyt 데이터 프레임을 baby 데이터 프레임과 조인한 뒤 baby의 이름 수를 셉니다.

```
baby = pd.read_csv('babynames.csv')
baby
```

	Name	Sex	Count	Year
0	Liam	M	19659	2020
1	Noah	M	18252	2020
2	Oliver	M	14147	2020
...	...	...	...	...
2020719	Verona	F	5	1880
2020720	Vertie	F	5	1880
2020721	Wilma	F	5	1880

2020722 rows × 4 columns

일단 baby의 각 행을 쭉 훑어보면서 '이 이름이 nyt 테이블에 있었나?' 같은 생각을 해 볼 수 있습니다. 이럴 때, 각 행에 category 열의 값을 추가하면 좋습니다. 이런 생각이 조인의 개념입니다. 우선 더 작은 데이터 프레임으로 몇 가지 예제를 확인해 보도록 합시다.

6.3.1. 이너 조인

우선 baby의 작은 버전과 nyt 테이블을 사용해서 테이블을 조인할 때 어떤 일이 일어나는지를 쉽게 확인할 수 있도록 합니다.

nyt_small

	nyt_name	category
0	Karen	boomer
1	Julius	mythology
2	Freya	mythology

baby_small

	Name	Sex	Count	Year
0	Noah	M	18252	2020
1	Julius	M	960	2020
2	Karen	M	6	2020
3	Karen	F	325	2020
4	Noah	F	305	2020

pandas에서 테이블을 조인할 때는 .merge() 메서드를 사용합니다.

```
baby_small.merge(nyt_small,
                 left_on='Name',      # 왼쪽 테이블에서 연결에 사용할 열
                 right_on='nyt_name') # 오른쪽 테이블에서 연결에 사용할 열
```

	Name	Sex	Count	Year	nyt_name	category
0	Julius	M	960	2020	Julius	mythology
1	Karen	M	6	2020	Karen	boomer
2	Karen	F	325	2020	Karen	boomer

새로 생성된 테이블은 baby_small과 nyt_small 테이블의 열을 모두 포함한다는 것을 확인합니다. Noah 이름이 들어있던 행은 없어졌습니다. 그리고 남은 행에는 nyt_small로부터 각 행에 맞는 category 값이 들어왔습니다.

> **설명**
>
>
> pandas에서는 두 데이터 프레임을 조인할 때 .join() 메서드를 사용할 수도 있다는 점을 알아두시면 좋습니다. 하지만 .merge() 메서드가 데이터 프레임을 보다 유연하게 조인할 수 있어, 여기서는 주로 .merge()를 사용합니다. pandas 문서에 이 두 메서드의 차이에 대해 명확하게 나와있으니 이를 확인해 두면 좋겠습니다.

두 테이블을 조인할 때, pandas에 각 테이블에서 조인을 만들 때 사용하는 열을 명시해 주어야 합니다(left_on과 right_on 인자 사용). pandas에서는 그림 6-4와 같이 이렇게 명시된 열의 값이 같은 행을 연결합니다.

〈그림 6-4〉 조인 시, pandas는 Name과 nyt_name 열의 값이 같은 행을 연결하고, 연결할 수 있는 값이 없는 행은 버립니다.

기본적으로, pandas는 이너 조인(inner join)을 수행합니다. 만약 한쪽의 테이블에 다른 테이블과 연결되지 않는 행이 있는 경우, pandas에서는 결괏값에 이 행을 넣지 않습니다. 앞의 예제에서, baby_small의 Noah가 있는 행은 nyt_small과 연결되는 값이 없어서 결과에서 빠졌습니다. 또한 nyt_small의 Freya가 있는 행은 baby_small에 해당 값이 없어서 역시 빠졌습니다. 양쪽 테이블에 연결되는 값이 있는 행만 최종 결과까지 남아있었습니다.

6.3.2. 레프트 조인, 라이트 조인, 아우터 조인

간혹 연결되지 않은 행을 버리는 대신 결괏값에까지 남기고자 하는 경우가 있습니다. 이런 경우 연결되지 않은 값도 유지하는 레프트 조인, 라이트 조인, 아우터 조인 같은 다른 유형의 조인을 사용할 수 있습니다.

레프트 조인(left join)은, 최종 결과에 연결되지 않은 좌측 테이블의 행도 남겨두는 조인으로, 원리는 그림 6-5와 같습니다.

baby_small.merge(nyt_small, how='left')

Noah	M	18252	2020
Julius	M	960	2020
Karen	M	6	2020
Karen	F	325	2020
Noah	F	305	2020

Karen	Boomer
Julius	Myth
Freya	Myth

연결되지 않은 값은 버립니다

결과:

Noah	M	18252	2020	None	None
Julius	M	960	2020	Julius	Myth
Karen	M	6	2020	Karen	Boomer
Karen	F	325	2020	Karen	Boomer
Noah	F	305	2020	None	None

〈그림 6-5〉 레프트 조인에서는. 좌측 테이블의 행은 연결되는 값이 없어도 남겨둡니다.

pandas에서 레프트 조인을 할 때는 .merge()를 호출할 때 how='left'를 명시합니다.

```
baby_small.merge(nyt_small,
        left_on='Name',
        right_on='nyt_name',
        how='left')      # 이너 조인 대신 레프트 조인 사용
```

	Name	Sex	Count	Year	nyt_name	category
0	Noah	M	18252	2020	NaN	NaN
1	Julius	M	960	2020	Julius	mythology
2	Karen	M	6	2020	Karen	boomer
3	Karen	F	325	2020	Karen	boomer
4	Noah	F	305	2020	NaN	NaN

여기서는 이름이 Noah인 행들이 최종 결과까지 남아있음을 확인할 수 있습니다. 이 행은 nyt_small 데이터 프레임에 연결되는 값이 없으므로, nyt_name과 category 열에는 NaN 값이 들어갑니다. 또한, nyt_small 테이블의 Freya 행은 여전히 없다는 것도 확인해 둡니다.

라이트 조인(right join)은 레프트 조인과 비슷하지만, 좌측 테이블이 아니라 우측 테이블의 연결되지 않는 행이 남는다는 점이 다릅니다.

```
baby_small.merge(nyt_small,
                 left_on='Name',
                 right_on='nyt_name',
                 how='right')
```

	Name	Sex	Count	Year	nyt_name	category
0	Karen	M	6	2020	Karen	boomer
1	Karen	F	325	2020	Karen	boomer
2	Julius	M	960	2020	Julius	mythology
3	NaN	NaN	NaN	NaN	Freya	mythology

마지막으로, 아우터 조인(outer join)은 양쪽 테이블의 행 모두를 연결되지 않더라도 남겨 둡니다.

```
baby_small.merge(nyt_small,
                 left_on='Name',
                 right_on='nyt_name',
                 how='outer')
```

	Name	Sex	Count	Year	nyt_name	category
0	Noah	M	18252	2020	NaN	NaN
1	Noah	F	305	2020	NaN	NaN
2	Julius	M	960	2020	Julius	mythology
3	Karen	M	6	2020	Karen	boomer
4	Karen	F	325	2020	Karen	boomer
5	NaN	NaN	NaN	NaN	Freya	mythology

6.3.3. 예제: NYT 이름 유형별 인기도

그럼, 다시 baby 전체 데이터셋과 nyt 데이터셋으로 돌아가서 여기에 .head()를 적용해 처음 몇 개의 행을 잘라내어 살펴봅시다. 이렇게 하면 공간을 절약할 수 있습니다.

baby.head(2)

	Name	Sex	Count	Year
0	Liam	M	19659	2020
1	Noah	M	18252	2020

nyt.head(2)

	nyt_name	category
0	Lucifer	forbidden
1	Lilith	forbidden

nyt에 있는 이름 유형별 인기 정도가 시간에 따라 어떻게 변하는지 확인하고자 합니다. 이를 위해서는 다음과 같은 과정이 필요합니다.

1. baby와 nyt에 이너 조인을 취함
2. 테이블을 caregory와 Year로 그룹화함
3. 개수를 합하여 집계함

```
cate_counts = (
    baby.merge(nyt, left_on='Name', right_on='nyt_name')  # [1]
    .groupby(['category', 'Year'])                         # [2]
    ['Count']                                              # [3]
    .sum()                                                 # [3]
    .reset_index()
)
cate_counts
```

	category	Year	Count
0	boomer	1880	292
1	boomer	1881	298
2	boomer	1882	326
...	...	...	...
647	mythology	2018	2944
648	mythology	2019	3320
649	mythology	2020	3489

650 rows × 3 columns

이제 boomer형 이름과 mythology형 이름이 붙은 정도를 그래프로 그릴 수 있습니다.

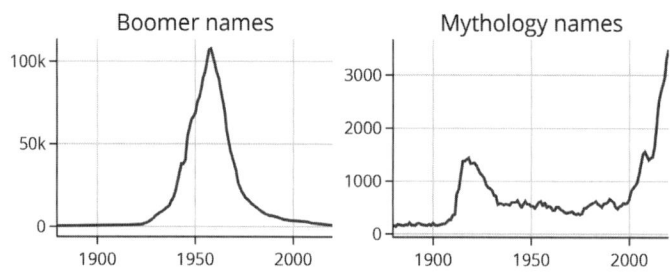

NYT 사설에서 말한 대로, 베이비 부머 시기에 인기 있었던 이름은 2000년 이후에는 인기가 떨어졌고, 신화적 이름은 인기가 높아졌습니다.

모든 유형에 대해서 한 번에 그래프를 그릴 수도 있습니다. 다음 그래프를 보면서 뉴욕타임스 사설에서 말한 내용이 맞는지 확인해 보도록 합니다.

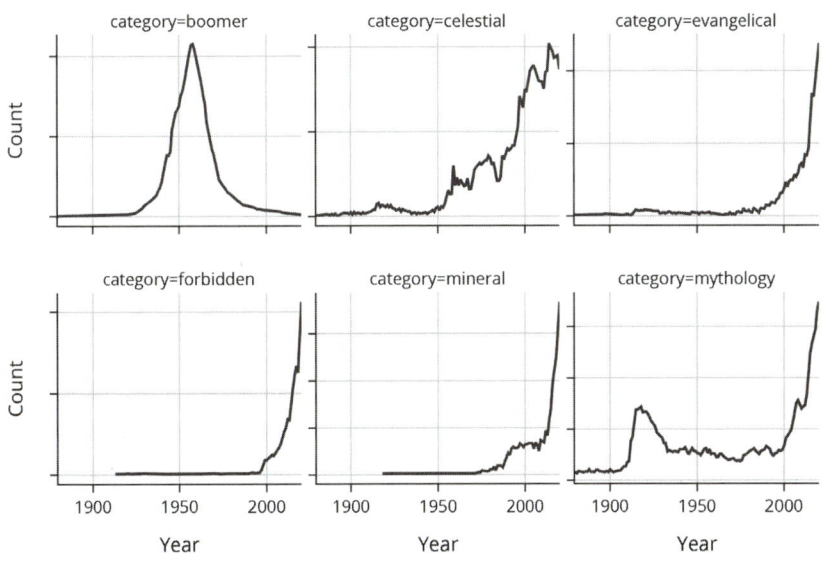

이번에는 데이터 프레임을 조인하는 것에 대해 소개했습니다. 데이터 프레임을 조인할 때 .merge() 함수를 사용해서 행을 연결했습니다. 데이터 프레임을 조인할 때는 조인 유형(이너, 레프트, 라이트, 아우터)을 고려해야 합니다. 이어서, 데이터 프레임의 값을 변환하는 것에 대해서 살펴보겠습니다.

6.4. 변환

데이터 과학자는 특정 특성의 각각의 값을 동일한 식으로 변경해야 할 때 데이터 프레임의 열을 변환합니다. 예를 들어, 하나의 특성으로 사람들의 키가 피트 단위로 적혀있을 때, 데이터 과학자가 이를 모두 센티미터로 변경할 수 있어야 합니다. 여기서는 데이터의 열을 사용자 정의 함수를 사용해서 변환하는 방법인 apply(적용)를 소개하도록 하겠습니다.

```
baby = pd.read_csv('babynames.csv')
baby
```

	Name	Sex	Count	Year
0	Liam	M	19659	2020
1	Noah	M	18252	2020
2	Oliver	M	14147	2020
...	...	...	...	...
2020719	Verona	F	5	1880
2020720	Vertie	F	5	1880
2020721	Wilma	F	5	1880

2020722 rows × 4 columns

뉴욕타임스의 아이 이름 사설에서, 파멜라는 L이나 K로 시작하는 이름이 2000년 이후 인기가 많아졌다고 언급했습니다. 반면에, J로 시작하는 이름은 1970-1980년대에 인기가 정점에 달했다가 그 이후 인기가 떨어졌다고 했습니다. 이 내용을 baby 데이터셋을 사용해서 확인해 볼 수 있습니다.

이 문제는 다음과 같은 단계를 거쳐 접근할 수 있습니다.

1. Name 열을 변환해서 Name의 각 값의 첫 번째 글자만을 가지는 새로운 열을 생성
2. 연도와 첫 글자로 데이터 프레임을 그룹화함
3. 이름 수의 합으로 집계함

첫 번째 단계에서 Name 열에 apply를 사용해서 함수를 적용할 것입니다.

6.4.1. Apply

pd.Series 객체에는 함수를 취한 후 이를 시리즈의 각 값에 적용하는 .apply()라는 메서드가 있습니다.

```
names = baby['Name']
names.apply(len)
```

```
0        4
1        4
2        6
         ...
2020719  6
2020720  6
2020721  5
Name: Name, Length: 2020722, dtype: int64
```

각 이름에서 첫 글자만을 가져오려면, 사용자 정의 함수를 만든 후 이를 .apply()에 넣어야 합니다. 함수의 인자는 시리즈의 개별 값입니다.

```
def first_letter(string):
    return string[0]

names.apply(first_letter)
```

```
0        L
1        N
2        O
         ...
2020719  V
2020720  V
2020721  W
Name: Name, Length: 2020722, dtype: object
```

.apply()를 사용하는 것은 for 반복문을 사용하는 것과 유사합니다. 앞의 코드는 대략 다음과 같이 쓸 수도 있습니다.

```
result = []
for name in names:
    result.append(first_letter(name))
```

그럼 첫 글자 데이터를 데이터 프레임의 새로운 열로 넣습니다.

```
letters = baby.assign(Firsts=names.apply(first_letter))
letters
```

	Name	Sex	Count	Year	Firsts
0	Liam	M	19659	2020	L
1	Noah	M	18252	2020	N
2	Oliver	M	14147	2020	O
...	...	...	...	...	...
2020719	Verona	F	5	1880	V
2020720	Vertie	F	5	1880	V
2020721	Wilma	F	5	1880	W

2020722 rows × 5 columns

> **설명**
>
>
> 데이터 프레임에 새 열을 만들 때, 다음과 같이 쓰는 경우를 봤을 수도 있습니다.
>   baby['Firsts'] = names.apply(first_letter)
> 이 코드는 Firsts라는 열을 추가하면서 baby 테이블 자체를 변경합니다. 이전 코드에서는 .assign()을 사용했는데, 이 함수는 baby 테이블을 변경하지 않습니다. 대신 새로운 데이터 프레임을 만듭니다. 데이터 프레임을 변경하는 게 잘못된 것은 아니지만 이로 인해 프로그램 상에 버그가 생기는 경우가 많습니다. 그래서 이 책에서는 대부분 .assign()을 사용할 것입니다.

6.4.2. 예제: "L"로 시작하는 이름의 인기도

그럼 letters 데이터 프레임을 사용해서 시간에 따른 이름의 첫 글자별 인기도를 살펴보겠습니다.

```
letter_counts = (letters
 .groupby(['Firsts', 'Year'])
 ['Count']
 .sum()
 .reset_index()
)
letter_counts
```

	Firsts	Year	Count
0	A	1880	16740
1	A	1881	16257
2	A	1882	18790
...	...	...	...
3638	Z	2018	55996
3639	Z	2019	55293
3640	Z	2020	54011

3641 rows × 3 columns

```
fig = px.line(letter_counts.loc[letter_counts['Firsts'] == 'L'],
              x='Year', y='Count', title='Popularity of "L" names',
              width=350, height=250)
fig.update_layout(margin=dict(t=30))
```

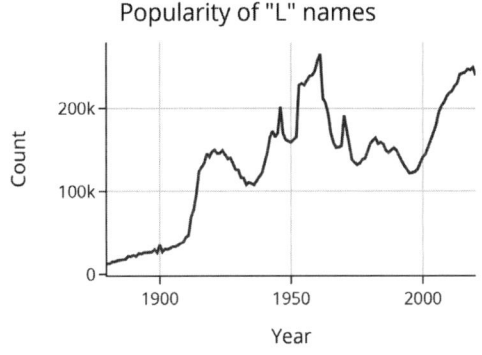

그래프 상으로는 L로 시작하는 이름은 1960년대에 인기가 많았고, 10년 후에 급하락했으며, 2000년 이후 다시 인기를 얻기 시작한 것으로 보입니다.

J로 시작하는 이름은 어떨까요?

```
fig = px.line(letter_counts.loc[letter_counts['Firsts'] == 'J'],
              x='Year', y='Count', title='Popularity of "J" names',
              width=350, height=250)
fig.update_layout(margin=dict(t=30))
```

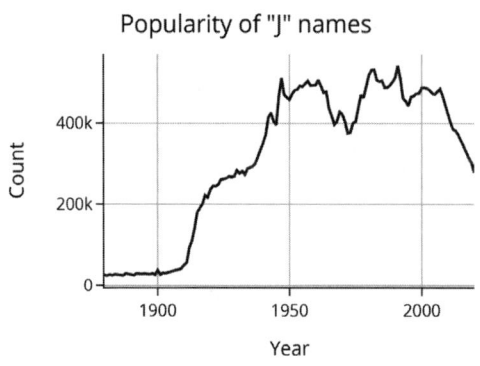

NYT 사설에서는 J로 시작하는 이름은 1970~80년대에 인기가 많았다고 했습니다. 그래프를 보면 이 내용이 사실임을 알 수 있고, 2000년 이후에는 인기가 줄어든 것 역시 확인할 수 있습니다.

6.4.3. Apply의 대가

.apply()의 능력은 유연성입니다. .apply()는 단일 값을 사용해서 결과로 단일값을 내는 함수라면 어떤 함수든지 호출할 수 있습니다.

하지만 이 유연성에는 대가가 따릅니다. pandas는 임의의 함수를 최적화하지 않으므로 .apply()를 쓰면 느려질 수 있습니다. 예를 들어, 수치 계산에 .apply()를 사용하는 경우 pd.Series 객체에 직접 벡터화 연산을 하는 것보다 훨씬 느립니다.

```
%%timeit

# 벡터화 연산으로 세기 계산
baby['Year'] // 10 * 10
```

9.66 ms ± 755 µs per loop (mean ± std. dev. of 7 runs, 100 loops each)

```
%%timeit
def decade(yr):
    return yr // 10 * 10

# apply를 사용해서 세기 계산
baby['Year'].apply(decade)
```
658 ms ± 49.6 ms per loop (mean ± std. dev. of 7 runs, 1 loop each)

.apply()를 사용한 경우 30배나 느렸습니다! 특히 수치 연산의 경우, pd.Series 객체에 직접 연산을 취하는 것을 추천합니다.

지금까지 데이터 변환에 대해서 다루었습니다. 데이터 프레임에서 값을 변환할 때는 보통 .apply()와 .assign() 함수를 사용합니다. 이어서, 데이터 테이블을 나타내고 처리하는 데 있어서 데이터 프레임과 다른 방식을 비교해 보도록 하겠습니다.

6.5. 데이터 프레임은 다른 데이터 표현형과 어떻게 다를까?

데이터 프레임은 테이블에 저장된 데이터를 표현하는 여러 방법 중 하나일 뿐입니다. 실제로, 데이터 과학자는 스프레드시트, 행렬, 관계형 데이터 등 데이터 테이블을 나타내는 여러 유형을 접합니다. 여기서는 다른 표현형과 데이터 프레임을 비교하고 대조하며, 왜 데이터 프레임이 데이터 분석에서 이렇게 널리 쓰이게 되었는지를 알아보도록 하겠습니다. 또한 다른 표현형이 더 적합한 경우에 대해서도 살펴볼 것입니다.

6.5.1. 데이터 프레임과 스프레드시트

스프레드시트는 격자형 안에 사용자가 데이터를 입력하고 수식을 입력하면 계산을 해주는 컴퓨터 프로그램입니다. 스프레드시트의 역사는 1979년에 비지캘(VisiCalc)[5]로 거슬러 올

---

[5] https://doi.org/10.1109/MAHC.2007.4338439

라가지만, 오늘날 가장 잘 알려진 프로그램은 마이크로소프트 엑셀입니다. 스프레드시트는 데이터를 한눈에 보기 용이하고, 수식은 데이터가 변경될 때마다 자동으로 결과를 다시 계산해 주므로 즉시 데이터를 수정할 수 있어 편리합니다. 반면에, 데이터 프레임을 사용하는 코드는 데이터셋이 업데이트될 때마다 수동으로 다시 실행해야 합니다. 이런 특성으로 인해 스프레드시트는 매우 널리 사용되게 되었습니다. 2005년 조사 결과, 전 세계 산업군에서 전문 프로그래머는 300만 명 정도 되는 데 비해 스프레드시트 사용자는 5500만 이상으로 추정됩니다.

하지만 데이터 프레임에는 스프레드시트를 넘어서는 몇 가지 주요 이점이 있습니다. 주피터 같은 계산용 노트북에 데이터 프레임 코드를 작성하면 자연스럽게 데이터 계보(Data lineage)[6]가 만들어집니다. 누구든지 노트북을 확인하면 입력 파일이 무엇인지 알 수 있고 데이터가 어떻게 바뀌었는지도 확인할 수 있습니다. 반면 스프레드시트에서는 데이터 계보를 확인할 수 없습니다. 누군가 수동으로 스프레드시트의 셀을 변경한다면, 이후 사용자는 어느 값이 수동으로 바뀌었고 어떻게 바뀐 것인지를 확인하기 어렵습니다. 데이터 프레임에서는 스프레드시트보다 더 큰 데이터셋을 다룰 수 있고, 사용자는 분산 프로그래밍 기법을 사용해서 스프레드시트에 불러오기 어려운 거대한 데이터셋을 처리할 수 있습니다.

6.5.2. 데이터 프레임과 행렬

행렬은 데이터를 2차원 배열로 나타낸 것으로 기본적으로는 선형대수에서 사용됩니다. 다음 예시에서, X는 3개의 행과 2개의 열을 가진 행렬입니다.

$$X = \begin{bmatrix} 1 & 0 \\ 0 & 4 \\ 0 & 0 \end{bmatrix}$$

행렬은 특정 연산을 허용하는 수학적 객체입니다. 예를 들어 행렬은 더하거나 곱할 수 있으며 전치(transpose)도 있습니다. 이러한 연산자는 데이터 과학자가 통계 모델링에 매우 유

---

6 [역주] 데이터의 원천부터 최종 사용에 이르기까지 해당 데이터를 누가, 언제, 어떻게 변경했는지에 대한 기록. 데이터 분석 과정에서 데이터의 흐름을 한 눈에 확인할 수 있고, 오류가 생기거나 문제를 확장해야 할 때 데이터의 상태를 빠르게 추적하고 변경할 수 있도록 해줍니다.

용하게 사용할 수 있습니다.

행렬과 데이터 프레임의 중요한 차이점 중 하나는 행렬이 수학적 객체로 취급될 때는 숫자만 포함할 수 있다는 점입니다. 반면 데이터 프레임은 텍스트와 같은 다른 유형의 데이터도 포함할 수 있습니다. 따라서 데이터 프레임은 다양한 종류의 데이터 유형을 포함하는 원시 데이터를 읽어 들이고 처리하는 데 유용합니다. 실제로 데이터 과학자들은 종종 데이터를 데이터 프레임으로 불러온 다음, 분석이나 모델링 목적에 맞게 행렬 형태로 변경하기도 합니다. 이 책에서는 일반적으로 데이터 프레임을 사용하여 탐색적 데이터 분석 및 데이터 정제를 한 후, 머신러닝 모델을 위해 데이터를 행렬로 전환하는 방식으로 진행합니다.

> **설명**
>
>
> 데이터 과학자는 행렬을 수학적 객체뿐 아니라 프로그래밍 객체로도 봅니다. 예를 들어, R 프로그래밍 언어에는 행렬 객체가 있고, 파이썬에도 행렬을 2차원 numpy 배열로 나타낼 수 있습니다. 파이썬이나 R에서 구현된 행렬은 숫자 외의 다른 데이터 유형도 들어갈 수 있지만, 이런 경우 행렬의 수학적 특성을 잃어버리게 됩니다. 이는 서로 다른 분야에서 동일한 용어를 다르게 사용하는 사례이기도 합니다.

6.5.3. 데이터 프레임과 관계형 데이터

관계형 데이터는 데이터베이스 시스템에서 데이터 테이블을 표현하는 방식으로, 특히 SQLite나 PostgreSQL 등의 SQL 시스템에서 널리 사용됩니다(관계형 데이터와 SQL에 대해서는 7장에서 다룹니다). 관계형 데이터는 데이터 프레임과 많은 유사성이 있습니다. 두 가지 모두 행으로 데이터 기록을 다루고 열로 특성을 나타냅니다. 모두 열의 이름이 있고, 한 열의 데이터는 데이터 유형이 동일합니다.

데이터 프레임의 주요 장점 중 하나는 기록을 나타내는 행과 특성을 나타내는 열이 필요하지 않다는 점입니다. 원시 데이터는 관계형 데이터에 손쉽게 넣을 수 있는 형식으로 제공되지 않는 경우가 많습니다. 이러한 시나리오에서 데이터 과학자는 데이터 프레임을 사용하여 데이터를 읽고 처리하는데, 데이터 프레임이 이런 면에서 더 유연하기 때문입니다. 데이터 과학자는 종종 원시 데이터를 데이터 프레임으로 불러온 다음, 데이터를 관계형 데이터로 쉽게 저장할 수 있는 형식으로 처리합니다.

반면, 관계형 데이터가 데이터 프레임에 비해 갖는 한 가지 주요 장점은 데이터 저장 및 관리에 매우 유용한 기능을 갖췄다는 점입니다. 대규모 소셜 미디어 웹사이트를 운영하는 회사의 데이터 과학자를 생각해 봅시다. 데이터베이스에는 pandas 데이터 프레임으로 한 번에 읽기에는 너무 큰 데이터가 저장되어 있을 수 있지만, PostgreSQL[7]과 같은 데이터베이스 시스템은 대규모 데이터 집합을 더 잘 처리할 수 있으므로 데이터 과학자는 SQL 쿼리를 사용하여 데이터를 나누거나 집계합니다. 또한 웹사이트 사용자는 게시물을 작성하고, 사진을 업로드하고, 프로필을 편집하는 등 지속적으로 데이터를 갱신합니다. 이런 경우, 데이터베이스 시스템을 사용하면 데이터 과학자는 대용량 CSV 파일을 반복적으로 다운로드할 필요 없이 기존 SQL 쿼리를 재사용하여 최신 데이터로 분석을 갱신할 수 있습니다.

6.6. 정리

이 장에서는 데이터 프레임이 무엇이고 왜 유용한지를 알아보고, pandas 코드로 데이터 프레임을 다루는 법에 대해서 살펴보았습니다. 데이터를 나누고, 집계하고, 조인하고, 변환하는 작업은 거의 모든 데이터 분석에서 유용합니다. 이후에도 이런 작업을 종종 활용할 것이며, 특히 8, 9, 10장에서 많이 다룰 것입니다.

---

[7] https://oreil.ly/3zXyH

7장
SQL을 사용해서 관계형 데이터 다루기

6장에서는 데이터 프레임을 사용해서 데이터의 테이블을 나타냈습니다. 이 장에서는 데이터 테이블을 나타낼 때 널리 쓰이는 또 다른 방법인 관계형 데이터에 대해서 살펴볼 것입니다. 또한 이런 관계형 데이터를 다룰 때 사용하는 표준 프로그래밍 언어인 SQL도 소개합니다.

다음은 인기 있는 개의 혈통 정보가 담긴 관계형 데이터의 예시입니다. 데이터 프레임과 마찬가지로, 관계형 데이터의 각 행은 하나의 데이터 기록, 즉 단일 개 품종을 나타냅니다. 그리고 각 열은 기록에 대한 개별 특성을 나타냅니다. 예를 들어, grooming 열은 각 품종의 경우 얼마나 자주 털을 손질해 주어야 하는지에 대한 정보가 들어있습니다.

관계형 데이터와 데이터 프레임 모두 테이블의 각 열에 이름이 붙어 있습니다. 하지만 큰 차이점 중 하나는 데이터 프레임에는 행에도 이름이 붙지만, 관계형 데이터에서는 행에 이름이 붙지 않는다는 점입니다.

이 장에서는 SQL을 사용해서 관계형 데이터에서 주로 사용되는 연산을 설명할 것입니다. 우선 SQL 쿼리의 구조를 설명한 뒤, 슬라이싱, 필터링, 정렬, 그룹화, 조인 등의 일반적인 데이터 변경 작업에서 SQL을 어떻게 쓰는지를 살펴보겠습니다.

> **설명**
>
>  이 장에서는 6장에서 사용한 데이터 분석을 데이터 프레임과 파이썬을 사용하는 대신 관계형 데이터와 SQL을 사용해서 그대로 재연합니다. pandas와 SQL의 데이터 처리 형태를 쉽게 비교하기 위해 데이터셋, 데이터 변경, 결론은 앞의 두 장과 거의 동일하게 진행합니다.

7.1. 나누기

관계형 데이터를 작업할 때는 도메인 특화 프로그래밍 언어인 SQL(구조적 쿼리 언어, Structured Query Language)를 사용합니다. SQL은 관계형 데이터에 특화된 언어입니다. 그래서 SQL은 관계형 데이터를 다룰 때 사용하는 문법이 파이썬과 다릅니다.

이 장에서는 파이썬 프로그램 내에서 SQL 쿼리를 사용할 것입니다. 이는 보편적으로 사용되는 방식입니다. 데이터 과학자는 종종 이후 분석을 위해 파이썬에 데이터를 불러오기 전에 SQL을 사용해서 데이터를 처리합니다. SQL 데이터베이스는 pandas 프로그램에 비해 대용량의 데이터를 더 쉽게 처리할 수 있습니다. 하지만 pandas에 데이터를 불러오면 더 쉽게 데이터를 시각화하고 통계 모델을 만들 수 있습니다.

> **설명**
>
>  왜 SQL에서 대용량 데이터 작업이 더 쉬울까요? 요약하자면, SQL 시스템은 하드 디스크에 저장된 데이터를 관리하기 위한 복잡한 알고리즘을 가지고 있습니다. 예를 들어, 대용량 데이터 작업을 할 때, SQL 시스템에서는 한 번에 소량의 데이터를 효율적으로 읽어 들인 후 처리하지만, pandas에서는 이 작업을 수행하는 것이 매우 어려울 수 있습니다. 이에 대한 자세한 내용은 8장에서 다루겠습니다.

7.1.1. SQL 기초: SELECT와 FROM

여기서는 pandas 데이터 프레임에서 SQL 쿼리를 실행하고 결과를 저장하는 pd.read_sql 함수를 사용합니다. 이 함수를 사용하려면 몇 가지 설정이 필요합니다. 우선 pandas와 sqlalchemy 파이썬 패키지를 임포트합니다.

```
import pandas as pd
import sqlalchemy
```

여기서 사용할 데이터베이스는 babynames.db에 들어있습니다. 이 파일은 SQLite 데이터베이스이므로, 이 포맷을 사용할 수 있는 sqlalchemy 객체를 설정합니다.

```
db = sqlalchemy.create_engine('sqlite:///babynames.db')
```

> **설명**
>
> 이 책에서는 로컬에 저장된 데이터를 사용하는 데 매우 유용한 데이터베이스 시스템인 SQLite를 사용합니다. 서로 다른 도메인에서 유용하게 활용되는 다른 시스템은 각기 다른 장단점이 있습니다. 예를 들어, PostgreSQL과 MySQL은 많은 사용자가 동시에 데이터를 읽고 쓸 수 있는 대규모 웹 프로그램에 적합한 복잡한 시스템입니다. 각 SQL 시스템이 조금씩 다르지만, 기본적인 SQL 기능은 동일합니다. 일부 독자들은 파이썬의 표준 sqlite3 라이브러리에서 SQLite를 지원한다는 것을 알고 있을 것입니다. 여기서 sqlalchemy를 사용하는 이유는, 이를 사용하는 경우 코드를 SQLite 외의 다른 SQL 시스템에서도 재사용할 수 있기 때문입니다.

설정이 끝났으므로 pd.read_sql을 사용해서 이 데이터베이스에서 SQL 쿼리를 실행할 수 있습니다. 이 데이터베이스에는 baby와 nyt의 두 개의 관계형 데이터가 있습니다. 다음은 관계형 데이터 baby의 전체를 읽어오는 간단한 예제입니다. SQL 쿼리를 작성한 후 이를 파이썬 문자열로 처리하여 pd.read_sql에 넣습니다.

```
query = '''
SELECT *
FROM baby;
'''

pd.read_sql(query, db)
```

	Name	Sex	Count	Year
0	Liam	M	19659	2020
1	Noah	M	18252	2020
2	Oliver	M	14147	2020
...	...	...	...	...
2020719	Verona	F	5	1880
2020720	Vertie	F	5	1880
2020721	Wilma	F	5	1880

2020722 rows × 4 columns

query 변수에 들어간 텍스트에는 SQL 코드가 들어있습니다. SELECT와 FROM은 SQL 키워드입니다. 이 쿼리는 다음과 같이 읽습니다.

```sql
SELECT * -- 모든 열을 가져옴
FROM baby; -- baby 관계형 데이터에서
```

관계형 데이터 baby에는 6장에서 사용한 baby 데이터 프레임과 동일한, 미국 사회보장국에 등록된 모든 아이의 이름에 대한 데이터가 들어있습니다.

7.1.2. 관계형 데이터란?

baby 관계형 데이터에 대해서 좀 더 알아보도록 합시다. 관계형 데이터에는 행과 열이 있습니다. 모든 열에는 그림 7-1과 같이 이름이 있습니다. 하지만 데이터 프레임과는 달리, 관계형 데이터의 각 행에는 이름이 없습니다. 또한 데이터 프레임과는 달리, 관계형 데이터의 행은 순서가 없습니다.

열별 이름

Name	Sex	Count	Year
Liam	M	19659	2020
Noah	M	18252	2020
Oliver	M	14147	2020
...	...	...	...
Verona	F	5	1880
Vertie	F	5	1880
Wilma	F	5	1880

〈그림 7-1〉 관계형 데이터 baby의 열에는 이름이 있다(굵은 선 표시)

관계형 데이터는 나름의 오랜 전통을 가지고 있습니다. 관계형 데이터를 더 정석적으로 다룰 때는 관계형 데이터의 행을 지칭할 때 '튜플(tuple)'이라는 단어를 사용하고, 열을 지칭할 때는 '속성(attribute)'이라는 단어를 사용합니다. 관계형 데이터에서는 수학의 집합 대수로부터 가져온 관계 대수를 사용해서 데이터 작업을 엄밀하게 정의할 수도 있습니다.

7.1.3. 슬라이싱

슬라이싱은 하나의 관계형 데이터에서 일부 열이나 행을 취해서 새 관계형 데이터를 만드는 작업입니다. 토마토를 슬라이스로 만드는 것을 생각해 봅시다. 슬라이스는 종단, 횡단 모두 가능합니다. 관계형 데이터의 열을 슬라이싱할 때는, 원하는 열에 대해 SELECT 구문을 사용합니다.

```
query = '''
SELECT Name
FROM baby;
'''

pd.read_sql(query, db)
```

	Name
0	Liam
1	Noah
2	Oliver
...	...
2020719	Verona
2020720	Vertie
2020721	Wilma

2020722 rows × 1 columns

```
query = '''
SELECT Name, Count
FROM baby;
'''

pd.read_sql(query, db)
```

	Name	Count
0	Liam	19659
1	Noah	18252
2	Oliver	14147
...	...	...
2020719	Verona	5
2020720	Vertie	5
2020721	Wilma	5

2020722 rows × 2 columns

특정 숫자만큼의 행을 슬라이싱하고 싶을 때는 LIMIT 키워드를 사용합니다.

```
query = '''
SELECT Name
FROM baby
LIMIT 10;
'''

pd.read_sql(query, db)
```

	Name
0	Liam
1	Noah
2	Oliver
...	...
7	Lucas
8	Henry
9	Alexander

10 rows × 1 columns

7.1.4. 행 필터링

그러면 이번에는 하나 이상의 조건을 사용해서 행의 부분집합을 취하는 행 필터링을 해 보겠습니다. pandas에서는 이진 시리즈 객체를 사용해서 데이터 프레임을 슬라이싱했지만, SQL에서는 WHERE 키워드에 조건을 명시하는 방식을 사용합니다. 다음 쿼리에서는 baby 관계형 데이터에서 2020년에 등록된 아이 이름만 가져오도록 필터링한 것입니다.

```
query = '''
SELECT *
FROM baby
WHERE Year = 2020;
'''

pd.read_sql(query, db)
```

	Name	Sex	Count	Year
0	Liam	M	19659	2020
1	Noah	M	18252	2020
2	Oliver	M	14147	2020
...	...	...	...	...
31267	Zylynn	F	5	2020
31268	Zynique	F	5	2020
31269	Zynlee	F	5	2020

31270 rows × 4 columns

> **팁**
>
> 값이 같은지 비교하는 경우, SQL에서는 등호 기호를 하나만 사용합니다.
>
> ```
> SELECT *
> FROM baby
> WHERE Year = 2020;
> --          ↑
> --     하나의 등호 기호
> ```
>
> 하지만 파이썬에서는, 하나의 등호 기호는 변수 할당 시에 사용합니다. Year = 2020 이라는 문장은 Year라는 변수에 2020이라는 값을 할당한다는 뜻입니다. 파이썬에서는 값이 같은지를 비교할 때 두 개의 등호 기호를 사용합니다.
>
> ```
> # 변수 할당
> my_year = 2021
> # 값을 비교함. 이 경우 결괏값은 False임.
> my_year == 2020
> ```

필터에 내용을 더 추가하고 싶은 경우에는 AND나 OR 키워드를 사용합니다. 예를 들어, 2020년이나 2019년에 10,000명 이상의 아이에게 붙인 이름을 찾고 싶다면 다음과 같이 코드를 작성합니다.

```
query = '''
SELECT *
FROM baby
WHERE Count > 10000
  AND (Year = 2020
    OR Year = 2019);
-- 처리 순서를 명시하기 위해 괄호를 사용합니다.
'''

pd.read_sql(query, db)
```

	Name	Sex	Count	Year
0	Liam	M	19659	2020
1	Noah	M	18252	2020
2	Oliver	M	14147	2020
...	...	...	...	...
41	Mia	F	12452	2019
42	Harper	F	10464	2019
43	Evelyn	F	10412	2019

44 rows × 4 columns

마지막으로, 2020년에 가장 인기 있었던 이름 10개를 찾아봅시다. 데이터 프레임에 ORDER BY 키워드를 DESC 옵션(DESCending(내림차순)의 약자)과 함께 적용해서 Count 기준 내림차순으로 정렬하면 됩니다.

```
query = '''
SELECT *
FROM baby
WHERE Year = 2020
ORDER BY Count DESC
LIMIT 10;
'''

pd.read_sql(query, db)
```

	Name	Sex	Count	Year
0	Liam	M	19659	2020
1	Noah	M	18252	2020
2	Emma	F	15581	2020
...	...	...	...	...
7	Sophia	F	12976	2020
8	Amelia	F	12704	2020
9	William	M	12541	2020

10 rows × 4 columns

6장에서 살펴본 것처럼 2020년에 가장 인기 있었던 아이 이름은 리암, 노아, 엠마임을 확인할 수 있습니다.

7.1.5. 예제: 루나는 언제부터 유행하는 이름이 되었을까?

6장에서 살펴본 것처럼, 뉴욕타임스 사설에서 루나(Luna)라는 이름의 경우는 2000년 전에는 거의 없다시피 했지만 점점 증가하더니 이제는 매우 인기 있는 여자아이 이름이 되었습니다. 과연 정확히 언제부터 루나라는 이름이 유명해졌을까요? 슬라이싱과 필터링을 사용해서 SQL로 확인해 보도록 합시다.

```
query = '''
SELECT *
FROM baby
WHERE Name = "Luna"
AND Sex = "F";
'''

luna = pd.read_sql(query, db)
luna
```

	Name	Sex	Count	Year
0	Luna	F	7770	2020
1	Luna	F	7772	2019
2	Luna	F	6929	2018
...	...	...	...	...
125	Luna	F	17	1883
126	Luna	F	18	1881
127	Luna	F	15	1880

128 rows × 4 columns

pd.read_sql의 결과로 pandas.DataFrame 객체를 반환하므로, 이를 사용해서 그래프를 그릴 수 있습니다. 이 과정은 SQL을 사용해서 데이터를 처리하고, 이를 pandas 데이터 프레임으로 읽어 들인 후, 결과를 시각화하는 일반적인 워크플로우입니다.

`px.line(luna, x='Year', y='Count', width=350, height=250)`

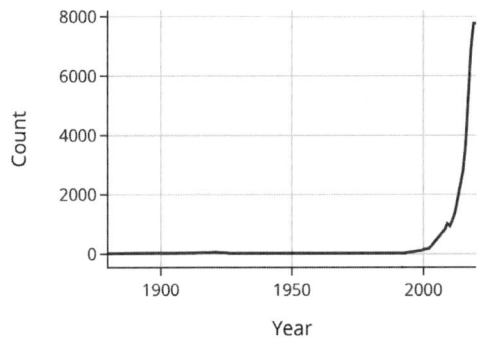

지금까지 데이터 과학자가 열의 이름으로 슬라이싱하고 이진 조건을 사용해서 필터링하는 식의 관계형 데이터를 나누는 일반적인 작업을 살펴봤습니다. 이어서 열을 집계하는 방법에 대해 말씀드리겠습니다.

7.2. 집계

여기서는 SQL을 사용해서 그룹화와 집계를 설명할 것입니다. 앞에서와 마찬가지로 아이 이름 데이터를 사용합니다.

```
import sqlalchemy
db = sqlalchemy.create_engine('sqlite:///babynames.db')

query = '''
SELECT *
FROM baby
LIMIT 10
'''

pd.read_sql(query, db)
```

	Name	Sex	Count	Year
0	Liam	M	19659	2020
1	Noah	M	18252	2020
2	Oliver	M	14147	2020
...	...	...	...	...
7	Lucas	M	11281	2020
8	Henry	M	10705	2020
9	Alexander	M	10151	2020

10 rows × 4 columns

7.2.1. GROUP BY를 사용한 기본 그룹화 집계

이 데이터에 기록된 모든 출생자 수를 구한다고 가정해 봅시다. 이는 간단히 Count 열의 값을 모두 더하면 됩니다. SQL에는 SELECT 절에 쓸 수 있는 SUM같은 함수가 있습니다.

```
query = '''
SELECT SUM(Count)
FROM baby
'''

pd.read_sql(query, db)
```

	SUM(Count)	SUM(Count)
	0	352554503

6장에서, 시간이 지남에 따라 미국의 출생 정도가 증가하고 있는지를 알아보기 위해 그룹화와 집계를 사용했습니다. .groupby()를 사용해서 연도별로 데이터셋을 그룹화하고, 각 그룹에 대해 .sum()을 적용해서 개수를 더했습니다.

SQL에서는 GROUP BY절을 사용해서 그룹화를 한 후 SELECT에서 집계 함수를 호출합니다.

```
query = '''
SELECT Year, SUM(Count)
FROM baby
GROUP BY Year
'''

pd.read_sql(query, db)
```

	Year	SUM(Count)
0	1880	194419
1	1881	185772
2	1882	213385
...	...	...
138	2018	3487193
139	2019	3437438
140	2020	3287724

141 rows × 2 columns

데이터 프레임을 그룹화할 때, Year 열은 집계를 했기 때문에 각각의 고유한 Year 값만 남고, 겹치는 Year 값은 남지 않는다는 것을 확인합니다. pandas에서 그룹화를 할 때는 그룹화하는 열은 결과 데이터 프레임의 인덱스가 됩니다. 하지만 관계형 데이터에는 행의 이름이 따로 없으므로, Year의 값은 결과 관계형 데이터의 열이 됩니다.

다음은 SQL에서 그룹화할 때 사용하는 기본 문법입니다.

```
SELECT
    col1,           -- 그룹화에 사용하는 열
    SUM(col2)       -- 다른 열을 집계함
FROM table_name     -- 사용하는 관계형 데이터
GROUP BY col1       -- 그룹화할 열(들)
```

이때 SQL절의 순서도 중요하다는 것을 명심하기 바랍니다. SELECT 절을 맨 앞에 넣고, 그다음에 FROM, 그 뒤에 WHERE, 그 후 GROUP BY를 사용해야 문법 오류를 피할 수 있습니다.

GROUP BY를 사용할 때는 SELECT 절에서 명시된 열을 사용하는지 확인해야 합니다. 보통은 그룹화할 때 사용하는 열만 넣고 따로 집계는 하지 않습니다. 예를 들어, 앞의 예제에서 Year 열을 사용해서 그룹화를 하므로, Year를 SELECT 절에 넣습니다. SELECT에 들어가는 모든 다른 열은 SUM(Count)처럼 집계에 사용되어야 합니다. 만약 그룹화에 쓰지 않는 Name같은 열을 "그대로" 포함시킨다면, 그룹 내에서 이를 어떻게 반환해야 하는지 모호해집니다. SQLite의 경우 그대로 열을 쓰는 경우 오류가 발생하지는 않으나, 다른 SQL 엔진의 경우에는 오류가 나므로, 이런 식으로 사용하지 않는 것을 권고합니다.

7.2.2. 여러 열을 그룹화하기

GROUP BY에 여러 열을 넣어서 한 번에 여러 열에 대해 그룹화를 할 수 있습니다. 이 기능은 여러 하위 그룹을 만들어야 하는 경우 유용합니다. 예를 들어, 연도와 성별로 데이터를 묶어 매년 얼마나 많은 여자아이와 남자아이가 태어나는지 살펴볼 수 있습니다.

```
query = '''
SELECT Year, Sex, SUM(Count)
FROM baby
GROUP BY Year, Sex
'''

pd.read_sql(query, db)
```

	Year	Sex	SUM(Count)
0	1880	F	83929
1	1880	M	110490
2	1881	F	85034
...	...	...	...
279	2019	M	1785527
280	2020	F	1581301
281	2020	M	1706423

282 rows × 3 columns

앞의 코드는 단일 열을 사용한 그룹화와 거의 유사하지만, GROUP BY 뒤에 여러 열을 한 번에 적어 Year와 Sex 모두에 대해 그룹화를 했다는 차이가 있습니다.

> **설명**
>
>  pandas와 달리, SQLite에는 관계형 테이블을 피봇팅하는 간단한 방법은 없습니다. 대신에 SQL에서는 두 열에 대해 GROUP BY를 해서 결과를 데이터 프레임으로 읽어 들인 후, 데이터 프레임 메서드 unstack()을 사용할 수 있습니다.

7.2.3. 기타 집계 함수

SQLite에는 SUM 외에도 COUNT, AVG, MIN, MAX 같은 내장 집계 함수가 있습니다. SQLite 웹사이트[8]에서 전체 함수 목록을 확인할 수 있습니다.

다른 집계 함수를 사용할 때는 해당 함수를 SELECT 절에서 호출하면 됩니다. 예를 들어, 다음과 같이 SUM 대신 MAX를 사용할 수 있습니다.

```
query = '''
SELECT Year, MAX(Count)
FROM baby
GROUP BY Year
'''

pd.read_sql(query, db)
```

	Year	MAX(Count)
0	1880	9655
1	1881	8769
2	1882	9557
...	...	...
138	2018	19924
139	2019	20555
140	2020	19659

141 rows × 2 columns

> **설명**
>
>
>
> 내장 집계 함수는 데이터 과학자가 SQL 간의 차이를 가장 먼저 느끼게 되는 것 중 하나입니다. 예를 들어, SQLite에는 집계 함수가 상대적으로 적습니다. PostgreSQL에는 훨씬 많은 집계 함수가 있습니다.[9] 하지만, SUM, COUNT, MIN, MAX, AVG는 대부분의 SQL 시스템에 있습니다.

---

8 https://oreil.ly/ALtjb

9 https://oreil.ly/gqYoK

여기서는 SQL에서 GROUP BY를 사용해서 하나 이상의 열에 대해 데이터를 집계하는 일반적인 방법을 다루었습니다. 이어서, 관계형 데이터를 조인하는 법에 대해 알아보겠습니다.

7.3. 조인

두 개의 데이터 테이블의 내용을 연결할 때, 데이터 프레임과 마찬가지로 SQL 관계형 데이터도 조인을 사용합니다. 여기서는 아이 이름 데이터의 분석을 SQL 조인을 사용해서 재현해 보도록 합니다. 6장에서 아이 이름에 대한 뉴욕타임스(NYT) 사설에서 신화적 이름이나 베이비 부머 시기의 이름 종류가 시간이 지남에 따라 더 많이 사용되거나 점점 적어진 경우에 대해 언급했다는 것을 다뤘었습니다.

이번에는 뉴욕타임스 사설에서 나온 이름과 유형을 가지고 와서 nyt라는 작은 관계형 데이터터를 만들어 보겠습니다. 그럼 우선, 데이터베이스 연결 설정을 한 후, nyt 관계형 데이터베이스를 확인하는 SQL 쿼리를 실행합니다.

```
import sqlalchemy
db = sqlalchemy.create_engine('sqlite:///babynames.db')


query = '''
SELECT *
FROM nyt;
'''


pd.read_sql(query, db)
```

	nyt_name	category
0	Lucifer	forbidden
1	Lilith	forbidden
2	Danger	forbidden
...	...	...
20	Venus	celestial
21	Celestia	celestial
22	Skye	celestial

23 rows × 2 columns

앞의 코드는 babynames.db에 쿼리를 실행합니다. 앞서 이 데이터베이스에 baby라는 더 큰 관계형 데이터가 들어있는 것을 확인했습니다. SQL 데이터베이스는 하나 이상의 관계형 데이터를 가질 수 있어서, 여러 데이터 테이블을 한 번에 다루는 작업을 할 때 매우 유용합니다. CSV 파일의 경우 일반적으로 파일 하나당 하나의 데이터 테이블만 가지고 있기 때문에, 20개의 데이터 테이블을 사용해서 데이터 분석을 해야 하는 경우, 20개의 CSV 파일의 이름과 위치, 버전을 파악하고 있어야 합니다. 하지만 SQLite 데이터베이스를 사용하면 모든 데이터 테이블을 하나의 파일에 간단히 저장할 수 있습니다.

> **설명**
>
>  이름 종류가 얼마나 유명했는지를 확인하려면, nyt 관계형 데이터와 baby 관계형 데이터를 조인해서 baby의 이름 개수를 확인하면 됩니다.

7.3.1. 이너 조인

6장에서 했던 것처럼, baby의 작은 버전과 nyt 테이블을 만들어서 테이블을 조인할 때 어떤 일이 일어나는지를 확인해 보겠습니다. 이 관계형 데이터는 baby_small과 nyt_small입니다.

```
query = '''
SELECT *
FROM baby_small;
'''

pd.read_sql(query, db)
```

	Name	Sex	Count	Year
0	Noah	M	18252	2020
1	Julius	M	960	2020
2	Karen	M	6	2020
3	Karen	F	325	2020
4	Noah	F	305	2020

```
query = '''
SELECT *
FROM nyt_small;
'''

pd.read_sql(query, db)
```

	nyt_name	category
0	Karen	boomer
1	Julius	mythology
2	Freya	mythology

SQL에서 조인을 할 때는, INNER JOIN 절을 사용해서 어떤 테이블과 조인을 할지를 명시하고 ON 절을 사용해서 테이블을 조인하는 조건을 명시합니다. 예시는 다음과 같습니다.

```
query = '''
SELECT *
FROM baby_small INNER JOIN nyt_small
  ON baby_small.Name = nyt_small.nyt_name
'''

pd.read_sql(query, db)
```

	Name	Sex	Count	Year	nyt_name	category
0	Julius	M	960	2020	Julius	mythology
1	Karen	M	6	2020	Karen	boomer
2	Karen	F	325	2020	Karen	boomer

이때 결과는 pandas에서 이너 조인을 했던 때와 동일한 것을 확인할 수 있습니다. 새로 생성된 테이블은 baby_small과 nyt_small 테이블의 열을 모두 포함합니다. Noah 이름이 들어있던 행은 없어졌습니다. 그리고 남은 행에는 nyt_small로부터 각 행에 맞는 category 값이 들어왔습니다.

두 테이블을 조인할 때, SQL에 조인에 사용할 각 테이블의 열을 ON 키워드에 조건과 함께 명시합니다. SQL에서는 그림 7-2와 같이 이렇게 명시된 열의 값이 조건을 만족하는 행을 연결합니다.

또한 pandas와 달리 SQL은 좀 더 유연하게 행을 연결합니다. pd.merge() 메서드는 단순히 값이 같은 경우에만 조인을 할 수 있지만, SQL의 ON 절은 임의로 더 복잡하게 만들 수 있습니다. 한 가지 예로, 이 특수한 능력을 "12.2 근처에 배치된 센서 찾기"에서 활용할 수 있습니다.

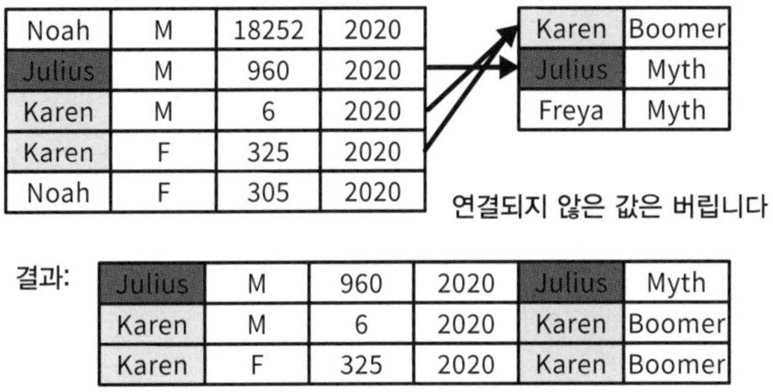

Noah	M	18252	2020		Karen	Boomer
Julius	M	960	2020		Julius	Myth
Karen	M	6	2020		Freya	Myth
Karen	F	325	2020			
Noah	F	305	2020			

연결되지 않은 값은 버립니다

결과:

Julius	M	960	2020	Julius	Myth
Karen	M	6	2020	Karen	Boomer
Karen	F	325	2020	Karen	Boomer

〈그림 7-2〉 SQL을 사용해서 두 테이블을 조인하기

7.3.2. 레프트 조인과 라이트 조인

pandas와 마찬가지로, SQL에서도 레프트 조인을 지원합니다. INNER JOIN이라고 쓰는 대신, LEFT JOIN이라고 쓰면 됩니다.

```
query = '''
SELECT *
FROM baby_small LEFT JOIN nyt_small
ON baby_small.Name = nyt_small.nyt_name
'''

pd.read_sql(query, db)
```

	Name	Sex	Count	Year	nyt_name	category
0	Noah	M	18252	2020	NaN	NaN
1	Julius	M	960	2020	Julius	mythology
2	Karen	M	6	2020	Karen	boomer
3	Karen	F	325	2020	Karen	boomer
4	Noah	F	305	2020	NaN	NaN

아마도 예상할 수 있겠지만, 조인의 "좌측(left)" 테이블이 LEFT JOIN 키워드의 왼쪽에 명시된 테이블입니다. 이 결과에서는 이름이 Noah인 행들이 우측에 연결되는 값이 없음에

도 불구하고 최종 결과까지 남아있다는 것을 확인할 수 있습니다.

SQLite에서는 라이트 조인을 직접적으로 지원하지는 않습니다. 하지만 LEFT JOIN에서 관계형 데이터를 입력하는 순서를 바꿈으로써 같은 조인 결과를 만들 수 있습니다.

```
query = '''
SELECT *
FROM nyt_small LEFT JOIN baby_small
ON baby_small.Name = nyt_small.nyt_name
'''

pd.read_sql(query, db)
```

	nyt_name	category	Name	Sex	Count	Year
0	Karen	boomer	Karen	M	6	2020
1	Karen	boomer	Karen	F	325	2020
2	Julius	mythology	Julius	M	960	2020
3	Freya	mythology	NaN	NaN	NaN	NaN

SQLite에는 아우터 조인을 지원하는 내장 키워드는 따로 없습니다. 아우터 조인이 필요한 경우, 다른 SQL 엔진을 사용하거나 pandas의 아우터 조인을 사용해야 합니다. 하지만 필자의 경험에 비추어 보았을 때, 실제 현업에서 이너 조인과 레프트 조인에 비해 아우터 조인이 사용되는 경우는 매우 드뭅니다.

7.3.3. 예제: NYT 이름 유형별 인기도

그럼, 다시 baby 전체 데이터셋과 nyt 데이터셋으로 돌아갑시다.
nyt에 있는 이름 유형별 인기 정도가 시간에 따라 어떻게 변하는지 확인하고자 합니다. 이를 위해서는 다음과 같은 과정이 필요합니다.

1. baby와 nyt에 이너 조인을 취함. 이때 이름이 같은 행을 연결함.
2. 테이블을 caregory와 Year로 그룹화함
3. 개수를 합하여 집계함

```
query = '''
SELECT
  category,
  Year,
  SUM(Count) AS count         -- [3]
FROM baby INNER JOIN nyt      -- [1]
  ON baby.Name = nyt.nyt_name -- [1]
GROUP BY category, Year       -- [2]
'''

cate_counts = pd.read_sql(query, db)
cate_counts
```

	category	Year	Count
0	boomer	1880	292
1	boomer	1881	298
2	boomer	1882	326
...	...	...	...
647	mythology	2018	2944
648	mythology	2019	3320
649	mythology	2020	3489

650 rows × 3 columns

앞의 쿼리의 대괄호([1], [2], [3])의 숫자는 SQL 쿼리의 각 부분이 계획의 각 단계 어느 부분에 대한 것인지를 표시한 것입니다. 이 코드는 6장의 데이터 프레임을 다시 만들며, 이를 사용해서 그래프를 그려 뉴욕타임스 사설에서 말한 내용이 맞는지 확인해 볼 수 있습니다. 여기서는 반복되는 그래프는 생략하도록 하겠습니다.

> **설명**
>
> 이 예제의 SQL 코드에서, 번호는 순서에 상관없이 [3], [1], [2]로 나왔다는 것을 알 수 있습니다. SQL을 처음 배우는 사람들은 SELECT 문이 쿼리의 가장 앞에 위치해 있으므로 가장 먼저 실행된다고 생각하기 쉽지만, 실제로는 가장 마지막에 실행되는 구문입니다.

지금까지 관계형 데이터의 조인에 대해서 소개했습니다. 관계형 데이터를 조인하는 경우, INNER JOIN과 LEFT JOIN 키워드와 이진 조건을 사용해서 행을 연결합니다. 다음으로는 관계형 데이터의 값을 변환하는 것에 대해 살펴보겠습니다.

7.4. 변환과 공통 테이블 표현식(CTE)

여기서는 내장 SQL 함수를 사용해서 데이터의 열을 변환하는 함수를 호출하는 방법을 살펴봅니다. 또한 공통 테이블 표현식(common table expression, CTE)을 사용해서 간단한 쿼리로부터 복잡한 쿼리를 만들어내는 것에 대해서도 설명합니다. 앞에서 해왔던 것처럼, 일단 데이터베이스를 불러옵니다.

```
# 데이터베이스 연결
import sqlalchemy
db = sqlalchemy.create_engine('sqlite:///babynames.db')
```

7.4.1. SQL 함수

SQLite에는 다양한 스칼라 함수 및 단일 데이터값을 변환하는 함수가 있습니다. SQLite에서 이 함수를 열의 각 값에 적용할 수 있습니다. 반면에, SUM이나 COUNT같은 집계 함수를 사용하면 값이 든 열을 넣어서 단일값을 결과로 구할 수 있습니다.

SQLite의 내장 스칼라 함수의 목록은 온라인 문서[10]에서 확인할 수 있습니다. 예를 들어, 각 이름의 글자 수를 확인할 때는 LENGTH 함수를 사용합니다.

---

10 https://oreil.ly/kznBO

```
query = '''
SELECT Name, LENGTH(Name)
FROM baby
LIMIT 10;
'''

pd.read_sql(query, db)
```

	Name	LENGTH(Name)
0	Liam	4
1	Noah	4
2	Oliver	6
...	...	...
7	Lucas	5
8	Henry	5
9	Alexander	9

10 rows × 2 columns

LENGTH 함수는 Name 열의 각 값에 적용됩니다.

> **설명**
>
>  집계 함수와 마찬가지로, SQL마다 각각 다른 종류의 스칼라 함수를 가지고 있습니다. SQLite에는 상대적으로 함수가 적습니다. PostgreSQL에는 훨씬 더 많은 함수가 있습니다.[11] 즉, 대부분의 SQL에는 SQLite의 LENGTH, ROUND, SUBSTR, LIKE와 같은 기능의 함수가 있습니다.

스칼라 함수는 집계 함수와 동일한 문법을 사용하지만, 동작 원리는 다릅니다. 단일 쿼리에서 이 둘을 동시에 사용하면 혼란스러운 결과가 나옵니다.

---

[11] https://oreil.ly/i2KlA

```
query = '''
SELECT Name, LENGTH(Name), AVG(Count)
FROM baby
LIMIT 10;
'''

pd.read_sql(query, db)
```

	Name	LENGTH(Name)	AVG(Count)
0	Liam	4	174.47

이때 AVG(Count)는 전체 Count 열의 평균을 구합니다. 하지만 결과를 해석하려면 혼란스럽습니다. 여러분들은 이 평균이 Liam 이름과 관련된 값이라고 생각할 수 있습니다. 그렇기 때문에, 스칼라 함수와 집계 함수를 한 번에 SELECT 구문에 사용할 때는 주의해야 합니다.

각 이름의 두 문자를 가져오고 싶을 때는 SUBSTR(substring(문자열의 일부)의 약자) 함수를 사용합니다. 문서에 나와있는 것처럼, SUBSTR 함수는 세 개의 인자를 가집니다. 처음 인자는 입력 문자열, 두 번째 인자는 잘라낼 문자열의 위치, 세 번째 인자는 잘라낼 문자열의 길이입니다.

```
query = '''
SELECT Name, SUBSTR(Name, 1, 1)
FROM baby
LIMIT 10;
'''

pd.read_sql(query, db)
```

	Name	SUBSTR(Name, 1, 1)
0	Liam	L
1	Noah	N
2	Oliver	O
...	...	...
7	Lucas	L
8	Henry	H
9	Alexander	A

10 rows × 2 columns

AS를 사용해서 열 이름을 바꿀 수 있습니다.

```
query = '''
SELECT *, SUBSTR(Name, 1, 1) AS Firsts
FROM baby
LIMIT 10;
'''

pd.read_sql(query, db)
```

	Name	Sex	Count	Year	Firsts
0	Liam	M	19659	2020	L
1	Noah	M	18252	2020	N
2	Oliver	M	14147	2020	O
...	...	...	...	...	...
7	Lucas	M	11281	2020	L
8	Henry	M	10705	2020	H
9	Alexander	M	10151	2020	A

10 rows × 5 columns

각 이름의 두 문자를 구한 후, 분석을 통해 시간이 지남에 따라 각 두 문자의 선호 정도를 파악할 수 있습니다. 이를 위해 이 SQL 쿼리의 결과를 가져와서 더 긴 프로세스의 한 단계로 활용할 것입니다.

SQL에는 쿼리를 더 작은 단계로 쪼갤 수 있는 여러 가지 옵션이 있습니다. 이런 방법은 이와 같이 더 복잡한 분석을 처리할 때 용이합니다. 이럴 때 가장 일반적으로 사용하는 방법은 CREATE TABLE 문구를 사용해서 새로운 관계형 데이터를 만들거나, CREATE VIEW를 사용해서 새 뷰를 만들거나, WITH를 사용해서 임시 관계형 데이터를 만드는 것입니다. 각 방법의 사례는 각기 다릅니다. 여기에서는 간단히 WITH 절을 사용하는 것만 살펴볼 것입니다. 자세한 내용은 SQLite 문서를 확인하는 것을 권합니다.

7.4.2. WITH 절을 사용한 다단계 쿼리

WITH 절을 사용해서 어떤 SELECT 쿼리에든 이름을 붙일 수 있습니다. 그 후 전체 쿼리를 사용하는 동안 이 쿼리를 데이터베이스 내의 관계형 데이터처럼 사용할 수 있습니다. SQLite에서는 이런 임시 관계형 데이터를 공통 테이블 표현식(CTE)이라고 합니다. 예를 들어, 앞서 살펴본 각 이름의 첫 글자를 가져오는 쿼리를 가져와서 letters라고 이름을 붙입니다.

```
query = '''
-- letters라는 임시 관계형 데이터를 만듭니다.
-- 이 관계형 데이터는 baby 테이블에 있는 각 이름의 첫 글자를 가져옵니다.
WITH letters AS (
    SELECT *, SUBSTR(Name, 1, 1) AS Firsts
    FROM baby
)
-- letters의 앞의 10개의 열을 가져옵니다.
SELECT *
FROM letters
LIMIT 10;
'''

pd.read_sql(query, db)
```

Count	Year	Firsts	Count	Year	Firsts
0	Liam	M	19659	2020	L
1	Noah	M	18252	2020	N
2	Oliver	M	14147	2020	O
...	...	...	...	...	...
7	Lucas	M	11281	2020	L
8	Henry	M	10705	2020	H
9	Alexander	M	10151	2020	A

10 rows × 5 columns

WITH 절은 쿼리를 연결할 수 있어 매우 유용합니다. WITH 절을 사용해서 이전 결과에 대한 임시 관계형 데이터 여러 개를 만들면, 한 번에 한 단계씩 해결하는 방식으로 점진적으로 복잡한 쿼리를 실행할 수 있습니다.

7.4.3. 예제: "L"로 시작하는 이름의 인기도

WITH 절을 사용해서 L로 시작하는 이름의 시간에 따른 인기도를 살펴볼 수 있습니다. 임시 관계형 데이터 letters를 첫 글자와 연도로 그룹화하고 sum을 사용해서 Count 열을 집계한 후, L에 대한 결과만 나오도록 필터링할 것입니다.

```
query = '''
WITH letters AS (
SELECT *, SUBSTR(Name, 1, 1) AS Firsts
FROM baby
)
SELECT Firsts, Year, SUM(Count) AS Count
FROM letters
WHERE Firsts = "L"
GROUP BY Firsts, Year;
```

```
...
letter_counts = pd.read_sql(query, db)
letter_counts
```

	Firsts	Year	Count
0	L	1880	12799
1	L	1881	12770
2	L	1882	14923
...	...	...	...
138	L	2018	246251
139	L	2019	249315
140	L	2020	239760

141 rows × 3 columns

이 관계형 데이터에는 6장에서 구한 것과 동일한 데이터가 들어있습니다. 6장에서는 시간에 따른 Count의 값을 그래프로 나타냈는데, 동일한 결과이므로 여기서는 생략하도록 하겠습니다.

지금까지 데이터 변환에 대해서 살펴보았습니다. 관계형 데이터에서 값을 변환할 때는 보통 LENGTH()나 SUBSTR()같은 SQL 함수를 사용합니다. 또한 WITH 절을 사용해서 복잡한 쿼리를 만드는 방법에 대해서도 살펴보았습니다.

7.5. 정리

이 장에서는 관계형 데이터가 무엇이고, 이것이 왜 유용한지, 그리고 이를 SQL 코드를 사용해서 다루는 방법에 대해서 설명했습니다. SQL 데이터베이스는 현재에도 유용하게 쓰이고 있습니다. 한 가지 사례로, SQL 데이터베이스는 대개 데이터 복구 체계가 잘 잡혀있어, SQL 연산 도중 컴퓨터에 문제가 생겨도 데이터베이스 시스템에서 최대한 많은 데이터를 손상 없이 복구합니다. 앞에서도 말했지만, SQL 데이터베이스는 더 큰 규모의 데이터도 처리를 할 수 있어서, 기업에서는 pandas 코드로 메모리에서 처리하기 어려운 부분도 SQL을 통해 저장하고 쿼리를 합니다. 이는 SQL이 데이터 과학 도구에서 중요한 위치를 차지합니다. 많은 독자분들은 실제 업무에서 SQL을 곧 접하게 될 것입니다.

3부.
데이터 이해

Python

8장. 파일 처리

9장. 데이터 프레임 전처리

10장. 탐색적 데이터 분석

11장. 데이터 시각화

12장. 예제: 대기질 측정 내역은 얼마나 정확할까요?

8장
파일 처리

파이썬으로 데이터를 다루기에 앞서, 원본 데이터를 저장하는 파일에 대해서 이해해 두면 좋습니다. 데이터를 다룬다면 다음과 같은 기본적인 질문을 하게 됩니다.

- 데이터가 얼마나 많은가?
- 원본 파일 형식은 무엇인가?

이 질문에 답을 해두면 작업할 때 큰 도움이 됩니다. 예를 들어, 파일이 너무 크거나 원하는 형식이 아니라면, 이를 적절하게 데이터 프레임으로 불러오는 데 어려움을 겪을 수 있기 때문입니다.

많은 구조 형식으로 데이터를 나타낼 수 있지만, 이 책에서는 주로 pandas 데이터 프레임이나 SQL 관계형 데이터 같은 데이터 테이블을 사용해서 작업을 합니다(다만 13장의 경우 덜 구조화된 텍스트 데이터를 살펴볼 것이고, 14장에서는 계층적 형식과 이진 파일에 대해 살펴본다는 것을 기억해 두기 바랍니다). 데이터 테이블을 주로 살펴보는 것에는 여러 이유가 있습니다. 데이터 작업 시 데이터 테이블이 데이터를 저장하고 변경하는 데에 있어서 안정적이고 효과적입니다. 또한, 표 형식의 데이터는 매우 풍부한 선형대수의 수학적 형태인 행렬과 매우 가까운 사촌 관계입니다. 물론, 데이터 테이블이 일반적으로 활용되는 데이터 유형이기도 합니다.

이 장에서는 일반 텍스트를 저장하는 대표적인 파일 형식과 인코딩에 대해서 소개하고, 파일 크기 측정 관련 내용과 파이썬을 사용해서 원본 파일을 탐색하는 방법을 살펴봅니다. 이 장의 후반부에서는 파일을 다루는 또 다른 방법인 쉘 인터프리터에 대해서 말씀드리겠습니다. 쉘 명령어를 사용해서 파이썬 환경 외부에서 파일의 정보를 프로그래밍적으로 얻을 수 있습니다. 또한 쉘은 빅데이터를 다룰 때 매우 유용합니다. 마지막으로, 데이터 테이블의 형태(행과 열의 수)와 구분 방식(각 행이 나타내는 것이 무엇인지)도 확인합니다. 데이터 정제 및 분석은 이러한 간단한 확인에서 시작됩니다.

우선 이 장 전반에 걸쳐 예제로 사용할 데이터셋을 간단히 설명하도록 하겠습니다.

8.1. 데이터 예제

파일을 다루는 데 사용할 데이터 예제는 두 가지를 선정했습니다. 약물 남용에 대한 정부의 설문조사 데이터와 샌프란시스코 공중 보건 부서의 식당 점검 관리 데이터입니다. 데이터를 다루기에 앞서, 이 예제의 데이터 범위에 대해 전반적으로 살펴보겠습니다(데이터 범위에 대해서는 2장을 참고하십시오).

8.1.1. 약물 남용 경고 네트워크(Drug Abuse Warning Network, DAWN) 조사

DAWN은 약물 남용 추세를 관리하는 미국의 국가 건강 관리 조사입니다. 이 조사는 국가의 건강 관리 시스템 상에서 약물 남용이 어느 정도 영향을 미치는지를 추정하고 응급실에서 약물 남용 위급 상황을 모니터링하는 법을 향상하고자 하는 목적으로 시행됩니다. DAWN은 1998년부터 2011년까지 약물남용 및 정신건강청(The Substance Abuse and Mental Health Services Administration, SAMHSA)[1]에서 매년 시행했습니다. 2018년, 오피오이드 전염 사태[2]로 인해 DAWN 조사가 재개되었습니다. 여기서는 SAMHSA 데이터 아카이브에서 접근 가능한 2011년 데이터를 사용합니다.

대상 집단은 미국 내 약물과 관련되어 응급실을 내원한 모든 내원 기록입니다. 이러한 기록은 병원 응급실(및 그 기록)의 프레임을 통해 확인할 수 있습니다. 병원은 조사 내용에서 확률 표본 추출 기법을 통해 선정되었고(3장 참고), 표본 병원 응급실의 모든 약물 관련 내원 기록이 조사에 활용됩니다. 약물 관련 내원 기록에는 약물 오용, 남용, 우발적 복용, 자살

---

1 https://www.samhsa.gov

2 [역주] https://www.shadac.org/opioid-epidemic-united-states

시도, 악성 중독, 이상 반응 같은 관련된 모든 경우가 포함됩니다. 각 내원 기록 별로 불법 약물, 처방 약물, 처방전 없이 구입 가능한 약물을 포함한 16가지의 약물이 포함될 수 있습니다.

이 데이터는 고정 폭 형식의 큰 텍스트 파일로 제공되며, 내용을 이해하려면 별도의 코드북 문서가 필요합니다. 또한 데이터의 대상이 사람이나 환자가 아닌 응급실 방문 기록이라는 점도 분석 시 유의할 사항입니다.

샌프란시스코 식당 파일은 이 장에서 사용하기 좋은 또 다른 특성을 가진 예제입니다.

8.1.2. 샌프란시스코 식당 식품 안전성

샌프란시스코 공중 보건 부서[3]는 정기적으로 식당에 불시 방문하여 식품 안전성을 점검합니다. 조사관은 발견된 위반 사항을 기반으로 점수를 매기고 위반 사항에 대한 내용을 기록합니다. 여기서 대상 집단은 샌프란시스코의 모든 식당입니다. 이 식당별 기록은 2013년부터 2016년까지 진행된 식당 점검 프레임을 통해 확인할 수 있습니다. 1년에도 여러 번 검사를 받은 식당도 있고 7,000개 이상의 식당 중 매년 검사를 받지 않은 식당도 있습니다.

식품 안전성 점수는 데이터 SF[4]라는 샌프란시스코의 공개 데이터 이니셔티브[5]에서 확인할 수 있습니다. 데이터 SF는 데이터를 공공화하기 위한 시 정부의 정책의 일환으로 "의사 결정과 서비스 제공에 데이터를 보다 적극적으로 사용하도록 하자"는 사명 하에 거주자, 고용주, 직원 및 방문자의 삶과 업무의 질을 향상히는 것을 목표로 합니다.

샌프란시스코의 식당은 식품 안전성 점수를 눈에 띄는 곳에 공개해 두어야 합니다(그림 8-1의 표지판 예시를 참고하세요)[6]. 이 데이터는 서로 다른 구조, 특성, 구분 방식을 가진 여러 파일에 대한 좋은 사례입니다. 첫 번째 데이터셋에는 검사 결과 요약 정보가 들어있

---

3 https://oreil.ly/kG1PN

4 https://datasf.org

5 https://oreil.ly/kwh-F

6 2020년부터 샌프란시스코는 검사 결과를 색으로 나타낸 표지판을 사용합니다. 식당이 검사를 통과한 경우에는 녹색, 조건부로 통과한 경우는 노랑, 검사를 통과하지 못한 경우는 빨강으로 나타냅니다. 새 표지판에는 더 이상 숫자로 점수를 표기하지 않습니다. 하지만 식당 점수와 위반 사항은 데이터 SF에서는 계속 확인할 수 있습니다.

고, 두 번째 데이터셋에는 발견된 위반 사항에 대한 상세 내용이, 세 번째 데이터셋에는 식당 정보가 들어있습니다. 위반 사항에는 식품 매개성 질병 전파 같은 심각한 문제부터 검사 표지판을 적절한 곳에 게시하지 않은 가벼운 문제까지 모두 포함됩니다.

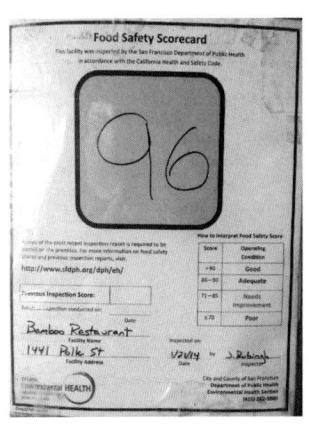

〈그림 8-1〉 식당에 게시된 식품 안전성 점수 기록 카드. 점수 범위는 0부터 100까지입니다.

DAWN 조사 데이터와 샌프란시스코 식당 점검 데이터는 모두 온라인상에 일반 텍스트 파일로 게시되어 있습니다. 하지만 파일 형식은 다들 조금씩 다릅니다. 그럼 이어서 데이터를 데이터 프레임으로 읽어 들이기 위해 파일 형식을 판별하는 법에 대해서 살펴보도록 하겠습니다.

8.2. 파일 형식

파일 형식은 컴퓨터의 하드 디스크나 다른 저장 공간에 데이터가 어떤 식으로 저장되어 있는지를 나타냅니다. 파일 형식에 대해서 이해하면 각 데이터를 파이썬에서 읽어 들여 데이터 테이블처럼 다루려면 어떻게 해야 하는지를 알 수 있습니다. 여기서는 데이터 테이블을 저장할 때 주로 쓰이는 몇 가지 파일 형식에 대해 알아볼 것입니다. 이 파일 형식은 모두 일반 텍스트 형식이므로 VS 코드(VS Code), 서브라임(Sublime), 빔(Vim), 이맥스(Emacs) 같은 텍스트 편집기에서 손쉽게 불러올 수 있습니다.

> **설명**
>
>
> 파일 형식과 데이터의 구조는 서로 다릅니다. 데이터 구조는 어떤 종류의 연산을 할 수 있는지 알려주는 데이터의 개념적 표현이라고 할 수 있습니다. 예를 들어 테이블 구조는 행과 열로 배열된 데이터 값이라고 볼 수 있습니다. 하지만 동일한 테이블을 다양한 유형의 파일 형식으로 저장할 수 있습니다.

처음으로 소개할 형식은 구분자 파일 형식입니다.

8.2.1. 구분자 파일 형식

구분자 파일 형식에서는 특정 문자를 사용해서 데이터 값을 구분합니다. 보통 구분자로는 쉼표(쉼표로 구분된 값(comma-separated values), CSV), 탭(탭으로 구분된 값((tab-separated values), TSV), 공백, 콜론을 사용합니다. 이 형식은 보통 테이블 구조의 데이터를 저장하는 데 사용됩니다. 파일의 각 줄은 하나의 기록을 나타내고, 새 줄을 뜻하는 문자열(₩n 이나 ₩r₩n)로 구분됩니다. 그리고 한 줄 안에서 기록 정보는 CSV의 경우 쉼표(,), TSV의 경우 탭(₩t) 등으로 구분됩니다. 이 파일의 첫 번째 줄에는 테이블의 열/특성 이름이 들어갑니다.

샌프란시스코 식당 점검 점수는 CSV 형식 파일에 저장되어 있습니다. 이 inspections.csv 파일의 처음 몇 줄을 화면에 출력해 봅시다. 파이썬의 경우, 내장되어 있는 pathlib 라이브러리의 Path 객체를 사용해서 여러 플랫폼에서 사용 가능한 파일과 폴더 명을 정의할 수 있습니다. 이 파일은 data 폴더에 저장되어 있으므로, 여기서는 Path()를 사용해서 전체 경로명을 생성하겠습니다.

```
from pathlib import Path

# 사용할 데이터 파일을 가리키는 경로를 설정함
insp_path = Path() / 'data' / 'inspections.csv'
```

> **설명**
>
> 서로 다른 운영체제(operating system, OS)에서 작업할 때 경로 설정은 다소 번거롭습니다. 예를 들어, 윈도우의 일반적인 경로는 C:\files\data.csv 같이 생겼지만, 유닉스나 맥OS의 경우 ~/files/data.csv 같이 생겼습니다. 이로 인해, 한 가지 OS에서 작업한 코드를 다른 OS에서 실행하는 경우 오류가 발생하기도 합니다.

pathlib 파이썬 라이브러리는 OS가 달라서 발생하는 경로 문제를 피하기 위해 만들어졌습니다. 여기서 사용하는 코드는 이 라이브러리를 활용하기 때문에 쉽게 가져다 쓸 수 있습니다. 이 코드는 윈도우, 맥 OS, 유닉스 모두에서 실행 가능합니다.

다음 코드의 Path 객체에는 파일의 전체 내용을 문자열로 읽어 들이는 read_text() 같은 다수의 유용한 메서드가 있습니다.

```
text = insp_path.read_text()
# 첫 다섯 줄을 출력함
print('\n'.join(text.split('\n')[:5]))
```

```
"business_id","score","date","type"
19,"94","20160513","routine"
19,"94","20171211","routine"
24,"98","20171101","routine"
24,"98","20161005","routine"
```

이때 열 이름은 파일 첫 줄에 등장하고, 이 이름은 큰따옴표로 감싸진 채 구분자로 나뉘어 있습니다. 앞의 파일에는 비즈니스 구분자, 식당의 점수, 검사 일자, 검사 유형의 4개의 특성이 있습니다. 파일의 각 줄은 하나의 검사 결과에 해당하며 ID, 점수, 날짜, 유형 값이 쉼표로 구분되어 있습니다. 파일 유형을 정의하는 데에 이어, 각 특성의 유형도 정의해야 할 것입니다. 이때 두 가지 염두에 두어야 할 사항이 있습니다. 점수와 날짜가 모두 문자열로 표기되어 있다는 것입니다. 이 점수는 숫자로 나타내야 요약 통계량을 구하고 시각화를 할 수 있습니다. 또한 날짜는 날짜-시간 형태로 변경해야 시계열 그래프를 그릴 수 있습니다. 이런 변환은 9장에서 살펴볼 것입니다.

파일의 첫 줄 몇 개를 출력하는 코드는 이후에도 쓰게 될 것이므로, 간단히 사용할 수 있도록 함수로 만들어 둡니다.

```python
def head(filepath, n=5, width=-1):
    '''해당 filepath의 파일의 첫 n개의 줄에 대해 width개의 문자를 출력합니다'''
    with filepath.open() as f:
        for _ in range(n):
            (print(f.readline(), end='') if width < 0
             else print(f.readline()[:width]))
```

> **설명**
> 사람들은 종종 CSV, TSV 파일과 스프레드시트를 혼동하고는 합니다. 이는 대부분의 (마이크로소프트 엑셀 등의) 스프레드시트 소프트웨어에서 CSV 파일을 자동으로 테이블 형태로 변환해 주기 때문일 수 있습니다. 하지만 이면에는, 엑셀에서 파일 형태를 확인한 후 이 장에서 했던 것처럼 변환을 합니다. 하지만 엑셀 파일은 CSV, TSV와 다른 파일 형식이고, 파이썬에서 엑셀 포맷을 읽어 들일 때도 다른 pandas 함수를 사용해야 합니다.

식당 데이터 원본 파일 세 가지는 모두 CSV 형식입니다. 반면에 DAWN 원본 파일은 고정 폭 형식입니다. 그러면 이 형식에 대해서 살펴보겠습니다.

8.2.2. 고정 폭 형식

고정 폭 형식(fixed-width format, FWF)은 데이터 값을 구분하는 데에 구분자를 사용하지 않습니다. 대신 특정 열의 값을 각 줄에서 정확히 동일한 위치에 기록합니다. DAWN 원본 파일이 이 형식을 사용하고 있습니다. 이 파일의 각 줄은 매우 깁니다. 출력 편의상, 이 파일의 첫 다섯 줄의 일부 글자만 출력하도록 합니다.

```
dawn_path = Path() / 'data' / 'DAWN-Data.txt'
head(dawn_path, width=65)
```

```
    1 2251082   .9426354082   3 4 1 2201141  2 865 105 1102005 1
    2 2291292 5.9920106887   911 1 3201134 12077    81  82 283-8
    3 7 7 251 4.7231718669   611 2 2201143 12313     1  12  -7-8
    410 8 292 4.0801470012    6 2 1 3201122  1 234 358  99 215 2
    5 122 942 5.1777093467   10 6 1 3201134  3 865 105 1102005 1
```

각각의 행에서 값이 어떻게 배치되었는지를 살펴보겠습니다. 한 가지 예로, 여기에서는 소수점이 각 줄의 동일한 위치에 찍혀 있습니다(9번째 글자). 또한 일부 값이 서로 붙어 있는 것처럼 보이는데, 각 정보의 정확한 위치를 한 줄에 표시해야 이를 제대로 이해할 수 있습니다. SAMHSA에서는 몇 가지 기본적으로 확인해야 할 내용을 포함해 데이터 관련 모든 정보가 들어있는 2,000페이지의 코드북[7]을 제공합니다. 이를 참고해서 파일의 내용이 정확하게 읽혔는지 확인할 수 있습니다. 예를 들어, 코드북에서는 age 항목이 24-25번째 문자 위치에 들어가고 값은 1부터 11까지의 숫자로 인코딩 되었다고 명시되어 있습니다. 앞에 출력한 내용의 처음 두 기록을 보면 age 항목의 값이 4와 11입니다. 코드북을 확인하면 4는 "6세~11세", 11은 "65세 이상"의 연령대임을 알 수 있습니다.

주로 사용되는(테이블 구조를 직접적으로 지원하는 형태 중) 다른 일반 텍스트 형식으로는 계층 형식과 불명확한 형식의 텍스트 형식이 있습니다. 이는 다른 장에서 더 자세히 살펴보겠지만, 여기서 텍스트 형식을 전반적으로 다루는 김에 이에 대해서도 간단히 살펴보고 넘어가도록 하겠습니다.

> **설명**
>
>
> .csv, .tsv, .txt 같이 파일명 확장자에서 널리 사용되는 명명 규칙은 파일의 내용의 형식을 지칭하는 것입니다. .csv로 끝나는 파일명을 보면 파일 내용이 쉼표로 구분되는 값일 것이고, .tsv로 끝나는 파일명을 가진 파일 안에는 탭으로 구분되는 값이 들어있을 것이라고 생각합니다. .txt 확장자는 대개 형식이 지정되지 않은 일반 텍스트가 들어있음을 나타냅니다. 하지만 확장자는 그저 권고사항일 뿐입니다. 파일 확장자가 .csv라고 해도, 실제 값이 이 형식을 제대로 지키지 않을 수도 있습니다! 따라서 데이터 프레임으로 읽어 들이기 전에 파일의 내용을 살펴보는 습관을 들이는 것이 좋습니다. 파일이 너무 크지 않다면 일반 텍스트 편집기에서 열어서 살펴보아도 됩니다. 혹은 .readline()이나 쉘 명령어를 사용해서 몇 줄을 확인하는 방법도 있습니다.

8.2.3. 계층 형식

계층 형식은 값을 중첩된 형태로 저장합니다. 예를 들어, 웹 서버의 통신에 일반적으로 사용되는 자바스크립트 객체 표기법(JavaScript Object Notation, JSON)은 파이썬의 딕셔너리 타입과 유사한 방식으로 중첩할 수 있는 키-값 쌍과 배열을 기록할 수 있습니다.

---

[7] https://github.com/Youngjin-com/learning_datascience/blob/master/content/datasets/DAWN-Data.txt

XML과 HTML은 인터넷에 문서를 저장하는 또 다른 일반적인 형식입니다. JSON과 마찬가지로 이러한 파일은 계층적 키-값 형식을 갖습니다. 이 두 포맷(JSON과 XML)에 대해서는 14장에서 보다 자세히 다룰 것입니다.

이어서, 지금까지 설명했던 특정 분류에 넣기 어렵지만 나름의 구조를 가지고 있어 정보를 읽고 가져올 수 있는 다른 일반 텍스트 파일에 대해 간단히 살펴보겠습니다.

8.2.4. 불명확한 형식의 텍스트

웹 로그, 기기 기록, 프로그램 로그는 보통 일반 텍스트 형식으로 데이터를 기록합니다. 예를 들어, 다음은 웹 로그 한 줄을 가져온 것입니다(여기서는 가독성을 위해 몇 줄에 걸쳐 나눴습니다). 이 로그에는 웹사이트에서 기록된 날짜, 시간, 요청 유형 등에 대한 정보가 들어있습니다.

```
169.237.46.168 - -
[26/Jan/2004:10:47:58 -0800]"GET /stat141/Winter04 HTTP/1.1" 301 328
"http://anson.ucdavis.edu/courses"
"Mozilla/4.0 (compatible; MSIE 6.0; Windows NT 5.0; .NET CLR 1.1.4322)"
```

이 기록은 정리된 형태지만, 단일 구분자로 나뉜 형태는 아닙니다. 이런 형식을 여기서는 "불명확한 형식"이라고 부릅니다. 이 로그에서 날짜와 시간은 대괄호 안에 들어있고, 뒤이어 요청 유형(여기서는 GET)이 따옴표 안에 기록되어 있습니다. 13장에서, 웹 로그 형태의 관측 기록을 사용하면서 문자열 조작 도구로 이 로그에서 필요한 값을 가져와서 데이터 테이블에 넣는 작업을 할 것입니다.

다른 예제로, 다음 내용은 무선 기기 로그에서 기록 한 개를 가져온 것입니다. 이 기기의 기록에는 타임스탬프, 식별자, 위치, 다른 기기에서 포착한 신호 강도 정보가 들어있습니다. 이 정보는 키-값 쌍, 세미콜론 구분자, 쉼표 구분자 값 같은 여러 형식을 조합해서 사용하고 있습니다.

```
t=1139644637174;id=00:02:2D:21:0F:33;pos=2.0,0.0,0.0;degree=45.5;
00:14:bf:b1:97:8a=-33,2437000000,3;00:14:bf:b1:97:8a=-38,2437000000,3;
```

웹 로그와 마찬가지로, 문자열 조작과 패턴 파악을 통해서 이 문자열을 조작해서 테이블 형태로 값을 넣을 수 있습니다.

우선 테이블을 저장하고 변형하는 데 널리 활용되는 일반 텍스트 데이터 형식을 소개했습니다. CSV 형식이 가장 일반적으로 사용되지만, 탭으로 구분하거나 고정폭 형식 역시 널리 사용되고 있습니다. 또한 이 외에도 데이터를 저장하는 수많은 파일 형식이 있습니다.

지금까지는 텍스트 편집기로 열 수 있는 형식을 광범위하게 포함하기 위해 일반 텍스트라는 용어를 사용했습니다. 그러나 일반 텍스트 파일은 인코딩이 다를 수 있으며, 인코딩을 올바르게 지정하지 않으면 데이터 프레임의 값에 이상한 문자나 잘못된 값이 나타날 수 있습니다. 다음으로 파일 인코딩 전반에 대해 설명하도록 하겠습니다.

8.3. 파일 인코딩

컴퓨터는 0과 1로 이루어진 비트를 나열하는 방식으로 데이터를 저장합니다. ASCII 같은 문자열 인코딩을 사용해서 컴퓨터가 비트와 텍스트 간의 변환 방식을 파악합니다(예: ASCII에서 비트 100 001은 문자 A를, 100 010은 B를 나타냄). 가장 기본적인 종류의 일반 텍스트는 영어 대문자와 소문자, 숫자, 구두점 기호, 공백을 포함하는 표준 ASCII 문자만 지원합니다.

ASCII 인코딩에는 특수 문자나 다른 언어의 문자가 많이 포함되어 있지 않습니다. 하지만 다른 최신 문자 인코딩을 사용하면 더 많은 문자를 표현할 수 있습니다. 문서와 웹 페이지에 일반적으로 사용되는 인코딩은 라틴-1(ISO 8859-1) 및 UTF-8입니다. UTF-8은 백만 개가 넘는 문자를 지원하며 ASCII와 역호환되므로 영어 문자, 숫자 및 구두점을 ASCII와 동일하게 사용합니다.

텍스트 파일을 사용할 때는 일반적으로 인코딩을 파악해야 합니다. 파일을 읽을 때 인코딩을 잘못 선택하면 파이썬은 잘못된 값을 읽거나 오류를 일으킬 수 있습니다. 인코딩을 찾는 가장 좋은 방법은 데이터의 설명서를 확인하는 것으로, 설명서에는 대개 인코딩이 명시적으로 나와 있습니다.

인코딩을 모를 때는 이 파일에서 어떤 인코딩을 사용하는지 추측해야 합니다. chardet 패키지에는 파일의 인코딩을 유추하는 detect()라는 함수가 있습니다. 이런 추측은 불완전하므로 이 함수는 0과 1 사이의 신뢰 수준도 같이 반환합니다. 이 함수를 사용하여 예제 파일을 살펴봅니다.

```python
import chardet

line = '{:<25} {:<10} {}'.format

# 각 파일별로 파일명, 인코딩, 인코딩 신뢰도를 출력합니다.
print(line('File Name', 'Encoding', 'Confidence'))

for filepath in Path('data').glob('*'):
    result = chardet.detect(filepath.read_bytes())
    print(line(str(filepath), result['encoding'], result['confidence']))
```

File Name	Encoding	Confidence
data/inspections.csv	ascii	1.0
data/co2_mm_mlo.txt	ascii	1.0
data/violations.csv	ascii	1.0
data/DAWN-Data.txt	ascii	1.0
data/legend.csv	ascii	1.0
data/businesses.csv	ISO-8859-1	0.73

함수의 인코딩 감지 정도는 꽤 믿을 만한 것으로 보이지만 모든 파일이 ASCII 형식으로 인코딩된 것은 아닙니다. businesses.csv 파일의 경우에는 ISO-8859-1 형식인 것으로 파악되었습니다. 이 인코딩을 무시하고 특정 인코딩 설정 없이 pandas로 이 businesses 파일을 읽었다면 문제가 발생합니다.

```python
# 인코딩 고려 없이 그냥 파일을 읽은 경우
>>> pd.read_csv('data/businesses.csv')
```

```
[...stack trace omitted...]
UnicodeDecodeError: 'utf-8' codec can't decode byte 0xd1 in
position 8: invalid continuation byte
```

파일을 무사히 읽으려면 ISO-8859-1 인코딩을 명시해 주어야 합니다.

```
bus = pd.read_csv('data/businesses.csv', encoding='ISO-8859-1')
```

	business_id	name	address	postal_code
0	19	NRGIZE LIFESTYLE CAFE	1200 VAN NESS AVE, 3RD FLOOR	94109
1	24	OMNI S.F. HOTEL - 2ND FLOOR PANTRY	500 CALIFORNIA ST, 2ND FLOOR	94104
2	31	NORMAN'S ICE CREAM AND FREEZES	2801 LEAVENWORTH ST	94133
3	45	CHARLIE'S DELI CAFE	3202 FOLSOM ST	94110

파일 인코딩을 판단하는 것은 다소 까다로운 작업입니다. 이 인코딩을 명시한 메타데이터가 없다면, 인코딩 값을 추정할 수밖에 없습니다. 인코딩이 100% 확실한 게 아니라면, 관련 문서를 찾아보는 것이 좋습니다.

원본 파일의 또 다른 중요한 특성으로는 크기가 있습니다. 파일이 너무 크다면 데이터 프레임으로 불러오기 어려울 수 있습니다. 그래서 다음에 이어서는 원본 파일의 크기를 파악하는 방법에 대해 살펴보도록 하겠습니다.

8.4. 파일 크기

컴퓨터는 유한 자원입니다. 컴퓨터에서 너무 많은 프로그램을 한 번에 실행해서 컴퓨터 속도가 느려진 적이 있다면 이런 제한을 직접 경험해 본 것입니다. 데이터 작업 시 컴퓨터의 한계를 넘어서지 않으려면 파일 크기에 따라 다르게 검사해야 합니다. 데이터셋이 상대적으로 작다면, 파일을 텍스트 편집기나 스프레드시트로 열면 간편하게 데이터를 확인할 수 있습니다. 반면에 대규모 데이터셋의 경우에는 프로그래밍적인 탐색이나 분산 컴퓨팅 도구가 필요할 수 있습니다.

많은 경우, 분석할 데이터셋을 인터넷에서 다운로드하게 됩니다. 이 파일은 컴퓨터의 디스크 저장 공간에 들어갑니다. 파이썬으로 데이터를 탐색하고 변경하려면, 랜덤 액세스 메모리(random access memory, RAM)라고 알려진 컴퓨터의 메모리로 데이터를 읽어 들여야 합니다. 모든 파이썬 코드는 코드 길이에 상관없이 RAM을 사용합니다. 컴퓨터의 RAM은 일반적으로 디스크 저장 공간보다 훨씬 작습니다. 예를 들어, 2018년에 출시된 한 컴퓨터 모델의 디스크 저장공간은 RAM의 32배였습니다. 안타깝지만 이는 데이터 파일이 메모리에 읽기에 적합한 크기보다 훨씬 큰 경우가 많다는 말입니다.

디스크 저장 공간과 RAM 용량은 모두 바이트(byte, 8개의 0과 1로 된 열) 단위로 나타냅니다. 대략적으로, 텍스트 파일의 각 문자의 크기는 파일 크기에 1바이트씩을 추가한다고 볼 수 있습니다.[8] 더 큰 파일의 경우 표 8-1과 같이 접두사를 붙여 크기를 간단히 나타냅니다. 예를 들어, 52,428,800 글자가 기록된 파일은 $5,242,8800/1,024^2$ = 50 메비바이트, 즉 50 MiB의 디스크 공간을 차지합니다.

〈표 8-1〉 일반 파일 크기에 사용하는 접두사

제곱수	기호	바이트 수
키비바이트(Kibibyte)	KiB	1,024
메비바이트(Mebibyte)	MiB	$1,024^2$
기비바이트(Gibibyte)	GiB	$1,024^3$
테비바이트(Tebibyte)	TiB	$1,024^4$
페비바이트(Pebibyte)	PiB	$1,024^5$

---

8 [역주] 이는 영어나 숫자 기준으로, 한글의 경우에는 대략 2바이트입니다.

> **설명**
>
>
> 왜 접두사의 기준은 간단히 1,000을 곱하는 것이 아닌 1,024의 제곱인 것일까? 이는 대부분의 컴퓨터에서 이진수를 기준으로 사용하다 보니, 2의 제곱 형태로 나타내는 것이 쉬웠기 때문입니다($1,024 = 2^{10}$). 또한 파일 크기를 나타내는 데에 킬로바이트(kilobyte), 메가바이트(megabyte), 기가바이트(gigabyte) 같이 일반적인 SI 접두어[9]를 붙여 사용하는 경우를 많이 보았을 것입니다. 하지만 이 접두어는 일관적으로 사용되지 않습니다. 어떤 경우 킬로바이트는 1,000 바이트를 뜻하기도 하고, 어떤 곳은 1,024 바이트를 나타내기도 합니다.[10] 이런 혼선을 피하기 위해서, 여기서는 정확히 1,024의 제곱을 나타내는 키비(kibi)-, 메비(mebi)-, 기비(gibi)바이트로 사용합니다.

컴퓨터에 저장된 데이터 파일을 특정 프로그램에서 처리하려고 할 때 컴퓨터의 메모리가 넘쳐나는 경우는 종종 일어나는 일입니다. 따라서 데이터를 처리할 때는 우선 데이터 파일이 처리 가능한 크기인지 확인합니다. 이때는 파이썬에 내장된 os 라이브러리를 사용합니다.

```python
from pathlib import Path
import os

kib = 1024
line = '{:<25} {}'.format

print(line('File', 'Size (KiB)'))
for filepath in Path('data').glob('*'):
    size = os.path.getsize(filepath)
    print(line(str(filepath), np.round(size / kib)))
```

---

9 [역주] 국제단위계(international system of unit, SI)에서 각 단위의 양의 크기를 쉽게 나타내기 위해 각 단위의 앞에 붙여 쓰는 접두어

10 [역주] 본래 SI 접두어는 미터법을 기준으로 하여 각각 10의 거듭제곱(10n 또는 10-n)의 크기의 뜻으로 정의되어 있으나, 컴퓨터의 경우 1,024 기준으로 사용되다보니 발생하는 혼선입니다.

```
                       File Size (KiB)
data/inspections.csv             455.0
data/co2_mm_mlo.txt               50.0
data/violations.csv             3639.0
data/DAWN-Data.txt            273531.0
data/legend.csv                    0.0
data/businesses.csv              645.0
```

business.csv 파일은 디스크 상에서 645KiB를 차지하고 있으며, 이는 대부분의 시스템 상의 메모리 용량으로 충분히 처리 가능합니다. violations.csv가 저장 공간의 3.6MiB를 차지하고 있지만, 이 정도도 역시 대부분의 컴퓨터에서 pandas 데이터 프레임으로 충분히 불러올 수 있는 크기입니다. 하지만 DAWN 조사 데이터가 들어있는 DAWN-Data.txt 파일은 훨씬 큽니다.

DAWN 파일은 대략 270MiB의 저장 공간을 사용하고 있으며, 이 파일을 메모리에서 처리하는 경우 일부 컴퓨터에서는 시스템을 느리게 만들 수 있습니다. 이 데이터를 파이썬에서 처리하고자 하는 경우, 전체를 한 번에 불러오는 것보다 일부 열만 불러오는 방식을 사용할 수 있습니다.

어떤 경우에는 개별 파일의 크기보다 폴더의 총크기가 필요할 수 있습니다. 예를 들어, 식당과 관련된 파일이 세 개가 있는데, 이 데이터 모두를 하나의 데이터 프레임으로 만들 수 있는지 알고 싶다면, 다음 코드와 같이 data 폴더의 안에 있는 파일을 포함한 전체 크기를 확인하는 것이 유용합니다.

```
mib = 1024**2

total = 0
for filepath in Path('data').glob('*'):
    total += os.path.getsize(filepath) / mib

print(f'The data/ folder contains {total:.2f} MiB')

The data/ folder contains 271.80 MiB
```

> **설명**
>
>
> 경험에 비추어 보면, pandas에서 파일을 읽는 경우에 보통 파일 크기의 최소 5배 이상의 가용 메모리가 필요합니다. 예를 들어, 1GiB 파일을 읽어 들이고 싶다면 일반적으로 가용 메모리가 최소 5GiB는 필요합니다. 메모리는 운영체제, 웹 브라우저, 주피터 노트북 등 컴퓨터에서 실행되고 있는 모든 프로그램에서 같이 사용하고 있습니다. 그래서 전체 4GiB의 RAM을 가진 컴퓨터에서도 여러 프로그램을 실행하고 있는 경우 사용 가능한 RAM은 1GiB이하로 줄어들 수 있습니다. 사용 가능한 RAM이 1GiB라면, pandas에서 1GiB 파일을 읽기는 어려울 것입니다.

메모리로 불러오기에 적합하지 않은 매우 큰 데이터를 다루어야 하는 경우에 사용하는 다양한 방법이 있습니다. 이에 대한 몇 가지 내용을 설명하려고 합니다.

'빅 데이터'라는 유행어는 일반적으로 최상위급 컴퓨터에서도 바로 메모리로 읽어 들일 수 없을 정도로 큰 데이터를 이야기할 때 사용됩니다. 천체망원경이 수집하는 우주의 사진의 경우 크기가 페타바이트(2^{50}) 단위의 크기로, 이런 데이터를 처리해야 하는 천문학 같은 과학 분야에서는 이런 '빅 데이터'의 상황이 충분히 가능합니다. 또한 이렇게까지 거대한 데이터는 아니라도, 대형 소셜 미디어 기업, 의료 서비스 기업 및 여러 기업 역시 대규모 데이터로 난항을 겪을 수 있습니다.

이 데이터셋에서 인사이트를 어떻게 가져올 수 있는지를 알아내는 것은 데이터 엔지니어링과 분산 컴퓨팅 분야를 자극하는 중요한 연구 과제입니다. 이 책에서는 이 분야를 다루지는 않을 것이지만, 이 분야에서 접근하는 기본 내용에 대해서 간단히 살펴보겠습니다.

- **데이터 나누기**

    한 가지 간단한 방법은 데이터의 일부만 사용하는 것입니다. 전체 데이터 파일을 모두 불러오는 대신 특정 부분만 불러온다거나(예: 하루 치의 데이터) 데이터셋에서 임의로 일부를 추출하는 것입니다. 이 방법은 매우 간단하기 때문에 이 책에서는 이런 접근 방식을 종종 취합니다. 다만 특이한 경우를 발견 할 수 있는 큰 데이터셋을 분석할 때 따라오는 많은 이점을 잃게 됩니다.

- **데이터베이스 사용하기**

    7장에서 논의했던 것처럼, 관계형 데이터베이스 관리 시스템(RDBMSs)은 대용량 데이터를 저장하기 위한 용도에 특화되어 있습니다. SQLite는 메모리 상에서 처리하기에는 크지만 컴퓨터 한 대의 디스크에서는 충분히 처리할 수 있을 정도로 크지 않은 데이터셋을 처리할 때 유용합니다. 한 대의 컴퓨터에서도 처리하기 힘들 정도로 데이터가 큰 경우, MySQL이나 PosgreSQL같이 더 확장 가능한 데이터베이스 시스템을 사용합니다. RDBMS에는 여러 이점이 있어서 일반적으로 기업이나 연구 환경에서 데이터를 저장할 때 주로 사용됩니다. 다만 한 가지 단점은 자체적으로 설정이 필요한 데이터에 대해 별도의 서버가 필요한 경우가 많다는 것입니다. 또 다른 단점은 SQL이 파이썬에 비해 연산 관련 기능이 다양하지 않으며, 이는 특히 모델링에 영향을 미칩니다. 이를 적절히 조율해서 쓰는 효율적인 접근 방식은 SQL을 사용하여 데이터를 파이썬으로 읽을 수 있을 만큼 작은 배치로 나누고, 집계하거나 표본을 추출하는 것입니다. 그런 다음 이 작게 만든 데이터에 파이썬을 사용하여 보다 정교한 분석을 수행할 수 있습니다.

- 분산 컴퓨팅 시스템 사용하기

    대용량 데이터에 복잡한 연산을 취할 때 쓸 수 있는 다른 방법으로는 맵리듀스(MapReduce)[11], 스파크(Spark)[12], 레이(Ray)[13] 같은 분산 컴퓨팅 시스템을 사용하는 것입니다. 이러한 시스템은 데이터셋을 여러 개로 작게 나누고 각각의 작아진 데이터셋에서 한 번에 프로그램을 실행하는 작업을 할 때 최고의 성능을 발휘합니다. 이러한 시스템은 유연성이 뛰어나며 다양한 상황에서 사용할 수 있습니다.

    이 시스템의 가장 큰 단점은 일반적으로 서로 업무를 조율해야 하는 여러 컴퓨터에 시스템을 각각 설치해야 하기 때문에, 전체를 완전히 설치하고 구성하는 데 많은 작업이 필요할 수 있다는 것입니다.

파이썬을 사용해서 파일 형식, 인코딩, 크기를 쉽게 판별할 수 있습니다. 이 외에도 파일 관련 작업을 할 때 쓸 수 있는 강력한 도구로는 쉘이 있습니다. 쉘은 널리 사용되는 도구로 파이썬보다 더 간단한 문법을 사용합니다. 다음에 이어서는 데이터 프레임에 데이터를 읽기 전에 파일 관련 정보를 파악하는 동일한 과정을 쉘에서 진행하는 데 필요한 몇 가지 명령어에 대해서 살펴보겠습니다.

---

11 [역주] 클러스터에서 병렬 분산 알고리즘으로 빅데이터 세트를 처리하고 생성하기 위한 프로그래밍 모델 및 관련 시스템. https://hadoop.apache.org/docs/r1.2.1/mapred_tutorial.html

12 [역주] 단일 머신 또는 클러스터에서 실행되는 데이터 엔지니어링, 데이터 과학 및 머신 러닝 엔진. https://spark.apache.org/

13 [역주] AI 및 파이썬 애플리케이션 확장을 위한 오픈 소스 통합 프레임워크 https://docs.ray.io/en/latest/

8.5. 쉘과 명령어

거의 모든 컴퓨터에서 sh, bash, zsh 같은 쉘 인터프리터를 사용할 수 있습니다. 이 인터프리터에서는 보통 자체 언어와 문법, 내장 명령어를 사용해 컴퓨터의 파일에 작업을 수행합니다.

쉘 인터프리터에서 사용 가능한 명령어를 명령줄 인터페이스(command-line interface, CLI) 도구라고 합니다. 여기서는 몇 개의 CLI만 다룰 것이지만, 실제로는 다양한 파일 작업을 할 수 있는 수많은 CLI가 있습니다. 예를 들어, bash 쉘에 다음 명령어를 실행하면 figures/ 폴더의 모든 파일과 각 파일의 크기 목록을 출력해 줍니다.

```
$ ls -l -h figures/
```

> **설명**
>
> 달러 표시는 쉘 프롬프트로, 사용자가 어디에 글씨를 쓰고 있는지를 보여줍니다. 달러 표시는 명령어에 포함되지 않습니다.

쉘 명령어의 기본 구조는 다음과 같습니다.

```
command -options arg1 arg2
```

CLI는 파이썬 함수의 인자와 마찬가지로 하나 이상의 인자를 갖습니다. 쉘에서는 인자를 따옴표나 쉼표가 아닌 공백으로 구분합니다. 인자는 명령어의 끝에 들어가며, 주로 파일명이나 텍스트가 들어갑니다. ls의 사례에서, ls의 인자는 figures/ 입니다. 또한, CLI는 추가 옵션을 넣을 수 있는데, 이를 플래그(flag)라고 합니다. 플래그는 구분자로 대시(-)를 사용하여 명령어 이름 바로 뒤에 명시합니다. ls 예시의 경우, -l(각 파일의 추가 정보 명시)과 -h(파일 크기를 사람이 읽기 쉬운 형태로 명시) 플래그를 달았습니다. 많은 명령어에는 기본 인자와 옵션이 있습니다. man 명령어를 통해 각 명령어의 사용 가능한 옵션들과 예제, 기본값을 확인할 수 있습니다. 예를 들어 man ls를 통해 ls에서 쓸 수 있는 30개가량의 플래그를 확인할 수 있습니다.

> **설명**
> 이 책에서 다루는 모든 CLI는 맥OS와 리눅스에서 주피터 노트북 설치 시에 기본으로 사용하는 인터프리터인 sh 쉘 인터프리터를 기준으로 합니다. 윈도우 시스템에서는 기본적으로 다른 인터프리터를 사용하고, 윈도우에서 리눅스 하위 시스템을 통해 sh 인터프리터에 접근할 수 있기는 하지만, 이 책에서 소개하는 명령어는 윈도우에서는 실행되지 않을 수 있습니다.

여기서 설명하는 명령어는 터미널 프로그램이나 주피터에서 여는 터미널을 통해 실행할 수 있습니다.

이 장에서 사용할 내용을 포함하는 파일을 ls를 사용해서 살펴보도록 하겠습니다.

```
$ ls

data                              wrangling_granularity.ipynb
figures                           wrangling_intro.ipynb
wrangling_command_line.ipynb      wrangling_structure.ipynb
wrangling_datasets.ipynb          wrangling_summary.ipynb
wrangling_formats.ipynb
```

data/ 디렉터리의 파일 관련 내용을 좀 더 자세히 나열하고 싶은 경우, ls에 디렉터리 명을 인자로 넣어줍니다.

```
$ ls -l -L -h data/

total 556664
-rw-r--r-- 1 nolan staff 267M Dec 10 14:03 DAWN-Data.txt
-rw-r--r-- 1 nolan staff 645K Dec 10 14:01 businesses.csv
-rw-r--r-- 1 nolan staff  50K Jan 22 13:09 co2_mm_mlo.txt
-rw-r--r-- 1 nolan staff 455K Dec 10 14:01 inspections.csv
-rw-r--r-- 1 nolan staff 120B Dec 10 14:01 legend.csv
-rw-r--r-- 1 nolan staff 3.6M Dec 10 14:01 violations.csv
```

-l 플래그를 추가해서 각 파일에 대해 더 많은 정보를 가져오도록 했습니다. 파일 크기는 결과 목록의 5번째 열에 있으며, -h를 사용해서 이 값을 보다 읽기 좋게 명시하도록 했습니다. -l, -h, -L 같은 옵션 플래그를 여러 개 사용할 때는 이를 다음과 같이 한 번에 표기할 수도 있습니다.

```
ls -lLh data/
```

> **설명**
>
>
> 이 책에서 데이터셋을 다룰 때, ls나 du 같은 CLI 명령어 옵션으로 -L을 종종 사용할 것입니다. 이는 이 책에서 다루는 데이터셋에 바로 가기(심링크(symlink)[14]라고 합니다)를 설정했기 때문입니다. 심링크를 사용하지 않는다면 보통은 -L 플래그를 사용할 필요는 없습니다.

파일 크기를 확인하기 위한 다른 CLI로 wc와 du가 있습니다. wc(word count(단어 수)의 약자) 명령어는 파일 내의 줄, 단어, 글자 수를 통해 파일 크기와 관련된 정보를 알려줍니다.

```
$ wc data/DAWN-Data.txt

229211 22695570 280095842 data/DAWN-Data.txt
```

이 결과, DAWN-Data.txt에는 229,211 줄에 280,095,842 개의 글자가 들어있다는 것을 알 수 있습니다(가운데 숫자는 파일에 있는 단어의 수로, 이 정보도 문장과 문단이 들어있는 파일의 경우 유용할 수 있지만, FWF 형식(고정 폭 형식)으로 값이 기록된 데이터 파일 같은 경우에는 그다지 유용하지 않을 수 있습니다).

ls는 폴더의 전체 크기를 구하지 않습니다. 폴더 안의 파일을 포함한 전체 크기를 구하고자 하는 경우에는 du(disk usage(디스크 사용량)의 약자)를 사용합니다. 기본적으로 du 명령어는 블록(blocks)[15]이라는 단위를 사용해서 크기를 구합니다.

---

14 [역주] 심링크(symlink) 또는 심볼릭 링크(symbolic link)는 리눅스의 파일의 한 종류로, 컴퓨터의 다른 파일이나 폴더를 가리키는 작은 파일입니다. 이는 윈도우 운영체제의 '바로가기'와 유사합니다.

15 [역주] 컴퓨터 저장 장치의 최소 데이터 할당 단위로, 운영체제가 디스크 및 그 외 저장 공간에서 데이터를 읽거나 기록하고, 탐색하는 기본 단위입니다.

```
$ du -L data/

556664 data/
```

du 명령어에 보통 -s 플래그를 추가해서 파일과 폴더의 크기를 모두 출력하고 -h 플래그를 사용해서 크기 단위를 표준적으로 사용하는 KiB, MiB, GiB 단위로 변경합니다. 다음 코드에서 data/* 의 별표(*)는 du 명령어가 data 폴더 안에 있는 모든 항목의 크기를 표시하도록 지시합니다.

```
$ du -Lsh data/*

267M data/DAWN-Data.txt
648K data/businesses.csv
 52K data/co2_mm_mlo.txt
456K data/inspections.csv
4.0K data/legend.csv
3.6M data/violations.csv
```

파일 형식을 확인할 때는 head 명령어를 써서 처음 몇 줄을 살펴보거나 tail 명령어로 파일 끝의 몇 줄을 살펴볼 수 있습니다. 이런 CLI는 파일 형식이 CSV인지, TSV인지 등을 확인하기 위해 파일 내용을 살펴봐야 할 때 매우 유용합니다. 한번 inspections.csv 파일을 일부 확인해 봅시다.

```
$ head -4 data/inspections.csv

"business_id","score","date","type"
19,"94","20160513","routine"
19,"94","20171211","routine"
24,"98","20171101","routine"
```

head는 기본으로 파일의 첫 10줄을 출력합니다. 만약 4개의 줄을 확인하고 싶다면 -n 4(혹은 줄여서 -4)라는 옵션을 명령어에 추가하면 됩니다.

cat 명령어를 사용하면 파일의 전체 내용을 화면에 출력할 수 있습니다. 하지만 이 명령어를 쓸 때는 주의해야 합니다. 큰 파일의 경우 잘못 출력하면 컴퓨터가 이상 동작을 할 수 있습니다. legend.csv 파일은 작으니, 이 파일을 cat을 사용해서 내용을 출력해 봅시다.

```
$ cat data/legend.csv

"Minimum_Score","Maximum_Score","Description"
0,70,"Poor"
71,85,"Needs Improvement"
86,90,"Adequate"
91,100,"Good"
```

파일이 클 경우, head나 tail 명령어 만으로도 이를 데이터 프레임으로 읽을 수 있는 파일 구조인지를 충분히 판단할 수 있습니다.

마지막으로, file 명령어로 파일의 인코딩을 확인해 보겠습니다.

```
$ file -I data/*

data/DAWN-Data.txt:     text/plain; charset=us-ascii
data/businesses.csv:    application/csv; charset=iso-8859-1
data/co2_mm_mlo.txt:    text/plain; charset=us-ascii
data/inspections.csv:   application/csv; charset=us-ascii
data/legend.csv:        application/csv; charset=us-ascii
data/violations.csv:    application/csv; charset=us-ascii
```

businesses.csv를 제외한 모든 파일이 ISO-8859-1 인코딩 방식인 ASCII 형식을 사용하고 있다는 것을(다시 한번) 확인할 수 있습니다.

> **설명**
>
>
> 일반적으로, 쉘 인터프리터를 시작할 때는 터미널 프로그램을 사용합니다. 하지만 주피터 노트북에는 더 편리한 방법이 있습니다. 파이썬 코드 셀에 ! 로 시작하는 코드를 한 줄 쓰면, 그 줄의 내용은 바로 시스템의 쉘 인터프리더에서 실행됩니다. 예를 들어, 파이썬 셀에서 !ls를 실행하면 현재 디렉터리의 파일 목록을 보여줍니다.

쉘 명령을 사용하면 '하나하나' 마우스로 클릭하지 않고 프로그래밍하는 것처럼 파일을 다룰 수 있습니다. 이는 다음의 경우에 유용합니다.

- 문서화

  작업 내용을 기록해야 하는 경우

- 오류 감소

  오타 및 다른 간단하지만 문제가 생길 수 있는 실수를 줄이고자 하는 경우

- 재현성

  나중에 동일한 과정을 반복해야 하거나 진행 과정을 타인에게 공유하고자 하는 경우. 이 방식은 수행 과정을 기록할 수 있습니다.

- 규모

  반복적인 작업이 많이 있거나, 처리해야 할 파일의 크기가 크거나, 일을 빨리 처리해야 하는 경우. CLI는 이 모든 경우에 도움이 됩니다.

데이터를 데이터 프레임으로 불러왔다면, 다음으로 해야 할 것은 테이블의 형태와 구분 방식을 파악하는 것입니다. 우선 테이블의 행과 열 수(테이블의 형태)를 파악하는 것부터 시작하겠습니다. 그 후 데이터의 품질을 파악하기에 앞서 각 행이 무엇을 의미하는지를 이해해야 합니다. 이런 내용에 대해서 이어서 살펴보도록 하겠습니다.

8.6. 테이블의 형태 및 구분 방식

앞서 살펴봤던 것처럼, 데이터셋의 구조는 데이터의 개념적 표현입니다. 특히 데이터를 행과 열로 배치하는 방식의 테이블 구조로 나타내는 경우 이런 특성이 두드러집니다. 이때 테이블의 각 행이 나타내는 것은 무엇인지를 나타낼 때는 구분 방식(granularity)이라는 용어를 사용하고, 테이블의 행과 열의 수량은 형태(shape)라는 단어로 나타냅니다.

앞서 식당 관련 파일의 형식을 살펴봤으니, 이를 데이터 프레임으로 불러온 뒤, 형태를 살펴보도록 하겠습니다.

```python
bus = pd.read_csv('data/businesses.csv', encoding='ISO-8859-1')
insp = pd.read_csv("data/inspections.csv")
viol = pd.read_csv("data/violations.csv")

print(" Businesses:", bus.shape, "\t Inspections:", insp.shape,
    "\t Violations:", viol.shape)
```

```
Businesses: (6406, 9) Inspections: (14222, 4) Violations: (39042, 3)
```

레스토랑 정보 테이블(비즈니스 테이블)에는 6,406개의 행과 9개의 열이 있는 것으로 나타났습니다. 그러면 이 테이블의 데이터의 구분 방식은 어떤지 알아보도록 하겠습니다. 우선 처음 두 행을 살펴봅니다.

	business_id	name	address	city	...	postal_code	latitude	longitude	phone_number
0	19	NRGIZE LIFESTYLE CAFE	1200 VAN NESS AVE, 3RD FLOOR	San Francisco	...	94109	37.79	-122.42	+14157763262
1	24	OMNI S.F. HOTEL - 2ND FLOOR PANTRY	500 CALIFORNIA ST, 2ND FLOOR	San Francisco	...	94104	37.79	-122.4	+14156779494

2 rows × 9 columns

이 두 행을 보면 각 기록은 특정 식당을 나타낸다는 것을 알 수 있습니다. 하지만 단 두 개의 기록만으로는 확실하게 알 수 없습니다. business_id라는 항목은 식당의 고유 식별자일 가능성이 있습니다. 이것이 맞는지를 확인하기 위해 데이터 프레임의 기록의 수와 business_id의 고윳값의 수가 동일한지를 비교해 보겠습니다.

```
print("Number of records:", len(bus))
print("Number of unique business ids:",
      len(bus['business_id'].unique()))
```

Number of records: 6406
Number of unique business ids: 6406

고유한 business_id의 수가 테이블의 행의 수와 동일하므로, 각 행이 각각의 식당을 나타낸다고 가정해도 될 것으로 보입니다. business_id가 데이터 프레임의 각 기록을 고유하게 가리키고 있으므로, 이 값을 테이블의 기본 키(primary key)로 사용할 것입니다. 기본 키를 사용해서 테이블을 조인할 수 있습니다(6장 참고). 경우에 따라 기본 키는 두 개(혹은 그 이상)의 특징을 결합하는 데도 사용됩니다. 다음은 다른 두 식당 파일에 대한 내용입니다. 검사 내역과 위반 사항 데이터 프레임을 살펴보고 각 테이블이 어떤 방식으로 구분되는지를 알아보겠습니다.

8.6.1. 식당 점검 내역과 위반 사항 데이터의 구분 방식

점검 내역 테이블은 비즈니스 테이블보다 행이 훨씬 많다는 것을 확인했습니다. 우선 처음 몇 개의 검사 내역을 살펴보겠습니다.

〈표 8-2〉 일부 점검 내역 데이터

	business_id	score	date	type
0	19	94	20160513	routine
1	19	94	20171211	routine
2	24	98	20171101	routine
3	24	98	20161005	routine

```
(insp
 .groupby(['business_id', 'date'])
 .size()
 .sort_values(ascending=False)
 .head(5)
)
```

```
business_id  date
64859        20150924  2
87440        20160801  2
77427        20170706  2
19           20160513  1
71416        20171213  1
dtype: int64
```

식당 ID와 점검 날짜를 조합하면 이 조합으로 두 개의 기록을 갖고 있는 세 개의 식당을 제외하면 이 테이블의 각 기록을 고유하게 식별할 수 있습니다. 식당 64859에 대한 행을 살펴봅시다.

```
insp.query('business_id == 64859 and date == 20150924')
```

	business_id	score	date	type
7742	64859	96	20150924	routine
7744	64859	91	20150924	routine

이 식당은 동일한 날에 두 개의 다른 검사 점수 기록이 있습니다! 어떻게 이런 일이 생길 수 있을까요? 이는 아마 이 식당이 하루에 검사를 두 번 받았거나, 기록 오류일 것입니다. 9장에서 데이터 품질 문제를 자세히 다루게 될 것입니다. 이렇게 이중 검시 기록이 된 날은 3개의 경우뿐이므로, 데이터 정제 전까지는 일단 이 문제는 무시해도 무방합니다. 이런 동일한 날의 중복 검사 기록을 테이블에서 삭제한다면 식당 ID와 검사 일자의 조합은 기본 키로 쓸 수 있습니다.

검사 내역 테이블에서 business_id 항목은 비즈니스 테이블의 기본 키를 참조한다는 것을 유의하기 바랍니다. 검사 내역 테이블의 각 기록은 비즈니스 테이블의 각 기록과 연결되어 있으므로, insp의 business_id는 외래 키(foreign key)가 됩니다. 이러한 구조 덕분에 이 두 테이블은 손쉽게 조인할 수 있다는 뜻입니다.

그럼 다음으로, 위반 사항이 들어있는 세 번째 테이블의 구분 방식을 살펴보도록 하겠습니다.

	business_id	date	description
0	19	20171211	Inadequate food safety knowledge or lack of ce...
1	19	20171211	Unapproved or unmaintained equipment or utensils
2	19	20160513	Unapproved or unmaintained equipment or utensi...
...	...	...	...
39039	94231	20171214	High risk vermin infestation [date violation...
39040	94231	20171214	Moderate risk food holding temperature [dat...
39041	94231	20171214	Wiping cloths not clean or properly stored or...

39042 rows × 3 columns

이 테이블의 처음 몇 개의 데이터를 보면, 각 위반 사항이 여러 개의 항목을 가지고 있음을 알 수 있습니다. 데이터의 구분 정도는 검사 중 발견된 위반 내역별로 구분되는 것으로 보입니다. 상세 내역을 읽어보면, 위반 사항이 고쳐진 경우, 상세 내역 안에 날짜가 대괄호에 안에 들어있는 것을 알 수 있습니다.

```
viol.loc[39039, 'description']
```

```
'High risk vermin infestation [ date violation corrected: 12/15/2017 ]'
```

지금까지, 서로 다른 구분 방식을 가진 세 개의 식품 안전 관련 테이블을 살펴보았습니다. 각각에 대해 기본 키와 외래 키를 정의했으므로, 이 테이블을 서로 조인할 수 있습니다. 만약 식품 안전성 검사에 대해 더 알아보고자 한다면, 비즈니스 ID와 검사 날짜를 사용해서 위반 내역 테이블과 검사 테이블을 조인하면 됩니다. 이렇게 하면 검사 기간에 발견된 위반 사항의 수와 검사 점수를 연결해 볼 수 있습니다.

각 식당의 가장 최근 검사 내역을 선택하여 식당별 하나의 검사 내역만 남도록 테이블을 줄일 수도 있습니다. 이렇게 하면 데이터를 식당 기준으로 구분할 수 있게 되고 이는 식당 기준 분석에 유용하게 쓰일 수 있을 것입니다. 9장에서는 이런 식으로 데이터 테이블의 형태를 바꾸고, 행을 변형하고 새 행을 만드는 내용을 다룹니다.

지금 다루는 내용에 대해서는 DAWN 조사 내역의 형태와 구분 방법에 대해서 살펴보는 것으로 마무리하겠습니다.

8.6.2. DAWN 조사 내역의 형태 및 구분 방법

이 장의 초반에서 언급했듯이, DAWN 파일은 고정폭 형식으로, 어떤 항목이 어디에 있는지를 확인하려면 코드북에 의존해야 합니다. 예를 들어, 그림 8-2의 코드북의 일부를 살펴보면, 나이는 열의 34번째에서 35번째 글자에 기록되어 있고, 이는 11개의 연령대로 나눠서 표기되어 있다고 나와 있습니다. 여기서 1은 5세 이하, 2는 6~11세,…, 11은 65세 이상을 의미합니다. 그리고 -8의 경우는 데이터가 누락된 경우입니다.

AGECAT	나이 – 범주화			
위치:	34-35 (폭: 2, 소숫점 이하 자리수: 0)			
변수 유형:	숫자형			
결측값 범위 (M) :	-8			
값	설명	단순 빈도	%	유효 %
1	5세 이하 : (1)	8744	3.8%	3.8%

〈그림 8-2〉 나이 관련 DAWN 코드북 일부

앞서, 이 파일은 200,000줄에 28억 이상의 문자가 들어있다는 것을 확인했으므로, 이 경우 평균적으로 한 줄에 약 1,200개의 문자가 들어갈 것입니다. 이래서 이 파일은 CSV 형식이 아닌 고정 폭 형식을 사용했을 것입니다. 여기에 각 항목 사이에 쉼표가 들어가면 파일이 얼마나 더 커질지 한번 생각해 보세요!

각 줄마다 어마어마한 양의 정보를 가지고 있지만, 일단 데이터 프레임에는 몇 개의 항목만 넣어보도록 합시다. 여기서는 pandas.read_fwf 메서드를 사용할 것입니다. 추출할 항목의 정확한 위치를 지정한 후, 각 항목의 이름과 헤더 및 인덱스에 사용할 정보를 입력합니다.

```
colspecs = [(0,6), (14,29), (33,35), (35, 37), (37, 39), (1213, 1214)]
varNames = ["id", "wt", "age", "sex", "race","type"]
dawn = pd.read_fwf('data/DAWN-Data.txt', colspecs=colspecs,
header=None, index_col=0, names=varNames)
```

id	wt	age	sex	race	type
1	0.94	4	1	2	8
2	5.99	11	1	3	4
3	4.72	11	2	2	4
4	4.08	2	1	3	4
5	5.18	6	1	3	8

테이블의 행의 수와 파일의 줄 수를 비교해 보겠습니다.

```
dawn.shape
```

```
(229211, 5)
```

다행히 데이터 프레임의 행의 수는 파일의 줄 수와 일치합니다. 조사 설계 방식으로 인해 데이터 프레임의 구분 방식은 다소 복잡합니다. 이 데이터는 복잡한 표본 추출 구조를 사용한 대규모의 과학 연구의 일부임을 기억합시다. 각 행은 응급실 방문을 나타내므로, 구분 정도는 응급실 방문 건에 대한 경우일 것입니다. 하지만, 표본 추출 구조를 반영하고 이 표본이 한 해 동안의 모든 약물 관련 응급실 방문 인구를 대표할 수 있도록 가중치가 제공됩니다. 요약 통계량을 계산하고, 히스토그램을 그리고, 모델을 적합화할 때는 이 가중치를 각 기록에 반영해야 합니다(wt 항목이 가중치 값입니다).

가중치는 이와 유사한 응급실 방문이 표본에 나타날 가능성을 반영합니다. "이와 유사한 방문"이란 방문자의 연령, 인종, 방문 위치 및 시간대와 같은 유사한 특징을 가진 방문을 의미합니다. wt의 값이 어떻게 다르게 만들어져 있는지 살펴보겠습니다.

```
dawn['wt'].value_counts()
```

```
wt
0.94    1719
84.26   1617
1.72    1435
        ...
1.51    1
3.31    1
3.33    1
Name: count, Length: 3500, dtype: int64
```

가중치는 무엇을 의미할까요?

좀 더 간단한 예제를 가져와 보겠습니다. 설문조사를 하는데 응답자의 45%는 18세 미만입니다. 하지만 미국 인구조사국에 의하면, 전체 인구의 22%만이 18세 미만이라고 합니다. 그러면 미국의 인구 분포를 반영하기 위해서는 18세 미만 응답자의 답변에 가중치(22/45)를 적용해서 더 작게 만들고 18세 이상 응답자의 답변에는 가중치(78/55)를 적용해서 더 크게 만들 수 있습니다. '페이스북을 이용하는가?'라는 질문에 응답한 답변에 이 가중치를 적용해 봅시다.

〈표 8-3〉 페이스북 이용 여부 설문

Facebook	<18	18+	Total
No	1	20	21
Yes	44	35	79
Total	45	55	100

표본에서는 응답자의 79%가 페이스북 사용자라고 답했으나, 표본이 다소 연령이 낮은 축으로 치우쳐 있습니다. 이 추정치에 가중치를 적용해서 연령대를 인구 분포와 비슷하게 수정할 수 있습니다. 그러면 페이스북 사용자 비율은 다음과 같이 변경됩니다.

$(22/45) \times 44 + (78/55) \times 35 = 71$

DAWN 조사의 경우도 대상이 좀 더 세분화되어 있을 뿐 유사한 개념을 사용합니다.

모집단을 대표하는 데이터를 얻으려면 설문조사 분석에 가중치를 포함시키는 것이 중요합니다. 예를 들어, 응급실 방문자 중 여성의 비율을 가중치를 적용했을 때와 적용하지 않았을 때의 계산을 비교해 보면 알 수 있습니다.

```
print(f'Unweighted percent female:
      {np.average(dawn["sex"] ==   2):.1%}')
print(f' Weighted percent female:',
      f'{np.average(dawn["sex"] == 2, weights=dawn["wt"]):.1%}')
```

```
Unweighted percent female: 48.0%
Weighted percent female: 52.3%
```

이 결과를 보면 4% 이상 차이가 납니다. 가중치를 적용한 경우가 약물 관련 응급실 방문자 전체 집단에서 여성의 비율을 보다 정확하게 추정하고 있습니다.

검사 데이터에서 보았듯이 간혹 구분 정도를 파악하기가 까다로운 경우도 있습니다. 그리고 DAWN 데이터처럼 표본에 가중치 적용을 고려해야 하는 경우도 있습니다. 이 사례를 통해 분석을 진행하기 전에 시간을 들여 데이터의 세부 내용을 검토하는 것이 중요하다는 것을 알 수 있습니다.

8.7. 정리

데이터 처리(data wrangling)는 데이터 분석에서 핵심적인 부분입니다. 이 부분을 빼고 넘어가면, 우리는 이후 분석에 주요한 영향을 미칠 수 있는 데이터 관련 문제를 그대로 안고 가게 될 위험이 있습니다. 이 장에서는 데이터 처리의 중요한 첫 번째 단계인, 일반 텍스트 파일로부터 데이터를 파이썬 데이터 프레임으로 읽어 들이고 구분 정도를 파악하는 과정에 대해서 다루었습니다. 여기서는 다양한 파일 형식과 인코딩의 차이를 살펴보았고, 이런 파일 형식에서 데이터를 읽어 들이는 코드를 작성했습니다. 원본 파일의 크기를 확인하고 더 큰 데이터셋을 다룰 때 사용 가능한 대안에 대해서도 이야기했습니다.

또한 파일 형식과 인코딩, 파일 크기를 확인하는 데 파이썬 대신 쓸 수 있는 CLI 명령어에 대해서도 살펴보았습니다. 이런 CLI는 문법이 간단하기 때문에 파일 시스템 위주의 작업에서는 더욱 편리하게 사용할 수 있습니다. 여기서는 CLI로 무엇을 할 수 있는지 살짝 건드려 보기만 했습니다. 실제로, 셸은 복잡한 데이터 처리 과정을 간편하게 할 수 있으므로 배워두면 유용합니다.

테이블의 형태와 구분 정도를 이해함으로써 데이터 테이블에서 행이 무엇을 나타내는지를 파악할 수 있습니다. 이를 통해 다음의 질문에 대답할 수 있습니다.

- 각 데이터가 무엇을 나타내고 있습니까?
  이를 명확하게 정리하면 데이터를 정확하게 분석하고 적절한 내용을 발견할 수 있을 것입니다.

- 테이블의 모든 데이터가 동일한 단계로 구분되어 있습니까?
  간혹 어떤 테이블에는 추가적인 집계 행 같이 구분 정도가 다른 값이 포함되어 있습니다. 이때는 적절한 수준으로 만들어진 행만 사용해야 합니다.

- 데이터가 집계된 경우, 집계는 어떻게 이루어졌을까요?
  집계에는 대개 합계와 평균이 사용됩니다. 평균 데이터의 경우, 일반적으로 측정치의 분포 정도가 줄어들고 관계성이 더 강하게 나타납니다.

- 데이터에 어떤 집계 방식을 적용할 수 있을까요?
  집계는 데이터 테이블을 다른 테이블과 결합할 때 유용할 수 있고, 반드시 필요한 경우도 있습니다.

테이블의 구분 방식을 이해하는 것은 데이터 정제의 첫 단계고, 이를 통해 데이터를 어떻게 분석할지에 대해서도 알 수 있습니다. 예를 들어, DAWN 조사 데이터의 구분 정도는 응급실 방문에 대한 것인데, 이 특성을 통해 미국 전체의 환자 분포와 특성을 비교해 보아야 한다는 것을 떠올릴 수 있습니다.

이 장에서 사용한 처리 기법을 통해 원본 파일을 데이터 프레임에 넣고 그 구조를 이해할 수 있었습니다. 이제 데이터 프레임을 확보했으므로, 다음으로 데이터의 품질을 측정하고 향상하고, 분석에 필요한 형태로 데이터를 준비해야 합니다. 이에 대해서는 다음 장에서 다루도록 하겠습니다.

9장
데이터 프레임 전처리

분석을 시작하기에 앞서 필요한 과정이 바로 데이터 준비 작업입니다. 준비 작업 분량은 매우 다양하지만, 기본적으로 원본 데이터로부터 분석이 가능한 형태로 만드는 데에 필요한 몇 가지 단계가 있습니다. 앞서 8장에서 일반 텍스트 원본 파일에서 데이터 프레임으로 데이터를 읽어 들이는 기본적인 단계에 대해서 설명했다면, 이번에는 데이터의 품질을 측정할 것입니다. 이를 위해서 개별 데이터 값과 전체 열의 유효성 체크를 수행합니다. 또한 데이터의 품질 확인에 이어 데이터를 분석에 활용하려면 변형하거나 형태를 재구성해야 하는지를 판단합니다. 품질 확인(및 수정)과 데이터 변형은 종종 반복적으로 일어납니다. 품질 검사를 통해 필요한 변환을 파악하게 되고, 변환된 열을 확인하여 데이터가 분석할 준비가 되었는지 확인하다 보면, 또다시 추가로 데이터 정제가 필요한 부분을 발견하게 되기도 합니다.

데이터 원본에 따라 품질에 대한 기대치도 달라집니다. 어떤 데이터셋은 분석 가능한 형태로 만들려면 여러 단계의 데이터 전처리 작업을 해야 하지만, 어떤 경우에는 데이터가 매우 깔끔하고 바로 모델링을 진행해도 되기도 합니다. 다음은 몇 가지 데이터 원본과 그에 따라 요구되는 데이터 전처리 사례입니다.

- 과학 실험이나 연구용 데이터의 경우 보통 잘 정리가 되어 있고, 문서화도 잘 되어 있고, 구조도 단순합니다. 이런 데이터는 널리 공유하는 용도로 정리되어 있어서 다른 사람들도 이를 쉽게 활용하고 발견 내용을 동일하게 확인할 수 있습니다. 이런 데이터는 보통 전처리 과정이 거의 필요 없이 바로 분석이 가능합니다.
- 정부 조사 데이터는 종종 데이터 수집 방식 및 형식이 기록된 매우 상세한 코드북과 메타 데이터를 같이 확인해야 하고, 이 데이터셋은 대개 바로 탐색하고 분석할 수 있습니다.

- 관리용 데이터는 잘 정제되어 있을 수 있지만, 출처에 대한 내부 지식이 없으면 전반적인 품질을 확인해야 할 수 있습니다. 또한 이러한 데이터는 애초에 수집한 목적과 다른 용도로 사용하는 경우가 많기 때문에, 활용할 때는 특성을 변환하거나 다른 데이터 테이블을 결합해야 할 수도 있습니다.
- 인터넷에서 스크래핑한 데이터 같이 비공식적으로 수집한 데이터는 대개 지저분하고 문서화가 거의 되어 있지 않은 편입니다. 텍스트, 트위터, 블로그, 위키피디아 수집 데이터 테이블 같은 경우, 분석에 사용할 수 있는 정보 형태로 변환하려면 보통 형식을 새로 맞추고 정제를 해야 합니다.

이 장에서는 데이터 전처리 과정을 품질 파악, 결측치 처리, 특성 변환, 데이터의 구조와 구분 정도를 수정해서 데이터를 재설계하는 단계로 나눕니다. 데이터의 품질을 측정하는 것에 있어서 중요한 단계는 데이터 범위를 고려하는 것입니다. 데이터 범위는 2장에서 살펴보았으므로, 자세한 내용이 필요한 경우 참고하면 좋습니다.

데이터를 정제하고 처리하면서 탐색적 데이터 분석, 특히 시각화를 활용합니다. 하지만 이 장에서는 데이터 전처리에 집중하고, 관련된 자세한 내용에 대해서는 10장과 11장에서 다룹니다.

여기서는 8장에서 사용했던 DAWN의 약물 남용으로 인한 응급실 방문 관련 정부 조사 데이터와 샌프란시스코의 식당 대상 식품 안전성 점검 데이터를 사용할 것입니다. 하지만 이에 앞서 각 전처리 단계의 개념을 명확히 설명하기 위해 먼저 간단하고 깔끔한 데이터셋을 사용해 살펴보겠습니다.

9.1. 예제: 마우나 로아 관측소에서의 CO_2 측정치 전처리

앞서 2장에서 미국 해양대기관리국(National Oceanic and Atmospheric Administration, NOAA)[16] 에서 마우나 로아 관측소의 대기에서 CO_2 농도를 모니터링하는 것에 대해 살펴보았습니다.[17] 이번에 이 예제를 활용해서 데이터 품질 확인, 결측치 처리, 특성 변환, 테이블 재설계 방법을 살펴볼 것입니다. 이 데이터는 datasets/co2_mm_mlo.txt 파일에 들어있습니다. 이 파일을 데이터 프레임에 넣기 전에 원본 파일의 형식과 인코딩, 크기를 파악해 보도록 합시다(8장 참조).

---

[16] https://www.noaa.gov

[17] https://oreil.ly/7HsQh

```python
from pathlib import Path
import os
import chardet

co2_file_path = Path('data') / 'co2_mm_mlo.txt'

[os.path.getsize(co2_file_path),
 chardet.detect(co2_file_path.read_bytes())['encoding']]
```

[51131, 'ascii']

이 파일은 ASCII 인코딩 형식의 일반 텍스트 파일로 크기는 약 50KiB입니다. 파일이 그다지 크지 않으므로, 데이터 프레임으로 읽어 들이는 데에 큰 문제는 없을 것입니다. 하지만 우선 파일 형식을 판단해야 합니다. 그럼 파일의 처음 몇 줄을 살펴보겠습니다.

```python
lines = co2_file_path.read_text().split('\n')
len(lines)
```

811

```python
lines[:6]
```

```
['# ----------------------------------------------------------------',
 '# USE OF NOAA ESRL DATA',
 '# ',
 '# These data are made freely available to the public and the',
 '# scientific community in the belief that their wide dissemination',
 '# will lead to greater understanding and new scientific insights.']
```

파일 앞머리에 데이터 원본 관련 정보가 들어있는 것을 확인할 수 있습니다.[18] 물론 분석에 들어가기에 앞서 이 내용을 읽어두어야겠지만, 가끔은 분석에 뛰어들고 싶은 충동을 이기지 못하고 무작정 데이터의 속성을 탐색하고 발견하기 시작할 때가 있습니다. 그래서 실제 데이터가 위치한 부분을 찾아보도록 하겠습니다.

```
lines[69:75]
```

```
['#',
 '# decimal average interpolated trend #days',
 '# date                      (season corr)',
 '1958   3  1958.208     315.71    315.71   314.62    -1',
 '1958   4  1958.292     317.45    317.45   315.29    -1',
 '1958   5  1958.375     317.50    317.50   314.71    -1']
```

실제 데이터는 파일의 73번째 줄부터 시작함을 알 수 있습니다. 또한 몇 가지 관련된 특성을 발견했습니다.

- 데이터 값은 탭으로 처리된 것 같은 공백으로 구분되어 있습니다.
- 데이터가 각 열에 맞게 위치하고 있습니다. 예를 들어, 월은 각 줄의 7번째에서 8번째 자리에 위치하고 있습니다.
- 열 이름은 두 줄을 차지하고 있습니다.

read_csv를 사용해서 데이터를 pandas DataFrame으로 읽어 들일 수 있습니다. 이때 구분자는 공백이고, 헤더는 따로 없으며(자체적으로 열 이름을 설정할 것입니다), 파일의 앞에서부터 72줄은 넘어가라는 내용을 인자로 명시해 줄 것입니다.

---

18 [역주] NOAA ESRL 데이터 사용 관련 : 이 데이터는 대중과 과학계에서 자유롭게 사용할 수 있습니다. 이 데이터가 널리 배포되어 사람들이 관련 내용을 더 많이 이해하고 새로운 과학적 통찰력을 얻는 데 도움이 될 것이라고 믿어 의심치 않습니다.

```
co2 = pd.read_csv('data/co2_mm_mlo.txt',
                  header=None, skiprows=72, sep='\s+',
                  names=['Yr', 'Mo', 'DecDate', 'Avg', 'Int', 'Trend', 'days'])
co2.head(3)
```

	Yr	Mo	DecDate	Avg	Int	Trend	days
0	1958	3	1958.21	315.71	315.71	314.62	-1
1	1958	4	1958.29	317.45	317.45	315.29	-1
2	1958	5	1958.38	317.5	317.5	314.71	-1

파일의 내용을 데이터 프레임에 무사히 올렸고, 데이터는 1958년부터 2019년까지의 월별 평균 CO_2 농도 기준으로 구분됨을 알 수 있습니다. 그리고 테이블은 738개의 행에 7개의 열로 이루어져 있습니다.

과학 연구에서는 매우 잘 정제된 데이터를 사용한다는 것을 알고 있으므로, 바로 분석으로 진입해서 월별 CO_2 평균이 어떻게 변하는지 그래프로 그려보겠습니다. DecDate 열에서 연도와 월을 숫자 형태로 나타내주고 있으므로, 편리하게 선 그래프를 그려볼 수 있습니다.

```
px.line(co2, x='DecDate', y='Avg', width=350, height=250,
        labels={'DecDate':'Date', 'Avg':'Average monthly CO₂'})
```

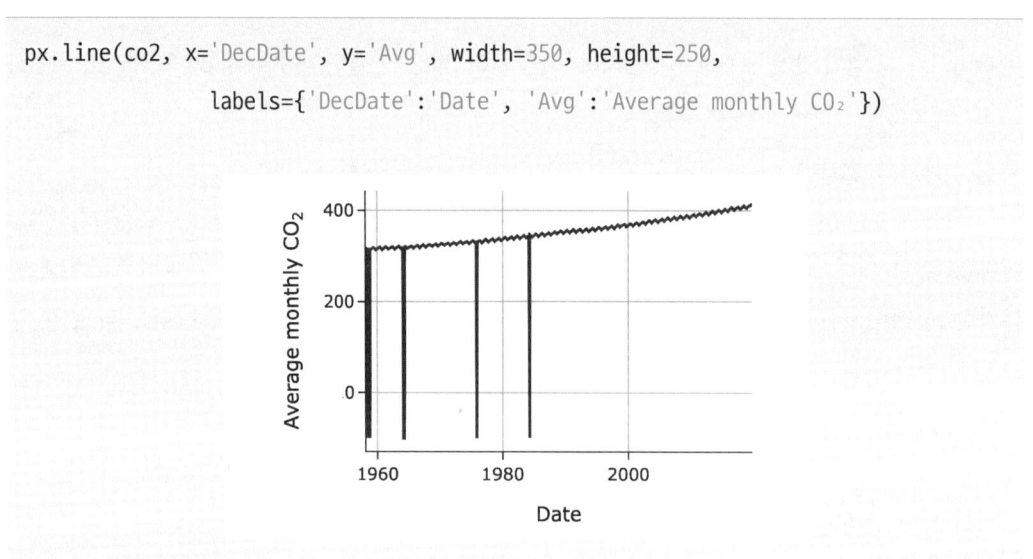

그런데 그래프를 그리는 과정에서 새로운 문제가 발견되었습니다. 그래프에서 네 곳이 아래로 떨어지는 이상한 부분이 있습니다. 무슨 일일까요? 데이터의 분위값을 확인해서 이상한 부분을 찾아보겠습니다.

```
co2.describe()[3:]
```

	Yr	Mo	DecDate	Avg	Int	Trend	days
min	1958	1	1958.21	-99.99	312.66	314.62	-1
25%	1973	4	1973.56	328.59	328.79	329.73	-1
50%	1988	6	1988.92	351.73	351.73	352.38	25
75%	2004	9	2004.27	377	377	377.18	28
max	2019	12	2019.62	414.66	414.66	411.84	31

값의 범위를 좀 더 자세히 살펴보면 일부 데이터에 −1 및 −99.99와 같은 비정상적인 값이 있음을 알 수 있습니다. 파일 상단의 정보를 자세히 읽어보면 −99.99는 월평균이 누락되었음을 의미하고 −1은 해당 월에 장비가 가동된 일수에 대한 값이 누락되었음을 나타낸다는 것을 알 수 있습니다. 비교적 깨끗한 데이터라도 분석 단계로 넘어가기 전에 설명서를 읽고 몇 가지 품질 확인을 하는 것이 좋습니다.

9.1.1. 품질 확인

잠깐 앞으로 돌아가서 몇 가지 품질 확인을 해보도록 하겠습니다. 관측치가 예상만큼 들어 있는지, 이상한 값은 없는지, 그리고 이상치를 다른 열과 비교해 보면서 교차 확인을 해보도록 하겠습니다.

우선 데이터의 형태를 살펴봅시다. 이 데이터의 행은 몇 개인가요? 데이터의 앞머리와 끝부분을 살펴보면, 데이터는 1958년 3월부터 2019년 8월까지 시간 순서대로 배열되어 있는 것 같습니다. 그러면 12×(2019−1957)−2−4=738개의 열이 있어야 합니다. 데이터의 형태를 확인하면서 이 값이 맞는지 살펴보도록 합니다.

```
co2.shape
```

```
(738, 7)
```

계산 결과와 데이터 테이블의 행의 수가 동일합니다.

그러면, 각 열의 품질을 알아보도록 합시다. 우선 Mo부터 살펴보겠습니다. 이 값의 범위는 1부터 12까지고, 각 월별로 2019 - 1957=62, 혹은 61개의 데이터가 있어야 합니다(기록이 첫 해의 경우는 3월부터 시작하고 마지막 해에는 8월에 끝나기 때문입니다).

```
co2["Mo"].value_counts().reindex(range(1,13)).tolist()
```

[61, 61, 62, 62, 62, 62, 62, 62, 61, 61, 61, 61]

예상대로, 1, 2, 9, 10, 11, 12월은 61회 나오고 나머지는 62회 나옵니다.

그럼 days라는 열을 히스토그램을 그려 살펴보도록 합시다.

```
px.histogram(co2, x='days', width=350, height=250,
             labels={'days':'Days operational in a month'})
```

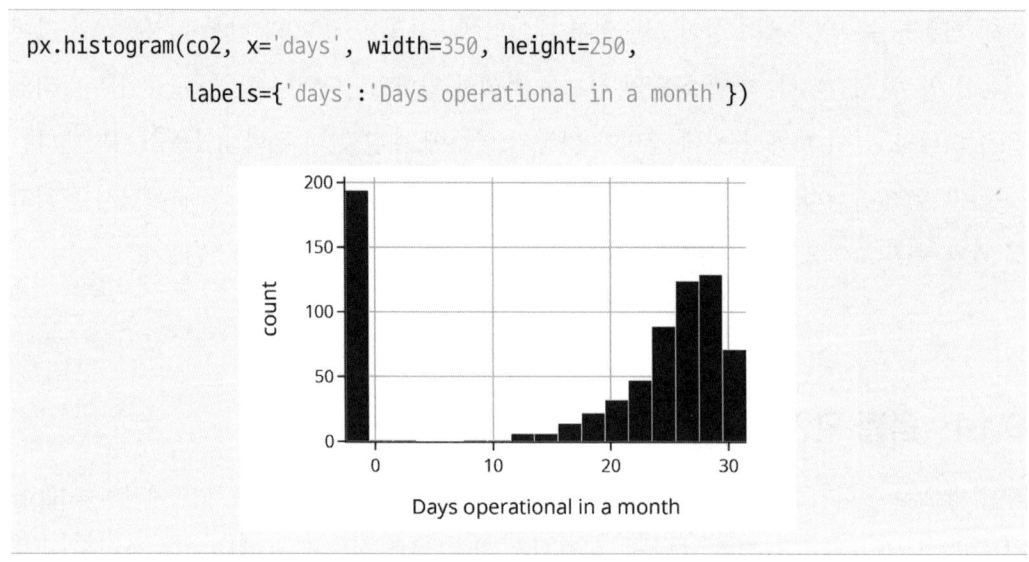

몇몇 달은 한 달의 절반도 채 되지 않는 날에 측정한 평균값을 기준으로 평균을 구한 것을 확인할 수 있습니다. 또한 200개에 가까운 누락된 값이 있습니다. 산점도를 사용해서 누락된 데이터를 기록 연도와 비교하여 교차 확인할 수 있습니다.

```
px.scatter(co2, x='Yr', y='days', width=350, height=250,
           labels={'Yr':'Year', 'days':'Days operational in month' })
```

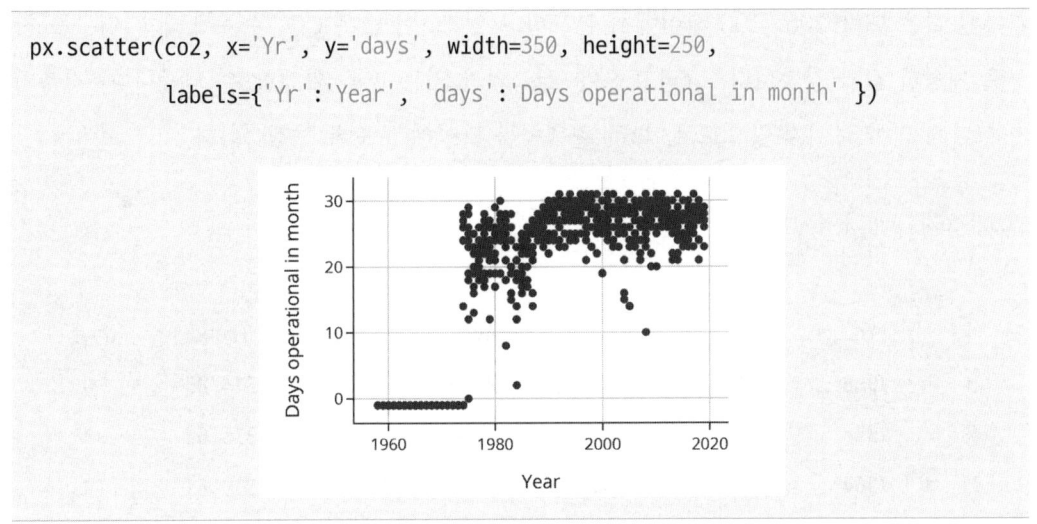

그래프 왼쪽 하단에 선처럼 나타난 것은 모든 결측치가 측정을 시작한 지 얼마 안 되는 해에 발생한 것을 알 수 있습니다. 측정 장비에서 측정 일자가 초기에는 수집되지 않았을 수도 있습니다. 이런 문제는 80년대 중후반까지 발생했을 수도 있겠습니다. 이렇게 추측했으면 그다음에는 무엇을 해야 하는지, 이런 추측이 맞는지 기존의 문서들을 확인해 봅니다. 측정 일자 결측치로 인해 CO_2 평균이 영향을 받았을 것 같다면, 초기 기록은 사용하지 않는 것이 간단한 해결책일 수 있습니다. 하지만 일단 이런 행동에 들어가기 전에 기록의 시간 추이를 살펴보고 초기에 CO_2 평균에 예상되는 문제가 있는지를 살펴보는 것이 좋겠습니다.

그럼 다시 평균 CO_2 측정치가 -99.99인 값으로 돌아가서 히스토그램을 살펴보도록 합시다.

```
px.histogram(co2, x='Avg', width=350, height=250,
             labels={'Avg':'Average monthly CO₂'})
```

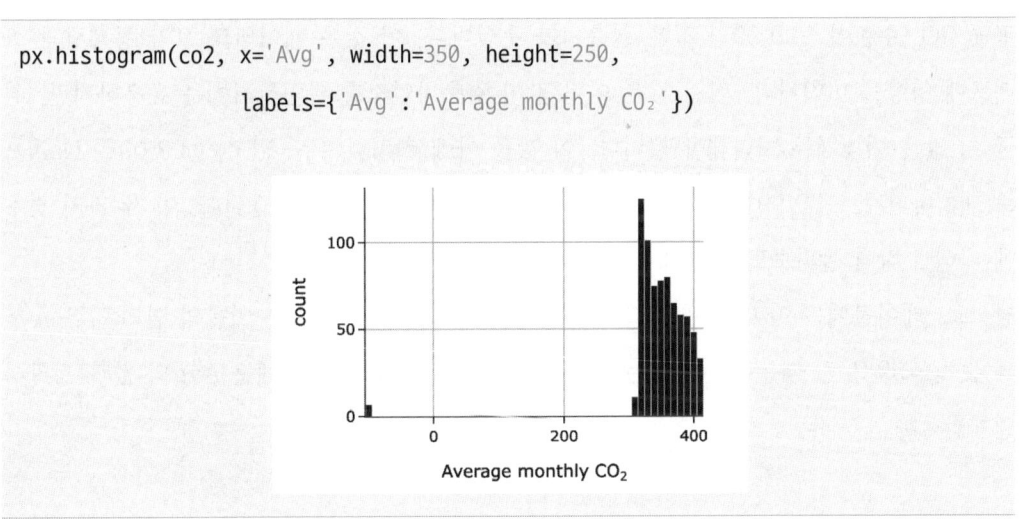

기록된 값은 대략 300-400 사이에서 분포하고 있고, 이 값은 CO_2 수준에 대한 연구를 참고로 예상한 값과 같습니다. 그리고 일부 결측치가 있는 것을 확인할 수 있습니다. 결측치가 그다지 많아 보이지 않으므로, 모든 결측치를 확인해 보도록 하겠습니다.

```
co2[co2["Avg"] < 0]
```

	Yr	Mo	DecDate	Avg	Int	Trend	days
3	1958	6	1958.46	-99.99	317.1	314.85	-1
7	1958	10	1958.79	-99.99	312.66	315.61	-1
71	1964	2	1964.12	-99.99	320.07	319.61	-1
72	1964	3	1964.21	-99.99	320.73	319.55	-1
73	1964	4	1964.29	-99.99	321.77	319.48	-1
213	1975	12	1975.96	-99.99	330.59	331.6	0
313	1984	4	1984.29	-99.99	346.84	344.27	2

그러면 -99.99 인 값을 어떻게 처리해야 하는지에 대한 문제에 직면하게 됩니다. 이 값을 놔두었을 때 문제가 생긴다는 것은 이미 앞의 선 그래프에서 확인했습니다. 이를 처리하기 위한 여러 가지 방법이 있고, 이에 대해서 다음 내용에서 설명하도록 하겠습니다.

9.1.2. 결측치 마주하기

평균 CO_2 수준이 -99.99인 값은 결측치를 뜻합니다. 이 값은 데이터의 요약 통계량과 그래프에 영향을 미칩니다. 이런 값은 어떤 값이 결측치인지를 확인하기에는 유용하지만, 결국 이 값은 어떻게든 처리해야 합니다. 이 값을 아예 빼버릴 수도 있고, -99.99를 NaN으로 대치하거나, -99.99를 적절한 평균 CO_2 값으로 변경할 수도 있습니다. 이 세 가지 경우에 대해서 각각 살펴보도록 합시다.

참고로, 테이블에는 이미 -99.99를 대체할 값이 있습니다. Int라는 이름의 열의 값은 Avg의 값이 -99.99일 때는 "일리 있는" 추정치 값이 들어있고, 그 외에는 Avg의 값과 정확히 일치합니다.

결측치를 대처하는 방법에 따라 미치는 영향을 살펴보기 위해, 짧은 기간의 데이터(두 개의 결측치가 있는 1958년의 측정치)를 좀 더 들여다봅시다. -99.99인 값을 제거한 경우(왼쪽 그래프), 결측치에 NaN을 적용한 그래프(중앙 그래프), -99.99 대신 추정치를 사용한 경우(오른쪽 그래프)의 세 가지 경우에 대한 시계열 그래프를 그려서 확인할 수 있습니다.

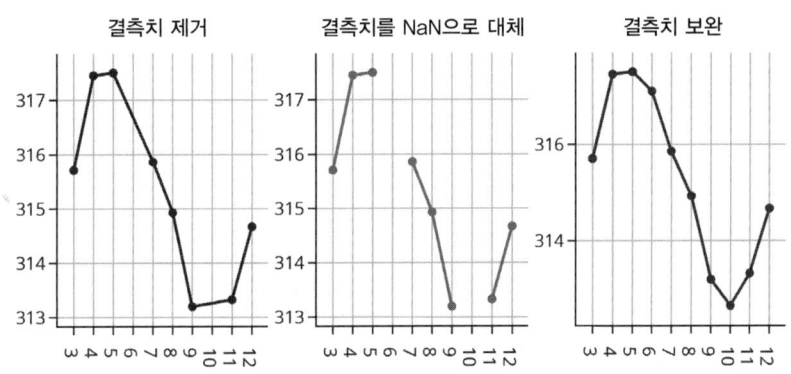

〈그림 9-1〉 결측치 처리법에 따른 그래프

자세히 살펴보면 세 그래프의 차이점을 확인할 수 있습니다. 가장 왼쪽 그래프는 일부 점이 한 달 간격이 아니라 두 달 간격으로 연결되어 있습니다. 중앙의 그래프는 결측치가 있는 부분은 그래프가 끊어져 있습니다. 우측 그래프의 경우 6월과 10월에도 값이 들어가 있습니다. 넓게 보면, 738개월의 데이터 중 7개의 값만 빠져 있을 뿐이므로, 어떤 방법을 사용해도 괜찮습니다. 하지만 오른쪽의 그래프가 시계열 추이를 더 명확하게 파악하기 좋습니다. CO_2 측정치의 결측치를 보완하는 방법으로는 월과 연도를 고려해서 적절한 평균값을 구하는 것입니다. 이 개념은 계절 변화와 장기적인 추세를 모두 반영합니다. 이 기법은 데이터 파일 상단의 설명에 자세히 나와있습니다.

이 그래프는 데이터의 구분 정도가 월별로 되어 있음을 보여주지만, 다른 구분 정도로 만드는 것도 가능합니다. 이에 대해서는 다음에 살펴보겠습니다.

9.1.3. 데이터 테이블 재설계하기

마우나 로아 관측소에서 CO_2 농도를 측정한 값은 일별과 시간별로도 확인할 수 있습니다. 시간별 데이터는 일별 데이터보다 더 잘게 구분되어 있고, 반대로, 일별 데이터는 시간별 데이터보다 더 굵게 구분되어 있습니다.

항상 가능한 한 가장 잘게 구분되어 있는 데이터를 사용하면 되지 않을까요? 계산 관점에서 살펴보면, 잘게 구분된 데이터는 양이 매우 많아질 수 있습니다. 마우나 로아 관측소는 1958년부터 CO_2 농도를 기록하기 시작했습니다. 만약 관측소에서 매 초마다 관측치를 남겼다면 데이터 테이블의 몇 행이 있을지 한번 생각해 보세요! 그리고 더 중요한 것은, 데이터의 구분 정도는 우리가 풀고자 하는 문제에 적합해야 한다는 것입니다. 지구 온난화 예측에 따라, 지난 50여 년간 CO_2 농도가 얼마나 높아졌는지를 알아보려 한다고 합시다. 사실 이를 파악하는 데는 계절성을 제거한 연간 평균만으로도 충분합니다. 월별 측정치를 집계하여, 구분 정도를 연간 평균으로 바꾸고, 이를 그래프로 그리면 전반적인 추이를 나타낼 수 있습니다. 이러한 집계는 pandas의 .groupby()와 .agg()를 사용하면 됩니다.

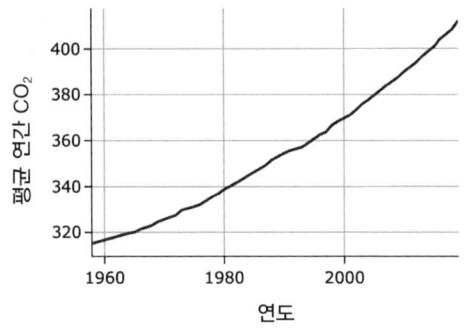

〈그림 9-2〉 시간에 따른 마우나 로아의 대기 중 CO_2 농도

이 그래프에서, 마우나 로아에서 1958년 기록을 시작한 이후 CO_2의 농도가 대략 100ppm가량 증가한 것을 확인할 수 있습니다.

정리하면, 공백으로 구분된 일반 텍스트 파일을 데이터 프레임으로 읽어 들인 후 데이터 품질을 확인합니다. 그 후 데이터의 범위와 내용에 따라 데이터의 형태가 수집 날짜의 범위와 일치하는지 확인합니다. 또한 해당 월의 값과 개수가 예상과 일치하는지도 확인합니다. 결측치의 범위를 확인하고 누락된 값과 다른 특성 사이의 연관성을 찾았습니다. 전체 테이블에 대해 결측치를 처리하는 세 가지 접근 방식, 즉 결측치 제거, NaN 값 사용, 값 대치 방식을 고려했습니다. 그리고 마지막으로 데이터 프레임의 구분 정도를 월평균에서 연평균으로 롤업하여 데이터 프레임의 구분 정도를 변경했습니다.

구분 정도를 변경하면 계절 변동성이 제거되어 대기의 CO_2 농도의 장기적 추이에 집중할 수 있습니다. 이 장의 다음 네 부분에서는 이 과정을 좀 더 확장하여 데이터를 분석에 적당한 형태로 처리하는 법에 대해서 살펴볼 것입니다. 이는 품질 확인, 결측치 처리, 데이터 변형, 형태 수정 과정으로, 우선 품질 확인부터 설명하도록 하겠습니다.

9.2. 품질 확인

데이터가 테이블에 들어와 있고 데이터의 범위와 구분 정도를 이해했다면, 품질 검사를 해야 합니다. 이미 원본 파일에서 오류를 처리하고 이 파일을 데이터 프레임으로 만들었을 것입니다. 여기서는 이 검사 과정을 이어서 진행하면서 데이터의 항목과 값의 품질에 대해 보다 포괄적인 검사를 수행합니다. 이때 다음의 네 가지 관점에서 데이터 품질을 살펴봐야 합니다.

- **범위**
  데이터가 모집단에 대해서 알고 있는 것에 잘 들어맞습니까?

- **측정치와 값**
  값이 적절합니까?

- **관계**
  관련 특성의 값들이 잘 들어맞습니까?

- **분석**
  어떤 특성이 이후 분석에 유용할 것 같습니까?

이 관점에 대해서 데이터 범위부터 하나씩 살펴보도록 하겠습니다.

9.2.1. 데이터 범위 관점에서의 품질

2장에서, 수집된 데이터가 문제를 적절히 해결할 수 있는지 여부를 검토했습니다. 이 과정에서 데이터 수집 시의 대상 집단, 접근 프레임, 표본을 정의했습니다. 이 개념을 통해 우리가 발견한 내용을 일반화하는 데 영향을 미칠 수 있는 한계점을 고려할 수 있었습니다.

이러한 광범위한 데이터 범위를 고려하는 것은 최종 결론을 도출할 때에도 중요하지만, 데이터 품질을 확인할 때도 유용합니다. 예를 들어, 8장에서 다루었던 샌프란시스코의 식당 점검 데이터에서, 부수적인 조사를 통해 이 도시의 우편번호가 941부터 시작한다는 것을 알게 되었습니다. 하지만 실제 데이터를 확인해 보면 일부 우편번호가 다른 숫자로 시작한다는 것을 발견할 수 있습니다.

```
bus['postal_code'].value_counts().tail(10)
```

```
92672      1
64110      1
94120      1
 ..
94621      1
941033148  1
941        1
Name: postal_code, Length: 10, dtype: int64
```

데이터 범위를 활용해서 이렇게 데이터를 검증하는 것은 잠재적인 문제를 발견하는 데 도움이 됩니다.

다른 사례로, Climate.gov와 NOAA[19]에서 대기 중 이산화탄소를 주제로 한 자료를 찾아보면 전 세계적으로 약 400ppm의 CO_2가 측정되고 있음을 알 수 있습니다. 따라서 마우나 로아에서 측정한 월평균 CO_2 농도가 300~450ppm 범위 내에 있는지를 확인할 수 있습니다. 다음으로, 코드북 등과 비교하여 데이터 값을 확인해 보겠습니다.

---

19 https://oreil.ly/UBPDY

9.2.2. 측정치와 기록 값의 품질

해당 특성에 어떤 값이 적절한지를 고려하는 식으로 측정치의 품질을 확인해 볼 수 있습니다. 예를 들어, 식당 점검에서 발견된 위반 사항의 수의 적정 범위에 대해서 생각해 봅시다. 보통은 0에서 5 사이일 것입니다. 상식의 범위를 기반으로 다른 특성에 대해서도 생각해 봅시다. 식당 점검 결과 점수는 0에서 100 사이일 것이고, 월은 1월에서 12월까지 있습니다. 문서를 통해 각 특성별 기댓값을 확인해 볼 수도 있습니다. 예를 들어, 8장에서 살펴보았던 DAWN 조사 데이터에서 응급실 방문 유형은 1, 2, …, 8의 형태로 구분되어 있습니다(그림 9-3 참고). 그러므로 방문 유형에 대한 모든 값은 1에서 8까지의 정수임을 확인할 수 있습니다.

CASETYPE	방문 유형			
위치:	1214-1214 (폭: 1, 소숫점 이하 자리수: 0)			
변수 유형:	숫자형			
값	설명	단순 빈도	%	유효 %
1	자살 기도 : (1)	9033	3.9 %	3.9%
2	해독 모색 : (2)	14841	6.5 %	6.5%
3	단순 음주 (연령(21) : (3)	7421	3.2 %	3.2%
4	이상 반응 : (4)	88096	38.4 %	38.4%
5	약물 과다 복용 : (5)	18146	7.9 %	7.9%
6	독극물 중독 : (6)	793	0.3 %	0.3%
7	우발적 약물 섭취 :(7)	3253	1.4 %	1.4%
8	기타 :(8)	87628	38.2 %	38.2%
총 229211가지 경우 중 229211가지 경우 유효함)				

〈그림 9-3〉 DAWN 조사 내역의 응급실 방문 유형(CASETYPE) 변수의 상세 내역의 스크린샷

또한 데이터 유형이 예상과 맞는지를 확인해야 합니다. 예를 들어, 보통 금액은 숫자형일 것이라고 생각하므로, 실제로 값이 정수형인지, 실수형인지 혹은 문자열로 되어 있는지 확인해 보아야 합니다. 측정 단위가 예상과 맞는지를 확인하는 것 역시 매우 중요한 확인 항목입니다(예를 들어, 무게가 킬로그램이 아닌 파운드로 기록되어 있을 수 있습니다). 이런 모든 상황을 고려해 보아야 합니다.

다른 확인 방식으로 두 개의 관련된 특성을 비교해 보는 것도 고려해 볼 수 있습니다.

9.2.3. 관련 특성과 교차 품질 확인

간혹, 두 특성의 값이 내부적으로 일관성을 띄고 있어서 이를 활용해서 교차 확인을 할 수 있는 경우가 있습니다. 예를 들어, DAWN 연구의 설명서에 따르면, 단순 음주의 경우 21세 이하의 환자가 응급실에 방문한 경우만 유효한 경우로 고려하고 있으므로, 방문 유형에 "alcohol(알코올, 음주)"로 기록된 데이터의 경우 방문자의 나이가 21세 미만인지를 확인할 수 있습니다. type과 age 항목의 교차표를 만들어서 데이터가 이 조건을 따르고 있는지 확인할 수 있습니다.

```
display_df(pd.crosstab(dawn['age'], dawn['type']), rows=12)
```

type age	1	2	3	4	5	6	7	8
-8	2	2	0	21	5	1	1	36
1	0	6	20	6231	313	4	2101	69
2	8	2	15	1774	119	4	119	61
3	914	121	2433	2595	1183	48	76	4563
4	817	796	4953	3111	1021	95	44	6188
5	983	1650	0	4404	1399	170	48	9614
6	1068	1965	0	5697	1697	140	62	11408
7	957	1748	0	5262	1527	100	60	10296
8	1847	3411	0	10221	2845	113	115	18366
9	1616	3770	0	12404	3407	75	150	18381
10	616	1207	0	12291	2412	31	169	7109
11	205	163	0	24085	2218	12	308	1537

교차표를 통해 모든 음주 관련 경우(type이 3) 나이가 21세 미만(1, 2, 3, 4로 기록됨)임을 알 수 있습니다. 데이터 값은 예상대로입니다.

마지막 품질 확인 유형은 특성 안에 포함된 정보량을 파악하는 것입니다.

9.2.4. 분석 목적의 품질

데이터가 이전의 품질 확인을 모두 통과했다고 하더라도, 해당 데이터가 유용한지는 또 다른 문제입니다. 예를 들어, 어떤 특성의 값이 일부 값을 제외하고 모두 동일하다면 해당 특성은 데이터에 내재된 패턴과 관계를 이해하는 데 거의 도움이 되지 않습니다. 혹은 결측치가 너무 많고, 특히 결측치에 명확한 패턴이 있다면, 이 데이터에서 발견할 수 있는 것에는 한계가 있을 수 있습니다. 뿐만 아니라, 어떤 특성에 이상하거나 오염된 값이 많다면, 실제로 적절한 범위에 있는 값마저도 정확하게 기록이 된 것이 맞는지 의심하게 됩니다.

다음 코드를 보면 샌프란시스코의 식당 점검 유형은 정기 점검(routine)과 불만 접수에 의한 점검(complaint)으로 구분된다는 것을 알 수 있습니다. 하지만 14,000건 이상의 점검 중 단 한 건만이 불만 접수에 의한 것입니다. 이 특성을 삭제해도 잃는 정보가 거의 없으며, 필요시 이상치로 보인다면 이 한 건만 삭제할 수도 있습니다.

```
pd.value_counts(insp['type'])
```

```
routine    14221
complaint      1
Name: type, dtype: int64
```

데이터에서 문제를 발견했다면, 이제 그것을 어떻게 처리할지 결정해야 합니다.

9.2.5. 데이터를 수정할 것인가, 그대로 둘 것인가

데이터의 문제점을 발견할 때, 기본적으로 할 수 있는 선택지는 네 가지가 있습니다. 그냥 그대로 놔두는 것, 값을 수정하는 것, 해당 특성을 제거하는 것, 해당 데이터를 삭제하는 것입니다.

- 그대로 놔두기

  일반적이지 않은 모든 데이터가 수정될 필요는 없습니다. 데이터의 특성을 통해 어떻게 분석해야 할지를 알게 될 수도 있고, 혹은 수정할 필요가 없는 데이터의 특성을 발견했을 수도 있습니다. 또는 문제가 비교적 경미하여 분석에 영향을 미치지 않을 가능성이 높으므로 데이터를 그대로 두어도 될 수도 있습니다. 혹은, 오염된 값을 NaN으로 대체할 수도 있습니다.

- 개별 값 수정

  어떤 문제가 있는지를 확인했고 값을 고칠 수 있다면, 해당 값을 변경하는 것을 선택할 수 있습니다. 이런 경우, CO_2 예제에서처럼 새로 고친 값을 새 특성으로 만들고 기존의 특성은 그대로 놔두는 것도 좋습니다.

- 열 제거

  해당 특성의 많은 값에 문제가 있다면, 해당 특성 전체를 제거하는 것도 고려해 볼 만합니다. 열을 제외하지 않고 남기는 대신, 데이터의 세부 수준을 줄이는 식으로 변형하는 것도 방법일 수 있습니다.

- 기록 제거

  보통 특별한 이유가 있지 않고서는 데이터셋에서 관측치를 대량으로 제거하기를 원하지 않습니다. 대신 몇 가지 기준에 따라 명확하게 정의된 데이터의 특정 하위 그룹으로 조사를 축소하고, 단순히 값이 오염되었다고 데이터를 삭제하지 않는 게 좋습니다. 비정상적인 값이 실제로 맞는 경우에도 다른 데이터와 너무 차이가 나서 분석에 지나치게 영향을 미치게 되는 경우, 분석 시에 해당 데이터를 제외하기로 결정할 수도 있습니다.

어떤 방식을 취하든, 이런 변화가 분석에 미칠 수 있는 영향에 대해서 알아보아야 할 것입니다. 예를 들어, 오염된 값이 있는 데이터끼리 서로 유사하고 나머지 데이터와 다른지 확인합니다.

품질 확인을 통해 데이터 분석 단계에 들어서기 전에 파악해야 할 데이터의 문제를 발견할 수 있습니다. 특히 중요한 확인 종류로는 결측치 파악이 있습니다. 손상된 데이터 값을 NaN으로 대체하여 결측치로 처리하는 경우가 있을 수 있습니다. 다른 경우에는 데이터가 누락된 채 발견될 수도 있습니다. 결측 데이터를 어떻게 처리할지는 데이터 분석에서 중요한 주제이며, 이 문제에 대한 많은 연구가 진행 중입니다. 이어서, 결측 데이터를 처리하는 방법을 살펴보겠습니다.

9.3. 결측치와 기록

3장에서 모집단과 접근 프레임이 일치하지 않아 연구하고자 하는 모든 사람을 파악할 수 없을 때 발생할 수 있는 문제를 살펴보았습니다. 또한 누군가가 연구에 참여하기를 거부할 때의 문제도 설명했습니다. 이러한 경우 전체 기록/행이 누락되며, 누락된 기록으로 인해 발생할 수 있는 편향의 종류에 대해 다루었습니다. 무응답자가 응답자와 유의미한 차이를 보이거나 무응답률이 무시할 수 없을 정도로 높은 경우 분석에 심각한 결함이 있을 수 있습니다. 3장의 선거 여론조사의 예에서는 무응답 문제를 해결하지 않고 표본 크기를 늘린다고 해서 무응답 편향이 줄어들지 않는다는 것을 보여주었습니다. 또한 3장에서는 무응답을 예방하는 방법에 대해서도 논의했습니다. 이러한 예방 조치에는 응답을 유도하기 위한 보상 제공, 설문조사를 짧게 만드는 것, 명확한 질문 작성, 면접관 교육, 광범위한 후속 절차에 대한 투자 등이 포함됩니다. 물론 안타깝게도 이러한 노력에도 불구하고 어느 정도의 무응답은 피할 수 없습니다.

기록이 완전히 누락된 것이 아니지만 기록의 일부 특성을 사용하기 어려운 경우, 특성 단위에서 무응답으로 처리할 수도 있습니다. 몇몇 데이터셋은 정보 누락을 표기하기 위해 특수 코드를 사용합니다. 마우나 로아 데이터의 경우 CO_2 측정치가 누락된 경우 −99.99를 사용했습니다. 이 테이블의 738개 행 중 이 값을 사용한 것은 단 7개뿐이었습니다. 이런 경우, 이 결측치는 분석에 거의 영향을 주지 않습니다.

결측치가 있는 기록이 무작위로 선택된 기록의 부분 집합인 경우, 이런 결측치를 완전 무작위 결측(missing completely at random)이라고 합니다. 이 경우, 결측값을 포함한 기록이 관측되지 않은 특성, 혹은 관측된 다른 특성의 값, 표본 설계 방식 등과 아무런 관련이 없습니다. 예를 들어, 누군가 사고로 마우나 로아 실험실 기기를 망가뜨려서 그날 CO_2 농도를 측정할 수 없었다면, 해당 날짜의 CO_2 수준과 측정 불가 사실 사이에 직접적인 관련이 없으므로 이 결측치는 완전 무작위 결측이라고 볼 수 있습니다.

한편, 특정 공변량 하에서의 무작위 결측(missing at random given covariates)이 발생하는 경우를 고려해 보아야 합니다(여기서 공변량은 데이터셋 내의 다른 특성을 말합니다). 예를 들어, DAWN 조사의 응급실 방문 유형은 인종과 성별에 한해서는 (방문 유형이나 다른 어떤 특성과 상관없이) 주어진 공변량에서 무작위로 누락된다고 볼 수 있습니다. 이런 제약조건에서, 관측 데이터는 무응답을 처리하기 위해 관측 데이터에 가중치를 부여할 수 있습니다.

몇몇 설문 조사에서, 결측치는 응답자가 답하기를 거부했는지, 잘 모르겠다고 답했는지, 답을 하지 않았는지 등의 넓은 범주로 구분하기도 합니다. 각 무응답 유형은 다른 값으로 기록합니다. 예를 들어, 코드북[20]에 따르면, DAWN 조사의 많은 질문의 경우 '해당 없음'은 -7, '답하지 않음'은 -8, 결측치는 -9로 표기합니다. 이런 식으로 코드를 사용하는 것은 무응답을 더 자세히 살펴볼 때 도움이 됩니다.

무응답이 발생한 경우, 결측치를 예측하는 모델을 만들 수도 있습니다. 이에 대해서는 뒤에서 살펴볼 것입니다. 하지만 결측치를 예측한 값이 처음부터 값이 기록되어 있는 것보다 절대 더 좋을 수는 없다는 것을 명심해야 합니다.

간혹, "깔끔한" 데이터를 만들기 위해 결측치에 그럴듯한 값을 채워 넣기도 합니다. 이 과정을 대치(imputation)라고 합니다. 값을 대치하는 일반적인 방법으로는 연역법(deductive), 평균(mean), 핫덱(hot-deck) 대치법이 있습니다.

연역적 대치법의 경우, 다른 특성과의 논리적 관계를 고려해서 값을 채워 넣습니다. 한 예로, 다음은 샌프란시스코 식당 점검 데이터의 비즈니스 데이터 프레임의 한 행입니다. 우편번호가 오류로 "Ca"라고 적혀있고 위도와 경도는 빠져 있습니다.

```
bus[bus['postal_code'] == "Ca"]
```

	business_id	name	address	city	...	postal_code	latitude	longitude	phone_number
5480	88139	TACOLICIOUS	2250 CHESTNUT ST	San Francisco	...	Ca	NaN	NaN	+14156496077

1 row × 9 columns

이 데이터의 경우 USPS 웹사이트에서 주소에 대한 정확한 우편번호를 찾을 수 있고, 구글 맵을 통해 해당 식당의 위도와 경도를 찾아서 결측치를 채울 수 있습니다.

평균 대치법은 데이터셋에서 데이터가 기록된 행의 평균값을 사용하는 방법입니다. 간단한 예로, 시험 점수 데이터셋에서 일부 학생의 점수가 누락되었다면, 평균 대치법을 사용해서 결측치에 누락되지 않은 점수의 평균값을 넣을 수 있습니다. 평균 대치법에서 중요하게 고

---

[20] https://oreil.ly/IwBYh

려해야 할 점은 대치법을 사용하는 경우 해당 특성에 평균과 동일한 값이 늘어남에 따라 변동성이 작아진다는 점입니다. 이를 적절하게 처리하지 않으면 신뢰구간이 원래보다 작아지는 등(이 주제에 대한 내용은 17장에서 다룰 것입니다) 이후 분석에도 영향을 미칠 수 있습니다. 마우나 로아의 CO_2 농도의 결측치의 경우 주변 계절의 값을 고려하는 방식의 좀 더 복잡한 평균 기법을 사용했습니다.

핫덱 대치법은 값이 있는 행에서 임의의 값을 가져오는 확률적 기법을 사용합니다. 간단히 설명하자면, 시험 점수 데이터셋에서 임의의 점수를 선택해서 결측치를 채우는 방식이 핫덱 대치법입니다. 핫덱 대치법을 사용하는 경우 임의성이 부여되기 때문에 특성 간의 관계의 강도가 약해질 수 있다는 문제가 있습니다.

평균 대치법과 핫덱 대치법의 경우, 다른 특성의 유사한 값을 가지는 데이터셋의 다른 기록을 기반으로 값을 채우게 됩니다. 좀 더 복잡한 대치법으로는 유사한 기록의 하위 집단을 찾아서 활용하는 최근접 이웃 방식(nearest-neighbor method)이나 결측치 예측을 위해 회귀 기법을 사용하는 방식 등이 있습니다.

이런 모든 대치법의 경우, 변경된 데이터를 포함하는 새 특성을 만들거나 기존의 특성의 응답이 대치되었는지의 여부를 나타내는 새 특성을 만드는 방식 등을 사용하여 변경 여부를 기록해 둘 수 있어야 합니다.

값이 누락된 기록을 유지 또는 삭제하거나, 값을 변경하거나, 특성을 제거하는 것에 대한 결정은 사소해 보이지만 매우 중요할 수 있습니다. 이상치 하나가 이후 결과에 심각한 영향을 미칠 수 있기 때문입니다. 어떤 결정을 내리든, 특성이나 기록을 삭제하거나 변경할 때 어떤 영향이 있는지 반드시 확인해야 합니다. 그리고 데이터에 대한 모든 수정 사항을 투명하고 철저하게 기록해 두어야 합니다. 잠재적인 오류를 줄이고 다른 사람들이 코드를 검토했을 때 기존에 수행한 작업을 정확히 파악할 수 있도록 이러한 변경을 프로그래밍 방식으로 저장해 두면 가장 좋을 것입니다.

데이터 변환에도 동일한 투명성과 재현 가능한 예방 조치를 적용할 수 있습니다. 이에 대해서는 다음 내용에서 살펴보겠습니다.

9.4. 데이터 변환과 타임스탬프

간혹 어떤 특성이 분석에 적합하게 잘 정돈되어 있지 않은 경우가 있습니다. 이런 경우 이 특성을 변환해야 합니다. 특성을 변환해야 하는 경우는 값이 분석에 적합하지 않게 코딩되어 있는 경우, 특성에 수식을 적용하고 싶을 때, 특성에서 정보만 가져와서 새로운 특성으로 만들고 싶을 때 등등 여러 가지가 있을 수 있습니다. 일단 여기서는 형 변환, 수학적 변형, 추출의 세 가지 기본 변형 방식을 설명하도록 하겠습니다.

- **형 변환**

  이 변형은 데이터를 하나의 형태에서 다른 형태로 변환하여 데이터를 보다 분석에 쓰기 적절하게 하고자 할 때 사용합니다. 문자열로 저장된 정보를 다른 형태로 변환하고자 할 수 있습니다. 가격이 문자열로 기록된 보고서에서 값을 숫자로("$2.17"이라고 기록된 문자열에서 숫자 2.17로 변환하는 것 같이) 변환해서 요약 통계량을 구할 수 있습니다. 혹은 "1955-10-12"라고 시간을 문자열로 저장한 값을 pandas Timestamp 객체로 변환하고자 할 수도 있습니다. 다른 예로 DAWN의 11개로 구분된 연령대를 5개로 묶고자 할 때도 이런 변환이 필요합니다.

- **수학적 변형**

  한 가지 수학적 변형으로는 파운드에서 킬로그램으로 바꾸는 것처럼 측정 단위를 변경하는 것입니다. 단위를 변경해서 이 데이터의 통계량을 다른 데이터셋의 통계량과 직접 비교할 수 있습니다. 특성을 변형하는 다른 이유로는 분포를 보다 대칭적으로 만들고자 할 때입니다(이에 대해서는 10장에서 보다 자세히 다룰 것입니다). 분포의 비대칭을 다룰 때 가장 많이 사용하는 변형 방식은 로그를 취하는 것입니다. 마지막으로, 수학 연산을 사용해서 새로운 특성을 만들 수도 있습니다. 예를 들어, 키와 몸무게를 사용해서 몸무게/(키)^{2}를 계산해서 체질량 인덱스를 만들 수 있습니다.

- **추출**

  간혹 특성에서 값을 추출해서, 다른 특성의 정보 일부를 포함하는 새로운 특성을 만들어야 하는 경우가 있습니다. 예를 들어, 점검 시 위반 사항은 위반 상세 내용을 기록한 문자열로 이루어져 있는데, 이 위반 사항이 해충(vermin)과 관련된 내용인지의 여부만 분석에 필요하다고 합시다. 그러면 이 분석에 사용할 위반 사항 문자열에 vermin이라는 단어가 포함되어 있으면 True고, 아닌 경우 False인 새로운 특성을 만들 수 있습니다. 이런 논리값(혹은 0-1인 값)으로 정보를 변환하는 것은 데이터 과학에서 정말로 유용합니다. 이 장의 뒤에 나오는 예제에서 이런 이항 특성의 구체적인 사례를 확인할 수 있습니다.

유용한 변환에 대한 다른 사례는 10장에서 다루게 될 것입니다. 여기서는 날짜와 타임스탬프 변환 작업에 대해서 설명할 것입니다. 날짜와 시간은 수많은 종류의 데이터에 등장하므로, 이런 데이터 유형을 처리하는 법은 충분히 익혀둘 가치가 있습니다.

9.4.1. 타임스탬프 변환

타임스탬프는 특정 일자와 시간을 기록한 데이터 값입니다. 예를 들어 타임스탬프는 Jan 1 2020 2pm이나 2021-01-31 14:00:00, 혹은 2017 Mar 03 05:12:41.211 PDT 같이 기록됩니다. 타임스탬프는 수많은 방식으로 기록됩니다! 이런 류의 정보는 분석에 매우 중요합니다. 이런 데이터를 사용해서 "웹사이트 트래픽이 가장 많았던 시간대는 언제야?" 같은 질문에 답할 수 있습니다. 타임스탬프를 사용해서 작업하다 보면, 더 쉬운 분석을 위해 종종 이 값을 다듬어야 합니다.

다음 예를 살펴봅시다. 샌프란시스코 식당 점검 데이터 프레임에는 식당 점검이 언제 있었는지를 나타내는 날짜가 들어있습니다.

```
insp.head(4)
```

	business_id	score	date	type
0	19	94	20160513	routine
1	19	94	20171211	routine
2	24	98	20171101	routine
3	24	98	20161005	routine

하지만 pandas에서는 기본적으로 data 열을 정수로 읽습니다.

```
insp['date'].dtype
```

```
dtype('int64')
```

이렇게 저장하면 몇 가지 유용한 질문에 대답하기 어려워집니다. 예를 들어 점검이 주중에 더 많은지 주말에 더 많은지 파악해야 한다고 합시다. 이 질문에 답하려면 date 열을

pandas Timestamp로 변환한 후 요일 값을 구해야 합니다.

데이터 값이 YYYY, MM, DD가 각각 4자리의 연도, 2자리의 월, 2자리의 일자 형태로 합쳐서 들어있는 YYYYMMDD 형태인 것으로 보입니다. 날짜 문자열을 날짜 형식에 맞춰 pd.to_datetime() 메서드를 사용해서 날짜 문자열을 객체로 치환합니다. 이때 날짜 문자열을 날짜로 변환하는 형식[21]을 같이 전달합니다.

```
date_format = '%Y%m%d'

insp_dates = pd.to_datetime(insp['date'], format=date_format)
insp_dates[:3]
```

```
0   2016-05-13
1   2017-12-11
2   2017-11-01
Name: date, dtype: datetime64[ns]
```

이제 insp_dates는 datetime64[ns][22]의 dtype이 된 것을 확인할 수 있습니다. 이는 값이 pd.Timestamp 객체로 성공적으로 변환되었다는 뜻입니다.

pandas에는 .dt 접근자를 사용하여 타임스탬프를 보관하는 Series 객체에 대한 특수 메서드와 속성이 있습니다. 예를 들어, 다음과 같이 각 타임스탬프에서 연도를 쉽게 가져올 수 있습니다.

```
insp_dates.dt.year[:3]
```

```
0   2016
1   2017
2   2017
Name: date, dtype: int32
```

---

21 https://oreil.ly/TFWcU

22 각각은 각 값에 64비트 메모리를 사용하며 각각은 나노초 단위로 정확함을 의미합니다.

232 · 파이썬으로 배우는 데이터 과학

.dt 접근자에 대해 상세한 내용은 pandas 문서[23]에 잘 나와 있습니다. 문서를 보면, .dt.day_of_week 속성을 통해 각 타임스탬프의 요일을 확인할 수 있다고 나와 있습니다(월요일 = 0, 화요일 = 1, …, 일요일 = 6). 그럼 데이터 프레임에 타임스탬프를 정제한 값과 요일을 넣을 수 있게 새로운 열을 추가해 봅시다.

```
insp = insp.assign(timestamp=insp_dates,
                   dow=insp_dates.dt.dayofweek)
insp.head(3)
```

	business_id	score	date	type	timestamp	dow
0	19	94	20160513	routine	2016-05-13	4
1	19	94	20171211	routine	2017-12-11	0
2	24	98	20171101	routine	2017-11-01	2

이제 이 데이터를 요일별로 묶어서 식당 점검 감독관이 특정 요일을 선호하는지의 여부를 살펴볼 수 있습니다.

```
insp['dow'].value_counts().reset_index()
```

	dow	count
0	2	3281
1	1	3264
2	3	2497
3	0	2464
4	4	2101
5	6	174
6	5	141

---

[23] https://oreil.ly/_ceNL

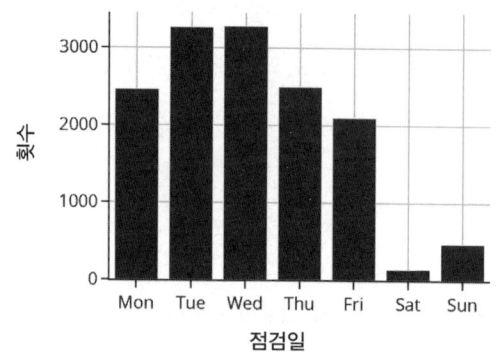

〈그림 9-4〉 요일별 점검 횟수 그래프

예상한 대로, 주말에는 거의 점검을 하지 않습니다. 또한 점검이 가장 빈번하게 일어나는 요일은 화요일과 수요일인 것도 확인할 수 있었습니다.

식당 점검 데이터 테이블을 다양하게 처리해 보았습니다. 이렇게 변경한 내역을 추적하는 방법으로는 각각의 작업을 연결해 두는 것입니다. 다음 내용에서 이런 연결 과정에 대해서 살펴보겠습니다.

9.4.2. 변환 작업 연결

데이터 분석에서는 보통 데이터를 여러 번 변환합니다. 그리고 주피터 노트북에서 이를 실행하는 경우 각각의 셀을 원하는 순서대로 실행할 수 있다 보니, 데이터 프레임을 반복해서 변형하다 보면 일부만 실행해도 오류를 만날 수 있습니다. 이때 추천하는 방법은, 알아보기 쉬운 이름을 가진 함수를 만들어 거기에 변환 코드를 넣고 DataFrame.pipe() 메서드를 사용하여 변환을 사슬고리처럼 연결하는 방식입니다.

다음 예시에서는 앞서 수행한 타임스탬프 처리 코드를 함수 형태로 만들고, 타임스탬프를 데이터 프레임의 새로운 새 열에 추가하고, 타임스탬프의 연도를 두 번째 새 열에 추가하는 과정을 보여줍니다.

```
date_format = '%Y%m%d'

def parse_dates_and_years(df, column='date'):
    dates = pd.to_datetime(df[column], format=date_format)
    years = dates.dt.year
    return df.assign(timestamp=dates, year=years)
```

insp 데이터 프레임에 .pipe()를 사용해서 이 함수를 연결할 수 있습니다.

```
insp = (pd.read_csv("data/inspections.csv")
        .pipe(parse_dates_and_years))
```

여러 .pipe()를 연결해서 사용할 수도 있습니다. 예를 들어, 다음과 같이 타임스탬프에서 요일을 가져올 수 있습니다.

```
def extract_day_of_week(df, col='timestamp'):
    return df.assign(dow=df[col].dt.day_of_week)

insp = (pd.read_csv("data/inspections.csv")
        .pipe(parse_dates_and_years)
        .pipe(extract_day_of_week))
```

insp

	business_id	score	date	type	timestamp	year	dow
0	19	94	20160513	routine	2016-05-13	2016	4
1	19	94	20171211	routine	2017-12-11	2017	0
2	24	98	20171101	routine	2017-11-01	2017	2
...	...	...	...	...	...	...	...
14219	94142	100	20171220	routine	2017-12-20	2017	2
14220	94189	96	20171130	routine	2017-11-30	2017	3
14221	94231	85	20171214	routine	2017-12-14	2017	3

14222 rows × 7 columns

pipe()를 사용하는 데에는 여러 가지 중요한 이점이 있습니다. 단일 데이터 프레임을 여러 번 변형하는 경우, 적용한 함수 이름을 간단히 확인할 수 있으면 어떤 변환을 취했는지 쉽게 파악할 수 있습니다. 또한 다른 데이터 프레임에도 동일한 변환 함수를 사용할 수 있습니다. 예를 들어, 식당의 식품 안전성 위반사항에 대한 viol 데이터 프레임에도 date 열이 있다면, 여기에도 추가로 코드를 작성할 필요 없이 타임스탬프 처리 함수를 그대로 사용할 수 있다는 것입니다. 이렇게 pipe()와 재사용 가능한 함수들을 함께 활용하면, 데이터 전처리가 훨씬 효율적이고 깔끔해집니다. 정말 편리하죠!

```
viol = (pd.read_csv("data/violations.csv")
        .pipe(parse_dates_and_years))
viol.head(2)
```

	business_id	date	description	Timestamp	year
0	19	20171211	Inadequate food safety knowledge or lack of ce...	2017-12-11	2017
1	19	20171211	Unapproved or unmaintained equipment or utensils	2017-12-11	2017

다른 종류의 변환으로는 불필요한 열을 삭제하거나, 행의 부분 집합을 가져오거나, 행을 덜 세분화된 단위로 롤업하여 데이터 프레임의 모양을 변경하는 것이 있습니다. 다음으로 이러한 구조적 변화에 대해 설명하겠습니다.

9.5. 구조 변경

데이터 프레임의 구조가 불편하게 되어 있다면, 원하는 분석을 수행하기 어려울 수 있습니다. 그래서 데이터 분석을 더 쉽고 자연스럽게 할 수 있도록 데이터 프레임의 구조를 재구성하는 것도 전처리 과정에서 흔히 볼 수 있습니다. 이러한 변경 과정으로는 단순한 작업부터 테이블의 구분 정도를 변경하는 것 등이 있습니다. 여기서는 6장에서 살펴본 기법을 사용해서 구조를 변경하는 방법을 살펴보겠습니다.

- 구조 단순화

    데이터 프레임에 분석에서 사용하지 않을 특성을 가지고 있는 경우, 이런 관련 없는 열을 제거해서 데이터 프레임을 보다 손쉽게 처리할 수 있도록 합니다. 혹은 특정 시기나 지역에 집중하고자 하는 경우, 관련된 일부 열만 가져올 수도 있습니다(부분집합 처리는 6장에서 다루었습니다).

- 구분 정도 조정

    이 장의 앞부분에서, CO_2 측정치를 월간 평균에서 연간 평균으로 조정해서 연간 추이를 더 보기 편한 형태로 시각화했습니다. 뒤에서는 위반 단위 데이터를 점검 단위로 집계해서 식당 점검 결과 점수와 결합해서 볼 수 있도록 할 것입니다. 이 두 예제 모두, 더 세부적으로 구분되어 있던 데이터를 묶은 후 집계한 값을 사용하는 방식으로 데이터 프레임의 구분 정도를 조절합니다. 일반적으로 사용되는 다른 집계 방식으로는 데이터를 묶은 후 해당 그룹 내의 데이터 개수, 합, 최솟값, 최댓값, 처음과 끝 값을 사용하는 것입니다. pandas 데이터 프레임에서 구분 정도를 조정하는 것에 대한 자세한 내용은 6장에 나와있으며, 여기서는 여러 열을 사용해서 그룹화하는 것도 같이 다루고 있습니다.

- 여러 단위의 구분 정도 정리

    간혹 하나의 데이터셋 안에 여러 단위로 데이터가 구분되어 있는 식으로 구분 정도가 혼합되어 사용된 경우가 있을 수 있습니다. 흔한 사례로, 미국 정부 기관에서 제공하는 데이터에서 카운티와 주 단위 데이터가 동일한 파일에 포함되어 있는 경우를 들 수 있습니다. 이런 경우 일반적으로 데이터 프레임을 카운티 수준과 주 수준으로 두 개로 나눕니다. 이렇게 하면 카운티 수준과 주 수준 분석을 훨씬 더 쉽고 더 적합하게 사용할 수 있습니다.

- 구조 재설계

    미국 정부 기관에서 제공하는 데이터의 경우 피봇 테이블 형태입니다. 이 넓은 테이블에는 데이터 값이 열의 이름으로 되어 있고 분석에 쓰기 어려운 경우도 종종 있습니다. 이 경우 데이터를 긴 형태로 새로 만들어야 합니다. 다음 그림 9-5는 같은 데이터를 넓은 형태와 긴 형태의 테이블로 저장한 것을 나타냅니다. 넓은 테이블에서 각 행은 긴 데이터 테이블에서 각각의 색으로 표시된 대로 3개의 행에 대응합니다. 이때 넓은 형태의 데이터 테이블에서, 각 행에는 3개의 값이 있는데, 이 각 하나하나는 각 달에 대한 값입니다. 긴 데이터 테이블에서, 각 행은 각 달별로 하나의 값을 가집니다. 긴 데이터 테이블이 보통 이후 분석에서 집계를 사용할 때 더 편합니다. 이런 이유로, 긴 형태의 데이터는 종종 타이디 데이터(tidy data)[24]라고 부릅니다.

---

[24] https://doi.org/10.18637/jss.v059.i10

넓은 형태		Jan	Feb	March
	2001	10	20	30
	2002	130	200	340

긴 형태	Year	Month	Set
	2001	Jan	10
	2001	Feb	20
	2001	Mar	30
	2002	Jan	130
	2002	Feb	200
	2002	Mar	340

〈그림 9-5〉 동일한 데이터를 담고 있는 넓은 형태의 데이터 테이블(상단)과
긴 형태의 데이터 테이블(하단) 예제

데이터 구조 재설계를 살펴보기 위해, CO_2 데이터를 피봇 테이블 형태인 넓은 형태의 데이터 프레임에 넣었습니다. 각 열은 각 월을 나타내고 각 행은 각 연도별 데이터입니다.

```
co2_pivot = pd.pivot_table(
    co2[10:34],
    index='Yr',       # 열을 새로운 인덱스로 변형
    columns='Mo',     # 열을 새로운 열로 변형
    values='Avg')     # 집계 열

co2_wide = co2_pivot.reset_index()

display_df(co2_wide, cols=10)
```

Mo	Yr	1	2	3	4	...	8	9	10	11	12
0	1959	315.62	316.38	316.71	317.72	...	314.8	313.84	313.26	314.8	315.58
1	1960	316.43	316.97	317.58	319.02	...	315.91	314.16	313.83	315	316.19

2 rows × 13 columns

열의 이름은 월을 나타내고, 표의 각 셀의 값은 월평균 CO_2 농도입니다. 이 데이터 프레임을 열 이름을 month라는 특성으로 넣고, 표 안의 값은 average라는 두 번째 특성으로 새로 넣는 식으로 긴 데이터 프레임으로 바꿀 수 있습니다.

```
co2_long = co2_wide.melt(id_vars=['Yr'],
                         var_name='month',
                         value_name='average')

display_df(co2_long, rows=4)
```

	Yr	month	average
0	1959	1	315.62
1	1960	1	316.43
...	...	...	...
22	1959	12	315.58
23	1960	12	316.19

24 rows × 3 columns

데이터가 (행이 원래 순서는 아니지만) 원래 모양으로 다시 복원된 것을 알 수 있습니다. 넓은 형태의 데이터는 경제 사설이나 뉴스 기사처럼 독자가 데이터 테이블 자체를 볼 것으로 예상되는 경우에 더 일반적으로 사용됩니다. 그러나 긴 형태의 데이터는 데이터 분석에 더 유용합니다. 예를 들어, co2_long을 사용하면 짧은 pandas 코드를 작성하여 연도 또는 월별로 그룹화할 수 있지만, 넓은 형태의 데이터는 연도별로 그룹화하기 어렵습니다. .melt() 메서드는 넓은 형태를 긴 형태의 데이터로 변환하는 데 특히 유용합니다.

이런 구조 수정은 단일 테이블의 경우에 주로 사용합니다. 하지만 종종 여러 테이블에 걸쳐진 정보를 결합하는 것이 필요할 때가 있습니다. 이제, 이 장에서 지금까지 소개한 기법을 조합해서 식당 점검 데이터를 전처리하고 테이블을 조인해 보도록 하겠습니다.

9.6. 예제: 식당 안전성 위반 사항 전처리

여러 데이터 전처리 기법을 사용하는 예제를 소개하면서 이 장의 내용을 정리해 보겠습니다. 8장에서 샌프란시스코 식당 점검 데이터를 bus(기업/식당), insp(점검), viol(안전성 위반 사항)의 세 개의 테이블에 저장했었습니다. 위반 사항 데이터셋에는 점검 시 발견된 위반 사항의 상세 설명이 들어있습니다. 이 정보 중 일부를 가져와서 점검 단계 데이터셋의 점검 점수와 연결해 보려고 합니다.

여기서의 목표는 낮은 식당 안전성 점수가 어떤 종류의 안전성 위반 사항과 관련된 것인지를 알아보고자 하는 것입니다. 이 예제에서는 구조 변경과 관련된 데이터 전처리에서 다음의 주요 내용을 다룰 예정입니다.

- 데이터를 더 좁은 범위에 한정해서 필터링하기
- 테이블의 구분 정도 수정을 위한 집계
- 테이블 간의 정보를 연결하는 조인

추가로, 이 예제의 중요한 부분 중 하나인 텍스트 데이터를 분석에 활용하기 위한 수치값으로 변환하는 것을 다룹니다.

첫 단계로, 데이터를 1년치 점검 내역으로 줄여서 구조를 간단하게 바꾸겠습니다(원 데이터에는 4년치 점검 정보가 들어있습니다). 다음의 코드로, 점검 테이블에 매 해 몇 개의 기록이 들어 있는지 확인할 수 있습니다.

```
pd.value_counts(insp['year'])
```

```
year
2016    5443
2017    5166
2015    3305
2018     308
Name: count, dtype: int64
```

데이터를 1년치 점검 내역으로 줄이면 분석이 더 간단해질 것입니다. 나중에, 필요하다면 4년 모두에 대해서 분석을 다시 수행하면 됩니다.

9.6.1. 범위 좁히기

여기서는 2016년에 시행된 점검에 대해서만 데이터를 사용합니다. 이때 다시 pipe 함수를 사용해서 점검 데이터 프레임과 위반 사항 데이터 프레임에 모두 동일한 구조 변경을 적용할 수 있습니다.

```python
def subset_2016(df):
    return df.query('year == 2016')

vio2016 = viol.pipe(subset_2016)
ins2016 = insp.pipe(subset_2016)

ins2016.head(5)
```

	business_id	score	date	type	timestamp	year
0	19	94	20160513	routine	2016-05-13	2016
3	24	98	20161005	routine	2016-10-05	2016
4	24	96	20160311	routine	2016-03-11	2016
6	45	78	20160104	routine	2016-01-04	2016
9	45	84	20160614	routine	2016-06-14	2016

8장에서, business_id와 timestamp를 결합해서(두 개의 예외사항을 제외하면) 점검 내역을 고유하게 식별할 수 있다는 것을 확인했습니다. 또한 식당이 한 해에 여러 번 점검을 받는 경우도 있음을 살펴보았습니다. 예를 들어 #24번 기업은 2016년에 3월과 10월에 한 번씩, 총 두 번의 점검을 받았습니다.

그럼, 위반 사항 테이블에서 데이터 몇 개를 살펴보도록 하겠습니다.

```
vio2016.head(5)
```

	business_id	date	description	timestamp	year	year
2	19	20160513	Unapproved or unmaintained equipment or utensi...	2016-05-13	2016	2016
3	19	20160513	Unclean or degraded floors walls or ceilings ...	2016-05-13	2016	2016
4	19	20160513	Food safety certificate or food handler card n...	2016-05-13	2016	2016
6	24	20161005	Unclean or degraded floors walls or ceilings ...	2016-10-05	2016	2016
7	24	20160311	Unclean or degraded floors walls or ceilings ...	2016-03-11	2016	2016

이때 처음 몇 개의 데이터는 동일한 식당에서 발생한 여러 위반 내역을 확인할 수 있습니다. 위반 내역 정보를 점검 테이블에서 가져오고자 한다면, 두 테이블 간의 구분 정도가 다르다는 것을 염두에 두어야 합니다. 이를 해소하는 한 가지 방법으로는 위반 사항을 집계하는 방법이 있습니다. 위반 사항을 어떻게 집계할 수 있는지 자세히 살펴보겠습니다.

9.6.2. 위반 사항 집계

위반 사항을 집계하는 간단한 방법 중 하나로 각 위반 사항을 센 후 이 값을 점검 데이터 테이블에 추가하는 것이 있습니다. 점검 시의 위반 사항 수를 파악하려면, business_id와 timestamp로 위반 내역을 그룹화한 후 각 그룹의 크기를 파악하면 됩니다. 기본적으로, 이 그룹화를 통해 위반 내역으로 구분된 데이터가 점검 수준으로 구분 정도가 바뀝니다.

```python
num_vios = (vio2016
            .groupby(['business_id', 'timestamp'])
            .size()
            .reset_index()
            .rename(columns={0: 'num_vio'}));
num_vios.head(3)
```

	business_id	timestamp	num_vio
0	19	2016-05-13	3
1	24	2016-03-11	2
2	24	2016-10-05	1

이제 이 새 정보를 ins2016에 합쳐야 합니다. 이때 중요한 것은 ins2016과 num_vios에 레프트 조인을 적용한다는 것입니다. 점검 내역 중에는 위반 사항이 전혀 없었던 경우도 있을 것이고 이 정보가 사라지면 안되기 때문입니다.

```python
def left_join_vios(ins):
    return ins.merge(num_vios, on=['business_id', 'timestamp'], how='left')

ins_and_num_vios = ins2016.pipe(left_join_vios)
ins_and_num_vios
```

	business_id	score	date	type	timestamp	year	num_vio
0	19	94	20160513	routine	2016-05-13	2016	3
1	24	98	20161005	routine	2016-10-05	2016	1
2	24	96	20160311	routine	2016-03-11	2016	2
...	...	...	...	...	...	...	...

5440	90096	91	20161229	routine	2016-12-29	2016	2
5441	90268	100	20161229	routine	2016-12-29	2016	NaN
5442	90269	100	20161229	routine	2016-12-29	2016	NaN

5443 rows × 7 columns

점검 시 위반 사항이 없는 경우, num_vio에는 결측값(NaN)이 들어갑니다. 다음과 같이 결측값이 몇 개나 있는지를 확인할 수 있습니다.

```
ins_and_num_vios['num_vio'].isnull().sum()
```

833

2016년에는 약 15%의 식당 점검 내역에서 안전성 위반 내역이 없는 것으로 나타났습니다. 식당의 안전 점수가 완벽하게 100점인 경우 이 값이 0이 되도록 결측값을 수정할 수 있습니다. 이는 도메인 지식을 사용하여 결측치를 보완하는 연역적 대치의 예입니다.

```
def zero_vios_for_perfect_scores(df):
    df = df.copy()
    df.loc[df['score'] == 100, 'num_vio'] = 0
    return df

ins_and_num_vios = (ins2016.pipe(left_join_vios)
                    .pipe(zero_vios_for_perfect_scores))
```

그러면 다시 점검 숫자가 결측치로 되어 있는 경우에 세어 보겠습니다.

```
ins_and_num_vios['num_vio'].isnull().sum()
```

65

많은 결측치가 수정된 것을 알 수 있습니다. 데이터를 좀 더 살펴보면, 몇 개의 회사의 경우 점검 날짜가 가깝기는 하지만 완전히 일치하지 않는 경우가 있음을 알 수 있습니다. 이런 경우 퍼지 매치 방식을 사용해서 날짜가 하루에서 이틀 정도 떨어져 있는 경우의 점검 내역도 연결할 수 있습니다. 하지만 여기서는 일단 NaN으로 놔두겠습니다.

그럼 위반 횟수와 점검 점수 간의 상관관계를 살펴보도록 합시다.

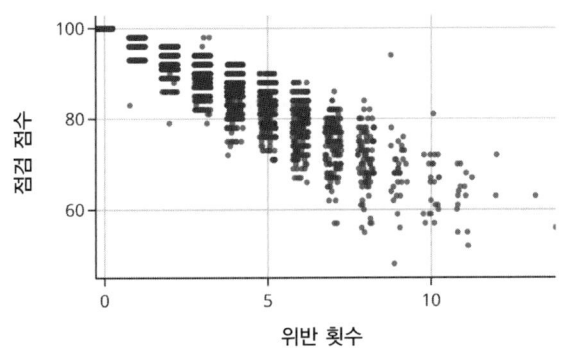

〈그림 9-6〉 위반 횟수별 점검 점수

예상했던 것처럼, 점검 점수와 위반 횟수 간에는 음의 상관관계가 있는 것으로 보입니다. 또한 점수의 변동성도 같이 확인할 수 있습니다. 점수의 변동성은 위반 횟수가 많아질수록 커집니다. 이는 몇 개의 위반 사항이 다른 위반 사항보다 더 심각하여 점수에도 더 큰 영향을 준다는 것을 나타냅니다. 그럼 이런 위반 사항 종류에 대한 정보를 더 탐색해 보도록 하겠습니다.

9.6.3. 위반 상세 내역에서 정보를 추출하는 법

앞서 위반 사항 데이터 프레임의 상세 내역 특성에는 많은 텍스트가 들어있고, 위반 사항이 수정된 경우 대괄호 안에 관련 정보가 들어있다는 것을 확인했습니다. 이 상세 내역을 집계해서 어떤 위반 사항이 가장 많은지를 파악할 수 있습니다.

```
display_df(vio2016['description'].value_counts().head(15)
          .to_frame(), rows=15)
```

	description[25]
Unclean or degraded floors walls or ceilings(바닥, 벽, 천장 등이 지저분하거나 노후화됨)	161
Unapproved or unmaintained equipment or utensils(허가되지 않았거나 관리되지 않은 장비나 기구 사용)	99
Moderate risk food holding temperature(식품 보관 온도의 중간 등급 이상의 위험)	95
Inadequate and inaccessible handwashing facilities(손을 씻을 수 있는 시설이 부족하고 접근하기 어려움)	93
Inadequately cleaned or sanitized food contact surfaces(식품 접촉 표면이 적정 수준으로 깨끗하지 않거나 제대로 소독되지 않음)	92
Improper food storage(부적절한 음식 저장 공간)	81
Wiping cloths not clean or properly stored or inadequate sanitizer(행주가 깨끗하지 않거나 적절하게 보관되지 않았거나 제대로 소독되지 않음)	71
Food safety certificate or food handler card not available(식품 안전 인증서나 식품 관리자 카드가 유효하지 않음)	64
Moderate risk vermin infestation(해충 감염 관련 중간 등급 이상의 위험)	58
Foods not protected from contamination(식품이 오염으로부터 보호되지 않음)	56
Unclean nonfood contact surfaces(비식품 접촉 표면이 지저분함)	54

---

25 [역주] 해당 표 내용의 경우 코드의 결과이므로 영문 설명만 나옵니다. 다만 뒤 내용이 이 상세 내용을 알아두어야 이해가 쉬울 것이기 때문에 괄호로 한글 설명을 추가해 두었습니다. 실제 코드를 실행하면 괄호 안의 한글 설명은 나오지 않습니다.

Inadequate food safety knowledge or lack of certified food safety manager(식품 안전성 지식이 부족하거나 인증받은 식품 안전성 담당자 부족)	52
Permit license or inspection report not posted(허가증이나 점검 결과를 부착하지 않음)	41
Improper storage of equipment utensils or linens(장비, 도구 또는 직물류의 부적절한 보고나)	41
Low risk vermin infestation(해충 감염 관련 낮은 등급 이상의 위험)	34

위의 설명을 읽어보면, 몇 가지 항목은 시설 위생과 관련되어 있고, 어떤 항목은 식품 저장 공간과 관련되어 있으며, 직원의 위생 개념과 관련 있는 것도 확인할 수 있습니다.

위반 사항 유형에는 여러 가지가 있으므로, 이를 좀 더 큰 범주로 그룹화를 해 볼 수 있습니다. 한 가지 방법으로는 간단히 각 텍스트가 해충(vermin), 손(hand), 높은 등급의 위험(high risk) 같은 특정 단어를 포함하는지의 여부에 따라 이진 플래그를 다는 것입니다. 이런 식으로, 위반 사항에 대해 서로 다른 범주에 대해 8개의 새로운 특성을 만들었습니다. 자세한 코드 내용에 대해서는 지금 걱정할 필요는 없습니다. 이 코드에서는 정규식을 사용하는데, 이에 대해서는 13장에서 다룰 것입니다. 여기에서 중요한 것은 이 코드로 위반 사항 상세 내역에 특정 단어가 들어가는지의 여부에 따라 True나 False의 값이 들어가는 특성을 만들었다는 것입니다.

```
def make_vio_categories(vio):
    def has(term):
        return vio['description'].str.contains(term)

    return vio[['business_id', 'timestamp']].assign(
        high_risk = has(r"high risk"),
        clean = has(r"clean|sanit"),
        food_surface = (has(r"surface") & has(r"\food")),
```

```
        vermin = has(r"vermin"),
        storage = has(r"thaw|cool|therm|storage"),
        permit = has(r"certif|permit"),
        non_food_surface = has(r"wall|ceiling|floor|surface"),
        human = has(r"hand|glove|hair|nail"),
    )
vio_ctg = vio2016.pipe(make_vio_categories)
vio_ctg
```

	business_id	timestamp	high_risk	clean	...	storage	permit	non_food_surface	human
2	19	2016-05-13	FALSE	FALSE	...	FALSE	FALSE	FALSE	FALSE
3	19	2016-05-13	FALSE	TRUE	...	FALSE	FALSE	TRUE	FALSE
4	19	2016-05-13	FALSE	FALSE	...	FALSE	TRUE	FALSE	TRUE
...	...	...	...	...	...	...	...	...	...
38147	89900	2016-12-06	FALSE	FALSE	...	FALSE	FALSE	FALSE	FALSE
38220	90096	2016-12-29	FALSE	FALSE	...	FALSE	FALSE	FALSE	FALSE
38221	90096	2016-12-29	FALSE	TRUE	...	FALSE	FALSE	TRUE	FALSE

5624 rows × 10 columns

이제 vio_ctg 안에 새로 만든 특성이 들어갔으므로, 어떤 위반 사항 범주가 다른 것 대비 더 영향력이 큰지를 알아볼 수 있습니다. 예를 들어, 식당 점수에 허가 관련 위반 사항보다 해충 관련 위반 사항이 더 큰 영향을 미쳤을까요?

이를 알아보려면, 우선 사업체별 위반 사항을 세야 합니다. 그리고 이 정보와 점검 정보를 결합합니다. 우선 각 사업체별 위반 횟수를 더해 봅시다.

```
vio_counts = vio_ctg.groupby(['business_id', 'timestamp']).sum().reset_index()
vio_counts
```

	business_id	timestamp	high_risk	clean	...	storage	permit	non_food_surface	human
0	19	2016-05-13	0	1	...	0	1	1	1
1	24	2016-03-11	0	2	...	0	0	2	0
2	24	2016-10-05	0	1	...	0	0	1	0
...	...	...	...	...	...	...	...	...	...
4803	89790	2016-11-29	0	0	...	0	0	0	1
4804	89900	2016-12-06	0	0	...	0	0	0	0
4805	90096	2016-12-29	0	1	...	0	0	1	0

4806 rows × 10 columns

다시 한번 레프트 조인을 사용해서 새 특성을 점검 단위 데이터 프레임에 합칩니다. 그리고 100점의 경우 새 특성 모두의 값을 0으로 설정합니다.

```
feature_names = ['high_risk', 'clean', 'food_surface', 'vermin',
                 'storage', 'permit', 'non_food_surface', 'human']
def left_join_features(ins):
    return (ins[['business_id', 'timestamp', 'score']]
            .merge(vio_counts, on=['business_id', 'timestamp'],
            how='left'))

def zero_features_for_perfect_scores(ins):
    ins = ins.copy()
    ins.loc[ins['score'] == 100, feature_names] = 0
    return ins

ins_and_vios = (ins2016.pipe(left_join_features)
                .pipe(zero_features_for_perfect_scores))
ins_and_vios.head(3)
```

	business_id	timestamp	score	high_risk	...	storage	permit	non_food_surface	human
0	19	2016-05-13	94	0	...	0	1	1	1
1	24	2016-10-05	98	0	...	0	0	1	0
2	24	2016-03-11	96	0	...	0	0	2	0

3 rows × 11 columns

각 위반 사항 범주가 점수와 어떻게 연결되는지 살펴보기 위해, 각 위반 사항의 유무와 점수 분포를 비교할 수 있는 상자 그래프를 그립니다. 여기서 초점을 맞추고 있는 부분은 시각화 코드가 아니라 데이터의 패턴이므로, 여기서는 코드를 명시하지 않습니다(온라인[26]에서는 더 크게 볼 수 있습니다).

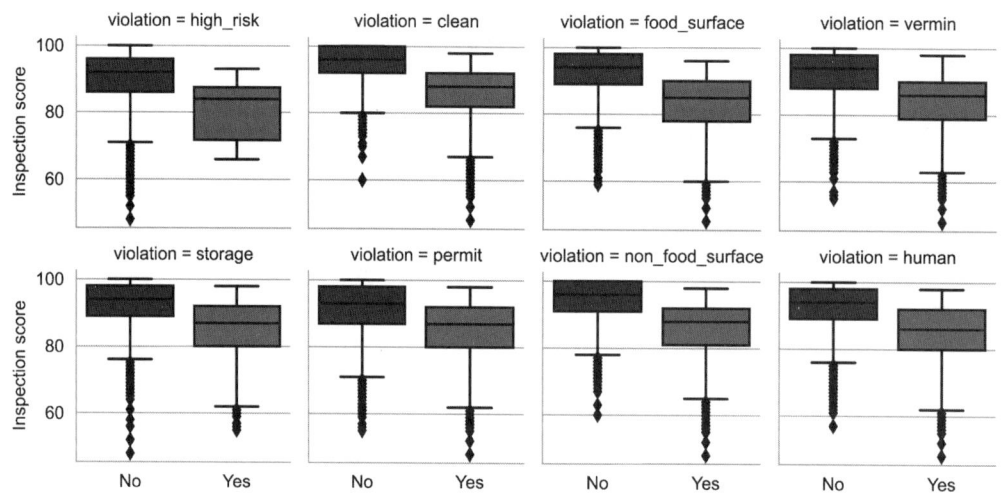

〈그림 9-7〉 각 위반 사항의 유무 및 점수 분포 상자 그래프

---

26 https://learningds.org/_images/wrangling_restaurants_43_0.svg

[역주] https://learningds.org/ch/09/wrangling_restaurants.html에서 그래프와 코드도 같이 확인할 수 있습니다.

9.7. 정리

데이터 전처리는 데이터 분석에서 핵심적인 부분입니다. 이 단계가 없다면, 향후 분석에 중대한 영향을 미칠 수 있는 데이터 문제를 간과할 위험이 있습니다. 이 장에서는 대부분의 분석에서 사용하는 몇 가지 중요한 데이터 전처리 단계를 다루었습니다.

우선 데이터 프레임을 읽어 들인 후 데이터셋에서 무엇을 살펴봐야 하는지를 설명했습니다. 품질 확인을 통해 데이터에서 문제를 찾아낼 수 있습니다. 이상한 값이나 결측치를 찾아내면, 여러 가지 방법을 시도할 수 있습니다.

- 요약 통계량, 분포, 데이터 개수를 확인합니다. 10장에서는 시각화와 요약 통계량을 사용해서 데이터의 품질을 확인하는 방법에 대한 예제와 접근법을 배울 것입니다. 이 중 몇 가지는 간단히 언급했습니다. 테이블에 특성 값의 고윳값 개수를 넣으면 드물게 발생하는 예상치 못한 인코딩 문제나 한쪽으로 치우친 분포를 발견할 수 있습니다. 백분위수는 비정상적으로 높은(또는 낮은) 값을 가진 값의 비율을 파악할 수 있습니다.
- 논리 표현식을 사용하여 범위를 벗어난 값을 가진 데이터나 엉뚱한 관계를 가진 데이터를 찾아냅니다. 품질 검사에서 통과하지 못한 데이터의 수를 계산하는 것만으로도 문제의 규모를 빠르게 파악할 수 있습니다.
- 특정 특성에서 문제가 있는 값이 있는 데이터가 있는지 전체 레코드를 확인합니다. 예를 들어 CSV 형식의 파일에서 쉼표가 잘못 배치된 경우 전체 데이터가 왜곡되는 경우가 있습니다. 또는 해당 데이터가 비정상적인 상황을 나타내는 기록일 수 있으므로(예: 주택 판매 데이터에 목장이 포함되어 있는 경우) 이를 분석에 포함할지 여부를 결정해야 합니다.
- 이상값이 실제로는 타당한 경우도 있으므로, 외부 자료를 참고해 맥락을 파악하는 것이 중요합니다.

이 장에서 가장 중요한 점은 데이터에 대해 호기심을 가져야 한다는 것입니다. 데이터의 품질을 파악할 수 있는 단서를 찾아보세요. 더 많은 증거를 찾을수록 결과에 대해 확신을 가질 수 있습니다. 그리고 문제를 발견하면 더 깊이 파헤치세요. 비상상식인 현상을 이해하고 설명하려고 노력하세요. 데이터를 잘 이해하면 발견한 문제가 사소한 것이어서 무시하거나 수정할 수 있는 수준인지, 아니면 데이터를 활용하는 데 심각하게 제약을 걸게 되는지를 판단할 수 있습니다. 이러한 탐구 정신은 다음 장의 주제인 탐색적 데이터 분석과 밀접하게 관련되어 있습니다.

10장
탐색적 데이터 분석

50여년 전에, 존 투키(John Tukey)는 신뢰 구간, 가설 검정, 모델링의 형식적인 세계에서 벗어난 대안적인 유형의 데이터 분석을 적극적으로 장려했습니다. 오늘날 투키의 탐색적 데이터 분석(exploratory data analysis, EDA)은 널리 사용되고 있습니다. 투키는 이를 데이터 작업의 철학적인 접근으로 묘사했습니다.

> 탐색적 데이터 분석은 주어진 내용을 수동적으로 설명하는 것이 아니라 적극적으로 예리하게 분석하며, 예상치 못한 것을 발견하는 데 중점을 둡니다.

데이터 과학자로서, 일반 데이터 모델링 준비에 사용할 데이터의 품질 확인부터 모델 확인에 이르기까지 데이터 과학 주기 전반에 걸쳐 EDA를 사용하게 될 것입니다. 또한, 9장에서 설명한 데이터를 정제하고 변형하는 과정도 품질 확인과 변형을 진행하는 데 EDA에 매우 의존했습니다.

EDA에서는 발견, 끊임없는 질문, 아이디어를 발견하기 위한 미지의 영역으로 뛰어드는 경험이 이어지는 과정으로 들어가게 됩니다. 그래프를 사용해서 데이터의 특성을 발견하고, 값의 분포를 탐색하고, 간단한 수치 요약에서는 보이지 않았던 관계성을 확인합니다. 탐색 과정에는 이해를 돕고 확인하고, 데이터에서 발생할 수 있는 문제를 정의하고 확인하며, 이후 분석에 필요한 정보를 제공하기 위해 변환, 시각화, 데이터 요약 과정이 들어갑니다.

EDA는 재밌습니다! 하지만 연습이 필요합니다. EDA를 어떻게 하는지 배우는 가장 좋은 방법 중 하나는 다른 사람들이 데이터를 탐색하는 동안의 사고 과정을 서술해 놓은 것부터 배우는 것으로, 이번에는 EDA에서의 사고방식을 예제를 통해서 살펴보고자 합니다.

EDA는 귀중한 인사이트를 제공할 수 있지만, 이를 통해 결론을 도출할 때는 신중해야 합니다. EDA는 분석에 편향이 생길 수 있다는 점을 인지해야 하며, 이는 추후 얻게 될 모델 기반 결과의 재현 가능성에 영향을 미칠 수 있는 선별 과정이자 의사 결정 과정입니다. 충분한 데이터를 확보하고 열심히 살펴보는 과정에서, 겉보기에는 흥미롭지만 실제로는 근거 없는 결과가 나타날 수 있습니다.

과학적 재현성 문제에서 EDA의 역할이 강조되고 있으며, 데이터 과학자가 지나치게 EDA를 하는 것에 대해서 우려를 받고 있습니다. 한 예로, 겔만(Gelman)과 로켄(Loken)은 다음과 같이 명시했습니다[27].

> 주어진 데이터에 대해 단일 분석을 수행하는 환경에서도 다중 비교(데이터 구분)의 문제가 발생합니다. 분석 시에 사용되는 변수 결합, 사례 포함 및 제외, 변수 변환, 주효과가 없는 상태에서의 상호작용 테스트 및 그 외 분석의 여러 단계에서 다양한 선택이 이루어졌을 수 있고, 이에 따라 각각 사용한 데이터가 실제로는 다를 수 있습니다.

다른 사람들이 데이터에 대해 학습할 때 이 결과가 어떤 선택과 경로를 통해 만들어졌는지 알 수 있도록, EDA의 내용을 정리해서 공유하고 코드를 제공하는 것도 좋은 방법입니다.

이 책에서 시각화 주제는 세 개의 장으로 나뉘어 있습니다. 9장에서는 데이터 전처리에서 그래프를 사용하여 정보를 파악했습니다. 이때는 기본적인 그래프를 사용했고 여기서 얻은 결과는 간단했습니다. 이 장에서는 그래프를 해석하고 선택하는 것에 대해서 자세히 설명하지 않았습니다. 이번 장에서는 올바른 그래프를 선택하고 해석하는 방법을 배우는 데 더 많은 시간을 할애했습니다. EDA를 수행할 때는 그래프를 빠르게 만드는 것이 목표이므로, 일반적으로 그래프 함수의 기본 설정을 사용합니다. 11장에서는 효과적이고 유용한 그래프를 만들기 위한 지침을 제공하고 시각적으로 주장을 명확하고 설득력 있게 만드는 방법을 설명합니다.

투키의 설명[28]에 따르자면, 시각화는 EDA의 핵심입니다.

---

27 https://doi.org/10.1511/2014.111.460

28 https://oreil.ly/AIWW5

데이터로부터 얻을 수 있는 가장 위대한 이득은 놀라움에서 나옵니다. 예상치 못한 점은 그림을 통해 가장 잘 나타납니다.

그림을 만들려면 적절한 그래프의 유형을 선택해야 합니다. 이때 선택은 수집된 데이터의 종류에 따라 달라집니다. 특성 유형과 그래프 선택 간을 연결하는 내용에 대해서 다음에 설명할 것입니다. 그 후 그래프를 어떻게 "읽는"지 살펴보고, 파악해야 하는 내용과 본 것을 해석하는 법에 대해서 알아볼 것입니다. 우선 하나의 특성을 나타낸 그래프에서 무엇을 확인해야 하는지 논의하고, 다음으로 두 개의 특성 간의 관계를 읽는 것을 살펴본 뒤, 마지막으로 세 개 이상의 특성을 그려낸 그래프에 대해서 알아볼 것입니다. 그 후 EDA의 시각화 도구를 소개하고, EDA를 할 때 필요한 지침을 제공한 후, 이에 따라서 예제에 대해서 EDA를 시행해 볼 것입니다.

10. 1. 특성 유형

탐색용이나 비슷한 용도로 쓰기 위해 그래프를 그릴 경우, 이에 앞서 특성(혹은 여러 특성들)을 탐색한 후 특성 유형을 결정하는 것이 좋습니다(특성을 변수로 사용하고 특성 유형은 변수 유형으로 사용하기도 합니다). 특성 유형을 묶는 방법에는 여러 가지가 있지만, 이 책에서는 기본적인 세 가지만 다룹니다. 순서형과 명목형 데이터는 범주형 데이터의 한 종류입니다. 다른 범주형 데이터는 정성적 유형입니다. 이에 반대되는 유형으로 정량적 특성이 있습니다.

- 명목형

  "이름이 붙은" 범주를 나타내는 특성으로, 범주에 따라 순서가 매겨지지 않은 경우를 명목형이라고 합니다. 정당(민주당, 공화당, 녹색당, 기타), 견종(목양견, 하운드, 논스포팅, 스포팅, 테리어, 반려견, 사역견), 컴퓨터 운영체제(윈도우, 맥OS, 리눅스) 등이 이 경우에 포함됩니다.

- 순서형

  순서가 있는 범주로 측정단위가 매겨지는 경우를 순서형이라고 합니다. 순서형 특성의 예로는 티셔츠 치수(S, M, L), 리커트 척도 응답 결과(반대, 중립, 동의), 교육 수준(고졸, 대졸, 석사 이상) 등이 있습니다. 순서형 특성을 다룰 때 고려해야 할 점으로, 가령 S와 M의 차이가 반드시 M과 L의 차이와 동일할 필요는 없습니다. 또한, 연속형 범주형이라고 하더라도 각각의 차이를 측정할 수 없는 경우도 있습니다. 식당 후기의 별점의 경우 1점과 2점이 어떤 차이가 있는지를 명확하게 말하기 어려운 것을 생각해 보면 이해가 쉬울 것입니다.

• **정량형**

수치 측정 내역이나 수량을 나타내는 데이터를 정량형 데이터라고 합니다. 예를 들어 가장 가까운 cm 단위로 측정된 높이, USD로 표시된 가격, 가장 가까운 km 단위로 측정된 거리 등이 있습니다. 정량적 특성은 몇 가지 값만 가능한 불연속형과 원칙적으로 수량을 임의의 정밀도로 측정할 수 있는 연속형으로 추가로 구분할 수 있습니다. 한 가족의 형제자매 수는 불연속형 값 집합(예: 0, 1, 2, ..., 8)을 취합니다. 이와 대조적으로 키는 이론적으로 소수점 이하 자릿수까지 나타낼 수 있으므로 연속적인 것으로 간주합니다. 수량이 불연속형인지 연속형인지 결정하는 엄격하면서 간편한 규칙은 없습니다. 어떤 경우에는 의사 결정에 따라 결정할 수 있으며, 어떤 경우에는 의도적으로 연속형 기능을 불연속형으로 간주하고자 할 수도 있습니다.

특성 유형이 언제나 데이터 저장 유형과 동일하지는 않습니다. pandas DataFrame의 각 열은 각각의 저장 유형이 있습니다. 이 유형은 정수형(integer), 실수형(floating point), 이항형(boolean), 날짜-시간형, 범주, 객체(다양한 길이의 문자열은 문자열에 대한 포인터와 함께 파이썬에서 객체로 저장됨) 등 다양한 형태일 수 있습니다. 여기서 '특성 유형'이라는 용어는 정보의 개념적 유형이며 '저장 유형'은 컴퓨터에 입력되고 메모리에 표현되는 기술적인 방식이라고 보면 됩니다.

정수형으로 저장된 특성이 명목형일 수 있고, 문자열로 저장된 값이 정량형("₩$100.00"같은 값)일 수 있습니다. 실제로, 이항형 값의 경우도 두 개의 값만 가능한 경우 명목형 특성으로 나타나기도 합니다.

> **설명**
>
>
> pandas에서는 저장형으로 데이디 유형(data type)의 약자인 dtype을 호출합니다. 여기서 사용하는 데이터 유형이라는 단어는 '저장 유형'과 '특성 유형'에서 혼선을 일으킬 수 있기 때문에 이 책에서는 최대한 사용하지 않을 것입니다.

특성 유형을 결정할 때, 데이터셋의 데이터 사전이나 코드북을 확인해야 할 수 있습니다. 데이터 사전은 데이터의 각 열이 나타내는 것이 무엇인지를 명시한 문서입니다. 다음 예제에서 다양한 견종에 대한 데이터 프레임의 각각의 열이 가지는 특성 유형 및 저장 유형에 대해서 살펴보고, 저장 유형이 간혹 해당 특성의 정보를 명시하는 데에 유용하게 활용되지 못할 수 있다는 것을 알아볼 것입니다.

10.1.1. 예제: 견종

여기서는 미국켄넬클럽(American Kennel Club, AKC)[29]에 등록된 개 품종 데이터를 사용해서 EDA와 관련된 다양한 개념을 소개하도록 하겠습니다. 1884년에 창립된 비영리집단인 AKC는 "순종견에 대한 연구, 번식, 홍보, 사육 및 유지 관리를 개선한다"는 사명을 갖고 있습니다. AKC는 전국 선수권대회, 어질리티 인비테이셔널(Agility Invitational)[30], 오베디언스 클래식(Obedience Classic)[31] 등의 행사를 개최하며, 대부분의 행사에는 잡종견도 참여할 수 있습니다. '정보는 아름답다(The Information Is Beautiful)' 웹사이트[32]에 AKC에서 가져온 172가지 견종의 정보와 데이터셋이 있습니다. 이 데이터를 시각화한 '베스트 인 쇼(Best in Show)'[33]에서는 각 품종의 많은 특성을 통합하여 재밌게 볼 수 있습니다.

AKC 데이터셋에는 여러 다른 종류의 특성들이 있어 이 중 다양한 유형의 정보를 나타내는 몇 가지 특성을 추출했습니다. 여기에는 품종 이름, 수명, 몸무게, 키, 그리고 어린이와 같이 기르는 것이 적합한지, 새로운 트릭을 배우는 데 필요한 반복 횟수 등의 정보가 있습니다. 데이터셋의 각 데이터는 개의 품종이며, 제공된 정보는 해당 품종의 일반적인 정보입니다. 그럼 이 데이터를 데이터 프레임으로 읽어 보겠습니다.

```
dogs = pd.read_csv('data/akc.csv')
dogs
```

---

[29] https://www.akc.org
[30] [역주]반려견 장애물 경기 대회의 일종
[31] [역주]반려견 복종 대회의 일종
[32] https://informationisbeautiful.net
[33] https://oreil.ly/amksD

	breed	group	score	longevity	...	size	weight	height	repetition
0	Border Collie	herding	3.64	12.52	...	medium	NaN	51	<5
1	Border Terrier	terrier	3.61	14	...	small	6	NaN	15-25
2	Brittany	sporting	3.54	12.92	...	medium	16	48	5-15
...	...	...	...	...	...	...	...	...	...
169	Wire Fox Terrier	terrier	NaN	13.17	...	small	8	38	25-40
170	Wirehaired Pointing Griffon	sporting	NaN	8.8	...	medium	NaN	56	25-40
171	Xoloitzcuintli	non-sporting	NaN	NaN	...	medium	NaN	42	NaN

172 rows × 12 columns

표를 언뜻 보면 품종, 그룹 및 크기는 문자열로 표시되고 다른 열은 숫자로 표시되는 것을 알 수 있습니다. 여기에 표시된 데이터 프레임의 요약에는 각 열의 인덱스, 이름, 결측이 아닌 값의 개수 및 dtype이 나와 있습니다.

```
dogs.info()
```

```
<class 'pandas.core.frame.DataFrame'>
RangeIndex: 172 entries, 0 to 171
Data columns (total 12 columns):
 #   Column          Non-Null Count  Dtype
---  ------          --------------  -----
 0   breed           172 non-null    object
 1   group           172 non-null    object
 2   score           87 non-null     float64
 3   longevity       135 non-null    float64
 4   ailments        148 non-null    float64
 5   purchase_price  146 non-null    float64
 6   grooming        112 non-null    float64
 7   children        112 non-null    float64
```

10장 탐색적 데이터 분석 · 257

```
 8  size         172 non-null object
 9  weight        86 non-null float64
10  height       159 non-null float64
11  repetition   132 non-null object
dtypes: float64(8), object(4)
memory usage: 16.2+ KB
```

이 데이터 프레임의 여러 열은 계산 가능한 숫자형인 float64 유형입니다. 이 형의 열은 정수 외의 숫자도 포함할 수 있습니다. 또한 pandas에서 문자열 행을 string dtype이 아닌 object dtype으로 변환한 것을 볼 수 있습니다. 여기서 repetition이 정량적 값이라고 오해한 분이 있을 수도 있습니다. 데이터 테이블을 좀 더 자세히 보면 repetition에는 "〈5", "15-25", "25-40" 같은 문자열 값이 들어있습니다. 따라서 이 값은 순서형 값입니다.

> **설명**
>
>
> 컴퓨터 구조에서, 부동 소수점 수(실수)(floating-point number, float)의 경우는 소수점을 가질 수 있는 숫자를 뜻합니다. 이 책에서는 컴퓨터 구조에 대해서 자세히 다루지는 않을 것이지만, 이 경우와 같이 용어에 영향을 미치는 경우에는 확인할 것입니다. dtype float64는 열이 컴퓨터 메모리에 저장될 때 각각 64비트의 공간을 차지하는 10진수를 포함함을 나타냅니다. 또한, pandas에서는 수치형 데이터에 대해 최적화된 float64나 int64같은 저장 유형을 사용합니다. 하지만 문자열, 딕셔너리, 셋 같은 파이썬 객체에 대해서는 최적화가 되어 있지 않아, 이런 유형은 모두 object dtype으로 저장합니다. 즉 저장 유형은 모호하지만, 많은 경우 object 열에는 문자열이나 다른 파이썬 유형이 포함되어 있다고 볼 수 있습니다.

열의 저장 유형을 살펴보면, ailments와 children은 float64 dtypes로 저장되어 있으므로 정량적 특성이라고 생각될 것입니다. 하지만 실제 값을 살펴보면 조금 다릅니다.

```
display_df(dogs['ailments'].value_counts(), rows=8)
```

```
ailments
0.0  61
1.0  42
2.0  24
4.0  10
3.0   6
```

```
5.0    3
9.0    1
8.0    1
Name: count, dtype: int64
```

```
dogs['children'].value_counts()
```

```
children
1.0    67
2.0    35
3.0    10
Name: count, dtype: int64
```

ailments와 children는 정수값 몇 개로 되어 있습니다. children의 3.0이란 값이나 ailments의 9.0이란 값은 무엇을 뜻하는 것일까요? 이에 대해 확인하려면 정보가 더 필요합니다. 열의 이름과 이 정보가 어떻게 데이터 프레임에 저장되었는지 정도로는 부족합니다. 표 10-1의 데이터 사전을 살펴보도록 합니다.

〈표 10-1〉. AKG 견종 코드북

특성	설명
breed	견종 (예) Border Collie(보더콜리), Dalmatian(달마시안), Vizsla(비즐라))
group	미국켄넬클럽의 견종 구분 (herding(목양견), hound(사냥개), non-sporting(논스포팅), sporting(스포팅), terrier(테리어), toy(반려견), working(사역견))
score	AKC 점수
longevity	일반 수명 (연 기준)
ailments	심각한 유전 질환 수
purchase_price	puppyfind.com에서의 평균 구입 가격
grooming	필요 털 손질 주기 1 = 매일, 2 = 매주, 3 = 몇 주에 한번
children	어린이에게 적합한 정도: 1 = 높음, 2 = 중간, 3 = 낮음
size	크기: small(소형), medium(중형), large(대형)
weight	일반적인 무게 (kg)
height	어깨로부터의 일반적인 높이 (cm)
repetition	새 명령을 가르칠 때의 반복 횟수: ⟨5, 5-15, 15-25, 25-40, 40-80, ⟩80

데이터 사전에는 특성 유형이 명시적으로 표기되어 있지는 않지만, 설명 내용만으로도 children은 해당 품종의 어린이에 대한 적합 정도를 나타내며 1.0의 값은 "높은" 적합성에 해당한다는 것을 파악할 수 있습니다. 또한 ailment 특성은 해당 품종의 개가 가지고 있는 심각한 유전 질환의 수를 집계한 것입니다. 코드북에 따르면, children의 값은 부동 소수점 숫자로 저장되어 있기는 하지만 범주형 특성으로 취급하며, 낮음 〈 중간 〈 높음으로 표현되므로 순서형 특성입니다. ailment는 개수이므로 정량적(수치) 유형으로 취급하며, 이후에 진행할 일부 분석의 경우 ailment가 취할 수 있는 가능한 값이 몇 가지밖에 없으므로 이산형으로 정의하기도 합니다.

또한 코드북에서는 score, longevity, purchase_price, weight, height를 정량적 값이라고 설명하고 있습니다. 수치형 특성은 차이 비교가 가능한 값을 가지고 있으므로 이렇게 파악할 수 있습니다. 치와와는 닥스훈트보다 보통 4년가량 더 오래 산다고 말할 수 있습니다(평균 16.5년/12.6년). 또한 값의 비율을 구하는 것이 가능한지를 살펴봄으로써 이를 추정할 수 있습니다. 닥스훈트는 치와와보다 보통 5배 정도 더 무겁습니다(평균 11kg/2kg). 이런 정량적 특성치는 모두 연속형이나, ailment는 이산형입니다.

breed, group, size, repetition의 경우 데이터 사전에서는 정성적 특성임을 나타내고 있습니다. 각 변수에는 서로 다르지만 공통적으로 발견되는 특성이 있으므로 좀 더 자세히 살펴볼 필요가 있습니다. 여러 특성에 대한 각 고유 값의 개수를 조사해 보겠습니다. 우선 breed부터 살펴보겠습니다.

```
dogs['breed'].value_counts()
```

```
breed
Border Collie       1
Great Pyrenees      1
English Foxhound    1
                   ..
Saluki              1
Giant Schnauzer     1
Xoloitzcuintli      1
Name: count, Length: 172, dtype: int64
```

breed에는 172개의 고윳값이 있습니다. 이는 데이터 프레임에 있는 데이터 수와 동일합니다. 따라서 breed를 데이터 테이블의 기본 키(primary key)라고 볼 수 있습니다. 데이터 테이블 설계 상, 각 견종에 대해서는 데이터가 하나씩 있고, 이 breed라는 특성이 데이터셋의 구분 방식을 결정합니다. breed는 명목형 특성이기도 하므로, 이 자체를 분석하는 것은 아무런 의미가 없습니다. 이 모든 값이 단일값이고 정제되어 있는지를 확인해 두는 것도 좋겠지만, 어떻게 생각하면, 이 값이 실제로 쓰이는 경우는 그래프에서 이상치의 이름을 표기하는 정도밖에 없을 수도 있습니다.

그럼 이번에는 group을 살펴봅시다.

```
dogs['group'].value_counts()
```

group
terrier   28
sporting   28
working   27
hound   26
herding   25
toy   19
non-sporting   19
Name: count, dtype: int64

이 특성에는 7개의 고윳값이 있습니다. 어떤 견종은 "sporting"으로 분류되고 다른 견종은 "toy"로 분류되는 경우 이 종들 간에는 여러 가지 차이가 있겠지만, 이 분류 체계를 순서로 간단히 표현하기는 쉽지 않습니다. 따라서 group은 명목형 특성으로 볼 수 있습니다. 명목형 특성은 차이에 따른 특정 방향성 같은 의미도 부여하지 않습니다.

다음으로 size의 고윳값과 이 값의 개수를 살펴보겠습니다.

```
dogs['size'].value_counts()
```

size
medium   60
small   58
large   54
Name: count, dtype: int64

size는 일반적인 순서인 소형 < 중형 < 대형의 순서를 따릅니다. 따라서 이 특성은 순서형입니다. "small"이란 범주가 어떻게 매겨졌는지는 모르지만, 그래도 어쨌든 소형견이 중형견보다 어떤 면에서 작을 것이고, 중형견보다 대형견이 작을 것이라는 것을 알 수 있습니다. 여기에는 순서는 있지만 그 차이의 크기나 비율에 대해서는 정해진 개념이 없습니다. repetition은 정량적 변수를 범주화하여 순서형으로 만든 사례입니다. 코드북에는 repetition은 새로운 명령을 개가 이해할 때까지 그 명령을 반복하는 횟수라고 나와있습니다.

```
dogs['repetition'].value_counts()
```

```
repetition
25-40    39
15-25    29
40-80    22
5-15     21
80-100   11
<5       10
Name: count, dtype: int64
```

숫자값이 <5, 5-15, 15-25, 25-40, 40-80, 80-100의 범위로 묶여 있고, 이때 이 범주의 범위가 각각 다르다는 것을 염두에 두어야 합니다. 처음에는 5회 범위였으나, 그 뒤에는 10, 15, 40회 범위까지 넓어집니다. 순서는 명확하지만, 하나의 범주에서 다음 범주 간의 차이가 동일하지 않습니다.

지금까지 각 변수의 값이 코드북의 설명에 일치하는지 다시 한번 확인했으므로, 앞서 발견한 특성 유형에 대한 추가 정보를 데이터 사전에 추가하여 코드북을 보강할 수 있습니다. 수정된 코드북은 표 10-2와 같습니다.

〈표 10-2〉 AKC 견종 코드북 수정본

특성	설명	특성 유형	저장 유형
breed	견종 (예) Border Collie(보더콜리), Dalmatian(달마시안), Vizsla(비즐라))	기본 키	문자열
group	미국 캐널 클럽의 견종 구분 (herding(목양견), hound(사냥개), non-sporting(논스포팅), sporting(스포팅), terrier(테리어), toy(반려견), working(사역견))	정성형-명목형	문자열

score	AKC 점수	정량형	실수
longevity	일반 수명(연 기준)	정량형	실수
ailments	주요 유전 질환 수	정량형-이산형	실수
purchase_price	puppyfind.com에서의 평균 구입 가격	정량형	실수
grooming	필요 털 손질 주기 1 = 매일, 2 = 매주, 3 = 몇 주에 한번	정성형-순서형	실수
children	어린이에게 적합한 정도: 1 = 높음, 2 = 중간, 3 = 낮음	정성형-순서형	실수
size	크기: small(소형), medium(중형), large(대형)	정성형-순서형	문자열
weight	일반적인 무게(kg)	정량형	실수
height	어깨로부터의 일반적인 높이(cm)	정량형	실수
repetition	새 명령을 가르칠 때의 반복 횟수: ⟨5, 5 – 15, 15 – 25, 25 – 40, 40 – 80, ⟩80	정성형-순서형	문자열

이렇게 AKC 데이터의 특성 유형을 좀 더 자세히 이해하면 데이터의 품질 확인이나 변형을 할 때 도움이 됩니다. 9장에서 데이터 변환에 대해 살펴보았지만, 다루지 않은 내용이 있습니다. 바로 정성적 특성의 범주와 관련된 내용으로, 이에 대해서 뒤이어 살펴보도록 하겠습니다.

10.1.2. 정성적 특성 변환

특성이 명목형이거나 순서형이라면, 다음과 같이 정보를 더 효과적으로 전달할 수 있습니다. 더 많은 정보를 제공할 수 있도록 범주 이름을 다시 매기고, 범주를 축소하여 더 단순하게 시각화를 한다든가, 값이 변하는 특정 부분에 초점을 맞추기 위해 수치형 특성을 순서형 특성으로 변환하는 것도 유용할 수 있습니다. 여기서는 이러한 각 변환이 필요한 때에 대해 설명하고 예제를 통해 살펴보겠습니다.

10.1.2.1. 범주 이름 다시 매기기

평균이나 중간값 같은 요약통계량은 정량적 데이터를 파악하는 데 유용하지만, 정성적인 데이터에서는 유용하지 않을 수 있습니다. 예를 들어 반려견 품종의 평균 가격을 계산할 수 있지만($687), 어린이들과 친화도의 "평균"을 계산은 할 수 없습니다. 그럼에도 불구하고, pandas에서 우리가 이 명령어를 입력한다면 기꺼이 결과를 구할 것입니다.

```
# 실제 데이터 분석에 이 값을 사용하지 마십시오!
dogs["children"].mean()
```

1.4910714285714286

대신, children의 1, 2, 3 값에 대한 분포를 살펴볼 것입니다.

> **설명**
>
>  저장 유형과 특성 유형의 중요한 차이점은 저장 유형의 경우에는 어떤 연산을 계산하는 코드를 작성할 수 있는지를 알려주고, 기능 유형은 어떤 작업이 데이터에 적합한지 알려줍니다.

children의 경우 숫자값을 설명에 사용된 문자열로 대체하는 식으로 변환할 수 있습니다. 1, 2, 3을 높음, 중간, 낮음으로 바꾸면 children이 범주형임을 더 쉽게 파악할 수 있습니다. 문자열을 사용하면 평균을 구할 생각도 없어지고, 각 범주값이 가지고 있는 뜻을 바로 전달할 수 있으며, 그래프에 나타나는 라벨도 기본값을 그대로 사용할 수 있습니다. 예를 들어, 반려견종에 한해서 어린이들과의 친화도 정도를 막대 그래프로 나타낸다고 합시다. 우선 적합 정도를 문자열로 나타낸 새로운 열을 생성합니다.

```
kids = {1:"high", 2:"medium", 3:"low"}
dogs = dogs.assign(kids=dogs['children'].replace(kids))
```

dogs

	breed	group	score	longevity	...	size	weight	height	repetition	kids
0	Border Collie	herding	3.64	12.52	...	medium	NaN	51	<5	low
1	Border Terrier	terrier	3.61	14	...	small	6	NaN	15-25	high
2	Brittany	sporting	3.54	12.92	...	medium	16	48	5-15	medium

169	Wire Fox Terrier	terrier	NaN	13.17	...	small	8	38	25-40	NaN
170	Wirehaired Pointing Griffon	sporting	NaN	8.8	...	medium	NaN	56	25-40	NaN
171	Xoloitz cuintli	non-sporting	NaN	NaN	...	medium	NaN	42	NaN	NaN

172 rows × 13 columns

이 결과를 사용해서 반려견종의 어린이 적합 정도에 대해 각 범주별 개수를 막대 그래프로 그릴 수 있습니다.

```
toy_dogs = dogs.query('group == "toy"').groupby('kids').count().reset_index()
px.bar(toy_dogs, x='kids', y='breed', width=350, height=250,
       category_orders={"kids": ["low", "medium", "high"]},
       labels={"kids": "Suitability for children", "breed": "count"})
```

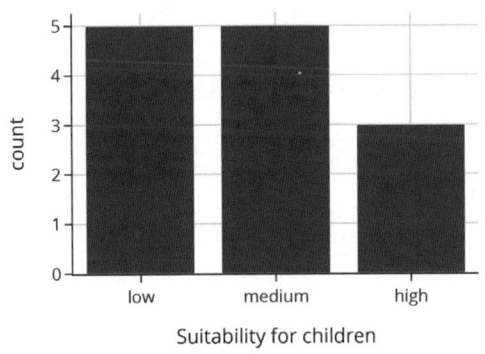

항상 범주형 데이터의 값이 문자열이어야 하는 것은 아닙니다. 일반적으로 문자열은 저장 공간을 더 많이 필요로 하므로, 범주형 특성이 많은 데이터셋의 경우 크기가 많이 늘어날 수 있습니다.

간혹 정성적 특성이 많은 범주를 가지고 데이터를 고차원으로 살펴보고자 하는 경우에는 범주를 축소합니다.

10.1.2.2. 범주 축소

"목적"이 놀이인 견종을 나타내는 play라는 새로운 열을 만들어 봅시다(이는 목적을 설명하기 위해 사용된 가상의 분류입니다). 이 범주에는 반려견종과 논스포팅(non-sporting)종이 포함됩니다. 새로운 특성인 play는 group 특성을 축소한 것으로, 반려견종과 논스포팅종이 하나의 범주로 들어가고, 남은 범주는 두 번째인 비 놀이 견종이 될 것입니다. 이 특성의 여부를 나타낼 때는 불리언(bool) 저장 유형이 유용합니다.

```
with_play = dogs.assign(play=(dogs["group"] == "toy") |
                              (dogs["group"] == "non-sporting"))
```

두 개의 범주형 정성적 특성을 나타낼 때 불리언 값을 사용하면 몇 가지 이점이 있습니다. 예를 들어, play의 평균을 구하면 True 값의 비율을 알 수 있습니다. 불리언 값을 수치 연산에 적용하면, 특성이 있으면 True로 1이 되고 없으면 False로 0이 됩니다.

```
with_play['play'].mean()
```
0.22093023255813954

이 저장 유형을 활용하면 불리언 값의 개수나 평균을 빠르게 구할 수 있습니다. 15장에서는 이러한 특성을 모델링에서 간편하게 활용하는 방법을 살펴볼 것입니다.

이산적 정량적 특성 중 긴 꼬리가 있는 경우처럼 더 높은 값을 잘라내어 수량 특성을 순서형으로 바꾸고 싶은 때도 있습니다. 이에 대해서는 다음에 설명하겠습니다.

10.1.2.3. 정량적 특성을 순서형으로

마지막으로, 자주 사용되는 또 다른 변환 방식은 수치형 값을 범주형으로 바꾸는 것입니다. 예를 들어, ailment의 값을 0, 1, 2, 3, 4+ 의 범주형 값으로 축소 변환할 수 있습니다. 즉, ailment의 값을 0→0, 1→1, 2→2, 3→3, 4 이상의 값 →4+ 로 치환하는 방식으로 정량형 특성에서 순서형 특성으로 바꿀 수 있는 것입니다. 3개 이상의 유전병을 가진 품종은 드물기 때문에 이런 식으로 변환하는 게 현실적인 선택일 수 있습니다. 이런 단순화를 통해 데이터를 더 명확하고 적절하게 탐색할 수 있습니다.

> **설명**
>
>
> 이 책을 쓸 당시(2022년 후반), pandas에서는 정량 데이터 작업용 category dtype을 지원하고 있습니다. 하지만 이 저장 유형은 활용성에 한계가 있어서 시각화 및 모델링 라이브러리에 널리 적용되지는 않았습니다[34]. 이런 연유로, 정량 변수를 이 category dtype으로 변환하는 내용은 다루지 않습니다. 나중에는 더 많은 라이브러리에서 category dtype을 지원해서 독자들이 이를 사용할 일이 있기를 바랍니다.

정량적 특성을 순서형으로 변환하는 경우 일부 정보가 손실됩니다. 따라서 다시 원상 복구할 수는 없습니다. 만약 어느 품종이 4개 이상의 유전병을 가지고 있다고 변환한 경우, 이 품종이 정확히 몇 개의 유전병을 가지고 있었는지를 다시 알아낼 수는 없는 것입니다. 범주형으로 전환하는 경우도 유사한 일이 일어납니다. 따라서, 원래의 특성을 보존하는 것이 좋습니다. 범주형을 사용하기 위해 값을 변환하고자 하는 경우, 해당 내용을 다른 데에 기록해두고 이 과정을 진행하는 방식을 사용하는 것이 좋습니다.

대개의 경우, 특성 유형을 알아두면 어떤 종류의 그래프로 표현하는 것이 적절한지도 판단할 수 있습니다. 뒤이어 특성 유형과 그래프를 연결하는 것을 다루도록 하겠습니다.

10.1.3. 특성 유형의 중요성

특성 유형을 활용해서 데이터 분석을 진행할 수 있습니다. 특성 유형을 알아두면 데이터를 적절하게 처리하고, 시각화하며 모델링하는 데 사용할 방식을 정의하는 데 도움이 됩니다. 표 10-3은 특성 유형과 주로 사용하는 그래프 유형을 연결해 둔 자료입니다. 변수가 정성적이든 정량적이든 일부 예외 경우를 제외하고는 대개 여러 종류의 그래프를 사용할 수 있습니다. 시각화 방안을 결정하는 데 근거가 되는 또 다른 요인으로는 관측치 개수와 특성이 가지고 있는 고윳값의 수 정도입니다. 예를 들어, 이산적 수치형 변수의 경우 히스토그램보다는 막대 그래프로 표현하는 것이 더 적절한 경우가 많습니다.

---

[34] [역주] 번역 시점(2025년)에도 category dtype을 지원하는 라이브러리는 소수입니다. 시각화 라이브러리에서는 대표적으로 seaborn이 category dtype을 지원하고, dask 등의 일부 데이터 분석 라이브러리에서 이 저장 유형을 지원합니다. 하지만 모델링의 경우 범주형 데이터도 결국 원-핫-인코딩 등의 방식으로 데이터를 수치형으로 변환해야 하기 때문에, 해당 저장 유형을 직접적으로 지원하지는 않고 있습니다.

〈표 10-3〉 특성 유형별 그래프 종류

특성 유형	차원	그래프
정량적	1개 특성	러그 플롯(rug plot), 히스토그램, 밀도 곡선, 상자 그래프, 바이올린 그래프
정성적	1개 특성	막대 그래프, 점 그래프, 선 그래프, 파이 그래프
정량적	2개 특성	산점도, 평활곡선, 등고선, 히트맵, q-q 플롯
정성적	2개 특성	다중 막대 그래프, 모자이크 플롯, 다중 선 그래프
혼합	2개 특성	다중 밀도 곡선, 다중 상자 그래프, 다중 평활 곡선, q-q 플롯

특성 유형을 통해 구할 수 있는 요약 통계량 종류를 파악할 수도 있습니다. 정성적 데이터의 경우, 많은 경우 평균이나 표준편차를 구하는 대신 범주별 개수, 비중, 기록 개수의 비율을 구할 것입니다. 정량형 특성의 경우에는 평균, 중앙값, 그리고 경우에 따라 표준편차 혹은 4분위수(75%와 25% 값)를 사용해서 분포 정도를 파악할 것입니다. 4분위수와 더불어, 다른 분위 값을 알아두는 것도 도움이 될 수 있습니다.

> **설명**
>
>  n분위수는 n%의 데이터 값이 특정값 q 이하인 값을 말합니다. 값 q는 단일값이 아닌 경우도 있고, 이 경우 가능한 값 중 단일값을 정의하는 몇 가지 방법이 있습니다. 하지만 데이터가 충분한 경우, 이 정의 간에는 거의 차이가 없습니다.

파이썬에서 분위수를 구할 때는 대개 다음의 방법을 사용합니다.

```
np.percentile(data, method='lower')
```

데이터를 탐색할 때, 그래프의 모양이 무엇을 의미하는지를 해석하는 법을 알아야 합니다. 뒤의 세 부분에 걸쳐서 이 그래프 해석에 대해 설명할 것입니다. 또한 예제를 살펴보면서 표 10-3에서 언급된 여러 그래프 유형도 알아보도록 하겠습니다. 나머지는 11장에서 살펴볼 것입니다.

10.2. 분포를 확인할 때

특성을 시각적으로 나타냄으로써 관측결과의 패턴을 확인할 수 있습니다. 시각적 표현은 대개 숫자나 문자열을 그대로 나타낸 것보다 훨씬 도움이 됩니다. 예를 들어, "러그 플롯(rug plot)"은 각 관측값을 축을 따라 "실"처럼 짧은 선분으로 표시하는 방식입니다. 러그 플롯은 관측값이 얼마 되지 않는 경우 유용하지만, 밀도가 높은(가장 인기 있는) 영역의 경우, 대충 100개의 값만 밀집되어도 구분하기가 어려워집니다. 다음 그래프는 히스토그램의 상단에 150가지의 장수 견종에 대한 러그 플롯을 나타낸 것입니다.

```
px.histogram(dogs, x="longevity", marginal="rug", nbins=20,
histnorm='percent', width=350, height=250,
labels={'longevity':'Typical lifespan (yr)'})
```

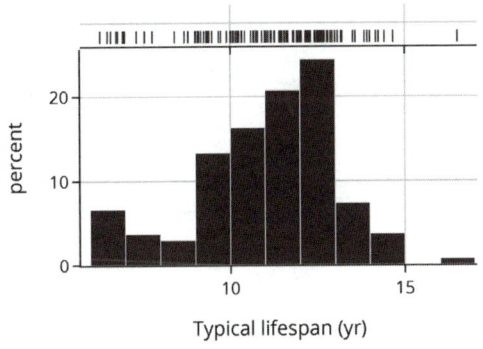

러그 플롯에서 16이 넘어가는 이상하게 큰 값은 바로 확인할 수 있지만, 다른 영역에서 선분의 밀도를 구분하기는 어렵습니다. 대신, 히스토그램을 통해서 여러 장수하는 견종의 분포를 훨씬 쉽게 확인할 수 있습니다. 다음의 밀도 곡선 역시 밀도의 높낮이를 시각적으로 명확하게 보여줍니다.

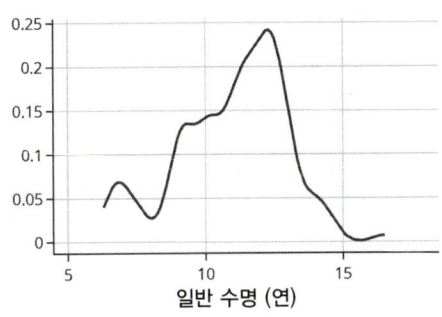

〈그림 10-1〉 수명에 대한 밀도 곡선

히스토그램과 밀도 곡선 모두, 수명 분포가 비대칭적이라는 것을 보여줍니다. 중심이 되는 값은 약 12년으로, 9~11년에서 기울기가 낮은데, 이는 12년이 가장 일반적인 수명이고, 여러 품종의 경우 12년보다 1~3년가량 수명이 짧다는 것을 나타냅니다. 또한 7 부근에도 일부 값이 모여있고, 몇몇 품종은 14년에서 16년가량의 수명을 보이기도 합니다.

히스토그램이나 밀도 곡선을 해석할 때, 분포의 대칭성과 왜도를 살펴봅니다. 이를 위해 수치, 위치, 밀도가 높은 곳의 크기(최빈값), 꼬리의 길이(종 모양 곡선일 때에 주로 살펴봅니다), 중간에 관측값이 존재하지 않는 구간, 과하게 크거나 이상한 값을 파악합니다. 그림 10-2는 이런 여러 특성을 가지는 분포를 나타낸 것입니다. 분포를 해석할 때, 그래프에서 보이는 특성과 수치를 연결시키게 됩니다.

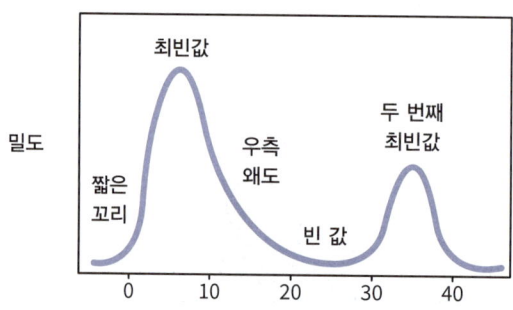

〈그림 10-2〉 모양에 따른 분포의 상태를 정의한 밀도 그래프 예시

다른 사례로, 견종의 유전병 수의 분포는 다음과 같이 나타낼 수 있습니다.

```
bins = [-0.5, 0.5, 1.5, 2.5, 3.5, 9.5]
g = sns.histplot(data=dogs, x="ailments", bins=bins, stat="density")
g.set(xlabel='Number of ailments', ylabel='density');
```

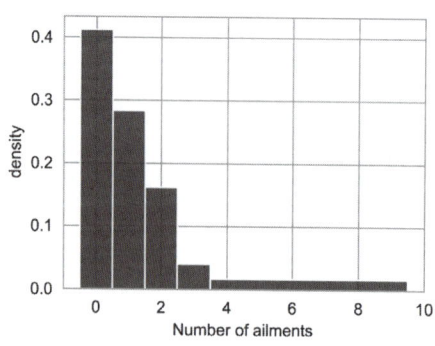

0인 값의 경우, 해당 품종은 유전병이 없다는 뜻이고, 1은 유전병이 하나 있는 경우를 뜻합니다. 이 히스토그램은 0에서 가장 높은 단봉 형태의 분포를 가집니다. 또한 소수 품종이 4에서 9개까지의 유전병을 가지는 경우가 있어 우측에 긴 꼬리를 가지는 형태로 우측으로 쏠려있는 분포 형태를 보입니다. 이 데이터는 정량적이지만, 몇 가지 정수값만 가능한 이산적인 형태이기도 합니다. 따라서, 히스토그램의 각각의 그룹의 중앙값은 정수가 됩니다. 예를 들어 1.5에서 2.5까지의 그룹에는 2개의 유전병을 가지는 품종만 포함됩니다. 또한 가장 우측의 그룹은 넓은 범위를 포함하게 만들었습니다. 하나의 그룹에 4개부터 9개까지의 유전병을 가지는 품종을 모두 포함시켰습니다. 그룹의 크기가 작다면, 적은 숫자로 인해 생기는 변동값을 해석하는 데 에너지를 소모하지 않도록, 더 넓은 범위의 그룹을 만들어서 분포를 더 완만하게 만들 수 있습니다. 이 경우, 6~7가지 유전병을 가진 품종은 없었으나, 일부 품종이 4, 5, 8, 9개의 유전병을 가지고 있었습니다.

다음으로 히스토그램과 밀도 곡선의 세 가지 주요 측면, 즉 y축은 밀도 비율을 나타내야 하며, 평활화는 불필요한 세부 사항을 숨길 수 있고, 전반적인 분포 형태를 부드럽게 파악할 수 있습니다. 히스토그램은 연속형 데이터의 분포를 표현하는 데 사용되며, 막대 그래프처럼 범주형 데이터를 표현하는 방식과는 본질적으로 다릅니다. 각각에 대해 차례로 설명하겠습니다.

- Y축의 밀도

  수명과 질병 히스토그램의 y축에는 모두 "밀도"라는 이름이 붙어 있습니다. 이 이름은 히스토그램에서 막대의 총면적이 1과 같음을 의미합니다. 예를 들자면, 히스토그램을 인구 밀도가 높은 고층 건물이 있는 스카이라인으로 생각할 수 있으며, 직사각형의 면적에서 각 구간에서 관찰된 비율을 구할 수 있습니다. 예를 들어, 질병 히스토그램에서 3.5에서 9.5까지 이어지는 직사각형은 약 10%의 품종을 포함합니다. 6(너비) × 0.017(높이)은 대략 0.10입니다. 모든 구간 차원의 너비가 같은 경우 '스카이라인'은 y축이 개수를 나타내든 밀도를 나타내든 동일하게 보입니다. 그러나 이 히스토그램에서 y축을 개수로 변경하면 오른쪽 꼬리에 매우 큰 직사각형이 나타나 오해의 소지가 있습니다.

- 평활화

  히스토그램을 사용하면 분포의 일반적인 특성을 보기 위해 러그 플롯에서 개별 실의 세부 정보를 숨깁니다. 평활화는 점 집합을 직사각형으로 대체하는 절차를 말하며, 데이터 집합의 모든 점을 표시하지 않고 더 넓은 추세를 드러내기 위해 선택합니다. 이 데이터는 표본일 뿐이고, 관찰한 값과 가까운 다른 값이 더 적합하다고 생각하거나 개별 값을 살펴보는 것보다 구조를 일반화하는 것에 초점을 맞추고 싶을 때 이러한 개별 값을 평활화할 수 있습니다. 러그가 없으면 그래프에서 각 점이 어디에 있는지 알 수 없습니다. 앞서 수명에 대해 나타냈던 것과 같은 평활화를 적용한 밀도 곡선도 곡선 아래의 총면적이 1이 되는 속성을 가지고 있습니다. 밀도 곡선은 평활 커널 함수를 사용하여 개별 점을 분산시키며, 이를 커널 밀도 추정치(kernel density estimate, KDE)라고도 합니다.

- 막대 그래프 ≠ 히스토그램

정성적 데이터의 경우 막대 그래프는 히스토그램과 비슷한 역할을 합니다. 막대 그래프는 여러 그룹의 '인기도' 또는 빈도를 시각적으로 보여줍니다. 그러나 막대 그래프의 모양을 히스토그램과 같은 방식으로 해석할 수는 없습니다. 막대 그래프에는 꼬리와 대칭이 의미가 없습니다. 또한 범주의 빈도는 막대의 높이로 표시되며 막대의 너비는 아무런 정보를 전달하지 않습니다. 다음 두 막대 그래프는 카테고리의 품종 수에 대한 동일한 정보를 표시하며, 유일한 차이점은 막대의 너비입니다. 가장 오른쪽의 그래프는 막대를 완전히 없애고 각 개수를 하나의 점으로 표시한 것입니다(연결 선이 없는 경우는 점 그래프라고 합니다). 이 선 그래프를 보면 어린이에게 부적합한 견종은 소수에 불과하다는 것을 알 수 있습니다.

```
kid_counts = dogs.groupby(['kids']).count()
kid_counts = kid_counts.reindex(["high", "medium", "low"])
```

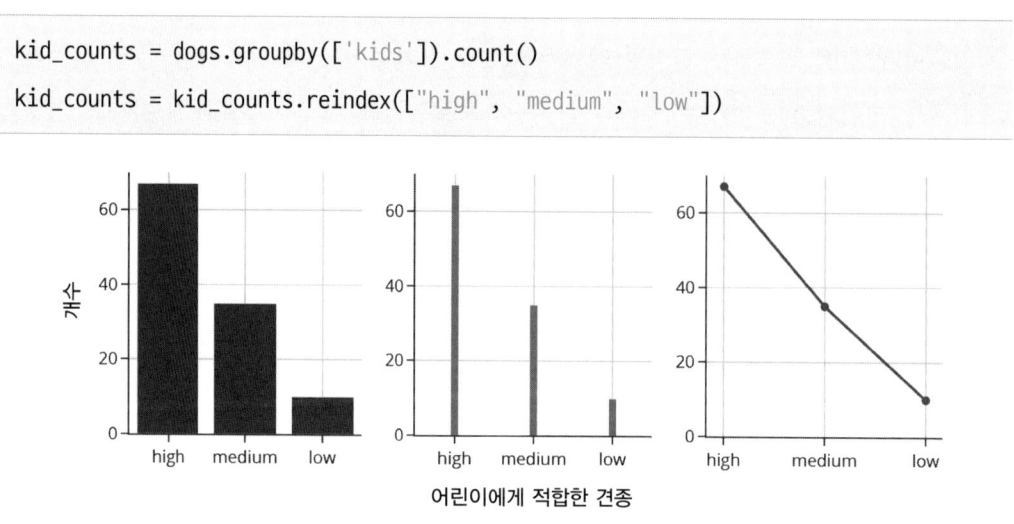

지금까지 단일 특성에 대한 분포를 해석하는 방법에 대해서 살펴보았습니다. 이어서 두 개의 특성과 이 둘의 관계를 살펴보아야 하는 상황의 경우에 대해 알아보겠습니다.

10.3. 관계를 확인할 때

여러 변수를 조사할 때는 분포뿐만 아니라 변수 간의 관계도 조사해야 합니다. 이 장에서는 한 쌍의 특성에서 무엇을 찾아야 하는지 알아봅니다. 앞서 표 10-3에서 특성 유형에 따라 만들 수 있는 그래프에 대해 가이드를 제공했습니다. 두 가지 특성의 경우 유형(정량적, 정성적 또는 혼합)의 조합이 중요합니다. 각 조합을 차례로 살펴보겠습니다.

10.3.1. 두 정량적 특성

두 특성이 모두 정량적인 경우, 산점도를 통해 그 관계를 조사하는 경우가 많습니다. 산점도의 각 점은 관측값의 한 쌍의 위치를 표시합니다. 즉, 산점도를 2차원 러그 플롯으로 생각할 수 있습니다.

산점도를 통해 선형 및 단순 비선형 관계를 찾고, 관계의 강도를 조사합니다. 또한 둘 중 하나 또는 둘 다의 변형이 선형 관계로 이어지는지도 살펴봅니다.

다음 산점도는 견종의 몸무게와 키를 표시합니다(둘 다 정량적 값입니다).

```
px.scatter(dogs, x='height', y='weight',
           marginal_x="rug", marginal_y="rug",
           labels={'height':'Height (cm)',
           'weight':'Weight (kg)'},
           width=350, height=250)
```

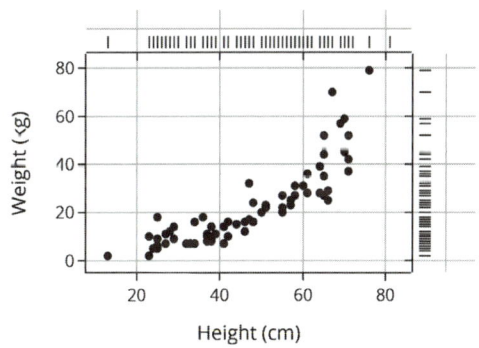

키가 평균보다 큰 개는 체중도 평균보다 무거운 경향이 있습니다. 키가 큰 개의 체중 변화는 키가 작은 개보다 더 빠르게 증가하는 비선형적인 관계로 보입니다. 기본적으로 개를 상자 모양으로 생각하면 이해하기 쉽습니다. 비슷한 비율의 상자의 경우 상자 내용물의 무게는 길이와 세제곱 관계를 갖습니다.

단변량 플롯에는 이변량 플롯에서 볼 수 있는 정보, 즉 두 특성이 어떻게 서로 다른지에 대한 정보가 누락되어 있다는 점에 유의할 필요가 있습니다. 실제로 두 개의 정량적 특성에 대한 히스토그램에는 각 특성별 산점도를 만들기에 충분한 정보가 포함되어 있지 않습니다. 한 쌍의 단변량 플롯에서 너무 많은 정보를 읽으려 들지 않도록 주의해야 합니다. 대신 표 10-3의 해당 행에 나열되었던 그래프(산점도, 평활 곡선, 등고선 그래프, 히트맵, q-q 플롯) 중 하나를 사용하여 두 정량적 특성 사이의 관계를 파악하는 것이 좋습니다

하나의 특성이 수치이고 다른 하나는 정성적 특성인 경우, 표 10-3은 또 다른 권장 사항을 제시합니다. 다음에는 이에 대해서 설명합니다.

10.3.2. 하나의 정성적 특성과 하나의 정량적 특성

정량적 특성과 정성적 특성 간의 관계를 조사하기 위해 정성적 특성을 사용하여 데이터를 군집으로 나누고 이러한 군집별로 정량적 특성의 분포를 비교하는 경우가 많습니다. 예를 들어 소형, 중형, 대형견 품종의 키 분포를 세 개의 겹쳐진 밀도 곡선으로 나타내어 비교합니다.

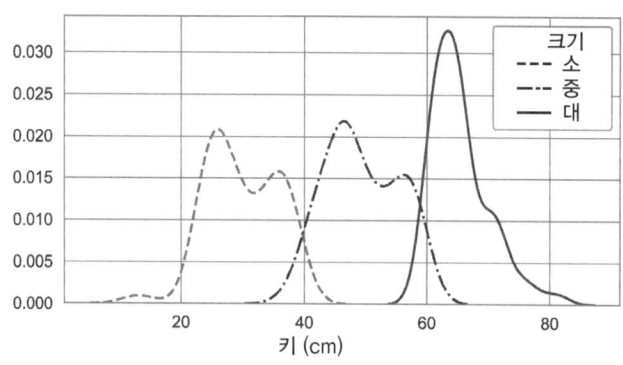

〈그림 10-3〉 품종의 크기 분류별 키 분포

소형과 중형 품종의 키 분포가 모두 양방향으로 나타나며, 각 군에서 왼쪽 최빈값이 더 큰 것을 볼 수 있습니다. 또한 소형 및 중형 품종 군은 대형 품종 군보다 키가 더 넓게 분포되어 있습니다.

다중 상자 그래프는 품종 간 분포를 유사하게 비교할 수 있습니다. 상자 그래프는 더 간단한 방식으로 분포를 대략적으로 이해할 수 있도록 합니다.

마찬가지로 바이올린 그래프는 각 군별로 축을 따라 밀도 곡선을 스케치합니다. 이 곡선은 대칭적인 '바이올린' 모양을 만들기 위해 뒤집혀 있습니다. 바이올린 플롯은 밀도 곡선과 박스 플롯 사이의 간극을 메우는 것을 목표로 합니다. 크기 이름이 지정된 품종의 높이에 대해 상자 그래프(왼쪽)와 바이올린 그래프(오른쪽)를 다음과 같이 만들 수 있습니다.

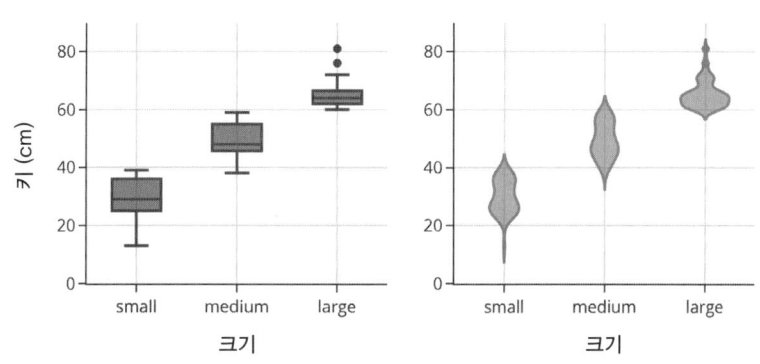

〈그림 10-4〉 품종의 크기 분류별 키 분포의 상자 그래프(좌)와 바이올린 그래프(우)

각 크기에 따른 세 개의 키에 대한 상자 그래프를 통해서, 각 군별 키의 범위가 거의 겹치지 않았으므로, 크기 범주는 키를 기반으로 나뉘었다고 해도 말이 된다는 것을 알 수 있습니다 (이는 평활화로 인해 밀도 곡선에서는 뚜렷하게 드러나지 않았습니다). 상자 그래프에서 소형견과 중형견에서의 양봉 형태에 대해서는 평가할 수 없었으나, 대형견이 다른 두 군집 대비 분포가 좁다는 것은 알 수 있습니다.

상자 그래프(박스-위스커 플롯(box-and-whisker plot)이라고도 함)는 분포에 대한 몇 가지 중요한 통계량을 시각적으로 요약합니다. 상자는 25% 분위값, 중앙값, 75% 분위값을 나타내고, 수염(whisker)은 데이터의 꼬리를 나타내며, 일부 이상한 큰 값이나 작은 값은 수염 바깥의 점으로 나타냅니다. 상자 그래프는 히스토그램이나 밀도 곡선 같은 많은 모양을 보여줄 수는 없습니다. 주로 대칭 여부와 기울기, 길고 짧은 꼬리, 비정상적으로 크거나 작은 값(이상치)을 보여줍니다.

그림 10-5는 상자 그래프의 각 부분에 대한 시각적 도표입니다. 중앙값이 상자의 중간에 위치하지 않으면 비대칭 분포일 가능성이 있고, 수염의 길이를 통해 분포의 꼬리 길이를 확인할 수 있으며, 수염 바깥의 점으로 이상치를 확인할 수 있습니다. 우측의 수염 바깥의 점은 최댓값이면서 동시에 이상치로 나타난 경우입니다.

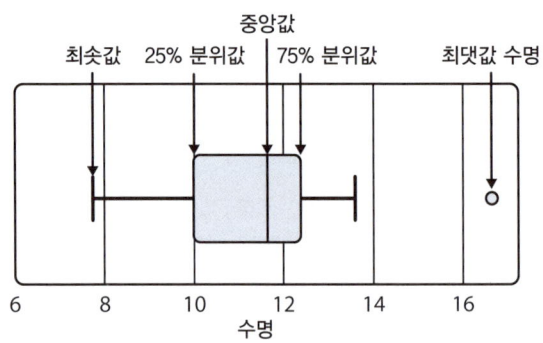

〈그림 10-5〉 요약 통계량을 표기한 상자 그래프 도표

두 정성적 특성 간의 관계를 조사할 때는 비율에 좀 더 초점을 맞춥니다. 이에 대해서는 다음에 살펴보겠습니다.

10.3.3. 두 정성적 특성

두 가지 정성적 특성이 있는 경우, 우리는 종종 다른 특성에 의해 정의된 하위 군집 하에서 한 특성의 분포를 비교합니다. 사실상 하나의 특성은 일정하게 유지하고 다른 특성의 분포를 그래프로 나타냅니다. 이때 선 그래프나 막대 그래프와 같이 한 정성적 특성의 분포를 표시할 때 사용한 것과 동일한 그래프를 사용할 수 있습니다. 예를 들어, 어린이에게 적합한 품종과 품종의 크기 사이의 관계를 조사해 봅시다.

이 두 가지 정성적 특성 간의 관계를 조사하기 위해 세 가지 비율 군집(각각 적합성이 낮음, 중간, 높음)을 계산합니다. 각 적합성 범주 내에서 소형견, 중형견, 대형견의 비율을 구합니다. 이러한 비율은 다음 표에 표시되어 있습니다. 이때 각 열의 합계는 1(100%에 해당)입니다.

prop_table_t			
kids	high	medium	low
size			
large	0.37	0.29	0.1
medium	0.36	0.34	0.2
small	0.27	0.37	0.7

다음 선 그래프는 이 비율을 시각화한 것입니다. 각각의 적합성 단계별로 하나의 "선"(연결된 점의 군집)이 나타납니다. 연결된 점은 각각의 적합성 단계 하에서 크기별로 구분됩니다. 다음 그래프를 통해 어린이에게 적합하지 않은 견종일수록 대개 소형견인 경향이 있다는 것을 확인할 수 있습니다.

```
fig = px.line(prop_table_t, y=prop_table_t.columns,
        x=prop_table_t.index, line_dash='kids',
        markers=True, width=500, height=250)

fig.update_layout(
    yaxis_title="proportion", xaxis_title="Size",
    legend_title="Suitability <br>for children"
)
```

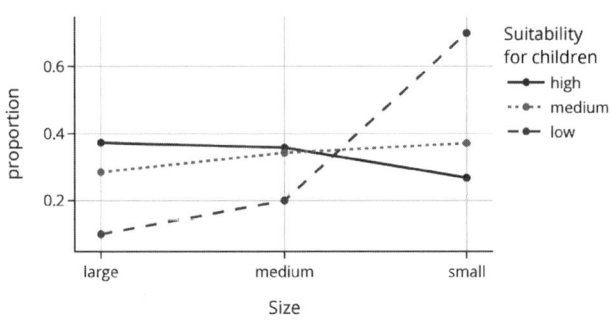

이 비율을 다음과 같이 다중 막대 그래프의 모음 형태로 나타낼 수도 있습니다.

```python
fig = px.bar(prop_table_t, y=prop_table_t.columns,
             x=prop_table_t.index, barmode='group', width=500,
             height=250)

fig.update_layout(
    yaxis_title="proportion", xaxis_title="Size",
    legend_title="Suitability <br>for children"
)
```

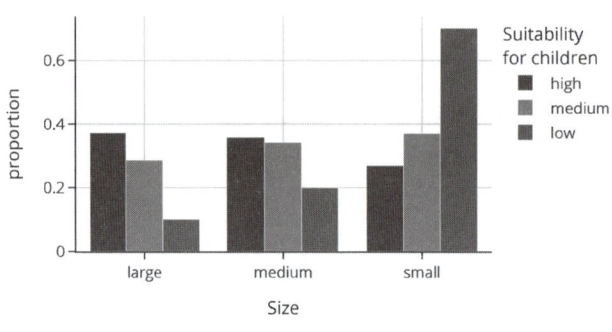

지금까지, 하나 혹은 두 개의 특성을 다룰 때의 시각화 방법에 대해서 알아보았습니다. 다음 장에서는, 두 개 이상의 특성을 다룰 때의 시각화 방법에 대해서 이야기해 보도록 하겠습니다.

10.4. 다변량 경우의 비교

분포나 관계를 조사할 때 데이터의 하위 집단 간에 비교하고 싶은 경우가 종종 생깁니다. 이러한 추가 요인을 다루는 과정은 대개 세 개 이상의 변수를 포함하는 시각화로 이어집니다. 이 장에서는 여러 변수를 시각화하는 데 일반적으로 사용되는 그래프를 해석하는 방법을 설명하도록 하겠습니다.

예를 들어, 반복 횟수 범주에서 키와 수명의 관계를 비교해 보겠습니다. 먼저 반복 횟수(개가 새로운 명령을 배우는 데 걸리는 일반적인 횟수)를 기존의 6개 범주를 15회 미만, 15-25회, 25-40회, 40회 이상의 4개의 범주로 단순화하겠습니다.

```
rep_replacements = {
    '80-100': '40+', '40-80': '40+',
    '<5': '<15', '5-15': '<15',
}
dogs = dogs.assign(
    repetition=dogs['repetition'].replace(rep_replacements))
```

이제 각 군집에는 30가지 가량의 견종이 포함되었습니다. 더 적은 범주로 만들수록 관계를 해석하기가 쉬워집니다. 산점도에서 범주별로 다른 기호를 사용해서 시각화할 수 있습니다.

```
px.scatter(dogs.dropna(subset=['repetition']), x='height',
        y='longevity', symbol='repetition', width=450,
        height=250,
        labels={'height':'Height (cm)',
                'longevity':'Typical lifespan (yr)',
                'repetition':'Repetition'},
)
```

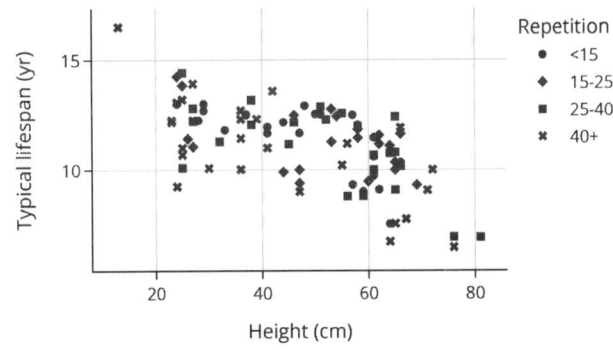

이 그래프에서 repetition 특성에 더 많은 범주가 있었다면 해석이 어려울 수 있습니다. 이 세 특성을 나타내는 또 다른 방법으로는 분할 그래프가 있습니다.

```
px.scatter(dogs.dropna(subset=['repetition']),
           x='height', y='longevity', trendline='ols',
           facet_col='repetition', facet_col_wrap=2,
           labels={'height':'Height (cm)',
                   'longevity':'Typical lifespan (yr)'})
```

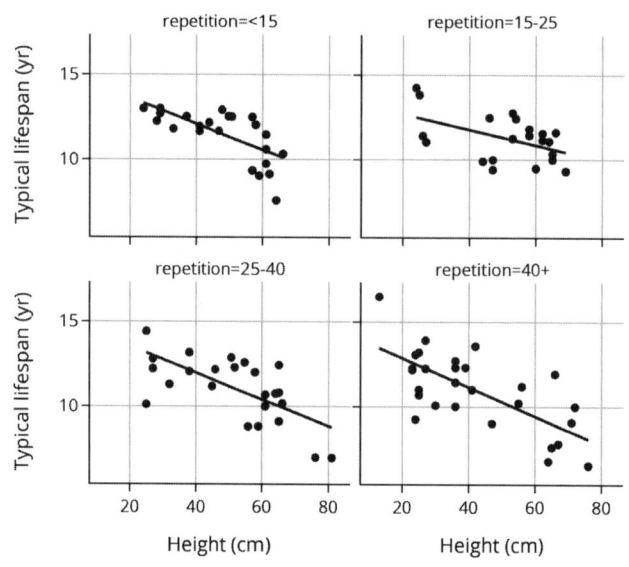

4개의 산점도는 각각 다른 반복 횟수 범위에 대한 수명과 키의 관계를 보여줍니다. 산점도를 분리하면 두 정량적 특성 간의 관계가 하위 그룹에서 어떻게 변화하는지 더 잘 파악할 수 있습니다. 또한 각 반복 범위에 대한 키와 수명의 범위를 더 쉽게 확인할 수 있습니다. 전반적으로 키가 큰 품종일수록 수명이 짧은 경향이 있다는 사실을 알 수 있습니다. 또 다른 흥미로운 특성은 선의 기울기가 비슷하지만 반복 횟수가 40회 이상인 경우의 그룹이 다른 그룹보다 약 1.5년 정도 수명이 짧다는 것입니다. 이처럼 반복 학습이 많이 필요한 품종은 키에 관계없이 다른 그룹보다 수명이 더 짧은 경향을 보입니다.

다음은 세 가지(또는 그 이상) 특성이 있을 때 비교를 위한 다양한 시각화 기법을 요약해 보았습니다.

- 두 가지 정량적 특성과 한 가지 정성적 특성

    앞서 설명한 것과 같이 정성적 특성의 범주에 따라 마커를 변경하는 산점도나 각 범주별 산점도를 하나씩 그리는 방법이 있습니다.

- **두 개의 정성적 특성과 하나의 정량적 특성**

  품종 크기에 따른 높이의 상자 그래프 모음에서 다중 상자 그래프를 통해 하위 군집에 따른 분포의 기본 형태를 비교할 수 있었습니다. 두 개 이상의 정성적 특성이 있는 경우, 정성적 특성 중 하나에 따라 다중 상자 그래프를 구성할 수 있습니다.

- **세 가지 정량적 특성**

  두 개의 정량적 특성과 하나의 정성적 특성을 그릴 때도 비슷한 방식을 사용할 수 있습니다. 이번에는 정량적 특성 중 하나를 순서형 특성으로 변환하는데, 각 범주에는 일반적으로 대략 유사한 수의 데이터가 있습니다. 그런 다음 다른 두 가지 특성에 대한 분할 그래프를 만듭니다. 이후 다시 한번 각 그래프 간의 관계에서 유사점을 찾습니다.

- **세 가지 정성적 특성**

  정성적 특성 간의 관계를 조사할 때는 다른 특성에 의해 정의된 하위 그룹 내에서 한 특성의 비율을 조사합니다. 앞 장에서 하나의 그림에 있는 세 개의 선 그래프와 다중 막대 그래프는 모두 이런 식의 비교를 나타냅니다. 정성적 특성이 3개 이상이면 특성의 범주 조합에 따라 데이터를 계속 세분화하고 선 그래프, 점 그래프, 다중 막대 그래프 등을 사용하여 이러한 비율을 비교할 수 있습니다. 그러나 이러한 그래프들은 세분화할수록 점점 더 이해하기 어려워지는 경향이 있습니다.

> **설명**
>
> 시각화를 세분화하여 정성적 특성에 의해 구분된 데이터의 하위 군집에 대한 관계의 변화 여부를 확인하는 것은 좋은 방법입니다. 이 기법을 특성 제어(controlling for a feature)라고 합니다. 예를 들어, 산점도의 일부 또는 모든 측면에서 상승 추세를 보이는 선형 관계가 하락 추세로 반전되는 경우 놀랄 수 있습니다. 이러한 현상을 심슨의 역설이라고 합니다. 이 역설은 정성적 특성에서도 발생할 수 있습니다. 버클리 대학에서 남성의 대학원 입학률이 여성보다 높았지만, 각 프로그램 내에서 살펴보면 여성이 더 우세한 비율을 보인 유명한 사례[35]가 있었습니다. 문제는 입학률이 낮은 학과에 여성이 더 많이 지원한다는 것이었습니다.

두 개 이상의 범주형 변수를 포함하는 비교는 가능한 범주 조합의 수가 증가함에 따라 빠른 속도로 난이도가 높아질 수 있습니다. 예를 들어 3 × 4 = 12개의 크기의 반복 횟수 조합이 있다고 가정해 보겠습니다(원래의 반복 횟수 범주를 유지했다면 18개의 조합이 가능할 것입니다). 12개의 하위 군집에 대한 분포를 조사하는 것은 어려울 수 있습니다. 또한 하위

---

[35] https://oreil.ly/h9tMw

군집에 너무 적다는 문제도 있습니다. 개 데이터 프레임에는 200개에 가까운 행이 있지만, 크기와 반복 횟수의 조합 중 절반은 관측값이 10개 이하입니다(한 특성에 누락된 값이 있는 경우 관측값이 손실되므로 이 문제는 더욱 복잡해집니다). 이러한 차원의 저주는 정량적 데이터와의 관계를 비교할 때도 발생합니다. 정량적 변수가 3개 있는 경우, 분할 그래프의 일부 산점도 중에는 하위 군집에 대한 두 변수 간의 관계 형태를 확인하기에는 관측치가 너무 적을 수 있습니다.

지금까지 탐색적 데이터 분석에서 일반적으로 사용되는 시각화의 실제 예시를 살펴보았습니다. 그럼 이제 한 단계 더 나아가서 EDA를 위한 심화 참고 사항을 말씀드리겠습니다.

10.5. 탐색 시의 지침 사항

이 장에서는 지금까지, 특성 유형의 개념과, 특성 유형에 따라 어떤 그래프를 그려야 하는지 파악하는 법, 그리고 시각화에서 분포와 관계를 이해하는 법에 대해서 살펴보았습니다. EDA는 이런 기술을 어떻게 적용하는지와 데이터에 대해 얼마나 유연하게 이해할 수 있는지에 따라서 달라지게 됩니다.

앞서 9장에서 데이터 품질을 확인하고 특성을 변형시키면서 데이터 분석에서 각 특성을 더 잘 활용할 수 있도록 하는 데 EDA를 실제로 적용해 보았습니다. 다음은 데이터를 탐색하는 용도로 그래프를 만들 때 도움이 될 만한 질문입니다.

- 특성 X의 분포는 어떤가요?
- 특성 X와 특성 Y는 서로 연관성이 있나요?
- 특성 X의 분포는 특성 Z로 구분한 하위 집단에서도 동일하게 나타납니까?
- X에 이상치가 있나요? (X, Y) 조합인 경우엔 어떠한가요? X로 구분한 하위 집단에서의 X에는 이상치가 있나요?

이 각각의 질문에 대답할 때, 특성의 측정치와 문맥을 연결해서 대답하는 것이 중요합니다. 또한 이에 대해서 탐색할 때는 적극적인 태도로 호기심을 가지는 자세 역시 필수적입니다. 탐색에 있어, 자신에게 다음과 같이 "그다음에는?" "그래서?" 같은 질문을 던지도록 합니다.

- 특정 집단이나 관찰 결과가 다른 것과 다를 것이라고 예상할 만한 이유가 있나요?
- (분포 등의) 형태가 중요한 이유는 무엇인가요?
- 어떤 추가 비교를 하면 탐색에 도움이 될까요?
- 비교 대상으로 삼을 만한, 중요할지도 모르는 특성이 있나요?

이 과정에서 때때로 컴퓨터에서 한 발짝 떨어져서 작업을 천천히 검토하는 것이 중요합니다. 해당 주제에 대한 추가 문헌을 읽거나 해당 분야의 전문가를 찾아가서 결과를 논의할 수도 있습니다. 예를 들어, 비정상적인 관찰 결과에 타당한 이유가 있을 수 있으며, 이런 경우 해당 분야의 전문가가 더 많은 배경 지식을 제공해 줄 수 있습니다.

다음에서는 구체적인 EDA 사례를 통해 이러한 지침을 실제로 살펴보겠습니다.

10.6. 예제: 주택 거래가

마지막으로, 이전 장의 질문을 사용하여 탐색적 분석을 수행하고 향후 조사 방향성을 설정합니다. 일반적으로 EDA는 데이터 전처리 단계에서 시작하지만, 여기서는 내용 설명용으로, 관심 있는 특성을 탐색하는 데 집중할 수 있도록 사전에 일부 정리된 데이터를 사용합니다. 또한 시각화를 구체적으로 구성하는 방법에 대해서는 자세히 설명하지 않을 것이니 참고하기 바랍니다. 이 주제는 11장에서 다시 다루겠습니다.

이번 예제에서 사용되는 데이터는 샌프란시스코 크로니클[36](SFChron) 웹사이트에서 스크랩한 것입니다. 데이터는 2003년 4월부터 2008년 12월까지 이 지역에서 매매된 주택의 전체 목록으로 구성되어 있습니다. 데이터를 해당 기간과 지역 이상으로 일반화할 계획이 없고, 인구 조사를 다루므로, 모집단은 접근 프레임과 일치하며 표본은 전체 인구로 구성됩니다.

구분 방식을 살펴보면, 각 기록은 지정된 기간 동안 SF 베이 지역에서의 주택 매매 건입니다. 즉, 이 기간 동안 주택이 두 번 팔렸다면 테이블에는 두 개의 기록이 있습니다. 그리고 이 기간 동안 베이 지역에 있는 주택이 매물로 나오지 않았다면 데이터에 나타나지 않습니다. 데이터는 sfh_df라는 데이터 프레임에 들어있습니다.

---

36 https://oreil.ly/tP9Xp

sfh_df

	city	zip	street	price	br	lsqft	bsqft	timestamp
0	Alameda	94501.0	1001 Post Street	689000.0	4.0	4484.0	1982.0	2004-08-29
1	Alameda	94501.0	1001 Santa Clara Avenue	880000.0	7.0	5914.0	3866.0	2005-11-06
2	Alameda	94501.0	1001 Shoreline Drive ₩#102	393000.0	2.0	39353.0	1360.0	2003-09-21
...	...	...	...	...	...	...	...	...
521488	Windsor	95492.0	9998 Blasi Drive	392500.0	NaN	3111.0	NaN	2008-02-17
521489	Windsor	95492.0	9999 Blasi Drive	414000.0	NaN	2915.0	NaN	2008-02-17
521490	Windsor	95492.0	999 Gemini Drive	325000.0	3.0	7841.0	1092.0	2003-09-21

521491 rows × 8 columns

이 데이터셋에는 추가적으로 제공되는 코드북이 없지만, 탐색을 통해 특성과 저장 유형을 판별할 수 있습니다.

sfh_df.info()

<class 'pandas.core.frame.DataFrame'>
RangeIndex: 521491 entries, 0 to 521490
Data columns (total 8 columns):
 #   Column Non-Null Count   Dtype
--- ------ --------------   -----
 0   city   521491 non-null object
 1   zip   521462 non-null float64

```
 2 street     521479 non-null object
 3 price      521491 non-null float64
 4 br         421343 non-null float64
 5 lsqft      435207 non-null float64
 6 bsqft      444465 non-null float64
 7 timestamp  521491 non-null datetime64[ns]
dtypes: datetime64[ns](1), float64(5), object(2)
memory usage: 31.8+ MB
```

항목 이름을 기반으로, 도시, 우편번호, 도로명, 날짜의 조합을 기본 키로 추측해 볼 수 있습니다.

우리의 목적은 주택 거래가이므로, 일단 이 값의 분포를 살펴봅시다. 분포에 대한 직관을 발전시키기 위해, 다음 장을 읽기에 앞서 분포의 모양을 예상해 봅시다. 가격의 범위는 고려하지 말고, 일반적인 형태를 머릿속에 그려봅시다.

10.6.1. 주택 거래가 이해하기

주택 거래가의 분포는 일부 초고가 주택으로 인해 오른쪽으로 꼬리가 긴 분포 형태일 것이라고 생각해 볼 수 있습니다. 다음 요약 통계량을 통해 이런 치우침 상태를 확인할 수 있습니다.

```
percs = [0, 25, 50, 75, 100]
prices = np.percentile(sfh_df['price'], percs, method='lower')
pd.DataFrame({'price': prices}, index=percs)
```

	price
0	22000
25	410000
50	555000
75	744000
100	20000000

중앙값이 3분위수보다 1분위수에 더 가깝습니다. 또한 최댓값은 중앙값의 40배나 됩니다! 2,000만 달러의 판매 가격이 단순히 비정상적인 값인지, 아니면 그렇게 높은 가격에 팔린 집이 많은지 궁금해집니다. 이를 알아보기 위해 분포의 오른쪽 꼬리를 확대하여 몇 가지 높은 백분위수를 계산해 보겠습니다.

```
percs = [95, 97, 98, 99, 99.5, 99.9]
prices = np.percentile(sfh_df['price'], percs, method='lower')
pd.DataFrame({'price': prices}, index=percs)
```

	price
95	1295000
97	1508000
98	1707000
99	2110000
99.5	2600000
99.9	3950000

99.9%의 주택이 400만 달러보다 낮은 가격에 팔렸으므로, 거래가가 2,000만 달러라는 것은 매우 특이한 일입니다. 그럼 400만 달러 미만의 거래가에 대해 히스토그램을 그려보겠습니다.

```
under_4m = sfh_df[sfh_df['price'] < 4_000_000].copy()

px.histogram(under_4m, x='price', nbins=50, width=350,
             height=250, labels={'price':'Sale price (USD)'})
```

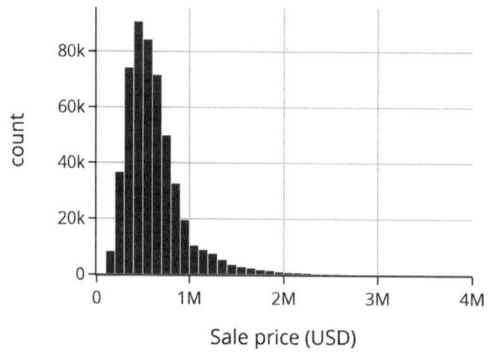

상위 0.1%를 제외하고도, 분포는 여전히 오른쪽으로 꼬리가 긴 형태를 나타내고, 중앙값은 단일 값으로 50만 달러 부근입니다. 그러면 매매가에 로그를 취한 후 히스토그램을 그려보도록 합시다. 우측에 긴 꼬리를 가지는 형태의 분포를 보다 대칭인 형태로 변환하고자 할 때 로그 변환이 때로 도움이 됩니다.

```
under_4m['log_price'] = np.log10(under_4m['price'])

px.histogram(under_4m, x='log_price', nbins=50, width=350,
            height=250,
            labels={'log_price':'Sale price (log10 USD)'})
```

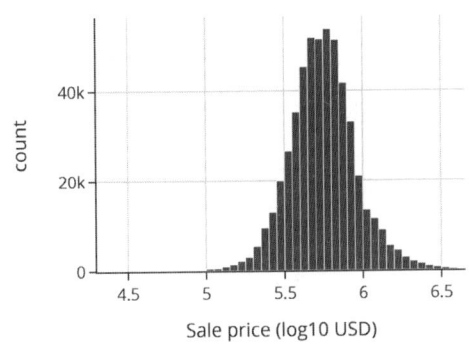

로그 변환을 취한 거래가의 분포는 대략 대칭형을 보인다는 것을 확인했습니다. 여기까지 거래가에 대한 분포를 살펴보았으니, 이제 앞의 EDA의 핵심 질문인 '그다음에는?' '그래서?'를 던져 보며, 이 분석이 무엇을 의미하는지 살펴보겠습니다.

10.6.2. 그다음에는?

거래가의 형태에 대해 살펴보았시만, 이제는 왜 이 형태가 중요한지 이해하고 분포가 다를 수 있는 비교 집단을 찾아보아야 합니다.

형태가 중요한 이유는 대칭 분포에 기반한 모델과 통계가 왜곡이 심한 분포보다 더 견고하고 안정적인 특성을 갖는 경향이 있기 때문입니다(이 주제는 15장에서 선형 모델을 다룰 때 더 자세히 살펴볼 것입니다). 이러한 이유로 우리는 주로 로그 변환된 판매 가격으로 작업합니다. 또한 초고가 주택은 상당히 다른 특징을 가질 수 있으므로 분석 시 데이터 범위를

400만 달러 미만의 판매 가격으로 제한할 수도 있습니다.

가능한 비교 대상을 만들기 위해 맥락을 고려해 보겠습니다. 이 기간 동안 주택 시장은 급격히 상승했다가 바닥을 찍었습니다. 따라서 2004년과 2005년의 판매 가격의 분포는 경기 침체 직전인 2008년과 꽤 다를 수 있습니다. 이 현상을 더 자세히 파악하고자 한다면 시간에 따른 가격의 움직임을 살펴 보는 것이 도움이 될 수 있습니다. 또는 시간을 고정하고 가격과 다른 관련된 특성 사이의 관계를 조사할 수도 있습니다. 두 가지 접근 방식 모두 잠재적으로 도움이 될 수 있습니다.

여기서는 초점을 한 해로 좁혀보겠습니다(11장에서는 시간 차원을 살펴봅니다). 데이터를 2004년에 이루어진 매출로 축소하므로 가격 상승이 해당 범위 내의 분포와 관계에 미치는 영향은 제한적일 것입니다. 또한 매우 비싸고 큰 주택의 영향을 제한하기 위해 데이터 집합을 400 달러 미만의 매출과 12,000 평방피트 미만의 주택으로 제한합니다. 이 하위 집합에는 여전히 고가의 대형 주택이 포함되어 있지만 터무니없이 많지는 않습니다. 나중에는 관심 있는 몇 개의 도시로 탐색 범위를 더 좁혀 분석을 진행할 예정입니다.

```python
def subset(df):
    return df.loc[(df['price'] < 4_000_000) &
                  (df['bsqft'] < 12_000) &
                  (df['timestamp'].dt.year == 2004)]

sfh = sfh_df.pipe(subset)
sfh
```

	city	zip	street	price	br	lsqft	bsqft	timestamp
0	Alameda	94501.00	1001 Post Street	689000.00	4.00	4484.00	1982.00	2004-08-29
3	Alameda	94501.00	1001 Shoreline Drive ₩#108	485000.00	2.00	39353.00	1360.00	2004-09-05

10	Alameda	94501.00	1001 Shoreline Drive ₩#306	390000.00	2.00	39353.00	1360.00	2004-01-25
...	...	...	...	...	...	...	...	...
521467	Windsor	95492.00	9960 Herb Road	439000.00	3.00	9583.00	1626.00	2004-04-04
521471	Windsor	95492.00	9964 Troon Court	1200000.00	3.00	20038.00	4281.00	2004-10-31
521478	Windsor	95492.00	9980 Brooks Road	650000.00	3.00	45738.00	1200.00	2004-10-24

105996 rows × 8 columns

이 데이터의 거래가 분포 형태는 앞과 동일합니다. 가격은 여전히 우측 꼬리가 긴 형태입니다. 그럼 이어서 이 부분 집합을 사용해서 가격과 관련된 잠재적으로 중요한 특성이 어떤 것이 있는지 탐색해 보겠습니다.

10.6.3. 다른 특성 살펴보기

우리가 살펴보고 있는 판매가뿐만 아니라, 건물 크기, 대지 면적, 방의 개수 같은 일부 특성 역시 본 조사에 중요한 역할을 할 수 있습니다. 이 특성의 분포를 살펴보고 주택 거래 가격 및 각 특성 간의 연관성을 살펴보도록 하겠습니다.

건물 크기와 대지 면적은 아마도 거래가와 연관이 있을 것이므로, 이 특성들 역시 오른쪽 꼬리가 긴 분포를 가질 깃으로 예상하는 것도 일리가 있습니다. 그러므로 우선 건물 크기에 로그 변환을 취해 보겠습니다.

```
sfh = sfh.assign(log_bsqft=np.log10(sfh['bsqft']))
```

건물 크기의 원본 값과 로그 스케일 값의 분포를 비교해 보겠습니다.

```
fig = make_subplots(1,2)
fig.add_trace(go.Histogram(x=sfh['bsqft'], histnorm='percent',
              nbinsx=60), row=1, col=1)
fig.add_trace(go.Histogram(x=sfh['log_bsqft'],
              histnorm='percent', nbinsx=60), row=1, col=2)

fig.update_xaxes(title='Building size (ft²)', row=1, col=1)
fig.update_xaxes(title='Building size (ft², log10)', row=1, col=2)
fig.update_yaxes(title="percent", row=1, col=1)
fig.update_yaxes(range=[0, 18])
fig.update_layout(width=450, height=250, showlegend=False)
fig
```

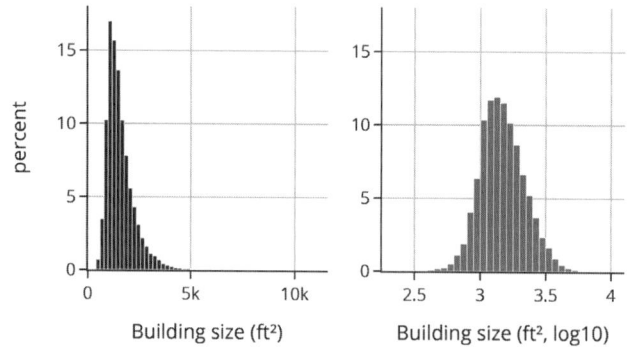

이 분포는 대략 1,500 ft²에서 최고점을 찍는 단봉 형태를 띠며, 많은 집의 크기가 2,500 ft²보다 큽니다. 그리고 앞서 추측한 것이 맞았음을 확인할 수 있습니다. 로그 변환을 취한 건물 크기는 살짝 기울어져 있긴 하지만 거의 대칭에 가깝습니다. 대지 면적 분포 역시 비슷합니다.

주택 크기 및 대지 면적 모두 치우친 형태의 분포를 가지므로, 이 둘의 산점도 역시도 로그를 취해야 할 가능성이 높습니다.

```
sfh = sfh.assign(log_lsqft=np.log10(sfh['lsqft']))
```

로그를 취한 것과 취하지 않은 경우의 그래프를 비교해 보겠습니다.

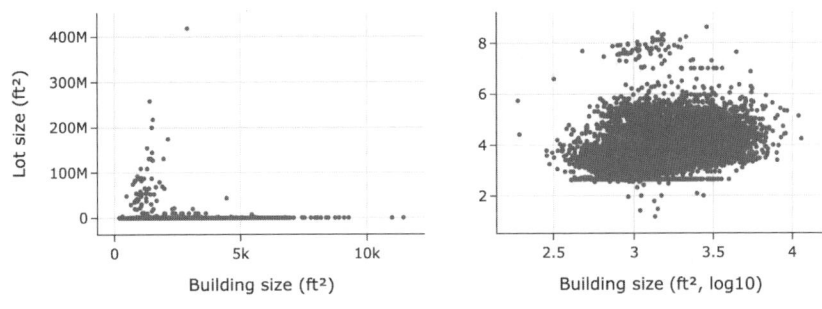

〈그림 10-6〉 건물 크기와 대지 면적의 관계(원 데이터(좌)와 로그 데이터(우))

좌측의 산점도가 원래의 값으로, 대부분의 점이 그래프의 바닥에 깔려 있어서 관계를 판별하기가 어렵습니다. 반면에, 우측의 산점도는 몇 가지 흥미로운 특징을 보입니다. 산점도 하단에 x축과 평행한 선들이 보이는데, 이는 많은 건물이 건물 크기에 관계없이 동일한 대지 면적을 가지고 있음을 나타냅니다. 또한 대지 면적과 건물 크기 간에는 약간이나마 양의 로그-로그 선형 관계가 있는 것처럼 보입니다.

대지 면적에 대해 몇 개의 하위 분위수를 살펴보면서 이 특이한 값을 확인해 보겠습니다.

```
percs = [0.5, 1, 1.5, 2, 2.5, 3]
lots = np.percentile(sfh['lsqft'].dropna(), percs, method='lower')
pd.DataFrame({'lot_size': lots}, index=percs)
```

	lot_size
0.50	436.00
1.00	436.00
1.50	436.00
2.00	436.00
2.50	436.00
3.00	782.00

약 2.5%의 주택이 436ft^2 크기의 부지를 가지고 있다는 흥미로운 사실을 발견했습니다. 이는 매우 작은 비율로 일단은 크게 의미가 없으므로, 이후 좀 더 살펴보기 위해 이 이상치를 기록해 두었습니다.

주택 크기의 또 다른 척도는 방의 개수입니다. 이것은 이산형 정량적 변수이므로 정성적 특성처럼 사용하여 막대형 차트를 만들 수 있습니다.

베이 지역의 주택은 작은 편에 속하므로 방의 개수가 3개에서 정점을 이루고 오른쪽으로 긴 꼬리를 그리며, 침실 수가 5개 또는 6개인 주택도 일부 있을 것으로 추측할 수 있습니다. 확인해 봅시다.

```
br_cat = sfh['br'].value_counts().reset_index()
px.bar(br_cat, x="br", y="count", width=350, height=250,
       labels={'br':'Number of bedrooms'})
```

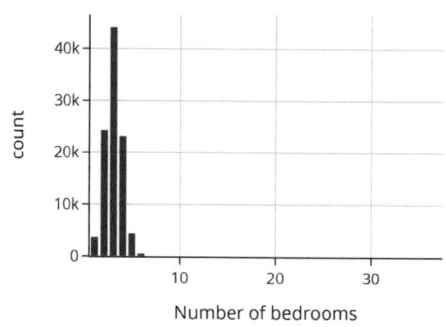

막대 그래프를 통해 앞서 추측한 것이 대략 맞았음을 알 수 있습니다. 하지만 이 그래프를 보면 무려 30개의 방이 있는 주택도 있습니다! 이건 좀 믿기 어려운 부분이라, 다른 데이터 품질 문제가 있을지도 모릅니다. 이 데이터에는 집의 주소도 있으므로, 부동산 앱에서 이 값을 재확인해 볼 수도 있습니다.

그 사이에, 우선 방의 개수가 8보다 더 큰 값은 모두 8+에 할당하여, 방의 개수를 순서형 특성으로 변환한 후, 변환된 데이터를 사용해서 막대 그래프를 다시 그려보겠습니다.

```
eight_up = sfh.loc[sfh['br'] >= 8, 'br'].unique()
sfh['new_br'] = sfh['br'].replace(eight_up, 8)


br_cat = sfh['new_br'].value_counts().reset_index()
px.bar(br_cat, x="new_br", y="count", width=350, height=250,

       labels={'new_br':'Number of bedrooms'})
```

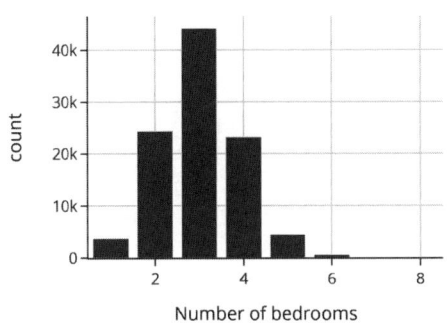

침실이 8개 이상인 주택을 모두 합쳐도 그 수가 많지 않다는 것을 알 수 있습니다. 방 개수의 분포는 3개에서 정점을 이루는 거의 대칭적인 분포를 보이며, 방 개수가 2개 또는 4개인 주택과 1개 또는 5개인 주택의 비율도 거의 비슷합니다. 다만 방이 6개 이상인 주택도 일부 있어 비대칭이 존재합니다.

이제 방 개수와 거래 가격 간의 관계를 살펴보겠습니다. 이어 진행하기 전에 지금까지 수행한 변환을 저장합니다.

```
def log_vals(df):
    return df.assign(log_price=np.log10(df['price']),
                     log_bsqft=np.log10(df['bsqft']),
                     log_lsqft=np.log10(df['lsqft']))

def clip_br(df):
    eight_up = df.loc[df['br'] >= 8, 'br'].unique()
    new_br = df['br'].replace(eight_up, 8)
    return df.assign(new_br=new_br)

sfh = (sfh_df
 .pipe(subset)
 .pipe(log_vals)
 .pipe(clip_br)
)
```

이제 방의 개수와 다른 변수 간의 관계에 대해서 알아 볼 준비가 되었습니다.

10.6.4. 관계에 대해 더 깊이 파고들기

방의 개수에 따라 주택 거래가의 변화 분포가 어떻게 달라지는지를 살펴보겠습니다. 상자 그래프를 사용해서 이를 확인해 볼 수 있습니다.

```
px.box(sfh, x='new_br', y='price', log_y=True, width=450,
       height=250, labels={'new_br':
       'Number of bedrooms','price':'Sale price (USD)'})
```

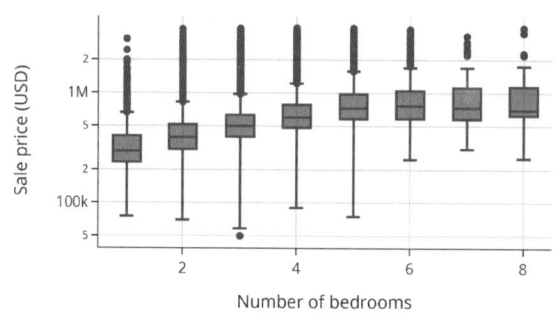

거래 가격의 중앙값은 방이 하나에서 다섯 개가 될 때까지는 방의 개수에 따라 증가하지만, 가장 큰 주택들(6개 이상의 방)의 경우, 로그 변환한 거래 가격 분포는 거의 동일하게 나타납니다.

일반적으로 방이 하나인 집은 방이 4개인 집보다는 작을 것이라고 예상할 수 있습니다. 또한 방이 6개가 넘는 집이라면 대략 크기나 가격이 비슷할 것이라고도 추측할 수도 있습니다. 좀 더 자세히 들여다보려면, 가격을 건물 크기로 나누어 평방피트당 가격이라는 일종의 변환을 취해 볼 수도 있습니다. 이렇게 변환한 특성이 모든 주택에 대해 일정한지, 즉 가격이 주로 주택의 크기에 따라 결정되는지 확인합니다. 이를 위해 크기와 가격, 평방피트당 가격과 크기라는 두 쌍의 관계를 살펴보겠습니다.

```
sfh = sfh.assign(
    ppsf=sfh['price'] / sfh['bsqft'],
    log_ppsf=lambda df: np.log10(df['ppsf']))
```

이를 사용해서 다음과 같이 두 개의 산점도를 만들었습니다. 왼쪽 그래프는 주택 크기에 따른 가격(모두 로그 변환)을 나타낸 것이고, 오른쪽 그래프는 주택 크기에 따른 평방피트당 가격(로그 변환)을 나타낸 것입니다. 각 그래프에는 평활선을 추가하여 대략 동일한 크기에 대해 가격이나 평방피트당 가격의 평균값을 나타냈습니다.

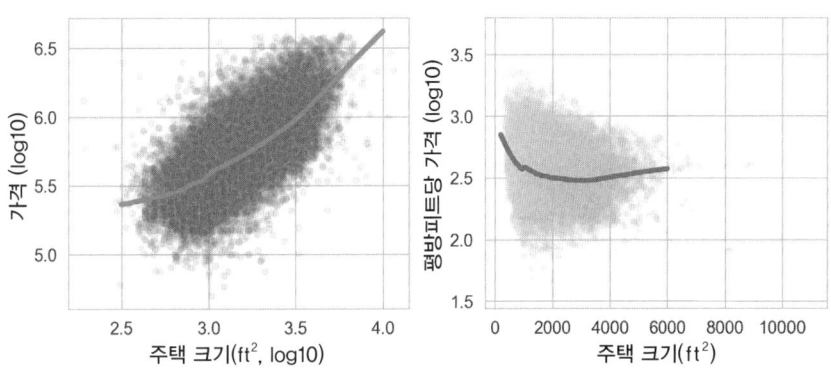

〈그림 10-7〉 가격과 주택 크기에 대한 로그 여부에 따른 그래프 차이

왼쪽 그래프는 우리가 예상했던 대로, 집이 클수록 더 비싸다는 것을 보여줍니다. 또한 이 두 특성 간에는 대략 로그-로그 관계가 있다는 것도 알 수 있습니다.

오른쪽의 그래프에서는 흥미롭게도 비선형성을 보입니다. 작은 집의 경우 큰 집에 비해 평방피트당 가격이 더 비싸고, 더 큰 주택의 경우 평방피트당 가격은 상대적으로 비슷하다는 것을 알 수 있습니다. 이 특성은 꽤 흥미로우므로, 평방피트당 가격을 sfh에 저장하겠습니다.

```
def compute_ppsf(df):
    return df.assign(
        ppsf=df['price'] / df['bsqft'],
        log_ppsf=lambda df: np.log10(df['ppsf']))

sfh = (sfh_df
 .pipe(subset)
 .pipc(log_vals)
 .pipe(clip_br)
 .pipe(compute_ppsf)
)
```

지금까지 가격과 위치 간의 관계에 대해서는 고려하지 않았습니다. 이 데이터셋에는 150개의 서로 다른 도시에 대한 주택 가격이 들어있습니다. 어떤 도시의 경우 매매 내용이 몇 건안 되지만 어떤 도시는 수천 개의 기록이 있습니다. 뒤에 이어서는 이 데이터를 좀 더 깊이 탐색하며 몇 개의 도시에 대해서 연관성을 살펴보도록 하겠습니다.

10.6.5. 지역 고정

다음과 같은 이야기를 들어본 적이 있을지도 모르겠습니다. 부동산 가격을 결정하는 세 가지 조건이 있습니다. 첫째도 위치, 둘째도 위치, 셋째도 위치입니다. 따라서 도시별 가격을 비교해 보면, 이러한 말을 이해할 수 있는 인사이트를 추가로 얻을 수도 있습니다.

샌프란시스코 동부의 리치몬드(Richmond), 엘 세리토(El Cerrito), 알바니(Albany), 버클리(Berkeley), 월넛 크릭(Walnut Creek), 라모린다(Lamorinda) (라파예트(Lafayette), 모라가(Moraga), 오린다(Orinda) 세 개의 이웃한 주거 중심 지역을 합친 지역의 이름입니다), 피드몬트(Piedmont)의 데이터를 살펴보겠습니다.

우선 이 각 도시의 주택 가격의 분포를 비교해 보겠습니다.

```
cities = ['Richmond', 'El Cerrito', 'Albany', 'Berkeley',
          'Walnut Creek', 'Lamorinda', 'Piedmont']

px.box(sfh.query('city in @cities'), x='city', y='price',
       log_y=True, width=450, height=250,
       labels={'city':'', 'price':'Sale price (USD)'})
```

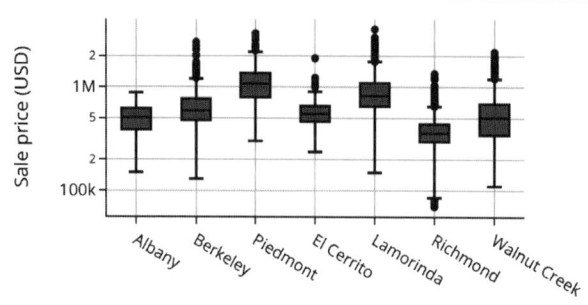

상자 그래프를 보면 라모린다와 피드몬트에 더 비싼 집이 많고 리치몬드가 가장 집값이 저렴한 지역이며, 여러 도시 간의 주택 가격 범위는 겹치는 것을 알 수 있습니다.

그럼 평방 미터당 가격과 주택 크기 간의 관계에 대해 각각의 도시별로 4개의 도시에 대한 산점도를 사방으로 나열하여 좀 더 자세히 들여다보도록 하겠습니다.

```
four_cities = ["Berkeley", "Lamorinda", "Piedmont", "Richmond"]
fig = px.scatter(sfh.query("city in @four_cities"),
    x="bsqft", y="log_ppsf", facet_col="city", facet_col_wrap=2,
    labels={'bsqft':'Building size (ft^2)',
            'log_ppsf': "Price per square foot"},
    trendline="ols", trendline_color_override="black",
)

fig.update_layout(xaxis_range=[0, 5500], yaxis_range=[1.5, 3.5],
                  width=450, height=400)
fig.show()
```

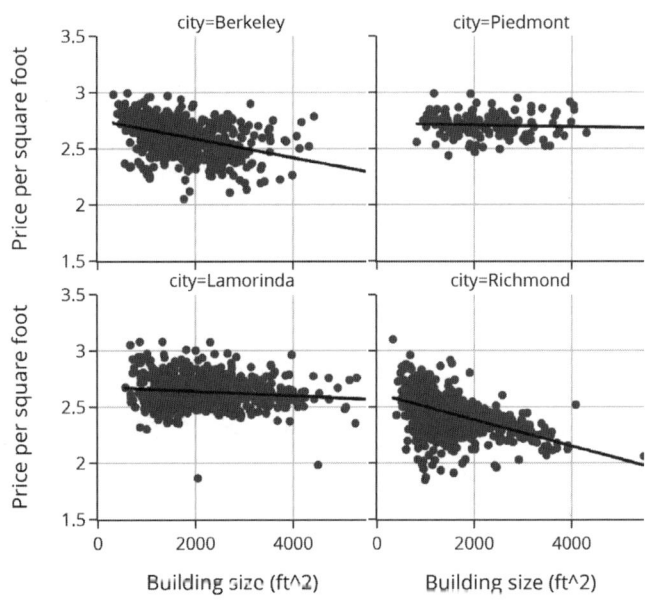

각 4개의 지역에 대해 평방피트당 가격과 주택 크기 간의 관계는 대략 음의 로그 선형 관계를 띄는 것으로 보입니다. 비슷한 내용은 아니지만, 버클리에 있는 집이 리치몬드에 있는 집보다 평방피트당 약 250달러 더 비싼 경우처럼 규모에 관계없이 주택의 위치적 이점이 있는 것으로도 보입니다. 우리 또한 피드몬트와 라모린다가 더 비싼 도시이며, 두 도시 모두 작은 주택과 큰 주택의 평방피트당 가격의 하락폭이 동일하지 않다는 것을 알고 있습니다. 이 그래프는 "첫째도 위치, 둘째도 위치, 셋째도 위치."라는 격언을 뒷받침합니다.

EDA에서는 새로운 발견이 이전 시각화 내용에서 또 다른 인사이트를 더해주는지 확인하기 위해 종종 이전 그래프를 다시 살펴보는 일이 생깁니다. 발견한 내용을 지속적으로 검토하고 이를 바탕으로 추가 탐색을 진행하는 것이 중요합니다. 그럼 지금까지의 결과를 요약해 보겠습니다.

10.6.6. EDA 발견 내용

EDA를 통해 몇 가지 흥미로운 현상을 발견할 수 있었습니다. 중요한 몇 가지만 요약하면 다음과 같습니다.

- 주택 매매가와 건물 크기는 하나의 중앙값을 가지고 오른쪽 꼬리가 긴 형태로 치우쳐 있습니다.
- 평방피트당 가격은 건물 크기에 따라 비선형적인 관계를 갖습니다. 작은 건물의 경우 큰 건물 대비 평방피트당 가격이 높으며, 큰 건물의 경우 평방피트당 가격이 대략 일정한 값을 보입니다.
- 사람들이 더 선호하는 지역의 경우 주택 매매가가 다소 높아지며, 이런 가격 차이는 건물 크기에 상관없이 동일한 정도입니다.

이후에 추가적으로 수행할 수 있는(그리고 수행해야 하는) 조사가 많이 있습니다. 예를 들어, 부지 크기에 대한 436가지 값을 조사하고, 온라인 부동산 앱으로 침실 30개짜리 집과 2천만 달러짜리 집과 같은 특이한 주택을 교차 확인하는 것 같이 몇 가지 추가로 확인해야 할 사항도 있습니다.

앞서 조사 범위를 1년으로 좁힌 후 지역도 몇 개 도시로 제한했습니다. 이렇게 범위를 조정함으로써 단순한 연관성을 찾는 데 방해가 될 수 있는 특성을 통제할 수 있었습니다. 예를 들어, 데이터가 몇 년에 걸쳐 수집되었기 때문에, 판매 날짜에 따라 판매 가격과 침실 수 사이의 관계가 왜곡될 수 있습니다. 혹은 시간이 가격에 미치는 영향을 좀 더 고려하고자 할 수 있습니다. 시간 경과에 따른 가격 변화를 조사하기 위해서 선 그래프를 그리고 물가 상승률을 고려하여 값을 조정하기도 합니다. 11장에서 데이터 범위를 고려하고 시간의 추세를 더 자세히 살펴볼 때 여기서 사용한 데이터를 다시 살펴볼 것입니다.

여기에서는 짧게 다루었지만, EDA를 실질적으로 어떻게 접근하는지를 소개했습니다. 12장에서는 다른 데이터를 적용한 확장된 예제를 확인할 수 있습니다.

10.7. 정리

이 장에서는 명목형, 순서형 및 수치형 특성 유형과, 데이터 분석에서의 특성 유형의 중요성에 대해 소개했습니다. 데이터가 주어졌을 때 데이터 사전과 데이터 자체를 참조하여 각 열의 특성 유형을 결정하는 방법을 확인했습니다. 또한 저장소 유형을 특성 유형과 혼동하지 않는 방법에 대해서도 설명했습니다. EDA의 대부분은 통계 그래프 형태로 결과가 나오는데, 이때 나타나는 모양과 패턴을 인식하고 해석하는 방법과 이를 실제 데이터와 연관지어 이해하는 방법에 대해 설명했습니다. 마지막으로, EDA를 수행하는 방법에 대한 실행 지침과 예시를 소개했습니다.

특성의 분포와 관계에 대해 이해하는 데 도움이 될 수 있는 한 가지 방식은 그래프를 그리기 전에 어떤 형태가 나타날지 추측하는 것입니다. 분포의 모양이 어떻게 될 것 같은지 그림을 직접 그려보거나 말로 설명하는 것도 좋습니다. 예를 들어, 값이 자연스럽게 하한값/상한값을 가지는 변수는 해당 한계값 반대쪽에 긴 꼬리가 있는 경향이 있습니다. 소득 분포(하한값이 0)는 오른쪽 꼬리가 길고 시험 점수(상한값이 100)는 왼쪽 꼬리가 길어지는 경향이 있습니다. 이런 식으로 관계의 형태를 대략적으로 추정해 볼 수 있습니다. 앞서 주택 가격과 건물 크기가 대략적인 로그-로그 선형 관계에 있음을 확인했습니다. 이렇게 형태에 대한 직관이 생기면 예상치 못하게 나올 때 이를 더 빠르게 대응할 수 있습니다.

이 장에서 주로 살펴본 것은 시각화를 "읽는 방법"이었습니다. 11장에서는 정보를 제대로 전달할 수 있고, 효과적이며, 아름다운 그래프를 만드는 방법에 대한 스타일 지침을 안내할 것입니다. 이 장에서 다룬 많은 아이디어는 그 지침에서 가져온 것이지만, 11장에서 이를 더 체계적으로 다루게 될 것입니다.

11장
데이터 시각화

데이터 과학자로서, 우리는 데이터를 이해하고 다른 사람들에게 데이터 분석 내용을 설명하기 위해 데이터 시각화를 활용합니다. 그래프에는 전달하고자 하는 메시지가 있어야 하고, 그 메시지를 최대한 명확하게 전달하는 것이 우리가 할 일입니다.

10장에서 그래프로 나타내고자 하는 데이터에 적절한 통계 그래프를 선택할 수 있었습니다. 또한 여러 표준적으로 사용되는 그래프를 소개하고 이를 어떻게 해석해야 하는지에 대해서도 설명했습니다. 이 장에서는 그래프에서 전달하고자 하는 내용을 사람들이 보다 쉽게 파악할 수 있도록 효과적인 데이터 시각화를 하는 원칙을 소개하려고 합니다. 축의 범위를 어떻게 잡아야 하는지, 대량의 데이터를 어떻게 집계하고 다듬을 수 있는지, 의미 있는 비교법은 어떤 것이 있는지, 연구 내용과 어떻게 결합해야 할지, 배경 정보를 어떻게 담아야 하는지 같은 내용에 대해서도 이야기할 것입니다. 또한 파이썬에서 그래프를 그릴 때 널리 사용되는 패키지인 plotly를 사용해서 그래프를 그리는 법에 대해서도 살펴볼 것입니다. 데이터 시각화에 대한 내용을 다룰 때 까다로운 점 중 하나는 시각화용 소프트웨어 패키지는 늘 변화하므로, 책에서 설명하는 어떤 코드든 금방 유효하지 않게 될 수 있습니다. 그래서 일부 책에서는 아예 코드를 사용하지 않습니다. 하지만 이 책에서는 균형을 맞추기 위해, 널리 유용하게 쓰이는 고수준의 데이터 시각화 원칙을 다루고, 각각의 원칙을 구현하는 실질적인 시각화 코드를 같이 표기하였습니다. 앞으로 다른 도구나 새로운 라이브러리를 사용하더라도, 이 장에서 배운 원칙을 바탕으로 어떤 상황에서도 효과적인 시각화를 설계할 수 있을 것입니다.

11.1. 구조 파악을 위한 축의 범위 선택

10장에서 2003년부터 2009년까지 샌프란시스코 베이 지역의 주택 매매가를 살펴보았습니다. 이 예제로 다시 돌아가서 주택 가격의 히스토그램을 살펴보겠습니다.

```
px.histogram(sfh, x='price', nbins=100,
             labels={'price':"Sale price (USD)"}, width=350,
             height=250)
```

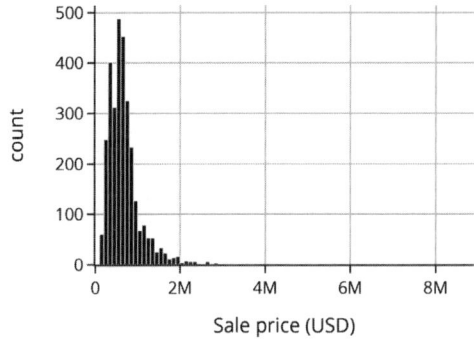

이 그래프가 정확하게 데이터를 나타냈다고 한다면, 그래프에서 확인 가능한 대부분의 구간은 모두 그래프의 왼쪽에 쏠려 있습니다. 이렇게 되면 가격의 분포를 파악하기가 어렵습니다.

데이터 시각화를 통해서 분포의 모양이라든가 두 개 이상의 특성 간의 관계처럼 중요한 특성을 파악하는 데 있습니다. 이 예제에서처럼, 기본 그래프를 그려보면 시각화에서 고려할 다른 부분들이 남아있다는 것을 알 수 있습니다. 이장에서는 축의 범위를 조절하고, 눈금을 어디에 위치할지, 어떻게 변환을 취해야 할지를 판단할 때 사용하는 범위의 원칙을 다룰 것입니다. 우선 그래프에서 빈 공간을 줄이기 위해 언제 어느 부분을 어떻게 조정해야 하는지에 대해서 알아보도록 하겠습니다. 즉, 그래프의 데이터가 나타나야 하는 구역을 데이터를 보다 효과적으로 채우는 방법을 설명할 것입니다.

11.1.1. 데이터 구역 채우기

주택 매매 가격 히스토그램에서 볼 수 있듯이, 대부분의 데이터가 그래프 영역의 작은 부분에 나타나면 분포를 읽기 어렵습니다. 이런 경우 다중 모드 및 치우침과 같은 데이터의 중요한 특징이 가려질 수 있습니다. 산점도에서도 비슷한 문제가 발생합니다. 모든 점이 산점도의 모서리에 모여 있으면 분포의 모양을 보기 어렵고, 따라서 그 모양이 가져다주는 인사이트를 얻기가 어려워집니다.

이 문제는 비정상적으로 큰 값이 몇 개 있을 때 발생할 수 있습니다. 데이터의 주요 부분을 더 잘 보기 위해 X축 또는 Y축 범위를 조정하여 그래프에서 이러한 값을 삭제하거나, 그래프를 그리기 전에 데이터에서 이상값을 제거할 수 있습니다. 두 경우 모두 그래프에 대해 서술하는 부분에서나 그래프 자체에서 이상치를 제외 했다는 점을 명확히 밝혀야 합니다.

이런 개념을 사용하여 매매 가격의 히스토그램을 개선해 보겠습니다. 다음에 나오는 나란히 배치된 그래프에서는 X축의 범주를 변경하여 데이터를 포착합니다. 왼쪽에서는 2백만 달러가 넘는 주택의 데이터를 제외했습니다. 이 결과, 대부분의 주택 가격에 대한 분포의 모양이 훨씬 더 명확해졌음을 알 수 있습니다. 예를 들어, 데이터의 쏠림 현상이라든가 보다 작은 두 번째 중앙값을 확인할 수 있습니다. 오른쪽 그래프에서는 분포의 오른쪽 꼬리 부분만 따로 떼어내서 자세히 살펴볼 수 있습니다(웹사이트[37]에서 이 그래프를 보다 크게 확인할 수 있습니다).

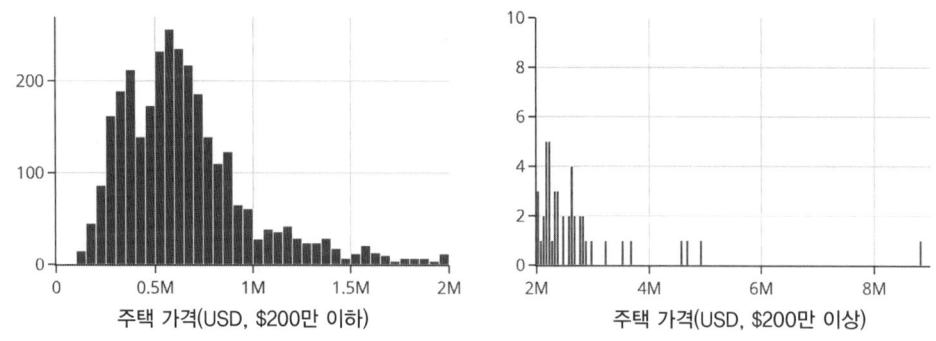

〈그림 11-1〉 가격별로 구분한 주택 매매 가격의 히스토그램

왼쪽 그래프의 x축에는 0을 포함하지만, 오른쪽 그래프의 x축은 200만 달러에서 시작한다

---

37 https://learningds.org/_images/viz_scale_9_0.svg

는 것을 알아두시기 바랍니다. 축에서 0을 포함해야 할 때와 포함하지 않을 때에 대해서는 이어서 설명하도록 하겠습니다.

11.1.2. 0을 포함할 때

축에 반드시 0이 들어갈 필요는 없습니다. 특히 0이 들어가는 경우 데이터 구역을 채우기 어려운 경우라면 더욱 이를 강제할 필요가 없습니다. 예를 들어, 견종별 평균 키 대비 평균 수명의 산점도 그래프를 그려봅시다(이 데이터는 10장에서 처음 다루었고, 여기에는 172개의 견종에 대해 다양한 특성이 나와 있습니다).

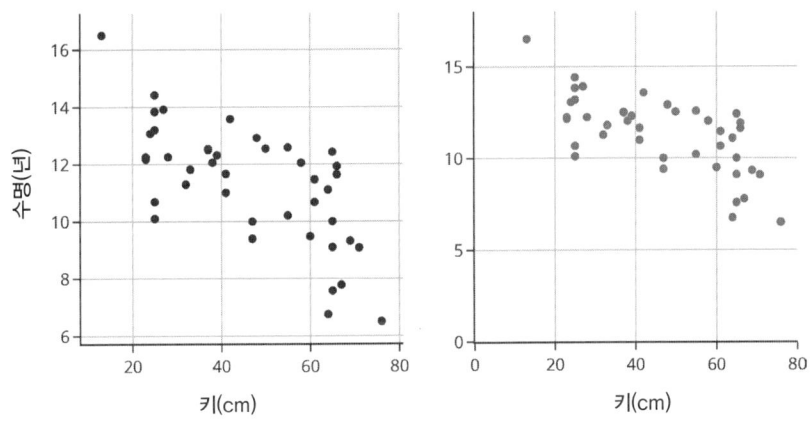

〈그림 11-2〉 견종별 평균 키 대비 평균 수명 산점도

그림 11-2 좌측 그래프의 x축은 10cm에서부터 시작합니다. 모든 개가 최소한 그 정도는 크기 때문입니다. 비슷한 경우로, y축은 6년부터 시작합니다. 우측의 산점도의 경우 양 축 모두 0을 포함합니다. 그러다 보니 데이터 구역이 위쪽으로 몰려있어 빈 공간이 많이 남고, 이는 이 데이디의 선형 관계를 파악하는 데 전혀 도움이 되지 않습니다.

일반적으로 0을 포함하는 경우들이 있습니다. 막대 그래프의 경우, 막대의 길이는 데이터 값과 직결되기 때문에 0을 포함해야 합니다. 그림 11-3과 같이 견종별 수명을 비교하기 위한 두 개의 막대 그래프를 만들어 봤습니다. 왼쪽 그래프는 0을 포함했지만, 오른쪽 그래프에서는 포함시키지 않았습니다.

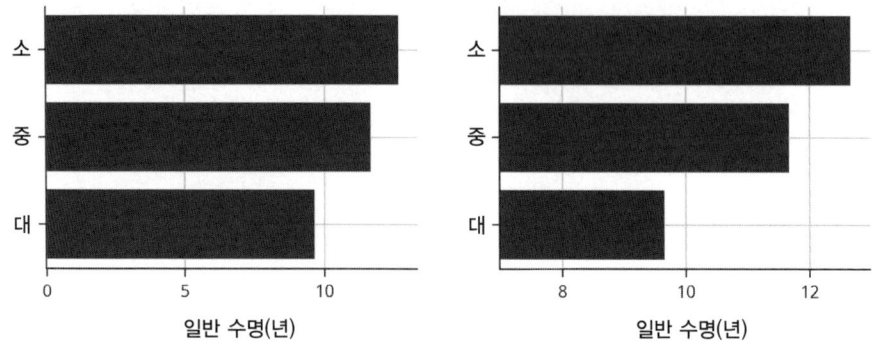

〈그림 11-3〉 견종별 수명 비교 막대 그래프

그림 11-3의 오른쪽 그래프를 보고 소형견이 대형견보다 두 배 오래 산다는 잘못된 결론을 내리기 쉽습니다.

또한 비율의 범위는 0부터 1까지므로, 비율을 다루는 경우는 보통 0을 포함합니다. 다음 그래프는 각 유형별 견종 비율을 나타낸 것입니다.

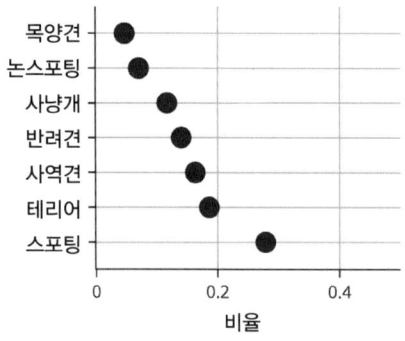

〈그림 11-4〉 각 유형별 견종 비율

막대 그래프와 점 그래프 모두, 0을 포함하는 것이 범주의 상대적 비교를 더 정확하게 하기 좋습니다.

앞서, 축을 조절하면서 기본적으로 그래프 영역에서 데이터를 삭제했습니다. 이 방법은 일부 데이터가 비정상적으로 크거나 작은 경우 유용한 전략일 수 있지만, 분포가 왜곡된 경우에는 효과가 떨어집니다. 이러한 상황에서는 데이터의 형태를 더 잘 보기 위해 데이터를 변환해야 하는 경우가 종종 발생합니다.

11.1.3. 변환을 통한 데이터 형태 파악

축을 조절하는 방식으로 널리 쓰이는 또 다른 방법은 그래프의 축이나 데이터를 변환하는 것입니다. 앞서 한쪽으로 치우친 데이터를 변환해서 분포를 더 쉽게 탐색했습니다. 변환을 통해 대칭 분포 형태가 만들어지는 경우, 이 대칭은 모델링에서도 더 유용하게 활용할 수 있습니다(자세한 내용은 15장에서 다룹니다).

데이터를 변환하는 방법은 여러 가지가 있으나, 로그 변환이 특히 유용하게 활용됩니다. 예를 들어, 다음의 두 그래프는 샌프란시스코의 주택 매매 가격에 대한 히스토그램입니다. 앞의 히스토그램은 원 데이터를 그대로 나타낸 것입니다. 두 번째 히스토그램은 그래프를 그리기에 앞서 가격에 (밑이 10인)로그 함수를 취했습니다.

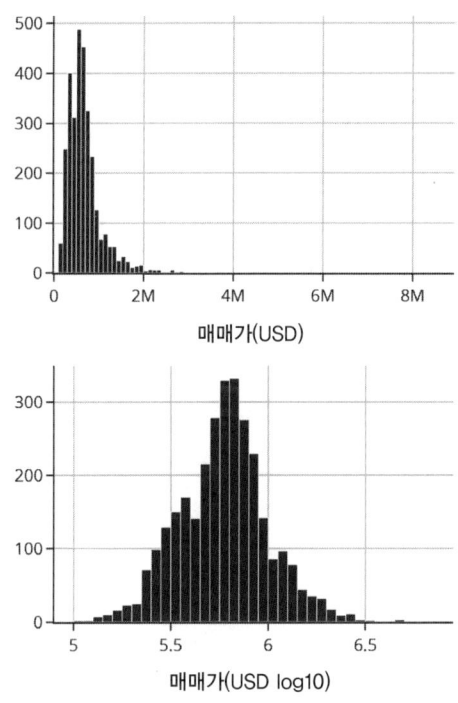

〈그림 11-5〉 주택 매매 가격 히스토그램(원본(상) 및 로그 데이터(하))

로그 변환을 통해 가격 분포가 보다 대칭적이 되었습니다. 이제 최빈값이 약 105.85(약 700,000)이고 두 번째 최빈값은 약 105.55(약 350,000)라는 사실 등 분포의 중요한 특성을 더 쉽게 살펴볼 수 있습니다.

로그 변환을 사용하는 경우 단점이라면 실제 값이 바로 와닿지 않는다는 것입니다. 이 예제에서 판매가에 대해서 이해하려면 값을 다시 원래의 달러 값으로 변환해 주어야 합니다. 그러다 보니, 종종 데이터를 다시 되돌리는 대신 축도 로그 기준으로 변환합니다. 이 경우, 축에서 바로 원래의 값을 확인할 수 있습니다.

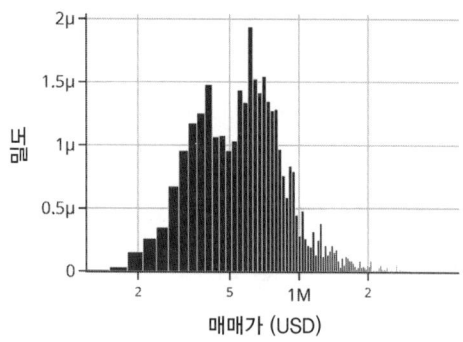

〈그림 11-6〉 축에 로그를 적용한 히스토그램

x축에 로그가 적용된 이 히스토그램은 기본적으로 앞서 살펴본 변환된 데이터의 히스토그램과 동일한 모양을 가집니다. 하지만 축이 원 데이터의 단위로 표시되므로 최빈값의 위치를 달러로 바로 읽을 수 있습니다. 구간의 너비가 달러 단위에서는 동일하지만, 축이 로그 달러 단위로 표시되기 때문에 오른쪽으로 갈수록 구간이 좁아지는 것을 볼 수 있습니다. 또한 Y축의 μ(뮤)는 10^{-6}이라는 것을 참고하기 바랍니다.

로그 변환은 산점도의 형태도 바꿀 수 있습니다. 여기서는 x축에 주택의 크기를 놓고 y축에 대지 면적을 넣은 후 그래프를 그려보겠습니다. 이 그래프를 살펴보면 많은 점이 데이터 구역의 바닥에 깔려있어서 모양을 파악하기가 어렵습니다.

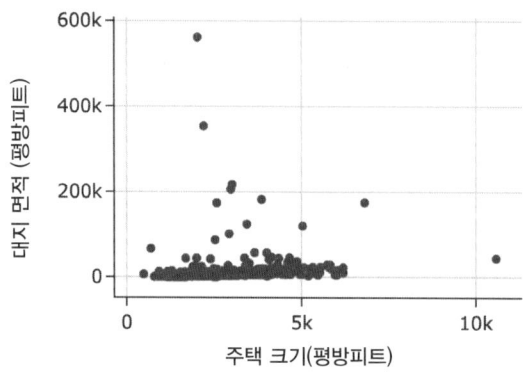

〈그림 11-7〉 로그를 사용한 산점도

하지만, x축과 y축 모두에 로그를 적용하면 관계를 파악하기가 훨씬 용이해집니다.

```
px.scatter(sfh, x='bsqft', y='lsqft', log_x=True, log_y=True,
           labels={"bsqft": "Building size (sq ft)",
                   "lsqft": "Lot size (sq ft)"},
           width=350, height=250)
```

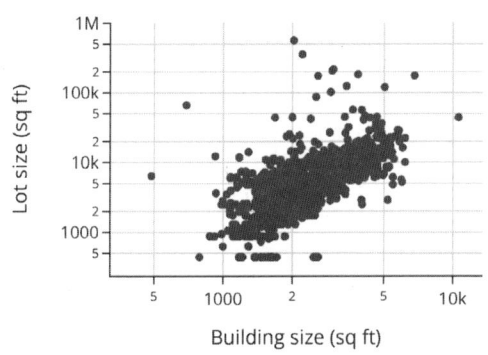

변환된 축을 놓은 그래프에서는 대지 면적이 주택 크기에 따라 대략적으로 선형으로 증가하는 것을 확인할 수 있습니다. 로그 변환은 큰 값(다른 값보다 몇 배나 큰 값)을 중앙으로 끌어옵니다. 주택 가격 분포와 주택 크기와 대지 면적 간의 관계에서 보았듯이, 이 변환은 데이터 영역을 채우고 숨겨진 구조를 발견하는 데 도움이 될 수 있습니다.

축의 범위를 설정하고 축을 변환하는 것 외에도 그래프의 가로와 세로의 비율(너비 대비 길이)도 고려해야 합니다. 가로와 세로의 비율을 조정하는 것을 뱅킹(banking)이라고 하며, 다음 내용에서 뱅킹을 활용해 특성 간의 관계를 나타내는 방법을 살펴보겠습니다.

11.1.4. 뱅킹을 통한 관계 해석

앞의 산점도에서, 두 특성 간의 관계가 대략적으로 45도 기울어진 직선 형태로 나타나도록 그래프의 비율을 변경하려고 합니다. 이런 변환을 45도 뱅킹(banking to 45 degrees)이라고 합니다. 이렇게 하면 우리의 눈이 선의 변화를 더 쉽게 포착할 수 있기 때문에 모양과 추세를 더 쉽게 볼 수 있습니다. 이에 대한 예로, 키에 대한 개 품종별 수명을 나타내는 그래프를 다시 그려보도록 하겠습니다.

```
px.scatter(dogs, x='height', y='longevity', width=300,
           height=250, labels={"height": "Height (cm)",
                              "longevity": "Typical lifespan (yr)"})
```

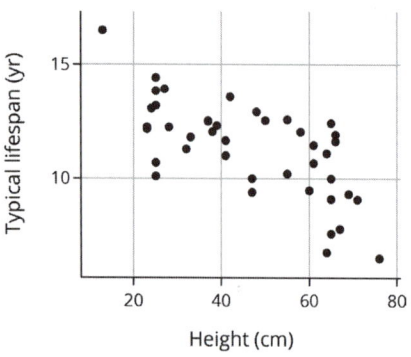

산점도를 45도로 뱅킹하면 데이터가 대략적으로 어떤 선을 따르는지, 그리고 양 극단에서 데이터가 약간 벗어나는 부분을 더 쉽게 확인할 수 있습니다.

45도로 뱅킹하면 데이터가 선형 관계를 따르는지 여부를 확인하는 데는 도움이 되지만, 뚜렷한 곡선의 경우 관계의 형태를 파악하기 어려울 수 있습니다. 이런 경우 데이터가 직선을 따라 정렬되도록 변환을 시도합니다(그림 11-1 참조). 로그 변환은 곡선 관계의 일반적인 형태를 파악하는 데 유용할 수 있습니다.

11.1.5. 직선화를 통한 관계 파악

산점도를 활용하여 두 특성의 관계를 살펴볼 수 있습니다. 예를 들어, 견종의 키와 체중을 다음과 같이 나타낼 수 있습니다.

```
px.scatter(dogs, x='height', y='weight', width=350, height=250,
           labels={"height": "Height (cm)",
                  "weight": "Weight (lb)"})
```

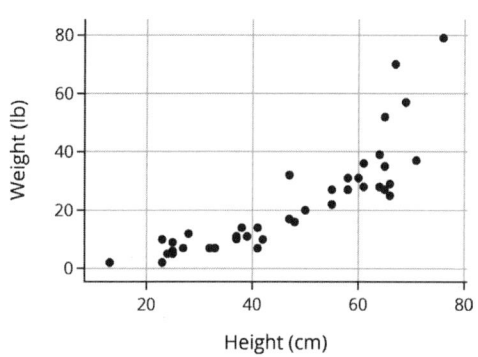

이 그래프를 통해 키가 큰 개가 더 무겁다는 것은 알 수 있지만, 이 관계가 선형적인 것은 아닙니다.

두 변수가 비선형적 관계를 가지는 것 같이 보일 경우, x축, y축, 혹은 두 축 모두에 로그를 취하면 도움이 됩니다. 한번 축을 변환해서 선형 관계를 탐색해 보도록 합시다. 다음은 견종별 키에 따른 체중의 분포를 다시 그래프로 그려본 것입니다. 이번에는 y축에 로그를 취했습니다.

```
px.scatter(dogs, x='height', y='weight', log_y=True,
           labels={"height": "Height (cm)",
                   "weight": "Weight (lb)"},
           width=300, height=300)
```

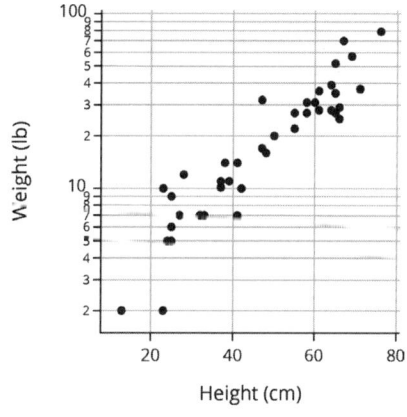

이 그래프는 대략적인 선형 관계를 보여주며, 이 경우, 개의 체중과 키 사이에는 로그-선형 관계가 있다고 말할 수 있습니다.

일반적으로, 하나 혹은 두 축 모두를 변환한 후 선형 관계가 나타나는 경우, 표 11-1을 참고해서 원래의 변수 간에는 어떤 관계가 있는지 알아볼 수 있습니다(이 표에서, a와 b는 상수입니다). 이러한 변환을 하는 이유는 점들이 지수보다 멱법칙을 따르는지 확인하는 것보다 점들이 직선 위에 정렬되는지를 보는 것이 더 쉽기 때문입니다.

〈표 11-1〉 변환을 취한 경우 두 변수 간의 관계

x축	y축	관계	설명
변환 없음	변환 없음	선형: y = ax + b	선형
로그	변환 없음	로그: y = alog x + b	선형-로그
변환 없음	로그	지수: y = ba^x	로그-선형
로그	로그	멱: y = bx^a	로그-로그

표 11-1에서 볼 수 있듯이, 로그 변환을 통해 몇 가지 일반적인 관계 유형을 파악할 수 있습니다. 이로 인해 로그 변환은 변환의 대명사로 여겨집니다. 또 다른 예로, 다소 인위적이기는 하지만 그림 11-8의 가장 왼쪽 그래프는 x와 y 사이의 비선형 곡선 관계를 보여줍니다. 가운데 그래프는 log(y)와 x 사이의 다른 곡선 관계를 보여주며, 이 그래프 역시 곡선 형태로 보입니다. 맨 오른쪽에 있는 또 다른 로그 변환은 log(y)와 log(x)의 그래프를 나타냅니다. 이 그래프에서는 변환된 점이 직선을 따라 떨어지기 때문에 데이터에 로그-로그(또는 거듭제곱) 관계가 있음을 알 수 있습니다.

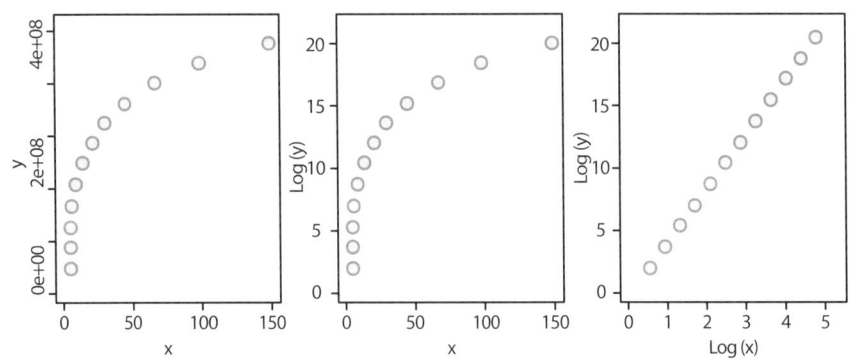

〈그림 11-8〉 로그 변환이 어떻게 두 변수 간의 곡선 관계를 "직선화" 해주는지를 나타낸 산점도

단위를 조절하는 것은 시각화에서 매우 중요한 방법입니다. 로그 변환은 다양한 경우에 적용할 수 있지만, 데이터가 한쪽에 치우쳐 있거나 곡선 관계인 모든 경우에 다 적용할 수 있

는 것은 아닙니다. 예를 들어 값이 모두 비슷한 정도인 경우 로그 변환은 거의 영향을 끼치지 못합니다. 이럴 때 고려해 볼 수 있는 또 다른 변환 방법은 제곱근 변환으로, 이는 개수의 경우에 유용하게 사용됩니다.

다음에는 수많은 데이터를 다루어야 할 때 필요한 평활법 원리에 대해서 살펴보도록 하겠습니다.

11.2. 데이터 평활법과 집계

데이터가 많은 경우, 개별 데이터 모두를 그래프에 나타내기 어려울 수 있습니다. 다음 산점도는 매년 4월, 벚꽃이 피는 시기에 워싱턴 DC에서 개최되는 10마일 달리기 행사인 체리 블러섬(Cherry Blossom)[38]의 데이터입니다. 이 데이터는 경기 웹사이트에서 스크랩해 온 것으로 1999년부터 2012년까지 등록한 모든 남성 달리기 선수의 기록 시간 및 그 외 정보가 포함되어 있습니다. 선수들의 연령을 x축에 나타내고 y축에 시간 기록을 나타낸 산점도를 다음과 같이 그려보았습니다.

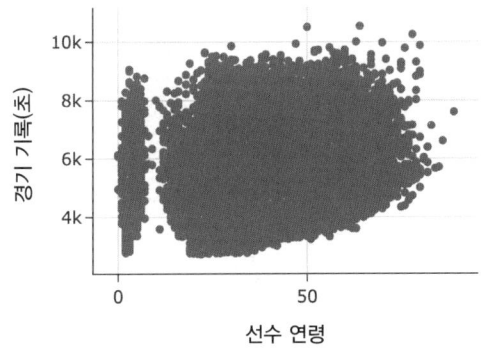

〈그림 11-9〉 선수 연령 대비 경기 기록 산점도

이 산점도에는 70,000개 이상의 점이 표시되어 있습니다. 이렇게 점이 많은 경우, 상당수는 겹쳐서 나타나기 마련입니다. 이는 오버플롯(overplotting)이라고 하는 일반적인 문제입니다. 이런 경우, 오버플롯으로 인해 기록과 연령이 어떻게 연관되어 있는지를 살펴보기

---

[38] https://www.cherryblossom.org

가 어렵습니다. 이 그래프에서 특이한 점은 매우 어린 선수 집단이 존재한다는 것인데, 이는 데이터 품질 문제일 가능성이 있습니다. 오버플롯을 방지하기 위해, 그래프를 그리기에 앞서 데이터를 집계하는 데이터 평활 기법을 사용해 보도록 합시다.

11.2.1. 평활법을 통한 형태 발견

히스토그램은 평활법을 사용한 그래프 중 가장 친숙한 유형입니다. 히스토그램은 각 데이터 점을 특정 구간에 넣는 방식으로 데이터 값을 집계하여 이를 막대 그래프로 나타냅니다. 여기서의 평활법이란 동일한 구간 내의 각각의 점의 위치를 구분하지 않고, 각 점은 해당 구간에 고르게 분포된다는 것을 뜻합니다. 히스토그램에서, 각 막대의 높이는 구간 내의 점의 비율(혹은 개수 등)에 해당합니다(대부분 구간의 너비는 동일하게 설정되므로 구간의 높이를 비율로 표시하는 직관적인 방식을 사용합니다).
다음 히스토그램은 견종의 수명 분포를 나타낸 것입니다.

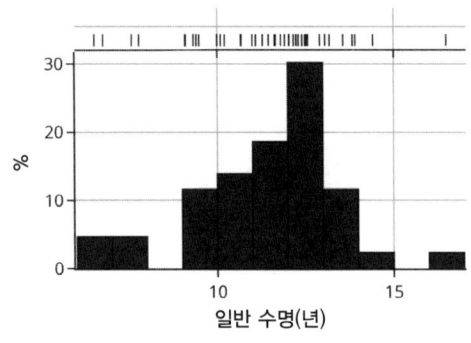

〈그림 11-10〉 견종의 수명 분포 히스토그램

이 그래프 위쪽에는 각 데이터 값을 하나의 선으로 나타낸 러그 플롯이 있습니다. 이때 가장 높은 구간의 경우 데이터가 그다지 많지 않음에도 불구하고 러그 플롯에서 오버플롯이 나타나는 것을 볼 수 있습니다. 러그 플롯의 점을 평활화해서 히스토그램을 만듦으로써 분포의 일반적인 형태를 볼 수 있게 되었습니다. 이 경우, 많은 견종이 대략 12년의 일반 수명을 갖는다는 사실을 확인할 수 있습니다. 히스토그램을 읽고 해석하는 것에 대한 더 자세한 내용은 10장을 참고하시기 바랍니다.

또 다른 일반적인 평활법으로는 커널 밀도 추정(kernel density estimation, KDE)이 있습니다. KDE 그래프는 막대 대신 평활곡선을 사용해서 분포를 나타냅니다. 다음 그래프에서, 견종의 수명에 대한 동일한 히스토그램에 KDE 곡선을 추가했습니다. KDE 곡선은 히스토그램과 유사한 형태를 보입니다.

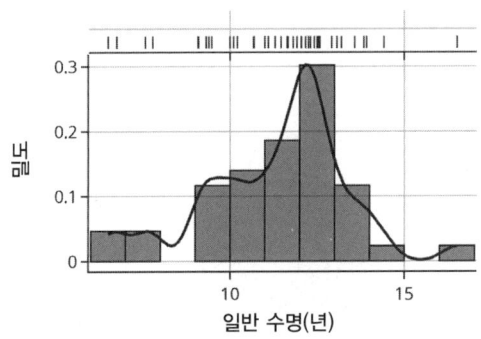

〈그림 11-11〉 KDE 곡선이 추가된 견종의 수명 히스토그램

히스토그램을 평활법의 일종이라고 생각하는 것이 다소 신기할 수도 있습니다. KDE와 히스토그램 모두 값의 분포에 대한 중요한 특성을 확인할 수 있도록 합니다. 유사한 평활법을 산점도에도 쓸 수 있습니다. 이에 대해서는 다음 내용에서 다루도록 하겠습니다.

11.2.2. 평활법을 통한 관계와 추세 발견

산점도에서 밀도가 높은 구역을 히스토그램에서처럼 구간으로 데이터를 묶을 수 있습니다. 다음 그래프는 앞서 살펴본 체리 블러섬 대회에서의 연령별 기록을 다시 구성한 것입니다. 이 그래프에서는 육각형 군집을 사용해서 점을 집계하고, 각 육각형에 데이터가 포함된 정노에 따라 색의 농도가 달라집니다

```
runners_over_17 = runners[runners["age"] > 17]

plt.figure(figsize=(4, 4))
plt.hexbin(data=runners_over_17, x='age', y='time', gridsize=35,
           cmap='Blues')
```

```
sns.despine()
plt.grid(False)
plt.xlabel("Runner age (yr)")
plt.ylabel("Race time (sec)");
```

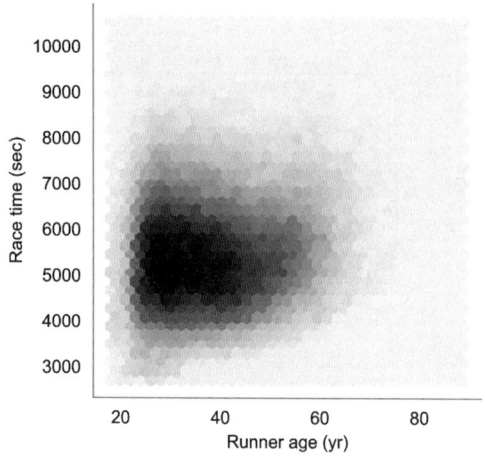

그래프에서 어둡게 나타나는 영역인 25~40세 연령대의 고밀도 영역을 살펴봅시다. 그래프를 보면 이 연령대의 많은 참가자가 약 5,000초(약 80분) 만에 달리기를 완주하는 것을 알 수 있습니다(이 그래프에서는 데이터 품질이 의심되는 낮은 연령의 선수는 제외했습니다). 또한 40~60세에 해당하는 영역에서 상향 곡선 형태를 볼 수 있는데, 이는 이 구간의 선수들이 일반적으로 25~40세 그룹에 비해 느리다는 것을 나타냅니다. 이 그래프는 히트맵과 유사하며, 밀도가 높은 영역은 더 진하거나 밝은 색상으로 표시되어 분포를 시각적으로 강조합니다.

커널 밀도 추정은 2차원에서도 사용 가능합니다. 2차원에서 KDE를 사용할 때는 일반적으로 결과물인 3차원 도형의 윤곽을 그리며, 지형도처럼 해석할 수 있는 그래프를 만들어냅니다.

```
plt.figure(figsize=(5, 3))
fig = sns.kdeplot(data=runners_over_17, x='age', y='time')
plt.xlabel("Runner age (yr)")
plt.ylabel("Race time (sec)");
```

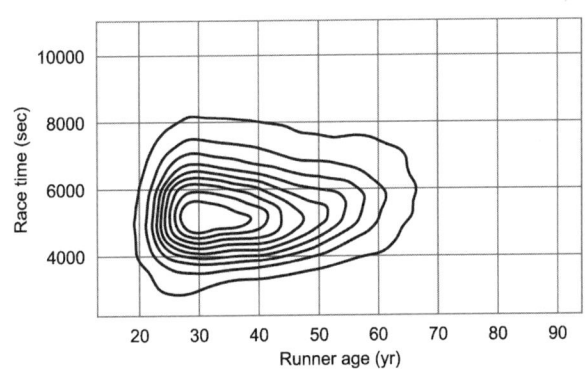

2차원 KDE 역시 앞의 그래프에서의 어두운 영역과 비슷한 형태를 보입니다. 달리기 선수들 중 상당수가 25-40세 연령대에 몰려 있으며, 이 선수들의 기록은 대략 5,000초 정도로 나타납니다. 데이터가 많은 경우 평활법을 사용하면 데이터 값이 주로 집중된 구역의 위치와 형태를 파악할 수 있어 데이터를 더 쉽게 이해할 수 있습니다. 이런 구역은 다른 방법으로는 파악하기 어렵습니다.

더 많은 정보를 제공하기도 하는 또 다른 평활법은 유사한 X 값을 가진 데이터의 Y 값을 평활화하는 것입니다. 설명을 위해 비슷한 연령대의 선수들을 5년 단위로 군집화해 보겠습니다. 20~25, 25~30, 30~35 같은 식입니다. 그런 다음, 선수 연령의 각 5년 단위 구간에 대해 기록의 평균을 구하고 각 집단의 평균 시간을 그래프로 나타낸 후 각 점을 연결하여 '곡선'을 만듭니다.

```
times = (
    runners_over_17.assign(
                    age_5yr=runners_over_17['age'] // 5 * 5)
    .groupby('age_5yr')['time'].mean().reset_index()
)

px.line(times, x='age_5yr', y='time',
        labels={'time':"Average race time (sec)",
        'age_5yr':"Runner age (5-yr)"}, markers=True,
        width=350, height=250)
```

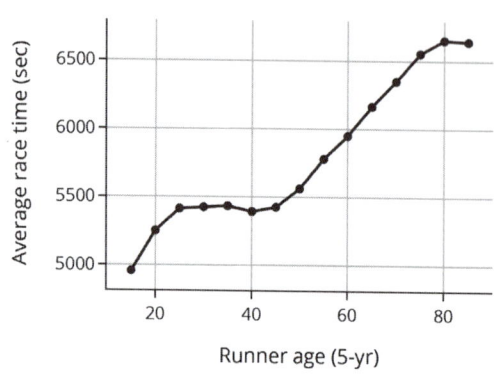

다시 한번 이 그래프를 통해 25-40세 범위의 선수들의 기록이 일반적으로 5,400초 정도 된다는 것을 확인할 수 있습니다. 또한 평균적으로 선수의 연령이 높아질수록 경기를 마치기 어렵다는 것도 알 수 있습니다(별로 놀라운 사실은 아니나, 앞의 그래프에서는 거의 알 수 없던 정보이기는 합니다). 20세 이하의 선수들에서 갑자기 값이 떨어지는 것이나 80대에서 곡선이 평평해지는 것은 이 군집에 포함된 선수가 적어서 생긴 결과일 수 있습니다.

다른 평활법으로는 KDE와 유사한 커널 평활법이 있습니다. 여기에서는 이에 대해 자세히 다루지 않겠습니다.

구간화와 커널 평활법은 커널의 확산이나 구간의 넓이를 특정하는 튜닝 변수에 영향을 많이 받습니다. 히스토그램을 그리거나, KDE, 평활 곡선을 사용할 때 이 변수의 값을 정의해야 하는 경우가 간혹 있습니다. 이에 대해 다음 내용에서 다루도록 하겠습니다.

11.2.3. 평활법에 필요한 튜닝

앞서 평활법이 그래프에 얼마나 유용한지 살펴보았으니, 이제 튜닝에 대해 알아보도록 하겠습니다. 히스토그램에 있어서, 구간의 폭, 혹은 폭이 동일한 구간의 경우 구간의 개수가 히스토그램의 형태에 영향을 미칩니다. 그림 11-12에서 견종의 수명에 대한 왼쪽의 히스토그램은 구간이 적고 넓은 경우고, 오른쪽의 히스토그램은 구간이 많고 폭이 넓습니다.[39]

---

[39] 온라인에서 크게 보고자 하는 경우는 다음 주소로 접속하시면 됩니다.
https://learningds.org/_images/viz_smoothing_24_0.svg

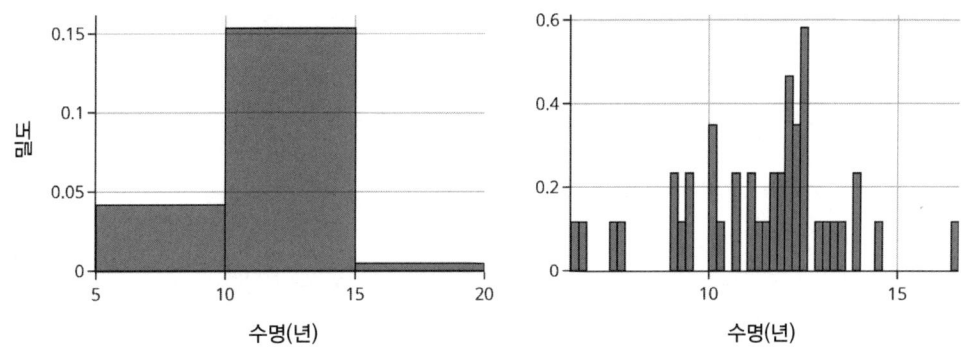

〈그림 11-12〉 견종의 수명에 대한 히스토그램의 구간 너비 비교

두 히스토그램 모두 분포의 형태를 파악하기는 어렵습니다. 소수의 넓은 구간(왼쪽의 그래프)의 경우, 분포를 과하게 뭉뚱그려져서, 중앙값과 꼬리를 파악하기 어렵습니다. 반면에 구간이 너무 많은 경우(오른쪽 그래프), 러그 플롯과 크게 차이가 없는 결과가 나올 수 있습니다. KDE 그래프에는 히스토그램의 구간 폭과 같은 역할을 하는 대역폭(bandwidth)이라는 변수가 있습니다.

대부분의 히스토그램과 KDE를 만드는 프로그램에서는 히스토그램의 구간 폭과 커널의 대역폭을 자동으로 선택합니다. 하지만 그래프의 유용성을 극대화하기 위해서는 약간의 조율이 필요한 경우가 있습니다. 변수 설정에 따라 그래프 해석이 달라질 수 있기 때문에, 변수를 하나로 고정하기 전에 몇 가지 값을 더 시도해 보는 것이 중요합니다.

데이터를 요약하는 또 다른 방법으로는 분위수를 살펴보는 것이 있습니다. 이에 대해 알아보도록 하겠습니다.

11.2.4. 분위수를 통한 분포 단순화

10장에서 상자 그래프가 히스토그램만큼 많은 정보를 제공하지는 않지만, 여러 그룹의 분포를 한 번에 비교할 때 유용할 수 있다는 것을 알게 되었습니다. 상자 그래프는 데이터의 사분위수를 기반으로 데이터를 필수적인 몇 가지 특성으로 축소합니다. 더 일반적으로 설명하자면, 사분위수(하위 사분위수, 중앙값, 상위 사분위수는 25번째, 50번째 및 75번째 사분위수를 말합니다)는 분포를 비교할 때 유용하도록 데이터를 단순한 형태로 만들 수 있습니다.

두 분포의 모양이 거의 비슷한 경우 히스토그램으로 비교하는 것이 어려울 수 있습니다. 예를 들어, 다음 히스토그램은 샌프란시스코 주택 데이터에서 방 2개와 방 4개 주택의 가격 분포를 보여줍니다. 분포의 모양은 대략 비슷해 보입니다. 그러나 사분위수 그래프를 그려 보면 분포의 중심, 확산 및 꼬리를 쉽게 비교할 수 있습니다.[40]

```
px.histogram(sfh.query('br in [2, 4]'), x='price', log_x=True,
             facet_col='br',
             labels={'price':"Sale price (USD)"}, width=700,
             height=250)
```

사분위수는 흔히 줄여서 q-q 플롯이라고 부르는, 사분위-사분위 그래프를 사용해서 비교해 볼 수 있습니다. 이 그래프를 그릴 때는, 우선 방이 2개인 집의 가격 분포와 4개인 집의 가격 분포의 분위수(사분위수)를 구합니다.

```
br2 = sfh.query('br == 2')
br4 = sfh.query('br == 4')
percs = np.arange(1, 100, 1)
perc2 = np.percentile(br2['price'], percs, method='lower')
perc4 = np.percentile(br4['price'], percs, method='lower')
perc_sfh = pd.DataFrame({'percentile': percs, 'br2': perc2, 'br4': perc4})
perc_sfh
```

---

40 온라인에서 크게 보고자 하는 경우는 다음 주소로 접속하시면 됩니다.
https://learningds.org/_images/viz_smoothing_29_0.svg

	percentile	br2	br4
0	1	1.50E+05	2.05E+05
1	2	1.82E+05	2.50E+05
2	3	2.03E+05	2.75E+05
...	...	...	...
96	97	1.04E+06	1.75E+06
97	98	1.20E+06	1.95E+06
98	99	1.44E+06	2.34E+06

99 rows × 3 columns

그 후 산점도를 분위수와 연결합니다. 보통 비교를 위해 기준선으로 y = x를 같이 그려줍니다.

```
fig = px.scatter(perc_sfh, x='br2', y='br4', log_x=True,
                 log_y=True,
                 labels={'br2': 'Price of 2-bedroom house',
                         'br4': 'Price of 4-bedroom house'},
                 width=350, height=250)

fig.add_trace(go.Scatter(x=[1e5, 2e6], y=[1e5, 2e6],
        mode='lines', line=dict(dash='dash')))

fig.update_layout(showlegend=False)
fig
```

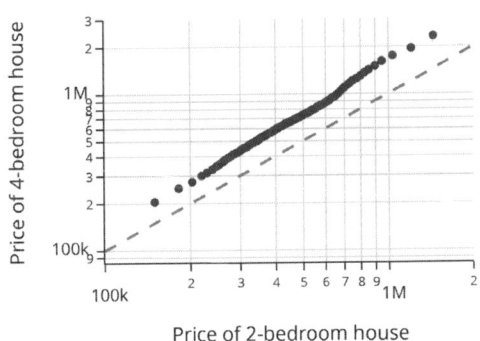

사분위값의 점이 선을 따라 나타난다면, 각 값의 분포가 유사한 형태일 것입니다. 기준선과 평행한 선은 중심 부분의 차이를 나타내고, 기울기가 1이 아닌 선은 확산 정도가 차이가 있음을 나타내며, 곡률은 모양의 차이를 나타냅니다. 앞의 q-q 플롯에서 방이 4개인 주택의 가격 분포는 약 10만 달러 가량 더 비싸고 오른쪽 꼬리(큰 값의 경우 위쪽으로 구부러진 형태로 나타남)가 약간 더 길다는 것을 제외하면, 방이 2개인 주택의 분포와 모양이 비슷하다는 것을 알 수 있습니다. q-q 플롯을 읽는 데는 연습이 필요합니다. 하지만 일단 익숙해지면 서로 다른 분포를 직관적으로 비교하는 데 매우 유용한 도구가 됩니다. 주택 데이터에는 100,000개가 넘는 관측값이 있으며, q-q 플롯은 데이터를 99 분위수로 요약하여 비교를 쉽게 만들어 줍니다.

이러한 데이터 축소는 매우 유용합니다. 하지만 모든 경우에 평활법을 사용해야 하는 것은 아닙니다. 다음에서는 이런 상황에 대해 살펴보겠습니다.

11.2.5. 평활법을 사용하지 않는 경우

평활법과 집계는 중요한 특성과 관계를 살펴보는 데 도움이 되지만, 관측치가 적은 경우, 평활법은 잘못된 결과를 보여줄 수 있습니다. 관측값이 적은 경우, 히스토그램에 러그 플롯을 추가하거나, 상자 그래프나, 밀도 곡선을 사용하는 것이 더 낫습니다. 또한 평활 곡선이나 밀도 추정 곡선 대신 산점도를 사용할 수 있습니다. 이건 당연한 것 같지만, 대량의 데이터를 사용하는 경우, 데이터를 부분집합으로 나누어서 시각화하게 되고, 이 과정에서 데이터의 양이 급속히 줄어듭니다. 이런 현상은 "차원의 저주(curse of dimensionality)"와 관련이 있습니다.

평활법을 잘못 사용하는 대표적인 사례 중 하나가 상자 그래프를 사용할 때입니다. 예를 들어, 다음은 7가지 견종의 수명에 대해 견종별로 각각 하나씩 만든 7개의 상자 그래프를 모아놓은 것입니다.

```
px.box(dogs, x='group', y='longevity',
       labels={'group':"", 'longevity':"Longevity (yr)"},
       width=500, height=250)
```

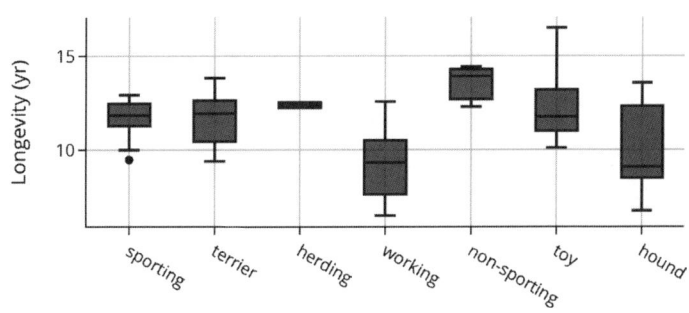

이 중 몇 개의 상자 그래프에는 2~3개의 데이터밖에 없다면, 이런 경우 다음의 스트립 플롯(strip plot)이 더 적절한 시각화일 것입니다.

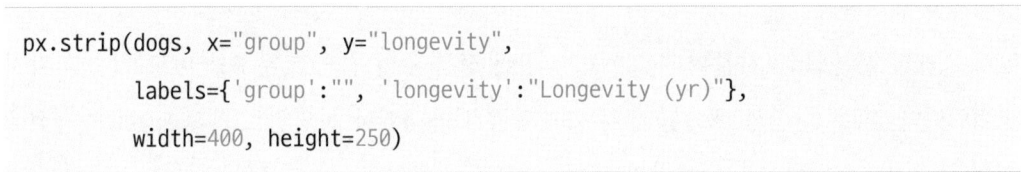

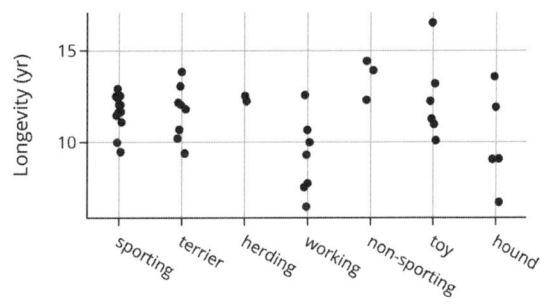

이 그래프에서는 집단 간에 비교하는 것은 동일하지만, 각 집단의 개별의 정확한 값도 같이 살펴볼 수 있습니다. 이제 논스포팅 구분에 속하는 견종은 3개밖에 없음을 알 수 있습니다. 상자 그래프에서 볼 수 있었던 치우친 분포라는 것은, 상자의 형태를 과하게 해석한 것입니다.

여기서는 데이터의 크기가 커서 데이터 값이 겹쳐서 나타나는 오버플롯이 일어날 때의 문제점에 대해서 설명했습니다. 이 문제에 대응하기 위해서 데이터를 집계해서 표현하는 평활법에 대해 알아보았습니다. 주로 사용되는 두 가지 평활법인 구간화와 커널 평활법을 살펴보고 이 기법을 1차원 및 2차원에 적용해 보았습니다. 1차원의 경우에는 히스토그램과 커널 밀도 곡선을 사용했고, 모두 분포의 형태를 더 쉽게 확인할 수 있습니다. 2차원의 경우, 추세를 확인하기 위해 x값은 고정한 상태에서 y값을 평활화하면 유용합니다. 또한 더 유용한 히스토그램과 밀도 곡선을 만들려면 평활 정도를 튜닝해야 한다는 것을 설명하고,

데이터가 적은 경우 평활법을 시도하면 잘못된 인사이트를 줄 수 있으므로 주의가 필요합니다.

산점도의 오버플롯을 줄이는 방법에는 여러 가지가 있습니다. 예를 들어, 점을 부분적으로 투명하게 만들어 겹치는 점이 더 어둡게 보이도록 할 수 있습니다. 많은 관측값이 동일한 경우(예: 수명이 가장 가까운 해로 반올림되어 비슷한 나이에 값이 몰리는 경우) 값에 임의로 적은 잡음을 추가하여 오버플롯되는 정도를 줄일 수 있습니다. 이 절차를 지터링(jittering)이라고 하며, 수명의 스트립 플롯에 사용됩니다. 투명도와 지터링은 데이터가 중간 정도의 크기인 경우 편리합니다. 그러나 여전히 이 방법들에서는 모든 점을 사용하고, 대규모 데이터 집합에는 모든 점을 그리는 것 자체가 시각화 화면을 뒤덮기 때문에 적합한 방법은 아닙니다.

앞서 소개한 사분위수-사분위수 그래프는 훨씬 적은 수의 점으로 분포를 비교하는 한 가지 방법입니다. 혹은 나란히 배치된 상자 그래프를 사용하거나 동일한 그래프에 KDE 곡선을 겹쳐 그릴 수도 있습니다. 데이터의 하위 집합(또는 군집) 간의 분포와 관계를 비교하는 것이 필요할 때가 있으므로, 이제 이어서 다양한 그래프 유형에 대해 의미 있는 비교를 용이하게 하는 몇 가지 디자인 원칙에 대해 설명하도록 하겠습니다.

11.3. 의미 있는 비교 유도하기

동일한 데이터를 여러 다양한 방법으로 시각화할 수 있고, 이 중 어떤 그래프를 사용할지 고르는 것은 매우 어려운 일입니다. 보통, 그래프를 통해서 사용자가 데이터를 의미 있게 비교할 수 있도록 해야 한다고 말합니다. 여기에서는 그래프의 명확성을 더 향상할 수 있는 몇 가지 유용한 원칙에 대해서 짚어보도록 하겠습니다.

11.3.1. 중요한 차이를 강조하기

집단 간 비교용 그래프를 그릴 때마다 해당 그래프가 중요한 차이점을 강조하고 있는지 고려합니다. 그래프에 그려진 개체가 비교하는 부분이 확인하기 쉬운 방식으로 정렬되어 있어야 사용자가 차이점을 더 쉽게 파악할 수 있습니다.

예를 들어 보겠습니다.

미국 노동통계국[41]은 소득에 관한 데이터를 공개하고 있습니다. 이 중 2020년에 25세 이상의 전일 근무로 환산한 주당 평균 소득을 가져와서 그래프로 나타내었습니다. 이때 사람들을 교육 수준과 성별[42]에 따라 구분하였습니다.

```
labels = {"educ": "Education",
          "income": "Weekly earnings (USD)",
          "gender": "Sex"}
fig = px.bar(earn, x="educ", y="income",
             facet_col="gender", labels=labels,
             width=450, height=250)
fig.update_layout(margin=dict(t=30))
```

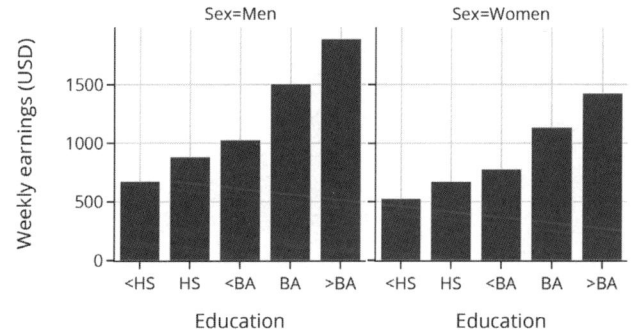

〈HS : 고등학교 미만
 HS : 고등학교 졸업
〈BA : 대학 재학 또는 전문대
 BA : 학사
〉BA : 석사 이상

이 막대 그래프를 보면 교육 수준이 더 높은 경우 수입이 더 많다는 것을 알 수 있습니다. 하지만, 더 흥미롭고 논쟁적인 비교는 동일한 교육 수준에서의 남성과 여성을 비교할 때 일어납니다. 이 그래프와는 또 다른 방식으로 막대를 묶어서 살펴보겠습니다.

```
px.bar(earn, x='educ', y='income', color='gender',
       barmode='group', labels=labels,
       width=450, height=250)
```

---

41 https://oreil.ly/b0YMJ

42 미국 정부 조사 데이터는 여전히 성별을 이분법 기반으로 수집하고 있으나, 2022년부터 미국 시민권자는 여권 앱에서 성별에 'X'를 선택할 수 있습니다.

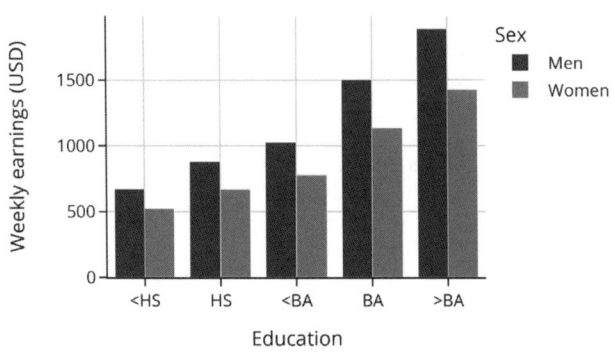

동일한 교육 수준의 남성과 여성의 수입을 비교하는 데 있어서는 이 그래프가 훨씬 낫습니다. 하지만, 이 차이를 더 뚜렷하게 확인하려면 막대를 횡으로 나열하는 것이 더 좋습니다. 혹은 막대 대신, 남성과 여성 집단에 대해 점을 사용한 후 이를 각 교육 수준에 따라 나란히 배열해 볼 수도 있습니다.

```
fig = px.line(earn, x='educ', y='income', symbol='gender',
              color='gender', labels=labels, width=450,
              height=250)
fig.update_traces(marker_size=10)
```

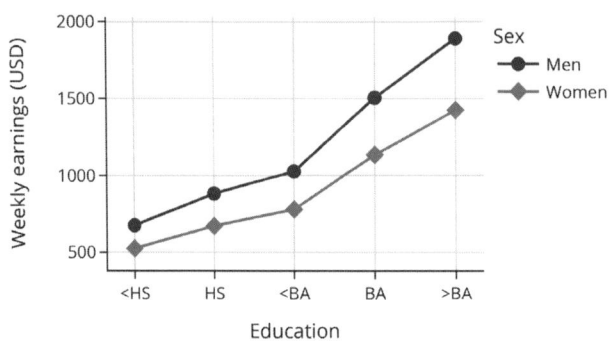

이 그래프를 보면 차이를 더욱 명확하게 알 수 있습니다. 남성과 여성 간의 수입 차이는 교육 수준이 높아질수록 점점 더 커집니다. 지금까지 동일한 데이터로 세 개의 그래프를 사용하여 시각화를 했지만, 각각의 그래프에서 읽어낼 수 있는 의미는 모두 달랐습니다. 마지막 그래프의 경우 수입 격차가 나란히 나타나서 이에 대한 내용을 파악하기에는 가장 좋습니다.

이 세 가지 그래프를 만들 때, 학력 범주를 낮은 것에서 높은 순으로 배열했습니다. 학력 수준은 순서형이므로 이 순서는 적당한 것으로 보입니다. 명목형 범주를 다룰 때는 순서를 매기는 방식이 달라집니다.

11.3.2. 군집 배열

순서형 특성의 경우, 그래프를 그릴 때 범주의 순서는 자연적 순서에 따릅니다. 하지만 명목형 범주를 다룰 때는 동일한 방법을 적용할 수 없습니다. 대신, 비교하기에 좋은 순서를 선택할 수 있습니다. 상자 그래프나 스트립 플롯의 경우, 보통 상자나 스트립은 중앙값에 따라 배열하지만, 막대 그래프의 경우는 막대의 길이에 따라 배열할 수 있으므로 이 순서 선택을 확인하기에 좋은 예시가 될 것입니다.

다음 두 막대 그래프로 견종별 평균 수명을 비교해 봅시다.

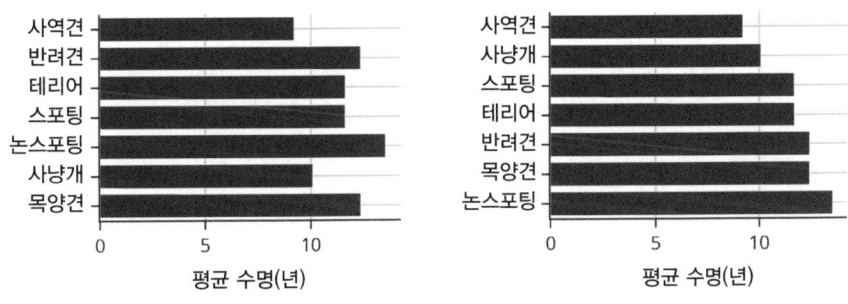

〈그림 11-13〉 순서를 다르게 한 견종별 평균 수명

그림 11-13의 왼쪽 그래프는 막대 그래프를 알파벳 순서대로 배열했습니다. 사용자는 대개 오른쪽 그래프를 더 선호합니다. 오른쪽 그래프는 막대 그래프가 수명 순서대로 배열되어 있어서, 범주에 따른 수명을 비교하기가 더 용이합니다. 목축견이 소형견보다 수명이 더 짧은지 파악하기 위해 그래프를 왔다 갔다 하면서 보고 싶어하는 사람은 없을 것입니다.

다른 예제로, 샌프란시스코 베이 지역의 도시들 간의 주택 매매 가격의 분포를 비교한 상자 그래프 두 개가 있습니다.

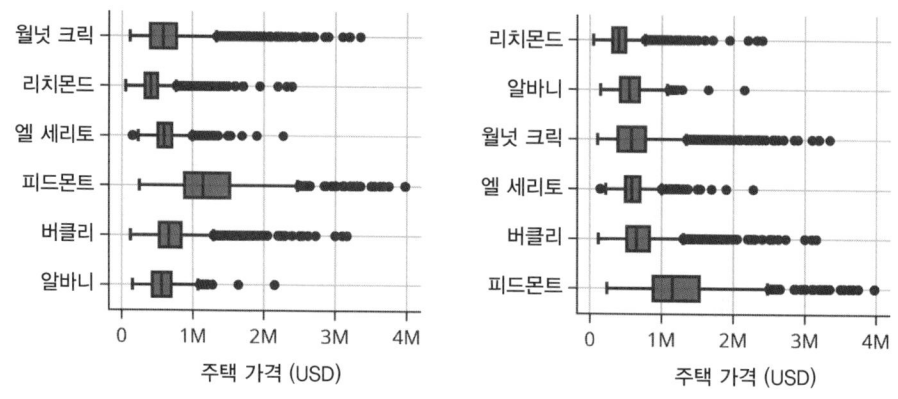

〈그림 11-14〉 순서를 다르게 한 도시별 주택 매매 가격 분포

각 도시의 중간값에 따라 상자가 정렬되어 있는 오른쪽 그래프가 더 보기 좋을 것입니다. 여기서도, 값의 순서를 사용하면 군집(이 그래프의 경우에는 도시) 간의 분포를 더 쉽게 비교할 수 있습니다. 알바니와 월넛 크릭의 하위 사분위수와 중앙값은 거의 동일하지만 월넛 크릭의 가격이 더 오른쪽으로 치우쳐 있음을 알 수 있습니다.

가능하면 막대 그래프에서 막대는 높이별로, 상자 그래프에서 상자는 중앙값으로 정렬하면 군집 간 비교를 더 쉽게 할 수 있습니다. 군집화된 데이터를 표시하는 데 사용되는 또 다른 기법은 누적(stacking)입니다. 다음 내용에서 누적에 대해 설명하고 이러한 종류의 그래프에서 벗어나야 할 필요를 설명하는 예제를 보여드리겠습니다.

11.3.3. 누적 방식을 피해야 할 때

다음에 소개할 그래프는 막대 그래프를 누적한 형태로, 막대 하나당 하나의 도시이고 각 막대는 방이 1개일 때부터 8개인 경우까지의 집의 비율로 나뉘어 있습니다. 이를 누적 막대 그래프라고 합니다. 이 막대 그래프는 교차표를 기반으로 만들어집니다.

```
br_crosstab
```

br city	1	2	3	4	5	6	7	8
Albany	1.21E-01	0.56	0.25	0.05	9.12E-03	1.01E-03	2.03E-03	4.05E-03
Berkeley	6.91E-02	0.38	0.31	0.16	4.44E-02	1.42E-02	6.48E-03	7.23E-03
El Cerrito	1.81E-02	0.34	0.47	0.14	2.20E-02	6.48E-03	0.00E+00	6.48E-04
Piedmont	8.63E-03	0.22	0.4	0.26	9.50E-02	1.29E-02	7.19E-03	1.44E-03
Richmond	3.60E-02	0.36	0.42	0.15	2.52E-02	7.21E-03	7.72E-04	7.72E-04
Walnut Creek	1.16E-01	0.35	0.3	0.18	4.37E-02	5.08E-03	4.12E-04	2.75E-04

그래프의 각 막대는 모두 동일하게 높이가 1입니다. 막대의 각 나뉜 구간은 해당 도시에서 방이 1개 혹은 그 이상의 방이 있는 주택의 비율을 나타내므로, 1은 100%를 뜻합니다.[43]

```
fig = px.bar(br_crosstab, width=450, height=300)
fig.update_layout(yaxis_title=None, xaxis_title=None,
         legend_title="# Bedrooms")
fig.show()
```

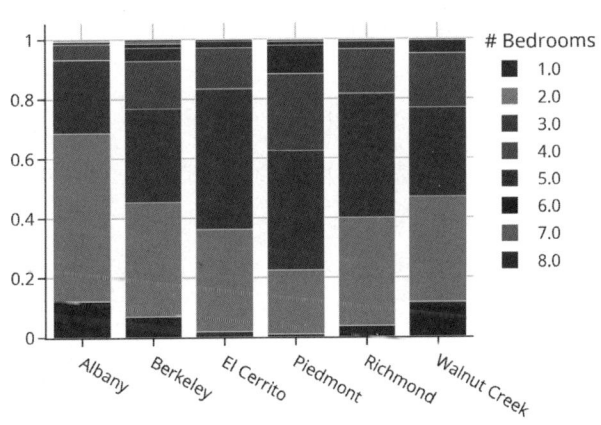

각 열의 첫 번째 구간을 훑어보기만 해도 각 도시별로 방이 하나인 주택의 비율을 쉽게 비

---

43 그래프를 온라인에서 자세히 보고자 하는 경우는 다음 주소로 접속하시면 됩니다. https://learningds.org/_images/viz_comparisons_22_0.svg

교할 수 있습니다. 하지만 침실이 4개인 주택의 비교는 더 어렵습니다. 중간에 위치한 구간의 아래쪽은 수평으로 정렬되어 있지 않으므로, 그래프 전반을 가로질러 위아래로 움직이는 구간의 길이를 눈으로 판단해야 합니다. 이러한 위아래로 움직이는 형태를 기준선 흔들기(jiggling the baseline)라고 합니다.

누적 선 그래프는 위아래로 움직이는 곡선 사이의 간격을 판단해야 하므로 훨씬 더 읽기 어렵습니다. 다음 그래프는 1950년부터 2012년까지 이산화탄소(CO_2) 배출량이 가장 많은 10개 국가의 이산화탄소 배출량[44]을 나타냅니다.

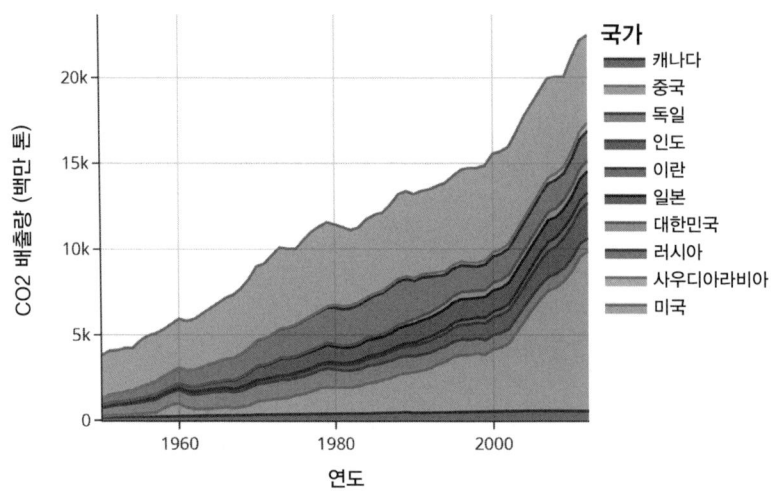

〈그림 11-15〉 국가별 이산화탄소 배출량 누적 그래프[45]

선이 각 선 위에 쌓이는 형식으로 그려져 있어서, 특정 국가의 이산화탄소 배출량이 어떻게 변했는지 알기 매우 힘들고 각 나라 간의 비교 역시 어렵습니다. 이 그래프 대신, 다음과 같이 각 국가의 배출량 선을 쌓지 않고 그려볼 수 있습니다.[46]

---

44 https://oreil.ly/kjk9N

45 그래프를 온라인에서 자세히 보고자 하는 경우는 다음 주소로 접속하시면 됩니다. https://learningds.org/_images/viz_comparisons_26_0.svg

46 그래프를 온라인에서 자세히 보고자 하는 경우는 다음 주소로 접속하면 됩니다. https://learningds.org/_images/viz_comparisons_28_0.svg

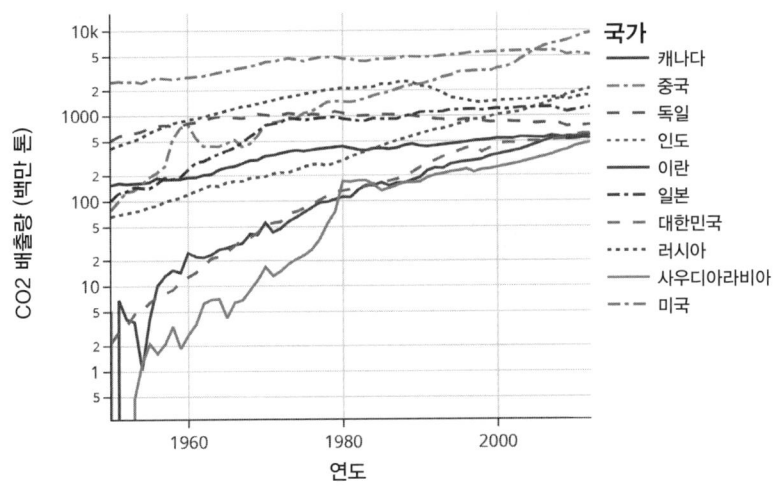

〈그림 11-16〉 국가별 이산화탄소 배출량 선 그래프

이제 기준선이 다른 짧은 수직 구간이 아닌 y축의 위치만 판단하면 되므로, 개별 국가의 변화를 확인하고 국가 간의 배출량을 비교하기가 훨씬 쉬워졌습니다. 또한 y축에 로그 눈금을 적용했습니다. 이를 통해 미국과 일본처럼 CO_2 배출량이 일정한 증가율을 보인 국가가 있는 반면, 중국과 인도처럼 배출량이 훨씬 더 빠르게 증가한 국가도 있으며, 독일은 CO_2 배출량이 둔화되었다는 것을 쉽게 구분할 수 있습니다. 각 국가의 기준선이 그래프 전체에서 흔들릴 때는 이런 차이를 거의 감지할 수 없었습니다.

이 두 그래프에서는 한 국가와 다른 국가를 쉽게 구분할 수 있도록 서로 다른 선 유형과 색상을 사용했습니다. 비교를 용이하게 하기 위해 색상을 어떻게 사용하느냐가 매우 중요합니다. 이것이 다음 주제입니다.

11.3.4. 컬러 팔레트 선택

색상을 선택하는 것도 데이터 시각화에서 중요한 부분을 차지합니다. 지나치게 밝거나 어두운 색상을 사용하는 것을 피하여 독자의 눈에 부담을 주지 않아야 합니다. 또한 사람들 중 10~15%(대부분 남성)는 적록색맹이므로 색맹인 사람에게는 어려울 수 있는 색상표는 피해야 합니다.

범주형 데이터의 경우 범주를 명확하게 구분할 수 있는 색상표를 사용하는 것이 좋습니다. 그림 11-17의 상단에 한 가지 예가 있습니다. 이 색상표는 위에서부터 순서대로, 범주형 데이터의 경우 정성형 색상표, 큰 값과 작은 값 모두를 강조하려는 숫자 데이터의 경우 분기형 색상표, 큰 값과 작은 값 중 하나를 강조하려는 숫자 데이터의 경우 순차형 색상표를 제시합니다.

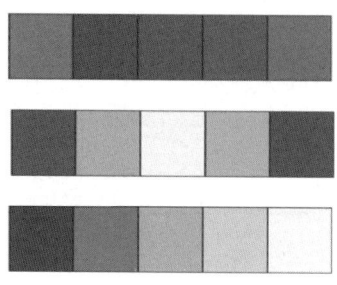

〈그림 11-17〉 컬러 브루어(Color Brewer) 2.0에서 제안하는 세 가지 인쇄 친화형 팔레트[47]

숫자 데이터의 경우, 스펙트럼의 한쪽을 다른 쪽보다 강조하는 순차형 색상표 또는 스펙트럼의 양쪽 끝을 동일하게 강조하고 중간을 강조하지 않는 분기형 색상표를 사용하려고 합니다. 그림 11-17의 아래쪽에는 순차형 색상표가 나와있고, 가운데에는 분기형 색상표가 나와있습니다.

암 발생률과 같이 낮은 값이나 높은 값을 강조하려는 경우 순차형 색상표를 선택합니다. 양당 선거 결과와 같이 양쪽 극단을 강조하려는 경우에는 분기형 색상표를 선택합니다.

일정하게 지각할 수 있는 색상 팔레트를 선택하는 것이 중요합니다. 즉, 데이터 값이 두 배가 되면 시각화 상에서 색상이 사람의 눈에 두 배로 강하게 보일 수 있어야 합니다. 또한 그래프의 한 부분에서 다른 부분으로 이동할 때 잔상을 만드는 색상, 한 속성을 다른 속성보다 더 중요하게 보이게 하는 서로 다른 강도의 색상, 색맹이 구분하기 어려운 색상은 피해야 합니다. 데이터 시각화를 위해 특별히 제작된 팔레트 또는 팔레트 생성기를 사용하는 것을 추천합니다.

그래프는 오랜 시간 동안 검토해야 하므로 독자가 그래프를 주의 깊게 살펴보는 데 방해가 되지 않는 색상을 선택해야 합니다. 또한 색을 불필요하게 사용하지 말고, 정보를 표현할 수 있는 색상을 사용해야 합니다. 이와 관련하여 사람들은 일반적으로 약 7가지 이상의 색상을 구분하는 데 어려움을 겪기 때문에 그래프에서 사용하는 색상 수를 제한해야 합니다.

---

47 온라인에서 자세히 보고자 하는 경우는 다음 주소로 접속하시면 됩니다. https://learningds.org/_images/threePalettes.jpg

마지막으로, 색상은 컴퓨터 화면에서 볼 때와 종이에 회색조로 인쇄할 때 상당히 다르게 보일 수 있습니다. 따라서 색상을 선택할 때는 그래프가 어떻게 표시될지 염두에 두어야 합니다. 데이터 시각화에서 비교를 정확하게 할 수 있도록 하는 것은 매우 중요한 목적이므로 연구자들은 사람들이 색상과 각도, 길이와 같이 그래프에서 사용되는 요소의 차이를 얼마나 잘 인지하는지에 대해 연구했습니다. 이제 이것에 대해 알아보겠습니다.

11.3.5. 그래프에서의 비교 시 지침 사항

연구자들은 사람들이 서로 다른 유형의 그래프에 나타난 정보를 얼마나 정확하게 해석하는지에 대해 연구해 왔습니다. 가장 정확도가 높은 그래프부터 낮은 그래프까지의 순서는 다음과 같이 나타났습니다.

- 러그 플롯, 스트립 플롯 혹은 산점도에서의 같은 공통 눈금을 따른 위치
- 막대 그래프에서의 정렬되지 않은 동일한 눈금에서의 위치
- 누적 막대 그래프에서의 동일한 길이
- 파이 그래프의 각도 및 기울기
- 누적 선 그래프 또는 거품 그래프의 면적
- 3차원 막대 그래프의 부피 및 밀도
- 반투명한 점으로 오버플롯한 경우의 채도 및 색조

한 예로, 샌프란시스코에서 방이 1개에서 8개까지의 주택 판매 비율을 나타낸 파이 그래프와 막대 그래프를 살펴보겠습니다.

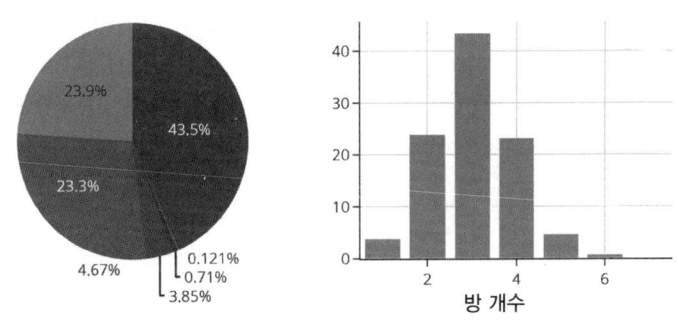

〈그림 11-18〉 방 개수에 따른 주택 판매 비율

좌측의 파이 그래프에서 각도를 판단하기 어려우므로 실제 백분율로 주석을 달아야 합니다. 또한 침실 수에 대한 자연스러운 순서를 사용할 수 없습니다. 하지만 막대 그래프에서는 이러한 문제가 발생하지 않습니다.

그러나 모든 규칙에는 예외가 있습니다. 각 파이 그래프에 두세 개의 조각만 있는 다중 파이 그래프는 효과적인 시각화를 제공할 수 있습니다. 예를 들어, 샌프란시스코 베이 지역의 6개 도시에서 판매된 방 2개짜리 주택의 비율을 도시별로 정렬한 파이 그래프의 집합은 효과적인 데이터 시각화가 될 수 있습니다. 물론, 누적 막대 그래프로 표현해도 많은 경우 최소한 파이 그래프만큼 명확하게 데이터를 확인할 수 있습니다.

이러한 지침을 고려할 때, 데이터를 비교하는 데 있어서는 위치와 길이를 기준으로 하는 것이 좋습니다. 사람들은 각도, 면적, 부피, 색상보다는 위치나 길이를 기준으로 비교를 더 정확하게 인식하는 경향이 있습니다. 그러나 그래프에 정보를 추가하려는 경우 위치와 길이 외에도 색상, 기호 및 선 유형을 함께 사용하는 경우가 많습니다. 이 장에서 이에 대해 몇 가지 예를 보여드렸습니다.

다음으로 데이터 설계라는 주제와 데이터를 언제, 어디서, 어떻게 수집했는지를 데이터 시각화에 반영하는 방법에 대해 알아보겠습니다. 이 주제는 다소 미묘하지만 중요한 주제입니다. 데이터 범위를 무시하면 쉽게 오해의 소지가 있는 그래프를 만들 수 있기 때문입니다.

11.4. 데이터 설계 통합

데이터 시각화를 만들 때, 데이터 범위, 특히 데이터 설계를 고려하는 것이 필요합니다(2장 참고). 데이터가 어떻게 수집되었는지에 대한 질문을 고려하게 되면 그래프를 선택하고 비교를 나타내는 것도 달라질 수 있습니다. 데이터가 수집된 시간과 장소 및 사용된 데이터 설계 방식에 따라 표본을 선택하기도 합니다. 데이터 범위가 데이터 시각화에 영향을 준 몇 가지 예제를 살펴보도록 하겠습니다.

11.4.1. 여러 시간에 걸쳐 수집된 데이터

여러 시간에 걸쳐 데이터를 수집하여 사용하는 경우, 일반적으로 타임스탬프를 x축에, 관심 있는 특성을 y축에 배치한 선 그래프를 사용해서 시간의 추세를 살펴봅니다. 하나의 예로, 샌프란시스코 주택 가격에 대한 데이터를 다시 살펴봅시다. 이 데이터는 2003년부터 2008년까지 수집된 것으로, 2008/2009년 미국 주택 거품이 붕괴된 시기를 확인할 수 있습니다. 시간은 이 데이터의 범위에서 중요한 요소이므로 매매 가격을 시계열로 시각화해 보았습니다. 앞서 살펴본 결과 매매 가격이 매우 왜곡되어 있으므로 평균이 아닌 백분위수를 사용합니다. 이때 중앙값을 사용하여 그래프를 그립니다(이는 이 장의 앞부분에서 살펴본 평활화의 한 형태입니다).

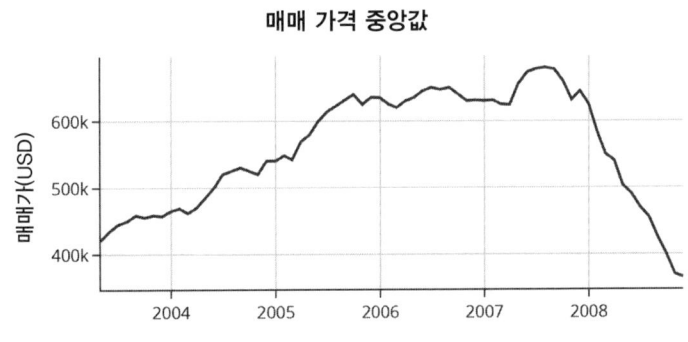

〈그림 11-19〉 매매 가격의 시간별 중앙값

이 그래프에서 2003년부터 2007년까지의 가격 상승과 2008년의 가격 하락을 확인할 수 있습니다. 하지만 중앙값 대신 몇 가지 백분위수를 추가하면 더 많은 정보를 확인할 수 있습니다. 판매 가격의 10번째, 30번째, 50번째(중앙값), 70번째 및 90번째 백분위수에 대해 별도로 선을 그려 보겠습니다. 또한 시간 경과에 따른 가격을 조사할 때는 일반적으로 인플레이션을 조정하여 비교가 동일한 기준으로 이루어지도록 해야 합니다. 인플레이션을 조정하는 것 외에도 각 백분위수에 대해 2003년의 시작 가격을 기준으로 가격을 그래프에 나타내 보겠습니다. 즉, 모든 선이 2003년의 y = 1에서 시작됩니다(2006년 90번째 백분위수의 값이 1.5이면 매매 가격이 2003년 90번째 백분위수의 1.5배임을 나타냅니다). 이 정규화를 통해 주택 경기 침체가 여러 지역에 있는 주택 소유자에게 어떤 영향을 미쳤는지 확인할 수 있습니다.

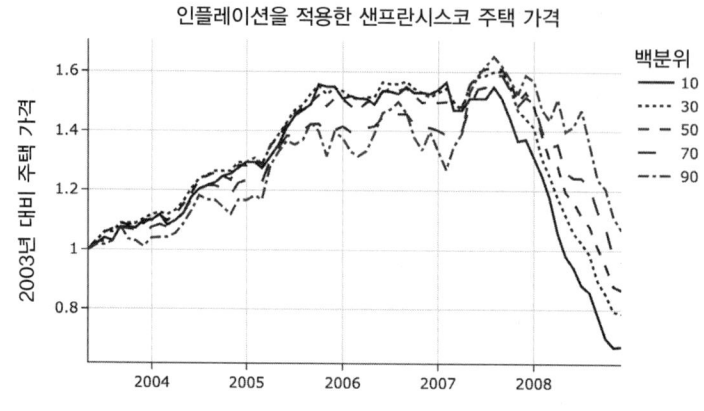

〈그림 11-20〉 인플레이션을 조정한 매매가격의 분위별 그래프

시간에 따른 선 그래프에서 하위 10%(백분위 10) 선을 보면 2005년에 빠르게 증가하고 몇 년 동안 2003년 값에 비해 높은 정도를 유지하다가 다른 백분위수보다 더 먼저, 더 빠르게 하락하는 것을 확인할 수 있습니다. 이는 행복주택과 같은 가격이 낮은 주택일수록 주택 시장 붕괴로 인해 변동성이 더 커지고 훨씬 더 많이 가치가 하락했음을 알려줍니다. 반면, 고가 주택은 주택 시장 붕괴의 영향을 덜 받았으며, 2008년 말에도 상위 10%(백분위 90) 주택 가격은 2003년 가격보다 여전히 높았습니다. 시각화에서 약간의 도메인 지식을 적용하면 놓치기 쉬운 데이터의 추세를 발견하고, 데이터 설계 내용을 활용하여 시각화를 어떻게 개선해야 할지 알 수 있습니다.

주택 데이터는 특정 기간 동안 한 지역의 전체 인구 조사로 만들어진 관찰 데이터의 사례입니다. 다음으로, 자기 선택과 기간이 데이터 시각화에 영향을 미치는 또 다른 관찰 연구를 살펴보겠습니다.

11.4.2. 관찰 연구

인구 조사나 과학 연구에서 나온 데이터가 아닌 경우 다소 주의해야 할 필요가 있습니다. 물론 인구 조사나 과학 연구 표본을 다룰 때도 횡단 연구가 수반되어야 합니다. 예를 들어, 앞의 체리 블러섬 10마일 달리기 데이터를 다시 살펴봅시다. 이 장 초반에서, 기록과 연령 간의 관계를 파악하기 위해 평활 곡선을 그렸었습니다. 여기서는 이 그래프의 해석에서 가능한 위험 요소를 강조하기 위해 이 그래프를 다시 그려보도록 하겠습니다.

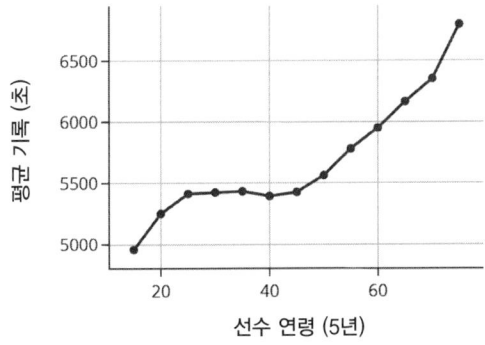

〈그림 11-21〉 선수 연령과 기록 간의 관계

그림 11-21을 보고 60세의 러너는 일반적으로 40세 때보다 완주하는 데 600초가 더 걸릴 것으로 예상된다고 결론을 내릴 수 있습니다. 하지만 이는 종단 연구가 아닌 횡단 연구입니다. 이 연구는 시간 경과에 따라 사람들을 추적하는 것이 아니라 한 시점에 대한 사람들의 상태에 대한 단면을 얻습니다. 그래프에 등장하는 60세 선수는 40세 선수와 다른 사람입니다. 이 두 집단은 달리기 시간과 나이 사이의 관계에 영향을 미치는 방식이 다를 수 있습니다. 집단 전체로 보면 레이스에 참가한 60세 선수는 40세 선수보다 나이에 비해 더 건강할 가능성이 높습니다. 다시 말해, 데이터 설계를 통해 개별 선수에 대한 결론을 내릴 수는 없습니다. 시각화가 잘못 만들어진 것은 아니지만, 시각화에서 결론을 도출할 때는 주의해야 합니다.

수년간의 달리기 결과를 수집했기 때문에 데이터 설계는 훨씬 더 복잡합니다. 매년 선수들의 집단인 코호트(cohort)가 형성되고, 한 해에서 다음 해로 넘어갈 때마다 이 코호트가 바뀝니다. 이번에는 서로 다른 연도의 선수들을 비교하여 이런 내용을 명확하게 전달하는 시각화를 만듭니다. 여기에서는 1999년, 2005년, 2010년의 선수를 따로 구분하여 선을 그렸습니다.

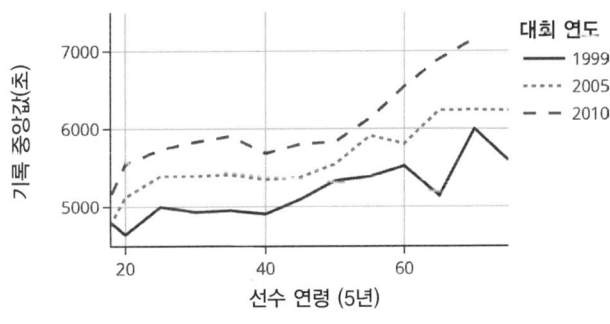

〈그림 11-22〉 연도별 코호트에 따른 선수 연령과 기록 간의 관계

2010년의 기록 중앙값이 모든 연령대에서 2005년의 선수들의 기록보다 값이 큰 것을 볼 수 있습니다. 또한, 2005년 선수들의 기록은 199년 선수들의 기록보다 항상 값이 큽니다. 해가 감에 따라 기록이 느려지는 것은 흥미로운 지점입니다. 최근 들어 초보 선수의 참여율이 높아 경기에 참여하는 인원이 늘어나는 것과 관련이 있을 수도 있습니다. 이 사례는 데이터의 패턴을 해석할 때 데이터 범위에 대해서도 주의를 기울여야 한다는 것을 보여줍니다. 또한 과학 연구에서도 데이터 범위를 고려해야 합니다. 이는 다음 내용에서 다룰 것입니다.

11.4.3. 동일하지 않은 표본

과학 연구에서, 표본 설계는 그래프에 영향을 미칠 수 있으므로 이에 대해서도 고려해야 합니다. 표본이 동일하지 않은 비율을 나타낼 수도 있으므로, 시각화에서는 이에 대해서도 고려해야 합니다. 8장과 9장에서 약물 남용 경고 네트워크(DAWN) 조사에 대한 과학 연구 데이터를 다루었습니다. 이 데이터는 약물과 관련된 응급실 방문에 대한 복잡한 임의 연구에서 가져왔으며, 각 표본이 한 해 동안의 모든 약물 관련 응급실 방문 인구를 대표할 수 있도록 가중치 값이 추가되었습니다. 다음의 두 가지 막대 그래프는 응급실 방문 유형에 대한 분포를 나타낸 것입니다.[48] 좌측의 그래프는 가중치를 반영하지 않은 것이고 우측 그래프는 가중치를 반영한 것입니다.

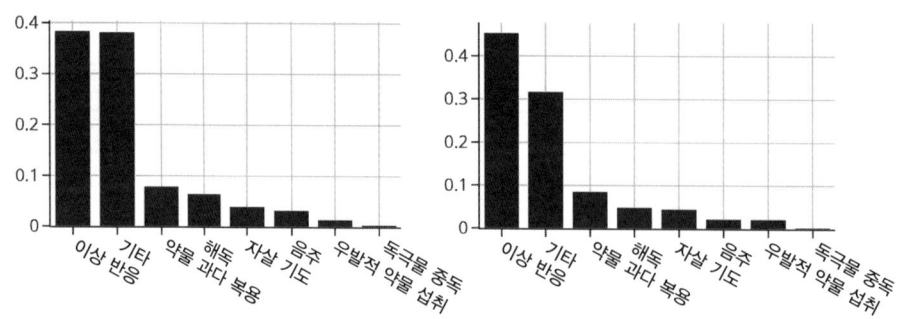

〈그림 11-23〉 응급실 방문 유형에 따른 분포 그래프의 가중치 반영 여부 비교

---

48 온라인에서 자세히 보고자 하는 경우는 다음 주소로 접속하면 됩니다. https://learningds.org/_images/viz_data_design_19_0.svg

가중치가 적용되지 않은 그래프에서 "기타" 범주는 "이상 반응" 범주와 빈도수가 거의 동일합니다. 하지만 가중치를 적용하면, "기타" 범주는 "이상 반응"의 약 2/3 수준으로 떨어집니다. 표본 가중치를 고려하지 않으면 분포를 잘못 나타낼 수 있습니다. 히스토그램뿐만 아니라, 막대 그래프, 상자 그래프, 2차원 곡선, 평활 곡선 등에서 가중치를 적절하게 적용해야 합니다. 그래프를 고를 때 영향을 미칠 수 있는 데이터 범위의 다른 측면으로는 데이터가 수집된 위치가 있는데, 이는 뒤이어 다루도록 하겠습니다.

11.4.4. 지리 데이터

데이터에 위도, 경도와 같은 지리적 정보가 포함된 경우 일반적인 그래프 외에 지도를 만드는 것도 고려해야 합니다. 예를 들어, 그림 11-24 지도는 12장 예제의 핵심인 미국 대기질 센서의 위치를 나타냅니다.

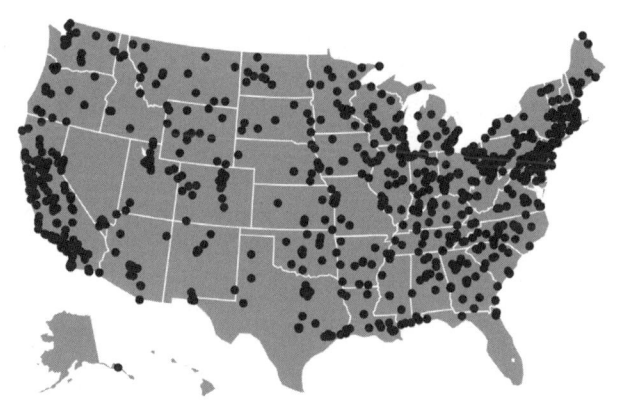

〈그림 11-24〉 미국의 대기질 센서 위치

지도상으로 캘리포니아와 동부 해안가에 많은 점이 표시되어 있는 것을 알 수 있습니다. 이 경우 모든 센서의 데이터로 대기질을 단순 히스토그램으로 표시하면 미국 전역의 대기질 분포를 잘못 나타낼 수 있습니다. 공간적 측면을 분포에 통합하려면 다양한 색상 마커로 대기질 측정값을 지도에 추가하고 각 위치별 대기질 히스토그램을 다른 분할면에 그릴 수 있습니다.

막대, 색, 선 유형 등의 그래프 요소를 사용하는 것 외에, 그래프에서 더 많은 정보를 제공하기 위해 맥락 정보를 추가할 수 있습니다. 바로 이것이 다음 살펴볼 주제입니다.

11.5. 맥락 추가하기

이 장에서는 그래프에 측정 단위를 넣거나, 범주에 체크 표시를 하고 제목을 넣는 등 각 축의 라벨에 글씨를 넣었습니다. 이는 시각화를 보다 광범위하게 공유할 때 있어서 좋은 방법입니다. 독자가 다른 곳에서 설명을 찾을 필요 없이 그래프만 보고서도 요점을 파악할 수 있을 정도로 충분한 맥락을 포함하는 것은 시각화의 지향점입니다. 즉, 통계 그래프의 모든 요소에는 목적이 있어야 합니다. 흔히 차트정크(chartjunk)라고 불리는, 그래프에서의 불필요한 글이나 그래프 요소는 제거해야 합니다. 여기에서는 그래프에 유용한 맥락을 추가하는 방법에 대해 간략히 설명하고 맥락을 추가하여 게시 가능한 그래프를 만드는 예제를 살펴 보겠습니다.

글의 맥락에는 라벨과 캡션이 있습니다. 눈금 표시와 축에 정보를 제공하는 레이블을 일관되게 사용하는 것이 좋습니다. 예를 들어, 축 라벨에 측정 단위를 포함하면 도움이 되는 경우가 많습니다. 그래프에는 필요한 경우 제목과 범례를 포함해야 합니다. 다른 사람들이 보고 해석할 수 있는 그래프에서는 정보성 라벨이 특히 중요합니다. 그러나 개인 용도로 탐색적 데이터 분석을 하는 경우에도, 나중에 본격적 분석으로 돌아왔을 때 그래프로 나타낸 내용을 쉽게 파악할 수 있도록 충분한 맥락을 그래프에 포함해 두고자 하는 경우가 종종 있습니다.

캡션은 여러 가지 용도로 활용할 수 있습니다. 캡션은 그래프의 내용을 설명하고 독자에게 방향을 제시합니다. 캡션은 또한 그래프의 중요한 특징을 짚어가며 의미에 대해 설명합니다. 캡션이 이미 글에 나와 있는 정보를 반복해도 괜찮습니다. 독자는 게시된 글의 내용은 대충 훑어보고 제목과 시각화에 집중하므로 그래프의 캡션은 독립적으로 이루어져야 합니다.

참조 마크는 그래프 영역에 추가 맥락을 제공합니다. 벤치마크, 과거의 데이터 값 및 기타 외부 정보를 제공하는 참조용 점과 선은 내용을 비교하고 해석하는 데 도움이 됩니다. 예를 들어, 사분위수-사분위수 그래프에 기울기가 1인 참조선을 추가하는 경우가 더러 있습니다. 또한 자연재해와 같은 특별한 이벤트를 표시하기 위해 시계열 그래프에 수직선을 추가할 수도 있습니다.

다음 예에서 이러한 맥락적 요소를 그래프에 추가하는 방법을 설명하겠습니다.

11.5.1. 예제: 100m 단거리 기록

다음 그래프는 1968년 이후 남자 100미터 단거리 경주 기록을 보여줍니다. 이 데이터에는 정상적인 풍량 조건에서 전자 타이머로 측정되고 야외에서 열린 경주만 기록되어 있으며, 10초 이내에 들어온 선수들의 기록만 포함됩니다. 이 그래프는 연도별 기록 시간을 보여주는 기본적인 산점도입니다. 이 그래프에서 시작하여 이를 보강하여 100미터 단거리 경주에 관한 파이브써티에잇(FiveThirtyEight) 기사[49]에 소개된 그래프를 만들었습니다

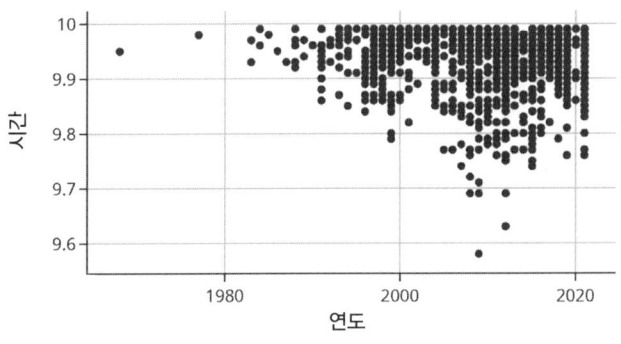

〈그림 11-25〉 단거리 경주의 연도별 기록 그래프

다른 사람들이 읽을 그래프를 준비할 때는 핵심적으로 전달할 주제를 고려합니다. 지난 50년 동안 최고의 선수들은 점점 더 기록이 빨라지고 있으며, 우사인 볼트(Usain Bolt)가 2009년에 세운 9초 58의 놀라운 기록은 여전히 깨지지 않고 있다는 것입니다(참고로 두 번째로 좋은 기록도 볼트의 기록입니다). 이 그래프에 주요 요점을 직접 설명하는 제목, y축 라벨의 측정 단위, 우사인 볼트의 두 가지 최고 기록 등 산점도에서 중요한 점에 주석을 추가하는 식으로 맥락을 제공하겠습니다. 또한 10초에 가로 기준선을 추가하여 10초 미만의 시간만 표시되었다는 것을 명확히 나타내고, 세계 기록 시간에는 특별한 기호를 사용하여 이 중요한 값에 독자의 주의를 끌 수 있도록 만들어 보면 다음 그림과 같이 확인해 볼 수 있습니다.

---

49 https://oreil.ly/pxHr4

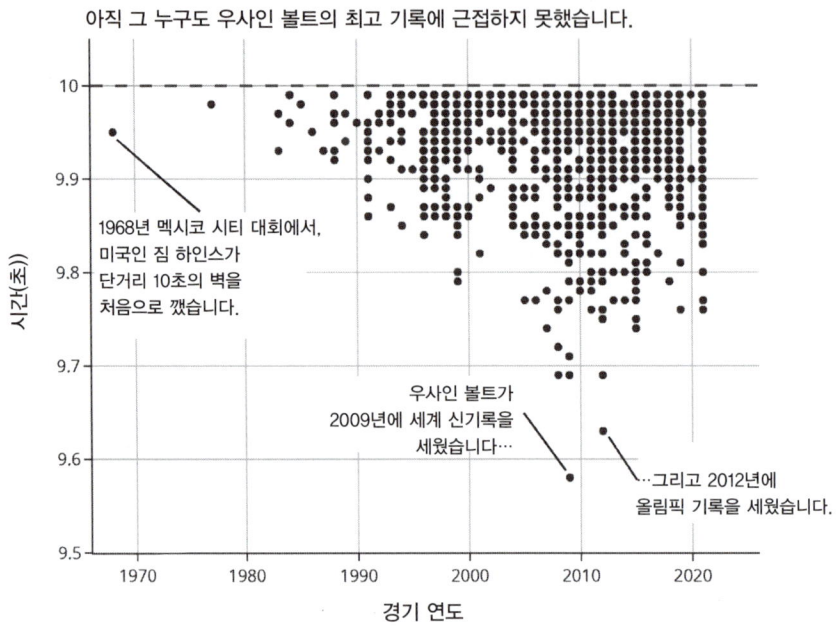

〈그림 11-26〉 단거리 경주 기록 그래프에 맥락이 추가되었습니다.

이 단편적인 맥락은 그래프에서 무엇을 나타내는지를 설명하고, 독자가 핵심 내용을 확인할 수 있도록 하며, 데이터에서 몇 가지 흥미로운 지점을 짚어줍니다. 발표 자료, 기술 문서, 혹은 소셜 미디어 글 등에서 이 그래프를 유용하게 활용할 수도 있습니다. 그간의 경험에 비추어보면, 데이터 분석 결과를 보는 사람들은 글의 일부 내용이나 수식이 아닌 그래프를 기억합니다. 다른 사람들에게 보여줄 내용을 만들 때는 그래프에 제대로 된 맥락을 추가하는 것이 중요합니다.

이어서, plotly 파이썬 패키지를 사용해서 그래프를 만드는 것에 대해 상세히 살펴보도록 하겠습니다.

11.6. plotly를 사용해서 그래프 그리기

여기에서는 이 책에서 그래프를 만드는 데 사용하는 주요 도구인 plotly 파이썬 패키지에 대한 기본적인 내용을 다룹니다.

plotly 패키지는 다른 그래프 라이브러리에 비해 몇 가지 장점이 있습니다. 정적 이미지가 아닌 대화형 그래프를 만들 수 있습니다. plotly로 그래프를 만들면 일반 그래프로 그렸을 경우에는 너무 작아서 볼 수 없는 그래프의 일부를 이동 및 확대하거나 축소하여 볼 수 있습니다. 산점도에서의 점 같은 그래프 요소 위로 마우스를 가져가 원 데이터 값을 볼 수도 있습니다. 또한, plotly에서는 SVG 파일 형식을 사용하여 그래프를 저장할 수 있으므로 확대해도 이미지가 선명하게 나타납니다. 이 내용을 책으로 만들면서 이 기능을 활용해서 그래프 이미지를 넣었습니다. 마지막으로, 기본 그래프를 만들 때 사용할 수 있는 간단한 '고속' API가 있어 탐색적 분석을 수행하면서 많은 그래프를 빠르게 만들고 싶을 때 유용합니다. 여기서는 plotly의 기본 사항에 대해 설명합니다. 여기서 다루지 않은 문제를 접하게 되는 경우 공식 plotly 문서[50]를 확인하는 것을 권장합니다.

11.6.1. Figure와 Trace 객체

plotly의 모든 그래프는 Figure 객체로 싸여 있습니다. Figure 객체는 그리고자 하는 것에 대한 내용을 기록합니다. 예를 들어, 단일 Figure로 왼쪽의 산점도와 오른쪽의 선 그래프를 그릴 수 있습니다. Figure 객체에는 그래프의 크기, 제목, 범주, 주석을 포함하는 레이아웃도 기록합니다.

plotly.express 모듈은 그래프를 그리는 간단한 API를 제공합니다.

```python
import plotly.express as px
```

다음 코드에서는 plotly.express를 사용해서 견종 데이터에서 키 대비 체중의 산점도를 그립니다. 이때 .scatter()의 결괏값이 Figure 객체가 됩니다.

---

50 https://plotly.com/python

```
fig = px.scatter(
        dogs, x="height", y="weight",
        labels=dict(height="Height (cm)", weight="Weight (kg)"),
        width=350, height=250,
)

fig.__class__
```

plotly.graph_objs._figure.Figure

Figure 객체를 통해 화면에 나타냅니다.

fig

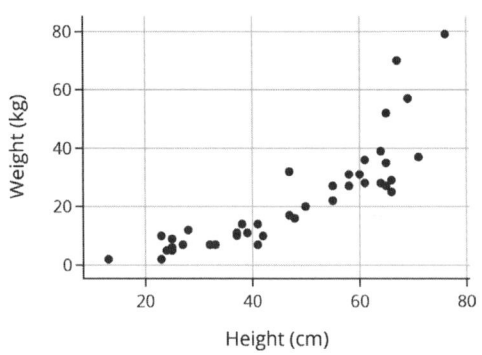

이 Figure에는 그래프가 하나지만, Figure 객체는 여러 개의 그래프도 포함할 수 있습니다. 다음으로는, 세 개의 산점도 구성을 만들어 봅니다.

```
# 그래프 제목은 생략했는데, 이 내용은 다음에 추가할 것입니다.
px.scatter(dogs, x='height', y='weight',
           facet_col='size',
           labels=dict(height="Height (cm)",
           weight="Weight (kg)"),
           width=550, height=250)
```

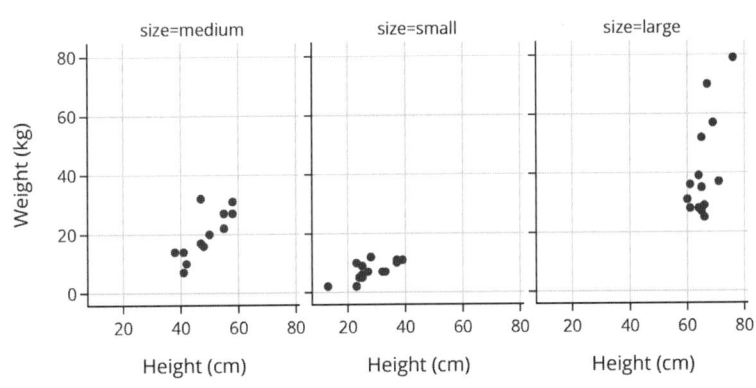

이 세 그래프는 Trace 객체에 저장되어 있습니다. 하지만 Trace 객체를 수동으로 수정하지는 않을 것입니다. 대신, plotly에서는 이 코드에서 사용한 px.scatter()같이 자동으로 여러 그래프의 구성을 만드는 함수를 제공합니다. 그럼 지금까지 간단히 그래프를 만드는 법을 살펴보았으니, 이 그래프를 수정하는 법에 대해 이어서 살펴보도록 합시다.

11.6.2. 레이아웃 수정

그래프를 그리다 보면 레이아웃을 변경해야 할 일이 빈번하게 생깁니다. 그래프의 여백이나 축 범위를 조절해야 하는 경우가 생길 때도 있습니다. 이때는 Figure.update_layout()을 사용할 수 있습니다. 앞서 만든 산점도 구성에서는 여백이 넉넉하지 않아 그래프 제목을 달지 못했습니다. 이제 여기에 Figure.update_layout()을 적용해서 수정해 보겠습니다.

```python
fig = px.scatter(dogs, x='height', y='weight',
                 facet_col='size',
                 labels=dict(height="Height (cm)", weight="Weight (kg)"),
                 width=550, height=250)

fig.update_layout(margin=dict(t=40))
fig
```

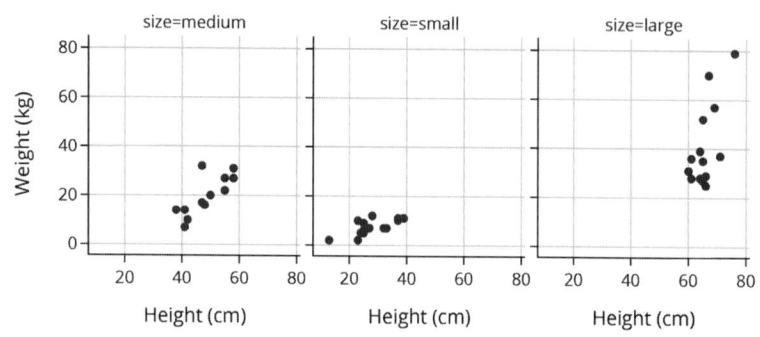

.update_layout() 메서드를 사용해서 레이아웃의 여러 요소를 수정할 수 있습니다. 그래프의 제목(title), 여백(margins), 혹은 범주(showlegend)를 나타내는 부분까지도 가능합니다. plotly 공식 문서[51]에는 수정 가능한 레이아웃 요소들의 전체 목록이 나와 있습니다. Figure 객체에는 .update_layout()와 비슷한 .update_xaxes()와 .update_yaxes() 함수가 있습니다. 이 두 함수는 축의 범위(range), 눈금 수(nticks), 축 이름(title) 같은 축의 요소들을 수정할 때 사용합니다. 만약 y축의 범위와 x축의 이름을 변경하고, 그래프에 제목을 단 후 잘려서 나오지 않도록 레이아웃을 수정하고자 한다면 다음과 같이 코드를 작성하면 됩니다.

```
fig = px.scatter(
    dogs, x="weight", y="longevity",
    title="Smaller dogs live longer",
    width=350, height=250,
)

fig.update_yaxes(range=[5, 18], title="Typical lifespan (yr)")
fig.update_xaxes(title="Average weight (kg)")
fig.update_layout(margin=dict(t=30))
fig
```

---

[51] https://oreil.ly/aBLxx

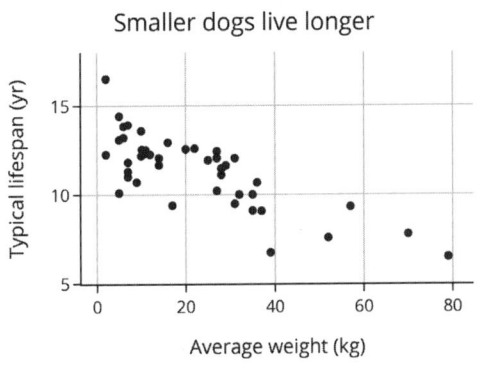

plotly 패키지는 여러 가지 그래프를 그리는 메서드들을 지원합니다. 이에 대해서는 다음 내용에 설명하도록 하겠습니다.

11.6.3. 그래프 함수

plotly에는 선 그래프, 산점도, 막대 그래프, 상자 그래프, 히스토그램 등을 그릴 수 있는 메서드가 있습니다. API는 각 그래프의 이름과 유사합니다. 첫 번째 매개변수로는 데이터 프레임이 들어갑니다. 그리고 데이터 프레임에서 x축에 들어갈 열과 y축에 들어갈 열 이름을 x와 y에 할당해 줍니다.

체리 블러섬 경기에서 선수들의 매해 기록의 중앙값을 사용한 선 그래프를 다음과 같이 그릴 수 있습니다.

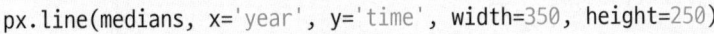

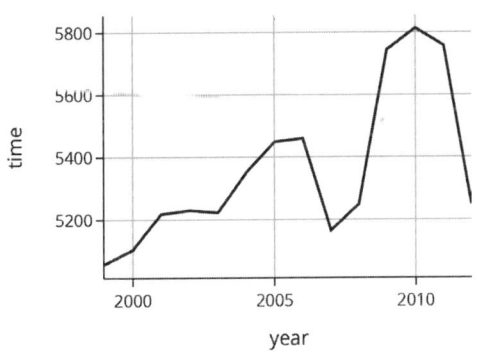

여러 크기의 견종별 평균 수명을 막대 그래프로 나타내면 다음과 같습니다.

```
lifespans = dogs.groupby('size')['longevity']
                .mean().reset_index()

px.bar(lifespans, x='size', y='longevity', width=350, height=250)
```

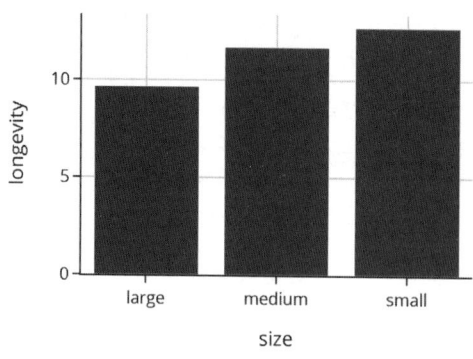

plotly의 그래프 함수에는 그래프 구성을 나타낼 수 있는 매개변수도 있습니다. 동일한 그래프에 색, 기호, 선 유형을 다르게 하여 그래프를 겹쳐 그릴 수도 있고, 혹은 여러 그래프의 조합 형태를 만들 수도 있습니다. 다음은 각각에 대한 예제입니다. 우선 견종의 키와 체중에 대한 산점도를 그리고 거기에 견종의 크기별로 다른 기호와 색을 적용해 볼 것입니다.

```
fig = px.scatter(dogs, x='height', y='weight',
                 color='size', symbol='size',
                 labels=dict(height="Height (cm)",
                             weight="Weight (kg)", size="Size"),
                 width=350, height=250)
fig
```

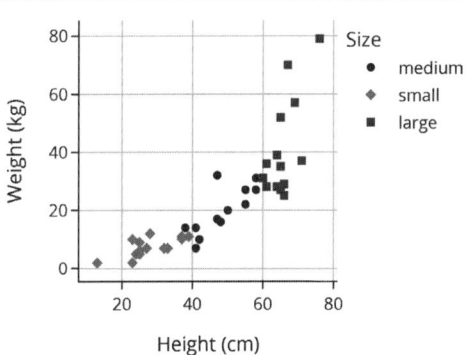

다음은 각 견종의 수명을 견종 크기별로 히스토그램을 그려 가로로 나열한 것입니다.

```
fig = px.histogram(dogs, x='longevity', facet_col='size',
                   width=550, height=250)
fig.update_layout(margin=dict(t=30))
```

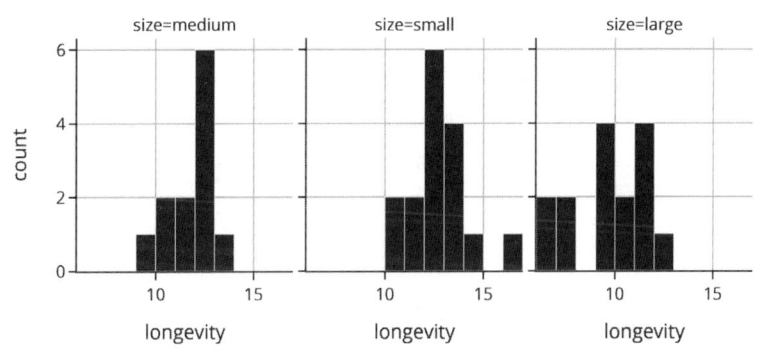

그래프 함수의 전체 목록은 plotly 공식[52]문서 나 이 책에서 주로 사용하는 plotly의 하위 모듈인 plotly.express 문서[53]를 참고하기 바랍니다.

그래프에 글을 추가하고자 할 때는 plotly의 주석 메서드를 사용할 수 있습니다. 이에 대해서는 다음 내용으로 설명하겠습니다.

---

[52] https://oreil.ly/GxvpT

[53] https://oreil.ly/DhU9j

11.6.4. 주석

Figure.add_annotation() 메서드를 사용하면 plotly의 그래프 객체에 주석을 추가할 수 있습니다. 이 주석은 선과 글자로 이루어져 있으며 화살표는 옵션입니다. 화살표의 위치는 매개변수 x와 y를 사용해서 설정할 수 있고, 글자는 기본 위치에서 매개변수 ax와 ay를 사용해서 위치를 조절할 수 있습니다. 다음은 산점도에서 한 점에 대한 정보의 주석을 단 것입니다.

```
fig = px.scatter(dogs, x='weight', y='longevity',
                 labels=dict(weight="Weight (kg)",
                 longevity="Typical lifespan (yr)"),
                 width=350, height=250)

fig.add_annotation(text=
                   '치와와는 평균 16.5년을 살아요!',
                   x=2, y=16.5,ax=30, ay=5,
                   xshift=3, xanchor='left')

fig
```

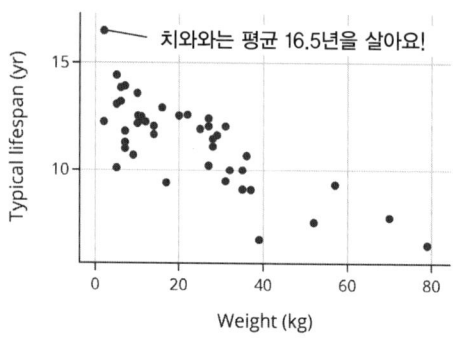

지금까지 plotly 파이썬 패키지를 사용해서 그래프를 그리는 것에 대해 기본적인 내용을 살펴보았습니다. 우선 plotly에서 그래프와 레이아웃을 저장할 때 사용하는 객체인 Figure에 대해 알아보았고, plotly에서 그릴 수 있는 그래프 유형을 다룬 후 레이아웃이나 축을 조절하고 주석을 다는 등 그래프를 원하는 대로 변경할 수 있는 몇 가지 방법을 설명했습니다. 다음 내용에서는 plotly와 파이썬의 다른 시각화 도구를 간단히 비교해 보겠습니다.

11.7. 그 외 시각화 도구

데이터 시각화 용도의 무수한 소프트웨어 패키지와 도구가 나와 있습니다. 이 책에서는 기본적으로 plotly를 사용합니다. 하지만 주로 사용되는 다른 도구 몇 가지에 대해서도 알아두면 좋습니다. 이번에는 plotly를 matplotlib, 그래픽 문법에서 사용되는 도구와 비교해 보겠습니다.

11.7.1. matplotlib

matplotlib 라이브러리[54]는 파이썬용으로 나온 최초의 데이터 시각화 도구 중 하나입니다. 널리 사용되고 있으며 대규모의 패키지 에코시스템이 만들어져 있습니다. 특히, pandas 데이터 프레임에 내장된 그래프를 그리는 용도의 메서드에서는 matplotlib를 사용해 그래프를 그립니다. matplotlib를 기반으로 만들어진 인기 있는 패키지 중 하나는 seaborn[55] 입니다. matplotlib만 사용하는 것과 비교할 때, seaborn은 신뢰 구간이 있는 산점도와 같은 통계 그래프를 만들 때 API를 훨씬 더 간단하게 사용할 수 있습니다. 사실, seaborn의 API는 plotly의 API를 만들 때 영감을 주었습니다. plotly 코드와 seaborn 코드를 나란히 보면 기본 그래프를 만드는 방법이 비슷하다는 것을 알 수 있습니다.

matplotlib을 사용할 때의 장점 중 하나는 대중적이라는 점입니다. 많은 기존 프로젝트에서 matplotlib을 사용하고 있기 때문에 그래프를 그리거나 일부를 조정할 때 온라인에서 도움이 되는 정보를 비교적 쉽게 찾을 수 있습니다. 이 책에서 plotly를 사용하면서 가장 큰 장점은, 우리가 만드는 그래프가 대화형이라는 점입니다. matplotlib의 그래프는 보통 정적인 이미지이므로 이동, 확대/축소가 어렵고 그래프의 기호 위로 마우스를 가져가도 달라지는 것은 없습니다. 그럼에도 불구하고 데이터 분석에 matplotlib은 한동안 계속 사용될 것으로 보입니다. 실제로 아직 plotly가 필요한 모든 플롯을 지원하지 않기 때문에 이 책에 나오는 그래프 중 몇 개는 seaborn과 matplotlib를 사용해 만들었습니다.

---

[54] https://matplotlib.org/

[55] https://seaborn.pydata.org

11.7.2. 그래픽 문법

그래픽 문법(The grammar of graphics)[56]은 리 윌킨슨(Lee Wilkinson)이 만든 데이터 시각화 이론입니다. 기본 개념은 그래프를 그릴 때 일반적인 빌딩 블록을 사용하는 것입니다. 예를 들어 막대 그래프와 산점도의 경우, 막대 그래프는 직사각형을 그리고 산점도에서는 점을 그린다는 점을 제외하면 거의 동일합니다. 이 개념은 그래픽 문법에서, 막대 그래프와 산점도는 '기하학'적 구성 요소만 다를 뿐이라는 내용으로 포함되어 있습니다. 그래픽 문법은 우리가 만들고자 하는 거의 모든 종류의 그래프를 설명하는 데 사용할 수 있는 우아한 시스템입니다.

이 시스템은 R 프로그래밍 언어의 경우 널리 사용되는 그래프 라이브러리인 ggplot2[57]이나 자바스크립트의 Vega[58]에 구현되어 있습니다. 파이썬 패키지인 Vega-Altair[59]를 사용하면 파이썬에서 Vega 그래프를 만들 수 있으므로, 관심 있는 독자는 해당 설명서를 살펴봐도 좋을 것입니다.

Vega-Altair와 같은 그래픽 문법을 사용하면 시각화의 유연성을 높일 수 있습니다.

또한, plotly와 마찬가지로 altair는 대화형 시각화도 만들 수 있습니다. 그러나 이러한 도구의 파이썬 API는 plotly의 API보다 직관적이지 않기도 합니다. 이 책에서는 일반적으로 plotly가 생성할 수 있는 것 이외의 그래프는 필요하지 않으므로, 더 간단한 plotly의 API를 선택했습니다.

내용의 간결함을 위해 여기에서 다루지 않은 파이썬용 시각화 도구가 더 많이 있습니다. 하지만 이 책에서 목적하는 내용 상, 상호 작용과 유연성 사이에서 적절히 균형을 맞추기에는 plotly를 사용하는 것이 적절합니다.

---

56 https://dl.acm.org/doi/book/10.5555/1088896

57 https:// ggplot2.tidyverse.org

58 https:// vega.github.io/vega

59 https://altair-viz.github.io

11.8. 정리

데이터를 분석할 때 시각화를 사용하면 다른 방법으로는 발견하기 어려운 데이터의 패턴을 발견할 수 있습니다. 데이터 시각화는 반복적인 탐색 과정입니다. 그래프를 만든 다음, 이를 조정할지 아니면 완전히 새로운 유형의 그래프를 다시 그릴지 생각해야 합니다. 이 장에서는 이러한 결정을 내릴 때 사용하는 원칙에 대해 다루었습니다.

먼저 비율의 원리를 살펴보고, 그래프의 축을 변경하거나 변형하여 비율을 조정하면 데이터의 숨겨진 구조가 어떻게 드러나는지 살펴보았습니다. 그런 다음, 오버플롯이 발생할 수 있는 대규모 데이터 집합을 다루는 데 도움이 되는 평활법 및 집계 기법에 대해 논의했습니다. 의미 있는 비교를 용이하게 하기 위해 선, 막대, 점을 비교하기 쉽도록 기준선을 정렬하는 등 인지 심리학적 원칙을 적용했습니다. 시각화를 개선하기 위해 데이터 설계까지 고려하는 방법도 살펴보았습니다. 그리고 그래프에 맥락을 추가하면 사람들이 메시지를 이해하는 데 어떻게 도움이 되는지 살펴보았습니다.

이 장을 마친 여러분은, 이제 단순히 그래프를 그리는 데서 그치지 않고, 어떻게 그래프를 조정하고 다듬어 더 효과적인 시각화를 만들 수 있는 감각을 갖게 되었을 것입니다. 유익한 정보 시각화를 만드는 방법을 배울 때는 인내심을 갖고 반복해 보는 것이 필요합니다. 처음부터 완벽한 그래프를 만드는 사람은 아무도 없습니다. 분석을 진행하면서 그래프를 지속적으로 수정하고, 그 후 다른 사람에게 결과를 전달할 때에는 가장 명확하고 설득력 있게 메시지를 전달할 수 있는 시각화를 선별해야 합니다. 이를 통해 분석 결과를 더 잘 전달할 수 있는 새로운 그래프를 그리고 이 과정을 반복적으로 진행하며 결과를 개선하게 될 것입니다.

다음 장에서는 지금까지 이 책에서 배운 모든 내용을 결합한 확장된 예제를 살펴봅니다. 여러분이 이미 얼마나 많은 것을 할 수 있는지 스스로 놀라게 되기를 바랍니다.

12장
예제: 대기질 측정 내역은 얼마나 정확할까요?

캘리포니아는 산불이 자주 발생하기 때문에 필자 같은 캘리포니아 주민들은 "캘리포니아는 항상 불타고 있다."라고 말할 정도입니다. 2020년에는 40건의 화재로 캘리포니아 주 전역이 연기로 뒤덮여 수천 명의 주민이 대피하고 120억 달러 이상의 피해가 발생했습니다(그림 12-1).

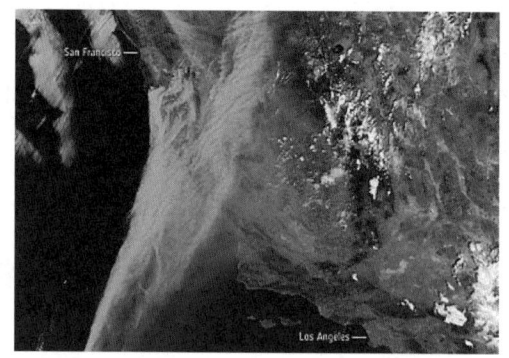

〈그림 12-1〉 2020년 8월 캘리포니아를 뒤덮은 연기의 위성 사진[60]

캘리포니아 같은 곳에서는 대기질 측정을 통해 어떤 종류의 보호 조치가 필요한지 파악합니다. 상황에 따라 사람들은 마스크를 착용하거나 공기 필터를 사용하거나 아예 외출을 하지 않을 수도 있습니다.

미국에서는 미국 정부가 운영하는 대기질 시스템(AQS)[61]이 대기질 정보를 제공하는 중요한 출처 중 하나입니다. AQS는 미국 전역에 고성능 센서를 배치하고 그 데이터를 대중에게 제공합니다.

---

60 출처: 위키피디아. CC BY-SA 3.0 IGO 라이센스 https://oreil.ly/CrDld

61 https://www.epa.gov/aqs

이러한 센서는 엄격한 기준에 따라 세심하게 보정됩니다. 실제로 AQS 센서는 일반적으로 최고 수준의 정확도를 제공하는 표준 장비로 간주됩니다. 하지만 몇 가지 단점이 있습니다. 센서는 일반적으로 개당 15,000달러에서 40,000달러 사이로 고가입니다. 이로 인해 설치된 센서 수가 적고 센서 간에 간격이 넓을 수밖에 없습니다. 센서에서 멀리 떨어진 곳에 사는 사람은 개인적으로 활용하기 위해 AQS 데이터에 접근하지 못할 수도 있습니다. 또한 AQS 센서는 실시간 데이터를 제공하지 않습니다. 데이터는 수많은 보정 과정을 거치기 때문에 시간 단위로만 공개되며 1~2시간의 시간 지연이 있습니다. 본질적으로 AQS 센서는 정확하지만 실시간성과 접근성 면에서 한계가 있습니다.

반면, 3장에서 소개한 퍼플에어[62] 센서는 약 250달러에 판매되며 가정에서 쉽게 설치할 수 있습니다. 가격대가 저렴하기 때문에 미국 전역의 수천 명의 사람들이 개인용으로 이 센서를 구입했습니다. 이 센서는 가정용 Wi-Fi 네트워크에 연결하여 공기질을 쉽게 모니터링할 수 있으며, 데이터를 퍼플에어에 다시 보고할 수 있습니다. 2020년에는 수천 명의 퍼플에어 센서 소유자가 센서의 측정값을 공개했습니다. AQS 센서와 비교했을 때 퍼플에어 센서는 더 시의적절합니다. 매시간이 아닌 2분마다 측정값을 보고합니다. 더 많은 퍼플에어 센서가 배치되어 있기 때문에 더 많은 사람들이 데이터를 활용할 수 있을 만큼 센서와 가까운 곳에 살고 있습니다.

하지만 퍼플에어 센서는 정확도가 떨어집니다. 센서를 저렴하게 만들기 위해 퍼플에어는 더 간단한 방법을 사용하여 공기 중의 입자를 계산합니다. 즉, 퍼플에어 측정값은 공기질이 실제보다 더 나쁘다고 보고할 수 있습니다(조쉬 헉(Josh Hug)의 블로그 게시물[63] 참조). 요약하자면, 퍼플에어 센서는 시의적절하고 접근성이 뛰어나지만 정확도가 떨어지는 경향이 있습니다.

이 장에서는 AQS 센서 측정값을 사용하여 퍼플에어 측정값을 개선할 계획입니다. 이는 근 직업이며, 미국 환경부 호청[64]의 카롤린 바크존(Karoline Barkjohn), 브렛 간트(Brett Gantt), 안드레아 클레멘츠(Andrea Clements)가 처음 개발한 분석을 따릅니다. 바크존과 동료들의 작업은 매우 성공적이어서, 이 글을 쓰는 현재 에어나우(AirNow)의 화재 및

---

62 https://www2.purpleair.com
63 https://oreil.ly/ZH5aj
64 https://oreil.ly/XPxZu

연기 지도(맵)[65] 등 미국 정부의 공식 지도에는 AQS와 퍼플에어 센서가 모두 포함되어 있으며, 퍼플에어 데이터에 바크존의 보정을 적용하고 있습니다.

여기서 진행하는 작업은 데이터 과학 수명주기를 따르며, 질문과 사용 가능한 데이터의 범위를 고려하는 것부터 시작합니다. 대부분의 작업은 데이터를 정리하고 분석할 수 있는 형태로 변환하는 데 집중되어 있지만, 탐색적 데이터 분석을 수행하고 일반화를 위한 모델을 구축하는 작업도 수행합니다. 먼저 질문과 데이터의 설계 및 범위를 고려하는 것으로 시작해 보겠습니다.

12.1. 질문, 설계, 범위

이상적으로, 공기질 측정은 정확하고 시의적절해야 합니다. 부정확하거나 편향된 측정값은 사람들이 공기질을 심각하게 받아들이지 않게 만들 수 있습니다. 알림이 지연되면 사람들이 유해한 공기에 노출될 수 있습니다. 앞서 저렴한 공기질 센서가 인기가 많다고 설명했을 때 센서의 품질이나 유용성에 대해 의심이 들었을 수도 있습니다.

두 종류의 기기는 자연 현상인 공기 중 미립자 물질의 양을 측정합니다. AQS 센서는 측정 오차가 작고 편향이 거의 없는 장점이 있습니다(2장 참조). 반면 퍼플에어 기기는 정확도가 떨어지고 측정값의 변동성이 크며 편향성이 있습니다.

우리의 첫 번째 질문은 다음과 같습니다. AQS 측정값을 사용하여 퍼플에어 측정값을 개선할 수 있을까요?

현재 상황에서는 많은 데이터를 사용할 수 있습니다. 우리는 AQS의 소수의 고품질 측정값에 접근할 수 있고, 수천 개의 퍼플에어 센서에서 데이터를 얻을 수 있습니다. 질문의 범위를 좁히기 위해 이 두 가지 데이터 출처를 활용하여 퍼플에어의 측정을 개선할 수 있는 방법을 살펴보도록 합니다.

이 두 가지 데이터에는 센서의 위치가 포함됩니다. 따라서 두 센서 데이터의 쌍을 만들어, 각 AQS 센서에 가까운 퍼플에어 센서를 찾을 수 있습니다. 센서가 가깝다면 이 센서들은 본질적으로 동일한 공기를 측정하는 것입니다. AQS 센서의 측정치를(이 센서의 값은 매우

---

[65] https://fire.airnow.gov

정확하므로) 실측값으로 취급하고 퍼플에어 측정값이 실제 대기질에 따라 어떻게 달라지는지를 확인할 수 있습니다.

근처에 배치된 AQS 센서와 퍼플에어 센서의 쌍이 상대적으로 적지만, 우리가 발견한 관계를 다른 퍼플에어 센서에 일반화하는 것은 합리적으로 보입니다. AQS와 퍼플에어 측정값 사이에 간단한 관계가 있다면 이 관계를 사용하여 모든 퍼플에어 센서의 측정값을 조정하여 더 정확하게 측정할 수 있습니다.

질문을 좀 더 좁혀 보겠습니다. 퍼플에어 센서 측정값과 인접한 AQS 센서 측정값 간의 관계를 모델링할 수 있을까요? 그렇다면 이 모델을 사용하여 퍼플에어 수치를 개선할 수 있을 것입니다. 결론부터 말하자면, 이러한 모델링은 가능합니다.

이번 예제는 이 책의 3부에서 소개한 개념을 잘 통합하고 있습니다. 데이터 과학자가 실생활에서 데이터를 어떻게 다루고, 탐색하고, 시각화하는지 볼 수 있는 기회를 제공합니다. 특히 작고 정확한 데이터 집합이 정확도가 떨어지고 큰 데이터 집합을 접하면서 어떻게 유용성이 증폭되는지 살펴봅니다. 이와 같이 크고 작은 데이터 집합을 결합하는 것은 데이터 과학자들에게 특히 흥미로운 일이며, 사회 과학에서 의학에 이르기까지 다른 영역에 광범위하게 적용할 수 있습니다.

다음 내용에서는 서로 가까이 있는 AQS 센서와 퍼플에어 센서 쌍을 찾는 것부터 데이터 전처리를 시작합니다. 특히 지름이 2.5마이크로미터보다 작은 초미세먼지를 말하는 PM2.5 입자에 대한 측정값에 초점을 맞춥니다. 이러한 입자는 폐로 흡입될 수 있을 정도로 작아서 건강에 가장 큰 위험을 초래하며 특히 나무 연기에서 흔히 발견됩니다.

12.2. 근처에 배치된 센서 찾기

이 데이터 분서은 기본적으로 서로 근처에 배치된 센서인 AQS 센시와 피플에어 센서의 배열 쌍을 찾는 것으로 시작됩니다. 이 단계는 센서 측정값의 차이를 유발할 수 있는 다른 변수의 영향을 줄일 수 있으므로 중요합니다. 공원에 배치된 AQS 센서와 혼잡한 고속도로를 따라 배치된 퍼플에어 센서를 비교하면 어떻게 될지 생각해 봅시다. 센서가 서로 다른 환경에 노출되어 있기 때문에 두 센서의 측정값이 달라질 것입니다. 두 센서가 실제로 근처에 배치되었는지 확인된다면 센서 측정값의 차이가 다른 잠재적 혼란 변수로 인한 것이 아니라, 센서가 설치된 방식이나 국지적인 작은 대기 변동에 기인한다고 주장할 수 있습니다.

바크존의 분석에 따르면 EPA 그룹은 서로 50미터 이내에 설치된 한 쌍의 AQS 및 퍼플에어 센서를 발견했습니다. 연구팀은 각 AQS 센서가 설치된 곳에 연락하여 퍼플에어 센서도 그곳에서 관리하는 것이 맞는지 확인했습니다. 이러한 추가적인 노력을 통해 센서가 쌍으로 배치되어 있다고 확신할 수 있게 되었습니다.

이 장에서는 AQS와 퍼플에어의 위치 데이터를 탐색하고 정제합니다. 그런 다음 일종의 조인을 사용해서 근처에 배치되었을 것으로 추정되는 센서의 목록을 만듭니다. 여기서는 AQS를 사용하는 곳에 직접 연락하지 않고, 이후에 바크존이 동시 설치된 것으로 확인한 센서 목록을 사용하여 진행합니다.

AQS 및 퍼플에어 센서 목록을 다운로드하여 data/list_of_aqs_sites.csv와 data/list_of_purpleair_sensors.json 파일에 데이터를 저장했습니다. 먼저 이 파일들을 pandas 데이터 프레임으로 읽어보겠습니다. 일단 파일 크기를 확인하여 메모리에 로드하기에 적당한지 확인합니다.

```
!ls -lLh data/list_of*

-rw-r--r--  1 sam  staff  4.8M Oct 27 16:54 data/list_of_aqs_sites.csv
-rw-r--r--  1 sam  staff  3.8M Oct 22 16:10 data/list_of_purpleair_sensors.json
```

파일이 상대적으로 크지 않으므로, 우선 AQS 설치 목록부터 살펴보겠습니다.

12.2.1. AQS 설치 목록 전처리

AQS 설치 지도[66] 내용을 필터링해서 PM2.5를 측정하는 AQS 설치 지역만을 남긴 후, 해당 지도의 웹사이트 기능을 사용해서 해당 목록을 CSV 파일로 다운로드 받겠습니다. 이제 이 파일을 pandas 데이터 프레임으로 불러오겠습니다.

---

[66] https://oreil.ly/EkZcB

```
aqs_sites_full = pd.read_csv('data/list_of_aqs_sites.csv')
aqs_sites_full.shape
```

```
(1333, 28)
```

이 테이블에는 28개의 열이 있습니다. 열 이름을 확인해 봅시다.

```
aqs_sites_full.columns
```

```
Index(['AQS_Site_ID', 'POC', 'State', 'City', 'CBSA',
       'Local_Site_Name','Address', 'Datum', 'Latitude',
       'Longitude', 'LatLon_Accuracy_meters',
       'Elevation_meters_MSL', 'Monitor_Start_Date',
       'Last_Sample_Date','Active', 'Measurement_Scale',
       'Measurement_Scale_Definition','Sample_Duration',
       'Sample_Collection_Frequency',
       'Sample_Collection_Method', 'Sample_Analysis_Method',
       'Method_Reference_ID', 'FRMFEM', 'Monitor_Type',
       'Reporting_Agency','Parameter_Name', 'Annual_URLs',
       'Daily_URLs'], dtype='object')
```

어떤 열이 활용도가 가장 높을지를 알아보고자 한다면, AQS의 웹사이트의 데이터 사전[67]에서 확인할 수 있습니다. 이 문제를 통해 데이터 테이블에 AQS 설치 장소에 대한 정보가 포함되어 있음을 확인할 수 있습니다. 따라서 데이터는 각 AQS 설치 장소로 구분되어 있고, 즉 각 행이 하나의 장소에 해당하고, AQS_Site_ID라는 열이 기본 키일 것이라고 예상할 수 있습니다. 각 ID별 데이터 개수를 통해 이를 확인할 수 있습니다.

```
aqs_sites_full['AQS_Site_ID'].value_counts()
```

06-071-0306	4
19-163-0015	4
39-061-0014	4

---

67 https://oreil.ly/GvMPl

```
                          ..
46-103-0020     1
19-177-0006     1
51-680-0015     1
Name: AQS_Site_ID, Length: 921, dtype: int64
```

어떤 장소는 데이터 프레임에 여러 번 등장합니다. 안타깝지만, 이를 보면 데이터는 개별 장소 수준보다 더 잘게 나뉘어 있음을 알 수 있습니다. 왜 장소들이 겹치는지 확인하기 위해, 여러 번 등장하는 설치 장소에 해당하는 행을 살펴봅시다.

```
dup_site = aqs_sites_full.query("AQS_Site_ID == '19-163-0015'")
```

열의 이름을 기반으로 몇 개의 열을 선택했습니다. 대략 겹치는 이유를 찾을 법한 이름들입니다.

```
some_cols = ['POC', 'Monitor_Start_Date',
             'Last_Sample_Date', 'Sample_Collection_Method']
dup_site[some_cols]
```

	POC	Monitor_Start_Date	Last_Sample_Date	Sample_Collection_Method
458	1	1/27/1999	8/31/2021	R & P Model 2025 PM-2.5 Sequential Air Sampler...
459	2	2/9/2013	8/26/2021	R & P Model 2025 PM-2.5 Sequential Air Sampler...
460	3	1/1/2019	9/30/2021	Teledyne T640 at 5.0 LPM
461	4	1/1/2019	9/30/2021	Teledyne T640 at 5.0 LPM
2020719	Verona	F	5	1880
2020720	Vertie	F	5	1880
2020721	Wilma	F	5	1880

2020722 rows × 4 columns

POC 열은 테이블의 행을 구분하는 데 유용할 것 같습니다. 이 컬럼에 대해서 데이터 사전에서는 다음과 같이 명시하고 있습니다.

> 이는 "개체 발생 코드(Parameter Occurrence Code)"로 동일한 장소에서 동일한 개체를 측정하는 서로 다른 기기를 구분하는 데 사용됩니다.

즉, 19-163-0015 지점에는 PM2.5를 측정하는 기기가 4개가 있다는 것을 알 수 있습니다. 데이터 프레임은 개별 기기 별로 구분되어 있었습니다.
우리의 목표는 AQS 센서와 퍼플에어 센서를 연결하는 것이므로, 각 AQS 설치 지점에서 한 개의 기기를 고르는 식으로 구분 정도를 조절할 수 있습니다. 우선 각 AQS_Site_ID로 행끼리 묶은 후, 각각의 군집에서 첫 번째 행을 선택하도록 합니다.

```
def rollup_dup_sites(df):
    return (
        df.groupby('AQS_Site_ID')
        .first()
        .reset_index()
    )

aqs_sites = (aqs_sites_full
             .pipe(rollup_dup_sites))
aqs_sites.shape
```

(921, 28)

이제 행의 수가 ID의 수와 같아졌습니다.
AQS 설치 지점과 퍼플에어 센서를 연결할 때는 지점 ID, 위도, 경도만 있으면 됩니다. 그래서 데이터 구조를 변경해서 이에 해당하는 세 가지 열만 남겨둘 것입니다.

```python
def cols_aqs(df):
    subset = df[['AQS_Site_ID', 'Latitude', 'Longitude']]
    subset.columns = ['site_id', 'lat', 'lon']
    return subset

aqs_sites = (aqs_sites_full
             .pipe(rollup_dup_sites)
             .pipe(cols_aqs))
```

aqs_sites라는 데이터 프레임이 만들어졌으니, 이제 퍼플에어 설치 지점을 살펴보도록 하겠습니다.

12.2.2. 퍼플에어 설치 목록 전처리

AQS 설치 지점과 달리, 퍼플에어 센서 데이터가 있는 파일은 JSON 형식입니다. 이 형식에 대해서는 14장에서 보다 상세히 다루도록 하겠습니다. 우선은 쉘 도구(8장 참고)를 사용해서 파일 내용을 가져오겠습니다.

```
!head data/list_of_purpleair_sensors.json | cut -c 1-60

{"version":"7.0.30",
"fields":
 ["ID","pm","pm_cf_1","pm_atm","age","pm_0","pm_1","pm_2","pm
"data":[
[20,0.0,0.0,0.0,0,0.0,0.0,0.0,0.0,0.0,0.0,97,0.0,0.0,0.0
[47,null,null,null,4951,null,null,null,null,null,null,9
[53,0.0,0.0,0.0,0,0.0,0.0,0.0,0.0,1.2,5.2,6.0,97,0.0,0.5,702
[74,0.0,0.0,0.0,0,0.0,0.0,0.0,0.0,0.0,0.0,97,0.0,0.0,0.0
[77,9.8,9.8,9.8,1,9.8,10.7,11.0,11.2,13.8,15.1,15.5,97,9.7,9
[81,6.5,6.5,6.5,0,6.5,6.1,6.1,6.6,8.1,8.3,9.7,97,5.9,6.8,405
```

파일의 처음 몇 줄을 살펴보면, 데이터는 "data"라는 키에 저장되어 있고 열 이름은 "fields" 키에 있다고 추측할 수 있습니다. 파일 안의 내용을 파이썬의 dict 형식으로 읽으려면 파이썬의 json 라이브러리를 사용하면 됩니다.

```
import json

with open('data/list_of_purpleair_sensors.json') as f:
    pa_json = json.load(f)

list(pa_json.keys())
```

['version', 'fields', 'data', 'count']

data의 값으로 데이터 프레임을 만든 후 fields의 값으로 열 이름을 붙일 수 있습니다.

```
pa_sites_full = pd.DataFrame(pa_json['data'],
                columns=pa_json['fields'])
pa_sites_full.head()
```

	ID	pm	pm_cf_1	pm_atm	...	Voc	Ozone1	Adc	CH
0	20	0	0	0	...	NaN	NaN	0.01	1
1	47	NaN	NaN	NaN	...	NaN	0.72	0.72	0
2	53	0	0	0	...	NaN	NaN	0.00	1
3	74	0	0	0	...	NaN	NaN	0.05	1
4	77	9.8	9.8	9.8	...	NaN	NaN	0.01	1

5 rows × 36 columns

AQS 데이터와 마찬가지로, 이 데이터 프레임에는 필요한 것보다도 더 많은 행들이 들어있습니다.

```
pa_sites_full.columns
```

```
Index(['ID', 'pm', 'pm_cf_1', 'pm_atm', 'age', 'pm_0', 'pm_1', 'pm_2', 'pm_3',
       'pm_4', 'pm_5', 'pm_6', 'conf', 'pm1', 'pm_10', 'p1', 'p2', 'p3', 'p4',
       'p5', 'p6', 'Humidity', 'Temperature', 'Pressure', 'Elevation', 'Type',
       'Label', 'Lat', 'Lon', 'Icon', 'isOwner', 'Flags', 'Voc', 'Ozone1',
       'Adc', 'CH'], dtype='object')
```

이 예제의 경우, 열 이름으로 봤을 때 여기에서 관심 있는 열은 센서 ID(ID), 센서 이름(Label), 위도(Lat), 경도(Lon) 일 것 같습니다. 하지만 퍼플에어 웹사이트의 데이터 사전을 확인해서 맞는지 검토를 했습니다.

그럼 AQS 데이터에서 했던 것처럼 겹치는 값이 있는지 ID 행을 확인해 보도록 합시다.

```
pa_sites_full['ID'].value_counts()[:3]
```

```
85829     1
117575    1
118195    1
Name: ID, dtype: int64
```

value_counts() 메서드가 개수를 큰 것부터 작은 것까지의 순서로 나타내므로, 모든 ID는 한 번씩만 포함되어 있다는 것을 확인할 수 있습니다. 따라서, 이 데이터는 개별 센서 단위로 구분되어 있다고 볼 수 있습니다. 그럼 두 데이터에서 센서 위치를 연결할 때 필요한 열만 남겨두도록 하겠습니다.

```
def cols_pa(df):
    subset = df[['ID', 'Label', 'Lat', 'Lon']]
    subset.columns = ['id', 'label', 'lat', 'lon']
    return subset

pa_sites = (pa_sites_full
            .pipe(cols_pa))
pa_sites.shape
```

(23138, 4)

퍼플에어 센서는 AQS 센서보다 몇 만개가 더 많습니다. 이 중 AQS 센서 근처에 설치된 퍼플에어 센서를 찾는 작업이 다음에 할 일입니다.

12.2.3. AQS 센서와 퍼플에어 센서 연결

이제 해야 할 일은 두 데이터 프레임을 살펴보며 각 AQS 센서 근처에 설치된 퍼플에어 센서를 찾아서 연결하는 일입니다. 여기서 '근처'란 50m 이하를 말합니다. 이런 식으로 연결하는 것은 기존에 살펴본 조인보다 좀 더 까다롭습니다. 예를 들어, 다음과 같이 pandas의 merge 메서드를 대충 적용하면 안됩니다.

```
aqs_sites.merge(pa_sites, left_on=['lat', 'lon'],
                right_on=['lat', 'lon'])
```

	site_id	lat	lon	id	label
0	06-111-1004	34.45	-119.23	48393	VCAPCD OJ

동일한 위경도끼리 간단히 기기를 연결할 수는 없습니다. 퍼플에어 설치 위치가 충분히 AQS 기기에 근접해 있는 경우를 찾아야 합니다.

두 지점 간에 얼마나 떨어져 있는지를 파악하기 위해 기본적인 근사치를 사용합니다. 남북 방향의 111,111m는 대략 위도 1도에 해당하고 동서 방향의 111,111 × cos(latitude)는 경도 1도에 해당합니다.[68] 이런 식으로 각 방향에서 25m에 해당하는 위도 및 경도 범위를 찾을 수 있습니다(이렇게 각 점을 중심으로 50m × 50m 직사각형을 만들 수 있습니다).

---

[68] 이 추정치는 지구가 완벽한 구형이라고 가정했을 때 동작합니다. 이 경우 위도 1도는 지구의 반지름(미터)입니다. 지구의 평균 반지름을 대입하면 위도 1도당 111,111m가 됩니다. 경도는 동일하지만 지구를 둘러싼 각 '고리'의 반경은 극지방에 가까워질수록 작아지므로 위도를 곱한 값만큼 조정합니다. 지구는 완벽한 구형이 아니므로 이러한 추정치는 로켓 착륙과 같은 정밀한 계산에는 사용할 수 없습니다. 하지만 우리가 사용하고자 하는 목적으로는 괜찮습니다.

```
magic_meters_per_lat = 111_111
offset_in_m = 25
offset_in_lat = offset_in_m / magic_meters_per_lat
offset_in_lat
```

```
0.000225000225000225
```

이를 더 간단히 하기 위해 AQS 설치 지역의 위도의 중앙값을 사용합니다.

```
median_latitude = aqs_sites['lat'].median()
magic_meters_per_lon = 111_111 * np.cos(np.radians(median_latitude))
offset_in_lon = offset_in_m / magic_meters_per_lon
offset_in_lon
```

```
0.000291515219937587
```

이제 offset_in_lat과 offset_in_lon 좌표를 사용하여 두 데이터를 연결할 수 있습니다. 이때 SQL을 사용하면 pandas보다 훨씬 쉽게 작업을 할 수 있으므로, 이 데이터를 임시로 SQLite 데이터베이스에 넣은 후 쿼리를 사용해서 다시 이 결과 테이블을 데이터 프레임으로 가져옵니다.

```
import sqlalchemy

db = sqlalchemy.create_engine('sqlite://')

aqs_sites.to_sql(name='aqs', con=db, index=False)
pa_sites.to_sql(name='pa', con=db, index=False)

query = f'''
SELECT
  aqs.site_id AS aqs_id,
  pa.id AS pa_id,
  pa.label AS pa_label,
  aqs.lat AS aqs_lat,
```

```
    aqs.lon AS aqs_lon,
    pa.lat AS pa_lat,
    pa.lon AS pa_lon
FROM aqs JOIN pa
    ON pa.lat - {offset_in_lat} <= aqs.lat
    AND aqs.lat <= pa.lat + {offset_in_lat}
    AND pa.lon - {offset_in_lon} <= aqs.lon
    AND aqs.lon <= pa.lon + {offset_in_lon}
'''

matched = pd.read_sql(query, db)
matched
```

	aqs_id	pa_id	pa_label	aqs_lat	aqs_lon	pa_lat	pa_lon
0	06-019-0011	6568	IMPROVE_FRES2	36.79	-119.77	36.79	-119.77
1	06-019-0011	13485	AMTS_Fresno	36.79	-119.77	36.79	-119.77
2	06-019-0011	44427	Fresno CARB CCAC	36.79	-119.77	36.79	-119.77
...	...	...	...	...	...	...	...
146	53-061-1007	3659	Marysville 7th	48.05	-122.17	48.05	-122.17
147	53-063-0021	54603	Augusta 1 SRCAA	47.67	-117.36	47.67	-117.36
148	56-021-0100	50045	WDEQ-AQD Cheyenne	NCore	41.18	-104.78	41.18

149 rows × 7 columns

목표를 달성했습니다. 149개의 AQS 설치 지점이 퍼플에어 센서와 연결되었습니다. 위치 처리는 이것으로 끝났으므로, 다시 센서 측정치를 전처리하는 작업으로 돌아가도록 하겠습니다. 우선 AQS에서 가져온 측정치부터 살펴봅시다.

12.3. AQS 센서 데이터 전처리

이제 서로 가까이에 있는 센서를 찾았으므로 각 지점에 대한 측정 데이터 파일을 정리할 수 있게 되었습니다. 하나의 AQS 계측기와 그에 맞는 퍼플에어 센서와 관련된 작업을 살펴보겠습니다. 임의로 캘리포니아 새크라멘토에 위치한 센서 한 쌍을 선택합니다. AQS 센서 ID는 06-067-0010이고 퍼플에어 센서 이름은 AMTS_TESTINGA입니다.

AQS는 센서 데이터를 다운로드할 수 있는 웹사이트와 API[69]를 제공합니다. 여기서 2018년 5월 20일부터 2019년 12월 29일까지의 일별 측정치를 data/aqs_06-067-0010.csv 파일로 다운로드했습니다. 이 파일을 데이터 프레임에 불러오는 작업부터 시작해 보겠습니다.

```
aqs_full = pd.read_csv('data/aqs_06-067-0010.csv')
aqs_full.shape
```

(2268, 31)

데이터 사전[70]에서 확인한 결과, arithmetic_mean이라는 열이 실제 PM2.5 측정값에 해당한다는 것을 알 수 있습니다. 일부 AQS 센서는 매시간 값을 측정합니다. 이 경우 분석에 사용할 시간별 센서 측정값의 24시간 평균(산술 평균)을 다운로드했습니다.

데이터의 몇 가지 품질 검사를 수행하고 필요한 경우 데이터를 정제하도록 하겠습니다. 이 때 데이터 값의 범위 및 품질을 확인하는 것에 중점을 둡니다.

1. 데이터의 구분 정도를 확인하고 수정합니다.
2. 불필요한 열을 제거합니다.
3. date_local 열의 값을 확인합니다.
4. arithmetic_mean 열의 값을 확인합니다.

진행을 간단히 하기 위해, 데이터 전처리, EDA 및 시각화에서 다뤄온 아이디어를 구체적으로 강화하는 중요한 품질 점검 몇 가지만을 선택했습니다.

---

[69] https://oreil.ly/tl_nc
[70] https://oreil.ly/e1Pjl

12.3.1. 구분 정도 확인

데이터의 각 행이 PM2.5의 일별 평균치에 해당하는 것이 맞는지 확인해야 합니다. 앞서 살펴본 것처럼, date_local 열에 반복되는 값이 있는지를 확인하면 이를 간단히 알아낼 수 있습니다.

```
aqs_full['date_local'].value_counts()
```

```
date_local
2019-01-03    12
2018-12-31    12
2018-12-28    12
              ..
2018-11-28    12
2018-11-25    12
2018-11-22    12
Name: count, Length: 189, dtype: int64
```

확인 결과, 각 일자별로 12개의 행이 있습니다. 즉 구분 정도는 일별 수준이 아닙니다. 데이터 사전에 따르면, 센서 데이터 원본의 최종 측정치를 계산하는 방법에는 여러 가지 기준이 있습니다. pollutant_standard 열에 각 방식의 이름이 있습니다. event_type 열에는 "예외적인 사건"이 일어난 때 데이터가 측정되었는지를 표기한 값이 있습니다. 그럼 12가지 측정치의 범위를 구해서 평균값과 이 값이 얼마나 차이가 나는지를 알아보도록 하겠습니다.

```
(aqs_full
  .groupby('date_local')
  ['arithmetic_mean']
  .agg(np.ptp) # np.ptp는 max() - min()을 구합니다.
  .value_counts()
)
```

```
arithmetic_mean
0.0    189
Name: count, dtype: int64
```

전체 189일 동안, PM2.5의 최댓값-PM2.5의 최솟값은 0입니다. 즉 하루 동안의 PM2.5 측정값이 모두 동일하므로, 각 날짜별로 첫 번째 값만 가져와서 사용해도 무방합니다.

```python
def rollup_dates(df):
    return (
        df.groupby('date_local')
        .first()
        .reset_index()
    )
aqs = (aqs_full
       .pipe(rollup_dates))
aqs.shape
```

```
(189, 31)
```

이 데이터 정제 과정을 통해 필요한 구분 정도를 확보했습니다. 각 행은 단일 날짜별로, 해당 날짜의 평균 PM2.5 측정치를 나타냅니다. 그럼 이제 데이터 프레임의 구조를 수정하고 불필요한 열을 제거하겠습니다.

12.3.2. 불필요한 열 제거

AQS 데이터 프레임의 각 날짜별 PM2.5 측정치를 퍼플에어의 측정치와 연결하기로 했었습니다. 그러면 날짜와 PM2.5 열을 제외한 나머지 열을 제거하면 데이터 프레임 구조가 간단해질 것입니다. 또한 PM2.5 열의 이름을 변경해서 데이터를 이해하기 쉽게 만듭니다. 이후 분석과 시각화가 훨씬 수월해질 것입니다.

```python
def drop_cols(df):
    subset = df[['date_local', 'arithmetic_mean']]
    return subset.rename(columns={'arithmetic_mean': 'pm25'})

aqs = (aqs_full
       .pipe(rollup_dates)
       .pipe(drop_cols))
aqs.head()
```

	date_local	pm25
0	2018-05-20	6.5
1	2018-05-23	2.3
2	2018-05-29	11.8
3	2018-06-01	6
4	2018-06-04	8

이제 필요한 데이터 테이블 형태가 갖춰졌으니, 다시 데이터 값을 확인하도록 합니다.

12.3.3. 날짜의 유효성 확인

우선 날짜를 살펴봅시다. 앞서 PM2.5 측정치가 없는 날도 존재한다는 것을 파악했으므로, 측정치가 없는 날짜가 있을 것입니다. 날짜값을 타임스탬프 객체로 바꾸어 어떤 날짜가 빠졌는지를 더 쉽게 확인할 수 있습니다. 9장에서 했던 것처럼, 데이터 유형을 확인합니다.

```
aqs['date_local'].iloc[:3]
```

```
0    2018-05-20
1    2018-05-23
2    2018-05-29
Name: date_local, dtype: object
```

날짜는 YYYY-MM-DD 형식으로 나타나 있으므로, 이 형식을 파이썬 형식으로 '%Y-%m-%d' 형식으로 지정합니다. date_local 열에 pd.to_dataframe() 함수를 사용한 후 pd.TimeStamps 형식으로 할당해서 날짜 처리를 하겠습니다.

```python
def parse_dates(df):
    date_format = '%Y-%m-%d'
    timestamps = pd.to_datetime(df['date_local'],
                                format=date_format)
    return df.assign(date_local=timestamps)

aqs = (aqs_full
       .pipe(rollup_dates)
       .pipe(drop_cols)
       .pipe(parse_dates))
```

메서드가 오류 없이 돌아간다면, 모든 문자열이 해당 형식에 맞다는 뜻입니다.

설명

날짜를 처리할 수 있다는 것이 날짜를 바로 분석에 활용할 수 있다는 뜻은 아닙니다. 예를 들어, 9999-01-31 같은 문자열은 pd.TimeStamp 형식으로 변환될 수 있지만, 해당 날짜가 유효한 것은 아닙니다.

날짜가 타임스탬프로 변환되었으므로, 얼마나 많은 날짜가 누락되었는지를 구해 볼 수 있습니다. 우선 처음과 끝 날짜 간의 간격이 며칠이나 되는지를 확인할 것입니다. 이 값은 측정치가 기록될 수 있는 날짜 수의 최댓값입니다.

```python
date_range = aqs['date_local'].max() - aqs['date_local'].min()
date_range.days
```

588

타임스탬프 간에 뺄셈을 하면 Timedelta라는 객체가 생성됩니다. 이 객체는 몇 가지 유용한 특성을 가지고 있습니다. 우선 이 값으로 데이터에 누락된 날짜가 많다는 것을 알게 되었습니다. 하지만 이 데이터를 다른 센서 데이터와 결합하면, 모델을 사용할 정도의 충분한 데이터는 나올 것으로 기대합니다.

마지막 전처리 단계는 PM2.5 측정치의 품질을 점검하는 것입니다.

12.3.4. PM2.5 측정치 품질 점검

미세먼지는 공기 1세제곱미터당 마이크로그램($\mu g/m^3$) 단위로 측정됩니다. (1그램은 100만 마이크로그램이고, 1파운드는 약 450그램에 해당합니다.) EPA는 PM2.5의 일평균 35$\mu g/m^3$, 연평균 12$\mu g/m^3$의 기준[71]을 설정했습니다. 이 정보를 사용하여 PM2.5 측정값에 대해 몇 가지 기본적인 확인을 할 수 있습니다. 첫째, PM2.5는 0보다 작아질 수 없습니다. 둘째, 비정상적으로 높은 PM2.5 값을 찾아 산불과 같은 주요 사건이 있었을 때에 해당하는지 확인할 수 있습니다.

이 점검을 시각적으로 수행해 볼 수 있는 한 가지 방법은 일별 PM2.5 측정치를 그래프로 나타내 보는 것입니다.

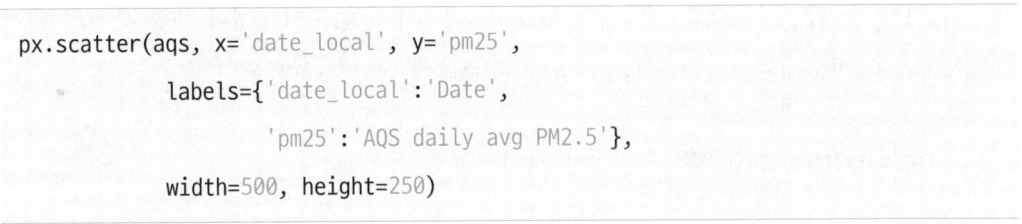

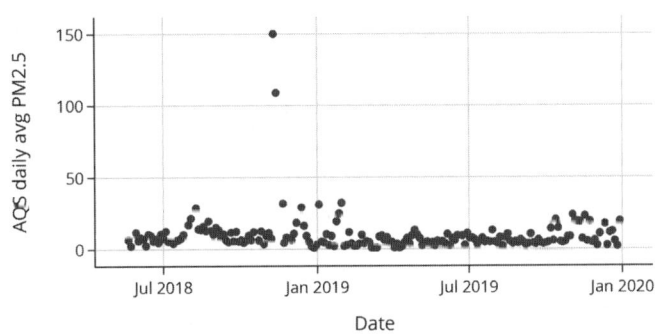

---

[71] https://oreil.ly/XqVqG

PM2.5 측정치가 0 밑으로 내려가지 않았고 일반적으로 EPA(미국 환경보호청) 기준보다 낮은 것을 확인할 수 있습니다. 또한 2018년 11월 중순 경에 PM2.5가 크게 급증한 것을 발견했습니다. 이 센서는 새크라멘토에 위치해 있으므로 해당 지역에서 이때 화재가 발생했는지 확인할 수 있습니다.

실제로 2018년 11월 8일은 "캘리포니아 역사상 가장 치명적이고 파괴적인 산불"인 캠프 파이어(Camp Fire)가 시작된 날입니다(미국 인구조사국에서 관리하는 캠프 파이어 페이지[72] 참조). 이 화재는 새크라멘토에서 북쪽으로 80마일 떨어진 곳에서 시작되었기 때문에 AQS 센서는 PM2.5가 급격하게 증가한 것을 포착할 수 있었습니다.

지금까지 하나의 AQS 센서에 대한 데이터를 정리하고 탐색했습니다. 이어서 함께 배치된 퍼플에어 센서에 대해서도 동일한 작업을 수행해 보겠습니다.

12.4. 퍼플에어 센서 데이터 전처리

앞서 AQS 설치 위치 06-067-0010 데이터를 분석했습니다. 여기에 연결된 퍼플에어 센서는 AMTS_TESTINGA라고 명명되어 있으며, 퍼플에어 웹사이트에서 해당 센서의 데이터를 다운로드 받아서 data/purpleair_AMTS 폴더에 넣었습니다.

```
!ls -alh data/purpleair_AMTS/* | cut -c 1-72

-rw-r--r-- 1 nolan staff 50M Jan 25 16:35 data/purpleair_AMTS/AMTS_
-rw-r--r-- 1 nolan staff 50M Jan 25 16:35 data/purpleair_AMTS/AMTS_
-rw-r--r-- 1 nolan staff 48M Jan 25 16:35 data/purpleair_AMTS/AMTS_
-rw-r--r-- 1 nolan staff 50M Jan 25 16:35 data/purpleair_AMTS/AMTS_
```

여기엔 4개의 CSV 파일이 있습니다. 파일 이름은 길고, 각 파일의 이름은 동일한 문자열로 시작합니다. 퍼플에어 데이터의 데이터 사전을 보면 각 센서는 두 개의 계측기 A와 B로 나뉘어 있고, 각각 데이터를 기록한다고 되어 있습니다. 우리가 데이터를 수집하고 데이터 사전을 참고하는 데 사용한 퍼플에어 사이트는 이전 버전임을 참고하기 바랍니다. 이제는

---

[72] https://oreil.ly/tqxtH

REST API를 사용해서 데이터에 접근할 수 있습니다. 또한 퍼플에어 사이트의 API 공식 문서[73]에서 각 열의 정보도 확인할 수 있습니다(REST에 대해서는 14장에서 다룹니다). 일단 파일명의 뒷부분을 확인해 봅시다.

```
!ls -alh data/purpleair_AMTS/* | cut -c 73-140

TESTING (outside) (38.568404 -121.493163) Primary Real Time 05_20_20
TESTING (outside) (38.568404 -121.493163) Secondary Real Time 05_20_
TESTING B (undefined) (38.568404 -121.493163) Primary Real Time 05_2
TESTING B (undefined) (38.568404 -121.493163) Secondary Real Time 05
```

처음 두 개의 CSV 파일은 기기 A, 마지막 두 개는 기기 B에 해당하는 것을 볼 수 있습니다. 두 개의 기기가 있는 경우 데이터를 정제하는 데 유용하게 활용할 수 있습니다. A와 B의 측정값이 서로 다른 경우, 센서 오류나 이상치를 의심해 본 후 데이터를 제거할 수 있기 때문입니다.

또한 데이터 사전에서는 각 계측기가 기본 데이터와 보조 데이터를 기록한다고 언급하고 있습니다. 기본 데이터에는 PM2.5, 온도, 습도 등 우리가 관심을 가지고 있는 항목이 포함되어 있습니다. 보조 데이터에는 PM1.0 및 PM10과 같은 다른 입자 크기에 대한 측정치 데이터가 포함되어 있습니다. 따라서 우리는 기본 데이터 파일만 사용해도 됩니다.

여기서 진행할 작업은 앞서 진행했던 내용과 유사하지만, 두 개의 기기에서 측정치를 처리하는 것이 추가되었습니다.

먼저 데이터를 불러오는 것부터 시작합니다. CSV 파일의 이름이 긴 경우, 파일 이름을 파이썬 변수에 할당하여 파일을 더 간결하게 관리하는 것이 좋습니다.

```
from pathlib import Path

data_folder = Path('data/purpleair_AMTS')
pa_csvs = sorted(data_folder.glob('*.csv'))
pa_csvs[0]
```

---

[73] https://oreil.ly/WSciR

```
PosixPath('data/purpleair_AMTS/AMTS_TESTING (outside) (38.568404 -121.493163)
Primary Real Time 05_20_2018 12_29_2019.csv')
```

```
pa_full = pd.read_csv(pa_csvs[0])
pa_full.shape
```

```
(672755, 11)
```

이 중 여기서 사용할 수 있는 열이 있는지를 확인해 봅시다.

```
pa_full.columns
```

```
Index(['created_at', 'entry_id', 'PM1.0_CF1_ug/m3', 'PM2.5_CF1_ug/m3', 'PM10.0_
CF1_ug/m3', 'UptimeMinutes', 'RSSI_dbm', 'Temperature_F', 'Humidity_%', 'PM2.5_
ATM_ug/m3', 'Unnamed: 10'], dtype='object')
```

분석에 사용하고자 하는 데이터는 PM2.5와 관련된 것인데, 여기에는 PM2.5 관련 데이터가 PM2.5_CF1_ug/m^3과 PM2.5_ATM_ug/m^3 두 가지입니다. 이 두 열의 차이를 조사하여 퍼플에어 센서가 원 수집 기록을 PM2.5 수치로 변환하는 데 두 가지 다른 방법을 사용한다는 사실을 알아냈습니다. 이 두 가지 계산은 CF1과 ATM 열에 해당합니다. 바크존은 CF1을 사용하면 ATM보다 더 나은 결과를 얻을 수 있다는 것을 발견하였으므로, 날짜, 온도 및 상대 습도 정보와 함께 이 열을 남겨두도록 합니다.

```
def drop_and_rename_cols(df):
    df = df[['created_at', 'PM2.5_CF1_ug/m3', 'Temperature_F',
        'Humidity_%']]
    df.columns = ['timestamp', 'PM25cf1', 'TempF', 'RH']
    return df

pa = (pa_full
    .pipe(drop_and_rename_cols))
pa.head()
```

	timestamp	PM25cf1	TempF	RH
0	2018-05-20 00:00:35 UTC	1.23	83	32
1	2018-05-20 00:01:55 UTC	1.94	83	32
2	2018-05-20 00:03:15 UTC	1.80	83	32
3	2018-05-20 00:04:35 UTC	1.64	83	32
4	2018-05-20 00:05:55 UTC	1.33	83	32

그럼 이제 구분 정도를 살펴봅시다.

12.4.1. 구분 정도 확인

이 측정치와 AQS 데이터를 연결하려면, 이 데이터 역시 각 날짜(24시간 단위)별 하나의 평균 PM2.5 값이 있어야 합니다. 퍼플에어의 경우 센서가 매 2분마다 값을 측정하고 있다고 명시하고 있습니다. 그러면 이 값을 24시간 단위로 집계하기에 앞서 원래 측정치가 이대로 구분된 것이 맞는지 다시 한번 확인해 보도록 합시다.

우선 날짜 정보가 들어가 있는 열을 pd.TimeStamp 객체로 변환해야 합니다. 이 데이터의 날짜 형식은 AQS와는 달리, '%Y-%m-%d %X %Z' 형태로 들어있습니다. pandas는 타임스탬프 인덱스를 사용하는 데이터 프레임을 위한 특별한 기능을 가지고 있습니다.

```
def parse_timestamps(df):
    date_format = '%Y-%m-%d %X %Z'
    times = pd.to_datetime(df['timestamp'], format=date_format)
    return (df.assign(timestamp=times)
              .set_index('timestamp'))


pa = (pa_full
      .pipe(drop_and_rename_cols)
      .pipe(parse_timestamps))
pa.head(2)
```

timestamp	PM25cf1	TempF	RH
2018-05-20 00:00:35+00:00	1.23	83	32
2018-05-20 00:01:55+00:00	1.94	83	32

타임스탬프를 다루는 것은 까다롭습니다. 원래 데이터의 타임스탬프의 시간대는 UTC였습니다. 하지만 AQS 데이터는 캘리포니아 시간대에 따라서 계산되고, 이는 일광 절약 시간제 시행 여부에 따라 UTC와 7시간에서 8시간 정도가 차이 납니다. 이를 제대로 구하려면 퍼플에어 타임스탬프의 시간대를 변경해서 캘리포니아 시간대와 맞춰주어야 합니다. df.tz_convert() 는 데이터 프레임의 인덱스를 사용합니다. 이를 사용하기 위해 pa의 인덱스를 타임스탬프로 변경하겠습니다.

```python
def convert_tz(pa):
    return pa.tz_convert('US/Pacific')

pa = (pa_full
    .pipe(drop_and_rename_cols)
    .pipe(parse_timestamps)
    .pipe(convert_tz))
pa.head(2)
```

timestamp	PM25cf1	TempF	RH
2018-05-19 17:00:35-07:00	1.23	83	32
2018-05-19 17:01:55-07:00	1.94	83	32

변경된 데이터 프레임의 첫 두 줄을 이전 데이터 프레임과 비교해 보면, 시간이 변경되었고 UTC로부터 7시간 차이가 난다는 표기도 되어 있음을 알 수 있습니다.

타임스탬프 시각화를 해보면 데이터의 구분 정도를 확인하는 데 도움이 됩니다.

12.4.1.1. 타임스탬프 시각화

타임스탬프를 시각화하는 방법 중 하나로 24시간 기준으로 데이터가 얼마나 많이 기록되었는지를 센 후 시간에 따른 개수를 그래프로 그려보는 것이 있습니다. pandas에서 시계열 데이터를 군집화하고자 할 때는 df.resample() 메서드를 사용할 수 있습니다. 이 메서드는 타임스탬프를 인덱스로 가지는 데이터 프레임에서 동작합니다. 이 메서드는 df.groupby()와 유사하나, 일(D), 주(W), 월(M) 등 다양한 시간 단위를 기준으로 데이터를 그룹화할 수 있다는 점이 다릅니다(예를 들어 D 매개변수는 resample 함수가 타임스탬프를 개별 날짜로 집계하도록 합니다).

```
per_day = (pa.resample('D')
              .size()
              .rename('records_per_day')
              .to_frame()
)
percs = [10, 25, 50, 75, 100]
np.percentile(per_day['records_per_day'], percs, method='lower')
```

```
array([ 293,  720, 1075, 1440, 2250])
```

일간 측정치 개수가 매우 다양하다는 것을 알 수 있습니다. 이 수치를 선그래프로 나타내서 어느 정도 다양한지 한눈에 파악할 수 있도록 하겠습니다.

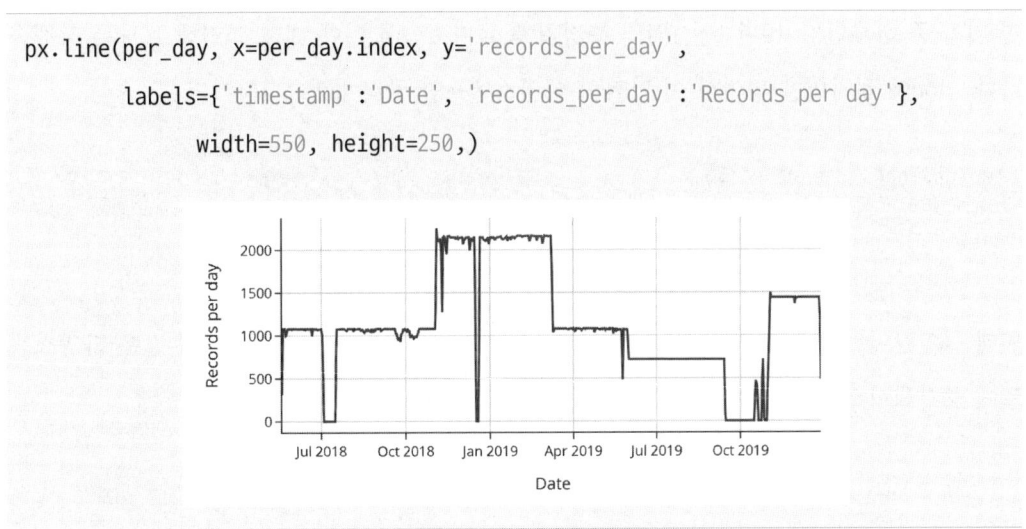

앞의 그래프는 매우 흥미롭습니다. 이 그래프에서는 측정되지 않은 날의 빈자리를 명확하게 확인할 수 있습니다. 2018년 7월이나 2019년 9월에는 상당한 양의 데이터가 유실된 것으로 보입니다. 간혹 센서가 작동하는 것처럼 보여도, 일별 측정치 개수가 조금씩 다를 수 있습니다. 예를 들어, 2018년 8월과 10월 사이를 보면 데이터 측정치가 들쭉날쭉하게 달라서 그래프가 불규칙하게 요동치는 모습을 확인할 수 있습니다. 그럼 이제 결측치를 어떻게 처리할지 결정해야 합니다. 하지만 그보다 먼저 살펴봐야 할 것이 있습니다. 그래프를 보면 이상한 "계단"이 있습니다. 어떤 날에는 대략 1,000개의 데이터가 있고, 어느 날에는 2,000개, 또 어떤 날에는 700개, 그리고 어떤 경우는 1,400개의 데이터가 있습니다. 만약 센서가 매 2분마다 값을 측정한다면, 하루에 최대 720개의 측정치가 있어야 합니다. 센서가 완벽했다면, 이 그래프는 매일 720개의 측정치로 x축에 평행인 선을 그려야 합니다. 하지만 실제 그래프는 이런 형태가 아닙니다. 따라서 이제 왜 이런 형태의 이상치나 '계단 현상'이 발생했는지, 그 원인을 분석해야 합니다.

12.4.1.2. 표본 비율 확인

퍼플에어 센서는 현재 120초마다 기록을 남긴다고 하지만, 더 조사해 보니, 항상 이렇게 작동하는 것은 아니었습니다. 2019년 5월 30일 이전에는 센서가 데이터를 80초마다 기록하여, 하루에 1,080개의 데이터를 남겼습니다. 2019년 5월 30일에 갑자기 그래프가 하락한 이유는 이것으로 설명이 됩니다. 그럼 예상보다 더 많은 점이 남아있는 구간을 살펴봅시다. 이 기간 중 하루인 2019년 1월 1일의 측정치를 살펴보면서 이에 대해 확인해 보도록 하겠습니다. .loc에 문자열을 넣어서 이 날짜의 타임스탬프만 골라내겠습니다.

```
len(pa.loc['2019-01-01'])
```

2154

원래 들어갔어야 하는 1,080개보다 대략 두 배 더 큰 숫자가 나옵니다. 그럼 같은 타임스탬프에 중복해서 기록된 데이터가 있는지를 확인해 봅시다.

```
pa.loc['2019-01-01'].index.value_counts()
```

```
2019-01-01 13:52:30-08:00    2
2019-01-01 12:02:21-08:00    2
2019-01-01 11:49:01-08:00    2
                            ..
2019-01-01 21:34:10-08:00    2
2019-01-01 11:03:41-08:00    2
2019-01-01 04:05:38-08:00    2
Name: timestamp, Length: 1077, dtype: int64
```

각 타임스탬프마다 대략 두 번씩 나타나는 것을 알 수 있습니다. 그리고 모든 중복된 시간에 기록된 데이터가 동일한 PM2.5 값을 가지고 있는지도 확인해 볼 수 있습니다. 두 값의 경우 모두 동일한 온도와 습도에서 측정된 것이므로, 데이터 프레임에서 중복된 열은 삭제합니다.

```python
def drop_duplicate_rows(df):
    return df[~df.index.duplicated()]

pa = (pa_full
      .pipe(drop_and_rename_cols)
      .pipe(parse_timestamps)
      .pipe(convert_tz)
      .pipe(drop_duplicate_rows))
pa.shape
```

```
(502628, 3)
```

그럼 이제 일별 데이터 수에 대한 선 그래프를 다시 그려서 확인해 봅시다. 이번에는 실제로 나와야 하는 값에 대한 부분을 같이 나타내도록 합니다.

```
per_day = (pa.resample('D')
    .size().rename('records_per_day')
    .to_frame()
)

fig = px.line(per_day, x=per_day.index, y='records_per_day',
              labels={'timestamp':'Date', 'records_per_day':'Records per day'},
              width=550, height=250)

fig.add_annotation(x='2019-07-24', y=720, text="720", showarrow=False, yshift=10)
fig.add_annotation(x='2019-07-24', y=1080, text="1080", showarrow=False, yshift=10)

fig.add_hline(y=1080, line_width=3, line_dash="dot", opacity=0.6)
fig.add_hline(y=720, line_width=3, line_dash="dot", opacity=0.6)
fig.add_vline(x="2019-05-30", line_width=3, line_dash="dash", opacity=0.6)

fig
```

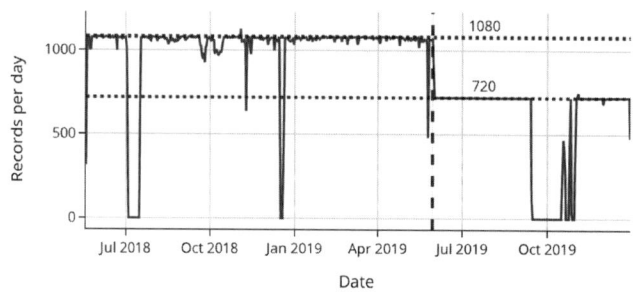

중복된 데이터를 삭제한 후, 일별 측정치 수 그래프가 예상되는 수치에 안정적으로 가까워진 것으로 보입니다. 꼼꼼한 독자라면 아마 매년 11월 부근에 수치가 잠시 올라가는 현상을 눈치챘을지도 모릅니다. 이때는 일광 절약 시간이 끝나는 지점입니다. 시간이 한 시간 앞당겨지면서, 이 날은 일반적인 24시간이 아닌 25시간으로 계산되기 때문에 측정치 수도 많아지게 되는 것입니다. 타임스탬프를 다루는 건 참 까다로운지 다시금 느끼게 되는 대목입니다. 하지만 여전히 결측치는 존재합니다. 이제는 이를 어떻게 처리할지를 결정해야 합니다.

12.4.2. 결측치 처리

앞서 계획하기로는 측정치의 24시간 평균치를 만들려고 했으나, 측정치가 충분치 않은 날의 데이터는 사용하고 싶지 않습니다. 바크존의 분석에 따라서 최소 가용한 데이터가 90% 이상인 경우에만 24시간 평균을 사용하도록 합니다. 앞서 2019년 5월 이전에는 하루에 1,080의 가용 데이터가 있고, 그 이후에는 720개의 가용한 데이터가 남는다는 것을 확인했습니다. 그럼 하루에 필요한 최소한의 측정치를 구할 수 있습니다.

```
needed_measurements_80s = 0.9 * 1080
needed_measurements_120s = 0.9 * 720
```

그럼 어느 날의 데이터가 사용 가능할 정도로 남아있는지도 판별할 수 있습니다.

```
cutoff_date = pd.Timestamp('2019-05-30', tz='US/Pacific')

def has_enough_readings(one_day):
    [n] = one_day
    date = one_day.name
    return (n >= needed_measurements_80s
            if date <= cutoff_date
            else n >= needed_measurements_120s)

should_keep = per_day.apply(has_enough_readings, axis='columns')
should_keep.head()
```

```
timestamp
2018-05-19 00:00:00-07:00    False
2018-05-20 00:00:00-07:00    True
2018-05-21 00:00:00-07:00    True
2018-05-22 00:00:00-07:00    True
2018-05-23 00:00:00-07:00    True
Freq: D, dtype: bool
```

그럼 이제 각 날짜의 데이터를 읽어서 평균을 내고, 데이터가 충분하지 않은 날의 경우 삭제하도록 합시다.

```python
def compute_daily_avgs(pa):
    should_keep = (pa.resample('D')
                    ['PM25cf1']
                    .size()
                    .to_frame()
                    .apply(has_enough_readings, axis='columns'))
    return (pa.resample('D')
              .mean()
              .loc[should_keep])

pa = (pa_full
      .pipe(drop_and_rename_cols)
      .pipe(parse_timestamps)
      .pipe(convert_tz)
      .pipe(drop_duplicate_rows)
      .pipe(compute_daily_avgs))
pa.head(2)
```

timestamp	PM25cf1	TempF	RH
2018-05-20 00:00:00-07:00	2.48	83.35	28.72
2018-05-21 00:00:00-07:00	3	83.25	29.91

센서 A의 일평균 PM2.5 측정치를 구했습니다. 이제 센서 B에 대해서 센서 A에 대해 진행한 것 같은 데이터 전처리를 반복하면 됩니다. 다행히도 앞서 만든 과정을 동일하게 재사용할 수 있습니다. 내용 진행을 위해, 여기에서 그 전처리 과정은 다루지 않을 것입니다. 하지만 PM2.5 평균치가 다른 경우 이를 어떻게 처리해야 할지를 결정해야 합니다. 바크존은 A와 B기기의 PM2.5 값이 61% 이상, 혹은 5 µg/m^{3}보다 더 차이가 나는 경우 해당 행을 삭제했습니다. 이 센서의 경우, 이 방법을 취하면 500개 이상의 행 중 12개의 행이 삭제됩니다.

지금까지 내용을 돌아보면, 이 데이터를 가져와서 정제하는 일은 많은 수고가 듭니다. 결측치도 처리해야 하고, 각 기기의 값을 집계하고, 두 기기의 값을 각각 평균을 낸 후에 값이 차이가 있는 경우에는 삭제도 해야 합니다. 이렇게 가공된 최종 데이터 프레임에 들어가는 PM2.5 값은 두 개의 기기에서 일정하고 완전하게 측정되어 구해진 값의 일평균이 됩니다. 바크존의 분석을 완전히 따라해 보려면, 이 전 과정을 모든 퍼플에어 센서에 대해서 진행해야 합니다. 그리고 AQS의 데이터 정제 과정을 모든 AQS 센서에 대해서 진행해야 합니다. 그렇게 한 후 퍼플에어와 AQS 데이터를 결합합니다. 이 과정을 통해 각각의 연결된 센서 쌍의 일별 평균 측정치를 만들게 됩니다. 하지만 이 책에서는 내용의 흐름과 분량 조절을 위해 해당 코드를 생략하고, 이미 전처리된 데이터셋을 가져와 그 이후의 분석 과정을 진행하겠습니다. 우선 모델링에 대한 시야를 넓히기 위해 EDA로 시작해 보겠습니다.

12.5. 퍼플에어와 AQS 측정치 탐색

연결된 AQS와 퍼플에어 기기에서 측정된 PM2.5 측정치에 대한 정제된 데이터를 탐색하고 모델링에 도움이 될만한 인사이트를 찾아보도록 합니다. 여기서 가장 주된 관심사는 두 공기질 측정치 간의 관계입니다. 하지만 이 데이터가 어떤 시공간에서 만들어졌는지에 대한 데이터 범위를 항상 고려해야 합니다. 데이터 정제 과정에서 이 데이터는 2년간의 PM2.5의 일 평균치고 이 데이터가 미국 전역의 여러 장소로부터 왔다는 것을 파악했습니다.

우선 정제된 데이터 프레임 전체를 살펴봅시다.

full_df

	date	id	region	pm25aqs	pm25pa	temp	rh	dew
0	2019-05-17	AK1	Alaska	6.7	8.62	18.03	30.56	3.63
1	2019-05-18	AK1	Alaska	3.8	3.49	16.12	49.40	5.44
2	2019-05-21	AK1	Alaska	4.0	3.80	19.90	29.97	1.73
...	...	...	...	...	...	...	...	...

12427	2019-02-20	WI6	North	15.6	25.30	1.71	65.78	-4.08
12428	2019-03-04	WI6	North	14.0	8.21	-14.38	48.21	-23.02
12429	2019-03-22	WI6	North	5.8	9.44	5.08	52.20	-4.02

12246 rows × 8 columns

데이터 프레임의 각 열에 대한 설명은 다음 표와 같습니다.

열	설명
date	관측 일자
id	지역 구분자로, 미국 주 이름의 약자와 숫자로 이루어짐(앞서 데이터 정제를 진행한 데이터의 지역 ID는 CA1)
region	지역 군에 대응하는 지역 이름(CA1은 West 지역에 속함)
pm25aqs	AQS 센서로 측정한 PM2.5 수치
pm25pa	퍼플에어 센서로 측정한 PM2.5 수치
temp	온도(섭씨)
rh	상대 습도(0%~100%)
dew	이슬점(이슬점이 높을수록 공기 중에 수분이 더 많음)

내용 파악을 위해 몇 가지 간단한 시각화를 해보도록 합시다. 이 데이터의 범위가 여러 지역의 시간에 따른 측정치이므로, 여러 측정치를 포함하는 하나의 위치를 골라서 주 평균 대기질의 선 그래프를 그려볼 수 있습니다. 기록이 많은 지역을 찾아보겠습니다.

```
full_df['id'].value_counts()[:3]
```

```
id
IA3    830
NC4    699
CA2    659
Name: count, dtype: int64
```

NC4라는 이름의 지역 거의 700개의 관측치가 있습니다. 선 그래프를 좀 더 평활화하기 위해 주별 평균을 사용할 것입니다.

```
nc4 = full_df.loc[full_df['id'] =='NC4']

ts_nc4 = (nc4.set_index('date')
          .resample('W')
          ['pm25aqs', 'pm25pa']
          .mean()
          .reset_index()
         )

fig = px.line(ts_nc4, x='date', y='pm25aqs',
              labels={'date':'', 'pm25aqs':'PM2.5 weekly avg'},
              width=500, height=250)

fig.add_trace(go.Scatter(x=ts_nc4['date'], y=ts_nc4['pm25pa'],
                         line=dict(color='black', dash='dot')))

fig.update_yaxes(range=[0,30])
fig.update_layout(showlegend=False)
fig.show()
```

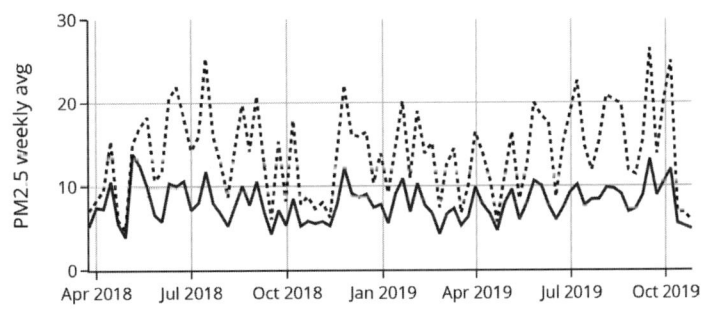

AQS 센서의 대부분의 PM2.5 수치(실선)는 5.0에서 15.0 $\mu g/m^3$ 사이임을 확인할 수 있습니다. 퍼플에어 센서와 AQS 센서의 변동 패턴은 유사합니다. 하지만 퍼플에어 센서의 측정치가 AQS의 측정치보다 크며, 일부의 경우는 차이가 크므로 어느 정도 보정을 해야 합니다.

우선 두 센서의 PM2.5 수치의 분포를 살펴봅시다.

```
left = px.histogram(nc4, x='pm25aqs', histnorm='percent')
right = px.histogram(nc4, x='pm25pa', histnorm='percent')

fig = left_right(left, right, width=600, height=250)
fig.update_xaxes(title='AQS readings', col=1, row=1)
fig.update_xaxes(title='PurpleAir readings', col=2, row=1)
fig.update_yaxes(title='percent', col=1, row=1)
fig.show()
```

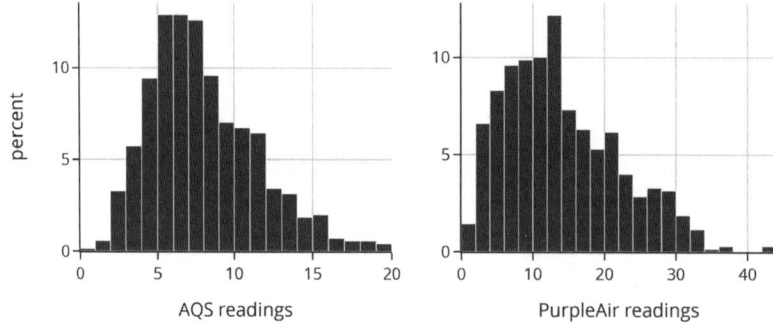

두 분포 모두 오른쪽 꼬리가 긴 형태로, 값의 하한선(여기서는 0)이 있는 경우 이런 분포가 종종 나타납니다. 이 두 분포를 더 제대로 비교하기 위해서는 사분위-사분위 그래프를 그려보는 것입니다(10장 참고). q-q 플롯을사용하면 평균, 분포 정도, 꼬리 등을 더 쉽게 비교할 수 있습니다.

```
percs = np.arange(1, 100, 1)
aqs_qs = np.percentile(nc4['pm25aqs'], percs, interpolation='lower')
pa_qs = np.percentile(nc4['pm25pa'], percs, interpolation='lower')
perc_df = pd.DataFrame({'percentile': percs, 'aqs_qs':aqs_qs,
                        'pa_qs':pa_qs})
fig = px.scatter(perc_df, x='aqs_qs', y='pa_qs',
                 labels={'aqs_qs': 'AQS quantiles',
```

```
                     'pa_qs': 'PurpleAir quantiles'},
             width=350, height=250)

fig.add_trace(go.Scatter(x=[2, 13], y=[1, 25],
              mode='lines', line=dict(dash='dash', width=4)))
fig.update_layout(showlegend=False)
fig
```

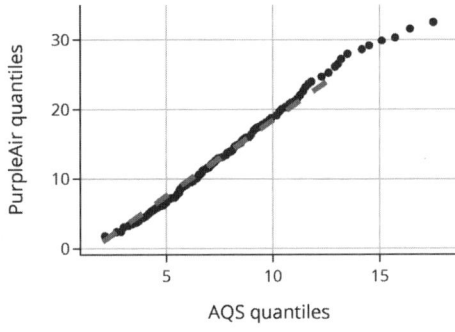

사분위-사분위 그래프는 대략 직선을 나타냅니다. 이 그래프 위에 기울기 2.2의 점선을 겹쳐 보았습니다. 이 선과 사분면 선은 거의 겹쳐집니다. 즉 퍼플에어 측정치의 분포 정도가 AQS의 측정치 분포값보다 약 두 배 정도 크다는 뜻입니다.

다만 q-q 플롯이나 히스토그램 비교로는 센서 데이터의 분포를 동시에 볼 수는 없습니다. 그럼 이를 확인해 봅시다. 우선 두 센서 데이터의 차이의 분포를 살펴보도록 합시다.

```
diffs = (nc4['pm25pa'] - nc4['pm25aqs'])

fig = px.histogram(diffs, histnorm='percent',
                   width=350, height=250)

fig.update_xaxes(range=[-10,30],
                 title="Difference: PA&#8211;AQS reading")
fig.update_traces(xbins=dict(
        start=-10.0, end=30.0, size=2))
fig.update_layout(showlegend=False)
fig.show()
```

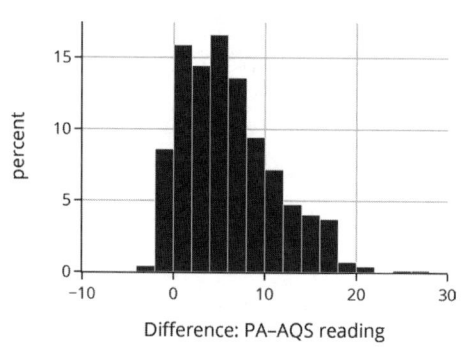

두 측정기가 완벽하게 일치한다면 0에서 값이 가장 높아지는 것을 볼 수 있을 것입니다. 측정기가 같은 값을 측정했고 편향이 없는 측정 오차가 있으면 0을 중심으로 한 분포를 볼 수 있습니다. 하지만 이 경우에는 90%의 경우 퍼플에어 측정치가 AQS의 24시간 평균보다 크고, 약 25%의 경우 $10\mu g/m^3$ 이상 높은데, 이는 AQS 평균이 $5\mu g/m^3$에서 $10\mu g/m^3$ 사이인 것을 감안하면 상당히 높은 수치입니다.

산점도를 통해 두 측정기의 측정값 간의 관계에 대해 추가적으로 알아볼 수 있습니다. 시간과 위치에 관계없이 일반적인 관계를 찾아야 하므로 그래프에는 모든 평균 수치를 넣습니다.

```
px.scatter(full_df, x='pm25aqs', y='pm25pa', width=350,
           height=250, labels={'pm25aqs':'AQS PM2.5',
                               'pm25pa':'PurpleAir PM2.5'})
```

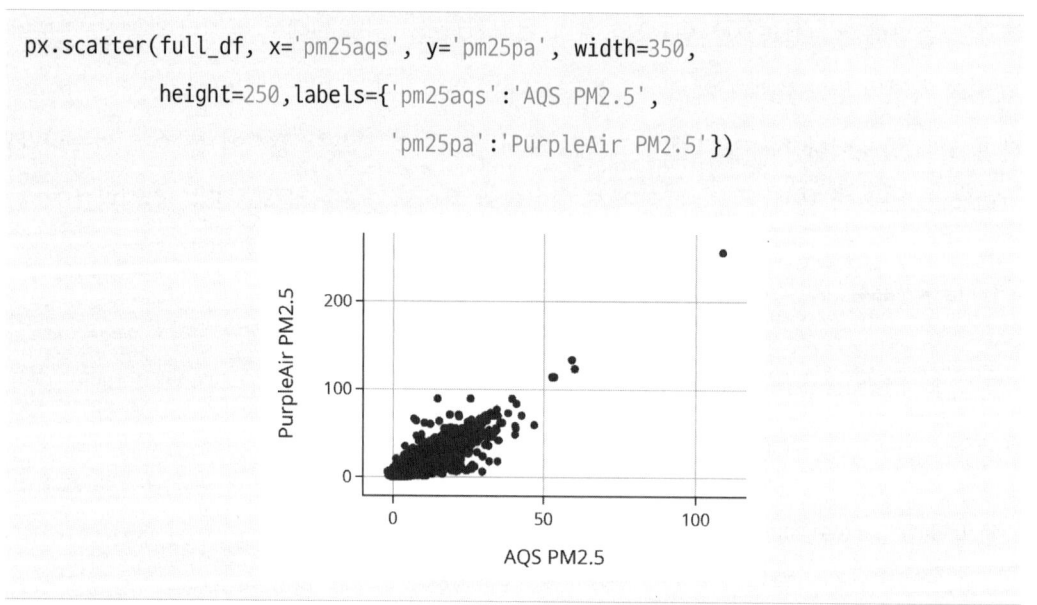

관계가 선형으로 보이나, 상당수의 값이 그래프 왼쪽 하단 구석에 몰려있습니다. 이 부분을 확대해서 산점도를 다시 그려서 좀 더 자세히 살펴볼 수 있도록 합시다. 이 그래프에 곡선을 추가해서 관계를 더 쉽게 확인할 수 있도록 합니다.

```python
full_df = full_df.loc[(full_df['pm25aqs'] < 50)]

px.scatter(full_df, x='pm25aqs', y='pm25pa', trendline='lowess',
           trendline_color_override="orange",
           labels={'pm25aqs':'AQS PM2.5', 'pm25pa':'PurpleAir PM2.5'},
           width=350, height=250)
```

관계는 여전히 대략적인 선형 형태로 보이지만, AQS 값이 작은 경우에는 약간 구부러진 곡선 형태를 보입니다. 대기가 매우 깨끗한 경우, 퍼플에어는 미세먼지를 더 잡아내지 않으므로 더 정확한 값을 보입니다. 또한 곡선이 (0,0) 점을 통과하는 것을 확인할 수 있습니다. 비록 관계 선이 일부 구부러진 구간이 있으나, 두 측정치의 전반적인 선형 관계는 꽤 높다는 것을 알 수 있습니다.

```python
np.corrcoef(full_df['pm25aqs'], full_df['pm25pa'])
```

```
array([[1.  , 0.88],
       [0.88, 1.  ]])
```

이 분석을 시작하기 전, 퍼플에어 측정치가 일반적으로 PM2.5의 값을 더 과다하게 측정할 것이라고 예상했습니다. 그리고 이는 산점도에서도 확인할 수 있었지만, 두 기기 간에 강한 상관관계가 나타난다는 것을 확인할 수 있었습니다. 이 특성을 사용하면 퍼플에어 센서를 조율하는 데 도움이 될 것입니다.

12.6. 퍼플에어 측정치 보정을 위한 모델 생성

AQS의 PM2.5 측정값과 퍼플에어 센서 간의 관계를 살펴보았으므로 이제 분석의 마지막 단계인 퍼플에어 측정값을 보정하는 모델을 만들 수 있습니다. 바크존의 원래 분석에 따르면 가장 적합한 모델을 찾기 위해 여러 모델을 데이터에 적용합니다. 여기에서는 4장에서 살펴본 기법을 사용하여 간단한 선형 모델을 적용합니다. 또한 바크존이 실제 사용을 위해 선택한 최종 모델에 대해서도 간략하게 설명합니다. 이 모델은 책의 뒷부분에서 다시 소개하므로 여기서는 기술적인 세부 사항을 자세히 설명하지 않겠습니다. 대신 15장을 읽은 후에 이 내용을 다시 살펴보면 도움이 될 것입니다.

먼저 모델링 목표를 살펴보겠습니다. 우리는 가능한 한 정확하게 미세먼지를 예측하는 모델을 만들고자 합니다. 이를 위해 AQS 측정값을 기반으로 퍼플에어 측정값을 조정하는 모델을 구축합니다. AQS 측정값은 신중하게 측정기를 보정한 후 측정된 값이며 미국 정부에서 의사 결정에 적극적으로 활용하기 때문에 실제 PM2.5 값으로 간주합니다. 따라서 AQS PM2.5 수치가 정확하고 진실에 가깝다고 신뢰합니다.

AQS를 사용하여 퍼플에어 측정값을 조정하는 모델을 구축한 후, 근처에 AQS 측정기가 없을 때 모델을 역으로 적용해 퍼플에어 측정값을 통해 예측된 실제 공기질을 추정합니다. 이 과정을 보정 시나리오라고 합니다. AQS 측정값이 진실에 가깝기 때문에 더 가변적인 퍼플에어 측정값을 여기에 맞추는데, 이것이 바로 보정 절차입니다. 그런 다음 보정 곡선을 사용하여 향후 퍼플에어 측정값을 보정합니다. 이 2단계 과정이 곧 소개할 간단한 선형 모델과 그 역방향 형태에 포함되어 있습니다.

먼저, AQS 기기에 의해 기록된 실측치로부터 퍼플에어(PA) 측정값을 예측하기 위해 선을 데이터에 맞춥니다.

$$PA \approx b + mAQS$$

다음으로 PA 측정값을 사용하여 대기질을 예측하기 위해 다음과 같이 이항합니다.

$$실제\ 대기질 \approx -b/m + 1/mPA$$

탐색적 데이터 분석 중에 만든 산점도와 히스토그램을 보면 퍼플에어 측정값이 더 가변적이라는 것을 알 수 있으며, 이는 보정 접근 방식에서 AQS를 기준으로 하는 이유의 근거가 됩니다. 또한 퍼플에어 측정값이 AQS 측정값보다 약 2배 높다는 것을 확인했으며, 이는 m이 2에 가깝고 1/m이 1/2에 가까울 수 있음을 유추할 수 있습니다.

> **왜 두 단계로 나누어 보정할까요?**
>
> 이 보정 절차는 다소 복잡해 보일 수 있습니다. 퍼플에어를 직접 사용하여 AQS를 예측하는 선형 모델을 적용하는 것은 어떨까요? 훨씬 더 쉬울 것 같고 역방향으로 적용할 필요가 없습니다. 하지만 여기에는 중요한 통계적 직관과 보정의 원칙이 숨어 있습니다. AQS 측정값은 "진실"(또는 그에 근접한 값)이므로 오차가 없습니다. 반면 퍼플에어 측정값은 측정 오차를 포함하는 값입니다. 반면 퍼플에어 측정값은 측정 오차를 포함하는 값입니다. 직관적으로 선형 모델은 x축의 변수 값에 따라 조건부로 작동하며, y 방향의 오차인 $y - (b + mx)$를 최소화합니다. 따라서 보정 곡선이라고 하는 선에 맞도록 정확한 측정값을 x축에 배치합니다. 그런 다음 앞으로는 이 선을 역으로 적용하여 기기의 측정값으로부터 진실을 예측합니다. 이 과정을 역회귀라고도 하는 이유입니다. 보정은 측정값 쌍의 상관관계가 높은 경우에만 수행하는 것이 바람직합니다.
>
> 더 간단한 예로 저울을 보정한다고 가정해 보겠습니다. 알려진 무게(예: 1kg, 5kg, 10kg)를 저울에 올려놓고 저울이 무엇을 표시하는지 확인하는 방식으로 보정할 수 있습니다. 일반적으로 이 과정을 몇 번 반복하는데, 그때마다 저울의 측정값이 조금씩 달라집니다. 저울의 눈금이 10% 너무 높다는 것을 발견하면($y = 1.1x$), 나중에 물건을 달 때 저울의 눈금을 90%(1/1.1 = 0.9) 하향 조정해서 실제 무게를 측정하게 됩니다. 이와 마찬가지로, AQS 측정값은 정확한 기준값이며, 우리 모델은 퍼플에어 센서가 어떤 수치를 내는지 확인하고, 그 결과를 역으로 적용해 진짜 값을 추정하는 절차인 것입니다.

그럼 모델을 만들어봅시다. 4장에서 제안한 바에 따르면, 손실 함수를 선택한 후 평균 오차를 최소화해야 합니다. 손실 함수는 모델이 실제 데이터와 얼마나 떨어져 있는지를 측정하는 것이었습니다. 여기서는 제곱손실값인 $[PA-(b+mAQS)]^2$를 사용합니다. 그리고 데이터를 모델에 맞추려면, 우리가 사용할 데이터에 대한 평균 제곱손실값을 최소로 만들어야 합니다.

$$\frac{1}{n}\sum_{i=1}^{n}[PA_i-(b + mAQS_i)]^2$$

이 과정을 여기서는 scikit-learn에서 제공하는 선형 모델링 기능을 사용해서 진행할 것입니다(다시 말하지만, 여기서는 자세한 내용은 신경 쓰지 말기 바랍니다).

```
from sklearn.linear_model import LinearRegression

AQS, PA = full_df[['pm25aqs']], full_df['pm25pa']

model = LinearRegression().fit(AQS, PA)
m, b = model.coef_[0], model.intercept_
```

이를 이항해서 역으로 진행하면, 다음과 같이 추정치를 얻을 수 있습니다.

```
print(f"True air quality estimate = {-b/m:.2} + {1/m:.2}PA")

True air quality estimate = 1.4 + 0.53PA
```

이 값은 예상했던 값과 거의 비슷합니다. 퍼플에어 측정치의 수정치는 약 1/2입니다. 바크존이 채택한 모델에서는 상대 습도를 반영했습니다.

$$PA = b + m_1 AQS + m_2 RH$$

이는 다변량 선형 회귀 모델의 예시입니다. 여기서는 예측치를 만들기 위해 하나 이상의 변수를 사용합니다. 이 모델에서는 평균제곱오차를 최소화하여 모델을 적합하게 만들 수 있습니다.

$$\frac{1}{n}\sum_{i=1}^{n}[PA_i-(b + m_1 AQS_i + m_2 RH_i)]^2$$

그 후 다음 방정식을 사용해서 예측 모델을 찾기 위해 보정 과정을 역행합니다.

실제 대기질 $\approx \dfrac{b}{m_1} + \dfrac{1}{m_1}\text{PA} - \dfrac{m_2}{m_1}\text{RH}$

모델을 적합화한 후 계수를 확인합니다.

```
AQS_RH, PA = full_df[['pm25aqs', 'rh']], full_df['pm25pa']
model_h = LinearRegression().fit(AQS_RH, PA)
[m1, m2], b = model_h.coef_, model_h.intercept_

print(f"True Air Quality Estimate = {-b/m:1.2} + {1/m1:.2}PA +
    {-m2/m1:.2}RH")

True Air Quality Estimate = 5.7 + 0.53PA + -0.088RH
```

15장과 16장에서는 예측 오차의 크기나 패턴을 파악하여 이 두 모델을 비교하는 법에 대해서 배울 것입니다. 일단 지금은 상대 습도를 반영한 모델이 가장 성능이 좋다는 것만 기억해 둡시다.

12.7. 정리

이 장에서는 바크존의 분석을 재현했습니다. 퍼플에어 측정값을 보정하는 모델을 만들어 AQS 측정값과 거의 일치하도록 했습니다. 이 모델의 정확성 덕분에 에어나우 화재 및 연기 지도와 같은 미국 정부의 공식 지도에 퍼플에어 센서를 포함시킬 수 있었습니다. 중요한 것은 이 모델을 통해 사람들이 대기질을 시의적절하고 정확하게 파악할 수 있다는 점입니다. 우리는 크라우드소싱된 오픈 데이터가 정밀하고 엄격하게 관리되는 정부 모니터링 장비의 데이터를 통해 어떻게 개선될 수 있는지 확인했습니다. 이 과정에서는 여러 출처의 데이터를 정리하고 병합하는 데 중점을 두었지만, 공기질 측정값을 조정하고 개선하기 위해 모델을 적용하기도 했습니다.

이 사례 연구에서는 이 책의 3부에서 다룬 많은 개념을 실제로 적용했습니다. 보시다시피, 파일과 데이터 테이블을 분석할 수 있는 형태로 데이터를 전처리하는 것은 데이터 과학에서 매우 중요하고 큰 부분을 차지합니다. 8장의 파일 데이터 전처리와 데이터 구분 정도의 개념을 사용하여 병합을 위한 두 개의 원천 데이터를 준비했습니다. 그리고 인접한 대기질 센서를 일치시킬 수 있는 구조로 만들었습니다. 데이터 과학의 '지저분하지만 필수적인 작업' 덕분에 정밀한 정부 모니터링 장비의 데이터를 크라우드소싱된 오픈 데이터로 보강하여 데이터의 범위를 넓히는 일이 가능했습니다.

이 준비 과정에는 두 원본 간의 호환성과 분석의 신뢰성을 보장하기 위해 데이터를 집중적이고 신중하게 검토하고 정제하며 개선하는 작업이 포함되었습니다. 9장의 개념을 통해 시간 데이터를 효과적으로 다루고, 누락된 데이터 요소와 중복된 데이터 값과 같은 수많은 문제를 찾아 수정할 수 있었습니다.

파일 및 데이터 전처리, 탐색적 데이터 분석, 시각화는 많은 분석의 주요 부분입니다. 모델을 데이터에 맞추는 것이 데이터 과학에서 가장 흥미로운 부분처럼 보일 수 있지만, 데이터를 파악하고 신뢰할 수 있도록 만드는 것은 매우 중요하며 모델링 단계에서 중요한 인사이트를 얻는 데 도움이 되는 경우가 많습니다. 모델링과 관련된 주제가 이 책의 나머지 대부분을 차지합니다. 그러나 시작하기 전에 데이터 전처리와 관련된 두 가지 주제를 먼저 살펴보겠습니다. 다음 장에서는 텍스트에서 분석 가능한 데이터를 만드는 방법을 보여주고, 그 다음 장에서는 8장에서 언급한 원천 데이터 파일의 다른 형식을 살펴볼 것입니다.

다음 장으로 넘어가기 전에 지금까지 배운 내용을 다시 한번 점검해 보시기 바랍니다. 이미 먼 길을 걸어오셨으니 스스로를 칭찬해 줍시다! 여기서 다룬 원칙과 기법은 거의 모든 유형의 데이터 분석에 유용하며, 여러분의 실제 현업에서도 바로 적용할 수 있는 실질적인 도구가 될 것입니다.

4부.
다른 유형의 데이터

Python

13장. 텍스트 다루기

14장. 데이터 교환

13장
텍스트 다루기

데이터는 숫자뿐만 아니라 개 품종명, 식당 위반 사항 설명, 주소, 연설문, 블로그 게시물, 인터넷 리뷰 등의 단어 형태로도 존재할 수 있습니다. 이러한 텍스트에 포함된 정보를 정리하고 분석하려면 다음과 같은 작업이 필요한 경우가 많습니다.

- 텍스트를 표준 형식으로 변환하기

  이를 텍스트 표준화(canonicalizing text)라고도 합니다. 예를 들어 모든 문자를 소문자로 변환하거나, 일반적인 철자와 약어를 사용하거나, 구두점과 공백을 제거해야 할 수 있습니다.

- 텍스트 일부를 추출하여 새로운 특성 만들기

  예를 들어 문자열에 날짜가 포함되어 있는 경우 문자열에서 날짜를 추출하여 날짜 특성을 만들고자 할 수 있습니다.

- 텍스트를 특성으로 변환하기

  특정 단어나 구를 0과 1로 인코딩하여 문자열에 해당 단어나 구가 들어있는지를 나타내고자 할 수 있습니다.

- 텍스트 분석하기

  전체 문서를 한 번에 비교하기 위해 문서를 단어 개수만큼의 벡터로 변환할 수 있습니다.

  이렇게 하면 문서 간 유사도나 주제 등을 수치적으로 분석할 수 있습니다.

이 장에서는 텍스트 데이터 작업을 위한 일반적인 기술을 소개합니다. 간단한 문자열 조작 도구만으로도 텍스트를 표준 양식에 넣거나 문자열의 일부를 추출할 수 있다는 것을 보여 드릴 것입니다. 또한 보다 일반적이고 강력한 패턴 매칭을 위한 정규 표현식도 소개합니다. 이러한 텍스트 연산을 시연하기 위해 몇 가지 예제를 사용합니다. 먼저 사용할 예제를 소개하고 분석을 위해 텍스트를 준비하는 데 필요한 작업을 설명하겠습니다.

13.1. 텍스트와 처리 작업 예제

앞서 소개한 각 작업 유형이 활용되는 예제를 보여드리겠습니다. 이러한 예제는 실제 진행된 일을 기반으로 하되, 개념에 중점을 두고, 데이터를 일부만 사용하는 식으로 줄였습니다.

13.1.1. 텍스트를 표준 형식으로 변환하기

인구 통계와 선거 결과 사이의 연관성을 연구하고 싶다고 가정해봅시다. 이를 위해 위키피디아에서 선거 데이터를 가져왔고, 미국 인구조사국에서 인구 데이터를 가져왔습니다. 데이터의 구분 정도는 카운티 수준으로, 테이블을 결합하려면 카운티 이름을 사용해야 합니다. 하지만 문제는, 이 두 테이블의 카운티 이름이 항상 일치하는 것은 아닙니다.

〈표 13-1〉 위키피디아의 선거 데이터(상)와 미국 인구조사국의 인구 데이터(하) 표본

	County	State	Voted
0	De Witt County	IL	97.8
1	Lac qui Parle County	MN	98.8
2	Lewis and Clark County	MT	95.2
3	St John the Baptist Parish	LA	52.6

	County	State	Population
0	DeWitt	IL	16,798
1	Lac qui Parle	MN	8,067
2	Lewis & Clark	MT	55,716
3	St John the Baptist	LA	43,044

문자열을 정리하여 카운티 이름에 대해 형식을 공통으로 맞추기 전까지는 테이블을 결합할 수 없는 상태입니다. 대소문자를 바꾸고 일반적인 철자, 약어 및 주소 구두점 형식을 맞춰야 합니다.

13.1.2. 텍스트 일부를 추출해서 특성으로 만들기

텍스트 데이터는 때때로 많은 구조를 가지고 있습니다. 특히 텍스트 데이터가 컴퓨터로 생성된 경우에는 더욱 그러합니다. 예를 들어, 다음은 웹 서버의 로그 시작 부분입니다. 이 부분에 여러 데이터가 포함되어 있지만 각 데이터의 구분자가 일관되어 있지 않은 경우가 많습니다.

예를 들어 날짜는 대괄호 안에 표시되지만 다른 데이터는 따옴표와 괄호로 나뉘어 있어 일괄된 방식으로 파싱하기 어렵습니다.

```
169.237.46.168 - -
[26/Jan/2004:10:47:58 -0800]"GET /stat141/Winter04 HTTP/1.1" 301 328
"http://anson.ucdavis.edu/courses"
"Mozilla/4.0 (compatible; MSIE 6.0; Windows NT 5.0; .NET CLR 1.1.4322)"
```

파일 형식이 우리가 8장에서 살펴본 간단한 형식 중 하나와 일치하지 않더라도, 텍스트 처리 기술을 사용하여 텍스트 일부를 추출하여 특성을 생성할 수 있습니다.

13.1.3. 텍스트를 특성으로 변환

9장에서는 문자열의 내용을 기반으로 범주형 특성을 만들었습니다. 이때 식당의 위반 사항에 대한 설명을 조사하고 특정 단어의 존재 여부에 대한 명목형 변수를 만들었습니다. 여기에 몇 가지 위반 사항의 예를 가져왔습니다.

> 불결하거나 낙후된 바닥 벽 또는 천장
> 부적절하고 접근하기 어려운 손씻기 시설
> 부적절하게 청소되거나 소독되지 않은 식품 접촉 표면
> 깨끗하지 않거나 적절하게 보관되지 않은 행주 또는 부적절한 소독제
> 오염으로부터 보호되지 않은 식품
> 불결한 비식품 접촉 표면

> 불결하거나 비위생적인 식품 접촉 표면
>
> 불결한 손 또는 부적절한 장갑 사용
>
> 부적절한 세척 시설 또는 장비

이러한 새로운 특성은 식품 안전 점수 분석에 사용할 수 있습니다. 이전에는 설명에 '장갑'이나 '머리카락'과 같은 단어가 포함되어 있는지 여부를 표시하는 간단한 특성을 만들었습니다. 이 장에서는 이러한 특성을 만드는 데 사용할 수 있는 정규식 도구를 좀 더 제대로 소개합니다.

13.1.4. 텍스트 분석

간혹 전체 문서를 비교해야 하는 때가 있습니다. 예를 들어, 미국 대통령은 매년 연두교서를 발표합니다. 다음은 1790년 1월 8일, 조지 워싱턴 대통령의 첫 연두교서 일부입니다.

> ***
>
> 연두교서
>
> 조지 워싱턴
>
> 1790년 1월 8일
>
> 상원과 하원의 동료 시민 여러분:
>
> 저는 지금 우리 대중의 전망이 밝을 것이라고 여러분께 축하드릴 수 있음을 매우 기쁘게 생각합니다 …

아마도 궁금할 수 있습니다. 시간이 지남에 따라 연두교서 연설 내용이 어떻게 바뀌었을까요? 정당마다 나른 주제에 초점을 맞추거나 연설에서 다른 어휘를 사용할까요? 이러한 질문에 답하기 위해 연설문을 숫자 형식으로 변환한 후 통계를 사용하여 비교할 수 있습니다. 이 예제는 문자열 조작, 정규 표현식, 텍스트 분석의 개념을 설명하는 데 도움이 됩니다. 우선 간단한 문자열 조작을 설명하는 것부터 시작하겠습니다.

13.2. 문자열 조작

텍스트 작업을 할 때 많이 사용하는 몇 가지 기본적인 문자열 조작 도구가 있습니다.

- 대문자를 소문자로 변환하거나 그 반대로 변환합니다.
- 하위 문자열을 다른 문자열로 바꾸거나 하위 문자열을 삭제합니다.
- 특정 문자 기준으로 하나의 문자열을 여러 문자열로 분할합니다.
- 지정된 위치에서 문자열을 분할합니다.

이러한 기본 연산을 결합하여 카운티 이름 데이터를 정리하는 방법을 살펴보겠습니다. 조인하려는 두 테이블이 있지만 카운티 이름이 두 테이블 간에 일관성 없이 만들어져 있었습니다. 먼저 카운티 이름을 표준 형식으로 변환하는 것부터 시작해 보겠습니다.

13.2.1. 파이썬 스트링 메서드를 사용해서 텍스트를 표준 형식으로 변환하기

두 테이블의 카운티 이름 간에 존재하는 다음과 같은 불일치를 해결해야 합니다.

- 대소문자: qui / Qui.
- 단어 누락: census 테이블에는 County와 Parish가 없음
- 다른 약어 규칙: & / and
- 다른 구두점 규칙: St . / St.
- 공백 사용: DeWitt / De Witt

텍스트를 정제할 때는 일단 모든 문자를 소문자로 변환하는 것이 가장 쉬운 경우가 많습니다. 대문자와 소문자의 조합을 다루는 것보다 소문자로만 작업하는 것이 더 쉽습니다. 다음으로, &를 and로 바꾸고 County와 Parish를 제거하는 방식으로 일관성 없는 단어를 수정하려고 합니다. 마지막으로 구두점과 공백의 불일치를 수정해야 합니다.

파이썬 문자열 메서드인 lower와 replace만 있으면 이 모든 작업을 수행하고 카운티 이름을 정제할 수 있습니다. 이를 clean_county라는 메서드로 결합합니다.

```python
def clean_county(county):
    return (county
            .lower()
            .replace('county', '')
            .replace('parish', '')
            .replace('&', 'and')
            .replace('.', '')
            .replace(' ', ''))
```

이 메서드들은 간단하지만 조합하면 보다 복잡한 문자열 연산을 만들 수 있는 기본 요소가 됩니다. 이 메서드들은 모든 파이썬 문자열에 대해 편리하게 적용할 수 있고 다른 모듈을 불러올 필요가 있습니다. 일단 가장 일반적으로 사용되는 몇 가지 메서드에 대해서는 표 13-2에서 설명하겠습니다.[1]

〈표 13-2〉 스트링 메서드

메서드	설명
str.lower()	모든 문자가 소문자로 변환된 문자열의 복사본을 반환합니다.
str.replace(a, b)	str에 있는 a 값을 가지는 모든 인스턴스를 문자열 b로 바꿉니다.
str.strip()	str에서 선행 및 후행 공백을 제거합니다.
str.split(a)	하위 문자열 a에서 분할된 str의 하위 문자열을 반환합니다.
str[x:y]	str을 분할하여 인덱스 x(포함)부터 y(비포함)까지를 반환합니다.

다음으로 clean_county 메서드가 제대로 동일한 카운티 이름을 생성하는지 확인합니다.

```
([clean_county(county) for county in election['County']],
 [clean_county(county) for county in census['County']])

(['dewitt', 'lacquiparle', 'lewisandclark', 'stjohnthebaptist'],
 ['dewitt', 'lacquiparle', 'lewisandclark', 'stjohnthebaptist'])
```

---

[1] 문자열 메서드는 익숙해지면 매우 유용하며 전체 목록은 다음 링크에서 확인할 수 있습니다. https://oreil.ly/YWl9d

이제 카운티 이름이 일관되게 표현되므로 두 테이블을 무사히 결합할 수 있습니다.

13.2.2. pandas의 문자열 메서드

앞의 코드에서는 루프를 사용하여 각 카운티 이름을 변환했습니다. pandas Series 객체는 시리즈의 각 항목에 문자열 메서드를 적용하는 편리한 방법을 제공합니다.

pandas Series의 .str 속성은 동일한 파이썬 문자열 메서드를 노출합니다. .str 속성에서 메서드를 호출하면 시리즈의 각 항목에서 메서드가 호출됩니다. 이를 통해 반복문을 사용하지 않고도 시리즈의 각 문자열을 변환할 수 있습니다. 변환된 카운티를 원래 테이블에 다시 저장합니다. 먼저 선거 테이블의 카운티 이름을 변환합니다.

```
election['County'] = (election['County']
 .str.lower()
 .str.replace('parish', '')
 .str.replace('county', '')
 .str.replace('&', 'and')
 .str.replace('.', '', regex=False)
 .str.replace(' ', ''))
```

또한 인구 테이블의 이름도 변형하여 두 테이블에서 카운티 이름이 동일하게 들어가도록 합니다. 그 후 이 테이블을 결합합니다.

election.merge(census, on=['County','State'])

	County	State	Voted	Population
0	dewitt	IL	97.8	16,798
1	lacquiparle	MN	98.8	8,067
2	lewisandclark	MT	95.2	55,716
3	stjohnthebaptist	LA	52.6	43,044

> **설명**
> 카운티 이름과 주라는 두 개의 열을 사용해서 병합했다는 것을 기억하세요. 이렇게 병합을 진행한 이유는 일부 주에는 같은 이름의 카운티가 있기 때문입니다. 예를 들어, 캘리포니아와 뉴욕에는 모두 King이라는 카운티가 있습니다.

문자열 메서드의 전체 목록을 보려면 str 메서드에 대한 파이썬 설명서[2]와 .str 접근자에 대한 pandas 설명서[3]를 참조하기 바랍니다. 여기서는 str.lower()와 str.replace()의 여러 호출만을 사용하여 정규화 작업을 수행했습니다. 다음으로 또 다른 문자열 메서드인 str.split()을 사용하여 텍스트를 추출합니다.

13.2.3. 문자열을 잘라서 텍스트 일부 추출하기

웹 서버의 로그 시작 부분에서 날짜를 가져오고 싶다고 합시다.

```
log_entry

169.237.46.168 - - [26/Jan/2004:10:47:58 -0800]"GET /stat141/Winter04 HTTP/1.1"
301 328 "http://anson.ucdavis.edu/courses""Mozilla/4.0 (compatible; MSIE 6.0;
Windows NT 5.0; .NET CLR 1.1.4322)"
```

문자열을 분할하면 날짜를 구성하는 정보를 파악할 수 있습니다. 예를 들어 왼쪽 괄호 안의 문자열을 분할하면 두 개의 문자열이 생깁니다.

```
log_entry.split('[')

['169.237.46.168 - - ',
 '26/Jan/2004:10:47:58 -0800]"GET /stat141/Winter04 HTTP/1.1" 301 328 "http://
anson.ucdavis.edu/courses""Mozilla/4.0 (compatible; MSIE 6.0; Windows NT 5.0;
.NET CLR 1.1.4322)"']
```

---

[2] https://oreil.ly/Fb34C

[3] https://oreil.ly/njVi3

두 번째 문자열에 날짜 정보가 있습니다. 여기에서 연, 월, 일을 얻으려면 콜론(:)을 기준으로 문자열을 나누면 됩니다.

```
log_entry.split('[')[1].split(':')[0]
```

```
'26/Jan/2004'
```

이 문자열에서 연, 월, 일을 구분하려면 이번에는 '/'를 사용해서 문자열을 분할합니다. 여기까지 세 번에 걸쳐 진행되는 작업을 한 번에 연결할 수 있습니다. 이때 각각에서 필요한 부분만 남겨서 진행합니다.

```
(log_entry.split('[')[1]
  .split(':')[0]
  .split('/'))
```

```
['26', 'Jan', '2004']
```

split()을 반복해서 사용하면, 로그 시작 부분에서 많은 값을 가져올 수 있습니다. 하지만 이 방법은 복잡합니다. 만약 시, 분, 초, 시간대까지 가지고 오고 싶다면 split()을 6번 사용해야 합니다. 간단하게 하려면 다음과 같은 방식으로 만들 수 있습니다.

```
import re

pattern = r'[ \[/:\]]'
re.split(pattern, log_entry)[4:11]
```

```
['26', 'Jan', '2004', '10', '47', '58', '-0800']
```

이 방식에서는 정규표현식이라는 편리한 방식을 사용한 것입니다. 이에 대해서 다음 내용에 이어서 설명하겠습니다.

13.3. 정규표현식

정규표현식(또는 줄여서 정규식)은 문자열의 일부를 대응시키는 데 사용하는 특수한 패턴입니다. 134-42-2012와 같은 사회보장번호(SSN)의 형식을 떠올려 보십시오. 이 형식을 설명할 때 'SSN은 세 자리, 대시, 두 자리, 또 다른 대시, 네 자리로 구성된다'고 말할 수 있습니다. 정규식을 사용하면 이 패턴을 코드에서 찾아낼 수 있습니다. 정규식은 이러한 숫자와 대시의 패턴을 설명할 수 있는 간결하고 강력한 방법을 제공합니다. 정규 표현식의 구문은 다행히도 배우기 매우 간단합니다. 심지어 여기에서 거의 모든 구문을 소개할 수 있습니다.

개념을 소개하면서 이전에 설명한 몇 가지 예제를 가져와서 정규 표현식을 사용하여 작업을 수행하는 방법을 보여 드리겠습니다. 거의 모든 프로그래밍 언어에는 정규식을 사용하여 대응하는 패턴을 찾는 라이브러리가 있으므로 정규식은 모든 프로그래밍 언어에서 유용하게 사용할 수 있습니다. 예제의 작업을 수행하기 위해 파이썬에 내장된 re 모듈에서 사용할 수 있는 몇 가지 일반적인 메서드를 사용했습니다. 이러한 메서드는 이 장 뒤쪽에 있는 표 13-8에 요약되어 있으며, 기본 사용법과 반환값이 간략하게 설명되어 있습니다. 여기서는 가장 일반적으로 사용되는 몇 가지 메서드만 다루었으므로 re 모듈의 공식 문서[4]를 참조하는 것도 유용할 것입니다.

정규식은 문자열에서 한 번에 한 문자씩(리터럴(literal)) 패턴을 검색하는 것을 기반으로 합니다. 우리는 이 개념을 문자열 결합이라고 부릅니다.

13.3.1. 문자열 결합

결합은 기본적인 예를 통해 설명하는 것이 가장 좋습니다. 문자열 cards scatter에서 cat이라는 패턴을 찾고 있다고 하겠습니다! 그림 13-1은 한 번에 한 글자씩 문자열에서 검색하는 과정을 보여주는 다이어그램입니다. 첫 번째 위치에 "c"가 있고 그 뒤에 "a"가 있지만 "t"는 없으므로 검색은 문자열의 두 번째 문자까지 거슬러 올라가 "c"를 다시 검색하기 시작합니다. "cat" 패턴은 문자열 card scatter의 8~10번 위치에서 나타났습니다! 이 과정

---

4 https://oreil.ly/lXWol

에 익숙해지면 더 풍부한 패턴 조합을 찾는 단계로 넘어갈 수 있으며, 어떤 것이 되었든 이 기본 개념을 따릅니다.

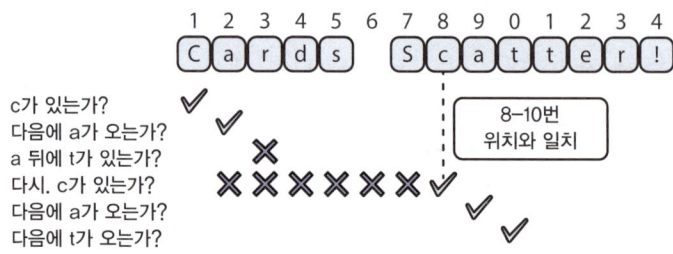

<그림 13-1> 문자열 패턴에 대응하기 위해 정규식 엔진은 문자열을 따라 이동하며
전체 패턴이 일치하는지 한 번에 하나의 문자를 확인합니다.
단어 scatter 내에서 패턴이 발견되고 cards에서 부분적으로
대응하는 패턴이 발견되는 것을 알 수 있습니다.

> **설명**
>
> 해당 예제에서는 정규식이 입력 문자열의 어느 곳에나 나타나는 패턴에도 대응하게 만들 수 있다는 것을 확인했습니다. 파이썬에서 정규식을 대응시키는 데 사용되는 메서드에 따라 동작의 형태가 다릅니다. 일부 메서드는 정규식이 문자열의 시작 부분에 나타날 때만 대응하는 것을 반환하고, 다른 메서드는 문자열의 어느 곳에서나 대응하는 것을 반환합니다.

이것보다 더 다양한 패턴을 찾기 위한 와일드카드, 문자 클래스, 메타 문자 등을 활용한 고급 매칭 방식으로 확장할 수 있습니다. 다음으로는 이러한 패턴 조합을 구성하는 방법을 알아보겠습니다.

13.3.1.1. 문자 클래스

대응하는 문자의 모음을 지정할 수 있는 문자 클래스(문자 집합이라고도 함)를 사용하여 패턴을 보다 유연하게 만들 수 있습니다. 이를 통해 보다 느슨하게 대응하는 형태를 만들 수 있습니다. 문자 클래스를 만들려면 원하는 문자 집합을 괄호([ ])로 묶습니다. 예를 들어, [0123456789] 패턴은 "괄호 안의 아무 문자와 일치함"를 의미합니다(이 경우에는 한 자리 숫자입니다). 그럼, 다음 정규식은 세 자리 숫자에 대응됩니다.

```
[0123456789][0123456789][0123456789]
```

이것은 숫자 범위에 대한 속기 표기법 [0-9]가 있을 정도로 일반적으로 사용되는 문자 클래스입니다. 문자 클래스를 사용해서 다음과 같이 SSN에 대한 정규식을 만들 수 있습니다.

```
[0-9][0-9][0-9]-[0-9][0-9]-[0-9][0-9][0-9][0-9]
```

문자 클래스에서 일반적으로 사용되는 두 가지 범위는 소문자의 경우 [a-z], 대문자의 경우 [A-Z]입니다. 범위를 만든 뒤 다른 동급의 문자와 결합하여 부분 범위를 만들 수 있습니다. 예를 들어 [a-cX-Z27]은 문자 클래스 [abcXYZ27]과 동일합니다.

다시 원래의 "cat" 패턴으로 돌아가서 두 개의 문자 클래스를 포함하도록 수정해 보겠습니다.

```
c[oa][td]
```

이 패턴은 cat과 대응하지만 cot, cad, cod와도 대응합니다.

```
Regex:   c[oa][td]
    Text: The cat eats cod, cads, and cots, but not coats.
Matches:      ***      ***  ***       ***
```

문자열을 한 번에 한 문자씩 이동한다는 개념은 여전히 핵심 개념이지만, 이제 문자가 대응하는 것으로 간주되는 좀 더 유연한 방식이 추가되었습니다.

13.3.1.2. 와일드카드 문자

문자의 정확한 값이 무엇인지는 중요하지 않은 경우 마침표(.) 문자를 사용하여 지정할 수 있습니다. 마침표는 개행 문자를 제외한 모든 문자와 대응됩니다.

13.3.1.3. 부정 문자 클래스

부정 문자 클래스는 대괄호 사이의 문자를 제외한 모든 문자에 대응합니다. 부정 문자 클래스를 만들려면 삿갓표(^)를 왼쪽 대괄호 뒤의 첫 번째 문자로 배치합니다. 예를 들어 [^0-9]는 숫자를 제외한 모든 문자에 대응됩니다.

13.3.1.4. 문자 클래스의 단축키

일부 문자 집합은 일반적으로 사용되므로 이에 대한 단축키가 있습니다. 예를 들어 \d는 [0-9]의 줄임말입니다. 이 단축키를 사용하면 SSN 검색을 다음과 같이 간단하게 만들 수 있습니다.

```
\d\d\d-\d\d-\d\d\d\d
```

SSN에 대한 정규식은 절대적인 답이 아닙니다. 찾고자 하는 패턴의 시작이나 끝에 여분의 숫자가 있는 경우에도 대응하는 문자열이라고 나올 수 있습니다. 참고로 따옴표 앞에 r 문자를 추가하여 원시 문자열을 만들면 정규식을 더 쉽게 작성할 수 있습니다.

```
   Regex: \d\d\d\d\d-\d\d\d\d
    Text: My other number is 6382-13-38420.
 Matches:                    **********
```

이런 경우 다른 종류의 메타 문자, 즉 단어 경계에 대응하는 메타 문자로 상황을 해결할 수 있습니다.

13.3.1.5. 앵커와 경계

때로는 문자 앞, 뒤 또는 문자 사이의 위치를 맞춰서 찾고 싶을 때가 있습니다. 한 가지 예는 문자열의 시작 또는 끝을 찾는 것으로, 이를 앵커라고 합니다. 또 다른 예는 단어의 시작 또는 끝을 찾는 것인데, 이를 경계라고 합니다. 메타 문자 \b는 단어의 경계를 나타냅니다. 이 메타 문자의 길이는 0이며 패턴의 경계에 있는 공백이나 구두점에 대응됩니다. 이를 사용하여 SSN을 찾는 정규식을 다음과 같이 수정할 수 있습니다.

```
   Regex: \d\d\d-\d\d-\d\d\d\
    Text: My other number is 6382-13-38420.
 Matches:


   Regex: \b\d\d\d-\d\d-\d\d\d\d\b
    Text: My reeeal number is 382-13-3842.
 Matches:                      **********
```

13.3.1.6. 이스케이프 문자

지금까지 우리는 메타 문자라고 불리는 몇 가지 특수 문자를 보았습니다. 'and'는 문자 클래스, '^'는 부정 문자 클래스, '.'는 모든 문자를 나타내며, '-'는 범위를 나타냅니다. 하지만 때로는 이 중 한 문자에 대응하는 패턴을 만들어야 하는 경우가 있습니다. 이런 경우, '\'를 사용해서 이스케이프 처리를 해야 합니다. 예를 들어, 정규식 \[같은 방식으로 왼쪽 대괄호 문자를 일치시킬 수 있습니다.

```
   Regex: \[
    Text: Today is [2022/01/01]
 Matches:          *
```

다음으로, 수량자를 사용해서 SSN을 더 간단하고 명확한 정규표현식으로 나타내는 방법에 대해서 알아보도록 하겠습니다.

13.3.2. 수량자

SSN을 나타내는 정규표현식을 만들 때 다음과 같이 쓸 수 있습니다.

```
\b[0-9][0-9][0-9]-[0-9][0-9]-[0-9][0-9][0-9][0-9]\b
```

이 식은 세 개의 숫자, -, 두 숫자, -, 4개의 숫자로 이루어진 "단어"에 대응됩니다. 수량자를 사용하면 문자가 여러 개 등장하는 경우 대응하는 단어를 찾아줍니다. 숫자 주변에 대괄호 { }를 입력함으로써 반복 숫자를 지정할 수 있습니다.

파이썬에 내장된 re 모듈을 사용해서 패턴에 일치시켜 보도록 합시다.

```
import re
ssn_re = r'\b[0-9]{3}-[0-9]{2}-[0-9]{4}\b'
re.findall(ssn_re, 'My SSN is 382-34-3840.')
```

['382-34-3840']

이 패턴은 전화번호에는 맞지 않습니다. 한 번 확인해 봅시다.

```
re.findall(ssn_re, 'My phone is 382-123-3842.')
```

[]

수량자는 항상 바로 왼쪽에 있는 문자 및 문자 클래스에만 적용됩니다. 표 13-3에는 수량자에 대한 전체 문법이 나와있습니다.

〈표 13-3〉 수량자 예시

수량자	뜻
{m, n}	앞의 문자가 m에서 n번까지 나오는 경우 대응
{m}	앞의 문자가 정확히 m번 나오는 경우 대응
{m,}	앞의 문자가 최소 m번 나오는 경우 대응
{,n}	앞의 문자가 최대 n번 나오는 경우 대응

일반적으로 사용되는 몇몇 수량자는 표 13-4와 같이 약식 표기를 사용할 수 있습니다.

〈표 13-4〉 수량자 약식 표기

기호	수량자	뜻
*	{0,}	앞의 문자가 0번 이상 나오는 경우 대응
+	{1,}	앞의 문자가 1번 이상 나오는 경우 대응
?	{0,1}	앞의 문자가 0번이나 1번 나오는 경우 대응

수량자는 욕심(greedy)이 많은 특성이 있으므로 항상 가능한 한 가장 긴 문자열을 반환합니다. 이는 간혹 놀라운 결과가 나타나기도 합니다. SSN이 숫자로 시작해서 숫자로 끝나므로, SSN을 찾는 정규식은 더 간단하게 만들 수도 있을 것 같습니다.

```
ssn_re_dot = r'[0-9].+[0-9]'
re.findall(ssn_re_dot, 'My SSN is 382-34-3842 and hers is 382-34-3333.')
```

['382-34-3842 and hers is 382-34-3333']

그러나 여기서 '.+'는 가능한 가장 긴 문자열을 매칭하려고 하기 때문에, 첫 번째 숫자부터 마지막 숫자까지 전부 잡아버리는 문제가 발생합니다.

메타 문자 '.'는 어떤 문자에든 대응되므로, 많은 경우 더 명확하게 정의된 문자 클래스를 사용하는 것이 이런 잘못된 "과한 대응"을 막을 수 있습니다. 앞서 살펴본 경계를 포함하는 메타 문자를 활용하는 것이 좋습니다.

```
re.findall(ssn_re, 'My SSN is 382-34-3842 and hers is 382-34-3333.')
```

['382-34-3842', '382-34-3333']

몇몇 플랫폼에서는 탐욕적 매칭이 아니라 가장 짧은 문자열을 반환하는 게으른 매칭(lazy matching)을 사용할 수 있습니다.

문자열 결합과 수량자는 정규표현식의 두 가지 핵심 개념입니다. 이어서 다른 두 가지 핵심 개념인 교대와 군집화에 대해서 설명하도록 하겠습니다.

13.3.3. 특성 생성을 위한 교대와 군집화

문자 클래스를 사용해서 단일 문자열에서 여러 옵션을 사용해서 패턴 내응을 할 수 있습니다. 교대 방식을 사용하면 문자열 군집에서 여러 옵션을 사용해서 패턴 대응을 할 수 있습니다. 예를 들어, 9장에서 살펴본 식품 안전성 예제에서 위반 항목에 몸의 일부와 관련된 hand, nail, hair, glove 같은 문자열이 들어간 경우 체크를 했었습니다. 정규식에서 | 문자를 사용해서 이 교대를 진행할 수 있습니다.

```
body_re = r"hand|nail|hair|glove"
re.findall(body_re, "unclean hands or improper use of gloves")
```

```
['hand', 'glove']
```

```
re.findall(body_re, "Unsanitary employee garments hair or nails")
```

```
['hair', 'nail']
```

패턴의 일부에 괄호를 적용하는 경우를 정규식 군집이라고 합니다. 예를 들어, 정규식 군집을 사용해서 웹 서버 로그 도입부에서 일, 월, 연도, 시간을 가져올 수 있습니다.

```
# 이 패턴은 전체 타임스탬프에 대응됩니다.
time_re = r"\[[0-9]{2}/[a-zA-z]{3}/[0-9]{4}:[0-9:\- ]*\]"
re.findall(time_re, log_entry)
```

```
['[26/Jan/2004:10:47:58 -0800]']
# 동일한 정규식이지만, 정규식 그룹을 만들어보았습니다.
time_re = r"\[([0-9]{2})/([a-zA-z]{3})/([0-9]{4}):([0-9:\- ]*)\]"
# findall()을 사용해서 대응된 값을 각 그룹으로 구분해 줍니다.
re.findall(time_re, log_entry)
[('26', 'Jan', '2004', '10:47:58 -0800')]
```

이와 같이, re.findall은 웹 로그에서 날짜 및 시간에 대한 개별 요소를 가진 튜플의 리스트를 반환합니다.

지금까지 많은 개념에 대해서 설명했으니, 이제는 이를 쉽게 참고할 수 있도록 표로 정리해 보도록 하겠습니다.

13.3.4. 참고 표

13.3에서 소개한 내용을 표로 만들어서 동작 순서, 메타 문자, 문자 클래스의 약어를 요약해 보겠습니다. 또한 여기에서 다루었던 파이썬의 re 라이브러리의 유용한 몇 가지 메서드

역시 표로 제공하겠습니다.

정규 표현식의 4가지 기본적인 연산인 결합, 수량화, 교대, 군집화는 선행 순서가 있습니다. 이는 표 13-5와 같습니다.

〈표 13-5〉

연산	순서	예	대응값
결합	3	cat	cat
교대	4	cat | mouse	cat, mouse
수량화	2	cat?	ca, cat
군집화	1	c(at)?	c, cat

표 13-6에는 이 장에서 설명한 것과 그 외 몇 가지 메타 문자가 나와 있습니다. "대응되지 않는 값" 열은 예제 정규식에 대응되지 않는 값의 문자열 예시를 들어놓은 것입니다.

〈표 13-6〉 메타 문자

문자	설명	예제	대응값	대응되지 않는 값
.	\n을 제외한 모든 문자	...	abc	ab
[]	대괄호 안의 모든 문자	[cb.]ar	car .ar	jar
[^]	대괄호 안의 문자를 제외한 문자들	[^b]ar	car par	bar ar
*	이전 기호에 대해 ≥ 0 이상의 개수, {0,}의 축약형	[pb]*ark	bbark bark	dark
+	이전 기호에 대해 ≥ 1 이상의 개수, {1,}의 축약형	[pb]+ark	bbpark bark	dark ark
?	이전 기호에 대해 0, 1개, {0, 1}의 축약형	s?he	she he	the
{n}	이전 기호가 정확히 n개일 때	hello{3}	helloooo	hello
|	막대 이전이나 이후 패턴	we[ui]s	we us is	es e s
\	다음 문자의 메타적 특성 무시	\[hi\]	[hi]	hi

^	줄 시작	^ark	ark two	dark
$	줄의 끝	ark$	noahs ark	noahs arks
\b	문자 경계	ark\b	ark of noah	noahs arks

추가로, 표 13-7에서는 몇 가지 공통으로 사용되는 문자 집합의 축약형을 설명합니다. 이 축약형은 [ ]가 필요 없습니다.

〈표 13-7〉 문자 클래스 축약형

설명	[ ] 로 나타낸 형태	축약형
알파벳 문자	[a-zA-Z0-9_]	\w
알파벳 문자 제외[5]	[^a-zA-Z0-9_]	\W
숫자	[0-9]	\d
숫자 제외	[^0-9]	\D
공백	[\t\n\f\r\p{Z}]	\s
공백 제외	[^\t\n\f\r\p{z}]	\S

이 장에서는 re의 메서드를 사용했습니다. 메서드의 이름은 실행하는 기능을 그대로 나타냅니다. 문자열을 검색(search)하거나 대응(match)시킨다거나, 문자열의 패턴의 모든 (all) 경우를 찾아낸다(find)거나, 패턴에 대응되는 모든 경우를 대체(substitute)한다거나, 패턴에 따라 문자열을 나눕니다(split). 각각의 메서드에서는 패턴과 문자열이 있어야 하고, 경우에 따라 추가 인자를 넣기도 합니다. 표 13-8에서 각 메서드의 사용 형식 및 결괏값을 설명합니다.

〈표 13-8〉 정규표현식 메서드

메서드	반환값
re.search(pattern, string)	string의 어디에든 pattern이 나타나는 경우 이에 대응하는 값을 반환하고, 없는 경우 None을 반환함

---

[5] [역주] 한글의 경우 [ㄱ-ㅎ가-힣]같은 정규식으로 대응시킬 수 있으며, 이 경우 알파벳 및 숫자가 아니므로 \W로 축약해서 사용할 수 있습니다.

re.match(pattern, string)	string의 처음에 pattern이 나타나는 경우 이에 대응하는 값을 반환하고, 없는 경우 None을 반환함
re.findall(pattern, string)	string에서 pattern과 대응되는 모든 경우의 목록
re.sub(pattern, replacement, string)	string에서 pattern에 대응하는 모든 경우 replacement로 대치됨
re.split(pattern, string)	string에서 pattern이 나타나는 모든 구간을 잘라서 그 목록을 반환함

앞서, pandas Series 객체에서 .str 속성은 파이썬의 문자열 메서드를 사용해서 문자열을 수정할 수 있도록 해줍니다. 또한, .str 속성은 re 모듈의 함수도 편하게 사용할 수 있도록 지원합니다. 표 13-9는 표 13-8의 re 모듈의 기능과 유사한 pandas의 내용입니다. 각각을 사용할 때는 패턴을 넣어야 합니다. 문자열 메서드의 전체 목록은 pandas의 공식 문서[6]를 참고하기 바랍니다.

〈표 13-9〉 pandas의 정규식 사용

메서드	반환값
str.contains(pattern, regex=True)	pattern이 나타나는지 여부에 대한 불리언값
str.findall(pattern, regex=True)	pattern에 대응하는 모든 값의 목록
str.replace(pattern, replacement, regex=True)	pattern에 대응하는 모든 값이 replacement로 대체된 Series
str.split(pattern, regex=True)	pattern이 나타나는 모든 구간을 자른 목록의 Series

정규식은 강력한 도구이지만, 읽기 및 디버깅이 어렵기로 유명합니다. 그러므로 이 부분은 정규식 사용에 대한 몇 가지 조언으로 마무리하겠습니다.

- 간단한 시범 문자열에 대해 정규식을 개발하여 패턴이 일치하는 항목을 확인하세요.
- 패턴이 아무것도 일치하지 않으면 패턴의 일부를 삭제하여 패턴을 더 어렵게 만들어 보세요. 그런 다음 이를 점점 더 강화해 가며 일치하는 패턴이 어떻게 변화하는지 확인하세요(이때 온라인 정규식 검사 도구가 매우 유용할 수 있습니다).
- 패턴은 현재 데이터에 필요한 정도만 구체적으로 만드세요.

6 https://oreil.ly/aHJRz

- 특히 패턴에 백슬래시(\)가 포함된 경우에는 가능한 한 원시 문자열을 사용해 패턴을 더 깔끔하게 만드세요.
- 긴 문자열이 많은 경우에는 컴파일된 패턴을 사용하는 것이 더 빠를 수 있으므로 이를 사용하는 것이 좋습니다(re 라이브러리의 compile() 참조).

다음에서는 텍스트 분석 예제를 수행합니다. 정규식과 문자열 조작을 사용해 데이터를 정리하고, 텍스트를 정량적 데이터로 변환하고, 이렇게 도출된 정량 데이터를 사용해서 텍스트를 분석합니다.

13.4. 텍스트 분석

지금까지 파이썬 메서드와 정규식을 사용해서 짧은 텍스트 열과 문자열을 정리했습니다. 여기서는 자유 형식의 텍스트를 정량적 표현으로 변환하여 의미 있는 패턴과 인사이트를 발견하는 텍스트 마이닝이라는 기술을 사용해 전체 문서를 분석하겠습니다.

텍스트 마이닝은 심도 있는 주제입니다. 그러므로 개괄적인 설명 대신 1790년부터 2022년까지의 연두교서 연설을 분석한 사례를 통해 몇 가지 핵심 개념을 소개해 보도록 하겠습니다. 매년 미국 대통령은 의회에서 연두교서를 발표합니다. 이 연설에서는 국가의 현안에 대해 이야기하고 의회가 고려해야 할 사항을 제안합니다. 미국 대통령 프로젝트[7]에서 이 연설문을 온라인으로 제공하고 있습니다.

먼저 모든 연설이 담긴 파일을 열어 보겠습니다.

```
from pathlib import Path

text = Path('data/stateoftheunion1790-2022.txt').read_text()
```

이 장 초반에, 이 데이터의 각 연설은 세 개의 별표인 ***로 시작한다는 것을 확인할 수 있습니다. 정규식을 사용해서 이 데이터에서 문자열 ***이 몇 번 나오는지를 확인할 수 있습니다.

---

[7] https:// oreil.ly/JbpO4

```python
import re
num_speeches = len(re.findall(r"\|\*\*\*", text))
print(f'There are {num_speeches} speeches total')
```

```
There are 232 speeches total
```

텍스트 분석에서, 문서(document)는 분석할 단일 텍스트를 말합니다. 여기서, 각 연설이 문서가 됩니다. 이에 맞게 text 변수를 각 문서로 나눕니다.

```python
records = text.split("***")
```

그리고 각 연설을 데이터 프레임에 넣습니다.

```python
def extract_parts(speech):
    speech = speech.strip().split('\n')[1:]
    [name, date, *lines] = speech
    body = '\n'.join(lines).strip()
    return [name, date, body]


def read_speeches():
    return pd.DataFrame(
        [extract_parts(l) for l in records[1:]],
        columns = ["name", "date", "text"])

df = read_speeches()
df
```

	name	date	text
0	George Washington	January 8, 1790	Fellow-Citizens of the Senate and House of Rep...
1	George Washington	December 8, 1790	Fellow-Citizens of the Senate and House of Rep...

2	George Washington	October 25, 1791 ...	Fellow-Citizens of the Senate and House of Rep...
...	...	...	...
229	Donald J. Trump	February 4, 2020	Thank you very much. Thank you. Thank you very...
230	Joseph R. Biden, Jr.	April 28, 2021	Thank you. Thank you. Thank you. Good to be ba...
231	Joseph R. Biden, Jr.	March 1, 2022	Madam Speaker, Madam Vice President, our First...

232 rows × 3 columns

이제 데이터 프레임에 연설문을 읽어 들였고, 이 연설문을 변환하여 시간이 지남에 따라 연설이 어떻게 변화했는지 확인하려고 합니다. 기본적으로 진행할 방법은 연설문에 포함된 단어를 살펴보는 것입니다. 두 연설문에 매우 다른 단어들이 포함되어 있다면 분석을 통해 이를 알 수 있을 것입니다. 일종의 문서 유사성 척도를 사용하면 연설문이 서로 어떻게 다른지 확인할 수 있습니다.

다만 이 문서를 처리하려면 해결해야 할 문제가 몇 가지 있습니다.

- 대문자는 중요하지 않아야 합니다: Citizens와 citizens는 같은 단어로 간주되어야 합니다. 이 문제는 텍스트를 모두 소문자로 변경함으로써 해결할 수 있습니다.

- 텍스트에 말하지 않은 내용이 들어있습니다: 청중이 웃은 부분을 명시하는 [laughter]의 경우, 연설의 일부로 간주해서는 안 됩니다. 이 문제는 \[[^\]]+\] 정규식을 사용하여 괄호 안의 텍스트를 제거함으로써 해결할 수 있습니다. \[및 \]는 문자 그대로 왼쪽 및 오른쪽 괄호와 일치하고 [^\]]는 오른쪽 괄호가 아닌 모든 문자와 일치한다는 점을 기억하세요.

- 문자나 공백이 아닌 문자를 제거해야 합니다: 재정에 대해 이야기하는 연설이 있는데, 이 경우 달러 금액은 단어에 포함되지 않아야 합니다. 이러한 문자를 제거하기 위해 정규식 [^a-z\s]를 사용할 수 있습니다. 이 정규식은 소문자(a-z) 또는 공백 문자(\s)가 아닌 모든 문자와 일치합니다.

```python
def clean_text(df):
    bracket_re = re.compile(r'\[[^\]]+\]')
    not_a_word_re = re.compile(r'[^a-z\s]')
    cleaned = (df['text'].str.lower()
               .str.replace(bracket_re, '', regex=True)
               .str.replace(not_a_word_re, ' ', regex=True))
    return df.assign(text=cleaned)

df = (read_speeches()
      .pipe(clean_text))
df
```

	name	date	text
0	George Washington	January 8, 1790	fellow citizens of the senate and house of rep...
1	George Washington	December 8, 1790	fellow citizens of the senate and house of rep...
2	George Washington	October 25, 1791 ...	fellow citizens of the senate and house of rep...
...	...	...	...
229	Donald J. Trump	February 4, 2020	thank you very much. thank you thank you very...
230	Joseph R. Biden, Jr.	April 28, 2021	thank you thank you thank you good to be ba...
231	Joseph R. Biden, Jr.	March 1, 2022	madam speaker madam vice president our first...

232 rows × 3 columns

다음으로 좀 더 복잡한 문제를 살펴봅니다.

- is, and, the, but와 같은 무의미한 단어(Stop words)가 너무 자주 등장하여 삭제하고 싶습니다.
- argue와 arguing은 텍스트에서 서로 다르게 나타나더라도 같은 단어로 간주해야 합니다. 이 문제를 해결하기 위해 두 단어를 모두 argu로 변환하는 식으로 단어 어간 추출(word stemming)을 사용합니다.

이러한 문제를 처리할 때는 nltk 라이브러리[8]에 내장된 메서드를 사용할 수 있습니다. 마지막으로 연설을 단어 벡터로 변환합니다. 단어 벡터는 숫자 벡터를 사용하여 문서를 나타냅니다. 예를 들어, 그림 13-2에 표시된 것처럼 한 가지 기본 유형의 단어 벡터는 텍스트에 각 단어가 몇 번이나 나타나는지 횟수를 세어 표현한 값을 나타냅니다.

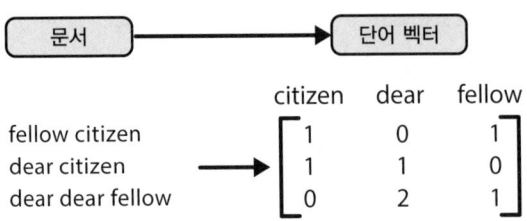

〈그림 13-2〉 세 단어로 이루어진 작은 문서의 백 오브 워드 벡터

이 간단한 변환을 백 오브 워드(bag-of-word)라고 하며, 이를 모든 연설에 적용합니다. 그런 다음 용어 빈도-역 문서 빈도(term frequency-inverse document frequency, tf-idf)를 계산하여 개수를 정규화하고 단어의 희귀한 정도를 측정합니다. tf-idf는 소수의 문서에만 나타나는 단어에 더 많은 가중치를 부여합니다. 예를 들어 제재(sanction)라는 단어를 언급하는 문서가 소수에 불과하다면 이 단어는 문서를 서로 구별하는 데 더욱 유용하다는 것입니다. scikit-learn 라이브러리[9]에는 변환에 대한 전체 설명 및 이 내용을 구현한 것이 있으므로, 여기서는 이를 사용합니다.

이러한 변환을 적용하면 2차원 배열인 speech_vectors가 생깁니다. 이 배열의 각 행은 하나의 연설을 벡터로 변환한 것입니다.

```
import nltk
nltk.download('stopwords')
nltk.download('punkt')

from nltk.stem.porter import PorterStemmer
from sklearn.feature_extraction.text import TfidfVectorizer
```

---

8 https://www.nltk.org

9 https://oreil.ly/3A6a5

```
stop_words = set(nltk.corpus.stopwords.words('english'))
porter_stemmer = PorterStemmer()

def stemming_tokenizer(document):
    return [porter_stemmer.stem(word)
            for word in nltk.word_tokenize(document)
            if word not in stop_words]

tfidf = TfidfVectorizer(tokenizer=stemming_tokenizer)
speech_vectors = tfidf.fit_transform(df['text'])

speech_vectors.shape
```

(232, 13211)

이 배열에는 232개의 연설이 있으며, 각 연설은 길이 13,211개의 벡터로 변환되었습니다. 이 연설을 시각화하기 위해 주성분 분석이라는 기술을 사용해서 13,211개의 특성에 대한 데이터 테이블을 서로 직교하는 새로운 특성 집합으로 나타냅니다. 첫 번째 벡터는 원래 특성의 최대 변동을, 두 번째 벡터는 첫 번째와 직교하는 최대 분산을 설명하는 식으로 표현합니다. 처음 두 구성 요소는 한 쌍의 점으로 나타낼 수 있으며 대개 군집과 이상치를 나타냅니다.

다음으로 처음 두 개의 주성분을 그래프로 나타냅니다. 각 점은 하나의 연설이며, 연설의 연도에 따라 색상을 지정했습니다. 서로 가까운 점은 비슷한 연설을 나타내고, 서로 멀리 떨어진 점은 많이 다른 연설을 나타냅니다.

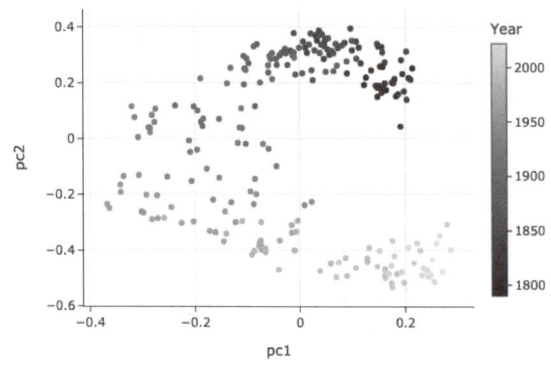

〈그림 13-3〉 연설 그래프

1800년대의 연설은 2000년 이후의 연설과 매우 다른 단어를 사용하는 등, 시간이 지남에 따라 연설에 분명한 차이가 있음을 알 수 있습니다. 또한 연설이 동일한 기간에 밀집되어 있다는 점도 흥미롭습니다. 이는 연설자가 다른 정당 소속이라고 하더라도 동기간의 연설이 상대적으로 비슷하게 들린다는 것을 시사합니다.

여기서는 텍스트 분석에 대해 간략하게 소개했습니다. 앞서 텍스트 조작 도구를 사용해 대통령 연설문을 정리했습니다. 그런 다음 어간 추출, tf-idf 변환, 주성분 분석과 같은 고급 기법을 사용하여 연설문을 비교했습니다. 이 책에서 이러한 모든 기법을 자세히 다루기에는 지면이 부족하지만, 이 내용이 텍스트 분석의 흥미진진한 세계에 대해 관심을 불러일으켰기를 바랍니다.

13.5. 정리

이 장에서는 문자열 처리, 정규식, 문서 분석 등 텍스트 작업을 위한 데이터를 정제 및 분석 기술을 소개했습니다. 텍스트 데이터에는 사람들이 어떻게 생활하고, 일하고, 생각하는지에 대한 풍부한 정보가 담겨 있습니다. 하지만 이 데이터는 컴퓨터가 처리하기 어려운 형식이기도 합니다. 사람들이 동일한 단어의 철자를 사용하는 것처럼 이를 정규화하는 작업이 필요합니다. 이 장의 기술을 통해 오타를 수정하고, 로그에서 특성을 추출하고, 문서를 비교할 수 있습니다.

다음의 경우에는 정규식을 사용하는 것을 권장하지 않습니다.

- JSON 또는 HTML과 같은 계층 구조 구문 분석. 이때는 전용 파서(parser)를 사용합니다.
- 회문[10] 및 균형 잡힌 괄호와 같은 복잡한 속성 검색
- 유효한 이메일 주소와 같은 복잡한 기능의 유효성 검사

정규식은 강력하긴 하지만 이러한 유형의 작업에는 오류 가능성이 높습니다. 하지만 저희의 경험에 따르면, 기본적인 텍스트 조작만으로도 온갖 종류의 흥미로운 분석을 할 수 있습니다.

정규식에 대해 마지막으로 한 가지 주의할 점은 계산 비용이 많이 들 수 있다는 점입니다. 간결하고 명확한 표현식과 서비스 운영 코드에 넣을 경우 발생하는 성능 오버헤드를 고려해야 합니다.

다음 장에서는 바이너리 형식의 데이터, 고도로 구조화된 JSON 및 HTML 텍스트와 같은 또 다른 종류의 데이터에 대해 살펴봅니다. 이러한 데이터를 데이터 프레임 및 기타 파이썬 데이터 구조로 읽어오는 방법에 중점을 둘 것입니다.

---

10 [역주] "토마토"나 "기러기"처럼 거꾸로 읽어도 똑같은 단어

14장
데이터 교환

데이터는 다양한 형식으로 저장하고 교환할 수 있습니다. 지금까지는 일반 텍스트 형태에 구분된 고정 너비 형식(8장)에 중점을 두었습니다. 이 장에서는 시야를 조금 더 넓혀서 몇 가지 다른 인기 있는 형식을 소개하겠습니다. CSV, TSV, FWF 파일은 데이터를 데이터 프레임으로 구성하는 데 유용하지만, 다른 파일 형식은 공간을 절약하거나 더 복잡한 데이터 구조를 나타낼 수 있습니다. 바이너리 파일(바이너리는 일반 텍스트가 아닌 형태를 나타내는 용어입니다)은 일반 텍스트 데이터 소스보다 더 경제적일 수 있습니다. 예를 들어, 이 장에서 대량의 과학 데이터를 교환하는 데 널리 사용되는 바이너리 형식인 NetCDF를 소개합니다. JSON 및 XML과 같은 일반 텍스트 형식은 복잡한 데이터 구조를 더 일반적이고 유용한 방식으로 데이터를 구성할 수 있습니다. XML과 가까운 사촌 격인 HTML 웹 페이지에도 스크랩하고 모양을 변형하면 분석에 유용한 정보가 포함되어 있는 경우가 많습니다.

이 장에서는 이러한 인기 있는 형식을 소개하고, 그 구성에 대한 멘탈 모델을 설명하며, 예제를 제시합니다. 이 외에도, 온라인에서 데이터를 수집하는 프로그래밍에 대해서도 다룹니다. 인터넷이 생기기 전에는 데이터 과학자들이 서로 데이터를 공유하기 위해 디스크를 물리적으로 들고 다녀야 했습니다. 이제 우리는 전 세계의 컴퓨터에서 데이터를 자유롭게 검색할 수 있습니다. 그래서 이 장에서는 웹의 기본 통신 프로토콜인 HTTP와 데이터를 전송하는 아키텍처인 REST도 소개합니다. 이러한 웹 기술에 대해 조금만 알아두면 데이터 소스로서 웹을 더 잘 활용할 수 있습니다.

지금까지 데이터로 전처리, 탐색 및 모델링에 사용되는 재현 가능한 코드 예시를 제시했습니다. 이 장에서는 온라인에서 사용할 수 있는 데이터를 수집하는 방법을 다룹니다.

먼저 NetCDF에 대한 설명으로 시작하여 JSON에 대해 설명하겠습니다. 그런 다음 데이터 교환을 위한 웹 프로토콜에 대한 개요를 살펴본 후, 이러한 유형의 파일에서 내용을 추출하는 도구인 XML, HTML 및 XPath를 소개하는 것으로 이 장을 마무리하겠습니다.

14.1. NetCDF 데이터

네트워크 공통 데이터 형식(NetCDF)[11]은 배열 중심의 과학 데이터를 저장하기 위한 편리하고 효율적인 형식입니다. 이 형식의 멘탈 모델은 값을 다차원 격자에 저장한 변수 형태입니다. 그림 14-1의 다이어그램은 이 개념을 보여줍니다. 강우량과 같은 변수는 전 세계 곳곳에서 매일 기록됩니다. 이러한 강우량 값을 한 면에는 경도, 다른 면에는 위도, 3차원의 다른 면에는 날짜가 표시된 육면체 안에 배열한 형태를 상상해 봅니다. 육면체의 각 칸에는 특정 위치에서 하루 동안 기록된 강우량이 들어 있습니다. NetCDF 파일에는 메타데이터라고 하는 육면체의 차원에 대한 정보도 포함되어 있습니다. 동일한 정보가 데이터 프레임에서 완전히 다르게 구성될 수 있습니다. 각 강우량 측정치에 대해 위도, 경도, 날짜에 대한 세 가지 특성이 필요합니다. 이는 많은 데이터가 반복된다는 것을 뜻합니다. NetCDF 파일을 사용하면 각 날짜의 위도 및 경도 값이나 각 위치의 날짜를 반복할 필요가 없습니다.

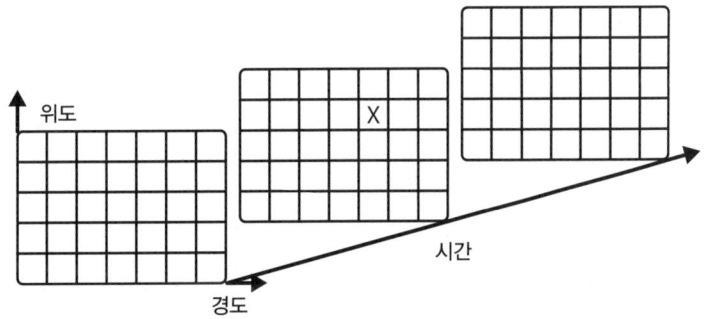

〈그림 14-1〉 이 다이어그램은 NetCDF 데이터 모델을 나타낸 것입니다.
데이터는 모든 위치의 시간(위도, 경도, 시간)에 따른
강우량의 기록을 포함하는 3차원 배열 형태로 구성됩니다.

---

11 https://oreil.ly/_qZGj

NetCDF는 더 작아진 것 외에도 몇 가지 장점이 있습니다.

- 확장성

  데이터의 부분집합에 효율적으로 접근할 수 있습니다.

- 추가 가능성

  구조를 재정의하지 않고도 새 데이터를 쉽게 추가할 수 있습니다.

- 공유 가능성

  코딩 언어 및 운영 체제와 무관한 공통 형식입니다.

- 자체 설명 가능성

  소스 파일에는 데이터의 구조 및 데이터 자체에 대한 설명이 모두 포함되어 있습니다.

- 커뮤니티

  이 도구는 사용자 커뮤니티를 통해 제공됩니다.

> **설명**
>
>
> NetCDF 형식은 바이너리 데이터의 한 예로, CSV와 같은 텍스트 형식과 달리 vim이나 Visual Studio Code 같은 텍스트 편집기로 직접 읽을 수 없는 데이터입니다. 이 밖에도 SQLite 데이터베이스(7장의 내용), Feather, Apache Arrow 등 다양한 바이너리 데이터 형식이 있습니다. 바이너리 데이터 형식은 데이터 세트가 저장되는 방식에 유연성을 제공하지만, 일반적으로 이를 열고 읽기 위해서는 특별한 도구가 필요합니다.

NetCDF 변수는 3차원에만 국한되지 않습니다. 예를 들어, 지구과학용 프로그램에서 고도를 추가하여 시간, 위도, 경도, 고도의 기온을 기록할 수 있습니다. 그리고 수치가 반드시 물리적으로 실재하는 값과 일치할 필요는 없습니다. 기후 과학자들은 종종 여러 모델을 실행하고 모델 번호를 모델 결과와 함께 차원에 저장합니다. NetCDF는 원래 미국 대기 연구 대학(UCAR)의 대기 과학자들을 위해 개발되었지만, 이 형식이 인기를 얻으면서 현재 전 세계 수천 개의 교육, 연구 및 정부 기관에서 사용되고 있습니다. 또한 스미소니언(Smithsonian) 및 NASA 천체물리학 데이터 시스템(Astrophysics Data System,

ADS)[12]의 천문학 및 물리학, 의료 이미지 NetCDF(Medical Image NetCDF, MINC)[13]의 의료 영상 등에서 NetCDF 형식을 사용하고 있습니다.

NetCDF 파일에는 차원, 변수, 다양한 종류의 메타데이터라는 세 가지 기본 구성 요소가 있습니다. 변수는 강우량 기록과 같이 우리가 데이터라고 생각하는 값을 가집니다. 각 변수에는 이름, 저장 유형, 차원 수를 의미하는 형태가 있습니다. 차원 구성 요소는 각 차원의 이름과 2차원 구간 수를 제공합니다. 추가 정보는 좌표로 제공됩니다. 예를 들어 경도의 경우 0.0, 0.25, 0.50, …, 359.75와 같이 측정이 이루어진 지점에 대한 값이 제공됩니다. 메타데이터에는 속성이 있습니다. 변수에 대한 속성은 변수에 대한 보조적인 정보를 포함하기도 하며, 다른 속성으로는 데이터 집합을 게시한 사람, 연락처 정보, 데이터 사용 권한 등 파일에 대한 전역 정보가 있습니다. 이러한 광역 정보를 사용하여 재현 가능한 결과를 보장할 수 있습니다.

다음 예에서는 특정 NetCDF 파일의 구성 요소를 살펴보고 변수에서 데이터의 일부를 추출하는 방법을 확인합니다.

기후 데이터 스토어[14]에는 다양한 기후 부서에서 제공하는 데이터가 있습니다. 이 사이트에 들어가서 2022년 12월 2주 동안의 기온과 총 강수량 측정치를 가져왔습니다. 이 데이터를 간단히 살펴보고 파일의 구성 요소를 살펴보면서 데이터 일부를 추출하는 방법, 시각화를 만드는 방법을 알아보도록 하겠습니다.

데이터는 NetCDF 파일 CDS_ERA5_22-12.nc에 들어있습니다. 먼저 파일의 크기가 얼마나 되는지 확인해 보겠습니다.

```
from pathlib import Path
import os

file_path = Path() / 'data' / 'CDS_ERA5_22-12.nc'
```

---

12 https://oreil.ly/kg9kV
13 https://oreil.ly/6t3gJ
14 https://oreil.ly/NAhRW

```
kib = 1024
size = os.path.getsize(file_path)
np.round(size / kib**3)
```

```
2.0
```

2주 동안의 데이터에서 변수는 3개(총 강수량, 강우량, 기온)에 불과하지만 파일 크기는 2GB에 달합니다! 이러한 기후 데이터는 종종 꽤 크기가 큰 경우가 있습니다.

xarray 패키지는 배열과 같은 데이터, 특히 NetCDF로 작업할 때 유용합니다. 이 기능을 사용하여 기후 파일의 구성 요소를 탐색해 보겠습니다. 먼저 파일을 엽니다.

```
import xarray as xr

ds = xr.open_dataset(file_path)
```

그럼 파일의 차원을 알아봅시다.

```
ds.dims
```

```
Frozen(SortedKeysDict({'longitude': 1440, 'latitude': 721, 'time': 408}))
```

그림 14-1에서와 같이 파일에는 경도, 위도, 시간의 세 가지 차원이 있습니다. 각 차원의 크기를 보면 데이터 값이 들어있는 셀이 400,000개(1440×721×408)가 넘는다는 것을 알 수 있습니다. 이러한 데이터가 데이터 프레임에 있다면 위도, 경도, 시간 열이 반복되는 400,000개의 행이 있을 것입니다! 하지만 여기서는 좌표가 해당 값을 한 번만 제공하면 됩니다.

```
ds.coords
```

```
Coordinates:
  * longitude  (longitude) float32 0.0 0.25 0.5 0.75 ... 359.0 359.2 359.5 359.8
  * latitude   (latitude) float32 90.0 89.75 89.5 89.25 ... -89.5 -89.75 -90.0
  * time       (time) datetime64[ns] 2022-12-15 ... 2022-12-31T23:00:00
```

파일의 각 변수는 3차원입니다. 실제로, 변수가 이 3차원을 모두 사용할 필요는 없으나, 이 예제에서는 사용합니다.

```
ds.data_vars
```

```
Data variables:
    t2m      (time, latitude, longitude) float32 ...
    lsrr     (time, latitude, longitude) float32 ...
    tp       (time, latitude, longitude) float32 ...
```

변수의 메타데이터에는 단위와 상세 설명이 들어있어, 데이터를 가져올 때 원본에서 관련 정보를 얻을 수 있습니다.

```
ds.tp.attrs
```

```
{'units': 'm', 'long_name': 'Total precipitation'}
```

```
ds.attrs
```

```
{'Conventions': 'CF-1.6',
 'history': '2023-01-19 19:54:37 GMT by grib_to_netcdf-2.25.1: /opt/ecmwf/mars-
    client/bin/grib_to_netcdf.bin -S param -o /cache/data6/
    adaptor.mars.internal-1674158060.3800251-17201-13-c46a8ac2-f1b6-4b57-
    a14e-801c001f7b2b.nc /cache/tmp/c46a8ac2-f1b6-4b57-a14e-801c001f7b2b-
       Adaptor.mars.internal-1674158033.856014-17201-20-tmp.grib'}
```

모든 정보를 원본 파일 자체에 보관하면 정보를 따로 설명하거나 복사할 필요 없이 항상 최신 상태로 유지할 수 있어 정보 손실이나 동기화 오류를 방지할 수 있습니다.

pandas와 마찬가지로, xarray에서도 사용할 데이터의 일부를 다양한 방법으로 가져올 수 있습니다. 여기서는 두 가지 방법을 소개합니다. 우선 하나의 특정 지역을 고른 후 이 지역의 시간에 따른 전체 강수량을 선 그래프로 시각화해 보겠습니다.

```python
plt.figure()
(ds.sel(latitude=37.75, longitude=237.5).tp * 100).plot(figsize=(8,3))
plt.xlabel(' ')
plt.ylabel('Total precipitation (cm)')
plt.show();
```

```
<Figure size 288x216 with 0 Axes>
```

다음으로는 2022년 12월 31일 오후 1시라는 한 시점을 고르고, 이 시점의 미국의 각 위도와 경도에 대해 온도 지도를 그려보겠습니다.

```python
import datetime
one_day = datetime.datetime(2022, 12, 31, 13, 0, 0)

min_lon, min_lat, max_lon, max_lat = 232, 21, 300, 50

mask_lon = (ds.longitude > min_lon) & (ds.longitude < max_lon)
mask_lat = (ds.latitude > min_lat) & (ds.latitude < max_lat)

ds_oneday_us = ds.sel(time=one_day).t2m.where(
                mask_lon & mask_lat, drop=True)
```

데이터 프레임에서의 loc처럼, sel은 새 DataArray를 반환합니다. 이 객체의 데이터는 특정 차원에 따른 인덱스 라벨로 구분되는데, 이 예제에서는 날짜가 차원이 됩니다. 또한

np.where과 마찬가지로, xr.where을 사용하면 논리값에 따른 값을 찾을 수 있습니다. 데이터의 크기를 줄이려면 drop=True를 사용하면 됩니다.

색으로 온도를 나타내는 온도의 단계 구분도를 만들어 봅시다.

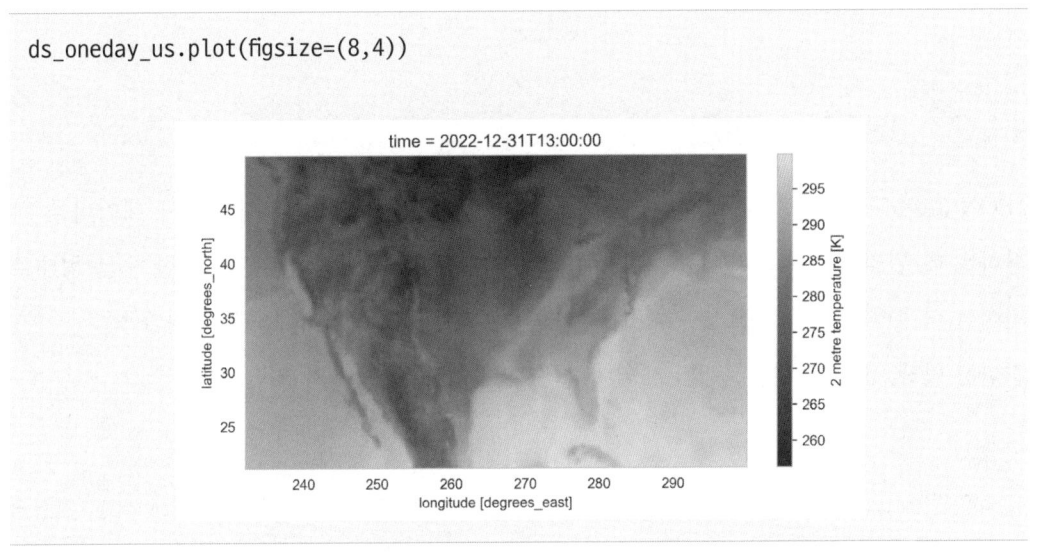

이 지도에서는 미국과 따뜻한 카리브해와 추운 산맥의 모양을 확인할 수 있습니다.

그럼 이 데이터 파일을 닫는 것으로 이 예제를 마무리하겠습니다.

```
ds.close()
```

지금까지 NetCDF의 기본 개념을 다루는 정도로 간단히 소개를 했습니다. 여기서의 주요 목표는 기존에 다룬 것들과 다른 종류의 데이터 형식이 존재하며 데이터 프레임으로 읽는 일반 텍스트와 다른 장점이 있다는 것을 보여드리는 것입니다. 이에 대해 더 알아보고자 하는 독자를 위해 설명하자면, NetCDF에는 풍부한 패키지와 기능의 에코시스템이 있습니다. 예를 들어, xarray 모듈 외에도 netCDF4[15] 및 gdal[16]과 같은 다른 파이썬 모듈로 NetCDF 파일을 읽을 수 있습니다. NetCDF 커뮤니티에서는 NetCDF 데이터를 다룰 수 있는 커맨드 라인 도구도 제공하고 있습니다. 시각화 및 지도를 만들기 위한 옵션으로는

---

[15] https://oreil.ly/UlX_k

[16] https://oreil.ly/fKeQh

matplotlib, netCDF4를 기반으로 구축된 iris[17], cartopy[18] 등이 있습니다.
다음으로 CSV 및 FWF 형식보다 계층적 데이터를 더 유연하게 표현할 수 있는 JSON 형식에 대해서 알아보겠습니다.

14.2. JSON 데이터

JSON(JavaScript Object Notation, 자바스크립트 객체 표기법)은 웹에서 데이터를 교환하는 데 널리 사용되는 형식입니다. 이 일반 텍스트 형식은 간단하고 유연한 구문 형태로 파이썬 딕셔너리 객체와 잘 맞으며, 기계가 파싱하고 사람이 읽기에도 쉽습니다.
간단히 말해, JSON에는 객체와 배열이라는 두 가지 주요 구조가 있습니다.

- 객체

  파이썬 dict와 마찬가지로 JSON 객체는 이름–값 쌍의 정렬되지 않은 컬렉션입니다. 이러한 쌍은 중괄호로 묶여 있으며, 각각은 "이름":값으로 형식이 지정되고 쉼표로 구분됩니다.

- 배열

  파이썬 list와 마찬가지로 JSON 배열은 대괄호 안에 정렬한 값을 모아둔 것으로, 값에 이름이 지정되지 않고 쉼표로 구분됩니다.

객체와 배열의 값은 서로 다른 유형일 수 있으며 중첩될 수 있습니다. 즉, 배열에 객체가 포함될 수 있고 그 반대의 경우도 마찬가지입니다. 기본 유형은 큰따옴표로 묶인 문자열, 텍스트 표현의 숫자, 참 또는 거짓과 같은 논리값, null로 제한됩니다.
다음의 짧은 JSON 파일은 이러한 모든 구문 기능을 보여줍니다.

---

[17] https://oreil.ly/ozNrl

[18] https://oreil.ly/9N7y7

```
{"lender_id":"matt",
    "loan_count":23,
    "status":[2, 1, 3],
    "sponsored": false,
    "sponsor_name": null,
    "lender_dem":{"sex":"m","age":77 }
}
```

이 객체는 6개의 이름-값 쌍을 포함합니다. 각 값은 서로 이질적으로, 문자열, 숫자, 논리, null 등 4개는 원시 값입니다. status의 값은 3개의 (정렬된)숫자 배열로 구성되며, lender_dem은 인구 통계 정보가 포함된 객체입니다.

파이썬에 내장된 json 패키지를 사용하여 JSON 파일로 작업할 수 있습니다. 예를 들어, 이 작은 파일을 파이썬의 딕셔너리로 불러올 수 있습니다.

```python
import json
from pathlib import Path

file_path = Path() / 'data' / 'js_ex' / 'ex.json'

ex_dict = json.load(open(file_path))
ex_dict
```

```
{'lender_id': 'matt',
 'loan_count': 23,
 'status': [2, 1, 3],
 'sponsored': False,
 'sponsor_name': None,
 'lender_dem': {'sex': 'm', 'age': 77}}
```

해당 형식은 대출 기록 데이터에서 자주 사용됩니다. 이 형식은 바로 데이터 프레임으로 변형할 수 없습니다. json_normalize 메서드를 사용해서 이 부분 구조화된 JSON 데이터를 일반 테이블 형태로 나타낼 수 있습니다.

```
ex_df = pd.json_normalize(ex_dict)
ex_df
```

	ender_id	loan_count	status	sponsored	sponsor_name	lender_dem.sex	lender_dem.age
0	matt	23	[2,1,3]	FALSE	None	m	77

이 1개의 행을 갖는 데이터 프레임의 세 번째 요소는 리스트인 반면, 중첩된 객체는 두 개의 열로 변환된 것을 볼 수 있습니다.

JSON의 데이터 구조화 형태는 엄청나게 유연하므로, JSON의 데이터로 데이터 프레임을 만들려면 JSON 파일에서 데이터가 어떻게 구성되는지 이해해야 합니다. 다음 예제에서는 데이터 프레임으로 쉽게 변환할 수 있는 세 가지 구조를 보여줄 것입니다.

12장의 예제에서 사용된 퍼플에어의 구역 목록은 JSON 형식이었습니다. 그 장에서는 형식에 신경 쓰지 않고 단순히 json 라이브러리의 load 메서드를 사용하여 파일 내용을 딕셔너리로 읽은 다음 데이터 프레임으로 변환했습니다. 여기에서는 일반적인 구조를 유지하면서 파일을 단순화하여 내용을 더 쉽게 살펴볼 수 있도록 합니다.

먼저 원본 파일을 살펴본 다음 데이터 프레임을 표현하는 데 사용할 수 있는 두 개의 다른 JSON 구조로 재구성합니다. 이 예제를 통해 JSON의 유연성을 확인할 수 있을 것입니다. 그림 14-2의 도표에서 세 가지 가능성을 볼 수 있습니다.

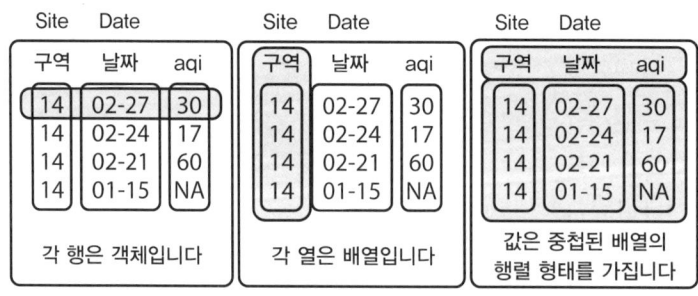

〈그림 14-2〉 JSON 형태의 파일을 데이터 프레임에 저장하는 세 가지 서로 다른 접근 방식

도표에서 가장 왼쪽의 데이터 프레임은 행으로 정렬된 방식입니다. 각 행은 이름이 붙은 값의 객체로, 이때 각 이름은 데이터 프레임의 열 이름에 대응됩니다. 이때 열은 배열에 들어 있습니다. 이 구조는 원본 파일과 일치합니다. 다음 코드에 파일 내용을 나타냈습니다.

```json
{"Header": [
    {"status": "Success",
     "request_time": "2022-12-29T01:48:30-05:00",
     "url": "https://aqs.epa.gov/data/api/dailyData/...",
     "rows": 4
    }
  ],
  "Data": [
    {"site": "0014", "date": "02-27", "aqi": 30},
    {"site": "0014", "date": "02-24", "aqi": 17},
    {"site": "0014", "date": "02-21", "aqi": 60},
    {"site": "0014", "date": "01-15", "aqi": null}
  ]
}
```

보시다시피 이 파일에는 Header와 Data라는 두 개의 원소를 가진 하나의 객체가 들어있습니다. Data 원소는 데이터 프레임의 각 열에 대항하는 원소가 들어있는 배열이고, 앞서 설명한 것처럼 각 원소는 객체입니다. 이 파일을 딕셔너리로 읽어 들인 후 이 안의 데이터를 확인해 봅시다(파일의 경로명을 찾고 내용을 출력하는 것에 대해서 더 알아보고자 한다면 8장을 참고하기 바랍니다).

```python
from pathlib import Path
import os


epa_file_path = Path('data/js_ex/epa_row.json')


data_row = json.loads(epa_file_path.read_text())

data_row
```

```
{'Header': [{'status': 'Success',
    'request_time': '2022-12-29T01:48:30-05:00',
    'url': 'https://aqs.epa.gov/data/api/dailyData/...',
    'rows': 4}],
 'Data': [{'site': '0014', 'date': '02-27', 'aqi': 30},
    {'site': '0014', 'date': '02-24', 'aqi': 17},
    {'site': '0014', 'date': '02-21', 'aqi': 60},
    {'site': '0014', 'date': '01-15', 'aqi': None}]}
```

다음과 같이 빠르게 배열을 데이터 프레임으로 변환할 수 있습니다.

```
pd.DataFrame(data_row["Data"])
```

	site	date	aqi
0	14	02-27	30
1	14	02-24	17
2	14	02-21	60
3	14	01-15	NaN

그림 14-2의 가운데의 도표는 데이터를 열로 배열하는 방식입니다. 이 경우는 열이 배열로 주어지고 열의 이름과 객체의 이름을 맞추는 형태입니다. 이 개념은 다음의 코드에서 확인할 수 있습니다.

```
epa_col_path = Path('data/js_ex/epa_col.json')
print(epa_col_path.read_text())
```

```
{"site":[ "0014", "0014", "0014", "0014"],
 "date":["02-27", "02-24", "02-21", "01-15"],
 "aqi":[30,17,60,null]}
```

pd.read_json()이 이 방식을 사용하므로, 이 메서드를 사용하면 처음에 딕셔너리로 불러올 필요 없이 바로 파일을 데이터 프레임에 넣을 수 있습니다.

```
pd.read_json(epa_col_path)
```

	site	date	aqi
0	14	02-27	30
1	14	02-24	17
2	14	02-21	60
3	14	01-15	NaN

마지막으로, 데이터를 행렬을 닮은 구조(그림의 오른쪽 도표)로 나열한 후 특성별 행 이름을 따로 가져오는 방식이 있습니다. 이때 데이터 행렬은 배열을 원소로 가지는 배열 형태로 구성됩니다.

```
{'vars': ['site', 'date', 'aqi'],
 'data': [['0014', '02-27', 30],
    ['0014', '02-24', 17],
    ['0014', '02-21', 60],
    ['0014', '01-15', None]]}
```

vars와 data를 사용하여 데이터 프레임을 만듭니다.

```
pd.DataFrame(data_mat["data"], columns=data_mat["vars"])
```

	site	date	aqi
0	14	02-27	30
1	14	02-24	17
2	14	02-21	60
3	14	01-15	NaN

이 예제를 통해 JSON의 다양한 활용성을 살펴보았습니다. 주요 요점은 JSON 파일의 구조가 다양하므로, 데이터 프레임으로 불러오기 전에 먼저 구조를 검토해야 한다는 것입니다. JSON은 웹에서 데이터를 저장할 때 일반적으로 사용되는 형식으로, 여기서 사용한 예

제는 퍼플에어 및 대출 플랫폼에서 다운로드한 파일입니다. 이 예제에서는 데이터를 수동으로 다운로드했지만, 실무에서는 대량의 데이터를 안정적이고 재현 가능하게 수집해야 할 때가 많습니다. 이러한 자동 수집을 가능하게 하는 기술이 바로 HTTP 프로토콜이며, 다음 절에서는 이를 활용해 웹에서 데이터를 자동으로 가져오는 방법을 자세히 살펴보겠습니다.

14.3. HTTP

HTTP(Hyper Text Transfer Protocol, 하이퍼 텍스트 전송 프로토콜)는 웹 자원 접근을 위한 다목적의 기반 구조입니다. 인터넷에는 엄청난 양의 데이터가 존재하며, HTTP를 통해 이러한 데이터를 확보할 수 있습니다.

인터넷을 통해 컴퓨터가 서로 통신할 수 있으며, HTTP는 이런 통신에 구조를 부여합니다. HTTP는 클라이언트가 특별한 형식의 텍스트 메시지로 서버에 요청을 제출하고 서버는 특별한 형식의 텍스트 응답을 다시 보내는 간단한 요청-응답 프로토콜입니다. 클라이언트는 웹 브라우저일 수도 있고 파이썬 세션일 수도 있습니다.

HTTP 요청은 헤더와 선택적 본문의 두 부분으로 구성됩니다. 헤더는 특정 구문 형식을 따라야 합니다. 그림 14-3에 표시된 위키피디아 페이지를 가져오기 위한 요청의 예는 다음과 같습니다.

```
GET /wiki/1500_metres_world_record_progression HTTP/1.1
Host: en.wikipedia.org
User-Agent: curl/7.65.2
Accept: */*
{blank_line}
```

첫 번째 줄에는 세 가지 정보가 포함되어 있습니다. 요청 메서드인 GET으로 시작한 후, 원하는 웹 페이지의 URL, 마지막으로 프로토콜과 버전입니다. 그 뒤에 오는 세 줄은 각각 서버에 대한 추가 정보입니다. 이 정보의 형식은 이름:값입니다. 마지막으로 빈 줄은 헤더의 끝을 표시합니다. 앞의 스니펫에서는 빈 줄을 {blank_line}으로 표시했지만, 실제 메시지에서는 빈 줄로 나타납니다.

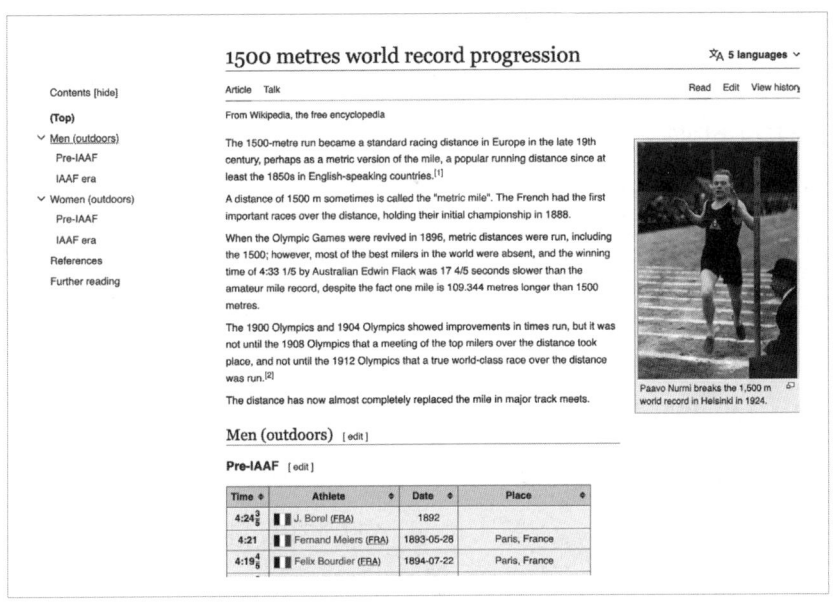

〈그림 14-3〉 1,500미터 경주 세계 기록에 대한 데이터가 있는 위키피디아 페이지

클라이언트의 컴퓨터는 인터넷을 통해 이 메시지를 위키피디아 서버로 보냅니다. 서버는 요청을 처리하고 헤더와 본문으로 구성된 응답을 보냅니다. 응답의 헤더는 다음과 같습니다.

```
< HTTP/1.1 200 OK
< date: Fri, 24 Feb 2023 00:11:49 GMT
< server: mw1369.eqiad.wmnet
< x-content-type-options: nosniff
< content-language: en
< vary: Accept-Encoding,Cookie,Authorization
< last-modified: Tue, 21 Feb 2023 15:00:46 GMT
< content-type: text/html; charset=UTF-8
...
< content-length: 153912
{blank_line}
```

첫 번째 줄은 요청이 성공적으로 완료되었음을 나타내며 상태 코드는 200입니다. 다음 줄에서는 클라이언트에 대한 추가 정보를 제공합니다. 이 헤더의 내용은 원래 더 길지만, 본문 내용이 HTML로 만들어져 있으며, UTF-8 인코딩을 사용하며, 해당 데이터의 길이가 약 153,912자라는 몇 가지 정보에만 집중하기 위해 내용을 상당히 줄였습니다. 마지막으로 헤더 끝의 빈 줄은 서버가 헤더 정보 전송을 완료했음을 클라이언트에게 알리고 이 뒤로 응답 내용의 본문이 이어집니다.

HTTP는 인터넷과 상호작용하는 거의 모든 애플리케이션에서 사용됩니다. 예를 들어 웹 브라우저에서 동일한 위키피디아 페이지를 방문하면 브라우저는 방금 표시된 것과 동일한 기본 HTTP 요청을 합니다. 응답을 받으면 그림 14-3의 스크린샷과 같이 브라우저 창에 본문이 표시됩니다.

여기서는 전체 HTTP 요청을 직접 작성하지 않습니다. 대신 request 파이썬 라이브러리 같은 도구를 사용하여 요청을 구성합니다. 다음 코드는 그림 14-3의 페이지에 대한 HTTP 요청을 구성합니다. requests.get에 URL을 전달하기만 하면 됩니다. 이름의 "get"은 GET 메서드가 사용된다는 것을 나타낸 것입니다.

```python
import requests

url_1500 = 'https://en.wikipedia.org/wiki/1500_metres_world_record_progression'

resp_1500 = requests.get(url_1500)
```

서버에서 요청 내용을 잘 받아들였는지 상태를 확인할 수 있습니다.

```python
resp_1500.status_code
```
200

객체 속성을 통해 요청과 응답을 낱낱이 확인해 볼 수도 있습니다. 예를 들어, 요청값의 헤더의 키-값 쌍을 살펴보면 다음과 같습니다.

```python
for key in resp_1500.request.headers:
    print(f'{key}: {resp_1500.request.headers[key]}')
```

```
User-Agent: python-requests/2.25.1
Accept-Encoding: gzip, deflate
Accept: */*
Connection: keep-alive
```

함수 호출 시에 어떤 헤더 정보도 명시하지 않았다고 하더라도, request.get에서 기본적인 정보를 제공합니다. 만약 특정 헤더 정보가 필요하다면, 이를 함수 호출 시에 명시할 수 있습니다.

그럼 서버로부터 받은 응답의 헤더를 살펴봅시다.

```
len(resp_1500.headers)
```

```
20
```

앞서 살펴보았던 것처럼, 응답의 헤더에는 많은 정보가 있습니다. 우선 date, content-type, content-length를 출력합니다.

```
keys = ['date', 'content-type', 'content-length' ]
for key in keys:
    print(f'{key}: {resp_1500.headers[key]}')
```

```
date: Fri, 10 Mar 2023 01:54:13 GMT
content-type: text/html; charset=UTF-8
content-length: 23064
```

마지막으로, 응답 본문의 처음 몇백 자만 출력해 보겠습니다(전체 본문을 출력하기에는 너무 깁니다).

```
resp_1500.text[:600]
```

```
'<!DOCTYPE html>\n<html class="client-nojs vector-feature-language-in-
headerenabled
vector-feature-language-in-main-page-header-disabled vector-featurelanguage-
alert-in-sidebar-enabled vector-feature-sticky-header-disabled vectorfeature-
page-tools-disabled vector-feature-page-tools-pinned-disabled vectorfeature-
toc-pinned-enabled vector-feature-main-menu-pinned-disabled vectorfeature-
limited-width-enabled vector-feature-limited-width-content-enabled"
lang="en" dir="ltr">\n<head>\n<meta charset="UTF-8"/>\n<title>1500 metres
world
record progression - Wikipedia</title>\n<script>document.documentE'
```

응답이 HTML 문서이며, 1500 metres world record progression - Wikipedia라는 제목이 포함되어 있음을 확인했습니다. 그림 14-3에 표시된 웹 페이지를 성공적으로 찾았다는 것을 알 수 있습니다.

HTTP 요청이 성공했으며 서버가 상태 코드 200을 반환했습니다. 이 외에도 수백 가지의 HTTP 상태 코드가 있습니다. 다행히도 이러한 상태 코드는 기억하기 쉽도록 카테고리별로 분류되어 있습니다(표 14-1 참조).

⟨표 14-1⟩ 응답 상태 코드

코드	유형	설명
10X	정보성	클라이언트나 서버로부터 추가 정보가 필요함(100: 진행 중, 102: 처리 중 등)
20X	성공	클라이언트의 요청이 성공함(200: 성공, 202: 완료 등)
30X	이동	요청된 URL이 다른 곳에 있어서 사용자의 추가 행동이 필요함(300: 다중 선택지, 201: 영구적으로 옮겨짐 등)
40X	클라이언트 오류	클라이언트 측 오류 발생(400: 잘못된 요청, 403: 권한 없음, 404: 찾을 수 없음 등)
50X	서버 오류	서버 측 오류가 발생했거나 서버가 해당 응답을 처리할 수 없음(500: 서버 내부 오류, 503: 서비스 불가 등)

익숙한 오류 코드 중 하나는 404로, 이 오류는 존재하지 않는 자원에 접근할 때 나타납니다. 이런 오류가 나타날 요청을 보내봅시다.

```
url = "https://www.youtube.com/404errorwow"
bad_loc = requests.get(url)
bad_loc.status_code
```

404

웹페이지를 찾을 때 여기서 보낸 요청은 GET HTTP 요청입니다. 기본 HTTP 요청 유형에는 GET, POST, PUT, DELETE 네 가지가 있습니다. 이 중 주로 사용되는 두 가지 유형은 GET과 POST입니다. 여기서는 웹페이지 검색에 GET을 사용했습니다.

```
resp_1500.request.method
```

'GET'

POST는 클라이언트에서 서버로 특정 정보를 보낼 때 사용합니다. 다음에서, 스포티파이의 데이터를 검색하는데 POST를 사용할 것입니다.

14.4. REST

개발자가 데이터에 접근할 수 있도록 REST(REpresentational State Transfer, 표현 상태 전송) 아키텍처를 구현하는 웹 서비스가 점점 더 많아지고 있습니다. 여기에는 트위터나 인스타그램 같은 소셜 미디어 플랫폼, 스포티파이 같은 음악 앱, 질로우(Zillow)[19] 같은 부동산 앱, 기후 데이터 스토어와 같은 과학 데이터, 세계은행[20]의 정부 데이터 등이 포함됩니다. REST의 기본 개념은 모든 URL로 자원(데이터)을 식별한다는 것입니다.

REST는 상태를 보존하지 않으므로 서버는 한 요청에서 다음 요청으로 이어가면서 클라이언트를 기억하지 않습니다. 서버와 클라이언트는 이전 메시지를 보지 않고도 수신된 모든 메시지를 이해할 수 있고, 클라이언트나 서버 측에서 서비스 작동에 영향을 주지 않고 코드를 변경할 수 있으며, 접근이 확장 가능하고 빠르며 모듈식이고 독립적이라는 몇 가지 장점

---

[19] https://www.zillow.com/
[20] https://www.worldbank.org/ext/en/home

이 있습니다. 여기서는 스포티파이에서 데이터를 검색하는 예제를 살펴보겠습니다.

이 예제는 스티븐 모스(Steven Morse)의 블로그 게시물[21]을 따르며, 여기서는 더 클래쉬(The Clash)[22]의 노래 데이터를 검색하는 요청에서 POST와 GET 메서드를 모두 사용합니다.

> **설명**
>
> 실제로는 스포티파이에 대한 GET 및 POST 요청을 직접 작성하지 않습니다. 대신, 스포티파이 웹 API[23]와 상호 작용하는 함수가 있는 spotipy 라이브러리[24]를 사용합니다. 하지만 데이터 과학자들은 종종 파이썬 라이브러리가 없는 REST를 통해 제공되는 데이터에 접근해야 하는 경우가 있으므로, 여기에서는 스포티파이와 같은 RESTful 웹사이트에서 데이터를 가져오는 방법을 보여드리겠습니다.

일반적으로 REST 애플리케이션은 데이터를 요청하는 방법에 대한 예제가 포함된 문서를 제공합니다. 스포티파이에는 앱을 구축하려는 개발자를 위한 광범위한 문서가 있지만, 데이터를 탐색하기 위해 서비스에 액세스할 수도 있습니다. 그러기 위해서는 스포티파이에 개발자로 등록하고 클라이언트 ID와 비밀번호를 받아야 합니다. 그런 다음 이를 사용하여 HTTP 요청에서 스포티파이에 등록을 합니다.

등록을 마치면 데이터를 요청할 수 있습니다. 이 과정은 인증과 데이터 요청의 두 단계로 이루어집니다.

인증을 위해 웹 서비스에 클라이언트 ID와 비밀 번호를 제공하는 POST 요청을 발행합니다. 요청 헤더에 이 정보를 제공합니다. 그러면 결괏값으로 서버로부터 요청을 할 수 있는 권한을 부여하는 토큰을 받습니다.

그럼 이 과정을 시작하고 인증을 해봅시다.

---

21 https://oreil.ly/zl-5z

22 https://www.theclash.com

23 https://oreil.ly/NH4ZO

24 https://oreil.ly/fPQX0

```
AUTH_URL = 'https://accounts.spotify.com/api/token'

    import requests
    auth_response = requests.post(AUTH_URL, {
        'grant_type': 'client_credentials',
        'client_id': CLIENT_ID,
        'client_secret': CLIENT_SECRET,
})
```

POST 요청 헤더에 키-값 쌍으로 ID와 비밀번호를 보냅니다. 요청이 성공했는지는 상태값을 보고 확인할 수 있습니다.

```
auth_response.status_code
```

200

응답 본문의 내용 유형을 확인해 봅시다.

```
auth_response.headers['content-type']
```

'application/json'

응답 본문에는 다음 단계에서 데이터를 받을 때 필요한 토큰이 들어있습니다. 이 정보는 JSON 형식이므로, 키를 확인한 후 토큰을 가져옵니다.

```
auth_response_data = auth_response.json()
auth_response_data.keys()

dict_keys(['access_token', 'token_type', 'expires_in'])

access_token = auth_response_data['access_token']
token_type = auth_response_data['token_type']
```

이 코드에서 ID와 비밀번호는 숨겼습니다. 이 요청에서 유효한 ID와 비밀번호 없이는 실행되지 않습니다. 예를 들어, 다음과 같이 임의의 ID와 비밀번호를 설정하고 인증을 시도해 봅시다.

```python
bad_ID = '0123456789'
bad_SECRET = 'a1b2c3d4e5'

auth_bad = requests.post(AUTH_URL, {
    'grant_type': 'client_credentials',
    'client_id': bad_ID, 'client_secret': bad_SECRET,
})
```

이 잘못된 요청의 상태를 확인해 보면 다음과 같습니다.

```
auth_bad.status_code
```

```
400
```

표 14-1에 따르면 코드값이 400이면 잘못된 요청을 발행했음을 의미합니다. 한 가지 더 예를 들면, 요청에 너무 많은 시간이 걸리면 스포티파이에서 서비스를 종료합니다. 이 코드를 작성하는 동안 실제로 이런 문제를 몇 번 겪었고 토큰이 만료되었다는 다음과 같은 알림 코드를 받기도 했습니다.

```
res_clash.status_code
```

```
401
```

이제 두 번째 단계로 데이터를 가져와 보겠습니다.

스포티파이의 경우 GET을 사용해서 데이터를 요청할 수 있습니다. 다른 서비스에서는 POST가 필요하기도 합니다. 요청에는 인증할 때 웹 서비스에서 받은 토큰이 포함되어야 하며, 이 토큰은 여러 번 사용할 수 있습니다. GET 요청의 헤더에 이 토큰을 전달합니다. 다음과 같이 이름-값 쌍을 딕셔너리로 이름-값 쌍을 만듭니다.

```python
headers = {"Authorization": f"{token_type} {access_token}"}
```

개발자 API를 통해 아티스트의 앨범이 https://api.spotify.com/v1/artists/3RGLhK1IP9jnYFH4BRFJBS/albums 와 같은 URL에서 사용 가능하다는 것을 알 수 있습니다. 여기서 artists/와 /albums 사이의 코드는 아티스트의 ID입니다. 이 특정 코드는 더 클래쉬에 대한 ID입니다. 앨범의 트랙에 대한 정보는 https://api.spotify.com/v1/albums/49kzgMsxHU5CTeb2XmFHjo/tracks URL에서 확인할 수 있으며, 여기서 식별자는 앨범에 대한 정보입니다.

아티스트의 ID를 알면 해당 앨범의 ID를 검색할 수 있고, 앨범의 트랙에 대한 데이터를 얻을 수 있습니다. 첫 번째 단계는 스포티파이 사이트에서 더 클래쉬의 ID를 가져오는 것이었습니다.

```
artist_id = '3RGLhK1IP9jnYFH4BRFJBS'
```

첫 번째 데이터 요청은 그룹의 앨범을 검색합니다. artist_id를 사용하여 URL 문자열을 구성하고 헤더에 액세스 토큰을 전달합니다.

```
BASE_URL = "https://api.spotify.com/v1/"

res_clash = requests.get(
    BASE_URL + "artists/" + artist_id + "/albums",
    headers=headers,
    params={"include_groups": "album"},
)

res_clash.status_code
```

```
200
```

성공적으로 요청을 했습니다. 그럼 이제 응답 본문의 content-type을 확인해 봅시다.

```
res_clash.headers['content-type']
```

```
'application/json; charset=utf-8'
```

응답 데이터 형식은 JSON으로 되어 있으므로, 이 내용을 파이썬 딕셔너리로 가져옵니다.

```
clash_albums = res_clash.json()
```

조금 더 살펴본 결과, 앨범 정보가 항목에 있다는 것을 알 수 있습니다. 첫 번째 앨범의 키는 다음과 같습니다.

```
clash_albums['items'][0].keys()
```

```
dict_keys(['album_group', 'album_type', 'artists', 'available_markets',
'external_urls', 'href', 'id', 'images', 'name', 'release_date', 'release_date_
precision', 'total_tracks', 'type', 'uri'])
```

앨범 ID와 이름, 발매일 몇 개를 출력해 봅시다.

```
for album in clash_albums['items'][:4]:
    print('ID: ', album['id'], ' ', album['name'], '----',
        album['release_date'])
```

```
ID:  7nL9UERtRQCB5eWEQCINsh
ID:  3un5bLdxz0zKhiZXlmnxWE
ID:  4dMWTj1OkiCKFN5yBMP1vS
ID:  1Au9637RH9pXjBv5uS3JpQ
Combat Rock + The People's Hall ---- 2022-05-20
Live At Shea Stadium ---- 2008-08-26
Live at Shea Stadium (Remastered) ---- 2008
From Here To Eternity Live ---- 1999-10-04
```

몇몇 앨범은 리마스터링되었고 나머지는 라이브 실황 앨범임을 알 수 있습니다. 그럼 이 앨범들을 살펴보면서, ID를 가져오고, 각 앨범별로 트랙 정보를 요청할 수 있습니다.

```python
tracks = []

for album in clash_albums['items']:
    tracks_url = f"{BASE_URL}albums/{album['id']}/tracks"
    res_tracks = requests.get(tracks_url, headers=headers)
    album_tracks = res_tracks.json()['items']

    for track in album_tracks:
        features_url = f"{BASE_URL}audio-features/{track['id']}"
        res_feat = requests.get(features_url, headers=headers)
        features = res_feat.json()

        features.update({
            'track_name': track.get('name'),
            'album_name': album['name'],
            'release_date': album['release_date'],
            'album_id': album['id']
        })

        tracks.append(features)
```

트랙을 탐색하면 가져올 수 있는 정보가 잔뜩 있습니다. 그럼 더 클래쉬 곡의 댄스 적합성과 소리 크기 정도에 대한 그래프를 그리는 것으로 이 예제를 마무리하겠습니다.

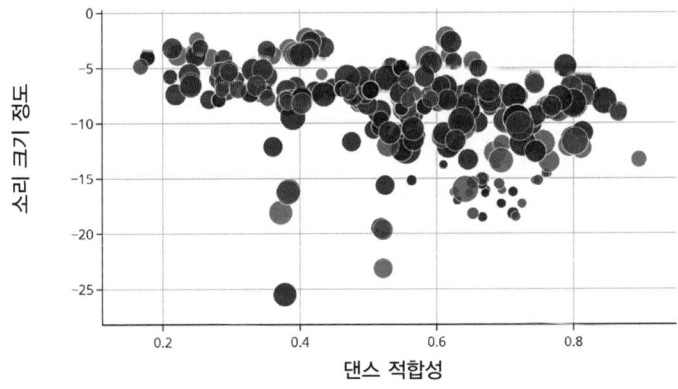

〈그림 14-4〉 더 클래쉬 곡의 댄스 적합성과 소리 크기 정도 시각화

지금까지 프로그램에서 데이터를 다운로드할 수 있는 표준화된 접근 방식을 제공하는 REST API에 대해 설명했습니다. 여기서 사용한 예제에서는 JSON 데이터를 다운로드했습니다. 다른 경우에는 REST 요청의 데이터가 XML 형식일 수도 있습니다. 그리고 원하는 데이터에 대해 REST API를 사용할 수 없는 경우도 있으며, 웹 페이지 자체에서 XML과 유사한 형식인 HTML로 데이터를 추출해야 하는 경우도 있습니다. 이어서 이러한 형식으로 작업하는 방법을 설명하겠습니다.

14.5. XML, HTML 및 XPath

XML(The eXtensible Markup Language, 확장 가능한 마크업 언어)은 웹 페이지, 스프레드시트, SVG 같은 시각적 자료, 소셜 네트워크 구조, 마이크로소프트의 docx 파일 형식 같은 워드 프로세싱 문서, 데이터베이스 등 웹 서비스와 주고받는 데이터 등 모든 유형의 정보를 나타낼 수 있습니다. 데이터 과학자는 XML에 대해 조금만 알고 있으면 유용하게 사용할 수 있습니다.

이름과는 달리 XML은 '언어'라기 보다는 데이터를 표현하고 구성하는 형식을 정의하는 데 사용할 수 있는 매우 일반적인 구조입니다. XML은 이러한 '사투리' 또는 어휘에 대한 기본 구조와 구문을 제공합니다. HTML을 읽거나 작성해 보면 XML의 형식을 알 수 있습니다. XML의 기본 단위는 노드라고도 하는 요소입니다. 요소는 이름을 가지며 속성, 하위 요소 및 텍스트를 가지기도 합니다.

다음의 주석이 달린 XML 식물 목록 스니펫은 이러한 요소에 대한 예시입니다(이 예시에서는 W3Schools[25]에서 가져왔습니다).

---

[25] https://oreil.ly/qPa6s

```
<catalog>                          루트 노드라고도 하는 최상의 노드.
    <plant>                        루트 노드의 첫 하위 노드
        <common>Bloodroot</common>  common 은 plant의 첫 하위 속성입니다.
        <botanical>Sanguinaria canadensis</botanical>
        <zone>4</zone>             zone 노드는 4 라는 내용이 들어갑니다.
        <light>Mostly Shady</light>
        <price curr="USD">$2.44</price>  이 노드에는 속성이 있습니다.
        <availability date="0399"/>  빈 노드는 바로 닫을 수 있습니다.
    </plant>                       노드는 닫아줘야 합니다.
    <plant>                        두 plant 노드는 닮은꼴입니다.
        <common>Columbine</common>
        <botanical>Aquilegia canadensis</botanical>
        <zone>3</zone>
        <light>Mostly Shady</light>
        <price curr="CAD">$9.37</price>
        <availability date="0199"/>
    </plant>
</catalog>
```

여기서는 구조를 더 쉽게 볼 수 있도록 이 XML 스니펫에 주석을 추가했습니다. 실제 파일에는 필요하지 않습니다.

XML 문서는 일반 텍스트 파일로, 다음과 같은 구문 규칙을 가집니다.

- 각 요소는 〈plant〉와 같은 시작 태그로 시작하고 같은 이름의 끝 태그 〈/plant〉로 끝납니다.

- XML 요소는 다른 XML 요소를 포함할 수 있습니다.

- XML 요소는 〈common〉Columbine〈/common〉의 "Columbine"과 같이 일반 텍스트일 수 있습니다.

- XML 요소는 선택적으로 속성을 가질 수 있습니다. 〈price curr="CAD"〉 요소에는 값이 "CAD"인 curr 속성이 있습니다.

- 노드에 자식이 없는 특수한 경우에는 끝 태그를 시작 태그로 닫을 수 있습니다. 예를 들면 〈availability date="0199"/〉처럼 사용합니다.

XML 문서가 특정 규칙을 따를 때 잘 구성된 문서라고 할 수 있습니다. 가장 중요한 규칙은 다음과 같습니다.

- 하나의 루트 노드에 문서의 다른 모든 요소가 포함되어 있습니다.
- 요소는 적절하게 중첩되며, 열린 노드는 모든 자식 노드만을 둘러싸고 닫힙니다.
- 태그명은 대소문자를 구분합니다.
- 속성 값은 이름="값" 형식에 작은따옴표 또는 큰따옴표를 사용합니다.

추가로, 문서가 잘 구성되기 위한 추가 규칙이 있습니다. 이 규칙은 공백, 특수 문자, 명명 규칙 및 반복 속성에 대한 것입니다.

XML의 계층적 특성이 잘 구성되었다는 것은 트리 형태로 표현할 수 있음을 말합니다. 그림 14-5는 앞에 식물 목록 XML을 트리 형태로 나타낸 것입니다.

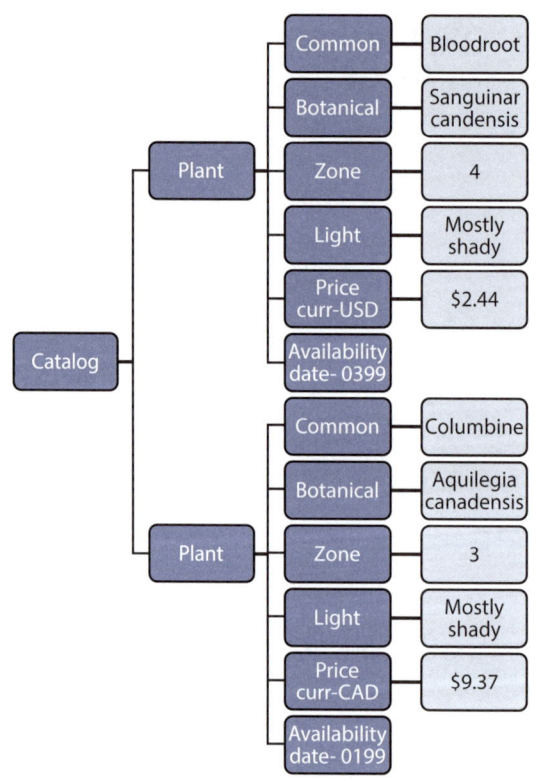

〈그림 14-5〉 XML 문서의 계층 구조. 밝은 회색 상자는 문자열 요소를 나타내며, 이 문서의 설계상 다음 단계의 하위 노드를 가질 수 없습니다.

JSON과 마찬가지로 XML 문서는 일반 텍스트입니다. 일반 텍스트 뷰어로 읽을 수 있으며, 기계가 XML 콘텐츠를 읽고 작성하기 쉽습니다. 확장 가능한 XML의 특성 덕분에 내용을 상위 수준의 컨테이너 문서로 쉽게 병합하고 다른 애플리케이션과 쉽게 교환할 수 있습니다. XML은 바이너리 데이터와 임의의 문자 집합도 지원합니다.

앞서 언급했듯이 HTML은 XML과 매우 유사합니다. 이는 우연이 아니며 실제로 XHTML은 잘 형성된 XML의 규칙을 따르는 HTML의 하위 집합입니다. 앞서 인터넷에서 검색한 위키피디아 페이지의 예로 돌아가서 XML 도구를 사용하여 테이블 중 하나의 내용에서 데이터 프레임을 만드는 방법을 보여드리겠습니다.

14.5.1. 예제: 위키피디아에서 달리기 시간 가져오기

이 장의 앞부분에서는 HTTP 요청을 사용하여 그림 14-3에서 본 위키피디아 페이지에서 HTML을 검색했습니다. 이 페이지의 내용은 기본적으로 XML 어휘를 사용하는 HTML로 되어 있습니다. 페이지의 계층 구조와 XML 도구를 사용하여 여러 표 중 하나의 데이터에 접근하고 이를 데이터 프레임으로 처리할 수 있습니다. 특히 그림 14-6의 스크린샷에 일부가 표시된 페이지의 두 번째 표를 살펴보려고 합니다.

Time	Auto	Athlete	Date	Place
3:55.8		Abel Kiviat (USA)	1912-06-08	Cambridge, Massachusetts, United States
3:54.7		John Zander (SWE)	1917-08-05	Stockholm, Sweden
3:52.6		Paavo Nurmi (FIN)	1924-06-19	Helsinki, Finland
3:51.0		Otto Peltzer (GER)	1926-09-11	Berlin, Germany
3:49.2		Jules Ladoumegue (FRA)	1930-10-05	Paris, France
3:49.2		Luigi Beccali (ITA)	1933-09-09	Turin, Italy
3:49.0		Luigi Beccali (ITA)	1930-00-17	Milan, Italy

〈그림 14-6〉 추출하고자 하는 데이터가 포함된 웹페이지의 두 번째 표 스크린샷

이 표를 작업하기 전에, 기본 HTML 표 형식에 대해 간단히 살펴보도록 합시다. 다음은 헤더 행과 두 개의 행에 세 개의 열이 있는 테이블을 HTML로 나타낸 것입니다.

```html
<table>
 <tbody>
  <tr>
   <th>A</th><th>B</th><th>C</th>
  </tr>
  <tr>
   <td>1</td><td>2</td><td>3</td>
  </tr>
  <tr>
   <td>5</td><td>6</td><td>7</td>
  </tr>
 </tbody>
</table>
```

표에서 〈tr〉 요소로 행을 배치하고 행의 각 셀이 표에 표시할 내용을 포함하는 〈td〉 요소인 것을 주목하기 바랍니다.

여기서 할 첫 번째 작업은 웹 페이지의 내용으로 트리 구조를 만드는 것입니다. 이를 위해 XML을 처리할 C 라이브러리 libxml2에 접근할 수 있도록 하는 제공하는 lxml 라이브러리를 사용할 것입니다. resp_1500에는 요청의 응답이 포함되어 있고 페이지는 응답의 본문에 있습니다. lxml.html 모듈의 fromstring을 사용하여 웹 페이지를 계층 구조로 구문 분석을 합니다.

```
from lxml import html

tree_1500 = html.fromstring(resp_1500.content)

type(tree_1500)
```

```
lxml.html.HtmlElement
```

그럼 이제 트리 구조로 가져온 문서를 사용해서 작업을 할 수 있습니다. 다음과 같이 HTML 문서에서 모든 표를 찾습니다.

```
tables = tree_1500.xpath('//table')
type(tables)
```

```
list
```

```
len(tables)
```

```
7
```

이 검색은 곧 설명할 XPath의 //table 표현식을 사용하여 문서 내 모든 표의 노드를 검색합니다. 결과를 보면 7개의 테이블을 찾았습니다. 브라우저를 통해 HTML 소스를 살펴보는 등 여러 방법으로 웹 페이지를 살펴볼 수 있습니다. 이렇게 살펴보면 문서의 두 번째 테이블에 IAF 시기의 기록이 포함되어 있음을 알 수 있습니다. 이것이 바로 우리가 원하는 데이터입니다. 그림 14-6을 보면 첫 번째 열에는 기록 시간이, 세 번째 열에는 이름이, 네 번째 열에는 경기 날짜가 포함되어 있습니다. 이런 각각의 정보를 차례로 추출할 수 있습니다. 다음 XPath 표현식을 사용해서 이 과정을 진행합니다.

```
times = tree_1500.xpath('//table[3]/tbody/tr/td[1]/b/text()')
names = tree_1500.xpath('//table[3]/tbody/tr/td[3]/a/text()')
dates = tree_1500.xpath('//table[3]/tbody/tr/td[4]/text()')

type(times[0])
```

```
lxml.etree._ElementUnicodeResult
```

이 반환값은 리스트같이 작동하지만, 각 값은 트리 구조의 요소입니다. 이 값을 문자열로 변환할 수 있습니다.

```
date_str = [str(s) for s in dates]
name_str = [str(s) for s in names]
```

기록 시간의 경우, 값을 초 단위로 변경하려고 합니다. get_sec이란 함수를 사용해서 변환할 것입니다. 그리고 날짜 문자열에서 경기가 있었던 연도를 가져올 것입니다.

```python
def get_sec(time):
    """시간을 초로 변경함"""
    time = str(time)
    time = time.replace("+","")
    m, s = time.split(':')
    return float(m) * 60 + float(s)

time_sec = [get_sec(rt) for rt in times]
race_year = pd.to_datetime(date_str, format='%Y-%m-%d\n').year
```

데이터 프레임을 만들고 연도별 경기 기록 변화에 대한 그래프를 그립니다.

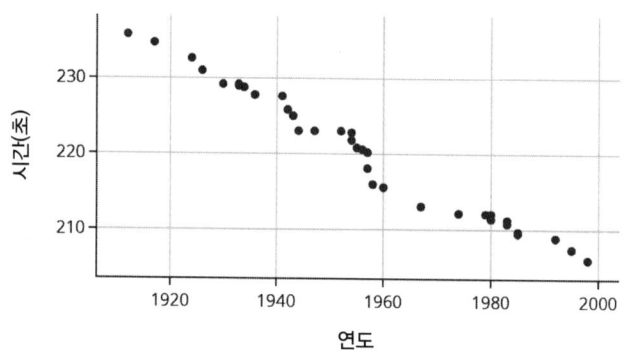

〈그림 14-7〉 연도별 경기 기록 변화 그래프

아시다시피 HTML 페이지에서 데이터를 추출하려면 소스를 면밀히 검토하여 문서에서 원하는 숫자가 어디에 있는지 찾아야 합니다. 여기서는 데이터 추출에 있어서 XPath 도구에 크게 의존했습니다. 이 도구의 우아한 언어는 매우 강력합니다. 이에 대해서는 다음 내용에서 소개해 드리겠습니다.

14.5.2. XPath

XML 문서로 작업할 때는 일반적으로 문서에서 데이터를 추출하여 데이터 프레임으로 가져오는 식으로 진행합니다. 이때 XPath가 도움이 될 수 있습니다. XPath는 XML 트리를 재귀적으로 탐색하여 요소를 찾습니다. 예를 들어, 이전 예제에서 //table 표현식을 사용하여 웹 페이지의 모든 표의 노드를 찾았습니다.

XPath 표현식은 잘 구성된 XML의 계층 구조에서 작동합니다. 이는 간결하며 컴퓨터 파일 시스템의 디렉터리 계층 구조에서 파일을 찾는 방식과 그 형식이 유사합니다. 하지만 XPath는 훨씬 더 강력합니다. XPath는 내용과 일치하는 패턴을 지정한다는 점에서 정규 표현식과 유사합니다. 정규 표현식과 마찬가지로 올바른 XPath 표현식을 작성하려면 경험이 필요합니다.

XPath 표현식은 트리에서 노드를 식별하고 필터링하기 위한 논리적 단계를 형성합니다. 그리고 결괏값으로는 각 노드가 최대 한 번만 나타나는 노드 집합이 생성됩니다. 노드 집합은 소스에서 노드가 발생하는 순서와 일치하는 순서를 가지므로 매우 편리하게 활용할 수 있습니다.

각 XPath 표현식은 "/"로 구분된 하나 이상의 위치 단계로 구성됩니다. 각 위치 단계는 축, 노드 테스트, 선택사항인 술어의 세 부분으로 구성됩니다.

- 축은 트리 구조에서 살펴볼 방향을 지정합니다. 축에는 바로가기를 사용합니다. 기본값은 트리의 한 단계 아래의 자식 노드를 내려다보는 것입니다. //는 트리를 최대한 아래까지 내려다보라는 의미이며, ..은 한 단계 위 부모 노드를 나타냅니다.
- 노드 테스트는 찾을 노드의 이름 또는 유형을 식별합니다. 일반적으로 태그명이나 텍스트 요소의 경우 text()를 사용합니다.
- 술어는 노드 집합을 더 제한하는 필터와 같은 역할을 합니다. 노드 집합에서 두 번째 노드를 유지하는 [2], 날짜 속성이 있는 모든 노드를 유지하는 [@date]와 같이 대괄호 안에 지정됩니다.

위치 단계를 결합하여 강력한 검색 지침을 만들 수 있습니다. 표 14-2는 가장 일반적인 표현식을 다루는 몇 가지 예를 제공합니다. 그림 14-5의 트리를 다시 참조하여 이 표의 내용을 참고해 보시기 바랍니다.

〈표 14-2〉 XPath 예제

표현식	결과	설명
'//common'	두 노드	트리를 따라가며 common 노드를 찾음
'/catalog/plant/common'	두 노드	루트 노드인 catalog부터 모든 플랜트 노드로, 모든 plant의 노드로, plant 노드 내의 모든 common 노드로 특정 경로를 이동합니다.
'//common/text()'	Bloodroot, Columbine	모든 common 노드의 문자열 내용을 가져옴
'//plant[2]/price/text()'	$9.37	트리에서 plant 노드를 찾은 다음 두 번째 노드만 가져오도록 필터링합니다. 이 plant 노드에서 하위 노드인 price로 이동하여 여기에 속한 문자열을 찾습니다.
'//@date'	0399, 0199	트리 내에서 "date"라는 이름이 붙은 속성값을 가져옴
'//price[@curr = "CAD"]/text()'	$9.37	currency 속성 값이 "CAD"인 모든 price 노드의 문자열값

표 14-2의 XPath 표현형을 catalog 파일에 적용해 봅시다. etree 모듈을 사용해서 이 파일을 파이썬에 불러옵니다. parse 메서드를 사용해서 파일을 요소 트리로 읽어올 수 있습니다.

```
from lxml import etree

catalog = etree.parse('data/catalog.xml')
```

lxml 라이브러리를 사용하면 XPath에 접근할 수 있습니다. 한 번 해봅시다.

다음의 간단한 XPath 표현식은 트리 내의 어느 〈light〉 태그에든 들어있는 모든 문자열 내용을 가져옵니다.

```
catalog.xpath('//light/text()')

['Mostly Shady', 'Mostly Shady']
```

두 요소가 반환된 것을 확인할 수 있습니다. 이 두 문자열이 동일하다고 하더라도, 트리 내에 〈light〉 노드가 두 개가 있으므로 각 노드별로 가지고 있던 문자열을 가져온 것입니다. 다음 표현식은 조금 더 까다롭습니다.

```
catalog.xpath('//price[@curr="CAD"]/../common/text()')
```

```
['Columbine']
```

이 표현식은 트리의 모든 〈price〉 노드를 살펴본 뒤 curr 속성이 CAD인지에 따라 값을 거릅니다. 그리고 남은 노드(이 경우에는 하나뿐입니다)에서 트리 상에서 한 단계 상위의 부모 노드로 올라간 후 해당 노드의 하위 노드 중 common 노드로 내려가서 거기에서 문자열 값을 가지고 옵니다. 꽤 복잡한 경로로 이동하는 셈이죠!

다음으로는, HTTP 요청을 사용해서 XML 형식의 데이터를 검색한 후, XPath를 사용해서 데이터를 데이터 프레임에 가져오는 예제를 살펴보도록 하겠습니다.

14.5.3. 예제: ECB에서 환율 가져오기

유럽 중앙은행(European Central Bank, ECB)은 환율을 온라인에 XML형태로 게시합니다. HTTP 요청을 사용해서 ECB의 가장 최근 환율을 가져와 봅시다.

```
url_base = 'https://www.ecb.europa.eu/stats/eurofxref/'
url2 = 'eurofxref-hist-90d.xml?d574942462c9e687c3235ce020466aae'
resECB = requests.get(url_base+url2)

resECB.status_code
```

```
200
```

다시 lxml 라이브러리를 사용해서 ECB로부터 문서를 가져와서 파싱해도 되지만, 이번 경우에는 ECB에서 파일이 아닌 문자열로 받아 보겠습니다.

```
ecb_tree = etree.fromstring(resECB.content)
```

여기에서 필요한 데이터를 얻으려면, 이 문자열의 구조를 알아야 합니다. 다음은 이 문자열의 일부입니다.

```xml
<gesmes:Envelope
    xmlns:gesmes="http://www.gesmes.org/xml/2002-08-01"
    xmlns="http://www.ecb.int/vocabulary/2002-08-01/eurofxref">
<gesmes:subject>Reference rates</gesmes:subject>
<gesmes:Sender>
<gesmes:name>European Central Bank</gesmes:name>
</gesmes:Sender>
<Cube>
<Cube time="2023-02-24">
<Cube currency="USD" rate="1.057"/>
<Cube currency="JPY" rate="143.55"/>
<Cube currency="BGN" rate="1.9558"/>
</Cube>
<Cube time="2023-02-23">
<Cube currency="USD" rate="1.0616"/>
<Cube currency="JPY" rate="143.32"/>
<Cube currency="BGN" rate="1.9558"/>
</Cube>
</Cube>
</gesmes:Envelope>
```

이 문서는 식물 목록의 구조와 상당히 다르게 보입니다. 코드 일부에는 세 가지 수준의 태그가 표시되어 있으며 모두 이름이 같고 문자열 내용이 없습니다. 모든 관련 정보는 속성 값에 포함되어 있습니다. 다른 새로운 특징으로는 루트의 〈Envelope〉 노드의 xmlns와 gesmes:Envelope와 같은 낯선 태그명이 있습니다. 이는 네임스페이스와 관련이 있습니다. XML을 사용하면 콘텐츠 제작자가 네임스페이스라는 자체 어휘를 사용할 수 있습니다. 네임스페이스를 사용하면 허용되는 태그명 및 속성 이름과 같은 어휘 규칙이나 노드를 중첩할 수 있는 방법 같은 제약 사항을 적용할 수 있습니다. 그리고 XML 문서는 서로 다른 애플리케이션의 어휘를 합칠 수 있습니다. 이런 것들을 명확하게 하기 위해 네임스페이스에 대한 정보가 문서로 제공됩니다.

ECB 파일의 루트 노드는 〈Envelope〉입니다. 태그명에 추가되는 "gesmes:"는 태그가 시계열 정보 교환을 위한 국제 표준인 gesmes 어휘에 속한다는 것을 나타냅니다. 또 다른 네임스페이스는 〈Envelope〉에도 있는데 "gesmes:"와 같은 접두사가 없기 때문에 파일의 기본 네임스페이스라고 부릅니다. 태그명에 네임스페이스가 제공되지 않으면 기본값이 사용됩니다.

결론은 노드를 검색할 때 이러한 네임스페이스를 고려해야 한다는 것입니다. 날짜를 추출할 때 이것이 어떻게 작동하는지 살펴보도록 합시다. 앞서 본 코드에서 날짜가 'time' 속성에 들어있다는 것을 확인했습니다. 이 〈Cube〉는 최상위 〈Cube〉의 자식입니다. 루트에서 〈Cube〉 하위 노드로, 그리고 다음 단계의 〈Cube〉 노드로 이동하기 위해 매우 구체적인 XPath 표현식을 지정할 수 있습니다.

```
namespaceURI = 'http://www.ecb.int/vocabulary/2002-08-01/eurofxref'

date = ecb_tree.xpath('./x:Cube/x:Cube/@time', namespaces = {'x':namespaceURI})
date[:5]
```

```
['2023-07-18', '2023-07-17', '2023-07-14', '2023-07-13', '2023-07-12']
```

코드에서 . 은 "여기에서부터"를 나타내는 단축어로, 트리의 맨 위에 있으므로 "루트에서부터"라는 의미와 동일합니다. 표현식에서 네임스페이스를 "x:"로 지정했습니다. 〈Cube〉 노드가 기본 네임스페이스를 사용하고 있더라도 XPath 표현식에서 네임스페이스를 지정해야 합니다. 다행히도 네임스페이스를 자체 라벨(이 경우에는 "x")과 함께 매개변수로 전달하는 방식으로 태그명을 짧게 유지할 수 있습니다.

HTML 표를 처리할 때와 마찬가지로 여기서도 날짜 값을 문자열로 변환하고 문자열에서 타임스탬프로 변환할 수 있습니다.

```
date_str = [str(s) for s in date]
timestamps = pd.to_datetime(date_str)
xrates = pd.DataFrame({"date":timestamps})
```

환율은 〈Cube〉 노드에서도 찾을 수 있지만, 여기에는 "비율" 속성이 있습니다. 예를 들어, 다음 XPath 표현식을 사용하면 영국 파운드화에 대한 모든 환율을 찾을 수 있습니다(여기서는 네임스페이스에 대한 것은 생략합니다).

```
//Cube[@currency = "GBP"]/@rate
```

이 표현식은 문서 내 모든 〈Cube〉 노드를 찾고, 노드의 통화(Currency) 속성 값이 "GBP"인지 여부에 따라 필터링한 다음, 해당 환율 속성 값을 반환하도록 지시합니다.

여러 통화에 대한 환율을 추출하고자 하므로 이 XPath 표현식을 일반화합니다. 또한 환율을 수치형 저장 유형으로 변환하고 첫날의 환율을 기준으로 서로 다른 통화를 같은 단위로 환산하여 그래프에 더 쉽게 적용할 수 있습니다.

```
currs = ['GBP', 'USD', 'CAD']

for ctry in currs:
    expr = './/x:Cube[@currency = "' + ctry + '"]/@rate'
    rates = ecb_tree.xpath(expr,
                    namespaces = {'x':namespaceURI})
    rates_num = [float(rate) for rate in rates]
    first = rates_num[len(rates_num)-1]
    xrates[ctry] = [rate / first for rate in rates_num]
```

환율에 대한 선 그래프를 그리는 것으로 이 예제를 마무리하겠습니다.

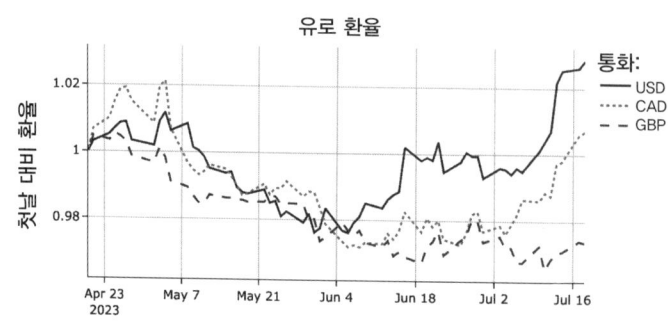

〈그림 14-8〉 유로 환율 변화에 대한 선 그래프

JSON, HTTP, REST, HTML에 대한 지식을 결합하면 웹에서 사용할 수 있는 방대한 양의 데이터를 활용할 수 있습니다. 예를 들어, 이 장에서는 위키피디아 페이지에서 데이터를 스크랩하는 코드를 작성했습니다. 이런 접근 방식의 한 가지 주요 장점은 몇 달 후에 이 코드를 다시 실행하여 데이터와 그래프를 자동으로 업데이트할 수 있다는 것입니다. 대신 한 가지 주요 단점은 이 방식이 웹 페이지의 구조와 밀접하게 연결되어 있어야 한다는 것입니다. 누군가 위키피디아 페이지를 업데이트하면서 해당 표가 더 이상 동일한 페이지의 두 번째 표가 아닐 경우, 코드도 일부 수정해야 이전처럼 작동합니다. 그럼에도 불구하고, 웹에서 데이터를 스크랩하는 데 필요한 기술을 갖추면 광범위한 데이터에 접근할 수 있고 모든 종류의 유용한 분석 작업에 폭넓게 활용할 수 있습니다.

14.6. 정리

인터넷에는 다양한 매체에 저장되고 교환되는 데이터가 넘쳐납니다. 이 장에서는 인터넷의 데이터에 대해 사용 가능한 다양한 형식과 온라인 소스 및 여러 서비스에서 데이터를 수집하는 방법에 대해 기본으로 이해할 수 있도록 하는 것이 목적이었습니다. 또한 재현 가능한 방식으로 데이터를 수집하는 중요한 목표도 다루었습니다. 웹 페이지에서 복사하여 붙여 넣거나 직접 양식을 작성하는 대신, 데이터를 수집하기 위한 코드를 작성하는 방법을 살펴보았습니다. 이 코드는 워크플로우와 데이터 출처에 대한 기록을 남길 수 있다는 장점이 있습니다.

각 형식을 소개하면서 그 구조에 대한 모델도 같이 설명했습니다. 데이터 집합의 조직을 기본적으로 이해하고 나면 품질 문제, 원본 파일을 읽을 때 발생할 수 있는 실수, 데이터를 가상 잘 정리하고 분석하는 방법 등을 발견하는 것이 용이해질 것입니다. 장기적으로는 데이터 과학 기술을 계속 향상하면서 다양한 형태의 데이터 교환을 접하게 될 것이며, 이내 모델의 구조를 고려하면서 몇 가지 간단한 사례를 직접 해보면서 이해하는 이런 접근 방식이 도움이 될 것입니다.

이 장에서는 웹 서비스 활용의 기초 부분만 다루었습니다. 여러 요청을 실행하거나 일괄적으로 데이터를 검색할 때 서버에 대한 연결을 유지하는 법, 쿠키 사용법, 여러 연결 만들기 등 유용한 주제는 더 많이 있습니다. 하지만 여기에 제시된 기본 사항만 이해해도 큰 도움이 될 것입니다. 예를 들어 라이브러리를 사용하여 API에서 데이터를 검색하다가 오류가 발생하는 경우 HTTP 요청을 살펴보고 코드를 디버깅할 수 있습니다. 그리고 새로운 웹 서비스가 온라인 상태가 되었을 때 어떤 일이 발생할 수 있는지 알 수 있습니다.

웹 스크래핑을 할 때는 반드시 윤리적이고 책임 있는 방식으로 접근해야 합니다. 웹사이트에서 데이터를 스크랩할 계획이라면 스크랩할 수 있는 권한이 있는지 확인하는 것이 좋습니다. 웹 앱의 클라이언트로 가입할 때 일반적으로 서비스 약관에 동의한다는 확인란을 선택합니다.

웹 서비스를 사용하거나 웹 페이지를 스크랩하는 경우 요청으로 사이트에 과도한 부담을 주지 않도록 주의해야 합니다. 사이트에서 CSV, JSON 또는 XML과 같은 형식의 데이터 버전을 제공하는 경우 웹 페이지에서 스크랩하는 것보다 다운로드하여 사용하는 것이 좋습니다. 또한 이미 해당 웹 서비스를 위한 파이썬 라이브러리가 있다면 직접 코드를 작성하지 말고 제공되는 라이브러리를 사용하도록 합니다. 요청을 할 때는 작게 시작하여 코드를 테스트하고, 불필요하게 요청을 반복하지 않도록 결과를 저장하는 것을 고려하기 바랍니다.

이 장의 목표는 특정 데이터 형식의 전문가가 되는 것이 아닙니다. 대신 데이터 형식에 대해 자세히 알아보고, 다양한 형식의 장단점을 평가하고, 이전에 본 적 없는 형식에도 두려움 없이 도전할 수 있는 자신감을 심어주고 싶었습니다.

이제 다양한 데이터 형식으로 작업한 경험이 생겼으니 4장에서 소개한 모델링 주제를 다시 깊이 있게 다루겠습니다.

5부.
선형 모델링

Python

15장. 선형 모델링

16장. 모델 선택

17장. 추론 및 예측 이론

18장. 예제: 당나귀의 체중을 재는 법

15장
선형 모델링

이 책에서는 데이터 과학 주기의 4단계를 다양한 예제와 함께 다루었습니다. 질문을 형식화하고 데이터를 수집 및 정리하는 방법에 대해 이야기했으며, 데이터를 더 잘 이해하기 위해 탐색적 데이터 분석을 사용했습니다. 이 장에서는 4장에서 소개한 상수 모델을 선형 모델로 확장합니다. 선형 모델은 수명 주기의 마지막 단계인 세상을 이해하는 단계에서 널리 사용되는 도구입니다.

선형 모델을 적합하게 만드는 방법을 알면 모든 종류의 유용한 데이터 분석의 문이 열립니다. 예를 들어, 환경 과학자들은 대기 센서 측정값과 기상 조건을 기반으로 대기질을 예측하는 선형 모델을 개발했습니다(12장 참조). 이 예제에서는 두 기기의 측정값 차이를 이해하고 저렴한 센서의 정확도를 보정할 수 있었습니다. 18장에서는 수의사가 선형 모델을 사용하여 당나귀의 몸무게에 대한 길이와 둘레 계수를 길이 + 2 × 둘레 − 175 로 추론하는 과정을 살펴볼 것입니다. 이런 모델은 현장에서 일하는 수의사가 아픈 당나귀에게 약을 처방하는 데 도움이 됩니다. 또한, 이번 장에서는 사회과학적 데이터 분석 예제로, 통근 시간, 소득 불평등, 교육의 질과 같은 요인이 경제적 계층 이동성에 어떤 영향을 미치는지 분석합니다. 이는 정책 제안이나 사회적 논의에 중요한 근거를 제공할 수 있습니다.

이 장에서는 먼저 두 특성 사이의 관계를 선으로 요약하는 단순 선형 모델에 대해 설명합니다. 4장에서 소개한 손실 최소화 접근법을 사용하여 이 선형 모델을 데이터에 적합화하는 방법도 설명합니다. 그런 다음 여러 개의 다른 특성을 사용하여 하나의 특성을 모델링하는 다중 선형 모델을 소개합니다. 이러한 모델을 맞추기 위해 선형 대수를 사용하고 제곱 오차 손실이 있는 선형 모델을 맞추는 기하학적 구조를 밝힙니다. 마지막으로, 모델을 구축할 때 범주형 특성과 변형된 특성을 포함할 수 있는 특성 엔지니어링 기법을 다룹니다. 실용적인 예제와 수학적 원리를 함께 이해하며 선형 모델의 활용력을 키우는 데 목적이 있습니다.

15.1. 단순 선형 모델

상수 모델과 마찬가지로, 우리의 목표는 특성의 신호를 상수를 사용하여 근사화하는 것입니다. 이제 이에 도움이 될 두 번째 특성의 추가 정보가 있습니다. 즉, 두 번째 특성의 정보를 사용하여 상수 모델보다 더 나은 모델을 만들고자 합니다. 예를 들어, 주택의 판매 가격을 주택 크기로 설명하거나 당나귀의 몸무게를 길이를 통해 예측할 수 있습니다. 이러한 각 예시에서 설명적 특성(집 크기, 길이)의 도움으로 설명, 또는 예측하고자 하는 결과 특성(판매 가격, 무게)이 있습니다.

> **설명**
>
>
> 결과란 모델링하려는 특성을 가리키고, 설명은 결과를 설명하는 데 사용하는 특성을 가리킵니다. 다양한 분야에서 이 관계를 설명하기 위한 규칙을 채택하고 있습니다. 어떤 분야에서는 결과를 종속변수, 설명변수를 독립변수라고 부릅니다. 다른 분야에서는 반응과 공변량, 회귀와 회귀자, 설명 대상과 서술, 내생과 외생을 사용합니다. 기계 학습에서는 대상과 특성 또는 예측과 예측자가 흔히 사용됩니다. 안타깝게도 이러한 쌍의 대부분은 인과 관계를 함축하고 있습니다. 설명 또는 예측이라는 개념이 반드시 하나가 다른 하나의 원인이 된다는 것을 의미하지는 않습니다. 특히 독립-의존 사용에 있어서 혼란이 일어나는 경우가 많으므로 이런 단어 선택은 피하는 것이 좋습니다.

우리가 사용할 수 있는 모델 중 하나는 선형 모델입니다. 수학적으로 이는 절편(θ_0)과 기울기(θ_1)가 있고 설명적 특성 x를 사용하여 선의 한 점으로 결과(y)를 근사화한다는 의미입니다.

$$y \approx \theta_0 + \theta_1 x$$

x가 변경되면 y에 대한 추정치는 변경되지만 여전히 그 값은 동일한 선 위에 놓이게 됩니다. 일반적으로 추정치는 완벽하지 않으며 모델을 사용할 때 약간의 오차가 있기 때문에 "대략"이라는 의미로 $\approx$ 기호를 사용합니다.

결과에서 신호를 잘 포착하는 선을 찾기 위해 4장에서 소개한 것과 동일한 접근 방식을 사용하여 평균 제곱 손실을 최소화합니다. 구체적으로 다음 단계를 따릅니다.

1. 오차 구하기: $y_i - (\theta_0 + \theta_1 x_i)$, $i = 1, ..., n$
2. 오차를 제곱합니다(제곱 손실 사용): $[y_i - (\theta_0 + \theta_1 x_i)]^2$
3. 데이터의 평균 손실을 구합니다.
$$\frac{1}{n} \sum_{i=1}^{n} [y_i - (\theta_0 + \theta_1 x_i)]^2$$

모델을 적합화하기 위해 평균 손실이 가장 작은 기울기와 절편을 찾습니다. 즉, 평균제곱오차(MSE)를 최소화합니다. 절편과 기울기의 최솟값을 θ_0와 θ_1이라고 하겠습니다.

1단계에서 계산하는 오차는 수직 방향으로 측정하므로, 특정 x의 경우 오차는 데이터 포인트(x, y)와 선상의 포인트(x, $\theta_0 + \theta_1 x$) 사이의 수직 거리입니다. 그림 15-1은 이 개념을 보여줍니다. 왼쪽은 x에서 y를 추정하는 데 사용되는 선이 있는 점의 산점도입니다. 두 개의 특정 점을 마름모로 표시하고 해당 근사치를 선에 대각선으로 표시했습니다. 실제 지점에서 선까지의 점선 길이는 오차를 나타냅니다. 오른쪽 그래프는 모든 오차를 나타낸 산점도이며, 참고로 왼쪽 플롯의 두 마름모에 해당하는 오차는 오른쪽 플롯에 사각형으로 표시했습니다.

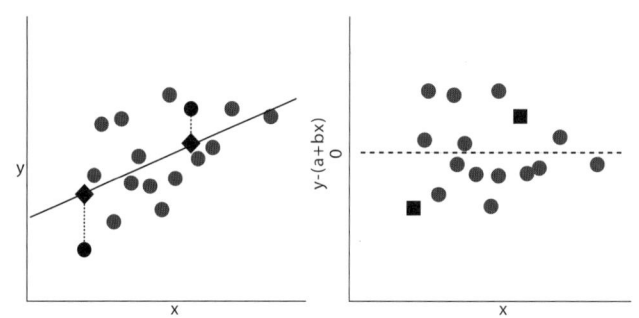

〈그림 15-1〉 좌측 그래프는 (x_i, y_i) 쌍의 산점도와 x로부터 y값을 추정하는 경우에 사용하는 선을 그린 것입니다. 두 점의 경우 선으로 연결되어 있고 추정치는 사각형 형태로 그려져 있습니다. 우측의 경우 오차 $y_i - (\theta_0 + \theta_1 x)$의 산점도입니다.

이 장 후반에서는, 평균제곱오차를 최소화하는 $\hat{\theta}_0$와 $\hat{\theta}_1$ 값을 다음과 같이 도출할 것입니다.

$\hat{\theta}_0 = \bar{y} - \hat{\theta}_1 \bar{x}$

$\hat{\theta}_1 = r(x, y) \frac{SD(y)}{SD(x)}$

이때, x는 $x_1, \cdots, x_n$의 값을 나타내고, y 역시 비슷한 식입니다. r(x, y)는 (x_i, y_i) 쌍의 상관계수입니다.

이 둘을 동시에 넣으면, 다음과 같이 선의 식을 구할 수 있습니다.

$$\hat{\theta}_0 + \hat{\theta}_1 x = \bar{y} - \hat{\theta}_1 \bar{x} + \theta_1 x$$
$$= \bar{y} + r(x,y)SD(y)\frac{x-\bar{x}}{SD(x)}$$

이 방정식을 해석하면 주어진 x 값에 대해 평균보다 몇 표준편차 위(또는 아래)에 있는지 알아낸 다음, y가 평균보다 몇 표준편차 위(또는 아래)에 있는지를 예측(설정에 따라 설명하기도 함)합니다.

최적의 선에 대한 식을 보면 표본 상관 계수가 중요한 역할을 한다는 것을 알 수 있습니다. r은 선형 연관성의 강도를 측정하며 다음과 같이 정의할 수 있습니다.

$$r(x,y) = \sum_i \frac{(x_i-\bar{x})(y_i-\bar{y})}{SD(x)SD(y)}$$

다음은 선형 모델 적합화에 도움이 되는 상관관계의 몇 가지 중요한 특징입니다.

- r은 단위가 없습니다. x, $\bar{x}$ 및 SD(x)는 모두 동일한 단위를 가지므로 다음 비율에는 단위가 없습니다(y_i를 포함하는 항도 마찬가지입니다).
  $$\frac{x-\bar{x}}{SD(x)}$$
- r은 −1과 +1 사이입니다. 모든 점이 정확히 한 선상에 있을 때만 선의 기울기가 양수인지 음수인지에 따라 상관관계가 +1 또는 −1이 됩니다.
- r은 데이터에 선형 연관성이 있는지 여부가 아닌 선형 연관성의 강도를 측정합니다. 그림 15-2의 4개의 산점도는 모두 약 0.8의 동일한 상관 계수를 가지며 평균과 표준편차도 동일하지만, 왼쪽 상단에 있는 차트 하나만 선에 대한 임의의 오차를 가지는 선형 연관성을 보입니다.

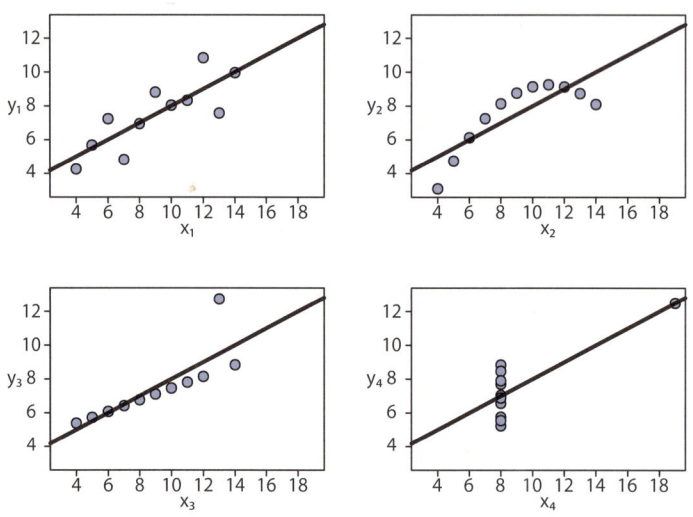

⟨그림 15-2⟩ 앤스콤의 사분할 그래프(Anscombe's quartet)라고 불리는
이 네 개의 산점도 집합은 상관관계가 0.8로 동일하고 평균과 표준편차도 동일합니다.
왼쪽 위 플롯은 선형 연관성을, 오른쪽 위는 완벽한 비선형 연관성을, 왼쪽 아래는 한 점을 제외하고는
완벽한 선형 연관성을, 오른쪽 아래는 한 점을 제외하고는 연관성이 없는 것을 볼 수 있습니다.

다시 말하지만, 선형 모델에 있어 데이터 각 점의 쌍이 이 선을 따라 정확히 떨어질 것으로 기대하지는 않지만 각 점의 분산이 선으로 합리적으로 설명될 것을 기대하게 됩니다. y_i와 추정치 $\hat{\theta}_0 + \hat{\theta}_1 x_i$ 사이의 편차는 뚜렷한 패턴 없이 선에 대해 대략 대칭적으로 분포할 것으로 기대합니다.

선형 모델은 12장에서 소개했었고, 이때 환경 보호국에서 운영하는 고품질의 대기질 모니터와 주변의 저렴한 대기질 모니터의 측정값 간의 관계를 사용하여 저렴한 모니터를 보정하여 더 정확한 예측을 할 수 있었습니다. 이 예시를 다시 살펴보면서 간단한 선형 모델의 개념을 보다 구체적으로 파악해 보도록 합시다.

15.2. 예제: 대기질 측정을 위한 단순 선형 모델

12장에서는 미국 정부에서 운영하는 정확한 대기질 시스템(AQS) 센서의 대기질 측정값을 사용하여 퍼플에어(PA) 센서의 측정값을 예측하는 것이 목표였습니다. 데이터 값의 쌍은 같은 날 공기 중 미립자 물질의 일일 평균 농도를 측정하는 인접한 기기에서 가져옵니다(측정 단위는 24시간 동안 공기 1세제곱리터당 2.5mm 미만 입자의 평균 개수입니다). 여기서

는 조지아주 한 곳의 대기질 측정값에 초점을 맞춥니다. 이는 12장의 예제에서 수집한 데이터의 일부입니다. 측정치는 2019년 8월부터 2019년 11월 중순까지의 일일 평균값입니다.

	date	Id	region	pm25aqs	pm25pa
5258	2019-08-02	GA1	Southeast	8.65	16.19
5259	2019-08-03	GA1	Southeast	7.7	13.59
5260	2019-08-04	GA1	Southeast	6.3	10.3
...	...	...	...	...	...
5439	2019-10-18	GA1	Southeast	6.3	12.94
5440	2019-10-21	GA1	Southeast	7.5	13.62
5441	2019-10-30	GA1	Southeast	5.2	14.55

184 rows × 5 columns

pm25aqs라는 특성에는 AQS 센서의 측정치가 들어있고, pm25pa는 퍼플에어 모니터에서 가져온 측정치입니다. AQS 측정치가 퍼플에어 측정치를 얼마나 잘 예측할 수 있는지 확인하고자 한다면, 퍼플에어 수치를 y축에 놓고 AQS 수치를 x축에 놓은 산점도를 그려볼 수 있습니다. 여기에 추세선도 추가합니다.

```
px.scatter(GA, x="pm25aqs", y="pm25pa", trendline='ols',
           trendline_color_override="darkorange",
           labels={'pm25aqs':'AQS PM2.5', 'pm25pa':'PurpleAir PM2.5'},
           width=350, height=250)
```

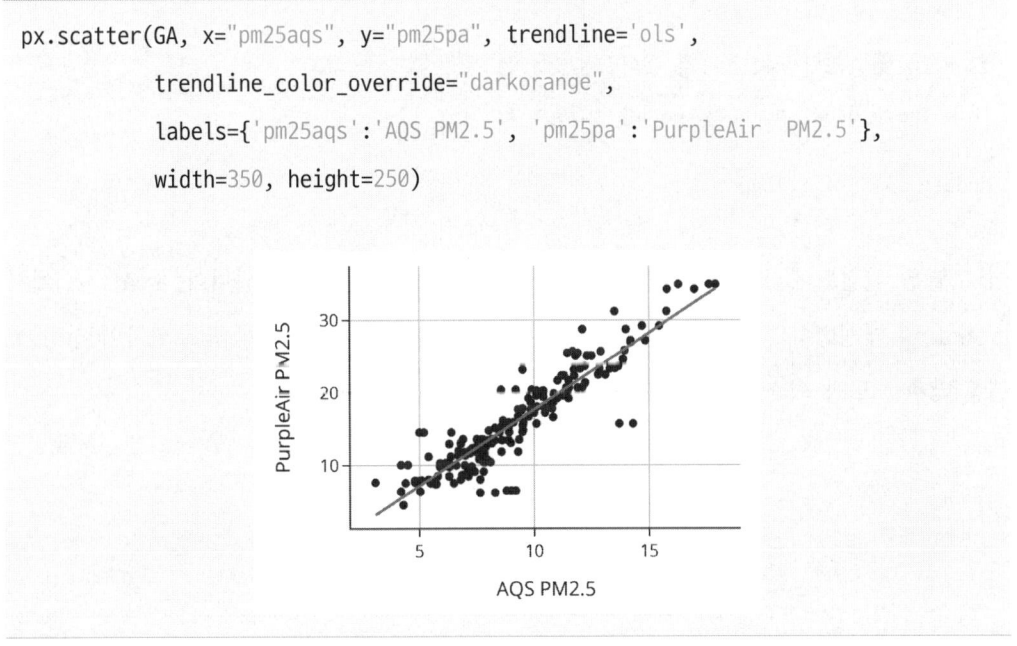

이 산점도를 통해 두 종류의 측정 기기의 측정치 간에 선형 관계가 존재한다는 것을 알 수 있습니다. 여기서 적합하게 만들고자 하는 모델은 다음의 식을 따릅니다.

$$PA \approx \theta_0 + \theta_1 AQ$$

이때 PA는 퍼플에어의 일별 평균 측정치를 뜻하고 AQ는 이에 연결된 AQS 측정치를 뜻합니다.

pandas.Series 객체에는 표준편차(SD)와 상관계수를 구할 수 있는 내장 메서드가 있으므로 최적의 적합한 선을 구하는 함수를 쉽게 정의할 수 있습니다.

```
def theta_1(x, y):
    r = x.corr(y)
    return r * y.std() / x.std()


def theta_0(x, y):
    return y.mean() - theta_1(x, y) * x.mean()
```

그럼 이 데이터로부터 $\hat{\theta}_0$와 $\hat{\theta}_1$을 구하여 최적의 모델을 만들 수 있습니다.

```
t1 = theta_1(GA['pm25aqs'], GA['pm25pa'])
t0 = theta_0(GA['pm25aqs'], GA['pm25pa'])

Model: -3.36 + 2.10AQ
```

이 모델은 산점도에 표시한 추세선과 일치합니다. 이는 우연이 아닙니다. scatter()에서 trendline 매개변수의 값을 "ols"로 넣었는데, 이 단어는 제곱 오차를 최소화하여 선형 모델을 맞추는 일반 최소 제곱(ordinary least square)을 나타냅니다.

오차를 살펴보도록 합시다. 먼저 AQS 측정치가 주어졌을 때 PA 측정치에 대한 예측값을 구한 다음, 실제 PA 측정치과 예측값의 차이인 오차를 계산해 보겠습니다.

```
prediction = t0 + t1 * GA["pm25aqs"]
error = GA["pm25pa"] - prediction
fit = pd.DataFrame(dict(prediction=prediction, error=error))
```

예측값에 대한 오차를 그래프로 나타내 봅시다.

```
fig = px.scatter(fit, y='error', x='prediction',
                 labels={"prediction": "Prediction", "error": "Error"},
                 width=350, height=250)

fig.add_hline(0, line_width=2, line_dash='dash', opacity=1)
fig.update_yaxes(range=[-12, 12])
```

오차가 0이면 실제 측정값이 적합선에 속한다는 의미이며, 이 선을 최소 제곱 선(least squares line) 또는 회귀선(regression line)이라고도 합니다. 값이 양수이면 선 위에 있음을 의미하고 음수이면 선 아래에 있음을 의미합니다. 이제, 이 모델이 얼마나 잘 작동하고 있으며, 데이터에 대해 무엇을 알려주는지 궁금할 것입니다. 다음에는 이러한 주제에 대해 살펴보겠습니다.

15.2.1. 선형 모델 해석하기

쌍을 이룬 측정값의 원래 산점도를 보면 퍼플에어 기록이 더 정확한 AQS 측정값에 비해 상당히 높은 경우가 많다는 것을 알 수 있습니다. 실제로 단순 선형 모델의 방정식은 약 2.1의 기울기를 갖습니다. 이 기울기는 AQS 모니터에서 측정한 1ppm의 변화가 평균적으로 PA 측정값은 2ppm의 변화와 관련이 있다는 의미로 해석됩니다. 따라서 어느 날 AQS 센서가 10ppm을 측정하고 다음 날에는 5ppm 더 높은 15ppm이 측정되면 PA 측정값에 대한 예측은 하루 사이에 2 × 5 = 10ppm씩 증가합니다.

퍼플에어 수치의 변화는 AQS 수치의 변화로 인한 것이 아닙니다. 오히려 둘 다 대기질을 반영하며, 이 모델은 두 장치 간의 관계를 포착합니다. 종종 예측이라는 용어가 인과 관계를 의미하는 것으로 받아들여지지만 여기서는 그렇지 않습니다. 대신 여기서의 '예측'은 PA와 AQS 측정값 사이의 선형 연관성을 사용한다는 것을 의미합니다.

공기 중에 미세먼지가 없을 때는 두 측정기 모두 0ppm을 측정할 것이라고 생각하기 때문에 모델의 절편은 0이 될 것으로 예상할 수 있습니다. 그러나 AQS가 0인 경우 모델은 퍼플에어에 대해 −3.4ppm을 예측하는데, 이는 말이 되지 않습니다. 공기 중에 음수 개의 입자가 존재할 수는 없습니다. 이는 측정이 이루어진 범위 밖에서 모델을 사용할 때의 문제점을 드러냅니다. 우리는 3~18ppm 사이의 AQS 기록을 관찰했으며 이 범위에서는 모델이 잘 맞았습니다. 선의 절편이 0인 것이 합리적이지만, 이러한 모델은 실제적인 의미에서 잘 맞지 않으며 예측이 훨씬 더 나빠지는 경향이 있습니다.

저명한 통계학자인 조지 박스(George Box)는 "모든 모델은 틀렸지만, 어떤 모델은 유용하다(All models are wrong, but some are useful)."는 유명한 말을 남겼습니다. 이 말처럼, 단순 선형 모델이 완벽하지 않더라도, 퍼플에어 센서의 공기질 측정값을 보정하고 해석하는 데는 여전히 유용할 수 있습니다. 실제로 두 측정값 간의 상관관계는 매우 높습니다.

```
GA[['pm25aqs', 'pm25pa']].corr()
```

	pm25aqs	pm25pa
pm25aqs	1	0.92
pm25pa	0.92	1

상관 계수를 보는 것 외에도 선형 모델의 품질을 평가하는 다른 방법도 있습니다.

15.2.2. 적합도 측정

앞서 설명한 적합한 값에 대한 오차 그래프를 사용하면 적합 정도에 대한 품질을 시각적으로 평가할 수 있습니다(이 그래프에서 오차를 잔차라고도 하기 때문에 잔차 그래프라고도 부릅니다). 잘 맞는 그래프는 0의 수평선 주위에 뚜렷한 패턴 없이 점들이 구름처럼 모여 있어야 합니다. 패턴이 있으면 일반적으로 단순 선형 모델이 신호를 완전히 포착하지 못한다는 결론을 내릴 수 있습니다. 앞서 잔차 그래프에 뚜렷한 패턴이 없는 것을 확인했습니다.

유용하게 활용할 수 있는 또 다른 유형의 잔차 그래프는 모델에 누락된 특징을 시각화해서 볼 수 있는 그래프입니다. 만약 특정 패턴이 나타나면 모델에 이미 있는 특성 외에 이 새로운 특성을 모델에 추가할 수 있습니다. 또한 데이터에 시간 요소가 포함된 경우, 시간에 따른 잔차에서 패턴이 있는지 확인해 볼 수 있습니다. 여기에서 살펴보는 데이터의 경우 측정값이 4개월 동안의 일일 평균이므로 측정치가 기록된 날짜에 대한 오차를 그림 15-3과 같이 그래프로 나타냅니다.

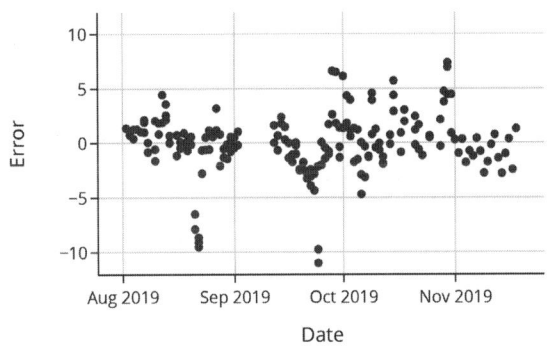

〈그림 15-3〉 날짜별 오차 산점도

8월 말과 9월 말에 며칠 연속으로 데이터가 예상보다 훨씬 낮은 날이 있었던 것 같습니다. 이전의 산점도(및 첫 번째 잔차 그래프)를 다시 보면 가운데의 데이터 구름 아래에 두 개의 수평으로 놓인 작은 점의 집합들이 있는 것을 볼 수 있습니다. 방금 만든 그래프를 통해 원본 데이터와 장비에 대한 사용 가능한 모든 정보를 확인하여 해당 날짜에 장비가 제대로 작동했는지 확인해야 한다는 것을 알 수 있습니다.

잔차 그래프를 사용하면 모델의 예측이 얼마나 정확한지 대략적으로 파악할 수도 있습니다. 대부분의 오차는 선의 ±6ppm 내에 있습니다. 그리고 오차의 표준편차는 약 2.8ppm입니다.

```
error.std()
```

```
2.796095864304746
```

이에 비해 퍼플에어 측정값의 표준편차는 상당히 큽니다.

```
GA['pm25pa'].std()
```

```
6.947418231019876
```

8월 말과 9월에 모니터가 작동하지 않았다면 해당 데이터를 제외해야 하고, 이 경우 모델 오차는 더 줄어들 수 있습니다. 어쨌든 공기가 매우 깨끗한 상황에서는 오차가 상대적으로 크지만 절대적인 수치로 보면 중요하지 않은 정도입니다. 우리는 일반적으로 대기 오염이 있는 경우를 더 우려하며, 이 경우 2.8ppm의 오차는 합리적인 것으로 보입니다.

이 선을 찾는 방법, 즉 모델 적합화 과정으로 돌아가 보겠습니다. 다음에서는 평균제곱오차를 최소화하여 절편과 기울기를 도출할 것입니다.

15.3. 단순 선형 모델 적합화

이 장 초반에 데이터의 평균 손실을 최소화하는 것에 대해 다음과 같이 명시했습니다.

$$\frac{1}{n} \sum_i [y_i - (\theta_0 + \theta_1 x_i)]^2$$

가장 적합한 선의 절편과 기울기는 다음과 같습니다.

$$\hat{\theta}_0 = \bar{y} - \hat{\theta}_1 \bar{x}$$
$$\hat{\theta}_1 = r(x,y) \frac{SD(y)}{SD(x)}$$

이 장에서는 미적분을 사용하여 이러한 결과를 도출합니다.

단순 선형 모델에서 평균제곱오차는 모델을 이루는 두 가지 매개변수인 절편과 기울기로 이루어진 함수입니다. 즉, 미적분을 사용하여 매개변수 값을 최소화하려면 θ_0와 θ_1에 대한 MSE의 편미분을 찾아야 합니다. 다른 기법을 통해서도 이러한 최소화 값을 찾을 수 있습니다.

- 경사 하강법

    손실 함수가 더 복잡하고 그럭저럭 정확한 근사치를 찾는 것이 더 빠를 때는 경사 하강과 같은 수치 최적화 기법을 사용할 수 있습니다(20장 참조).

- 이차 함수

    평균 손실은 θ_0와 θ_1의 이차 함수이므로 이차 함수(일부 대수 기법을 따름)를 사용하여 매개변수 값을 최소화하는 해를 구할 수 있습니다.

- 기하학적 인수

    이 장의 뒷부분에서는 여러 선형 모델을 맞추기 위해 최소 제곱에 대한 기하학적 해석을 사용합니다. 이 접근 방식은 피타고라스의 정리와 관련이 있으며 직관적이라는 이점이 있습니다.

간단한 선형 모델을 최적화하기 위해 이 책에서 미적분을 선택한 이유는 빠르고 간단하기 때문입니다. 우선 각 매개변수에 대한 제곱 오차 합의 부분 도함수를 구합니다.

$$\frac{\partial}{\partial \theta_0} \sum_i [y_i - (\theta_0 + \theta_1 x_i)]^2 = \sum_i 2(y_i - \theta_0 - \theta_1 x_i)(-1)$$

$$\frac{\partial}{\partial \theta_1} \sum_i [y_i - (\theta_0 + \theta_1 x_i)]^2 = \sum_i 2(y_i - \theta_0 - \theta_1 x_i)(-x_i)$$

이제 편미분을 0으로 두고 식의 양쪽에 $-1/2$을 곱하면 다음과 같이 됩니다.

$$0 = \sum_i (y_i - \hat{\theta}_0 - \hat{\theta}_1 x_i)$$

$$0 = \sum_i (y_i - \hat{\theta}_0 - \hat{\theta}_1 x_i) x_i$$

이 방정식들을 정규 방정식이라고 합니다. 첫 번째 방정식에서, $\hat{\theta}_0$은 $\hat{\theta}_1$을 사용하는 함수로 나타낼 수 있습니다.

$$\hat{\theta}_0 = \bar{y} - \hat{\theta}_1 \bar{x}$$

이 값을 두 번째 방정식에 넣으면 다음과 같은 식을 얻을 수 있습니다.

$$0 = \sum_i (y_i - \bar{y} + \hat{\theta}_1 x_i - \hat{\theta}_1 \bar{x}) x_i$$

$$= \sum_i [(y_i - \bar{y}) + \hat{\theta}_1 (x_i - \bar{x})] x_i$$

$$\hat{\theta}_1 = \frac{(\sum_i (y_i - \bar{y}) x_i)}{\sum_i (x_i - \bar{x}) x_i}$$

여기서 약간의 대수적 절차를 거치면, $\hat{\theta}_1$을 익숙한 수치를 사용한 형태로 변경할 수 있습니다.

$$\hat{\theta}_1 = r(x,y) \frac{SD(y)}{SD(x)}$$

이 장의 초반에 보여드렸던 것처럼, 이 식을 사용하면 x에 대한 적합선 위의 점을 다음과 같이 나타낼 수 있습니다.

$$\hat{\theta}_0 + \hat{\theta}_1 x = \bar{y} + r(x,y) SD(y) \frac{(x - \bar{x})}{SD(x)}$$

이렇게 앞에서 사용한 최소 제곱선에 대한 방정식을 도출했습니다. 이제, SD(x), SD(y), r(x,y)를 구하는 pandas의 내장 메서드를 사용해서 이 선에 대한 식을 쉽게 구할 수 있습니다. 하지만, 실제로 모델 적합화에 사용할 때는 scikit-learn에서 제공하는 함수를 사용하는 것을 권장합니다.

```
from sklearn.linear_model import LinearRegression

y = GA['pm25pa']
x = GA[['pm25aqs']]
reg = LinearRegression().fit(x, y)
```

이때 적합화된 모델은 다음과 같습니다.

```
Model: PA estimate = -3.36 + 2.10AQS
```

LinearRegression에 y를 배열로, x를 데이터 프레임으로 넣은 것을 볼 수 있습니다. 조만간 모델에 여러 설명 변수를 넣어 적합화할 때 그 이유를 같이 살펴보겠습니다.
LinearRegression은 최소 제곱으로 선형 모델을 적합화할 때 수치적으로 안정적인 알고리즘을 제공합니다. 이는 다음에 소개할 여러 변수를 사용하는 경우 특히 중요합니다.

15.4. 다중 선형 모델

지금까지 이 장에서는 단일 입력 변수를 사용하여 결과 변수를 예측했습니다. 이제 결과를 예측(또는 설명이나 서술)하기 위해 둘 이상의 특성을 사용하는 다중 선형 모델을 소개합니다. 설명 변수가 여러 개 있으면 데이터에 대한 모델의 적합도를 높이고 예측을 개선할 수 있습니다.

먼저 단순한 선형 모델에서 두 번째 설명 변수인 v를 포함하는 모델로 일반화합니다. 이 모델은 x와 v 모두 선형이므로, x와 v의 선형 조합으로 y를 설명하거나 서술 또는 예측할 수 있습니다.

$y \approx \theta_0 + \theta_1 x + \theta_2 v$

이때 v의 특정값인 v^*이 있다고 할 때, 앞의 식을 다음과 같이 나타낼 수 있습니다.

$y \approx (\theta_0 + \theta_2 v^*) + \theta_1 x$

즉, v를 v^*에서 일정하게 유지하면 x와 y 사이에 기울기 θ_1과 절편 $\theta_0 + \theta_2 v^*$를 갖는 간단한 선형 관계가 성립합니다. v의 다른 값, 예를 들어 v'의 경우에도 마찬가지로 x와 y 사이의 간단한 선형 관계를 갖게 됩니다. x의 기울기는 동일하게 유지되고 유일한 변화는 이제 절편이 $\theta_0 + \theta_2 v'$가 됩니다.

다중 선형 회귀에서는 모델에 다른 변수가 있을 때 x의 계수 θ_1을 어떻게 해석하는지를 기억해 두어야 합니다. 모델의 다른 변수 값(이 경우에는 v)을 고정된 상태로 유지하면, x가 1 단위로 증가할 때 평균적으로 y는 θ_1 단위로 변화합니다. 이러한 종류의 다중 선형 관계를 시각화하는 한 가지 방법은 각 플롯에서 v의 값이 동일한 여러 경우에 대해 (x, y)의 산점도를 다양하게 만드는 것입니다. 다음에서는 대기질 측정값에 대해 이러한 산점도를 만들고 다중 선형 모델을 적합화하고자 할 때 검토할 수 있는 추가 시각화 및 통계의 예제를 보여드릴 것입니다.

대기질 모니터를 연구한 과학자들은(12장 참조) 날씨 요인을 통합해서 사용할 수 있는 개선된 모델을 찾고 있었습니다. 그들이 검토한 날씨 변수 중 하나는 상대 습도에 대한 일일 측정값이었습니다. AQS 센서 측정값과 상대 습도를 기반으로 퍼플에어 측정값을 설명하기 위한 두 가지 변수 선형 모델을 살펴보겠습니다. 이 모델은 다음과 같은 형태로 나타납니다.

$$y \approx \theta_0 + \theta_1 AQ + \theta_2 RH$$

이때 PA, AQ, RH는 순서대로 퍼플에어 평균 일별 측정치, AQS 측정치, 상대 습도를 뜻합니다.

일단, 습도가 동일할 때 두 기기에서의 대기질 특정치의 관계를 비교해 보기 위해 여러 개의 산점도를 그려서 나열해 보겠습니다. 이를 위해 습도를 범주형 변수로 바꿔서 각 산점도가 동일한 습도인 경우의 관측치를 그리도록 합니다.

```
rh_cat = pd.cut(GA['rh'], bins=[43,50,55,60,78],
                labels=['<50','50-55','55-60','>60'])
```

그리고 이 변수를 사용해서 데이터를 구분한 후 2×2 패널 형태로 나타나는 산점도에 표시해 줍니다.

```
fig = px.scatter(GA, x='pm25aqs', y='pm25pa',
                 facet_col=rh_cat, facet_col_wrap=2,
                 facet_row_spacing=0.15,
                 labels={'pm25aqs':'AQS PM2.5', 'pm25pa':'PurpleAir PM2.5'},
                 width=550, height=350)

fig.update_layout(margin=dict(t=30))
fig.show()
```

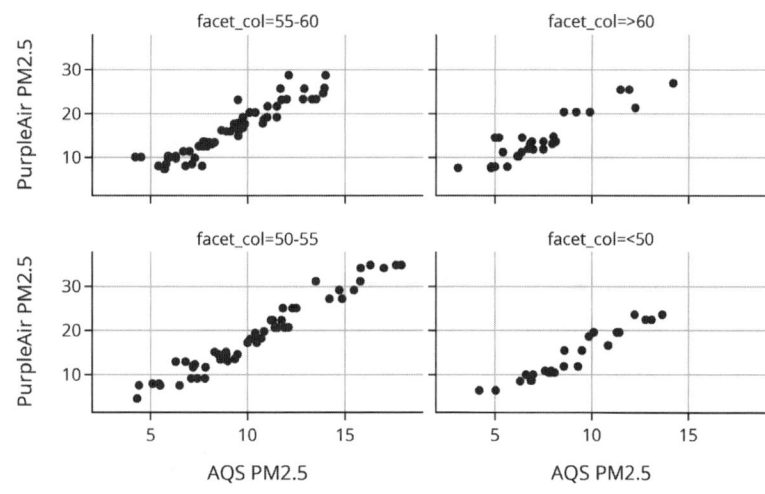

이 네 개의 그래프는 두 대기질 측정 기기 간의 선형 관계를 보여줍니다. 네 그래프에서 기울기가 비슷해 보이는데, 이는 다중 선형 모델이 적합화가 잘 되었음을 의미합니다. 이 그래프에서는 상대 습도가 절편에 많은 영향을 미치는지에 대해서는 확인하기가 어렵습니다. 또한 세 가지 특성 사이의 쌍별 산점도를 살펴보고자 합니다. 두 설명 변수의 상관관계가 높으면 모델의 계수가 불안정할 수도 있습니다. 세 개 이상의 특성 사이의 선형 관계는 그래프 조합에 나타나지 않을 수 있지만 그래도 확인하는 것이 좋습니다.

```
fig = px.scatter_matrix(
    GA[['pm25pa', 'pm25aqs', 'rh']],
    labels={'pm25aqs':'AQS', 'pm25pa':'PurpleAir', 'rh':'Humidity'},
    width=550, height=400)

fig.update_traces(diagonal_visible=False)
```

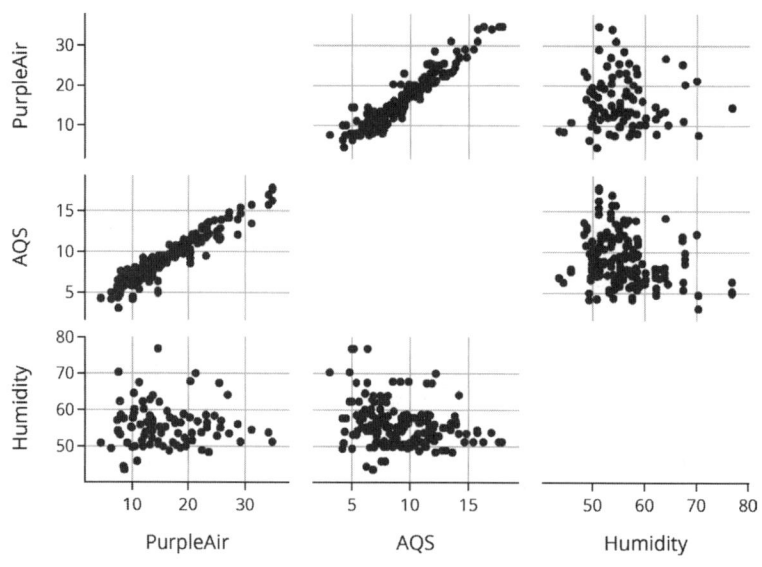

습도(Humidity)와 대기질의 관계는 그다지 강해 보이지 않습니다. 추가로 살펴봐야 하는 다른 조합 수치는 특성 간의 상관관계입니다.

〈표 15-1〉 대기질과 습도 변수 간의 상관관계

	pm25pa	pm25aqs	rh
pm25pa	1	0.95	−0.06
pm25aqs	0.95	1	−0.24
rh	−0.06	−0.24	1

약간 놀라운 점이라면 상대 습도가 AQS 측정 대기질 수치와 작게나마 음의 상관관계를 나타낸다는 것입니다. 이는 상대 습도가 모델에 도움이 될 수도 있다는 뜻이기도 합니다.

뒤에 이어, 적합 모델에 대한 식을 도출할 것입니다. 하지만 일단 지금은 LinearRegression의 함수를 사용해서 모델을 적합화하겠습니다. 앞의 내용과 딱 하나 달라진 것이라면 관측 변수에 두 열을 넣는다는 것입니다(그래서 입력값 x가 데이터 프레임이었던 것입니다).

```
from sklearn.linear_model import LinearRegression

y = GA['pm25pa']
X2 = GA[['pm25aqs', 'rh']]
model2 = LinearRegression().fit(X2, y)
```

계수의 단위까지 추가해서 나타낸 적합화된 다중 선형 모델은 다음과 같습니다.

```
PA estimate = -15.8 ppm + 2.25 ppm/ppm x AQS
            + 0.21 ppm/percent x RH
```

이 모델의 습도 계수는 상대 습도의 매 퍼센트마다 대기질 예측을 0.21ppm씩 조정합니다. AQS 계수의 경우 앞서 적용한 단순 선형 모델과 다르다는 것을 알 수 있습니다. 이는 계수가 상대 습도에서 오는 추가 정보를 반영하기 때문입니다.

마지막으로, 적합도의 품질을 확인하기 위해 예측값과 오차의 잔차 그래프를 만듭니다. 이번에는 LinearRegression을 사용하여 예측값을 구합니다.

```
predicted_2var = model2.predict(X2)
error_2var = y - predicted_2var


fig = px.scatter(y - error_2var, x=predicted_2var,
                 labels={"y": "Error", "x": "Predicted
                         PurpleAir measurement"},
                 width=350, height=250)
```

```
fig.update_yaxes(range=[-12, 12])
fig.add_hline(0, line_width=3, line_dash='dash', opacity=1)

fig.show()
```

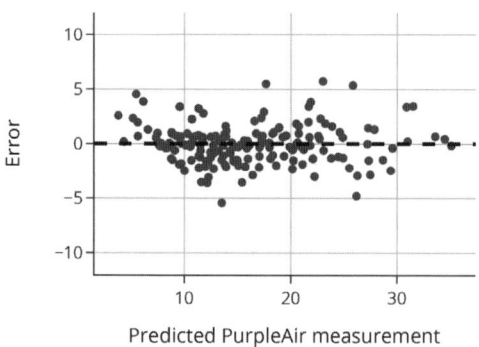

잔차 그래프에는 뚜렷한 패턴이 나타나지 않으므로, 모델이 그럭저럭 괜찮게 적합되었다는 것을 알 수 있습니다. 이때 오차는 대부분 -4에서 4ppm 사이에 위치해 있고, 이는 단순 선형 모델일 때 보다 범위가 작습니다. 또한 잔차의 표준편차는 좀 더 작은 것도 확인할 수 있습니다.

```
error_2var.std()
```

1.8211427707294048

잔차의 표준편차는 단일 변수 모델에서 2.8ppm에서 1.8ppm으로 줄어들어 그 크기가 상당히 감소했습니다.

설명 변수가 두 개 이상인 경우 상관 계수는 선형 연관성 모델의 강도를 포착할 수 없습니다. 대신, 모델 적합도를 파악하기 위해 MSE를 조정합니다. 이어서 다중 선형 모델을 맞추는 방법과 MSE를 사용하여 적합도를 평가하는 방법을 설명하도록 하겠습니다.

15.5. 다중 선형 모델 적합화

앞서 설명 변수가 두 개인 경우를 고려했습니다. 그중 하나는 x이고 다른 하나는 v입니다. 이제 설명 변수가 p인 경우로 접근 방식을 일반화하고자 합니다. 변수를 표현하기 위해 다른 문자를 선택한다는 생각은 금방 실패합니다. 대신 그림 15-4에 표시된 것처럼 여러 예측 변수를 행렬로 표현하는 보다 공식적이고 일반적인 접근 방식을 사용합니다. X를 설계 행렬(design matrix)이라고 부릅니다. X의 모양은 n × (p + 1)입니다. X의 각 열은 특성을 나타내고 각 행은 관측치를 나타냅니다. 즉, $x_{i,j}$는 특성 j에 대해 관측점 i에서 측정한 값입니다.

$$X = \begin{bmatrix} 1 & x_{1,1} & \ldots & x_{1,p} \\ 1 & x_{2,1} & \ldots & x_{2,p} \\ & & \ldots & \\ 1 & x_{n,1} & \ldots & x_{n,p} \end{bmatrix}$$

〈그림 15-4〉 이 설계 행렬 X에서 각 행은 관찰/기록값을, 각 열은 특성/변수를 나타냅니다.

설명

한 가지 기술적인 사항을 짚고 넘어가자면, 디자인 행렬은 데이터 프레임이 아닌 수학적 행렬로 정의되므로 행렬에 데이터 프레임의 열 또는 행 이름이 포함되어 있지 않다는 것을 알 수 있습니다. 하지만 대부분의 모델링용 파이썬 라이브러리는 숫자로 구성된 데이터 프레임을 행렬처럼 취급하기 때문에 데이터 프레임을 행렬로 변환하는 것에 대해 걱정할 필요는 없습니다.

주어진 관측값(예: X의 두 번째 행)에 대해 선형 조합으로 결과 y_2를 근사화합니다.

$$y_2 \approx \theta_0 + \theta_1 x_{2,1} + \ldots + \theta_p x_{2,p}$$

행렬 기호를 사용하면 선형 근사를 더 편하게 나타낼 수 있습니다. 모델의 매개변수를 p+1개의 열을 가지는 벡터 θ를 사용해서 나타내면 다음과 같습니다.

$$\theta = \begin{bmatrix} \theta_0 \\ \theta_1 \\ \vdots \\ \theta_p \end{bmatrix}$$

이 벡터를 조합하면, 전체 데이터셋의 예측 벡터를 행렬곱을 사용해서 다음과 같이 나타낼 수 있습니다.

$X\theta$

X와 θ의 차원을 확인하면, $X\theta$가 n차원의 열을 가진 벡터라는 것을 알 수 있습니다. 그러면 이 선형 예측을 사용했을 때 실제값 벡터 y와 예측값 $X\theta$ 사이의 오차 벡터 e는 다음과 같이 나타낼 수 있습니다.

$e = y - X\theta$

이때 결과 벡터 역시 다음과 같은 열벡터로 나타낼 수 있습니다.

$$y = \begin{bmatrix} y_1 \\ y_2 \\ \vdots \\ y_n \end{bmatrix}$$

다중 선형 회귀모델을 행렬로 표현하면 평균제곱오차를 최소화하는 모델을 찾기 용이합니다. 이때 목적은 평균제곱오차를 최소화하는 모델의 매개변수(θ_0, θ_1, ... ,θ_p)를 찾는 것입니다.

$$\frac{1}{n} \sum_i [y_i - (\theta_0 + \theta_1 x_{i,1} + \ldots + \theta_p x_{i,p})]^2 = \frac{1}{n} \| y - X\theta \|^2$$

이때 벡터 v에 대해 $\|v\|^2$는 $\|v\|^2 = \sum_i v_i^2$ 로, 각 벡터의 원소의 제곱의 합을 나타냅니다.

제곱근 $\sqrt{\|v\|^2}$는 벡터 v의 길이에 해당하며 v의 ℓ_2 항이라고도 합니다. 따라서 평균제곱오차를 최소화하는 것은 최단 오차 벡터를 찾는 것과 동일합니다.

단순 선형 모델에서와 마찬가지로 미적분을 사용하여 모델을 적합화할 수 있습니다. 그러나 이 접근 방식은 번거롭기 때문에 대신 더 직관적이고 설계 행렬, 오차 및 예측 값의 유용한 특성을 쉽게 도출할 수 있는 기하학적 인수를 사용합니다.

여기서의 목표는 평균 제곱 손실을 최소화하는 매개변수 벡터($\hat{\theta}$라고 함)를 찾는 것입니다. 즉, 주어진 X와 y에 대해 $\|y-X\theta\|^2$ 를 가능한 한 작게 만들고자 하는 것인데, 이때 중요한 개념은 이 목표를 기하학적 방식으로 다시 표현할 수 있다는 것입니다. 모델 예측과 실제 결과는 모두 벡터이므로 이를 벡터 공간의 벡터로 생각할 수 있습니다. 모델 매개변수 θ를 변경하면 모델은 다른 예측값을 내지만, 이때 모든 예측은 X의 열 벡터의 선형 조합이어야 합니다. 즉, 예측값은 span(X)이라고 하는 공간에 있어야 합니다. 이 개념은 그림 15-5에서 음영 처리된 영역이 가능한 선형 모델로 구성되어 있습니다. 일반적으로 실제 결과 y는 이 공간에 정확히 포함되지 않기 때문에, 모델은 y에 가장 가까운 예측값을 찾아야 합니다.

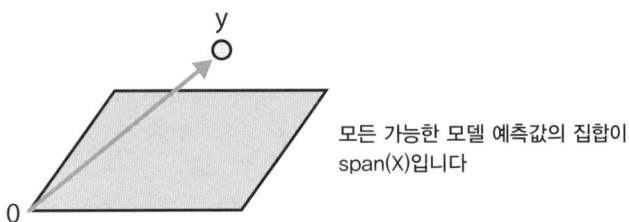

〈그림 15-5〉 이 단순화된 다이어그램에서는 가능한 모든 모델 예측 벡터의 공간을 3차원 공간에서의 평면으로, 관측된 y를 벡터로 표시했습니다.

제곱 손실이 정확히 0이 될 수 없는 이유는 y가 span(X)에 없기 때문이지만, 대신 span(X)에 있으면서 가능한 한 y에 가까운 벡터를 찾을 수 있습니다. 이 벡터를 $\hat{y}$ 라고 합니다.

오차는 벡터 e=y-$\hat{y}$입니다. 이 벡터의 길이 $\|e\|$는 실제 결과와 모델의 예측치 사이의 거리를 나타냅니다. 그림 15-6에서와 같이 시각적으로 e는 span(X)에 수직일 때 크기가 가장 작습니다. 이 사실에 대한 증명은 생략하고 수치에 의존하여 이해를 돕도록 하겠습니다.

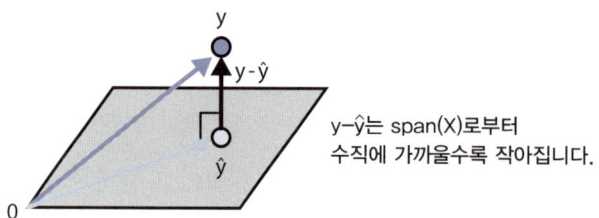

〈그림 15-6〉 평균제곱오차는 예측치 $\hat{y}$가 span(X)를 기준으로 y와 수직을 이룰수록 작아집니다.

최소 오차 e는 $\hat{y}$에 수직이어야 한다는 사실을 활용하면 $\hat{\theta}$에 대해 다음과 같은 식을 도출할 수 있습니다.

$X\hat{\theta} + e = y$ (y, $\hat{y}$, e 의 정의 활용)

$X^\top X\hat{\theta} + X^\top e = X^\top y$ ($X^\top$ 곱함)

$X^\top X\hat{\theta} = X^\top y$ (e와 span(X)는 직각임)

$\hat{\theta} = (X^\top X)^{-1} X^\top y$ (($X^\top X)^{-1}$ 곱함)

다중 선형 모델에 대한 $\hat{\theta}$를 유도하는 이 일반적인 접근 방식은 단순 선형 모델에 대해서도 $\hat{\theta}_0$과 $\hat{\theta}_1$을 제공합니다. X를 절편 열과 특징 열을 포함하는 2열 행렬로 설정하면 $\hat{\theta}$에 대한 이 공식과 일부 선형 대수를 통해 최소 제곱 적합 단순 선형 모델의 절편과 기울기를 구할 수 있습니다. 실제로 X가 단순히 1로 이루어진 단일 열인 경우, 이 공식을 사용하여 $\hat{\theta}$가 y 의 평균임을 보여줄 수 있습니다. 이는 4장에서 소개한 상수 모델과 연결됩니다.

> **설명**
>
>  $\hat{\theta} = (X^\top X)^{-1} X^\top y$과 같이 공식을 기반으로 $\hat{\theta}$를 도출하는 간단한 함수를 작성할 수도 있지만, $\hat{\theta}$ 계산은 scikit-learn 및 statsmodels 라이브러리에서 제공하는, 최적으로 만들어진 메서드에 맡기는 것이 좋습니다. 이러한 방법은 설계 행렬이 희박하거나, 거의 동일 선상에 위치한 것 같은 형태나, 역행렬이 없는 경우도 처리할 수 있습니다.

이 $\hat{\theta}$에 대한 해법(그림 15-6 참고)은 적합 계수와 예측값에 대한 몇 가지 유용한 특성을 보여줍니다.

- 잔차 e는 예측값 ȳ과 직교합니다.
- 모델에 절편 항이 있는 경우 잔차의 평균은 0입니다.
- 잔차의 분산은 MSE에 불과합니다.

이러한 속성 때문에 예측값에 대한 잔차 그래프를 살펴보는 것이 좋습니다. 다중 선형 모델을 적합화할 때는 모델에 추가하려는 변수에 대한 잔차도 그래프로 그려봅니다. 그래프 결과 선형 패턴을 보인다면 모델에 추가하는 것을 고려할 수 있습니다.

오차의 SD를 검사하는 것 외에도 다중 선형 모델에 대한 MSE와 상수 모델에 대한 MSE의 비율을 통해 모델 적합도를 측정할 수 있습니다. 이를 다중 결정계수(Multiple R^2)라고 하며 다음과 같이 정의됩니다.

$$R^2 = 1 - \frac{\|y - X\hat{\theta}\|^2}{\|y - \bar{y}\|^2}$$

모델이 데이터에 점점 더 잘 맞을수록 다중 결정계수는 1에 가까워집니다. 이는 좋은 것처럼 보일 수 있지만, 이 접근 방식의 경우 의미가 없는 특성을 모델에 추가하더라도 해당 특성이 span(X)을 확장하는 한 R^2이 계속 증가하기 때문에 문제가 있을 수 있습니다. 모델의 크기를 고려하기 위해 모델의 적합 계수 수에 따라 R^2의 분자와 분모를 조정하기도 합니다. 즉, 분자는 1/[n − (p + 1)]로, 분모는 1/(n − 1)로 정규화합니다. 모델 선택 시에 더 나은 접근 방식은 16장에서 다룹니다.

이제 모델링에 사용할 수 있는 변수가 많은 사회과학 데이터에 적용해 보겠습니다.

15.6. 예제: 어디에 기회의 땅이 있습니까?

사람들은 미국에서 가진 것이 거의 없는 사람도 부자가 될 수 있다고 믿기 때문에 미국을 "기회의 땅"이라고 부르며, 경제학자들은 이 개념을 "경제적 이동성"이라고 부릅니다. 한 연구에서 경제학자 라즈 체티(Raj Chetty)와 그의 동료들은 미국의 경제적 이동성에 관한 대규모 데이터 분석을 수행했습니다[1]. 그가 가진 기본적인 질문은 미국이 기회의 땅이 맞

---

1 https://doi.org/10.1093/qje/qju022

지에 대한 것이었습니다. 이 다소 모호한 질문에 답하기 위해 체티는 경제적 이동성을 측정할 수 있는 방법이 필요했습니다.

체티는 1980년에서 1982년 사이에 미국에서 태어난 모든 사람의 2011~2012년 연방 소득세 기록과 출생 연도에 신고된 부모의 세금 기록을 살펴볼 수 있었습니다. 그리고 부모의 1980년과 1982년 세금 기록을 찾아 거기에 부양가족으로 기록된 사람들이 30세인 사람들과 그들의 부모를 연결했습니다. 이렇게 정리한 데이터에는 총 약 천만 명의 사람들이 포함되어 있었습니다. 체티는 경제적 이동성을 측정하기 위해 1980~1982년 부모의 소득이 25번째 소득 백분위수에 속하는 특정 지역에서 태어난 사람들을 하나의 집단으로 분류했습니다. 그런 다음 2011년에 이 집단의 평균 소득 백분위수를 찾았습니다. 체티는 이를 평균 절대 상향 이동성(absolute upward mobility, AUM)이라고 부릅니다. 한 지역의 AUM이 25인 경우, 25번째 백분위수에서 태어난 사람들은 일반적으로 25번째 백분위수에 머무릅니다. 부모가 태어났을 때 부모가 살던 곳에 머물러 있는 것입니다. AUM 값이 높다는 것은 해당 지역의 상향 이동성이 높다는 것을 의미합니다. 이런 지역의 25번째 소득 백분위수에 속한 사람들은 일반적으로 부모보다 더 높은 소득 계층에 속하게 됩니다. 참고로, 이 글을 쓰는 시점에 미국 평균 AUM은 약 41입니다. 체티는 카운티와 거의 같은 규모인 출퇴근 구역(commuting zone, CZ)이라고 불리는 지역에 대한 AUM을 계산했습니다.

원본 데이터의 구분 정도는 개인 단위지만, 체티가 분석한 데이터의 구분 정도는 CZ 수준입니다. 소득 기록은 개인정보 보호법 때문에 공개할 수 없지만, 통근 구역의 AUM은 공개할 수 있습니다. 그러나 통근 구역의 구분 정도라고 하더라도 모든 통근 구역이 데이터에 포함되지는 않습니다. 데이터에 40개의 특성이 있으면 작은 CZ에 속한 개인을 식별할 수 있기 때문입니다. 이러한 제한은 잠재적으로 적용 범위에 따른 편향이 일어날 가능성이 있습니다. 측정 편향은 또 다른 잠재적 문제입니다. 예를 들어, 소득 백분위수 25번째에 태어난 자녀가 극도로 부유한 경우 소득세를 신고하지 않을 수 있습니다.

또한 개별 측정값이 아닌 지역 평균 데이터로 작업할 때의 한계도 있을 수 있습니다. 특성 간에 발견되는 관계는 개별 수준보다 집계 수준에서 더 높은 상관관계를 보이는 경우가 많습니다. 이러한 현상을 생태학적 회귀라고 하며, 집계된 데이터의 결과에 대해 해석할 때는 신중해야 합니다.

체티는 미국의 일부 지역이 다른 지역보다 경제적 이동성이 높다고 예상하고 있었습니다. 분석 결과 이는 사실로 밝혀졌습니다. 그는 캘리포니아 산호세, 워싱턴 DC, 시애틀과 같은 일부 도시가 노스캐롤라이나주 샬럿, 밀워키, 애틀랜타 등 다른 도시보다 이동성이 높다는 사실을 발견했습니다. 예를 들어, 산호세에서는 샬럿에 비해 저소득층에서 고소득층으로 이동하는 비율이 더 높습니다. 체티는 선형 모델을 사용하여 인종 차별, 소득 불평등, 지역 학교 시스템과 같은 사회적, 경제적 요인이 경제적 이동성과 관련이 있음을 발견했습니다. 이 분석에서는 AUM과 상관관계가 있는 특성을 찾는 것이 목적이었기 때문에 결과 변수는 출퇴근 지역의 AUM입니다. 체티의 데이터에는 이러한 특성이 많이 있지만, 우선 한 가지 특성에 대해서 살펴보겠습니다. CZ내에서 직장까지 15분 이하인 인구의 비율을 조사해 보는 것입니다.

15.6.1. 출퇴근 시간을 이용한 상향 이동성 설명하기

먼저 cz_df라는 데이터 프레임에 데이터를 불러와서 조사를 시작합니다.

	aum	travel_lt15	gini	rel_tot	...	tax rate	worked_14	foreign	region
0	38.39	0.33	0.47	0.51	...	0.02	3.75E-03	1.18E-02	South
1	37.78	0.28	0.43	0.54	...	0.02	4.78E-03	2.31E-02	South
2	39.05	0.36	0.44	0.67	...	0.01	2.89E-03	7.08E-03	South
...	...	...	...	...	...	...	...	...	...
702	44.12	0.42	0.42	0.29	...	0.02	4.82E-03	9.85E-02	West
703	41.41	0.49	0.41	0.26	...	0.01	4.39E-03	4.33E-02	West
704	43.2	0.24	0.42	0.32	...	0.02	3.67E-03	1.13E-01	West

705 rows × 9 columns

각 행은 각각의 통근 지역을 나타냅니다. 열 aum은 1980~1982년 통근 지역에서 태어난 소득 백분위수 25번째에 해당하는 부모를 둔 사람들의 평균 AUM입니다. 이 데이터 프레임에는 많은 열이 있지만, 여기서는 15분 이하의 통근 시간을 갖는 CZ에 있는 사람의 비율인 travel_lt15에 초점을 맞춰서 살펴보도록 하겠습니다. 이 두 변수 간의 관계를 살펴보기 위해 이 비율값과 AUM을 다음과 같이 그래프로 나타냈습니다.

```python
px.scatter(cz_df, x='travel_lt15', y='aum', width=350,
           height=250,
           labels={'travel_lt15':'Commute time under 15 min',
                   'aum':'Upward mobility'})
```

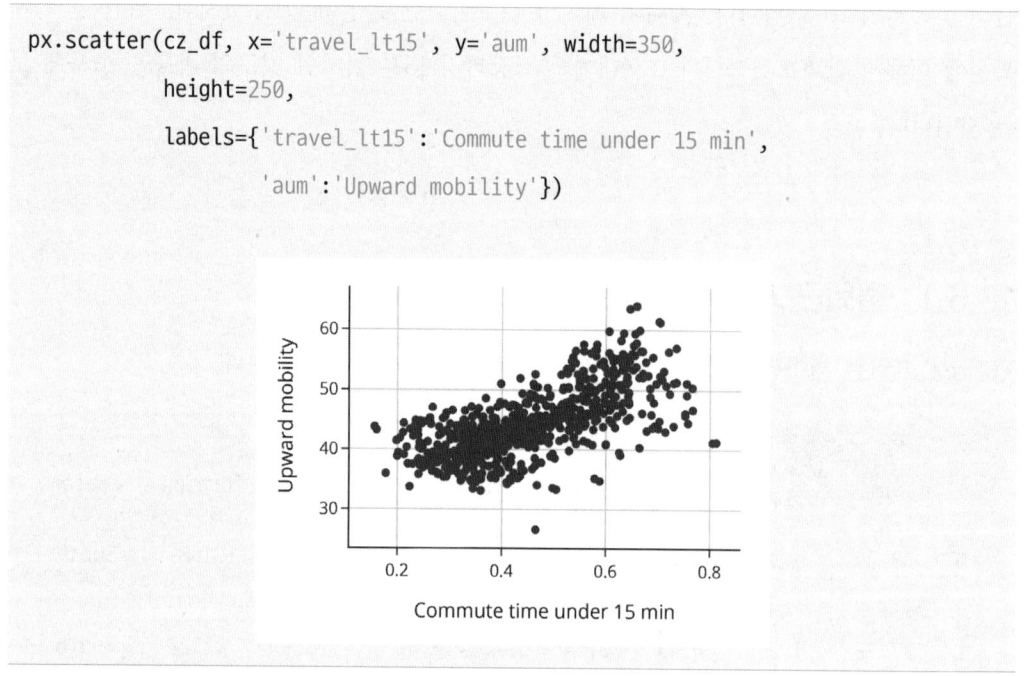

산점도를 보면 AUM과 통근 시간 간에 대략적인 선형 관계가 있는 것을 알 수 있습니다. 그리고 이 상관관계가 꽤 강하다는 것도 확인할 수 있습니다.

```python
cz_df[['aum', 'travel_lt15']].corr()
```

	aum	travel_lt15
aum	1	0.68
travel_lt15	0.68	1

AUM을 통근 시간으로 나타내기 위한 단순 선형 모델을 만들어 봅시다.

```
from sklearn.linear_model import LinearRegression

y = cz_df['aum']
X = cz_df[['travel_lt15']]

model_ct = LinearRegression().fit(X, y)
```

MSE가 최소화되는 때의 계수는 다음과 같습니다.

```
Intercept: 31.3
Slope: 28.7
```

신기하게도, CZ의 상향 이동성 증가는 짧은 통근 시간을 가지는 사람의 비율의 증가와 연관이 있는 것으로 나타납니다.

AUM 측정치의 SD와 잔차의 SD를 비교해 보도록 하겠습니다. 이 두 값을 비교해 보면 이 모델이 AUM을 설명하는데 얼마나 유용한지에 대한 감을 잡을 수 있습니다.

```
prediction = model_ct.predict(X)
error = y - prediction

print(f"SD(errors): {np.std(error):.2f}")
print(f"  SD(AUM): {np.std(cz_df['aum']):.2f}")
```

```
SD(errors): 4.14
SD(AUM): 5.61
```

회귀선의 오차 크기는 상수 모델일 때에 비해 25%가량 감소했습니다.

다음으로, 잔차 그래프를 보면 적합도의 잠재적 문제를 더 쉽게 확인할 수 있으므로, 적합도가 부족한 경우에 대한 잔차를 살펴보도록 하겠습니다.

```
fig = px.scatter(x=prediction, y=error,
                 labels=dict(x='Prediction for AUM', y='Error'),
                 width=350, height=250)

fig.add_hline(0, line_width=2, line_dash='dash', opacity=1)
fig.update_yaxes(range=[-20, 15])

fig.show()
```

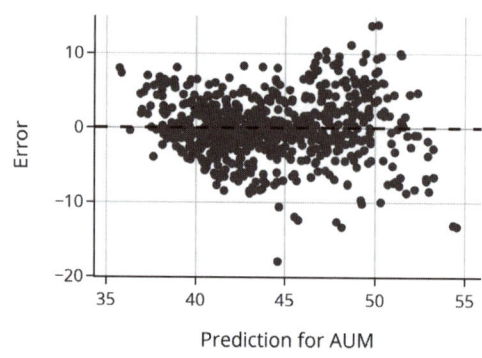

AUM에 따라 오차도 커지는 것으로 보입니다. 따라서 응답 변수를 변형해 보거나, 통근 시간 비율의 제곱에 대한 모델을 만들어 본다거나 하는 등의 접근을 해 볼 수도 있을 것입니다. 다음으로는 변형과 다항식을 적용해 볼 것입니다. 일단은 AUM을 보다 정확하게 예측하기 위해 다른 변수를 추가해야 할지 여부에 대해 살펴보도록 하겠습니다.

15.6.2. 다중 변수를 사용한 상향 이동성 살펴보기

체티의 원래의 분석에 따르면, 인종, 수입, 교육 정도 등의 요인과 관련된 고차원 특성을 만들어서 사용했습니다. AUM 예측 모델의 신뢰도를 높이기 위해 이 중 7개의 특성을 추가해 보도록 하겠습니다. 이 변수에 대한 설명은 표 15-2와 같습니다.

〈표 15-2〉 AUM 모델의 설명력에 도움이 될 수 있는 변수

열 이름	설명
travel_lt15	통근 시간이 15분 이하인 사람들의 비율
gini	지니 계수. 소득의 불평등을 측정하는 계수로 값은 0에서 1 사이이고, 값이 작을수록 부가 고루 분배되어 있으며 클수록 불평등이 큼을 나타냄
rel_tot	종교를 가진 사람의 비율
single_mom	편모 가정 자녀의 비율
taxrate	지역 세율
worked_14	14-16세의 노동 인구 비율
foreign	미국 외에서 태어난 사람의 비율

우선 AUM과 관측 특성 간의 상관관계를 살펴본 후 각 특성 간의 상관관계도 살펴보겠습니다.

〈표 15-3〉 통근 지역의 관측 특성과 AUM 간의 상관관계

	aum	travel_lt15	gini	rel_tot	single_mom	taxrate	worked_14	foreign
aum	1	0.68	−0.6	0.52	−0.77	0.35	0.65	−0.03
travel_lt15	0.68	1	−0.56	0.4	−0.42	0.34	0.6	−0.19
gini	−0.6	−0.56	1	−0.29	0.57	−0.15	−0.58	0.31
rel_tot	0.52	0.4	−0.29	1	−0.31	0.08	0.28	−0.11
single_mom	−0.77	−0.42	0.57	−0.31	1	−0.26	−0.6	−0.04
taxrate	0.35	0.34	−0.15	0.08	−0.26	1	0.35	0.26
worked_14	0.65	0.6	−0.58	0.28	−0.6	0.35	1	−0.15
foreign	−0.03	−0.19	0.31	−0.11	−0.04	0.26	−0.15	1

통근 지역의 편모 가정 비율이 AUM과 가장 강한 상관관계를 보이는 것을 볼 수 있습니다. 이는 AUM을 설명하는 가장 좋은 단일 특징이기도 함을 의미합니다. 또한 지니 계수는 일하는 청소년의 비율, 미혼모의 비율, 통근 시간이 15분 미만인 비율과 높은 상관관계를 보이는 등 여러 설명 변수가 서로 높은 상관관계를 보이는 것을 알 수 있습니다. 이처럼 상관관계가 높은 특징을 가진 계수는 여러 가지 다른 모델이 공변수를 서로 대입하여 AUM을 동일하게 설명할 수 있으므로 계수를 해석할 때 주의를 기울여야 합니다.

> **설명**
>
>  이 장의 앞부분에서 소개한 벡터 기하학 관점은 이 문제를 이해하는 데 도움이 될 수 있습니다. 특징은 x와 같이 n차원의 열 벡터에 해당합니다. 상관관계가 높은 두 개의 특징인 x_1과 x_2를 사용하면 이 벡터는 거의 정렬됩니다. 따라서 응답 벡터 y를 이 벡터 중 하나에 투영하는 것은 다른 벡터에 투영하는 것과 거의 동일합니다. 여러 특징이 서로 상관관계가 있는 경우 상황은 더욱 난감해집니다.

우선 가능한 모든 두 가지 특징 모델을 고려하여 어떤 모델이 예측 오차가 가장 작은지 살펴볼 수 있습니다. 체티는 예측 변수로 사용할 40개의 잠재 변수를 도출하여 (40 × 39)/2 = 780개의 모델을 확인했습니다. 변수의 쌍, 세 쌍 등 모든 변수가 포함된 모델을 맞추다 보면 금방 통제 불능 상태가 됩니다. 그리고 잘못된 상관관계를 발견하게 될 수도 있습니다 (17장 참고).

여기서는 좀 더 간단하게 이동 시간과 편모 가정 특성을 포함하는 두 개의 변수를 사용하는 모델 하나만 살펴봅니다. 그런 다음 데이터 프레임에 7개의 수치형 설명 변수가 모두 포함된 모델을 살펴봅니다.

```
X2 = cz_df[['travel_lt15', 'single_mom']]
y = cz_df['aum']

model_ct_sm = LinearRegression().fit(X2, y)
```

Intercept: 49.0
Fraction with under 15 minute commute coefficient: 18.10
Fraction of single moms coefficient: -63.98

이동 시간에 대한 계수는 단순 선형 모델에서 이 변수의 계수와 상당히 다르다는 것을 알 수 있습니다. 이는 모델의 두 특성이 높은 상관관계를 가지고 있기 때문입니다.

다음으로 두 적합도의 오차를 비교합니다.

```
prediction_ct_sm = model_ct_sm.predict(X2)
error_ct_sm = y - prediction_ct_sm
```

```
SD(errors in model 1): 4.14
SD(errors in model 2): 2.85
```

잔차의 SD가 30% 더 감소했습니다. 모델에 두 번째 변수를 추가하면서 복잡성을 더하게 되지만 이럴 가치가 있는 것으로 보입니다.

다시 잔차를 시각적으로 살펴봅시다. 이 잔차 그래프를 단일 변수 모델의 그래프와 쉽게 비교할 수 있도록 Y축에 동일한 눈금을 사용합니다.

```
fig = px.scatter(x=prediction_ct_sm, y=error_ct_sm,
        labels=dict(x='Two-variable prediction for AUM',
                    y='Error'),
        width=350, height=250)

fig.add_hline(0, line_width=2, line_dash='dash', opacity=1)
fig.update_yaxes(range=[-20, 15])

fig.show()
```

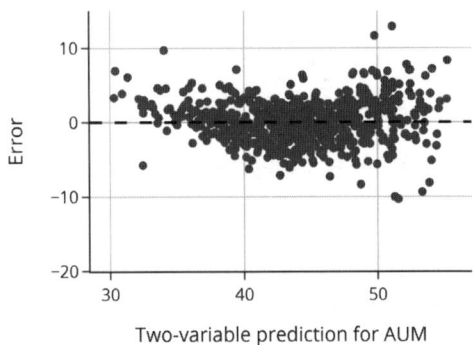

AUM이 높을수록 오차의 변동성이 더 커지는 것은 더욱 분명합니다. 이는 추정치인 $\hat{y}$는 영향을 받지 않지만 그 정확도는 AUM에 따라 달라진다는 의미입니다. 이 문제는 가중 회귀를 통해 해결할 수 있습니다.

> **설명**
>
>
> 다시 한번, 강조하자면, 서로 다른 배경을 가진 데이터 과학자들이 동일한 개념을 지칭할 때 서로 다른 용어를 사용하는 경우가 많습니다. 예를 들어, 설계 행렬 X의 각 행을 관측치, 각 열을 변수라고 부르는 용어는 통계학에 대한 배경 지식을 가진 사람들 사이에서 더 일반적입니다. 다른 사람들은 설계 행렬의 각 열이 특성을 나타내거나 각 행이 기록을 나타낸다고 말합니다. 또한 모델을 만들고 해석하는 전반적인 과정을 모델링이라고 부르기도 하지만, 다른 사람들은 이를 기계 학습이라고 부릅니다.
> 즉, 같은 작업이라도 전공 분야에 따라 용어와 표현 방식이 달라질 수 있으므로, 협업 시 이러한 차이를 인식하고 소통하는 것이 중요합니다.

이제 상향 이동성을 설명하기 위해 7개의 변수를 모두 사용하는 다중 선형 모델을 구해 보겠습니다. 모델을 구한 후 이전 두 개의 잔차 그래프에서와 동일한 Y축 단위를 사용하여 오차를 다시 그리겠습니다.

```python
X7 = cz_df[predictors]
model_7var = LinearRegression().fit(X7, y)


prediction_7var = model_7var.predict(X7)
error_7var = y - prediction_7var


fig = px.scatter(
    x=prediction_7var, y=error_7var,
    labels=dict(x='Seven-variable prediction for AUM', y='Error'),
    width=350, height=250)


fig.add_hline(0, line_width=2, line_dash='dash', opacity=1)
fig.update_yaxes(range=[-20, 15])


fig.show()
```

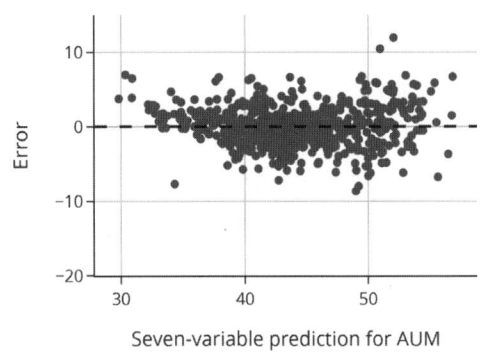

7개의 특성을 모두 사용한 모델은 두 개의 특성을 사용했을 때보다 크게 나아진 것 같지는 않습니다. 실제로, 잔차의 표준편차는 8% 밖에 줄어들지 않았습니다.

```
error_7var.std()
```

2.588739233574256

이 세 모델에 대한 R^2을 비교해 봅시다.

```
R² for 7-variable model: 0.79
R² for 2-variable model: 0.74
R² for 1-variable model: 0.46
```

이 데이터에는 700개가 넘는 관측치가 있기 때문에 모델의 특성 수를 조정해도 거의 차이가 없습니다. 이제 두 변수를 사용하면 모델의 설명력이 크게 향상되고, 7개 변수 모델은 두 개의 변수를 사용하는 모델에 비해 거의 개선되지 않는다는 이전 결과를 확인했습니다. 이 작은 이득을 위해 모델의 복잡성을 추가할 만한 가치는 없는 것 같습니다.

지금까지는 수치형 예측 변수만 사용했습니다. 하지만 범주형 데이터도 모델 적합에 유용한 경우가 많습니다. 또한 10장에서는 변수를 변환하고 변수 조합을 통해 새로운 변수를 만들었습니다. 다음에는 이러한 범주형 변수를 선형 모델에 통합하는 방법을 다뤄보겠습니다.

15.7. 수치 측정치를 위한 특성 공학

이 장에서 지금까지 적용한 모든 모델은 모두 데이터 프레임에 제공된 수치형 특성을 사용했습니다. 여기서는 수치형 특성을 변환하여 만든 새로운 변수를 생성하는 방법, 즉 특성 공학(feature engineering)에 대해 알아보겠습니다.

9장과 10장에서 특성 공학을 소개했습니다. 이때는 대칭 분포를 갖도록 특성을 변환했습니다. 변환을 통해 데이터에서 더 많은 종류의 패턴을 포착하고 이를 사용해 더 정확하고 우수한 모델을 만들 수 있습니다.

10장에서 예로 사용한 데이터 집합인 샌프란시스코 베이 지역의 주택 판매 가격으로 돌아가 보겠습니다. 여기서는 판매 가격이 비교적 안정적이었던 2006년에 판매된 주택으로 데이터를 제한하므로 가격 추세를 고려할 필요가 없습니다.

이를 사용해서 판매 가격을 모델링하려고 합니다. 10장의 시각화에서 판매 가격이 주택의 크기, 대지 면적, 방의 수 및 위치와 같은 여러 특성과 관련이 있음을 살펴보았던 것을 떠올려 봅시다. 판매 가격과 주택의 크기를 모두 로그 변환하여 관계를 개선한 결과, 방 개수에 따른 판매 가격의 상자 그래프와 도시별 상자 그래프에서도 흥미로운 관계가 있음을 확인했습니다. 여기서는 선형 모델에 변환된 수치 특성을 포함합니다. 다음 섹션에서는 순서형 특성(방 개수)과 명목형 특성(도시)도 모델에 추가합니다.

먼저 주택 규모에 따라 판매 가격을 모델링하겠습니다. 상관관계 행렬은 수치형 설명 변수(원래 및 변환된 변수) 중 어떤 변수가 판매 가격과 가장 강하게 상관되어 있는지 확인할 수 있습니다.

〈표 15-4〉 주택 판매 가격 모델의 변수의 상관관계 행렬

	price	br	lsqft	bsqft	log_price	log_bsqft	log_lsqft	ppsf	log_ppsf
price	1	0.45	0.59	0.79	0.94	0.74	0.62	0.49	0.47
br	0.45	1	0.29	0.67	0.47	0.71	0.38	−0.18	−0.21
lsqft	0.59	0.29	1	0.46	0.55	0.44	0.85	0.29	0.27
bsqft	0.79	0.67	0.46	1	0.76	0.96	0.52	−0.08	−0.1
log_price	0.94	0.47	0.55	0.76	1	0.78	0.62	0.51	0.52
log_bsqft	0.74	0.71	0.44	0.96	0.78	1	0.52	−0.11	−0.14

log_lsqft	0.62	0.38	0.85	0.52	0.62	0.52	1	0.29	0.27
ppsf	0.49	−0.18	0.29	−0.08	0.51	−0.11	0.29	1	0.96
log_ppsf	0.47	−0.21	0.27	−0.1	0.52	−0.14	0.27	0.96	1

판매 가격은 건물의 평방미터를 나타낸 bsqft라는 건물 크기 변수와 가장 높은 상관관계를 가집니다. 이 관계가 선형인지 확인하기 위해 집 크기와 판매 가격 간의 산점도를 그려 보았습니다.

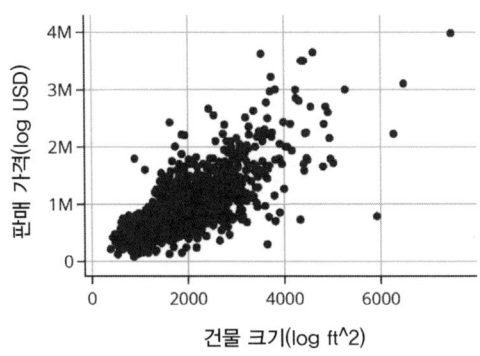

〈그림 15-7〉 판매 가격과 건물 크기 간의 산점도

관계는 대략 선형으로 보이지만, 매우 크고 고가인 주택은 분포 중심에서 멀리 떨어져 있어서 모델에 과하게 영향을 미칠 수 있습니다. 10장에서 살펴본 바로, 변수에 로그를 취해서 변형을 하면 매매가의 분포와 크기가 보다 대칭적이 되었었습니다(값을 원래의 단위로 용이하게 변환하기 위해 밑이 10인 로그를 취했습니다).

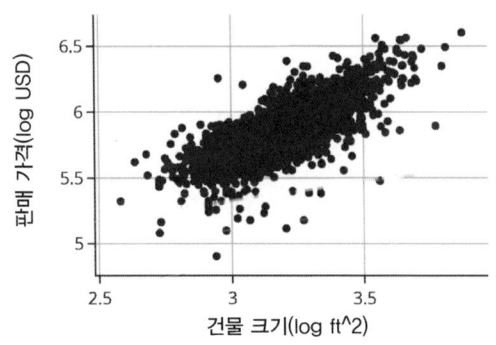

〈그림 15-8〉 로그 변환 후 판매 가격과 건물 크기 간의 산점도

이상적으로, 변환을 사용하는 모델은 데이터의 맥락에서 의미가 있어야 합니다. 로그(크기)를 기반으로 간단한 선형 모델을 맞추면 계수를 검토할 때 백분율 증가율로 생각하게 됩니다. 예를 들어, $\theta\log(2x) = \theta\log(2)+\theta\log(x)$이므로 x가 두 배가 되면 예측이 $\theta\log(2)$만큼 증가합니다.

먼저 로그 변환된 가격을 주택의 로그 변환된 크기로 설명하는 모델을 맞춰 보겠습니다. 하지만 먼저 이 모델은 여전히 선형 모델로 간주된다는 점에 유의해야 합니다. 매매 가격을 y로, 주택 크기를 x로 표현하면 모델은 다음과 같습니다.

$$\log(y) = \theta_0 + \theta_1 \log(x)$$

선형 관계를 더 명확하게 하기 위해 이 방정식에서는 근사치를 무시했습니다. 이 방정식은 선형적이지 않은 것처럼 보일 수 있지만, $\log(y)$를 w로, $\log(x)$를 v로 이름을 바꾸면 이 '로그-로그' 관계를 w와 v의 선형 모델로 표현할 수 있습니다.

$$w = \theta_0 + \theta_1 v$$

변형된 특성의 선형 조합으로 나타낼 수 있는 다른 모델 예시는 다음과 같습니다.

$$\log(y) = \theta_0 + \theta_1 x$$
$$y = \theta_0 + \theta_1 x + \theta_2 x^2$$
$$y = \theta_0 + \theta_1 x + \theta_2 z + \theta_3 xz$$

여기서 $\log(y)$를 w, x^2를 u, xz를 t라고 하면, 이 각각의 모델을 새로 변경한 변수명을 사용해서 선형 모델로 바꿀 수 있습니다. 바꾼 모델은 다음과 같습니다.

$$w = \theta_0 + \theta_1 x$$
$$y = \theta_0 + \theta_1 x + \theta_2 u$$
$$y = \theta_0 + \theta_1 x + \theta_2 z + \theta_3 t$$

간단히 말해, 특성의 비선형 변환하거나 특징의 조합을 포함하는 모델은 파생된 특성을 사용해 선형적이라고 볼 수 있습니다. 실제로는 모델을 설명할 때 변환된 특성의 이름을 바꾸지 않고 원래 특징의 변환을 사용하여 모델을 작성하는데, 이는 특히 계수를 해석하고 잔차 그래프를 확인할 때 변형 내역을 알아두는 것이 중요하기 때문입니다.

이러한 모델을 참조할 때는 변형 내역에 대해 언급해야 합니다. 즉, 결과 변수와 설명 변수가 모두 로그 변환된 경우 해당 모델을 로그-로그, 결과 변수는 로그 변환되었지만 설명 변수는 로그 변환되지 않은 경우 로그-선형, 설명 변수의 첫 번째 및 두 번째 거듭제곱 변환이 포함된 경우 해당 모델이 차수 2의 다항식 특성을 갖는다고 설명하고, 이 두 특징의 곱이 모델에 포함된 경우 두 설명 특성 간의 상호작용 항이 모델에 포함되어 있다고 언급해야 합니다.

매매 가격에 대한 로그-로그 모델을 다음과 같이 적합할 수 있습니다.

```
X1_log = sfh[['log_bsqft']]
y_log = sfh['log_price']

model1_log_log = LinearRegression().fit(X1_log, y_log)
```

이 모델의 계수와 예측 값은 단위가 달러와 평방피트가 아니라 달러 로그와 평방피트 로그이므로 선형 특징을 사용하여 맞춘 모델과 직접 비교할 수 없습니다.

다음으로 잔차 및 예측값을 플롯으로 살펴봅니다.

```
prediction = model1_log_log.predict(X1_log)
error = y_log - prediction

fig = px.scatter(x=prediction, y=error,
                 labels=dict(x='Predicted sale price (log USD)', y='Error'),
                 width=350, height=250)

fig.add_hline(0, line_width=2, line_dash='dash', opacity=1)
fig.show()
```

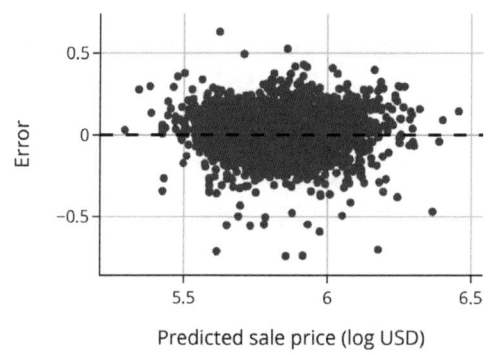

잔차 그래프는 합리적으로 보이지만 수천 개의 점이 포함되어 있어 곡률을 확인하기가 어렵습니다.

추가 변수가 도움이 될 수 있는지 확인하기 위해 모델에 없는 변수에 대해 적합 모델의 잔차를 그래프로 나타내볼 수 있습니다. 패턴이 보이면 이 추가 기능이나 변환을 포함할 수 있음을 뜻합니다. 앞서 가격 분포가 주택이 위치한 도시와 관련이 있음을 확인했으므로 잔차와 도시 간의 관계를 살펴보겠습니다.

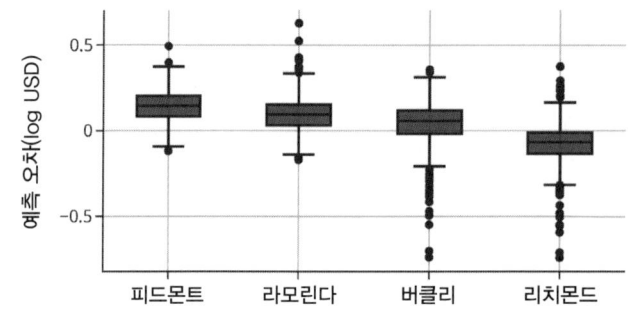

〈그림 15-9〉 도시별 잔차 상자 그래프

이 그래프는 도시별로 오차 분포가 다르게 나타나는 것을 보여줍니다. 이상적으로는 각 도시에 대한 상자 그래프의 중앙값이 Y축의 0과 일치하는 것이 좋습니다. 하지만 피드몬트에서 판매된 주택의 75% 이상이 양수 오차를 가지며, 이는 실제 판매 가격이 예측값보다 높다는 것을 의미합니다. 다른 극단값으로는 리치몬드의 판매 가격 중 75% 이상이 예측값을 밑돌고 있습니다. 이러한 패턴은 모델에 도시를 포함해야 함을 시사합니다. 맥락의 관점에서 보면 위치가 판매 가격에 영향을 미치는 것이 합리적입니다. 다음에는 명목 변수를 선형 모델에 통합하는 방법을 보여드리겠습니다.

15.8. 범주형 측정치를 위한 특성 공학

4장에서 처음으로 적합했던 모델은 상수 모델이었습니다. 여기서 우리는 가장 잘 맞는 상수를 찾기 위해 제곱 손실을 최소화했습니다.

$$\min_{C} \sum_{i} (y_i - c)^2$$

모델에 명목형 변수를 비슷한 방식으로 추가해 볼 수 있습니다. 범주별로 해당하는 데이터의 각 하위 그룹에 가장 잘 맞는 상수를 찾는 것입니다.

$$\min_{C_B} \sum_{i \in \text{Berkeley}} (y_i - c_B)^2 \quad \min_{C_L} \sum_{i \in \text{Lamorinda}} (y_i - c_L)^2$$

$$\min_{C_P} \sum_{i \in \text{Piedmont}} (y_i - c_P)^2 \quad \min_{C_R} \sum_{i \in \text{Richmond}} (y_i - c_R)^2$$

이 모델을 설명하는 또 다른 방법은 원-핫 인코딩(one-hot encoding)입니다. 원-핫 인코딩은 범주형 특성을 가져와서 0 또는 1 값만 있는 여러 개의 수치형 특성을 만듭니다. 특성을 원-핫 인코딩하려면 각 고유 범주에 대해 하나씩 새 특성을 만듭니다. 이 경우 버클리(Berkeley), 라모린다(Lamorinda), 피드몬트(Piedmont), 리치몬드(Richmond)라는 네 개의 도시가 있으므로 X_{city}라는 설계 행렬에 네 개의 새 특성을 생성합니다. X_{city}의 각 행에는 1이라는 값이 하나씩 포함되며, 해당 도시에 해당하는 열에 나타납니다. 다른 모든 열에는 해당 행에 대해 0이 포함됩니다. 그림 15-10은 이 개념을 보여 줍니다.

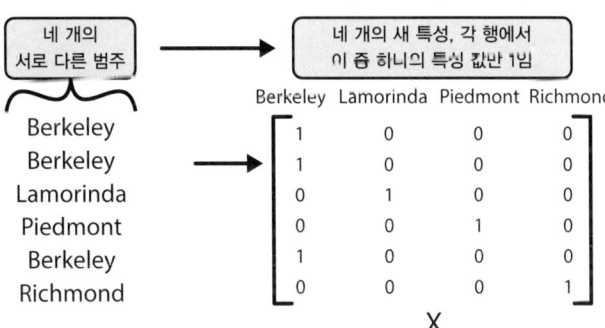

〈그림 15-10〉 6개의 행이 있는 범주형 피처에 대한 원-핫 인코딩(왼쪽)과 그 결과인 설계 행렬(오른쪽)

이제 모델을 다음과 같이 간결하게 표현할 수 있습니다.

$$\theta_B x_{i,B} + \theta_L x_{i,L} + \theta_P x_{i,P} + \theta_R x_{i,R}$$

여기서는 설계 행렬의 열을 j가 아닌 B, L, P, R로 인덱싱하여 각 열이 0과 1의 열을 나타내며, 예를 들어 i번째 집이 피드몬트에 위치한 경우 $x_{i,P}$에 1이 표시된다는 점을 명확히 했습니다.

설명

원-핫 인코딩은 0-1 값만 있는 특성(피처)을 생성합니다. 이러한 특성을 더미 변수 또는 표시 변수라고도 합니다. 계량경제학에서는 '더미 변수'라는 용어가 더 일반적이며, 통계학에서는 '표시 변수'라는 용어가 더 많이 사용됩니다.

우리의 목표는 θ에 대한 최소 제곱 손실을 최소화하는 것입니다.

$$\|y - X\theta\|^2 = \sum_i [y_i - (\theta_B x_{i,B} + \theta_L x_{i,L} + \theta_P x_{i,P} + \theta_R x_{i,R})]^2$$

$$= \sum_{i \in Berkeley} (y_i - \theta_B x_{i,B})^2 \sum_{i \in Lamorinda} (y_i - \theta_L x_{i,L})^2$$

$$+ \sum_{i \in Piedmont} (y_i - \theta_P x_{i,P})^2 \sum_{i \in Richmond} (y_i - \theta_R x_{i,R})^2$$

여기서 θ는 열 벡터 $[\theta_B, \theta_L, \theta_P, \theta_R]$입니다. 이 최소화 과정을 보면 각 도시마다 하나씩 4개의 최소화를 거친다는 것을 알 수 있습니다. 이것이 바로 시작 부분에서 제시한 아이디어입니다.

이 설계 행렬을 만들기 위해 OneHotEncoder를 사용합니다.

```python
from sklearn.preprocessing import OneHotEncoder

enc = OneHotEncoder(
    # 범주 인자는 열 순서를 정합니다
    categories=[["Berkeley", "Lamorinda", "Piedmont", "Richmond"]],
    sparse=False,
)

X_city = enc.fit_transform(sfh[['city']])

categories_city=["Berkeley", "Lamorinda", "Piedmont", "Richmond"]
X_city_df = pd.DataFrame(X_city, columns=categories_city)

X_city_df
```

	Berkeley	Lamorinda	Piedmont	Richmond
0	1.0	0.0	0.0	0.0
1	1.0	0.0	0.0	0.0
2	1.0	0.0	0.0	0.0
...	...	...	...	...
2664	0.0	0.0	0.0	1.0
2665	0.0	0.0	0.0	1.0
2666	0.0	0.0	0.0	1.0

2667 rows × 4 columns

원-핫 인코딩된 특성으로 모델을 만들어 봅시다.

```python
y_log = sfh['log_price']
model_city = LinearRegression(fit_intercept=False).fit(X_city_df, y_log)
```

다중 R^2을 확인합니다.

```
R-square for city model: 0.57
```

이제 주택이 위치한 도시를 안다면, 이 모델은 해당 주택의 매매가를 꽤 잘 파악할 수 있습니다. 다음은 적합 모델의 계수입니다.

```
model_city.coef_
```

```
array([5.87, 6.03, 6.1, 5.67])
```

상자 그래프에서 예상할 수 있듯이 예상 판매 가격(로그 달러 단위)은 도시에 따라 다릅니다. 하지만 주택의 크기와 도시를 알고 있다면 더 나은 모델을 만들 수 있을 것입니다. 앞서 주택 크기별 판매 가격을 설명하는 단순 로그-로그 모델이 상당히 잘 맞는다는 것을 보았으므로, 도시 특성(원-핫 인코딩된 변수)이 모델을 더욱 개선할 수 있을 것으로 예상할 수 있습니다.
이러한 모델은 다음과 같이 나타낼 수 있습니다.

$$y_i \approx \theta_B x_{i,B} + \theta_L x_{i,L} + \theta_P x_{i,P} + \theta_R x_{i,R}$$

이 모델은 y로 표시되는 로그(가격)와 x로 표시되는 로그(크기) 사이의 관계를 각 도시에 대해 동일한 로그(크기) 계수를 사용하는 선형 관계로 설명한다는 점에 유의하기 바랍니다. 그러나 절편 항은 도시에 따라 다릅니다.

$y_i \approx \theta_1 x_i + \theta_B$ 버클리의 주택

$y_i \approx \theta_1 x_i + \theta_L$ 라모린다의 주택

$y_i \approx \theta_1 x_i + \theta_P$ 피드몬트의 주택

$y_i \approx \theta_1 x_i + \theta_R$ 리치몬드의 주택

각 도시당 하나씩 산점도를 나열해서 이 관계가 대략적으로 나오는지 살펴봅시다.

```
fig = px.scatter(sfh, x='log_bsqft', y='log_price',
                 facet_col='city', facet_col_wrap=2,
                 labels={'log_bsqft':'Building size (log ft^2)',
                         'log_price':'Sale price (log USD)'},
                 width=500, height=400)

fig.update_layout(margin=dict(t=30))
fig
```

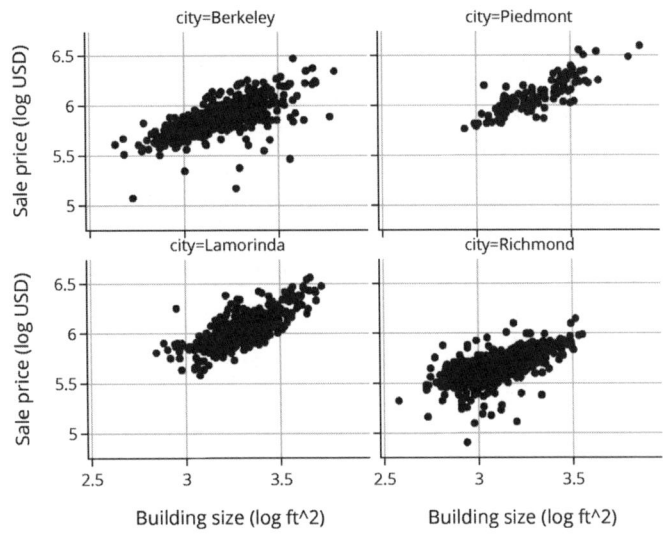

도시 간 차이는 산점도에서도 어쩔 수 없이 나타납니다. 그럼 주택 크기와 도시에 대한 두 개의 설계 행렬을 합쳐 보겠습니다.

```
X_size = sfh['log_bsqft']

X_city_size = pd.concat([X_size.reset_index(drop=True), X_city_df], axis=1)
X_city_size.drop(0)
```

15장 선형 모델링 · 509

	Berkeley	Lamorinda	Piedmont	Richmond
0	1.0	0.0	0.0	0.0
1	1.0	0.0	0.0	0.0
2	1.0	0.0	0.0	0.0
...	...	...	...	...
2664	0.0	0.0	0.0	1.0
2665	0.0	0.0	0.0	1.0
2666	0.0	0.0	0.0	1.0

2666 rows × 5 columns

그럼 이제 수치형 특성인 주택 크기와 범주형 특성인 지역(도시)을 모두 고려한 모델을 만들어 보겠습니다.

```
model_city_size = LinearRegression(fit_intercept=False).fit(X_city_size, y_log)
```

절편은 주택 크기를 고려한 후에도 어느 지역에 더 비싼 주택이 많은지를 반영합니다.

```
model_city_size.coef_
```

array([0.62, 3.89, 3.98, 4.03, 3.75])
R-square for city and log(size): 0.79

명목 변수인 city와 로그 변환된 주택 크기를 포함하는 이 적합도는 주택 크기가 포함된 단순 로그-로그 모델과 각 도시별로 상수를 적용한 모델 모두보다 더 잘 맞습니다.

모델에서 절편을 제거하여 각 하위 그룹이 고유한 절편을 갖도록 한 것을 알 수 있습니다. 그러나 일반적으로 설계 행렬에서 원-핫 인코딩된 특성 중 하나를 제거하고 절편은 유지하는 것이 일반적입니다. 예를 들어, 버클리 주택에 대한 특징을 삭제하고 절편을 추가하면 다음과 같은 모델이 됩니다.

$$\theta_0 + \theta_1 x_i + \theta_L x_{i,L} + \theta_P x_{i,P} + \theta_R x_{i,R}$$

이 식에서는 더미 변수에 대한 계수의 의미가 바뀌었습니다. 예를 들어 버클리의 주택과 피드몬트의 주택에 대한 다음 방정식을 살펴보도록 하겠습니다.

$\theta_0 + \theta_1 x_i$ 　　　　버클리에 있는 주택

$\theta_0 + \theta_1 x_i + \theta_P$ 　　피드몬트에 있는 주택

이 식에서 절편 θ_0은 버클리 주택에 대한 것이고 계수 θ_P는 피드몬트 주택과 버클리 주택 간의 일반적인 차이를 측정합니다. 이 표현에서는 θ_P를 0과 더 쉽게 비교하여 두 도시의 평균 가격이 본질적으로 동일한지 확인할 수 있습니다.

중간값과 모든 도시 변수를 포함하는 경우, 설계 행렬의 열이 선형 의존적이므로 계수를 구할 수 없습니다. 두 경우 모두 예측 결과는 동일하겠지만 최소화에 있어서는 문제의 해가 유일하지 않게 됩니다.

또한 두 개의 범주형 변수의 원-핫 인코딩을 사용하는 경우 더미 변수 하나를 삭제하고 절편 항을 포함하는 모델 표현이 좋습니다. 이렇게 하면 계수를 해석할 때 일관성을 유지할 수 있습니다.

두 개의 더미 변수 세트로 모델을 구축하는 방법을 statsmodels 라이브러리를 사용하여 설명해 보겠습니다. 이 라이브러리는 수식 언어를 사용하여 적합한 모델을 정의할 수 있으므로 설계 행렬을 직접 만들 필요가 없습니다. 그럼 사용할 수식용 API를 불러오겠습니다.

```
import statsmodels.formula.api as smf
```

먼저 명목 변수인 도시 및 주택 크기로 모델을 반복해서 생성하며 수식 언어를 사용하는 방법을 보여주고 결과를 비교해 보겠습니다.

```
model_size_city = smf.ols(formula='log_price ~ log_bsqft + city',
                          data=sfh).fit()
```

formula의 매개변수로 들어간 문자열은 적합화할 모델을 설명합니다. 이 모델에는 log_price가 결과로 사용되고 설명 변수로 log_bsqft와 city의 선형 조합이 사용됩니다. 모델 적합화를 위해 더미 변수를 만들 필요가 없다는 점을 확인하기 바랍니다. smf.ols를 사용

해서 간편하게 도시 특성의 원-핫 인코딩을 수행합니다. 다음 모델의 적합 계수에는 절편항이 포함되며 버클리 지표 변수가 삭제됩니다.

```
print(model_size_city.params)
```
```
Intercept           3.89
city[T.Lamorinda]   0.09
city[T.Piedmont]    0.14
city[T.Richmond]   -0.15
log_bsqft           0.62
dtype: float64
```

절편을 삭제하려면 디자인 행렬에서 1열을 삭제하는 규칙인 수식에 -1을 추가하면 됩니다. 이 예제에서 원-핫 인코딩된 모든 특성이 차지하는 공간은 1 벡터와 더미 변수 중 하나를 제외한 모든 변수가 차지하는 공간과 동일하므로 적합도는 동일합니다. 그러나 계수는 설계 행렬의 다른 매개변수화를 반영하게 되기 때문에 다릅니다.

```
smf.ols(formula='log_price ~ log_bsqft + city - 1', data=sfh).fit().params
```
```
city[Berkeley]    3.89
city[Lamorinda]   3.98
city[Piedmont]    4.03
city[Richmond]    3.75
log_bsqft         0.62
dtype: float64
```

또한 도시와 크기 변수 사이에 상호작용 항을 추가하여 각 도시가 서로 다른 크기 계수를 가질 수 있도록 할 수 있습니다. 수식에 log_bsqft:city라는 항을 추가하여 이를 지정하면 됩니다. 여기서는 이에 대해 자세히 설명하지 않습니다.

이제 방의 수와 도시라는 두 가지 범주형 변수를 사용하여 모델을 적합화해 보겠습니다. 앞서 6을 초과하는 방의 수를 6으로 재할당하여 6, 7, 8, ...을 6+ 범주로 축소한 것을 기억해 두기 바랍니다. 방 개수에 따른 가격(로그 달러 단위)의 상자 그래프로 이 관계를 확인할 수 있습니다.

```
px.box(sfh, x="br", y="log_price", width=450, height=250,
       labels={'br':'Number of bedrooms', 'log_price':'Sale price (log USD)'})
```

이 관계는 선형적이지 않습니다. 방 개수가 늘어날 때마다 판매 가격이 같은 금액만큼 증가하지 않습니다. 방의 수가 불연속형이라는 점을 감안하면 이 기능을 범주형으로 취급하여 각 방의 수에 대한 인코딩이 비용에 다른 금액을 기여할 수 있도록 할 수 있습니다.

```
model_size_city_br = smf.ols(formula='log_price ~ log_bsqft +
                             city + C(br)', data=sfh).fit()
```

수식에서 C(br)이라는 항을 사용한 것은 숫자형인 방 개수를 범주형 변수처럼 취급하고 싶다는 의미입니다.

해당 식의 적합도의 다중 R^2을 살펴보겠습니다.

```
model_size_city_br.rsquared.round(2)
0.79
```

원-핫 인코딩 된 특성을 5개 더 추가했음에도 불구하고 다중 R^2은 증가하지 않았습니다. R^2은 모델의 매개변수 수에 따라 조정되며, 이 측정치는 도시와 크기만 포함했던 이전 측정치보다 더 나아지지 않았습니다.

지금까지 정성적 특성에 대한 특성 공학을 소개했습니다. 원-핫 인코딩 기법을 통해 선형 모델에 범주형 데이터를 포함시키고 모델의 매개변수에 대해 자연스럽게 해석하는 방안에 대해 살펴보았습니다.

15.9. 정리

선형 모델은 특성 간의 관계를 설명하는 데 도움이 됩니다. 여기서는 간단한 선형 모델부터 시작해 여러 변수가 포함된 선형 모델로 확장했습니다. 단순 선형 모델에서는 미적분학을 적용하고, 다중 선형 모델에서는 행렬 기하학을 사용하여 손실을 최소화했습니다.

선형 모델은 기본적인 것처럼 보일 수 있지만 오늘날 모든 종류의 작업에 사용됩니다. 또한 로그 변환, 다항식 및 비율과 같은 변수의 비선형 변환뿐만 아니라 범주형 특징도 포함할 수 있을 만큼 유연합니다. 선형 모델은 비전문가도 폭넓게 해석할 수 있으면서도 데이터의 많은 일반적인 패턴을 포착할 수 있을 만큼 정교하다는 장점이 있습니다.

모델을 더 잘 맞추기 위해 사용 가능한 모든 변수를 모델에 넣고 싶은 유혹이 있을 수 있습니다. 하지만 모델을 맞출 때는 최소 제곱의 기하학적 구조를 염두에 두어야 합니다. 설명 변수는 n차원 공간에서 p개의 벡터로 생각할 수 있으며, 이러한 벡터의 상관관계가 높으면 다음과 같은 문제가 발생할 수 있습니다.

- 변수를 더 추가해도 모델이 크게 개선되지 않을 수 있습니다.
- 계수의 해석이 어려울 수 있습니다.
- 여러 모델이 응답 변수를 예측/설명하는 데 똑같이 효과적일 수 있습니다.

모델을 해석/이해하는 추론에 관심이 있다면 더 간단한 모델을 사용하는 편이 좋습니다. 예측 능력이 주된 관심사라면 계수의 수 보다는 예측 정확도에 집중할 수 있습니다. 이 경우 이상치에 민감하거나 부적절한 '블랙박스' 모델이 될 수 있어 주의가 필요합니다. 이 장에서는 설명적인 방식으로 선형 모델을 사용했습니다. 잔차 분석, 표준 오차의 크기와 다중 R^2 의 변화를 통해 특성을 포함할 시기를 결정하기 위한 몇 가지 개념을 소개했습니다.

종종 우리는 해석하기 쉬운 더 간단한 모델을 선택하기도 했습니다. 다음 장에서는 모델 변수 선택을 위한 기법들을 살펴보겠습니다.

16장
모델 선택

지금까지 모델을 맞출 때 어떤 기능을 포함할지 결정하기 위해 다음 몇 가지 전략을 사용했습니다.

- 잔차 그래프를 통한 모델 적합도 평가
- 통계 모델과 실제 모델 연결
- 모델을 단순하게 유지함.
- 점점 더 복잡해지는 모델 간의 잔차의 표준편차와 MSE의 개선 사항 비교

예를 들어, 15장에서 상향 이동성에 대한 단일 변수 모델을 살펴봤을 때 잔차 그래프에서 곡률을 발견했었습니다. 두 번째 변수를 추가하면 평균 손실(MSE 및 관련된 다중 R^2) 측면에서 적합도가 크게 개선되었지만 잔차에 일부 곡률이 남아있었습니다. 7개 변수를 사용한 모델은 2개의 변수를 사용한 모델에 비해 MSE 감소 측면에서 거의 개선되지 않았기 때문에, 2개의 변수 모델에서도 여전히 잔차에서 일부 곡선 패턴이 나타났음에도 불구하고 복잡도를 감안해 더 간단한 이 모델을 선택했습니다.

또 다른 예로, 18장에서는 당나귀의 무게를 모델링할 때는 물리적 모델의 지침을 따를 것입니다. 당나귀의 신체 기관으로 인한 체형의 복잡성은 무시하고 원통과 당나귀의 몸 사이의 유사성을 활용하여 길이와 둘레(원통의 높이와 둘레와 비슷)로 무게를 설명하는 모델을 만드는 것부터 시작할 것입니다. 그런 다음 당나귀의 신체 상태 및 나이와 관련된 범주형 특징을 추가하고, 범주를 축소하고, 다른 가능한 특성을 제외해 가며 모델을 단순하게 유지하는 방식으로 계속 조정할 것입니다.

이러한 모델을 구축할 때 내리는 결정은 판단에 기반하며, 이 장에서는 보다 공식적인 기준을 통해 이를 보강합니다. 먼저, 일반적으로 모델에 너무 많은 특성을 포함하는 것이 왜 문

제가 되는지를 예시를 통해 보일 것입니다. 과적합이라고 하는 이 현상은 종종 모델이 데이터를 너무 과하게 따르고 데이터의 일부 잡음을 모델에 포함하는 결과로 이어집니다. 이런 경우 새로운 관측 결과가 나오면 이렇게 만들어진 모델의 예측은 더 단순한 모델의 예측보다 더 나빠지게 됩니다. 이 장의 나머지 부분에서는 과적합의 영향을 제한하기 위한 훈련-테스트 분할, 교차 검증 및 정규화 등의 기법을 설명합니다. 이러한 기법은 모델에 포함할 잠재적 특성이 많을 때 특히 유용합니다. 또한 실제 모델을 알고 있는 사례에 대한 합성 예제를 통해 모델 분산과 편향의 개념과 과적합 및 과소적합의 관계를 설명합니다.

16.1. 과적합

모델에 포함할 수 있는 특성이 많으면 어떤 특성을 포함하거나 제외할지 선택하는 것이 매우 복잡해집니다. 15장의 상향 이동성 예제에서는 7개의 변수 중 2개의 변수를 선택하여 모델에 맞췄지만, 2개의 변수를 사용하는 모델에서는 21가지 쌍의 특징을 검토하고 적합시켜야 했습니다. 그리고 1, 2, ..., 7개의 변수 모델을 모두 고려하면 선택할 수 있는 모델은 100개가 넘습니다. 수백 개의 잔차 그래프를 검토하여 단순함의 정도가 어느 정도여야 하는지 결정하고 모델을 선택하는 것은 쉽지 않습니다. 게다가 MSE를 최소화한다는 개념도 전적으로 도움이 되지는 않습니다. 모델에 변수를 하나씩 추가할 때마다 일반적으로 MSE는 더 작아집니다. 모델에 특성을 추가하면 특성 공간에 n차원 벡터가 추가되고, 이로 인해 결과 벡터와 설명 변수가 포함된 공간으로의 투영 사이의 오차가 줄어든다는 기하학적 모델 적합의 관점(15장)을 떠올려 보십시오. 모델이 데이터에 더 잘 맞기 때문에 이를 좋은 점으로 볼 수도 있지만, 과적합의 위험이 있습니다.

과적합은 모델이 데이터를 너무 과하게 따르고 결과 모델에서 무작위 잡음의 변동성을 포함할 때 발생합니다. 과적합이 발생하면 새로운 관측값에 대한 예측값을 제대로 만들기 어렵습니다. 예시를 통해 과적합 개념을 더 명확히 이해해 보겠습니다.

16.1.1. 예시: 에너지 소비

이 예시에서는 미네소타에 있는 개인 주택의 공공요금 청구서 정보 데이터[2]를 다운로드하여 살펴보겠습니다. 여기에는 가정의 월별 가스 사용량(입방 피트)과 그 달의 평균 온도(화씨)에 대한 기록[3]이 있습니다. 먼저 데이터를 불러와 확인해 보겠습니다.

```
heat_df = pd.read_csv("data/utilities.csv", usecols=["temp", "ccf"])
heat_df
```

	temp	ccf
0	29	166
1	31	179
2	15	224
...	...	...
96	76	11
97	55	32
98	39	91

99 rows × 2 columns

우선 가스 소비량을 온도에 대한 함수로 나타낸 산점도를 살펴보겠습니다.

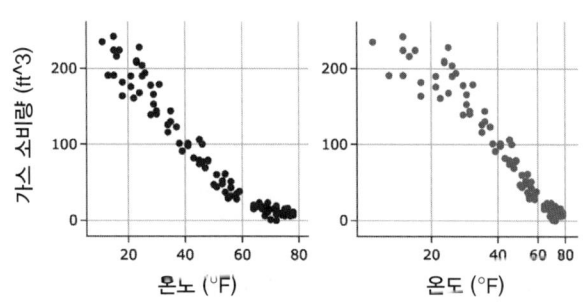

〈그림 16-1〉 온도에 따른 가스 소비량 산점도

---

[2] https://oreil.ly/ngD4G

[3] 이 데이터는 다니엘 T. 카플란(Daniel T. Kaplan)의 자료(크리에이트 스페이스(CreateSpace) 2009)에서 가져왔습니다.

그래프를 보면, 가스 소비량과 온도 사이에는 곡률이 있는 관계(왼쪽)가 나타납니다. 이를 로그 변환(오른쪽)을 취하여 직선으로 만들려고 하면 저온 영역에서 다른 곡률이 발생합니다. 또한 두 가지 특이한 점이 있습니다. 설명서를 참조하면 이 점들이 기록 오류를 나타내는 것으로 확인되므로 이를 제거합니다.

그럼 이차 곡선으로 가스 사용량과 온도 사이의 관계를 포착할 수 있는지 살펴보겠습니다. 다항식은 여전히 선형 모델로 간주됩니다. 다항식은 다항 특성들로 인해 선형성을 가집니다. 예를 들어 이차 모델을 다음과 같이 표현할 수 있습니다.

$$\theta_0 + \theta_1 x + \theta_2 x^2$$

이 모델은 x와 x^2에 대해 선형입니다. 그리고 이를 행렬 형태로 나타내면 $X\theta$로 나타낼 수 있습니다. 이때 X는 설계 행렬입니다.

$$\begin{bmatrix} 1 & x_1 & x_1^2 \\ 1 & x_2 & x_2^2 \\ \vdots & \vdots & \vdots \\ 1 & x_n & x_n^2 \end{bmatrix}$$

Scikit-learn의 PolynomialFeatures를 사용해서 설계 행렬의 다항 특성을 생성할 수 있습니다.

```python
y = heat_df['ccf']
X = heat_df[['temp']]

from sklearn.preprocessing import PolynomialFeatures

poly = PolynomialFeatures(degree=2, include_bias=False)
poly_features = poly.fit_transform(X)
poly_features
```

```
array([[ 29., 841.],
       [ 31., 961.],
       [ 15., 225.],
       ...,
       [ 76., 5776.],
       [ 55., 3025.],
       [ 39., 1521.]])
```

scikit-learn의 LinearRegression 메서드를 사용해서 다항식을 만들 생각이고, 이 모델에는 기본으로 상수 항이 포함되므로 include_bias 매개변수를 False로 설정해 주었습니다. 다항 모델은 다음과 같이 만듭니다.

```
from sklearn.linear_model import LinearRegression

model_deg2 = LinearRegression().fit(poly_features, y)
```

적합도를 빠르게 판단하기 위해 산점도 위에 앞서 구한 2차 모델을 겹쳐 놓고 잔차도 같이 살펴보겠습니다.

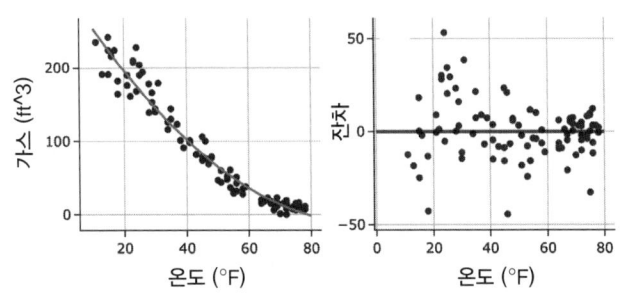

〈그림 16-2〉 2차 모델과 산점도 및 잔차 그래프

이차식은 데이터의 곡선을 매우 잘 포착하지만 잔차는 70°F~80°F의 온도 범위에서 약간의 상승 추세를 보여 적합성이 다소 부족하다는 것을 알 수 있습니다. 또한 잔차는 약간의 깔때기 형태를 보이며, 이는 겨울에는 가스 소비의 변동성이 더 크다는 것을 보여줍니다. 월 평균 온도만 사용했으므로 이러한 형태가 나타날 수 있습니다.

비교를 위해 고차 다항식을 사용하여 몇 가지 모델을 더 만들고 적합된 곡선을 종합적으로 검토해 보도록 합니다.

```
poly12 = PolynomialFeatures(degree=12, include_bias=False)
poly_features12 = poly12.fit_transform(X)

degrees = [1, 2, 3, 6, 8, 12]

mods = [LinearRegression().fit(poly_features12[:, :deg], y)
        for deg in degrees]
```

> **팁**
>
> 여기서는 다항식의 특성을 사용하여 과적합을 설명하지만 실제로는 x, x^2, x^3.... 등의 다항식을 직접 적합하는 것은 바람직하지 않습니다. 그 이유는 이러한 다항식 특성 간에는 상관관계가 높은 경향이 있기 때문입니다. 예를 들어, 에너지 데이터의 x와 x^2 사이의 상관관계는 0.98입니다. 상관관계가 높은 특성은 불안정한 계수를 제공하며, x값의 작은 변화가 다항식 계수의 큰 변화로 이어질 수 있습니다. 또한 x 값이 크면 정규 방정식의 조건이 좋지 않아 계수를 해석하고 비교하기 어려울 수 있습니다. 더 나은 방법은 서로 직교하도록 구성된 다항식을 사용하는 것입니다. 이러한 다항식은 원래 다항식과 같은 공간을 채우지만 서로 상관관계가 없으므로 더 안정적으로 잘 맞습니다.

구해진 모든 다항식을 동일한 그래프에 올려서 살펴보면 더 높은 차수의 다항식일수록 더욱 이상하게 구부러진 것을 알 수 있습니다.

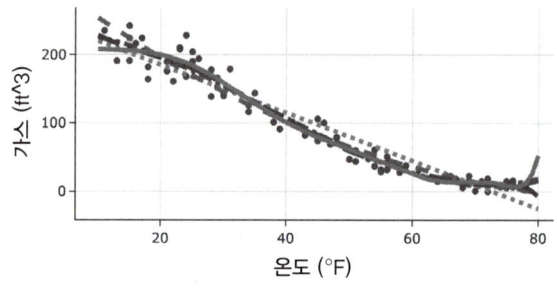

〈그림 16-3〉 여러 다항식 모델을 한 번에 비교하는 그래프

각각의 다항식을 따로따로 시각화해 보았습니다.

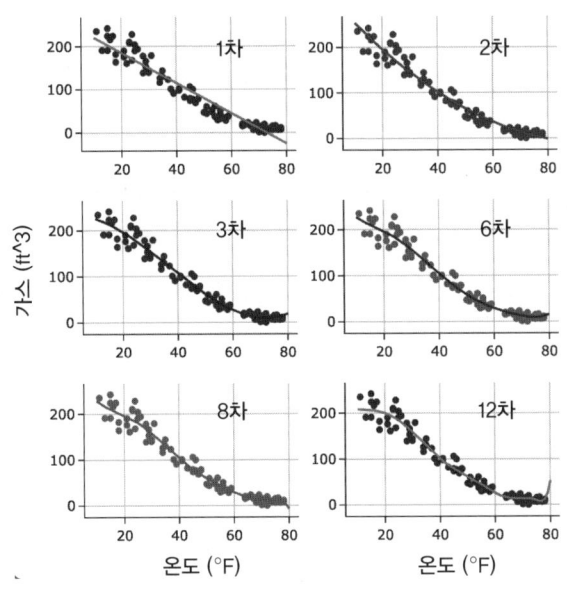

〈그림 16-4〉 여러 다항식 모델별로 구분한 그래프

왼쪽 위의 1차 곡선(직선)은 데이터에서 보이는 곡선 패턴을 놓치고 있습니다. 2차 곡선이 이를 반영하기 시작하고 3차 곡선은 보다 개선된 것처럼 보이지만 그래프의 오른쪽을 보면 위쪽으로 휘는 것을 알 수 있습니다. 6, 8, 12차 다항식은 점점 더 곡선을 그리면서 데이터에 보다 가깝게 따라갑니다. 이러한 다항식은 데이터의 가짜 요동을 잘 따라가는 것처럼 보입니다. 이 6개의 곡선은 전체적으로 과소 및 과대 맞춤을 보여줍니다. 왼쪽 상단의 적합선은 곡률을 완전히 놓치고 과소적합합니다. 그리고 오른쪽 하단의 12차 다항식은 이 맥락에서는 이해가 되지 않는 흔들리는 패턴을 보이며, 이는 확실히 과적합이라고 볼 수 있습니다. 일반적으로 더 많은 특성을 추가할수록 모델은 더 복잡해지고 MSE는 작아지지만, 동시에 적합된 모델은 점점 더 불규칙해지고 데이터에 민감해집니다. 과적합이 되면 모델이 데이터를 과하게 따르게 되고 이로 인해 새로운 관측에 대한 예측값이 정확하지 않게 됩니다. 적합 모델을 평가하는 간단한 기법 중 하나는 새로운 데이터, 즉 모델 구축에 사용되지 않은 데이터에 대해 MSE를 계산하는 것입니다. 일반적으로 더 많은 데이터를 수집할 수 있는 여력이 없기 때문에 원래 데이터 중 일부를 따로 떼어내어 평가용 데이터(테스트 데이터)로 활용합니다. 이 기법은 다음 내용의 주제입니다.

16.2. 훈련-테스트 분할

모델을 구축할 때 모든 데이터를 사용하고 싶지만, 모델에 새로운 데이터를 적용했을 때 어떻게 작동하는지 파악하고 싶기도 합니다. 그러나 모델을 평가하기 위해 추가 데이터를 수집할 여유가 없는 경우가 많기 때문에 전체 데이터 중 일부를 따로 떼어내어 새 데이터를 대신하는 데이터를 마련합니다. 이를 테스트 데이터 집합(test set)이라고 합니다. 나머지 데이터는 훈련 데이터 집합(train set)이라고 하며, 이 부분을 사용하여 모델을 구축합니다. 그런 다음 모델을 선택한 후 테스트 데이터 집합을 꺼내서 (훈련 데이터 집합으로 적합화된) 모델이 테스트 데이터 집합의 결과를 얼마나 잘 예측하는지 확인합니다. 그림 16-5는 이 개념을 나타냅니다.

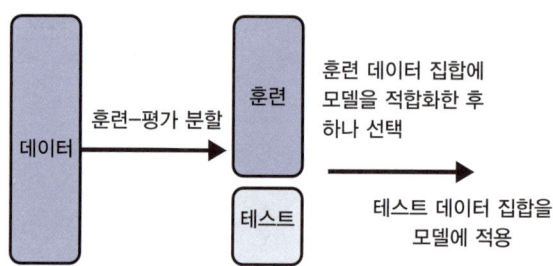

〈그림 16-5〉 훈련-테스트 분할은 데이터를 두 부분으로 나눕니다.
훈련 데이터 집합은 모델을 구축하는 데 사용되고
테스트 데이터 집합은 해당 모델을 평가하는 데 사용됩니다.

일반적으로 테스트 데이터 집합은 데이터의 10%에서 25%로 구성됩니다. 앞의 그림에서 명확하게 설명되지 않은 점은 이 두 부분으로의 분할이 무작위로 이루어지는 경우가 많기 때문에 훈련 데이터 집합과 테스트 데이터 집합이 서로 유사하다는 것입니다.

이 과정은 15장에서 소개한 개념을 사용하여 설명할 수 있습니다. 설계 행렬인 X와 결과인 y는 각각 두 부분으로 나뉘며, X_T로 표시된 설계 행렬과 그에 해당하는 결과인 y_T가 훈련 데이터 집합을 형성합니다. 이러한 데이터로 θ에 대한 평균 제곱 손실을 최소화합니다.

$$\min_{\theta} \| y_T - X_T \theta \|^2$$

훈련 오차를 최소화하는 계수인 $\hat{\theta}_T$를 사용해서 테스트 데이터 집합의 결괏값을 예측할 수 있습니다. 이를 X_S와 y_S 라고 하겠습니다.

$$\| y_S - X_S\hat{\theta}_T \|^2$$

X_S와 y_S 는 모델을 구축하는 데 사용되지 않으므로 새로운 관측치에 대해 예상할 수 있는 손실을 합리적으로 추정할 수 있습니다.

이전의 가스 소비량에 대한 다항식 모델을 사용하여 훈련-테스트 분할을 시연해 보겠습니다. 이를 위해 다음 단계를 수행합니다.

1. 데이터를 무작위로 훈련과 테스트의 두 종류로 분할합니다.
2. 여러 다항식 모델을 훈련 데이터 집합에 적합시키고 이 중 하나를 선택합니다.
3. 선택한 다항식(훈련 데이터 집합에 적합화된 계수 포함)에 대해 테스트 데이터 집합에 대한 MSE를 계산합니다.

첫 번째 단계에서는 scikit-learn의 train_test_split 메서드를 사용하여 데이터를 분할하고 모델 평가를 위해 22개의 관측치를 따로 설정합니다.

```python
from sklearn.model_selection import train_test_split

test_size = 22

X_train, X_test, y_train, y_test = train_test_split(
    X, y, test_size=test_size, random_state=42)

print(f'Training set size: {len(X_train)}')
print(f'Test set size: {len(X_test)}')
```

Training set size: 75
Test set size: 22

앞서 했던 것과 유사하게, 가스 소비량에 대해 온도에 따른 여러 다항식을 적합시킵니다. 하지만 이번에는 훈련 데이터만 사용합니다.

```python
poly = PolynomialFeatures(degree=12, include_bias=False)
poly_train = poly.fit_transform(X_train)

degree = np.arange(1,13)

mods = [LinearRegression().fit(poly_train[:, :j], y_train)
        for j in degree]
```

각 모델별로 MSE를 구합니다.

```python
from sklearn.metrics import mean_squared_error

error_train = [
    mean_squared_error(y_train, mods[j].predict(poly_train[:, : (j + 1)]))
    for j in range(12)
]
```

각 모델의 차수에 따른 MSE를 그래프로 나타내는 식으로 MSE의 변화량을 시각화합니다.

```python
px.line(x=degree, y=error_train, markers=True,
        labels=dict(x='Degree of polynomial', y='Train set MSE'),
        width=350, height=250)
```

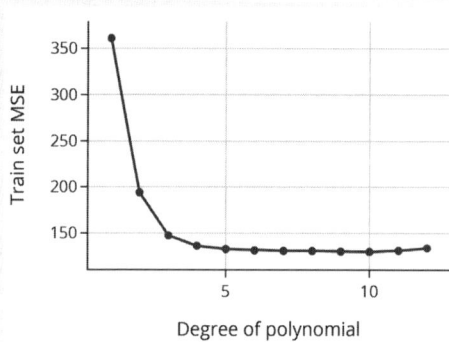

모델 복잡도가 증가함에 따라 학습 오차가 감소하는 것을 확인할 수 있습니다. 앞서 고차 다항식이 데이터의 기본 구조를 반영하지 않는 것으로 보이는 요동치는 형태를 나타내는 것을 보았습니다. 이를 염두에 두고 더 단순하지만 MSE가 크게 감소하는 모델을 선택하는 것이 바람직합니다. 3차, 4차 또는 5차 모델이 될 수 있습니다. 이 세 가지 모델 간의 MSE 차이는 거의 없으므로 가장 단순한 3차 모델을 선택하겠습니다.

이제 모델을 선택했으므로 테스트 데이터 집합을 사용하여 해당 모델의 MSE에 대한 독립적인 평가를 구해 보겠습니다. 테스트 데이터 집합에 대한 설계 행렬을 준비하고 훈련 데이터 집합으로 만들어진 3차 다항식을 사용하여 테스트 데이터 집합의 각 행에 대한 결과를 예측합니다. 마지막으로 테스트 데이터 집합의 MSE를 계산합니다.

```
poly_test = poly.fit_transform(X_test)
y_hat = mods[2].predict(poly_test[:, :3])
mean_squared_error(y_test, y_hat)
```

307.44460133992294

이 모델의 MSE는 훈련 데이터로 구한 MSE보다 꽤 큽니다. 이는 동일한 데이터를 사용하여 모델을 구하고 평가할 때 발생하는 문제를 보여줍니다. 즉 새로운 관측치에 대해서는 예측 성능이 떨어질 수 있으며, 훈련 MSE만으로는 이를 제대로 반영하지 못합니다. 이 역시 과적합의 대표적인 징후입니다. 과적합의 문제를 더 자세히 설명하기 위해 이러한 각 모델에 대한 테스트 데이터 집합의 오차를 구해 보겠습니다.

```
error_test = [
    mean_squared_error(y_test, mods[j].predict(poly_test[:, : (j + 1)]))
    for j in range(12)
]
```

실제로는 모델을 확정할 때까지 테스트 데이터 집합을 살펴보지 않습니다. 훈련 데이터 집합에 모델을 적합시키는 것과 테스트 데이터 집합에서 평가하는 것을 번갈아 하면 과적합이 발생할 수 있기 때문입니다. 하지만 내용 설명을 위해 모든 다항식에 대해 테스트 데이터 집합을 적용했을 때의 MSE를 계산하고 그래프로 시각화하여 비교해 보겠습니다.

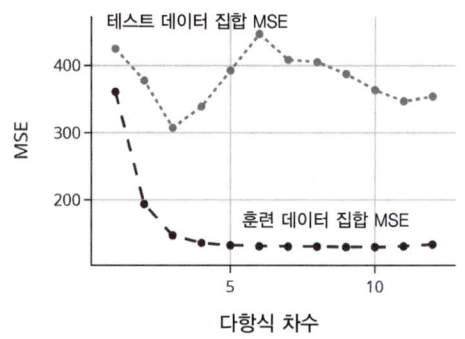

〈그림 16-6〉 차수별 훈련-테스트 데이터 집합의 MSE 비교

선택한 모델뿐만 아니라 모든 모델에 대해 테스트 데이터의 MSE가 훈련 데이터의 MSE보다 더 큰 것을 확인할 수 있습니다. 더 중요한 것은 모델이 과소적합에서 데이터의 곡률을 조금 더 잘 따르는 모델로 바뀌면서 테스트 세트의 MSE가 처음에 어떻게 감소하는지입니다. 그다음 모델의 복잡성이 증가함에 따라 테스트 데이터 집합의 MSE가 증가합니다. 이렇게 더 복잡한 모델은 학습 데이터를 과적합하여 테스트 데이터 집합에 대해 예측할 때 큰 오차를 만듭니다. 그림 16-7의 그래프에는 이 현상의 이상적인 모습이 나와 있습니다.

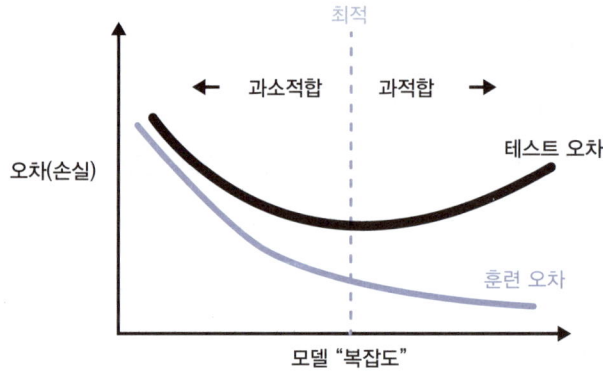

〈그림 16-7〉 모델의 복잡성이 증가함에 따라 훈련 데이터 집합의 오차는 줄어들고 테스트 데이터 집합의 오차는 증가합니다.

테스트 데이터는 새로운 관측에 대한 예측 오차를 평가합니다. 테스트 데이터 집합은 모델을 확정한 후 한 번만 사용해야 합니다. 그렇지 않으면 동일한 데이터를 반복적으로 사용하여 모델을 선택하고 평가하는 함정에 빠질 수 있습니다.

모델을 선택함에 있어서, 점점 더 복잡해지는 모델이 과적합하는 경향이 있다는 것을 알고 있었기 때문에 단순성을 다시 모델 선택에 적용할 수 있었습니다. 그러나 훈련 테스트 방법을 확장해서 이를 모델 선택에도 적용해 볼 수 있습니다. 다음으로는 이에 대해서 이야기해 보도록 하겠습니다.

16.3. 교차 검증

훈련-테스트 패러다임을 사용하여 모델을 선택할 수 있습니다. 이 개념은 훈련 데이터 집합을 여러 부분으로 나누어 이 중 한 부분을 사용해서 모델을 적합화하고 다른 부분을 사용해서 모델을 평가하는 것입니다. 이 접근 방식을 교차 검증이라고 합니다. 여기서는 K-겹 교차 검증이라는 교차 검증의 한 종류에 대해서 설명할 것입니다. 그림 16-8은 이러한 데이터 분할의 이면에 있는 개념을 나타냅니다.

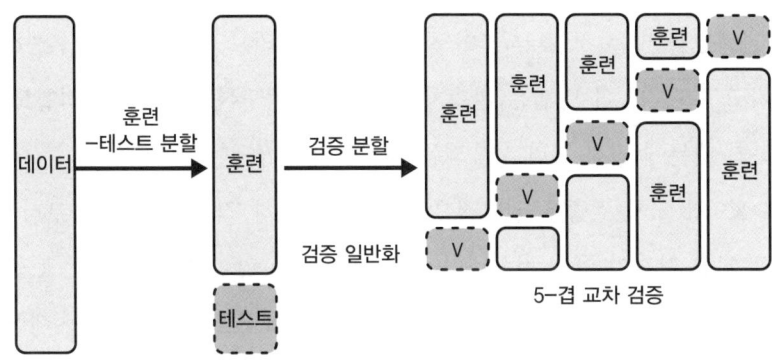

〈그림 16-8〉 훈련 집합을 5개의 부분으로 나누어 나머지 데이터에 구축된 모델을 검증하는 데 차례로 사용하는 5-겹 교차 검증의 예시

교차 검증은 모델의 일반적인 형태를 선택하는 데 도움이 될 수 있습니다. 여기서 다항식의 차수, 모델의 특징 수 또는 정규화 페널티에 대한 컷오프(다음에 이어서 다룹니다)를 의미합니다. K-겹 교차 검증의 기본 단계는 다음과 같습니다.

1. 훈련 집합을 대략 같은 크기의 k개의 부분으로 나눕니다. 이때 각 부분을 겹이라고 합니다. 훈련 및 테스트 데이터 집합을 만들 때 사용한 것과 마찬가지로 데이터를 무작위로 나누는 것이 일반적입니다.
2. 하나의 겹을 테스트 데이터 집합 역할을 하도록 따로 둡니다.
   - 나머지 훈련 데이터(특정 겹을 뺀 훈련 데이터)에 모든 모델을 맞춥니다.
   - 따로 설정한 겹을 사용하여 모든 모델을 평가합니다.

3. 이 과정을 총 k회 반복하며, 한 겹을 따로 보관할 때마다 나머지 훈련 집합을 사용하여 모델을 맞추고 따로 보관한 겹을 사용해서 평가합니다.
4. 겹에 대한 각 적합 모델의 오차를 합산하여 오차가 가장 작은 모델을 선택합니다.

이렇게 적합된 모델은 여러 겹에 걸쳐 동일한 계수를 갖지 않습니다. 예를 들어 3차 다항식을 적합시키는 경우, k개의 겹에 걸쳐 MSE를 평균하여 적합화된 3차 다항식 k개의 평균 MSE를 구합니다. 그런 다음 MSE를 비교하여 가장 낮은 MSE를 가진 다항식의 차수를 선택합니다. 3차 다항식의 x, x^2, x^3 항에 대한 실제 계수는 각 k 개의 식에서 동일하게 사용되지 않습니다. 다항식 차수가 선택되면 모든 학습 데이터를 사용하여 모델을 재적합하고 테스트 데이터 집합으로 평가합니다(이전 단계에서는 모델을 선택할 때 테스트 데이터 집합을 사용하지 않았습니다).

일반적으로 5겹 또는 10겹 교차 검증이 자주 사용됩니다. 또 다른 인기 있는 방식은 각 겹에 하나의 관측값을 넣는 것입니다. 이 특별한 경우를 리브-원-아웃(leave-one-out) 교차 검증이라고 합니다. 이 방법은 관측치가 하나 더 적도록 최소 제곱 적합도를 조정하는 것이 간단하기 때문에 점점 널리 사용되는 추세입니다.

일반적으로 K-겹 교차 검증은 일반적으로 각 겹에 대해 각 모델을 처음부터 다시 적합시켜야 하므로 계산 시간이 다소 걸립니다. scikit-learn 라이브러리에서는 k-겹 교차 검증을 편리하게 구현할 수 있는 sklearn.model_selection.KFold 클래스[4]를 제공합니다.

k-겹 교차 검증이 어떻게 작동하는지에 대한 이해를 돕기 위해 가스 사용량 예제에서 이 기술을 적용해 보겠습니다. 하지만 이번에는 다른 유형의 모델을 적용하겠습니다. 데이터의 원래의 산점도를 보면 점들이 두 개의 연결된 선분을 따라 떨어지는 것처럼 보입니다. 추운 온도에서는 가스 소비량과 온도 간의 관계가 약 −4 입방피트/도(ft^3/°F)의 음의 기울기로 거의 선형처럼 보이며, 따뜻한 달에는 거의 수평에 가까워집니다. 따라서 다항식을 적합시키는 대신 구부러진 선을 데이터에 맞출 수 있습니다.

먼저 65도(F) 구부러진 선부터 맞춰 보겠습니다. 이를 위해 65°F 이상의 온도를 가진 점의 경우 다른 기울기를 갖도록 하는 특성을 만듭니다. 모델은 다음과 같습니다.

---

4 https://oreil.ly/tnHTv

$$y = \theta_0 + \theta_1 x + \theta_2 (x - 65)^+$$

이때, ( )⁺는 "양의 값", 즉 x가 65보다 작은 경우 0이 되고, x가 65보다 같거나 큰 경우에는 이 값은 x-65입니다. 이 새 특성을 만들어서 설계 행렬에 추가합니다.

```
y = heat_df["ccf"]
X = heat_df[["temp"]]
X["temp65p"] = (X["temp"] - 65) * (X["temp"] >= 65)
```

그리고 이 두 특성을 사용해서 모델을 만듭니다.

```
bend_index = LinearRegression().fit(X, y)
```

이렇게 만들어진 "곡선"을 산점도 위에 겹쳐서 이 곡선이 데이터의 형태를 얼마나 잘 포착했는지 확인해 봅시다.

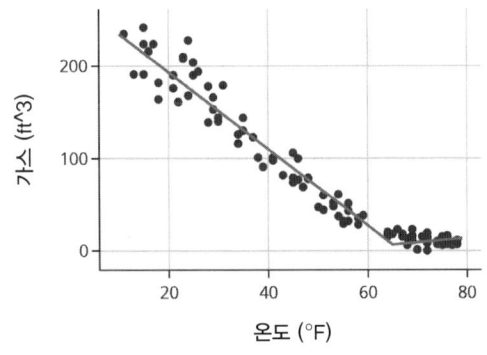

〈그림 16-9〉 새로운 특성을 사용한 모델 선 그래프와 산점도

이 모델은 다항식보다 데이터에 훨씬 더 잘 맞는 것으로 보입니다. 그러나 많은 구부러진 선 모델이 가능할 수 있습니다. 선이 55도 또는 60도 등으로 구부러질 수 있습니다. K-겹 교차 검증을 사용하여 선이 구부러지는 온도 값을 선택할 수 있습니다. 40도, 41도, 42도, ..., 68도, 69도에서 구부러지는 모델을 고려해 봅시다. 이들 각각에 대해 선이 구부러질 수 있도록 추가 특성이 필요합니다.

```
bends = np.arange(40, 70, 1)
for i in bends:
    col = "temp" + i.astype("str") + "p"
    heat_df[col] = (heat_df["temp"] - i) * (heat_df["temp"] >= i)
heat_df
```

	temp	ccf	temp40p	temp41p	...	temp66p	temp67p	temp68p	temp69p
0	29	166	0	0	...	0	0	0	0
1	31	179	0	0	...	0	0	0	0
2	15	224	0	0	...	0	0	0	0
...	...	...	...	...	...	...	...	...	...
96	76	11	36	35	...	10	9	8	7
97	55	32	15	14	...	0	0	0	0
98	39	91	0	0	...	0	0	0	0

97 rows × 32 columns

교차 검증의 첫 단계는 훈련 데이터 집합과 테스트 데이터 집합을 만드는 것입니다. 앞에서와 마찬가지로, 22개의 관측값을 임의로 선택해서 테스트 데이터 집합에 넣습니다. 그러면 훈련 데이터 집합에는 75개의 데이터가 남습니다.

```
y = heat_df['ccf']
X = heat_df.drop(columns=['ccf'])

test_size = 22

X_train, X_test, y_train, y_test = train_test_split(
    X, y, test_size=test_size, random_state=0)
```

이제 훈련 데이터 집합을 겹으로 나눕니다. 세 개의 겹을 만들어서 각각의 겹에 25개의 데이터를 넣습니다. 각 겹마다 선에서 한 번씩 구부러지도록 30개의 모델을 적합화합니다. 이 단계에서 데이터를 나누는 데는 scikit-learn의 KFold 메서드를 사용합니다.

```python
from sklearn.model_selection import KFold

kf = KFold(n_splits=3, shuffle=True, random_state=42)

validation_errors = np.zeros((3, 30))

def validate_bend_model(X, y, X_valid, y_valid, bend_index):
    model = LinearRegression().fit(X.iloc[:, [0, bend_index]], y)
    predictions = model.predict(X_valid.iloc[:, [0, bend_index]])
    return mean_squared_error(y_valid, predictions)

for fold, (train_idx, valid_idx) in enumerate(kf.split(X_train)):
    cv_X_train, cv_X_valid = (X_train.iloc[train_idx, :],
                              X_train.iloc[valid_idx, :])
    cv_Y_train, cv_Y_valid = (y_train.iloc[train_idx],
                              y_train.iloc[valid_idx])

    error_bend = [
        validate_bend_model(
            cv_X_train, cv_Y_train, cv_X_valid, cv_Y_valid, bend_index
        )
        for bend_index in range(1, 31)
    ]

    validation_errors[fold][:] = error_bend
```

그 후 세 겹의 평균 검증 오차를 구한 후 굽힌 위치에 따라 이를 그래프로 나타냅니다.

```python
totals = validation_errors.mean(axis=0)
```

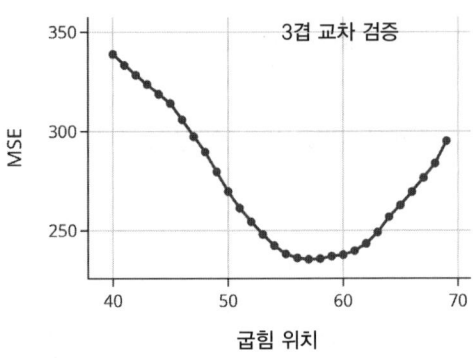

〈그림 16-10〉 선을 굽힘 위치에 따른 검증 오차 그래프

57도에서 60도 부근에서 MSE가 평평한 것으로 보입니다. 최솟값은 58도(≈ 섭씨 14.4도)에서 나타나므로, 이 모델을 선택하도록 하겠습니다. 이 모델을 테스트 데이터 집합으로 평가하기에 앞서, 이 58도에서 굽어지는 선 모델을 전체 훈련 데이터 집합에 적합시킵니다.

```
bent_final = LinearRegression().fit(
    X_train.loc[:, ["temp", "temp58p"]], y_train
)
```

그 후 적합화된 모델을 사용해서 테스트 데이터 집합의 가스 소비량을 예측합니다.

```
y_pred_test = bent_final.predict(X_test.loc[:, ["temp", "temp58p"]])

mean_squared_error(y_test, y_pred_test)
```

71.40781435952441

굽어지는 선을 산점도 위에 겹쳐서 나타낸 후 적합도를 평가하기 위해 잔차 그래프를 같이 살펴보도록 합시다.

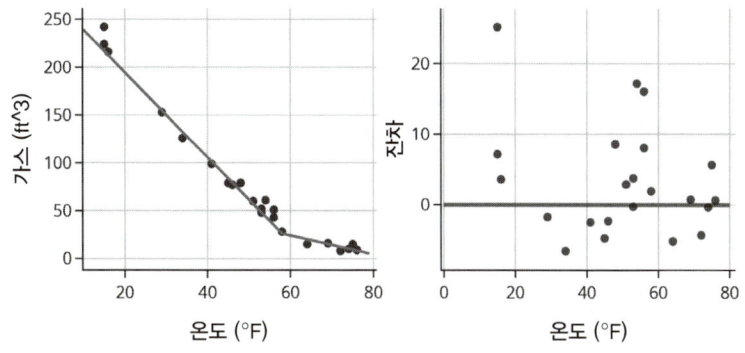

<그림 16-11> 58도에서 굽어진 선 그래프와 산점도(좌)와 이 모델의 잔차 그래프(우)

적합된 곡선은 합리적으로 보이며 잔차도 다항식을 사용했을 때보다 훨씬 작습니다.

> **설명**
>
>  여기서는 교육 목적으로 KFold를 사용하여 훈련 데이터를 수동으로 세 겹으로 분할한 다음 반복문을 사용하여 모델 유효성 검증 오차를 구했습니다. 실제로는 데이터를 자동으로 훈련 및 검증 집합으로 나누고 모든 겹에서 평균 유효성 검증 오차가 가장 낮은 모델을 찾을 수 있는 sklearn.pipeline.Pipeline 객체와 함께 sklearn.model_selection.GridSearchCV를 사용하는 것이 좋습니다.

교차 검증을 사용하여 모델 복잡성을 관리하는 데는 몇 가지 중요한 제한 사항이 있습니다. 일반적으로 복잡도를 개별적으로 변경해야 하며, 모델을 자연스럽게 정렬하는 방법이 없는 경우도 있습니다. 모델 개별 차원을 변경하는 대신 큰 모델을 적합화하고 계수의 크기에 제약을 가하는 경우도 있습니다.

이 개념을 정규화라고 하며 이어서 논의할 주제입니다.

16.4. 정규화

앞서 교차 검증이 과소적합과 과적합의 균형을 맞추는 적합 모델의 차원을 찾는 데 어떻게 도움이 되는지 살펴봤습니다. 이번에는 모델의 복잡도를 줄이는 대신 모든 기능을 갖춘 모델을 구축하되 계수의 크기를 제안하는 방법을 소개합니다. 계수의 크기에 대한 벌점 항을 MSE에 추가하여 과적합을 방지할 수 있습니다.

정규화 항이라고 하는 벌점은 $\lambda \sum_{j=1}^{p} \theta_j^2$입니다. 평균제곱오차와 이 벌점의 조합을 최소화하도록 모델을 적합시킵니다.

$$\frac{1}{n} \sum_{i=1}^{n} (y_i - x_i\theta)^2 + \lambda \sum_{j=1}^{p} \theta_j^2$$

정규화 매개변수 λ가 큰 경우, 큰 계수에 불이익을 줍니다(보통 교차 검증을 통해서 값을 선택합니다).

계수의 제곱에 따라 벌점을 매기는 경우를 L2 정규화, 혹은 릿지 회귀(Ridge)라고 합니다. 다른 널리 사용되는 정규화는 계수의 절댓값에 따라 벌점을 매깁니다.

$$\frac{1}{n} \sum_{i=1}^{n} (y_i - x_i\theta)^2 + \lambda \sum_{j=1}^{p} |\theta_j|$$

L1 정규화 선형 모델은 라쏘 회귀라고도 합니다(라쏘(lasso)는 최소 절대 축소 및 선택 연산자(Least Absolute Shrinkage and Selection Operator)의 약자입니다).

정규화가 어떻게 작동하는지에 대해 이해하기 위해 λ가 매우 큰 경우와 0에 가까운 경우(λ가 음수가 아닌 경우)라는 극단적인 경우를 생각해 보겠습니다. 정규화 매개변수가 크면 계수에 큰 불이익이 주어지므로 계수가 줄어듭니다. 반면에 λ가 작으면 계수는 제한을 받지 않습니다. 사실 λ가 0이면 우리는 다시 일반 최소제곱의 세계로 돌아갑니다. 정규화를 통해 계수의 크기를 제어하려고 할 때 몇 가지 문제가 발생합니다.

- 절편 항을 정규화하고 싶지 않을 수 있습니다. 이 방식대로라면 상수 모델에 큰 정규화가 적용됩니다.
- 특성의 척도가 매우 다른 경우 벌점이 특성마다 다르게 영향을 미칠 수 있으며, 값이 큰 특성이 다른 특성보다 더 큰 벌점을 받을 수 있습니다. 이를 방지하려면 모델을 맞추기 전에 모든 피처를 평균 0, 분산 1로 표준화해야 합니다.

35개의 특성을 가지는 경우에 대한 예를 살펴보겠습니다.

16.5. 모델 편향 및 분산

여기서는 과적합 및 과소적합 문제에 대해 다른 방식으로 생각해 보겠습니다. 설계한 모델에서 합성 데이터를 생성하는 시뮬레이션 연구를 수행해 봅니다. 이렇게 하면 실제 모델을 파악할 수 있고, 데이터에 모델을 적합할 때 얼마나 진실에 근접하는지 확인할 수 있습니다.

다음과 같이 일반적인 데이터 모델을 구성해 봅시다.

$y = g(x) + \epsilon$

이 식을 사용하면 모델의 두 가지 구성 요소인 신호 $g(x)$와 잡음 ϵ를 쉽게 확인할 수 있습니다. 이 모델에서는 잡음에 추세나 패턴이 없고 분산이 일정하며 각 관측값의 잡음이 다른 관측값과 독립적이라고 가정합니다.

예를 들어, $g(x) = \sin(x) + 0.3x$와 중심이 0이고 SD = 0.2인 정규 곡선의 잡음을 예로 들어 보겠습니다. 이 모델에서 다음 함수를 사용하여 데이터를 생성할 수 있습니다.

```python
def g(x):
    return np.sin(x) + 0.3 * x

def gen_noise(n):
    return np.random.normal(scale=0.2, size=n)

def draw(n):
    points = np.random.choice(np.arange(0, 10, 0.05), size=n)
    return points, g(points) + gen_noise(n)
```

이 모델에서 (x_i, y_i), $i = 1, \cdots, 50$의 데이터 50개를 만들어 보겠습니다.

```
np.random.seed(42)

xs, ys = draw(50)
noise = ys - g(xs)
```

데이터를 그래프로 나타내보고, 실제 신호가 무엇인지 알고 있으므로, 오차를 찾아서 이에 대해서도 그래프로 그려봅시다.

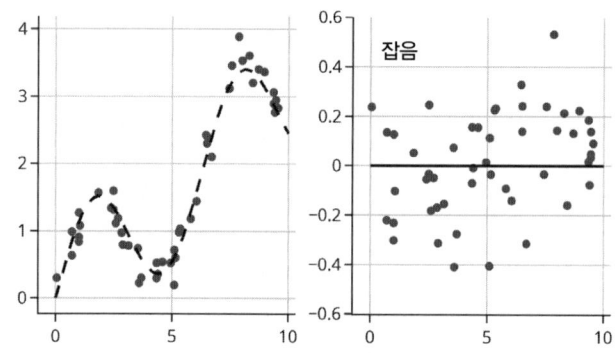

〈그림 16-12〉 새로 생성한 데이터의 산점도 및 선 그래프(좌), 오차 그래프 (우)

왼쪽 그래프는 g를 점선으로 표시한 곡선입니다. 또한 (x, y) 쌍이 이 곡선 주위에 점으로 흩어져 있는 것을 볼 수 있습니다. 오른쪽 그래프는 50개 지점에 대한 오차(y − g(x))를 보여줍니다. 이 오차는 아무런 패턴을 형성하지 않는다는 것을 알 수 있습니다.

데이터에 모델을 맞출 때 평균제곱오차를 최소화합니다. 이 최소화를 일반화하여 작성해 보겠습니다.

$$\min_{f \in F} \frac{1}{n} \sum_{i=1}^{n} [y_i - f(x_i)]^2$$

최소화는 함수 F의 집합에 대해 이루어집니다. 이 장에서 이 함수 집합은 12도 다항식일 수도 있고, 또는 단순히 구부러진 선일 수도 있다는 것을 살펴보았습니다. 중요한 점은 실제 모델인 g가 컬렉션의 함수 중 하나일 필요는 없다는 것입니다.

F를 2차 다항식의 집합, 즉 $\theta_0 + \theta_1 x + \theta_2 x^2$로 표현할 수 있는 함수의 집합이라고 가정해 보겠습니다. g(x) = sin(x) + 0.3x이므로 우리가 최적화하려는 함수 집합에 속하지 않습니다.

다항식에 앞서 구한 50개의 데이터를 적합시켜 보겠습니다.

```
poly = PolynomialFeatures(degree=2, include_bias=False)
poly_features = poly.fit_transform(xs.reshape(-1, 1))

model_deg2 = LinearRegression().fit(poly_features, ys)
```
```
Fitted Model: 0.98 + -0.19x + 0.05x^2
```

다시 말하지만, 우리는 실제 모델이 이차 함수가 아니라는 것을 알고 있습니다(우리가 만들었기 때문입니다.). 데이터와 적합 곡선을 그래프로 그려보겠습니다.

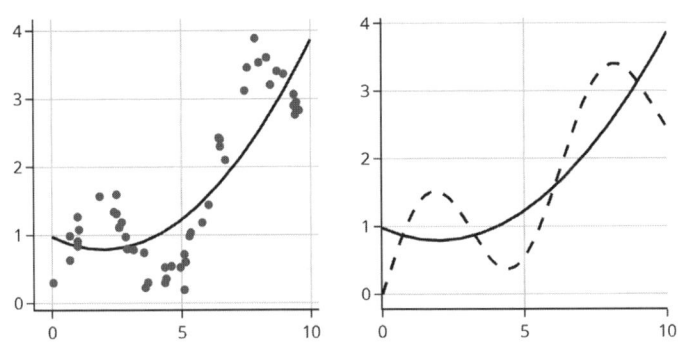

〈그림 16-13〉 새로 생성한 데이터의 산점도 및 적합 모델의 그래프

이차 함수는 데이터에 잘 맞지 않으며, 우리가 선택한 모델 집합(2차 다항식)이 함수 g의 곡률을 포착할 수 없기 때문에 기본 곡선도 잘 나타내지 못합니다. 결과적으로, 실제 곡선을 제대로 반영하지 못하는 과소적합 모델이 됩니다.

이 과정을 반복하여 실제 모델에서 다른 50개의 점을 생성하고 이 데이터에 2차 다항식을 맞추면 새로운 데이터 집합에 따라 2차 함수의 적합 계수가 변경됩니다. 이 과정을 여러 번 반복하여 적합된 곡선의 평균을 구할 수 있습니다. 이 평균 곡선은 실제 모델에서 50개의 데이터까지 2차 다항식의 일반적인 최적 적합 모델과 유사합니다. 이 개념을 설명하기 위해 50개의 데이터로 구성된 25개의 집합을 생성하고 각 데이터에 이차 함수를 맞춰 보겠습니다.

```
def fit(n):
    xs_new = np.random.choice(np.arange(0, 10, 0.05), size=n)
    ys_new = g(xs_new) + gen_noise(n)
    X_new = xs_new.reshape(-1, 1)
    mod_new = LinearRegression().fit(poly.fit_transform(X_new), ys_new)
    return mod_new.predict(poly_features_x_full).flatten()

fits = [fit(50) for j in range(25)]
```

25개의 모든 적합 모델을 실제 함수인 g 및 적합 곡선의 평균인 $\bar{f}$와 함께 그래프에 표시할 수 있습니다. 25개의 적합 모델에 투명도를 적용해서 겹치는 곡선을 구분합니다.

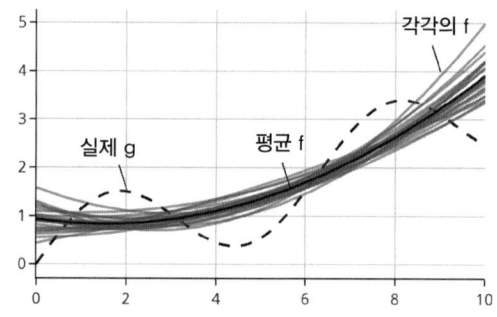

〈그림 16-14〉 25개의 적합 모델을 실제 함수와 평균 곡선과 같이 나타낸 그래프

25개의 적합된 2차 함수가 데이터에 따라 달라지는 것을 볼 수 있습니다. 이 개념을 모델 변동성(model variation)이라고 합니다. 25개의 이차 함수의 평균은 검은색 실선으로 표시됩니다. 평균 이차 함수와 실제 곡선 사이의 차이를 모델 편향이라고 합니다.

신호 g가 모델 공간 F에 속하지 않는 경우 모델 편향이 발생합니다. 모델 공간이 g를 잘 근사화할 수 있으면 편향이 작습니다. 예를 들어, 10도 다항식은 이 예제에서 사용된 g에 매우 근접할 수 있습니다. 반면, 이 장의 앞부분에서 고차 다항식은 데이터에 과도하게 적합하고 데이터에 근접하기 위해 많은 변화를 일으킬 수 있다는 것을 보았습니다. 모델 공간이 복잡할수록 적합 모델의 변동성이 커집니다. 모델이 너무 단순하면 모델 편향(g와 $\bar{f}$의 차이)이 커지고, 모델이 너무 복잡하면 모델 변동성($\bar{f}$ 주변의 $\hat{f}$ 변동)이 커질 수 있습니다.

이 개념을 편향-분산 트레이드오프라고 합니다. 모델 선택의 목표는 적합도 부족을 일으키는 이러한 경쟁적인 원인을 균형 있게 조정하는 것입니다.

16.6. 정리

이 장에서는 모델을 적합하고 평가하기 위해 평균제곱오차를 최소화할 때 문제가 발생한다는 것을 살펴보았습니다. 훈련-테스트 분할은 이 문제를 해결하는 데 도움이 되는데, 이는 훈련 집합에 모델을 맞추고 따로 설정한 테스트 데이터에 대해 적합 모델을 평가하는 것입니다.

하지만 테스트 데이터는 '남용'하지 않는 것이 중요하므로 모델을 확정할 때까지 테스트 데이터를 별도로 보관합니다. 모델 확정을 돕기 위해 데이터를 테스트 데이터 집합과 훈련 데이터 집합으로 나누는 것을 모방하는 교차 검증을 사용할 수 있습니다. 다시 말하지만, 훈련 데이터만 사용하여 교차 검증하고 최종 테스트 데이터 집합은 모델 확정 이후에 평가용으로 활용해야 합니다.

정규화는 다른 접근 방식을 취하며 평균제곱오차에 불이익을 주어 모델이 데이터에 너무 가깝게 맞지 않도록 합니다. 정규화에서는 모델을 맞추기 위해 사용 가능한 모든 데이터를 사용하지만 계수의 크기는 축소합니다. 편향-분산 트레이드오프를 통해 이 장에서 살펴본 모델링 현상을 보다 정확하게 설명할 수 있습니다. 과소적합은 모델 편향과 관련이 있고, 과적합은 모델 변동성을 초래합니다. 그림 16-15에서 X축은 모델 복잡성을 측정하고 Y축은 모델 오류의 두 가지 구성 요소인 모델 편향과 모델 변동성을 측정합니다. 적합 모델의 복잡성이 증가함에 따라 모델 편향이 감소하고 모델 변동성이 증가하는 것을 알 수 있습니다. 테스트 오차의 관점에서 생각해 보면, 이 오차는 먼저 감소했다가 모델 변동성이 모델 편향이 감소하는 정도보다 커지면서 증가하는 것을 볼 수 있습니다. 유용한 모델을 선택하려면 모델 편향과 변동성 사이의 균형을 맞춰야 합니다.

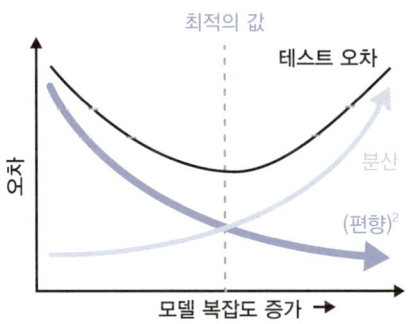

〈그림 16-15〉 편향-분산 트레이드오프

모델이 모집단에서 정확히 맞을 수 있다면 더 많은 관측치를 수집하면 편향이 줄어듭니다. 합성 예제에서처럼 모델이 본질적으로 모집단을 모델링할 수 없는 경우, 대량의 데이터로도 모델 편향을 제거할 수 없습니다. 변동성 측면에서 보면, 더 많은 데이터를 수집하면 변동성도 줄어듭니다. 데이터 과학의 최근 트렌드 중 하나는 편향성이 낮고 내재 변동성이 높은 모델(신경망 등)을 선택하되, 많은 데이터를 수집하여 정확한 예측을 할 수 있을 정도로 모델 변동성이 낮도록 하는 것입니다. 실제로는 효과적이겠지만, 이러한 모델을 위한 충분한 데이터를 수집하는 데는 많은 시간과 비용이 소요되는 경향이 있습니다.

유용성 여부와 관계없이 더 많은 특성을 만들면 일반적으로 모델 분산이 증가합니다. 매개변수가 많은 모델은 가능한 매개변수 조합이 많으므로 매개변수가 적은 모델보다 변동성이 더 높습니다. 반면에 기본 구조가 이차 형태인 경우, 이차적 특성과 같이 유용한 특성을 모델에 추가하면 편향이 줄어듭니다. 그러나 쓸모없는 기능을 추가하더라도 편향성이 증가하는 경우는 거의 없습니다.

결국, 편향성-변동성 트레이드 오프를 인식하면 모델을 더 잘 적합하는데 도움이 됩니다. 그리고 훈련-테스트 분할, 교차 검증, 정규화와 같은 기술을 사용하면 이 문제를 개선할 수 있습니다.

모델링의 또 다른 부분은 적합 계수와 곡선의 변동성을 고려하는 것입니다. 계수에 대한 신뢰 구간이나 미래 관측에 대한 예측 구간을 구하는 것이 필요할 수도 있습니다. 이러한 구간은 적합 모델의 정확도를 나타냅니다. 다음 장에서 이러한 구간 추정과 모델 신뢰도의 해석 대해 설명하겠습니다.

17장
추론 및 예측 이론

직접 수집한 데이터 자체에 대한 설명을 넘어 더 큰 배경에 적용할 수 있도록 결과를 일반화하려면 데이터가 더 넓은 현실에 대표할 수 있어야 합니다. 예를 들어 센서 판독 결과를 바탕으로 미래 시점의 대기질을 예측하거나(12장), 실험 결과를 바탕으로 보상이 기여자의 생산성을 향상하는지 테스트하거나(2장), 버스 대기 시간에 대한 간격 추정치를 만들 수 있습니다(5장). 이전 장에서 이러한 모든 시나리오를 다루었습니다. 이 장에서는 이런 사례에서 다룬 예측과 추론을 위한 프레임워크를 공식화하려고 합니다.

이 프레임워크의 핵심은 모집단, 경험치(일명 표본) 또는 확률 분포와 같은 분포의 개념입니다. 이러한 분포 사이의 연관성을 이해하는 것은 가설검정, 신뢰 구간, 예측 구간 및 위험의 기본에 있어 핵심적인 주제입니다. 이 장은 3장에서 소개한 항아리 모델에 대해 간단히 복습하고 가설검정, 신뢰 구간 및 예측 구간에 대한 공식적인 정의를 소개합니다. 특수한 경우로 부트스트랩을 포함하여 예제에서 시뮬레이션을 사용합니다. 테스트, 추론 및 예측 이론에서 필수적인 개념인 기댓값, 분산 및 표준 오차에 대해 정리하며 마무리하겠습니다.

17.1. 분포: 모집단, 경험치, 표본 추출

모집단, 표본 추출 및 경험적 분포는 새로운 관측값에 대한 모델이나 예측을 추론할 때 우리를 안내하는 중요한 개념입니다. 그림 17-1은 이러한 개념을 구분하는 데 도움이 되는 다이어그램을 제공합니다. 이 다이어그램은 2장의 모집단과 접근 프레임의 개념과 3장의 항아리 모델을 사용합니다. 왼쪽은 우리가 연구하는 모집단으로, 각 단위당 구슬이 하나씩 들어 있는 항아리 안의 구슬로 표현되었습니다. 접근 프레임과 모집단이 동일한 경우, 즉,

모집단의 모든 개체에 접근할 수 있는 경우로 상황을 단순화했습니다(그렇지 않을 때 발생하는 문제는 2장과 3장에서 다룹니다). 항아리에서 표본으로 향하는 화살표는 표본을 설계하는 것으로, 프레임에서 표본을 선택하는 방식을 나타냅니다. 이 다이어그램은 각각을 구분할 수 없는 구슬로 채워진 항아리에서 구슬을 뽑아내는 우연에 의한 과정으로 선택 과정을 나타냈습니다. 다이어그램의 오른쪽을 보면, 이렇게 뽑힌 구슬이 표본(획득한 데이터)을 구성합니다.

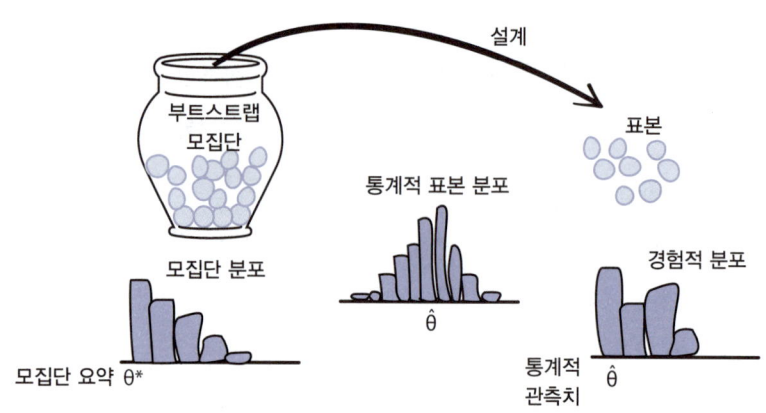

〈그림 17-1〉 데이터 생성 과정에 대한 다이어그램

하나의 특성에 대한 측정값만 고려하여 다이어그램을 단순하게 만들었습니다. 다이어그램의 항아리 아래에는 해당 특성의 모집단 분포 히스토그램이 있습니다. 모집단 분포 히스토그램은 전체 집단에 대한 값의 분포를 나타냅니다. 맨 오른쪽의 경험적 분포는 실제 표본에 대한 값의 분포를 보여줍니다. 이 두 분포의 모양이 비슷하다는 것을 알 수 있습니다. 이는 표본 추출 과정에서 모집단을 대표할 수 있는 표본을 생성할 때 나타납니다.

우리는 종종 평균, 중앙값, 단순 선형 모델의 기울기 등과 같은 표본 측정치의 요약을 살펴봅니다. 일반적으로 이 요약 통계는 모집단 평균 또는 중앙값과 같은 모수에 대한 추정치입니다. 모수는 다이어그램 왼쪽에 θ^*로 표시되어 있고, 오른쪽에는 표본에서 계산된 요약 통계가 $\hat{\theta}$로 표시되어 있습니다.

표본을 생성하는 확률 과정은 조사를 다시 수행한다면 다른 데이터 집합이 만들어질 수도 있습니다. 그러나 방법이 잘 설계되어 있다면 표본은 여전히 모집단과 유사할 것입니다. 즉, 표본에서 계산된 요약 통계에서 모수를 유추할 수 있습니다. 다이어그램 가운데의 표본 분포는 통계에 대한 확률 분포입니다. 이는 다양한 표본에 대해 통계가 취할 수 있는 가능한 값과 그 확률을 보여줍니다. 3장에서는 시뮬레이션을 사용하여 몇 가지 예제에서 표본 분포를 추정했습니다. 이 장에서는 이런 사례와 이전 장의 다른 예들을 다시 살펴보고 분석을 공식화합니다.

이 세 가지 히스토그램에 대한 마지막 요점은 10장에서 소개한 것처럼 직사각형은 모든 구간에서 관측값의 비율을 제공합니다. 모집단 분포 히스토그램의 경우, 이는 전체 모집단의 비율이고, 경험적 분포 히스토그램의 경우, 면적은 표본의 비율을 나타내며, 표본 분포의 경우, 면적은 데이터 생성 과정에서 이 구간에서 표본 통계가 만들어질 확률을 나타냅니다. 마지막으로, 일반적으로 모집단의 분포나 모수를 모를 때는 모수를 유추하거나 모집단에서 보이지 않는 개체의 값을 예측하려고 합니다. 다른 경우에는 표본을 사용하여 모집단에 대한 추측을 검정할 수 있습니다. 검정은 다음 내용에서 살펴보겠습니다.

17.2. 가설검정의 기본 사항

경험상 가설검정은 데이터 과학에서 가장 어려운 분야 중 하나로, 배우기도 어렵고 적용하기도 어렵습니다. 이는 가설검정이 고도로 기술적인 분야이기 때문이 아니라, 가설검정은 모순을 활용하기 때문에 직관에 반할 수 있기 때문입니다. 이름에서 알 수 있듯이 가설검정은 검증하고자 하는 세상에 대한 진술, 즉 가설로 시작하는 경우가 많습니다.

이상적인 세계에서는 가설이 사실임을 직접 증명할 수 있습니다. 하지만 안타깝게도 진실을 파악하는 데 필요한 모든 정보에 접근할 수 없는 경우가 많습니다. 예를 들어, 새로운 백신이 효과적이라는 가설을 세웠지만 현대 의학은 아직 백신의 효능을 좌우하는 생물학의 모든 세부 사항을 이해하지 못합니다. 대신 확률, 임의 표본 추출, 데이터 설계라는 도구를 사용합니다.

가설검정이 혼란스러울 수 있는 이유 중 하나는 가설의 반대가 참이라고 가정하고 관찰한 데이터가 그 가정과 일치하지 않는다는 것을 보여 주려고 하는 '역설에 의한 증명'과 매우 유사하기 때문입니다. 이러한 방식으로 문제에 접근하는 이유는 여러 가지 이유로 어떤 것이 참일 수 있지만, 가설과 모순되는 단 하나의 예만 있으면 되기 때문입니다. 우리는 이 "반대가 되는 가설"을 귀무가설이라고 하고 원래 가설을 대립가설이라고 부릅니다.

조금 더 혼란스럽게 들릴 수 있지만, 확률 도구는 사물을 직접 증명하거나 반증하지 않습니다. 대신, 귀무가설의 가정과 같은 가정 하에서 우리가 관찰하는 것이 얼마나 가능성이 높은지 또는 얼마나 가능성이 낮은 지를 알려줍니다. 그렇기 때문에 데이터 수집을 잘 설계하는 것이 매우 중요합니다.

임상시험에 등록한 43,738명을 무작위로 두 개의 동일한 그룹으로 나눈 존슨앤드존슨(J&J) 백신의 무작위 임상시험(3장)을 떠올려 보세요. 치료 집단에는 백신을 투여하고 대조군에는 위약이라는 가짜 백신을 투여했습니다. 이 무작위 배정 방식으로 백신을 제외한 모든 면에서 유사한 두 집단이 만들어졌습니다.

이 실험에서 치료 집단에서는 117명이, 대조 집단에서는 351명이 병에 걸렸습니다. 백신이 효과가 있다는 설득력 있는 증거를 제시하고 싶기 때문에 백신이 효과가 없다는 가설, 즉 임의 할당으로 인해 치료 집단에서 질병이 거의 발생하지 않은 것은 단지 우연이라는 가설에서 출발합니다. 이제 확률을 사용하여 치료 그룹에서 아픈 사람이 거의 관찰되지 않을 확률을 계산할 수 있습니다. 확률 계산은 43,738개의 구슬이 들어 있는 항아리를 기준으로 하며, 468개는 아픈 사람을 나타내기 위해 1로 표시합니다. 그 결과, 21,869번의 복원 방식 추첨에서 최대 117개의 구슬이 선택될 확률은 거의 0에 가깝다는 것을 발견했습니다. 우리는 이를 백신이 효과가 있다는 대안 가설을 지지하는 귀무가설을 거부하는 증거로 받아들입니다. J&J 실험은 잘 설계되었기 때문에 귀무가설을 거부하면 백신이 효과가 있다는 결론을 내릴 수 있습니다. 다시 말해, 가설의 진실은 우리가 어느 정도의 불확실성을 감수할 준비가 되어 있느냐에 달려 있습니다.

이 장의 나머지 부분에서는 가설검정의 네 가지 기본 단계를 살펴봅니다. 그런 다음 3장의 예제 중 두 가지를 이어가는 두 개의 예제를 제공하고 검정 절차에 대해 자세히 살펴봅니다. 가설 테스트에는 네 가지 기본 단계가 있습니다.

- 1단계: 설정

  데이터가 있고 특정 모델이 데이터에 합리적으로 들어맞는지 검정하려고 합니다. 따라서 표본 평균, 표본 내 0의 비율 또는 적합 회귀 계수와 같은 통계 $\hat{\theta}$를 지정하여 데이터의 통계와 모델에 따라 생성되었을 수 있는 통계를 비교합니다.

- 2단계: 모델

    데이터 생성 메커니즘의 형태로 검정하려는 모델을 모집단에 대한 특정 가정과 함께 설명합니다. 이 모델에는 일반적으로 모집단 평균, 0의 비율 또는 회귀 계수가 되는 θ^*이 포함됩니다. 이 모델에 따른 통계의 표본 분포를 귀무분포라고 하며, 모델 자체를 귀무가설이라고 합니다.

- 3단계: 계산

    2단계의 귀무모형에 따르면 1단계에서 실제로 얻은 것과 같은 극단적인 데이터(및 결과 통계)를 얻을 가능성은 얼마나 될까요? 공식 추론에서는 이 확률을 p-값이라고 합니다. p-값을 근사화하기 위해 종종 컴퓨터를 사용하여 모델의 가정을 사용하여 반복적인 무작위 실험을 대량으로 생성하고 관찰한 값만큼 극단적인 통계 값을 제공하는 표본의 비율을 찾습니다. 다른 경우에는 수학적 이론을 사용하여 p-값을 찾기도 합니다.

- 4단계: 해석

    p-값은 놀라움의 척도로 사용됩니다. 2단계에서 설명한 모델(귀무가설)이 믿을 만하다면 실제로 얻은 데이터(및 요약 통계)를 보고 얼마나 놀라야 할까요? 적당한 크기의 p-값은 관찰된 통계가 귀무모형에서 생성된 데이터에서 얻을 것으로 예상되는 것과 거의 비슷하다는 것을 의미합니다. p값이 작으면 귀무모형에 대한 의구심이 생깁니다. 즉, 모델이 정확하거나 거의 정확하다면 모델에 의해 생성된 데이터에서 검정 통계의 극단적인 값이 나오는 것은 매우 이례적인 일입니다. 이 경우 귀무모형이 잘못되었거나 가능성이 매우 낮은 결과가 발생한 것입니다. 통계 논리에 따르면 패턴이 실제 존재하며 단순한 우연이 아니라는 결론을 내릴 수 있습니다. 그런 다음 데이터 생성 과정에서 왜 그런 비정상적인 값이 도출되었는지를 설명하는 것은 여러분의 몫입니다. 이때 범위를 신중하게 고려하는 것이 중요합니다.

몇 가지 예를 통해 검정 과정의 단계를 실질적으로 설명해 보겠습니다.

17.2.1. 예제: 위키피디아 기여자의 생산성 비교를 위한 순위 테스트

이 책의 2장에서 소개한 위키피디아 예시를 다시 떠올려 보세요. 여기서는 영어 위키백과에서 지난 30일 동안 활동한 기록이 없고, 상을 받은 적도 없는 상위 1% 기여자들 중에서 무작위로 200명을 선정했습니다. 그 후, 이 200명의 기여자를 무작위로 100명씩 두 그룹으로 나누었습니다. 한 그룹에는 비공식적인 보상을 수여하고, 다른 그룹에는 아무도 보상을 수여하지 않았습니다. 200명의 기여자 모두를 90일 동안 추적 관찰하고 위키피디아에서의 활동을 기록했습니다.

비공식적인 보상이 기여를 강화하는 효과가 있을 것이라고 사람들은 추측을 해왔으며, 이 실험은 이러한 추측을 공식적으로 연구하기 위해 설계되었습니다. 여기서는 데이터의 순위를 기반으로 가설검정을 수행해 볼 것입니다.

먼저 데이터를 데이터 프레임으로 읽습니다.

```
wiki = pd.read_csv("data/Wikipedia.csv")
wiki.shape
(200, 2)
wiki.describe()[3:]
```

	experiment	postproductivity
min	0	0
25%	0	57.5
50%	0.5	250.5
75%	1	608
max	1	2344

데이터 프레임에는 각 기여자당 하나씩 200개의 행이 있습니다. experiment 특성은 기여자가 대조군 또는 실험군에 속했는지 여부에 따라 각각 0 또는 1이며, postproductivity는 보상이 수여된 후 90일 동안 기여자가 수행한 편집 횟수입니다. 사분위수(하위, 중간, 상위) 사이의 격차를 보면 생산성 분포가 왜곡되어 있음을 알 수 있습니다. 이를 확인하기 위해 히스토그램을 다음과 같이 그렸습니다.

```
px.histogram(
    wiki, x='postproductivity', nbins=50,
    labels={'postproductivity': 'Number of actions in 90
        days post award'},
    width=350, height=250)
```

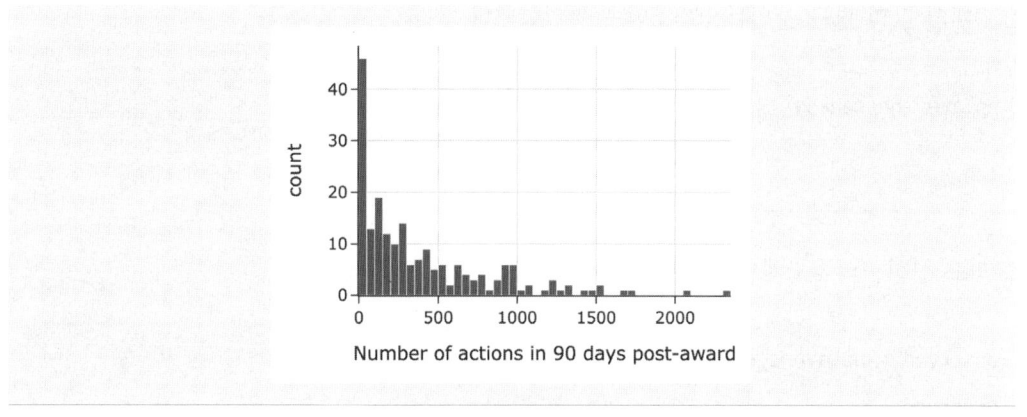

실제로 보상 후 생산성의 히스토그램은 0에 가까운 값이 급등하는 형태로 매우 기울어져 있습니다. 이 우도는 두 표본의 값 순서에 따른 통계를 나타냅니다.

통계를 계산하기 위해 두 그룹의 모든 생산성 값을 가장 작은 값에서 가장 큰 값 순으로 정렬합니다. 가장 작은 값은 1순위, 두 번째로 작은 값은 2순위, 그리고 가장 큰 값은 200순위까지 순위를 매깁니다. 이러한 순위를 사용하여 실험군의 평균 순위인 $\hat{\theta}$라는 통계량을 구합니다. 이 통계량을 선택한 이유는 이 값은 분포에 민감하지 않기 때문입니다. 예를 들어, 가장 큰 값이 700이든 700,000이든 여전히 동일한 순위, 즉 200을 받습니다. 비공식적인 보상이 기여자에게 생산성 향상을 일으킨다면, 일반적으로 실험군의 평균 순위가 대조군보다 높을 것으로 예상할 수 있습니다.

귀무가설은 비공식적 보상이 생산성에 영향을 미치지 않으며, 실험군과 대조군 간에 관찰되는 차이는 기여자를 군집으로 나누는 우연적 과정으로 인한 것이라고 가정합니다. 귀무가설은 현상 유지를 부정하기 위해 설정된 가설로, 효과가 없다는 가정에서 놀라운 사실을 발견하고자 합니다.

귀무가설은 1, 2, 3, …, 200으로 표시된 구슬 200개가 들어 있는 항아리에서 100번 구슬을 꺼내는 것으로 표현할 수 있습니다. 이 경우 평균 순위는 (1 + 200)/2 = 100.5가 됩니다.

우리는 실제 기여자 데이터를 기반으로 scipy.stats의 rankdata 메서드를 사용하여 200개의 값에 순위를 매기고 실험군의 순위 합계를 계산할 수 있습니다.

```
from scipy.stats import rankdata
ranks = rankdata(wiki['postproductivity'], 'average')
```

200개의 값의 평균 순위는 100.5임을 확인합니다.

```
np.average(ranks)
```

100.5

그리고 실험군의 100개의 생산성 점수의 평균 순위를 구합니다.

```
observed = np.average(ranks[100:])
observed
```

113.68

실험군의 평균 순위가 예상보다 높지만 이게 실제로 비정상적으로 높은 값인지 파악하고 싶습니다. 시뮬레이션을 사용하여 이 통계의 표본 분포를 찾아 113이 일상적인 값인지 아니면 놀라운 값인지 확인할 수 있습니다.

이 시뮬레이션을 수행하기 위해 데이터의 순위 배열로 항아리를 설정합니다. 배열의 200개 값을 섞고 첫 번째 100개를 취하면 무작위로 추출된 실험군을 나타낼 수 있습니다. 순위 배열을 섞어 처음 100개의 평균을 구하는 함수를 작성합니다.

```
rng = np.random.default_rng(42)
def rank_avg(ranks, n):
    rng.shuffle(ranks)
    return np.average(ranks[n:])
```

시뮬레이션에서는 항아리의 구슬을 섞은 후, 100번 꺼낸 다음, 이 꺼낸 구슬의 평균 순위를 구하고, 이 과정을 100,000번 반복합니다.

```
rank_avg_simulation = [rank_avg(ranks, 100) for _ in range(100_000)]
```

시뮬레이션에서 나온 평균값의 분포 히스토그램은 다음과 같습니다.

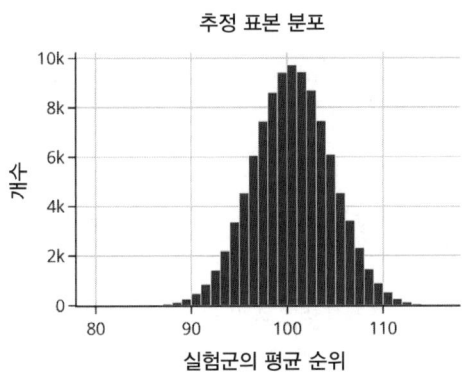

〈그림 17-2〉100,000회의 항아리 시뮬레이션 후 구해진 평균 순위의 분포

예상대로 평균 순위의 표본 분포는 100(실제로는 100.5)을 중심으로 종 모양입니다. 이 분포의 중심은 실험군과 대조군 간에 차이가 없다는 가정을 반영합니다. 관찰된 통계는 시뮬레이션된 평균 순위의 일반적인 범위를 훨씬 벗어나므로 이 시뮬레이션된 표본 분포를 사용하여 적어도 우리만큼 큰 통계를 관찰될 확률, 대략적인 p-값을 구할 수 있습니다.

```
np.mean(rank_avg_simulation > observed)
```

0.00058

이것은 매우 놀라운 결과입니다. 귀무가설 하에서, 우리만큼 큰 평균 순위를 볼 확률은 약 10,000분의 5입니다.

이 테스트는 귀무모형에 대한 의구심을 불러일으킵니다. 통계적 논리에 따르면 이 패턴이 진짜라고 결론을 내릴 수 있습니다. 이 결과를 어떻게 해석해야 할까요? 실험은 잘 설계되었습니다. 상위 1%에서 200명의 기여자를 무작위로 선정한 다음, 이들을 두 집단으로 무작위로 나누었습니다. 이러한 무작위 과정을 통해 200명의 표본이 상위 기여자를 대표하고, 실험군과 대조군이 실험(보상)의 적용을 제외한 모든 면에서 서로 유사하다는 것을 신뢰할 수 있습니다. 신중한 설계를 통해 비공식적인 보상이 최고 기여자의 생산성에 긍정적인 영향을 미친다는 결론을 내릴 수 있었습니다.

앞서 관찰한 통계의 p-값을 구하기 위해 시뮬레이션을 구현했습니다. 실제로 순위 테스트는 일반적으로 사용되며 대부분의 통계 소프트웨어에서 쉽게 구현 가능합니다.

```
from scipy.stats import ranksums

ranksums(x=wiki.loc[wiki.experiment == 1, 'postproductivity'],
         y=wiki.loc[wiki.experiment == 0, 'postproductivity'])

RanksumsResult(statistic=3.220386553232206,    pvalue=0.0012801785007519996)
```

여기서 p-값은 관측값보다 큰 값만 고려했기 때문에 계산한 p-값의 두 배지만, ranksums 검정은 분포의 양쪽 모두에 대한 p-값을 계산합니다. 이 예제에서는 생산성 증가에만 관심이 있으므로 보고된 값(0.0006)의 절반이고 시뮬레이션 값에 가까운 한쪽의 p-값을 사용합니다.

실제 데이터 값이 아닌 순위를 사용하는 이 다소 특이한 검정 통계는 오늘날과 같은 강력한 노트북 컴퓨터가 보급된 시대 이전인 1950년대와 1960년대에 개발되었습니다. 순위 통계는 수학적으로 잘 발달되어 있으며 표본 분포가 잘 동작합니다(적은 데이터에서도 대칭적이고 종 곡선 모양을 띕니다). 순위 테스트는 표본이 매우 왜곡되는 경향이 있는 A/B 테스트에 여전히 많이 사용되고 있으며, 정규 분포에서 p-값을 빠르게 계산할 수 있는 많은 검정을 수행하는 경우에 널리 활용되고 있습니다.

다음 예제에서는 3장의 백신 효능 예제를 다시 살펴봅니다. 여기서 우리는 실제로는 가설검정이라고 부르지 않는 가설검정을 만나게 됩니다.

17.2.2. 예제: 백신 효능에 대한 비율 검정

백신의 승인에는 앞서 수행했던 실험군의 질병 수와 대조군의 질병 수를 비교하는 간단한 실험보다 더 엄격한 요건이 적용됩니다. 미국 질병통제예방센터(CDC)는 각 그룹에서 아픈 사람의 비율을 비교하여 더 강력한 효능에 대한 증거를 요구합니다. 따라서 실험군과 대조군에 동일한 비율의 환자를 대조군에 넣고, 이를 각각 $\hat{p}_C$와 $\hat{p}_T$라고 합니다. 그리고 이 비율을 사용해서 백신의 효능을 구합니다.

$$\hat{\theta} = \frac{\hat{p}_C - \hat{p}_T}{\hat{p}_C} = 1 - \frac{\hat{p}_R}{\hat{p}_C}$$

J&J 실험에서의 백신 효능에 대한 관측값은 다음과 같습니다.

$$1 - \frac{117/21869}{351/21869} = 1 - \frac{117}{351} = 0.667$$

백신의 효과가 없다면 효능은 0에 가까울 것입니다. CDC는 백신 효능에 대한 기준을 50%로 설정하여 효능이 50%를 초과해야 배포 승인을 받을 수 있도록 하고 있습니다. 이 상황에서 귀무가설 모델은 백신 효능이 50%($\theta^* = 0.5$)라고 가정하고, 관측값과 기댓값의 차이는 사람들을 그룹에 배정하는 과정에서 발생하는 우연적 과정으로 인한 것입니다. 다시 말하지만, 현재 상황이 백신이 승인을 받을 만큼 충분히 효과적이지 않다고 귀무가설을 설정하고, 놀라운 결과를 발견하여 귀무가설을 거부할 수 있는 근거를 찾고자 하는 것입니다.

약간의 대수학을 사용하면 귀무모형 $0.5 = 1 - p_T/p_C$ 는 $p_T = 0.5 p_C$ 로 줄어듭니다. 즉, 귀무가설은 치료를 받은 사람 중 아픈 사람의 비율이 대조군의 절반에 불과하다는 것을 의미합니다. 두 가지 위험(p_T 및 p_C)의 실제 값은 귀무가설에 고려되지 않는다는 점에 유의하셔야 합니다. 즉, 이 모델은 치료가 효과가 없다고 가정하는 것이 아니라 치료의 효과가 50%보다 크지 않다고 가정하는 것입니다.

이 상황에서의 항아리 모델은 앞서 3장에서 설정한 것과 약간 다릅니다. 항아리에는 여전히 실험에 참여한 사람 수에 해당하는 43,738개의 구슬이 들어 있습니다. 하지만 이제 각 구슬에는 두 개의 숫자가 있으며, 단순화를 위해 (0, 1)과 같이 한 쌍으로 표시됩니다. 왼쪽의 숫자는 실험에 들어간 경우의 반응이고, 오른쪽의 숫자는 실험 대상이 아닌 경우의 반응(대조군)에 해당합니다. 평소와 같이 1은 병에 걸렸음을 의미하고 0은 건강한 상태를 유지함을 의미합니다.

귀무모형은 쌍의 왼쪽에 있는 것의 비율이 오른쪽에 있는 비율의 절반이라고 가정합니다. 이 두 비율을 알 수 없으므로 데이터를 사용하여 추성할 수 있습니다. 항아리에는 (0, 0), (0, 1), (1, 1)의 세 가지 유형의 구슬이 있습니다. (1, 0)은 실험 대상이지만 통제되지 않는 사람이 병에 걸리는 것을 의미하며, 이는 불가능하다고 가정합니다. 우리는 351명이 통제 상태에서 병에 걸리고 117명이 백신을 맞은 것을 관찰했습니다. 질병 치료율이 대조군의 절반이라는 가정 하에 항아리 구성에 대한 시나리오를 그릴 수 있습니다. 예를 들어, 치료 중인 117명이 병에 걸리지 않았지만 대조군에 있었다면 걸렸을 경우를 연구할 수 있으므로, 백신을 접종하지 않았을 경우 585명(351명 + 117명 + 117명) 모두가 바이러스에 걸리고, 치료를 받았을 경우 절반(약 293명)이 바이러스에 걸리지 않는다고 볼 수 있습니다. 표 17-1은 이 수치를 정리한 것입니다.

〈표 17-1〉 백신 실험 항아리

Label	Count
(0,0)	43,152
(0,1)	293
(1,0)	0
(1,1)	293
Total	43,738

이 수치를 사용하여 임상시험 시뮬레이션을 수행하고 백신 효능을 구할 수 있습니다. 3장에서 살펴본 것처럼 다변량 초기하학 함수를 사용해서 두 가지 이상의 구슬이 있을 때 항아리에서 구슬을 뽑는 시뮬레이션을 진행합니다. 이 항아리와 표본 추출 과정을 다음과 같이 만듭니다.

```
N = 43738
n_samp = 21869
N_groups = np.array([293, 293, (N - 586)])

from scipy.stats import multivariate_hypergeom

def vacc_eff(N_groups, n_samp):
    treat = multivariate_hypergeom.rvs(N_groups, n_samp)
    ill_t = treat[1]
    ill_c = N_groups[0] - treat[0] + N_groups[1] - treat[1]
    return (ill_c - ill_t) / ill_c
```

이제 임상시험 100,000회를 시뮬레이션한 후 각 시험의 백신 효능을 구합니다.

```
np.random.seed(42)
sim_vacc_eff = np.array([vacc_eff(N_groups, n_samp) for _ in range(100_000)])

px.histogram(x=sim_vacc_eff, nbins=50,
            labels=dict(x='Simulated vaccine efficacy'),
            width=350, height=250)
```

표본 분포는 0.5를 중심으로 하며, 이는 처음 모델에서의 가정과 같습니다. 0.667은 이 분포의 꼬리에서도 떨어져 있습니다.

```
np.mean(sim_vacc_eff > 0.667)
```

1e-05

100,000건의 시뮬레이션 중 극소수만이 0.667의 관측값만큼 큰 백신 효능을 보였습니다. 이는 매우 드문 사례이며, 이것이 바로 CDC가 존슨엔드존슨 백신의 배포를 승인한 이유입니다.

이 가설검정의 예에서는 모델을 완전히 지정할 수 없었기 때문에 관측된 $\hat{p}_C$ 및 $\hat{p}_T$ 값을 기반으로 p_C 및 p_T의 대략적인 값을 제공해야 했습니다. 귀무모형이 완전히 지정되지 않아서 데이터에 의존하여 모델을 설정해야 하는 경우도 있습니다. 다음에는 데이터를 사용하여 모델을 근사화하기 위한 부트스트랩이라는 일반적인 접근 방식을 소개합니다.

17.3. 추론을 위한 부트스트랩

많은 가설검정에서 귀무가설의 가정은 가상의 모집단과 데이터 설계를 완전하게 정의하는 것으로 이어지며(그림 17-1 참조), 이 정의를 사용하여 통계의 표본 분포를 시뮬레이션합니다. 예를 들어, 위키피디아 실험의 순위 테스트에서는 정수 1, ..., 200을 표본으로 삼아 쉽게 시뮬레이션할 수 있었습니다. 하지만 안타깝게도 모집단과 모델을 항상 완벽하게 정의할 수는 없습니다. 이러한 상황을 해결하기 위해 데이터를 모집단으로 대체합니다. 이 치환은 부트스트랩 개념의 핵심입니다. 그림 17-3은 이 개념을 반영하여 그림 17-1을 재구성한 것으로, 여기서 모집단 분포가 경험적 분포로 대체되어 부트스트랩 모집단이라는 것을 만듭니다.

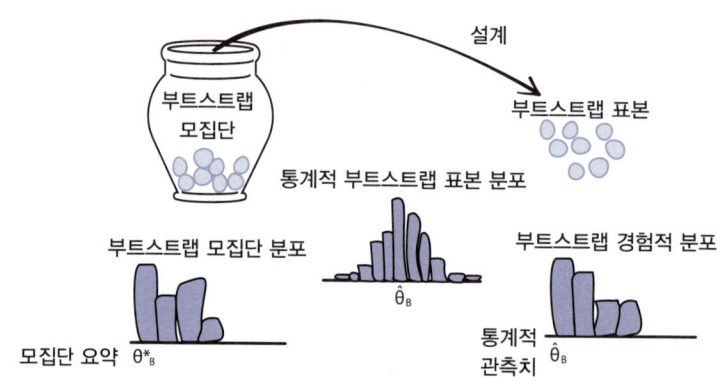

〈그림 17-3〉 부트스트랩 데이터 생성 과정 다이어그램

부트스트랩의 근거는 다음과 같습니다.

- 표본은 대표 표본이기 때문에 모집단처럼 보이므로 모집단을 표본으로 바꾸고 이를 부트스트랩 모집단이라고 부릅니다.
- 원래 표본을 생성한 것과 동일한 데이터 생성 과정을 사용하여 모집단의 변화를 반영하는 새 표본(부트스트랩 표본이라고 함)을 얻습니다. 이전과 동일한 방식으로 부트스트랩 표본에 대한 통계를 계산하고 이를 부트스트랩 통계라고 부릅니다. 부트스트랩 통계의 부트스트랩 표본 분포는 통계의 실제 표본 분포와 모양과 편차가 유사해야 합니다.
- 부트스트랩 모집단을 사용하여 데이터 생성 과정을 여러 번 시뮬레이션하여 부트스트랩 표본과 해당 부트스트랩 통계를 얻습니다. 시뮬레이션된 부트스트랩 통계의 분포는 부트스트랩 통계의 부트스트랩 표본 분포에 근사화되며, 이 분포 자체가 원래 표본 분포에 근사화됩니다.

그림 17-3을 자세히 살펴본 후 다시 그림 17-1과 비교해 보기 바랍니다. 기본적으로 부트스트랩 시뮬레이션에는 두 가지 근사치가 포함되는데, 원래 표본은 모집단을 근사화하고 시뮬레이션은 표본 분포를 근사화합니다. 지금까지 예제에서는 두 번째 근사치를 사용했는데, 표본에 의한 모집단 근사치는 부트스트랩의 핵심 개념입니다.

그림 17-3에서 부트스트랩 모집단의 분포(왼쪽)는 원래 표본 히스토그램처럼 보이고, 표본 분포(가운데)는 여전히 원래 연구와 동일한 데이터 생성 과정에 기반한 확률 분포이지만 이제 부트스트랩 모집단을 사용하며, 경험적 분포(오른쪽)는 부트스트랩 모집단에서 가져온 한 표본의 히스토그램이라는 것을 알 수 있습니다.

부트스트랩 모집단에서 간단한 무작위 표본을 추출하면서 매번 똑같은 표본을 얻지 않을 수 있는 방법이 궁금할 수 있습니다. 결국, 표본에 100개의 개체가 포함되어 있고 이를 부트스트랩 모집단으로 사용하는 경우 부트스트랩 모집단에서 교체 없이 100번 가져오면 모든 개체가 추출되어 매번 동일한 부트스트랩 표본을 얻을 수 있습니다. 이 문제를 해결하는 방법에는 두 가지가 있습니다.

- 부트스트랩 모집단에서 표본을 추출할 때는 복원 방식으로 부트스트랩 모집단에서 개체를 뽑습니다. 기본적으로 원래 모집단이 매우 큰 경우 복원 방식과 비복원 방식의 표본 추출 간에는 거의 차이가 없습니다. 이것이 더욱 일반적인 접근 방식입니다.

- 원래 모집단과 동일한 크기가 되도록 '표본을 부풀리기'합니다. 즉, 표본에 있는 각 고유 값의 비율을 집계하고 비율을 유지하면서 원래 모집단과 동일한 크기가 되도록 부트스트랩 모집단에 단위를 추가합니다. 예를 들어 표본의 크기가 30이고 표본 값의 1/3이 0인 경우 부트스트랩 모집단 750에는 0이 250개 포함되어야 합니다. 이 부트스트랩 모집단이 확보되면 원래 데이터 생성 절차를 사용하여 부트스트랩 표본을 가져옵니다.

백신 효능의 예에서는 모수화 부트스트랩(parameterized bootstrap)이라고 하는 부트스트랩과 유사한 과정을 사용했습니다. 귀무모형은 0과 1을 사용하는 항아리를 사용한다고 했지만 항아리에 몇 개의 0과 1을 넣어야 하는지 알 수 없었습니다. 이때 표본 데이터를 사용하여 0과 1의 비율을 결정합니다. 즉, 표본이 다변량 초기하 분포(multivariate hypergeometric distribution) 모수를 지정한 것입니다. 다음으로 공기질 모니터를 보정하는 예시를 통해 부트스트랩을 사용하여 가설을 검정하는 방법을 보여 드리겠습니다.

>  **팁**
>
> 부트스트랩 표본 분포의 중심이 실제 표본 분포의 중심과 같다고 생각하는 것은 흔한 실수입니다. 표본의 평균이 0이 아니라면 부트스트랩 모집단의 평균도 0이 아닙니다. 그렇기 때문에 가설검정에서 부트스트랩 분포의 중심이 아닌 편차를 사용합니다. 다음 예에서 부트스트랩을 사용하여 가설을 검정하는 방법을 살펴봅니다.

대기질 모니터 보정에 관한 사례 연구(12장 참조)에서는 저렴한 모니터의 측정값을 실제 대기질에 더 가깝게 반영하도록 조정하는 모델을 적용했습니다. 이 조정에는 습도와 관련된 항목이 모델에 포함되었습니다. 습도가 높은 날에는 습도가 낮은 날보다 측정값이 더 상향 조정되도록 약 0.2의 계수를 적용했습니다. 그러나 이 계수는 0에 가깝기 때문에 모델에 습도를 포함할 필요가 있는지 의문이 들 수 있습니다. 즉, 선형 모델에서 습도 계수가 0이라는 가설을 검정하려는 상황입니다. 안타깝게도 이 모델은 특정 기간 동안 대기 모니터링 세트(퍼플에어 및 EPA에서 관리하는 대기 모니터 모두)에서 측정한 값을 기반으로 하기 때문에 내용을 완전하게 정의할 수 없습니다. 이때 부트스트랩이 도움이 됩니다.

이 모델은 측정된 대기질 측정값이 측정 모집단과 유사하다는 가정을 전제로 합니다. 기상 조건, 연중 시간, 모니터의 위치로 인해 이 가정은 다소 유동적이라는 점을 유념해야 합니다. 여기서 의미하는 것은 측정값이 원래 측정할 때와 동일한 조건에서 측정된 다른 측정값과 유사하다는 것입니다. 또한 대기질 측정치가 사실상 무한정 공급된다고 상상할 수 있으므로, 측정값을 생성하는 절차를 항아리에서의 복원 추출로 생각하면 됩니다. 2장에서 우리는 항아리를 측정 오차를 포함하여 항아리에서 복원 추출을 사용해서 모델링했습니다. 다만 이 상황은 앞서 언급한 다른 요인(날씨, 계절, 위치)도 포함하기 때문에 2장의 단순한 모델보다는 더 복잡한 상황임에 유념해야 합니다.

우리 모델은 선형 모델에서 습도 계수에 초점을 맞추고 있습니다.

$$PA \approx \theta_0 + \theta_1 AQ + \theta_2 RH$$

여기서 PA는 퍼플에어 기기의 PM2.5 측정값을, RH는 상대 습도를, AQ는 더 정확한 AQS 모니터에서 측정한 PM2.5의 더 정확한 측정값을 나타냅니다. 귀무가설은 $\theta_2 = 0$이며, 즉 귀무모형이 더 간단한 모델입니다.

$$PA \approx \theta_0 + \theta_1 AQ$$

θ_2를 추정하려면 15장의 선형 모델 적합 절차를 사용합니다. 부트스트랩 모집단은 15장에서 사용한 조지아의 측정값으로 구성됩니다. 이제 데이터 프레임(항아리에 해당함)에서 확률을 구하는 방식인 randint를 사용하여 복원 추출 방식으로 행을 선택합니다. 이 함수는 정수 집합에서 복원 방식으로 임의로 표본을 추출합니다. 인덱스의 무작위 표본을 사용하여 데이터 프레임에서 부트스트랩 표본을 생성합니다. 그런 다음 선형 모델을 맞추고 습도 계수(부트스트랩 통계)를 얻습니다. 다음 boot_stat 함수는 이 시뮬레이션 과정을 수행합니다.

```
from scipy.stats import randint

def boot_stat(X, y):
    n = len(X)
    bootstrap_indexes = randint.rvs(low=0, high=(n - 1), size=n)
    theta2 = (
        LinearRegression()
        .fit(X.iloc[bootstrap_indexes, :],
y.iloc[bootstrap_indexes])
        .coef_[1]
    )
    return theta2
```

설계 행렬과 결과 변수를 설정하고 boot_stat 함수가 제대로 작동하는지 한 번 확인해 봅니다.

```
X = GA[['pm25aqs', 'rh']]
y = GA['pm25pa']

boot_stat(X, y)
```

0.21572251745549495

이 과정을 10,000회 반복한 후, 부트스트랩 통계(적합화된 습도 계수)의 부트스트랩 표본 분포의 근삿값을 얻습니다.

```
np.random.seed(42)
boot_theta_hat = np.array([boot_stat(X, y) for _ in range(10_000)])
```

이 부트스트랩 표본 분포의 모양과 편차를 확인하려고 합니다(중심값은 원래의 계수 값인 0.21에 가까울 것임을 알고 있습니다).

```
px.histogram(x=boot_theta_hat, nbins=50,
             labels=dict(x='Bootstrapped humidity coefficient'),
             width=350, height=250)
```

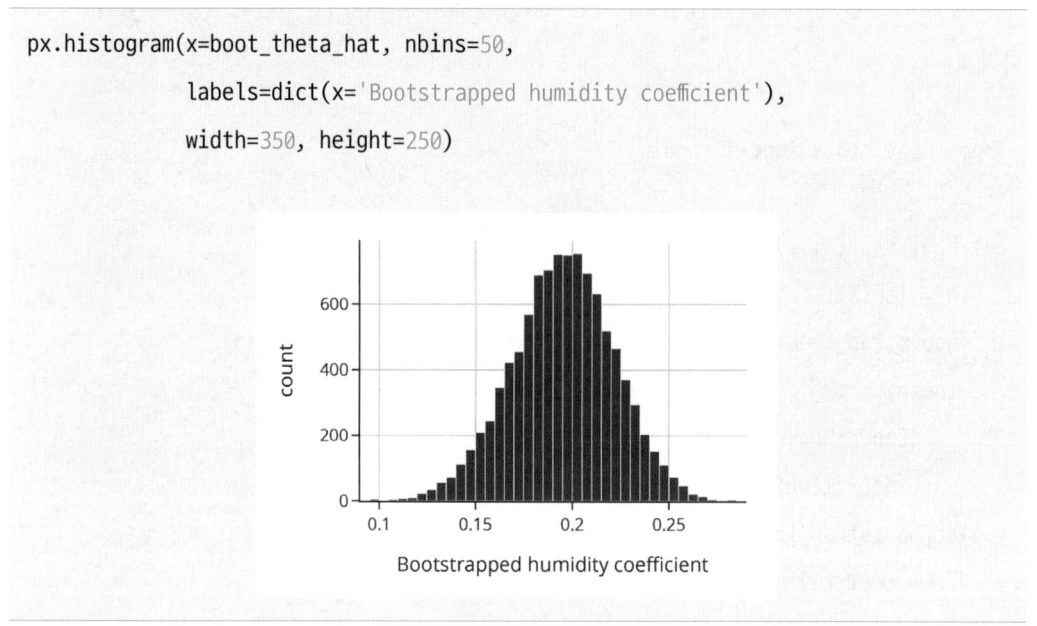

부트스트랩 모집단은 관측된 데이터로 구성되므로 설계상 부트스트랩 표본 분포의 중심은 $\hat{\theta}$에 가까워집니다. 따라서 관측된 통계만큼 큰 값의 확률을 계산하는 대신 0보다 작은 값의 비율을 찾습니다. 가설 값인 0보다 작거나 같은 계수는 단 하나도 존재하지 않습니다.

이는 통계적 논리에 따라 습도에 대한 모델을 조정할 필요가 없다는 귀무가설을 거부할 수 있는 근거가 됩니다. 즉, 습도를 무시한 모델은 적절하지 않으며, 습도는 모델에 포함할 필요가 있다는 결론을 내릴 수 있습니다.

이번 검정은 이전 장에서 다뤘던 방식과는 약간 다른 형태로 보일 수 있습니다. 이는 표준 이론 분포가 아닌 부트스트랩 분포를 기반으로 했기 때문입니다. 실제로는 신뢰 구간을 활용해 가설을 검정한 것과 같은 방식입니다. 다음 단계에서 부트스트랩에 기반한 내용 보다 일반적인 구간 추정치를 소개하고 가설검정과 신뢰 구간의 개념을 연결해 보겠습니다.

17.4. 신뢰 구간의 기본 사항

지금까지 모델링을 통해 버스가 늦게오는 일반적인 시간(4장), 공기질 측정에 대한 습도 조정(15장), 백신 효능 추정(2장) 등의 추정치를 도출하는 방법을 살펴보았습니다. 이러한 예는 모수라고 하는 미지의 값에 대한 추정치입니다. 버스의 평균 지각 시간은 0.74분, 대기 질에 대한 습도 조정은 습도 백분율 포인트당 0.21 PM2.5, 백신 효능에서 코로나 감염률의 비율은 0.67입니다. 그러나 다른 표본을 사용했다면 다른 추정치가 나왔을 것입니다. 단순히 값에 대한 추정치를 제공하는 것만으로는 추정치의 정확성을 파악할 수 없습니다. 또는 구간 추정치로 추정치의 정확도를 반영할 수 있습니다. 이러한 구간은 일반적으로 두 가지 형태 중 하나를 취합니다.

- 부트스트랩 표본 분포의 백분위수에서 생성된 부트스트랩 신뢰 구간
- 표본 분포의 표준 오차(SE)와 정규 곡선 모양을 갖는 분포에 대한 추가 가정을 사용하여 만든 정규 신뢰 구간

이 두 가지 유형의 구간에 대해 설명한 다음 예를 들어 보겠습니다. 표본 분포(그림 17-1 참조)는 $\hat{\theta}$의 다른 값을 관찰할 확률을 반영하는 확률 분포입니다. 신뢰 구간은 $\hat{\theta}$의 표본 분포의 편차를 통해 구성되므로, $\hat{\theta}$에 기반하는 신뢰 구간의 끝점은 임의로 설정됩니다. 이 구간은 95%의 경우 구간이 $\hat{\theta}$를 포함하도록 설계되었습니다.

이름에서 알 수 있듯이 백분위수 기반 부트스트랩 신뢰 구간은 부트스트랩 표본 분포의 백분위수로부터 만들어집니다. 구체적으로, $\hat{\theta}_B$의 표본 분포의 사분위수를 계산하며, 여기서 $\hat{\theta}_B$는 부트스트랩 통계입니다.

95번째 백분위수 간격의 경우, 부트스트랩 통계가 해당 간격에 있는 경우의 95%를 차지하는 2.5 및 97.5 사분위수를 각각 $q_{2.5, B}$ 및 $q_{97.5, B}$라고 합니다.

$$q_{2.5, B} \leq \hat{\theta}_B \leq q_{97.5, B}$$

이 부트스트랩 백분위수 신뢰 구간은 약식 구간으로 간주됩니다. 편향을 조정하고 분포의 모양을 고려하며 작은 표본에 더 적합한 다른 방안이 많이 있습니다.

백분위수 신뢰 구간은 표본 분포의 특정 모양이나 분포의 중심이 θ^*인지에 의존하지 않습니다. 반면, 정규 신뢰 구간은 계산 시 부트스트랩이 필요하지 않은 경우가 많지만 $\hat{\theta}$의 표본

분포의 편차에 대한 추가적인 가정을 해야 합니다.

표본 분포가 정규 곡선으로 잘 근사화될 때 정규 신뢰 구간을 사용합니다. 중심 μ와 표준편차 σ가 있는 정규 확률 분포의 경우, 이 분포의 임의 값이 μ ± 1.96σ 간격에 있을 확률은 95%입니다. 표본 추출 분포의 중심은 일반적으로 θ*이므로 무작위로 생성된 θ̂에 대한 확률은 95%입니다.

$$\hat{\theta} - \theta^* \le 1.96 SE(\hat{\theta})$$

여기서 SE(θ̂)는 θ̂의 표본 분포의 표준편차입니다. 이 부등식을 사용하여 θ*에 대한 95% 신뢰 구간을 만듭니다.

$$[\hat{\theta} - 1.96 SE(\hat{\theta}),\ \hat{\theta} + 1.96 SE(\hat{\theta})]$$

다른 크기의 신뢰 구간은 모두 정규 곡선을 기준으로 SE(θ̂)의 다른 배수로 형성할 수 있습니다. 예를 들어 99% 신뢰 구간은 ±2.58SE이고, 단방향 상위 95% 신뢰 구간은 [θ̂ − 1.64SE(θ̂), ∞]입니다.

> **설명**
>
>
> 모수 추정치의 SD는 표본, 모집단 또는 항아리에서 한 번 추출한 표본의 SD와 구별하기 위해 표준 오차 또는 SE라고도 합니다. 이 책에서는 이 둘을 구분하지 않고 모두 SD라고 부릅니다.

다음으로 각 유형의 간격에 대한 예시를 살펴보겠습니다. 이 장의 앞부분에서 대기질에 대한 선형 모델에서 습도 계수가 0이라는 가설을 검정했습니다. 이 데이터에 대한 적합 계수는 0.21이었습니다. 귀무모형이 데이터 생성 방식을 완전히 설정하지 않았기 때문에 부트스트랩을 사용했습니다. 즉, 데이터를 모집단으로 사용하고, 부트스트랩 모집단에서 11,226개의 데이터를 복원 방식으로 표본을 추출한 다음, 모델을 적합화하여 습도에 대한 부트스트랩 표본 계수를 찾았습니다. 시뮬레이션에서 이 과정을 10,000회 반복하여 대략적인 부트스트랩 표본 분포를 얻었습니다.

이 부트스트랩 표본 분포의 백분위수를 사용하여 θ*에 대한 99% 신뢰 구간을 만들 수 있습니다. 이를 위해 부트스트랩 표본 분포의 사분위수인 $q_{0.5}$와 $q_{99.5}$를 구합니다.

```
q_995 = np.percentile(boot_theta_hat, 99.5, method='lower')
q_005 = np.percentile(boot_theta_hat, 0.5, method='lower')

print(f"Lower 0.5th percentile: {q_005:.3f}")
print(f"Upper 99.5th percentile: {q_995:.3f}")
```

```
Lower 0.5th percentile: 0.125
Upper 99.5th percentile: 0.260
```

표본 분포의 히스토그램의 형태가 대략 표준 분포 형태를 띠고 있으므로, 표준 분포를 기반으로 99% 신뢰 구간을 구할 수 있습니다.

우선, $\hat{\theta}$의 표본 분포의 표준편차로 $\hat{\theta}$의 표준 오차를 만듭니다.

```
standard_error = np.std(boot_theta_hat)
standard_error
```

```
0.02653498609330345
```

그럼, $\hat{\theta}$의 99% 신뢰구간은 의 관측치에서 양쪽으로 2.58SE 떨어져 있음을 확인할 수 있습니다.

```
print(f"Lower 0.05th endpoint: {theta2_hat - (2.58 * standard_error):.3f}")
print(f"Upper 99.5th endpoint: {theta2_hat + (2.58 * standard_error):.3f}")
```

```
Lower 0.05th endpoint: 0.138
Upper 99.5th endpoint: 0.275
```

이 두 구간(부트스트랩 백분위와 표준 분포의 경우)은 비슷하지만 분명히 동일하지는 않습니다. 부트스트랩 표본 분포의 약간의 비대칭성을 고려할 때 이는 예상 가능합니다.

데이터의 SD를 사용하여 표본 분포의 표준 오차를 추정할 때 변동성을 반영하는 다른 버전의 정규 기반 신뢰 구간이 있습니다. 그리고 평균이 아닌 백분위수인 통계에 대한 다른 신뢰 구간도 있습니다(또한 순열 테스트의 경우 부트스트랩은 일반 근사치만큼 정확하지 않은 경향이 있습니다).

> **설명**
>
> 신뢰 구간은 모수 θ^*가 해당 구간에 있을 확률로 잘못 해석하기 쉽습니다. 그러나 신뢰 구간은 표본 분포의 한 가지 구현 방법일 뿐입니다. 표본 분포는 우리에게 다른 확률 정의를 제공합니다. 95%의 경우, 이러한 방식으로 구성된 구간은 θ^*를 포함합니다. 불행히도, 우리는 이 특정 경우가 100번 중 95번 발생하는 경우 중 하나인지 아닌지 알 수 없습니다. 그렇기 때문에 확률이나 가능성이 아닌 신뢰도라는 용어를 사용하며, 해당 모수가 구간 내에 있다고 95% 확신한다고 말합니다. 바로 이 이유 때문에, 우리는 '확률'이나 '가능성'이라는 용어 대신 '신뢰(confidence)'라는 용어를 사용합니다. 그리고 "우리는 이 구간 안에 θ^*가 포함되어 있다고 95% 확신한다"라고 표현하는 것이 올바른 해석입니다.

신뢰 구간과 가설검정은 다음과 같은 방식으로 연관되어 있습니다. 예를 들어 95% 신뢰 구간에 가설 값 θ^*가 포함되어 있으면 테스트의 p-값은 5% 미만입니다. 즉, 신뢰 구간을 뒤집어서 가설검정을 만들 수 있습니다. 앞서 대기질 모델의 습도 계수가 0이라는 검정을 수행할 때 이 기법을 사용했습니다. 여기에서는 계수에 대한 99% 신뢰 구간(부트스트랩 백분위수 기준)을 만들었으며, 0이 이 구간에 속하지 않으므로 p값이 1% 미만이고 통계적 논리에 따라 계수가 0이 아니라는 결론을 내릴 수 있습니다.

또 다른 종류의 구간 추정치는 예측 구간입니다. 예측 구간은 추정값의 변동보다는 관찰의 변동에 초점을 맞춥니다. 다음으로 이에 대해 살펴보겠습니다.

17.5. 예측 구간의 기본 사항

신뢰 구간은 추정값의 정확도를 전달하지만 때로는 미래 관측에 대한 예측의 정확도가 필요한 경우가 있습니다. 예를 들어, 버스가 최대 45초 정도 늦게 도착하는데 가장 늦게 도착할 때는 얼마나 늦어질지 예측하고 싶다고 할 수 있습니다. 또 다른 예로, 캘리포니아 어류 및 야생동물국에서는 대짜은행게(Dungeness crab)의 최소 어획 크기를 146mm로 정하고 있는데, 레저 낚시 회사에서는 고객이 낚시한 것을 가져올 때 146mm보다 얼마나 더 클지 궁금해할 수 있습니다. 또 다른 예로, 수의사는 당나귀의 길이와 둘레를 기준으로 당나귀의 체중을 169kg으로 추정하고 이 추정치를 사용하여 약을 투여할 수 있습니다. 이 경우, 수의사는 당나귀의 실제 몸무게가 이 추정치와 얼마나 차이가 날 수 있는지 알고 싶어할 수 있습니다.

이 예시들의 공통점은 미래 관측값의 예측에 대해 관심을 가지고 있다는 점과 미래 관측값이 이 예측과 얼마나 차이가 나는지 정량화하려는 욕구입니다. 신뢰 구간과 마찬가지로 통계(추정치)를 계산하여 예측에 사용하지만, 이제는 예측에서 미래 관측값의 일반적인 오차 범위를 알고 싶은 것입니다. 다음에서는 사분위수, 표준편차 및 공변량에 따른 예측 구간에 대한 예제를 살펴봅니다. 그 과정에서 예측에 대한 관측값의 일반적인 변동에 대해 추가적으로도 같이 알아보겠습니다.

17.5.1. 예제: 버스 연착률 예측하기

4장에서는 특정 정류장에 도착하는 시애틀 버스의 지각률을 모델링했습니다. 분포가 매우 왜곡되어 있음을 관찰하고 중앙값인 0.74분으로 일반적인 지각 시간을 추정하기로 했습니다. 4장에서 확인한 표본 히스토그램을 여기에서 재현해 보도록 하겠습니다.

```
times = pd.read_csv("data/seattle_bus_times_NC.csv")
fig = px.histogram(times, x="minutes_late", width=350, height=250)
fig.update_xaxes(range=[-12, 60], title_text="Minutes late")
fig
```

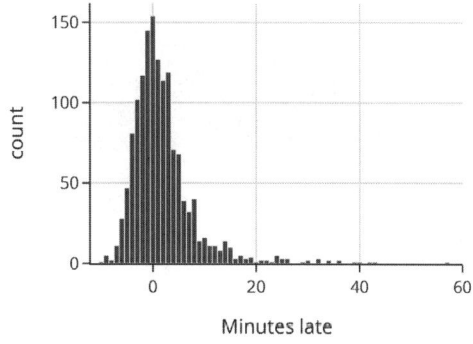

예측 문제는 버스가 얼마나 늦을지 예측하는 문제입니다. 중앙값은 정보를 제공하지만 분포의 왜곡에 대한 정보는 제공하지 않습니다. 즉, 버스가 얼마나 늦을지 알 수 없습니다. 75번째 백분위수 또는 95번째 백분위수는 고려해야 할 유용한 정보를 추가합니다. 여기서 이러한 백분위수를 계산합니다.

중앙값 0.74분 늦음

75번째 백분위수: 3.78분 늦음

95번째 백분위수: 13.02분 늦음

이 통계를 통해 버스가 1분도 늦지 않는 경우가 절반 이상이지만, 4분의 1은 거의 4분이나 늦고, 어느 정도 규칙적으로 버스가 15분 가까이 늦는 경우도 있다는 것을 알 수 있습니다. 이 세 가지 값을 종합하면 계획을 세우는 데 도움이 됩니다.

17.5.2. 예제: 게 크기 예측

대짜은행게 낚시는 취미로 잡는 게의 껍데기 크기를 146mm로 제한하는 등 규제가 엄격합니다. 캘리포니아 어류 및 야생동물국은 대짜은행게의 껍질 크기 분포를 더 잘 이해하기 위해 캘리포니아 북부와 오리건 남부에서 어부들과 협력하여 게를 포획, 측정 및 방류했습니다. 다음은 포획된 약 450마리의 게 껍질 크기 히스토그램입니다.

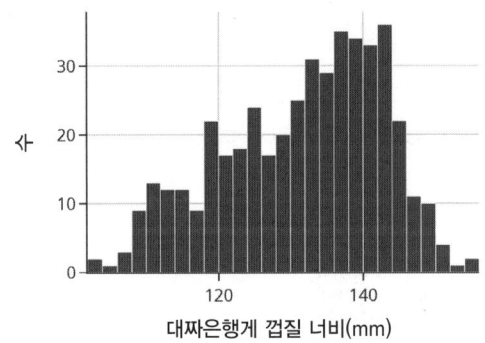

〈그림 17-4〉 게 껍질 크기 히스토그램

분포는 다소 왼쪽 꼬리가 긴 형태로 치우쳐 있으나, 평균이나 표준 오차는 분포의 요약 통계량을 사용하는 데 큰 무리는 없습니다.

```
crabs['shell'].describe()[:3]
```

```
count 452.00
mean 131.53
std 11.07
Name: shell, dtype: float64
```

평균 132mm는 일반적인 게의 크기에 대한 좋은 예측치입니다. 그러나 개별 게가 평균과 얼마나 다를 수 있는지에 대한 정보가 부족합니다. 표준편차는 이 차이를 메울 수 있습니다.

분포의 중심에 대한 개별 관측치의 변동성 외에도 평균 껍질 크기 추정치의 변동성도 고려합니다.

부트스트랩을 사용하여 이 변동성을 추정하거나 확률 이론(다음에서 설명)을 사용하여 추정치의 표준편차가 $SD(pop)/\sqrt{n}$임을 보여줄 수 있습니다. 또한 다음에서는 이 두 가지 변동성에 대한 값이 다음과 같이 결합됨을 보여줄 것입니다.

$$\sqrt{SD(pop)^2 + \frac{SD(pop)^2}{n}} = SD(pop)\sqrt{1 + \frac{1}{n}}$$

SD(sample)로 SD(pop)을 대체하고 이 공식을 게에 적용합니다.

```
np.std(crabs['shell']) * np.sqrt(1 + 1/len(crabs))
```

11.073329460297957

표본이 너무 크기 때문에 표본 평균의 SE를 포함해도 예측 오차는 본질적으로 변하지 않는다는 것을 알 수 있습니다. 게 껍데기의 일반적인 크기인 약 132mm를 기준으로, 게 한 마리의 크기는 보통 이 값에서 ±11~22mm 정도 차이 날 수 있다는 결론을 내릴 수 있습니다. 이 정보는 게 개체군의 건강을 유지하고 취미로 낚시를 하는 사람들의 기대치를 설정하기 위한 게 낚시 관련 정책을 개발하는 데 도움이 됩니다.

17.5.3. 예제: 게의 점진적 성장 예측하기

대짜은행게는 성숙 후 껍질을 벗고 매년 더 큰 새 껍질을 만들어 계속 성장하는데, 이 과정을 탈피라고 합니다. 캘리포니아 어류 및 야생동물국은 게의 성장에 대한 더 나은 이해를 통해 게 개체수를 보호할 수 있는 더 나은 어업 제한을 설정하고자 했습니다.

이전 예시에서 언급한 연구에서 포획된 게는 탈피를 앞둔 상태였으며, 크기 외에도 탈피 전후의 껍질 크기 변화(inc)도 기록했습니다.

```
crabs.corr()
```

	shell	inc
shell	1	-0.6
inc	-0.6	1

이 두 측정값은 음의 상관관계가 있으므로 게가 클수록 탈피 후 덜 자란다는 의미입니다. 이러한 변수 간의 관계가 대략 선형적인지 확인하기 위해 껍질 크기에 대한 성장 정도를 그래프로 나타냅니다.

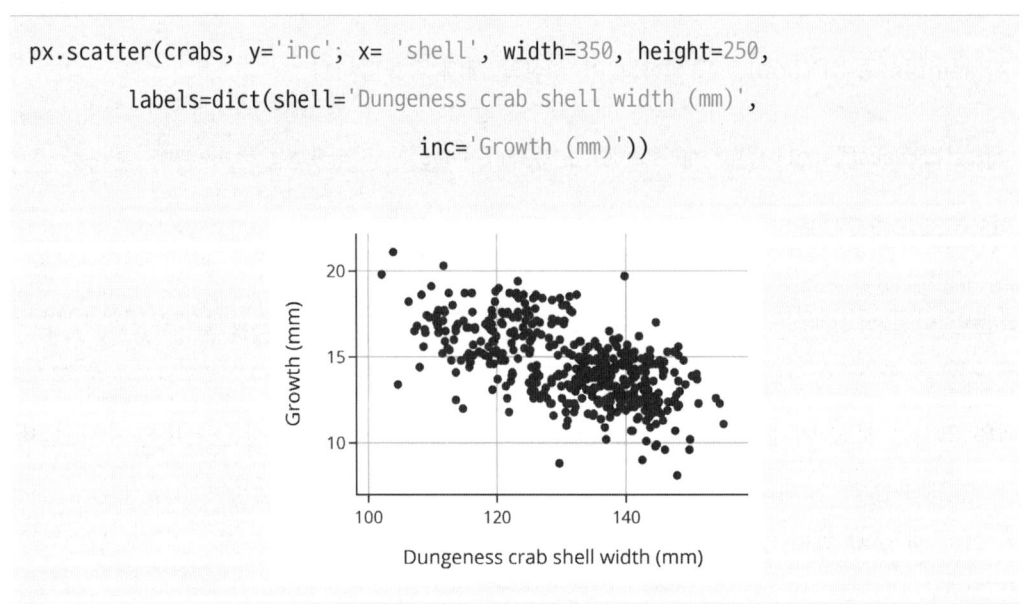

관계가 선형으로 나타나면 탈피 전 껍데기 크기로 성장 정도를 설명하는 간단한 선형 모델을 맞출 수 있습니다. 이 예에서는 get_prediction으로 예측 간격을 제공하는

statsmodels 라이브러리를 사용합니다. 먼저 디자인 행렬과 응답 변수를 설정한 다음 최소 제곱을 사용하여 모델을 맞춥니다.

```
import statsmodels.api as sm

X = sm.add_constant(crabs[['shell']])
y = crabs['inc']

inc_model = sm.OLS(y, X).fit()

print(f"Increment estimate = {inc_model.params[0]:0.2f} + ",
      f"{inc_model.params[1]:0.2f} x Shell Width")
```

Increment estimate = 29.80 + -0.12 x Shell Width

모델링할 때 설명 변수의 주어진 값에 대해 예측 간격을 만듭니다. 예를 들어, 새로 잡은 게의 너비가 120mm인 경우, 적합 모델을 사용하여 게 껍질의 성장을 예측합니다.

앞의 예에서와 마찬가지로, 개별 관찰에 대한 예측의 변동성에는 게의 성장에 대한 추정치의 변동성과 게와 게 껍데기 크기의 변동성이 포함됩니다. 다시 강조하자면, 부트스트랩을 사용하여 이 변동을 추정하거나 확률 이론을 사용하여 이 두 가지 변동의 원인이 다음과 같이 결합되어 있음을 보여줄 수 있습니다.

$$SD(e)\sqrt{1+x_0\,(X^\top X)^{-1}\,x_0^\top}$$

이때 X는 원본 데이터를 포함하는 설계 행렬이고, e는 n x 1개의 열을 가지는 회귀 잔차 벡터고, x_0는 새 관측지 특성의 벡터로 1 x (p + 1)개의 행을 갖습니다(이 경우에는 [1,120]입니다).

```
new_data = dict(const=1, shell=120)
new_X = pd.DataFrame(new_data, index=[0])
new_X
```

	Const	shell
0	1	120

statsmodels의 get_prediction 메서드를 사용해서 120mm 껍질을 가진 게의 95% 예측 구간을 구해 보겠습니다.

```
pred = inc_model.get_prediction(new_X)
pred.summary_frame(alpha=0.05)
```

	Mean	mean_se	mean_ci_lower	mean_ci_upper	obs_ci_lower	obs_ci_upper
0	15.86	0.12	15.63	16.08	12.48	19.24

여기에는 껍데기가 120mm인 게의 평균 성장 정도에 대한 신뢰 구간 [15.6, 16.1]과 성장 증분에 대한 예측 구간 [12.5, 19.2]가 모두 있습니다. 예측 구간은 개별 게의 변화를 고려하기 때문에 신뢰구간보다 어느 정도 더 넓게 만들어집니다. 이러한 변화는 회귀선에 대한 점의 분포에서 볼 수 있으며, 잔차의 SD로 근사치를 구합니다. 껍데기 크기와 성장 정도 사이의 상관관계는 특정 껍데기 크기에 대한 성장 정도 예측의 변동이 성장 정도의 전체 SD보다 작다는 것을 나타냅니다.

```
print(f"Residual SD:     {np.std(inc_model.resid):0.2f}")
print(f"Crab growth SD: {np.std(crabs['inc']):0.2f}")
Residual SD:    1.71
Crab growth SD: 2.14
```

get_prediction에서 제공하는 간격은 성장 정도 분포에 대한 정규 근사치에 의존합니다. 그렇기 때문에 95% 예측 구간의 끝점이 예측값에서 잔차 SD의 약 2배가량 떨어져 있습니다. 다음에는 이러한 표준편차, 추정치 및 예측치를 구하는 방법에 대해 자세히 살펴보겠습니다. 또한 이를 계산할 때 가정하는 몇 가지 내용에 대해서도 설명할 것입니다.

17.6. 추론 및 예측을 위한 확률

가설검정, 신뢰 구간 및 예측 구간은 표본 분포와 데이터 생성 과정에서의 확률 계산에 의존합니다. 또한 이러한 확률 체계를 통해 가상의 설문조사, 실험 또는 기타 확률적 과정에 대한 시뮬레이션 및 부트스트랩 연구를 실행하여 무작위적 행동을 분석할 수 있습니다. 예를 들어, 위키피디아 실험에서 실험이 효과적이지 않다는 가정 하에 순위의 평균에 대한 표본 분포를 구했습니다. 시뮬레이션을 사용하여 기댓값의 일반적인 편차와 평균값 통계에서 가능한 값의 분포를 정량화했습니다. 그림 17-1의 세 개의 단계에서는 각각의 단계에 대한 그래프를 같이 제공하여 모집단, 확률, 표본 간의 차이를 명확히 파악하고 이들 간의 연관성을 나타내 주었습니다. 여기서는 이러한 개념에 수학적 엄밀성을 더하려고 합니다.

기댓값, 표준편차, 확률 변수의 개념을 공식적으로 소개하고, 이를 이 장에서 가설을 검정하고 신뢰도와 예측 구간을 만드는 데 사용한 개념과 연결합니다. 이 내용을 위키피디아 실험의 구체적인 예로부터 설명하기 시작하여 일반화하며 정리할 것입니다. 그 과정에서 이를 정리한 내용을 이 장 전체에서 사용한 가이드의 세 단계(모집단-확률-표본)와 연결 지어 설명하도록 하겠습니다.

17.6.1. 평균 순위 통계 이론 정리

위키피디아 실험에서 보상 그룹과 대조 그룹의 보상 후 생산성 값을 취합하여 1, 2, 3,..., 200의 순위로 변환했으므로 모집단은 단순히 1에서 200까지의 정수로 구성된다는 점을 떠올려 보기 바랍니다. 그림 17-5는 이 상황을 나타내는 다이어그램입니다. 이 그림을 보면 모집단 분포가 평탄하고 범위는 1에서 200까지임을 알 수 있습니다(그림 17-5의 왼쪽 그래프 참고). 또한 우리가 사용할 모집단의 요약 통계량(모수라고 함)은 평균 순위입니다.

$$\theta^* = \text{Avg(pop)} = \frac{1}{200}\sum_{k=1}^{200} k = 100.5$$

또 다른 요약 통계량으로는 모집단 표준편차로 정의되는 θ^*에 대한 표준편차입니다.

$$SD(pop) = \sqrt{\frac{1}{200}\sum_{k=1}^{200}(k-\theta^*)^2} = \sqrt{\frac{1}{200}\sum_{k=1}^{200}(k-100.5)^2} \approx 57.7$$

SD(pop)은 모집단 평균에서 한 순위의 일반적인 편차를 나타냅니다. 이 예시에서 SD(pop)를 계산하려면 약간의 수학적 작업이 필요합니다.

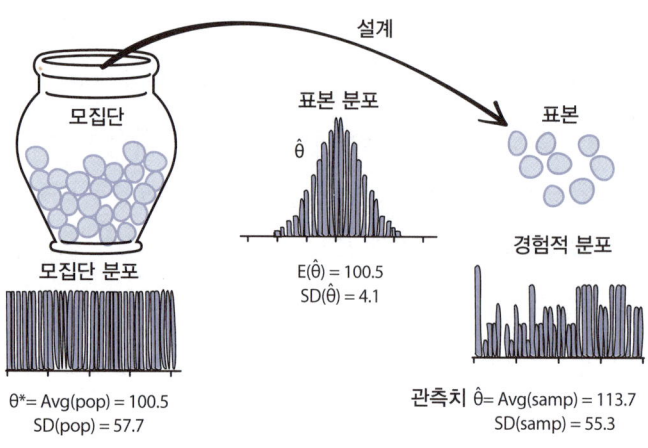

〈그림 17-5〉 위키피디아 실험의 데이터 생성 과정 다이어그램. 모집단을 알고 있는 특수한 경우입니다.

관찰된 표본은 실험 그룹의 정수 순위로 구성되어 있으며, 이러한 값을 k_1, k_2, ..., k_{100}으로 지칭합니다. 관측치의 분포는 그림 17-5의 오른쪽에 나타납니다(100개의 정수가 각각 한 번씩 나타납니다).

모집단 평균과 평행한 것은 우리가 관심 있는 통계량인 표본 평균입니다.

$$Avg(sample) = \frac{1}{100}\sum_{i=1}^{200} k_i = \overline{k} = 113.7$$

Avg(sample)은 $\hat{\theta}$에 대해 관측된 값입니다. 마찬가지로 표본의 표준편차라고 하는 Avg(sample)에 대한 분산은 표본 평균에서 표본 내 순위의 일반적인 편차를 나타냅니다.

$$SD(sample) = \sqrt{\frac{1}{100}\sum_{i=1}^{100}(k_i - \overline{k})^2} = 55.3$$

표본 통계와 모수가 평균인 경우 두 통계의 정의가 평행하다(구조적으로 유사)는 점에 주목하기 바랍니다. 두 SD가 평행하다는 것도 중요합니다.

다음으로 데이터 생성 과정을 살펴봅니다. 항아리에서 구슬 100개(값 1, 2, ..., 200)를 비복원 추출하여 순위를 생성합니다. 항아리에서 첫 번째 구슬을 뽑는 행위와 그로부터 얻어지는 정수를 대문자 Z_1로 표현합니다. 이 Z_1을 확률 변수라고 하며, 이 값은 항아리 모델에 의해 결정된 확률 분포를 갖습니다. 즉, Z_1이 취할 수 있는 모든 값과 각 값과 관련된 확률을 다음과 같이 나열할 수 있습니다.

$$P(Z_1=k) = \frac{1}{100} \text{ for } k = 1,...,200$$

이 예에서는 모든 정수가 항아리에서 뽑힐 확률이 동일할 가능성이 높으므로 Z_1의 확률 분포는 간단한 공식으로 결정됩니다.

우리는 종종 확률 변수의 분포를 기댓값과 표준편차로 요약합니다. 모집단 및 표본과 마찬가지로 이 두 수치를 통해 어떤 결과를 기대할 수 있는지, 실제 값이 기댓값과 얼마나 차이가 나는지 알 수 있습니다.

이 예에서 Z_1의 기댓값은 간단히 다음과 같습니다.

$$\begin{aligned} E[Z_1] &= 1P(Z_1=1) + 2P(Z_1=2)+...+200P(Z_1=200) \\ &= 1 \times \frac{1}{200} + 2 \times \frac{1}{200} + ... + 200 \times \frac{1}{200} \\ &= 100.5 \end{aligned}$$

항아리의 모집단 평균인 $E[Z_1] = \theta^*$ 라는 점을 기억하기 바랍니다. 모집단의 평균값과 모집단을 포함하는 항아리에서 무작위로 한 번 추첨한 결과를 나타내는 확률 변수의 기댓값은 항상 동일합니다. 모집단 평균을 모집단 내 고유 값의 평균으로 표현하고 해당 값을 가진 단위의 비율에 따라 가중치를 부여하면 더 쉽게 이해할 수 있습니다. 모집단 항아리에서 무작위로 추첨하는 확률 변수의 기댓값은 특정값을 선택할 확률과 일치하기 때문에 정확히 동일한 가중치를 사용합니다.

> **설명**
>
> 기댓값이라는 용어는 확률 변수의 가능한 값일 필요는 없기 때문에 약간 혼란스러울 수 있습니다. 예를 들어, Z_1의 경우 정수만 가능하지만 $E[Z_1]=100.5$입니다.

다음으로, Z_1의 분산은 다음과 같습니다.

$$\begin{aligned} V(Z_1) &= E[Z_1-E(Z_1)]^2 \\ &= [1-E(Z_1)]^2 P(Z_1=1) + \cdots + [200-E(Z_1)]^2 P(Z_1=200) \\ &= (1-100.5)^2 \times \frac{1}{200} + \ldots + (200-100.5)^2 \times \frac{1}{200} \\ &= 3333.25 \end{aligned}$$

추가로, Z_1의 표준편차는 다음과 같이 정의할 수 있습니다.

$$SD(Z_1) = \sqrt{V(Z_1)} = 57.7$$

Z_1의 표준편차가 $SD(pop)$와 일치한다는 점을 다시 한번 확인합니다.

그림 17-4에서 전체 데이터 생성 과정을 설명하기 위해 항아리에서 나머지 99번을 추첨한 결과를 $Z_2, Z_3, \ldots, Z_{100}$으로 정의합니다. 대칭에 따라 이러한 확률 변수는 모두 동일한 확률 분포를 가져야 합니다. 즉, 모든 $k = 1, \ldots, 200$의 경우에 대해서입니다.

$$P(Z_1=k) = P(Z_2=k) = \ldots P(Z_{100}=k) = \frac{1}{200}$$

이는 각 Z_i의 기댓값이 100.5, 표준편차가 57.7로 동일하다는 것을 의미합니다. 그러나 이러한 확률 변수는 독립적이지 않습니다. 예를 들어, $Z_1 = 17$이라는 것을 알고 있다면 $Z_2 = 17$은 불가능합니다.

그림 17-5의 중간 부분인 $\hat{\theta}$의 표본 분포를 완성하기 위해 평균 순위 통계를 다음과 같이 표현합니다.

$$\hat{\theta} = \frac{1}{100}\sum_{i=1}^{100} Z_i$$

Z_1의 기댓값과 SD, 데이터 생성 과정에 대한 지식을 사용하여 $\hat{\theta}$의 기댓값과 SD를 구할 수 있습니다. 먼저 $\hat{\theta}$의 기댓값을 다음과 같이 구합니다.

$$\begin{aligned} E(\hat{\theta}) &= E[\frac{1}{100}\sum_{i=1}^{100} Z_i] \\ &= \frac{1}{100}\sum_{i=1}^{100} E[Z_i] \\ &= 100.5 \\ &= \theta^* \end{aligned}$$

즉, 모집단에서 무작위로 추출한 표본의 평균의 기댓값은 모집단의 평균과 같습니다. 여기에서는 모집단의 분산과 SD에 대한 식을 다음과 같이 구합니다.

$$\begin{aligned} V(\hat{\theta}) &= V[\frac{1}{100}\sum_{i=1}^{100} Z_i] \\ &= \frac{200-100}{100-1} \times \frac{V(Z_j)}{100} \\ &= 16.75 \end{aligned}$$

$$\begin{aligned} SD(\hat{\theta}) &= \sqrt{\frac{100}{199}}\frac{SD(Z_j)}{10} \\ &= 4.1 \end{aligned}$$

이러한 계산은 확률 변수의 기댓값과 분산, 확률 변수의 합에 대한 몇 가지 속성에 의존했습니다. 이어서 방금 제시한 공식을 도출하는 데 사용할 수 있는 확률 변수의 합계와 평균의 속성에 대해서 설명합니다.

17.6.2. 확률 변수의 일반적인 속성

일반적으로 확률 변수는 우연한 사건의 수치적 결과를 나타냅니다. 이 책에서는 확률 변수를 나타낼 때 X, Y, Z와 같은 대문자를 사용합니다. X의 확률 분포는 확률 변수가 취할 수 있는 모든 값 x에 대해 P(X = x) = p_x라는 식으로 표현됩니다.
그러면 X의 기댓값은 다음과 같이 정의할 수 있습니다.

$$E[X] = \sum_{x} x p_x$$

X의 분산은 다음과 같이 정의됩니다.

$$V(X) = E[(X-E[X])^2]$$
$$= \sum_{x} [x-E(X)]^2 p_x$$

그리고 SD(X)는 V(X)의 제곱근입니다.

> **설명**
>
>  확률 변수는 불연속적 수(예: 모집단에서 무작위로 추출한 한 가족의 자녀 수)나 연속적 수(예: 대기 모니터로 측정한 대기질)를 나타낼 수 있지만, 이 책에서는 결과가 불연속적인 확률 변수만 다룹니다. 대부분의 측정은 어느 정도 정밀하게 이루어지기 때문에 이러한 단순화 방식은 우리에게 큰 제약이 되지 않습니다.

상수 a와 b에 대해 a + bX와 같이 확률 변수에 곱을 한다거나 더해서 값을 이동하는 형태의 변경을 적용할 때의 기댓값, 분산 및 표준편차는 다음과 같이 간단하게 구할 수 있습니다.

$$E(a+bX) = a + bE(X)$$
$$V(a+bX) = b^2 V(X)$$
$$SD(a+bX) = |b|SD(X)$$

이러한 공식을 이해하려면 각 값에 상수 a를 더하거나 각 값을 b배 하면 분포가 어떻게 변하는지 생각해 보면 됩니다. 각 값에 a를 더하면 단순히 분포가 이동하여 기댓값은 이동하지만 기댓값에 대한 편차의 크기는 변하지 않습니다. 반면에 값을 2배로 바꾸면 분포가 분산되어 예상 값과 예상 값의 편차 모두 두 배가 됩니다.

두 개 이상의 확률 변수의 합의 특성도 생각해 봅시다. 두 개의 확률 변수 X와 Y를 가정해 보겠습니다. 이때는 다음과 같습니다.

$E(a+bX+cY) = a + bE(X) + cE(Y)$

그러나 a + bX + cY의 분산을 구하려면 X와 Y가 어떻게 함께 변하는지를 알아야 하는데, 이를 X와 Y의 결합분포라고 합니다. X와 Y의 결합분포는 결과의 조합에 확률을 부여합니다.

$P(X=x, Y=y) = p_{x,y}$

X와 Y가 어떻게 함께 변하는지에 대한 요약은 공분산이라고 하며, 다음과 같이 정의합니다.

$$\begin{aligned} Cov(x,y) &= E[(X-E[X])(Y-E[Y])] \\ &= E[(XY)-E(X)E(Y)] \\ &= \sum_{x,y}[(xy)-E(X)E(y)]p_{x,y} \end{aligned}$$

V(a + bX + cY)를 구할 때 공분산을 사용하여 구합니다.

$V(a+bX+cY) = b^2V(X)+2bcCov(X,Y)+c^2V(Y)$

X와 Y가 독립적인 특수한 경우, 이들의 결합분포는 $P_{x,y} = P_x P_y$로 간단하게 나타낼 수 있습니다. 또한 이 경우 Cov(X, Y) = 0이 됩니다. 그러면 위의 식은 다음과 같이 나타낼 수 있습니다.

$V(a+bX+cY) = b^2V(X)+ c^2V(Y)$

이러한 속성을 사용하여 독립적인 확률 변수 $X_1, X_2, ..., X_n$의 기댓값이 μ이고 표준편차가 σ인 경우 평균 $\bar{X}$는 다음과 같은 기댓값, 분산, 표준편차를 가짐을 알 수 있습니다.

$E(\bar{X}) = \mu$

$V(\bar{X}) = \sigma^2/n$

$SD(\bar{X}) = \sigma/\sqrt{n}$

복원 방식으로 $X_1, ..., X_n$을 임의 추출한 항아리 모델의 경우 이런 형태가 나타납니다. 이 경우 μ는 항아리 모델의 평균을, σ는 표준편차를 나타냅니다.

그러나 비복원 방식으로 항아리에서 임의 추출을 하는 경우 X_i는 독립적이지 않습니다. 이 경우 $\bar{X}$는 다음과 같은 기댓값과 분산을 갖습니다.

$E(\bar{X}) = \mu$

$V(\bar{X}) = \dfrac{N-n}{N-1} \times \dfrac{\sigma^2}{n}$

이 경우 기댓값은 복원 추출일 때와 동일하지만 분산과 SD는 더 작아진다는 것을 알 수 있습니다. 이러한 수치는 유한 모집단 수정 인수라고 하는 $(N - n)/(N - 1)$을 사용하여 수정합니다. 앞서 이 공식을 사용하여 위키피디아 예제에서 $SD(\hat{\theta})$를 구했습니다.

그림 17-5로 돌아가서, 다이어그램 중앙의 X에 대한 표본 분포의 기댓값은 모집단 평균과 일치하며, SD는 $1/\sqrt{n}$ 감소하지만 이 경우 비복원 추출 방식이므로 더 빠르게 감소하고, 분포는 정규 곡선 모양을 하고 있음을 알 수 있습니다. 이러한 특성은 시뮬레이션 초기에 확인했습니다.

지금까지 확률 변수와 그 합의 일반적인 속성에 대해 설명했으므로 이러한 개념을 가설검정, 신뢰 구간 및 예측 구간에 연결해서 활용해 보겠습니다.

17.6.3. 가설검정과 구간의 확률적 배경

이 장의 서두에서 언급했듯이 확률은 가설검정 수행의 기반이 되는 것으로, 추정치에 대한 신뢰 구간과 미래 관찰치에 대한 예측 구간을 구하는 데 사용됩니다.

지금까지 이러한 개념을 설명할 수 있는 기술적 기반을 쌓아왔으며, 이 장에서는 이런 내용을 형식적인 기술에 그치지 않고 신중하게 정의했습니다. 이번에는 결과를 확률 변수와 그 분포로 표현해 보겠습니다.

가설검정은 통계의 확률 분포인 $\hat{\theta}$를 제공하는 귀무모형에 의존하고 있습니다. 앞서 수행한 가설검정은 기본적으로 다음과 같은 확률을 (때로는 대략적으로) 계산하는 것이었습니다.

$$P(\hat{\theta} \geq 관측\ 통계량)$$

즉, 귀무분포의 가정 아래에서 관측된 통계량보다 크거나 같은 값이 나올 확률을 계산하는 것입니다. 이러한 계산을 더 쉽고 표준적으로 하기 위해 확률 변수를 정규화하기도 합니다.

$$P(\frac{\hat{\theta}-\theta^*}{SD(\hat{\theta})} \geq \frac{관측\ 통계량 - \theta^*}{SD(\hat{\theta})})$$

$SD(\hat{\theta})$를 알 수 없는 경우 시뮬레이션을 통해 근사치를 구하고, $SD(pop)$을 사용해서 만든 $SD(\hat{\theta})$에 대한 공식이 있는 경우 $SD(pop)$에 $SD(sample)$을 대입합니다($SD(pop)$). 이 정규화는 귀무분포를 간단히 나타낸 것으로 널리 사용됩니다. 예를 들어 $\hat{\theta}$가 근사 정규 분포인 경우 정규화된 버전은 중심이 0이고 SD가 1인 표준 정규 분포가 됩니다. 이러한 근사치는 정규 곡선 확률만 사용하면 되기 때문에 모든 통계에 대해 시뮬레이션할 필요가 없으므로 A/B 테스트와 같이 많은 가설 테스트를 수행할 때 유용합니다.

신뢰 구간 뒤에 있는 확률식은 가설검정에 사용되는 확률 계산과 매우 유사합니다. 특히 추정치의 표본 분포가 대략 정규 분포를 따르는 경우, 95% 신뢰 구간을 만들기 위해 확률을 표준화하여 사용할 수 있습니다.

$$P(\frac{|\hat{\theta}-\theta^*|}{SD(\hat{\theta})} \leq 1.96) = P(\hat{\theta} - 1.96 SD(\hat{\theta}) \leq \theta^* \leq \hat{\theta} + 1.96 SD(\hat{\theta}))$$
$$\approx 0.95$$

앞의 확률식에서 $\hat{\theta}$는 무작위 변수이며 θ^*는 고정된 미지의 매개변수 값으로 간주됩니다. 신뢰 구간은 관측된 통계를 $\hat{\theta}$에 대입하여 생성하며 95% 신뢰 구간이라고 부릅니다.

[관측 통계량 − 1.96SD($\hat{\theta}$), 관측 통계량 + 1.96SD($\hat{\theta}$)]

관측 통계량에 확률 변수를 대입하면, 이렇게 만들어진 구간이 실제 값 θ^*를 포함한다고 95% 확신할 수 있다고 말할 수 있습니다. 즉, 이러한 방식으로 구간을 계산하는 100가지 경우, 그중 95개가 우리가 추정하는 모수를 포함할 것으로 기대할 수 있습니다.

다음으로 예측 구간을 살펴봅시다. 기본 개념은 추정치에 대한 미래 관측치의 예상되는 변화를 나타내는 구간을 구하는 것입니다. 통계치가 $\overline{X}$이고 가상의 새로운 관측치 X_0가 나타났을 때 이 값의 기댓값과 표준편차가 X_i의 기댓값 μ와 표준편차 σ와 동일한 간단한 경우를 설정해 봅시다. 이때 제곱 손실의 기대 분산을 구하면 다음과 같습니다.

$$\begin{aligned} E[(X_0-\overline{X})^2] &= E\{[(X_0-\mu) - (\overline{X}-\mu)]^2\} \\ &= V(X_0) + V(\overline{X}) \\ &= \sigma^2 + \sigma^2/n \\ &= \sigma\sqrt{(1+1/n)} \end{aligned}$$

이 분산에는 두 부분이 있는데, 하나는 X_0의 분산에 의한 것이고 다른 하나는 $\overline{X}$에 의한 $E(X_0)$의 근사치로 인한 것입니다.

더 복잡한 모델의 경우 예측의 분산은 모델에 대한 데이터의 고유한 분산과 모델 추정으로 인한 표본 분포의 분산이라는 두 가지 요소로 세분화됩니다. 모델이 대략적으로 정확하다고 가정하면 다음과 같이 표현할 수 있습니다.

$Y = X\theta^* + \varepsilon$

여기서 θ^*는 (p + 1) × 1 열 벡터이고, X는 n × (p + 1) 설계 행렬이며, ε는 각각 기댓값 0과 분산 σ^2를 갖는 n개의 독립 확률 변수로 구성됩니다. 이 방정식에서 Y는 확률 변수의 벡터로, 각 변수의 기댓값은 설계 행렬에 의해 결정되며 분산은 σ^2입니다. 즉, 선의 분산은 X에 따라 변하지 않으므로 상수가 됩니다.

회귀에서 예측 구간을 만들 때 공변량의 1 × (p + 1) 행 벡터가 주어지는데, 이를 x_0이라고 합니다. 그러면 예측값은 $x_0\hat{\theta}$이 되는데, 이때 $\hat{\theta}$는 원래의 y와 설계 행렬 X에 기반한 추정

모수 벡터입니다. 이 예측에서 예상되는 제곱 오차는 다음과 같습니다.

$$E[(Y_0 - x_0\hat{\theta})^2] = E\{[(Y_0 - x_0\theta^*) - (x_0\hat{\theta} - x_0\theta^*)]^2\}$$
$$= V(\varepsilon_0) + V(x_0\hat{\theta})$$
$$= \sigma^2[1 + x_0(X^\top X)^{-1} x_0^\top]$$

ε의 분산을 최소 제곱 적합도의 잔차의 분산으로 근사화합니다.

정규 곡선을 사용하여 예측 간격을 구할 때는 오차 분포가 거의 정규에 가깝다는 추가적인 가정에 의존합니다. 이는 신뢰 구간을 구할 때보다 더 강력한 가정입니다. 신뢰 구간에서는 $\bar{x}$가 근사 정규 분포를 갖기 위해 X_i의 확률 분포가 정규 분포를 보일 필요는 없었습니다. 마찬가지로 선형 모델에서 ε의 확률 분포는 추정치 $\hat{\theta}$가 근사 정규 분포를 갖기 위해 정규 분포를 보일 필요는 없습니다.

또한 이러한 예측 구간을 만들 때 선형 모형이 거의 정확하다고 가정합니다. 16장에서는 적합 모델이 데이터를 생성한 모델과 일치하지 않는 경우를 고려했습니다. 이제 우리는 그 장에서 소개한 모델 편향-분산 트레이드오프를 도출할 수 있는 기술적 장치를 갖추게 되었습니다. 예측 간격 도출과 매우 유사하지만 몇 가지 약간의 변형이 있습니다.

17.6.4. 모델 선택의 확률적 배경

16장에서는 평균제곱오차(MSE)를 사용한 모델 과소 및 과적합에 대해 소개했습니다. 데이터를 다음과 같이 표현할 수 있는 일반적인 설정을 설명했습니다.

$$y - g(x) + \varepsilon$$

ε는 추세나 패턴이 없고, 분산이 일정하며, 서로 독립적인 임의의 오차처럼 움직인다고 가정합니다. 모델의 신호는 함수 $g()$입니다. 데이터는 (x_i, y_i) 쌍이며, MSE를 최소화하는 다음의 방식으로 모델을 구합니다.

$$\min_{f \in F} \frac{1}{n} \sum_{i=1}^{n} (y_i - f(x_i))^2$$

여기서 F는 최소화하려는 모델의 집합입니다. 이 집합은 m차수 이하의 모든 다항식, 점 k에서 구부러진 곡선 등의 형태일 수 있습니다. 모델을 구하기 위해 사용하는 함수 집합에 g가 반드시 포함되어 있을 필요는 없습니다.

모델 선택의 목표는 새로운 관측값을 잘 예측하는 모델을 찾는 것입니다. 새로운 관측값의 경우 다음 예측 오차의 기대값이 작아야 합니다.

$$E[y_0 - f(x_0)]^2$$

이 기대치는 가능한 (x_0, y_0)의 분포에 관한 것이며 이를 위험이라고 합니다. (x_0, y_0)의 모집단 분포를 모르기 때문에 위험을 구할 수는 없지만 수집한 데이터를 사용하여 대략적인 위험을 추정할 수 있습니다.

$$E[y_0 - f(x_0)]^2 \approx \frac{1}{n} \sum_{i=1}^{n} (y_i - f(x_i))^2$$

이 근사치를 경험적 위험(empirial risk)이라는 이름으로 부릅니다. 사실 MSE와 동일합니다. 가능한 모든 모델 F={l}에 대해 경험적 위험(또는 MSE)을 최소화하여 모델을 맞춥니다.

$$\min_{f \in F} \frac{1}{n} \sum_{i=1}^{n} (y_i - f(x_i))^2$$

이렇게 맞춰진 모델은 선형 모델 $X\hat{\theta}$를 조금 더 일반적으로 표현한 형태로, $\hat{f}$라고 합니다. 이 기법을 대략 경험적 위험 최소화라고 부릅니다.

16장에서는 경험적 위험을 사용하여 모델을 맞추고 새로운 관측값에 대한 위험을 평가할 때 발생하는 문제를 살펴보았습니다. 이상적으로는 위험(예상 손실)을 추정하고자 하는 것입니다.

$$E[y_0 - \hat{f}(x_0)]^2$$

여기서 기댓값은 새로운 관측치(x_0, y_0)와 $\hat{f}$(원래 데이터(x_i, y_i), i = 1, ..., n)를 초과하는 값입니다.

문제를 이해하기 위해 이 위험을 모델 편향, 모델 분산, 줄일 수 없는 오차 ε를 나타내는 세 부분으로 분해합니다.

$E[y_0 - \hat{f}(x_0)]^2$

$= E[g(x_0) + \varepsilon_0 - \hat{f}(x_0)]^2$ y0 정의

$= E[g(x_0) + \varepsilon_0 - E[\hat{f}(x_0)] + E[\hat{f}(x_0)] - \hat{f}(x_0)]^2$ $\pm E[\hat{f}(x_0)]$ 추가

$= E[g(x_0) - E[\hat{f}(x_0)] - (\hat{f}(x_0) - E[\hat{f}(x_0)]) + \varepsilon_0]^2$ 항목 재배치

$= [g(x_0) - E[\hat{f}(x_0)]]^2 - E[\hat{f}(x_0) - E[\hat{f}(x_0)]]^2 + \sigma^2$ 제곱식 확장

$=$ 모델 편향^2 + 모델 분산 + 줄일 수 없는 오차

"제곱식 확장" 등식을 도출하려면 확장에 포함된 교차 곱 항이 모두 0이라는 것을 공식적으로 증명해야 합니다. 이 과정은 약간의 대수학이 필요하므로 여기서는 제시하지 않습니다. 그러나 주요 개념은 ε_0항과 ($\hat{f}(x_0) - E[\hat{f}(x_0)]$)항이 독립적이며 둘 다 기댓값이 0이라는 것입니다. 최종 방정식의 나머지 세 항인 모델 편향, 모델 분산 및 오류는 다음과 같이 설명됩니다.

- 모델 편향

    최종 방정식의 세 항 중 첫 번째 항은 모델 편향(제곱)입니다. 신호 g가 모델 공간에 속하지 않는 경우 모델 편향이 발생합니다. 모델 공간이 g를 잘 근사화할 수 있으면 편향이 작습니다. 모델 편향이 없거나 최소화된다고 가정했기 때문에 예측 구간에는 이 항이 존재하지 않는다는 점에 유의해야 합니다.

- 모델 분산

    두 번째 항은 데이터에서 비롯된 적합 모델의 변동성을 나타냅니다. 이전 예제에서 고차 다항식은 과적합할 수 있으므로 데이터마다 모델이 크게 달라질 수 있다는 것을 보았습니다. 모델 공간이 복잡할수록 적합 모델의 변동성이 커집니다. 이는 새로운 데이터에 대한 불확실성으로 이어집니다.

- **줄일 수 없는 오차(기약 오차, irreducible error)**

    마지막으로, 마지막 항은 오차의 변동성인 ε_0이며, 이를 "줄일 수 없는 오차(기약 오차, irreducible error)"라고 부릅니다. 이 오차는 단순 모델의 과소 적합(높은 편향성)이나 복잡한 모델의 과적합(높은 분산)에 관계없이 계속 발생합니다.

이 예상 손실을 나타내는 과정에서 적합 모델의 편향-분산-줄일 수 없는 오차로 분해함으로써 어떤 요인이 손실에 기여하는지 이해할 수 있습니다. 모델 선택은 이 두 가지 경쟁적인 오류를 발생하는 출처 간의 균형을 맞추는 것을 목표로 합니다. 16장에서 소개한 훈련-테스트 분할, 교차 검증 및 정규화는 새로운 관측치에 대한 예상 손실을 모방하거나 모델이 과적합일 경우 불이익을 주는 기법입니다.

이 장에서는 많은 이론을 다루었지만, 이를 항아리 모형의 기본 사항과 모집단, 표본, 실제 표본 추출의 세 가지 분포와 연결해 보려고 노력했습니다. 이제 가설검정과 신뢰 구간 및 예측 구간을 구할 때 유념해야 할 몇 가지를 정리하면서 이 장을 마무리 하겠습니다.

17.7. 정리

17장 전반에 걸쳐, 항아리 모형을 사용해서 추론과 예측의 배경이 되는 이론을 살펴보았습니다. 항아리 모형을 통해 표본 평균 및 최소 제곱 회귀 계수와 같은 추정치에 대한 확률 분포를 유도했습니다. 이 장은 이러한 통계 절차에 대한 몇 가지 주의 사항을 알아보면서 마무리를 하겠습니다.

추정치의 SD가 분모에 표본 크기의 제곱근의 계수를 갖는다는 것을 살펴보았습니다. 표본이 크면 SD가 매우 작아 가설이 기각되거나 신뢰 구간이 매우 좁아질 수 있습니다. 이런 경우 다음 사항을 고려하는 것이 좋습니다.

- 감지한 차이가 중요한 차이인가? 즉, p-값이 매우 작아서 놀라운 결과를 나타낼 수 있지만 실제로 관찰된 효과는 중요하지 않을 수 있습니다. 통계적 유의성이 실질적인 유의성을 의미하지는 않습니다.
- 이러한 계산에는 무응답 편향 및 측정 편향과 같은 편향이 포함되지 않는다는 점을 유념하세요. 편향은 표본 분포의 우연적 변동으로 인한 차이보다 더 클 수 있습니다.

표본이 임의로 만들어진 것이 아니라는 것을 알고 있다고 하더라도 가설 검증을 수행하는 데 여전히 유용할 수 있습니다. 이 경우 귀무모형은 표본(및 추정치)이 마치 무작위인 것처럼 보이는지 여부를 검정합니다. 이 가설검정이 기각되면 무작위가 아닌 무언가가 관찰된 데이터에 영향을 미쳤다는 것을 확인합니다. 이는 우리가 기대하는 것과 관찰한 것 사이의 차이가 우연으로 설명되지 않는다는 유용한 결론이 될 수 있습니다.

표본이 전체 모집단으로 구성되는 경우도 있습니다. 이 경우 모집단의 모든 값을 관찰했기 때문에 신뢰 구간이나 가설검정을 할 필요가 없을 수 있습니다. 즉, 추론이 필요하지 않습니다. 그러나 이 경우에도, 가설검정에서 다른 해석을 할 수 있습니다. 두 특징 사이에서 관찰된 모든 관계가 서로 관련 없이 무작위로 분포되어 있다고 가정할 수 있습니다.

또한 모집단에 대한 정보가 충분하지 않을 때 부트스트랩을 어떻게 사용할 수 있는지 살펴봤습니다. 부트스트랩은 강력한 기법이지만 한계가 있습니다.

- 원본 표본이 크고 무작위적이어서 표본이 모집단과 유사할 수 있는지 확인해야 합니다.
- 부트스트랩 과정을 여러 번 반복합니다. 일반적으로 10,000개의 복제 정도면 적당합니다.
- 부트스트랩은 다음과 같은 경우에 어려움을 겪는 경향이 있습니다.
    - 추정치가 이상치의 영향을 받는 경우
    - 모수가 분포의 극단값을 기반으로 하는 경우
    - 통계의 표본 분포가 종 모양과는 거리가 먼 경우

표본 분포의 모양이 거의 정규 분포에 의존하기도 합니다. 간혹 표본 분포가 대략 정규 분포처럼 보이지만 꼬리가 더 굵은 경우도 있습니다. 이러한 상황에서는 정규 분포 대신 T 분포 계열을 사용하는 것이 적절할 수 있습니다.

모델은 일반적으로 기본 현실의 근사치일 뿐이며, θ^*가 정확히 0과 같다는 말의 정밀도는 이러한 모델 개념과 상충됩니다. 추론은 모델의 정확성에 따라 달라집니다. 모델 가정을 부분적으로 확인할 수는 있지만 어떤 모델이든지 어느 정도 의심스러울 수 있습니다. 실제로 데이터가 두 가지 이상의 가능한 모델을 제시하는 경우가 종종 있으며, 이러한 모델은 서로 모순될 수도 있습니다.

마지막으로, 때때로 가설검정이나 신뢰 구간이 상당히 클 수 있으므로 가짜 결과를 피하기 위해 주의를 기울여야 합니다. 이 문제를 P-해킹(P-hacking)이라고 하며, 10장에서 설명한 과학의 재현성 위기의 또 다른 예입니다. 예를 들어 100개의 가설을 테스트할 때 모두 참이라고 해도 몇 개의 예상치 못한 결과가 나오고 몇 개의 가설은 기각될 수 있다는 개념에 기반합니다. 이러한 현상은 변수가 많은 다중 선형 회귀에서 발생할 수 있으며, 이러한 잘못된 발견에서 발생하는 위험 요인을 제한하는 기술이 개발되고 있습니다.

이번 장에서는 추론과 예측의 근간이 되는 확률적 사고, 가설검정, 신뢰 구간, 부트스트랩, 모델의 불확실성을 살펴보았습니다. 다음 장에서는 이러한 개념들을 실제 모델링 사례에 적용해 보겠습니다.

18장
예제: 당나귀의 체중을 재는 법

당나귀는 케냐 시골에서 중요한 역할을 맡고 있습니다. 농작물, 물, 사람을 운반하고 밭을 갈려면 당나귀가 필요합니다. 당나귀가 아프면 수의사는 적절한 양의 약을 처방하기 위해 당나귀의 체중을 파악해야 합니다. 하지만 케냐 시골의 많은 수의사들은 저울을 사용할 수 없는 환경이기 때문에 당나귀의 체중을 그저 추측해야 합니다. 약이 너무 적으면 감염이 재발할 수 있고, 약이 너무 많으면 약 과다 복용으로 인한 안 좋은 경우가 생길 수 있습니다. 케냐에는 180만 마리가 넘는 당나귀가 있으므로 당나귀의 체중을 추정할 수 있는 간단하고 정확한 방법을 마련하는 것이 중요합니다.

이 예제에서는 케냐 시골의 수의사가 당나귀의 체중을 정확하게 추정하는 데 사용할 수 있는 모델을 만들기 위해 케이트 밀너(Kate Milner)와 조나단 루지에(Jonathan Rougier)의 작업[5]을 따릅니다. 평소와 마찬가지로 데이터 과학 주기에 따른 단계별로 진행하지만, 이번에는 이 책에서 지금까지 다룬 기본 사항을 살펴보는 것부터 시작합니다. 이 예제를 통해 데이터 작업의 여러 핵심 원칙을 되돌아보고, 상황의 맥락에 맞게 이런 원칙을 어떻게 확장하고 적용할 수 있는지 이해할 수 있는 기회를 접한다고 생각하면 됩니다. 측정 오류의 원인을 직접 평가하고, 과다 복용에 대한 우려를 반영하는 특수 손실 함수를 설계하고, 적용 가능성을 최우선으로 고려하면서 모델을 구축하고, 당나귀의 크기와 관련된 특수 기준을 사용하여 모델 예측 내용을 평가합니다.

우선 데이터의 범위를 살펴보는 것부터 시작하도록 합시다.

---

[5] https://doi.org/10.1111/j.1740-9713.2014.00768.x

18.1. 당나귀 연구의 질문 및 범위

수의사가 저울이 없는 시골에서 당나귀의 체중을 어떻게 정확하게 측정할 수 있을까요? 저울이 없다고 해서 체중을 전혀 추정할 수 없는 것은 아닙니다. 수의사가 더 쉽게 이용할 수 있는 정보에 대해 생각해 봅시다. 줄자를 들고 당나귀의 키와 같은 다른 치수를 재거나, 동물의 성별을 관찰하고 일반적인 상태를 평가하고 당나귀의 나이에 대해 물어볼 수도 있습니다. 그렇다면 수의사가 쉽게 얻을 수 있는 측정치를 사용해서 당나귀의 체중을 어떻게 정확하게 예측할 수 있을까요?

이 보다 정확한 질문을 해결하기 위해 당나귀 보호소[6]는 케냐 시골의 17개 이동식 구충제 투여 장소에서 연구를 진행했습니다.

범위(2장)를 잡자면 대상 집단은 케냐 시골의 당나귀 개체군입니다. 접근 프레임은 구충제 투여 장소에 반입된 모든 당나귀의 집합입니다. 표본은 2010년 7월 23일부터 8월 11일 사이에 이러한 장소에 데려온 모든 당나귀로 구성됩니다. 몇 가지 주의할 점은 한 현장에 너무 많은 당나귀가 있는 경우, 과학자들은 측정할 당나귀의 부분집합을 선택하고 임신했거나 눈에 띄게 병에 걸린 당나귀는 연구에서 제외한다는 것입니다.

실수로 당나귀의 체중을 두 번 측정하는 것을 방지하기 위해 각 당나귀는 체중을 측정한 후 표시를 했습니다. 측정 오류를 정량화하고 계량 과정의 반복에 따른 특성을 평가하기 위해 31마리의 당나귀는 직원이 당나귀의 무게를 재측정하고 있다는 사실을 모르게 두 번 측정했습니다.

이 표본 추출 과정을 고려했을 때 이 데이터의 잠재적 편향 원인들은 다음과 같습니다.

- 범위 편향

  17개의 장소는 케냐 동부의 야타 지역과 리프트 밸리의 나이바샤 지역 주변 지역에 위치해 있었습니다.

- 선택 편향

  보호구역으로 데려온 당나귀만 연구에 참여했으며, 한 장소에 당나귀가 너무 많을 경우 무작위 표본을 선택했습니다.

---

[6] https://oreil.ly/uUyZj

- 측정 편향

  측정 오류 외에도 척도에는 편향성이 있을 수 있습니다. 저울은 현장에서 사용하기 전과 후에 보정하는 것이 가장 이상적입니다(12장).

이러한 잠재적인 편향 원인에도 불구하고, 케냐의 시골 지역에서 동물의 건강을 돌보는 주인이 있는 당나귀에 접근하는 데는 이 접근 프레임이 적절할 것으로 보입니다.
다음 단계는 데이터를 정리하는 단계입니다.

18.2. 전처리 및 변환

먼저 데이터 파일의 내용을 살펴보는 것으로 시작합니다. 파일을 열고 처음 몇 행을 살펴봅니다(8장).

```python
from pathlib import Path

# 데이터파일의 위치 경로 만들기
insp_path = Path('data/donkeys.csv')

with insp_path.open() as f:
    # 처음 다섯 줄 출력
    for _ in range(5):
        print(f.readline(), end='')
```

```
BCS,Age,Sex,Length,Girth,Height,Weight,WeightAlt
3,<2,stallion,78,90,90,77,NA
2.5,<2,stallion,91,97,94,100,NA
1.5,<2,stallion,74,93,95,74,NA
3,<2,female,87,109,96,116,NA
```

이 파일은 CSV 형태이므로, 쉽게 읽고 데이터 프레임에 읽어 들일 수 있습니다.

```
donkeys = pd.read_csv("data/donkeys.csv")
donkeys
```

	BCS	Age	Sex	Length	Girth	Height	Weight	WeightAlt
0	3	<2	stallion	78	90	90	77	NaN
1	2.5	<2	stallion	91	97	94	100	NaN
2	1.5	<2	stallion	74	93	95	74	NaN
...	...	...	...	...	...	...	...	...
541	2.5	10-15	stallion	103	118	103	174	NaN
542	3	2-5	stallion	91	112	100	139	NaN
543	3	5-10	stallion	104	124	110	189	NaN

544 rows × 8 columns

이 조사에는 500마리 이상의 당나귀가 포함되었고, 각 당나귀별로 8개의 측정치를 구했습니다. 문서에 따르면, 구분 정도(9장)은 개별 당나귀입니다. 표 18-1에 8개의 특성에 대해 설명되어 있습니다.

〈표 18-1〉 당나귀 연구 코드북

특성	데이터 유형	특성 유형	설명
BCS	float64	순서형	신체 상태 점수: 1점(쇠약함)에서 3점(건강함), 5점(과체중)으로 0.5 단위로 증가함
Age	string	순서형	햇수로 셈. 2세 이하, 2-5, 5-10, 10-15, 15-20, 20세 이상
Sex	string	범주형	성별 범주: 수컷(stallion), 암컷(female), 거세 수컷(gelding)
Length	int64	수치형	앞무릎부터 골반 뒤쪽까지의 몸통 길이(cm)
Girth	int64	수치형	앞다리 바로 뒤에서 측정한 몸통 둘레(cm)
Height	int64	수치형	목이 등에 연결된 곳까지 잰 몸통 높이(cm)
Weight	int64	수치형	체중(kg)
WeightAlt	float64	수치형	일부 당나귀 대상으로 두 번째 잰 체중

그림 18-1은 당나귀를 목과 다리가 달린 원통형으로 표현한 그림입니다. 높이는 바닥에서 어깨 위 목 아래까지, 둘레는 다리 바로 뒤의 몸통 둘레, 길이는 앞 팔꿈치에서 골반 뒤까지를 측정합니다.

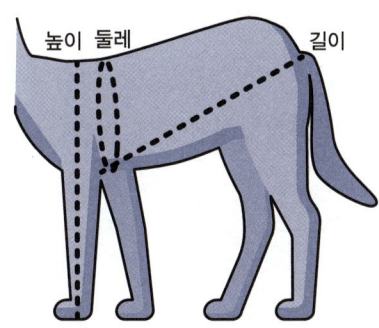

〈그림 18-1〉. 당나귀의 둘레, 길이, 높이를 원통 측정 형태로 표시한 다이어그램

다음 단계는 데이터에 대한 몇 가지 품질 검사를 수행하는 것입니다. 앞서 범위를 기준으로 발생할 수 있는 몇 가지 잠재적인 품질 문제를 열거했었습니다. 이를 알아본 뒤, 측정값의 품질과 분포를 확인합니다.

먼저 당나귀의 부분집합에 대한 두 가지 체중 측정치를 비교하여 저울의 일관성을 확인합니다. 두 번 체중을 측정한 31마리의 당나귀에 대해 두 측정치의 차이를 히스토그램으로 만들어 보겠습니다.

```
donkeys = donkeys.assign(difference=donkeys["WeightAlt"] - donkeys["Weight"])

px.histogram(donkeys, x="difference", nbins=15,
    labels=dict(
        difference="Differences of two weighings (kg)<br>on the same donkey"
    ),
    width=350, height=250,
)
```

측정값은 모두 1kg 이내이며, 대부분은 가장 가까운 킬로그램 단위에서 정확히 일치합니다. 이를 통해 측정의 정확성에 대한 확신을 가질 수 있습니다.

다음으로 신체 상태 점수(BCS)에서 비정상적인 값을 찾습니다.

```
donkeys['BCS'].value_counts()
BCS
3.0    307
2.5    135
3.5     55
        ...
1.5      5
4.5      1
1.0      1
Name: count, Length: 8, dtype: int64
```

이 결괏값에서, 마지막 두 줄을 보면 쇠약하다든가 과체중으로 표기된 당나귀는 한 마리씩만 있다는 것을 확인할 수 있습니다. 그럼 이 두 당나귀의 전체 데이터를 살펴봅시다.

donkeys[(donkeys['BCS'] == 1.0) | (donkeys['BCS'] == 4.5)]

	BCS	Age	Sex	Length	Girth	Height	Weight	WeightAlt
291	4.5	10-15	female	107	130	106	227	NaN
445	1	>20	female	97	109	102	115	NaN

이러한 신체 상태 점수 값은 극단적이기 때문에 이 두 당나귀를 분석에 포함시키고자 한다면 신중하게 고민을 해야 합니다. 이 극단적인 범주에는 각각 당나귀가 한 마리씩만 있으므로 신체 상태 점수가 1 또는 4.5인 당나귀에 대해 영향을 미칠 정도로 모델이 확장되지 않을 수 있습니다. 데이터 프레임에서 이 두 개의 기록을 자체적으로 제거하고 쇠약하거나 비만인 당나귀에 대해서는 분석 내용을 확장시키지 않을 수 있다는 것을 기억해 두기 바랍니다. 일반적으로 데이터 프레임에서 데이터를 삭제할 때는 신중을 기합니다. 나중에 점수가 1.5점인 당나귀 5마리가 분석에서 비정상적인 것으로 나타나면 제거할 수도 있지만, 지금은 데이터 프레임에 그대로 유지합니다. 일반적으로 데이터를 제외하려면 타당한 이유가

필요하며, 이러한 작업은 결과에 영향을 미칠 수 있으므로 반드시 이를 문서에 명시해 두어야 합니다. 모델과 일치하지 않는 데이터를 삭제하면 과적합이 발생할 수 있습니다.

다음으로 이 두 개의 이상값을 제거합니다.

```python
def remove_bcs_outliers(donkeys):
    return donkeys[(donkeys['BCS'] >= 1.5) & (donkeys['BCS'] <= 4)]
donkeys = (pd.read_csv('data/donkeys.csv')
           .pipe(remove_bcs_outliers))
```

그럼, 이제 당나귀의 체중의 분포를 보면서 어떤 데이터 상의 문제가 없는지 살펴보도록 합니다.

```python
px.histogram(donkeys, x='Weight', nbins=40, width=350,
             height=250, labels={'Weight':'Weight (kg)'})
```

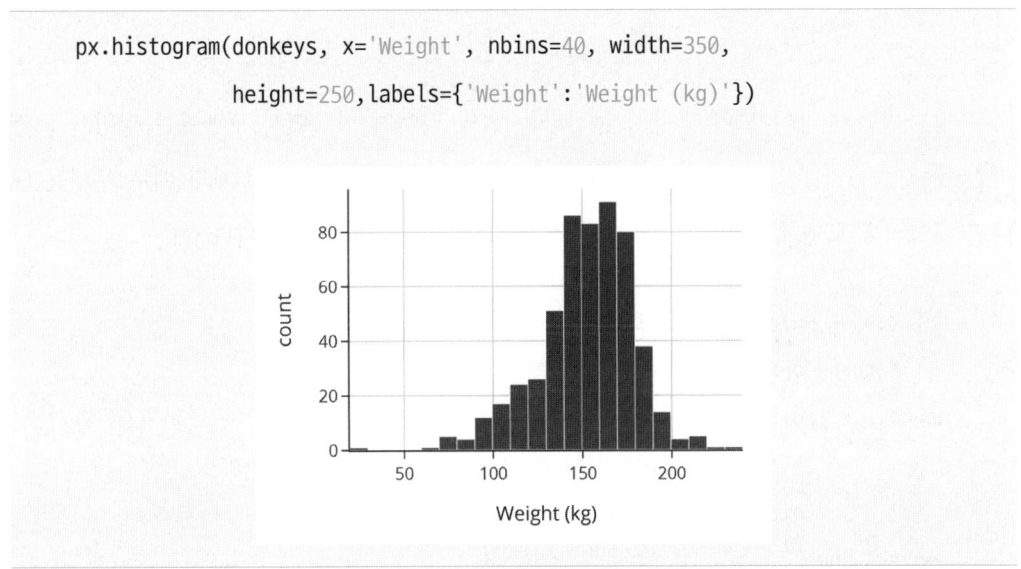

30kg도 안 되는 매우 가벼운 당나귀 한 마리가 있는 것으로 보입니다. 그러면 이제 몸무게와 키의 관계를 확인하면서 데이터 분석용 품질을 파악하도록 합니다.

```
px.scatter(donkeys, x='Height', y='Weight', width=350,
           height=250,labels={'Weight':'Weight (kg)',
                              'Height':'Height (cm)'})
```

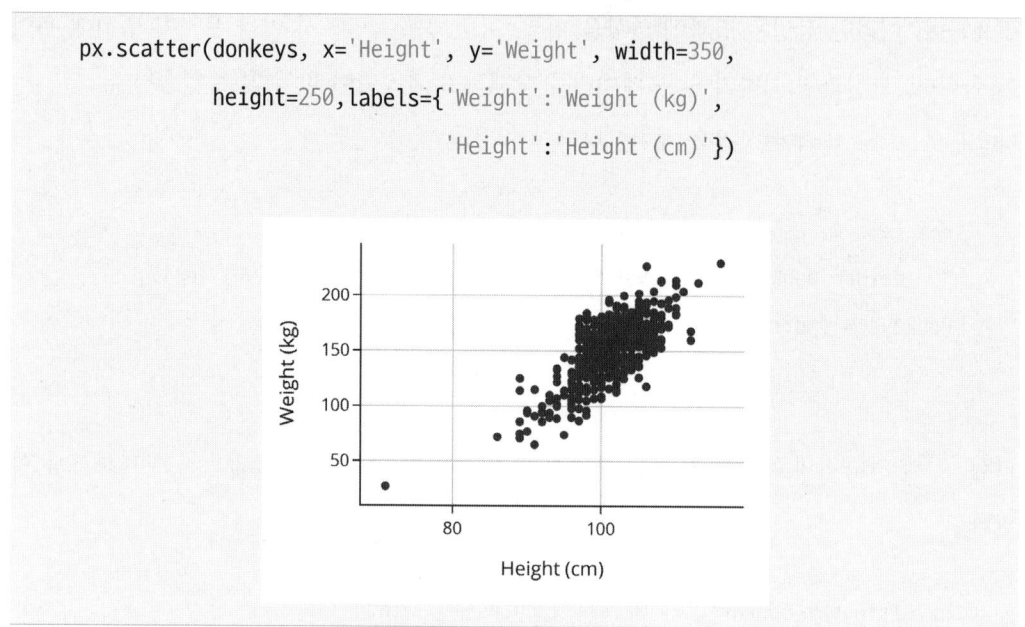

작은 당나귀는 중앙에 모인 당나귀 군집과는 멀리 떨어져 있으면서 모델에는 영향을 크게 미칠 것 같습니다. 그래서 이 값은 제외하기로 했습니다. 또한 한 두 개의 매우 무거운 당나귀 데이터도 모델에 영향을 크게 미칠 것 같다면 제외해도 될 것입니다.

```
def remove_weight_outliers(donkeys):
    return donkeys[(donkeys['Weight'] >= 40)]
donkeys = (pd.read_csv('data/donkeys.csv')
           .pipe(remove_bcs_outliers)
           .pipe(remove_weight_outliers))
donkeys.shape
```

(541, 8)

요약하면, 정제 및 품질 검사를 기반으로 데이터 프레임에서 세 가지 비정상적인 관측값을 제거했습니다. 이제 탐색적 분석을 시작할 준비가 거의 다 되었습니다. 계속 진행하기 전에 일부 데이터를 테스트 데이터 집합으로 남겨두었습니다.

16장에서 훈련 데이터 집합에서 테스트 데이터 집합을 분리하는 것이 중요한 이유에 대해 설명했습니다. EDA에서는 어떤 종류의 모델을 맞출지, 모델에 어떤 변수를 사용할지 결정하기 시작하므로 데이터를 자세히 탐색하기 전인 분석 초기에 테스트 데이터 집합을 분리하는 것이 가장 좋습니다. 테스트 데이터 집합이 이러한 결정에 관여하지 않도록 하여 완전히 새로운 데이터로 모델이 어떻게 형성되는지를 모방하는 것이 중요합니다.

데이터를 80/20으로 분할하여 데이터의 80%를 사용하여 모델을 탐색하고 구축합니다. 그런 다음 남겨둔 20%의 데이터로 모델을 평가합니다. 간단한 무작위 표본을 사용하여 데이터 프레임을 테스트 데이터 집합과 훈련 데이터 집합으로 나눕니다. 먼저 데이터 프레임의 인덱스를 무작위로 섞습니다.

```
np.random.seed(42)
n = len(donkeys)
indices = np.arange(n)
np.random.shuffle(indices)
n_train = int(np.round((0.8 * n)))
```

다음으로, 데이터 프레임의 처음 80%를 훈련 데이터 집합에 할당하고, 나머지 20%를 테스트 데이터 집합에 할당합니다.

```
train_set = donkeys.iloc[indices[:n_train]]
test_set = donkeys.iloc[indices[n_train:]]
```

그럼 이제 훈련 데이터를 탐색하고 모델링에 유용하게 쓰일 관계와 분포를 살펴보도록 하겠습니다.

18.3. 탐색

데이터 프레임에서 변환과 모델을 만드는 데 도움이 되는 형태 및 관계에 대한 특성을 살펴보겠습니다(10장). 먼저 연령, 성별, 신체 상태 점수의 범주형 특성이 체중과 어떻게 관련되는지 살펴보겠습니다.

```python
f1 = px.box(train_set, x="Age", y="Weight",
            category_orders = {"Age":['<2', '2-5', '5-10',
                                       '10-15', '15-20', '>20']})
f2 = px.box(train_set, x="Sex", y="Weight")

# plotly의 make_subplot의 축약형 함수로 left_right 함수를 사용합니다.
fig = left_right(f1, f2, column_widths=[0.7, 0.3])

fig.update_xaxes(title='Age (yr)', row=1, col=1)
fig.update_xaxes(title='Sex', row=1, col=2)
fig.update_yaxes(title='Weight (kg)', row=1, col=1)
```

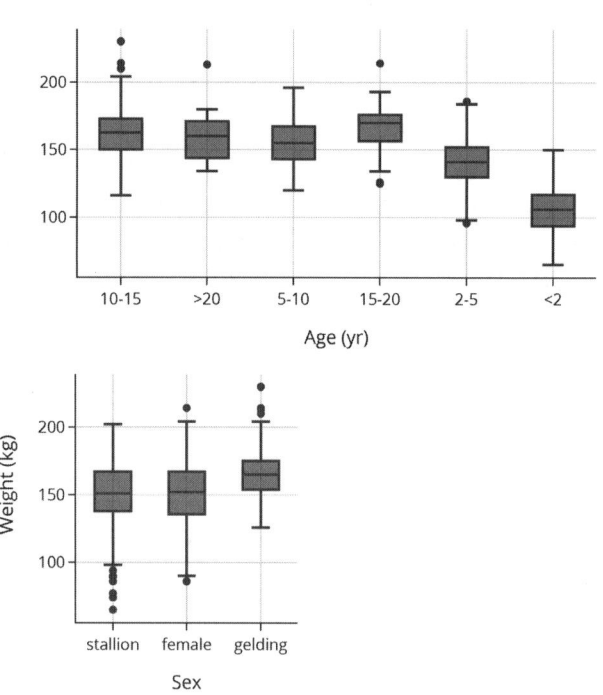

```
fig = px.box(train_set, x="BCS", y="Weight", points="all",
             labels={'Weight':'Weight (kg)',
                     'BCS':'Body condition score'},
             width=550, height=250)
fig
```

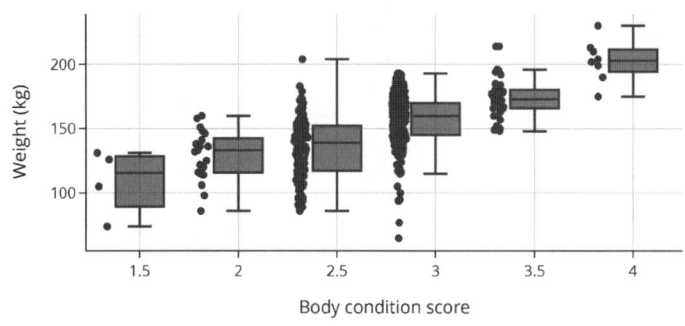

신체 상태 점수에 대해 점수와 상자를 함께 표시한 것은 앞서 1.5점인 관측값이 소수에 불과하므로 데이터가 몇 개 밖에 없는 상자 그래프에서 너무 많은 것을 읽지 않으려는 의도입니다(11장). 체중의 중앙값은 신체 상태 점수에 따라 증가하는 것으로 보이지만 단순한 선형 방식은 아닙니다. 반면에 세 가지 성별 범주(수컷(stallion), 암컷(female), 거세 수컷(gelding))에 대한 체중 분포는 거의 동일하게 나타납니다. 연령의 경우 당나귀는 5살이 넘으면 체중 분포가 크게 변하지 않지만, 2세 미만의 당나귀와 2세에서 5세 사이의 당나귀는 일반적으로 체중이 더 가벼운 경향을 보입니다.

다음으로 정량적 변수를 살펴보기 위해, 모든 정량적 변수 쌍을 산점도 행렬(scatterplot matrix)로 나타내어 변수들 간의 상관 구조를 시각적으로 탐색해보겠습니다.

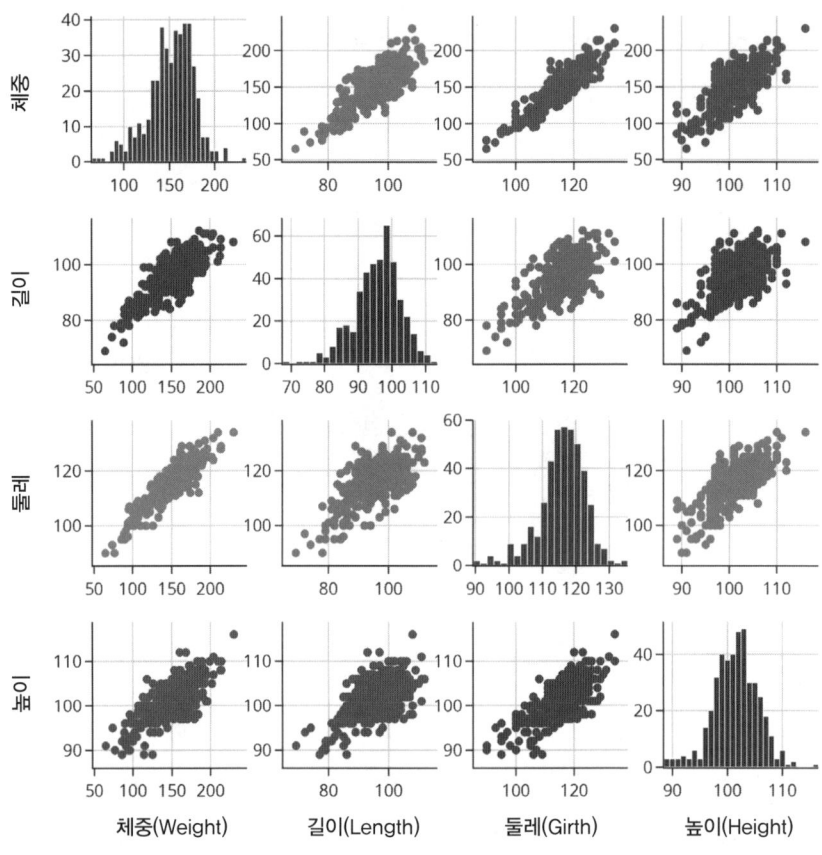

〈그림 18-2〉 당나귀의 신체 정보에 대한 산점도 행렬

당나귀의 높이, 길이, 둘레 모두 체중 및 다른 변수들과 선형 관계가 있는 것처럼 보입니다. 이는 그다지 놀랄 일은 아닙니다. 당나귀의 하나의 차원의 값이 주어진다면, 다른 차원에 대한 값도 꽤 잘 추측할 수 있을 것입니다. 둘레는 특히 체중과 가장 높은 상관관계가 있는 것으로 보이는데, 이는 상관계수 행렬을 통해서 확인할 수 있습니다.

train_numeric.corr()

	Weight	Length	Girth	Height
Weight	1	0.78	0.9	0.71
Length	0.78	1	0.66	0.58
Girth	0.9	0.66	1	0.7
Height	0.71	0.58	0.7	1

탐색을 통해 모델링과 관련이 있을 수 있는 데이터의 여러 측면을 발견했습니다. 당나귀의 둘레, 길이, 높이는 모두 체중 및 서로 간에 선형적인 연관성이 있으며, 둘레가 체중과 가장 강력한 선형 관계를 갖는다는 사실을 발견했습니다. 또한 신체 상태 점수는 체중과 양의 상관관계가 있고, 당나귀의 성별은 체중과 관련이 없는 것으로 나타났으며, 5세 이상의 당나귀의 경우 연령과도 상관관계가 없는 것으로 나타났습니다. 다음에서는 이러한 결과를 사용하여 모델을 구축합니다.

18.4. 당나귀의 체중 모델링

당나귀의 체중을 예측하기 위한 간단한 모델을 구축하려고 합니다. 이 모델은 수의사가 간단한 계산기만 가지고도 현장에서 쉽게 구현할 수 있어야 합니다. 또한 모델을 해석하기 쉬워야 합니다.

또한 항생제를 처방할지 마취제를 처방할지 등 수의사의 상황에 따라 모델이 달라져야 합니다. 간결성을 위해 마취제를 처방하는 경우만 고려합니다. 첫 번째 단계는 이러한 상황을 반영하는 손실 함수를 선택하는 것입니다.

18.4.1. 마취제 처방을 위한 손실 함수

마취제 과다 복용은 과소 복용보다 훨씬 더 나쁠 수 있습니다. 당나귀가 마취제를 너무 적게 맞으면(추가 문의가 들어올 것입니다) 수의사는 당나귀에게 마취제를 조금 더 투여할 수 있지만, 마취제를 너무 많이 투여하면 심각한 결과를 초래할 수 있으며 심지어 치명적일 수도 있습니다. 따라서 비대칭 손실 함수는 체중을 과소평가할 때보다 과대평가할 때 더 큰 손실이 발생해야 합니다. 이는 지금까지 이 책에서 사용한 다른 손실 함수가 모두 대칭이었던 것과는 대조적입니다.

이를 염두에 두고 손실 함수 anes_loss(x)를 다음과 같이 만들었습니다.

```python
def anes_loss(x):
    w = (x >= 0) + 3 * (x < 0)
    return np.square(x) * w
```

상대 오차는 $100(y-\hat{y})/\hat{y}$ 로, y는 실제값, $\hat{y}$는 예측값을 의미합니다. 이때 손실 함수의 대칭성을 다음과 같이 그래프로 나타낼 수 있습니다.

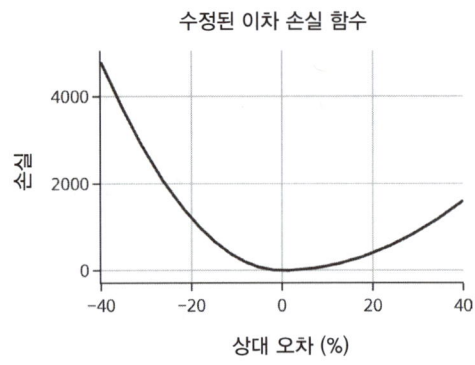

〈그림 18-3〉 손실 함수 그래프

이때 x축의 -10의 값은 10% 과대추정된 것을 나타냅니다.
그럼 이 손실 함수를 사용해서 단순 선형 모델을 만들어 봅시다.

18.4.2. 단순 선형 모델

앞서 훈련 데이터를 살펴봤을 때 당나귀의 체중과 둘레가 가자 높은 상관관계를 보인다는 것을 확인했습니다. 이를 사용해서 다음과 같은 모델 형태를 만들어볼 수 있습니다.

$\theta_0 + \theta_1 \text{Girth}$

이 데이터에서 가장 적절한 θ_0, θ_1을 찾으려면, 먼저 둘레와 절편항에 대한 설계 행렬을 만들어야 합니다. 또한 당나귀 무게의 관측값에 대한 y 벡터를 만듭니다.

```
X = train_set.assign(intr=1)[['intr', 'Girth']]
y = train_set['Weight']
X
```

	intr	Girth
230	1	116
74	1	117
354	1	123
...	...	...
157	1	123
41	1	103
381	1	106

433 rows × 2 columns

여기에서는 데이터를 통해 마취제의 평균 손실을 최소화하는 θ_0, θ_1을 찾고자 합니다. 이 경우, 15장에서 했던 미적분을 활용할 수 있습니다. 하지만 여기서는 대신 수치 최적화(20장 참고)를 사용하는 scipy 패키지의 minimize 메서드를 사용할 것입니다.

```
from scipy.optimize import minimize

def training_loss(X, y):
    def loss(theta):
        predicted = X @ theta
        return np.mean(anes_loss(100 * (y - predicted) / predicted))
    return loss

results = minimize(training_loss(X, y), np.ones(2))
theta_hat = results['x']

print('After fitting:')
print(f'θ₀ = {theta_hat[0]:>7.2f}')
print(f'θ₁ = {theta_hat[1]:>7.2f}')
```

```
After fitting:
θ₀ = -218.51
θ₁ = 3.16
```

이 간단한 모델이 어떻게 작동하는지 살펴봅시다. 이 모델을 사용하여 훈련 데이터 집합의 당나귀 무게를 예측한 다음 예측의 오차를 찾을 수 있습니다. 다음 잔차 그래프에서는 예측값의 백분율로 모델의 오차를 보여줍니다. 200kg 당나귀보다 100kg 당나귀에서 10kg 오차가 훨씬 더 큰 것이기 때문에, 당나귀의 크기에 비해 예측 오차가 작은 것이 더 중요합니다. 따라서 각 예측의 상대적 오차를 구합니다.

```
predicted = X @ theta_hat
resids = 100 * (y - predicted) / predicted
```

상대 오차에 대한 산점도를 살펴보겠습니다.

```
resid = pd.DataFrame({
    'Predicted weight (kg)': predicted, 'Percent error': resids})
px.scatter(resid, x='Predicted weight (kg)', y='Percent error',
           width=350, height=250)
```

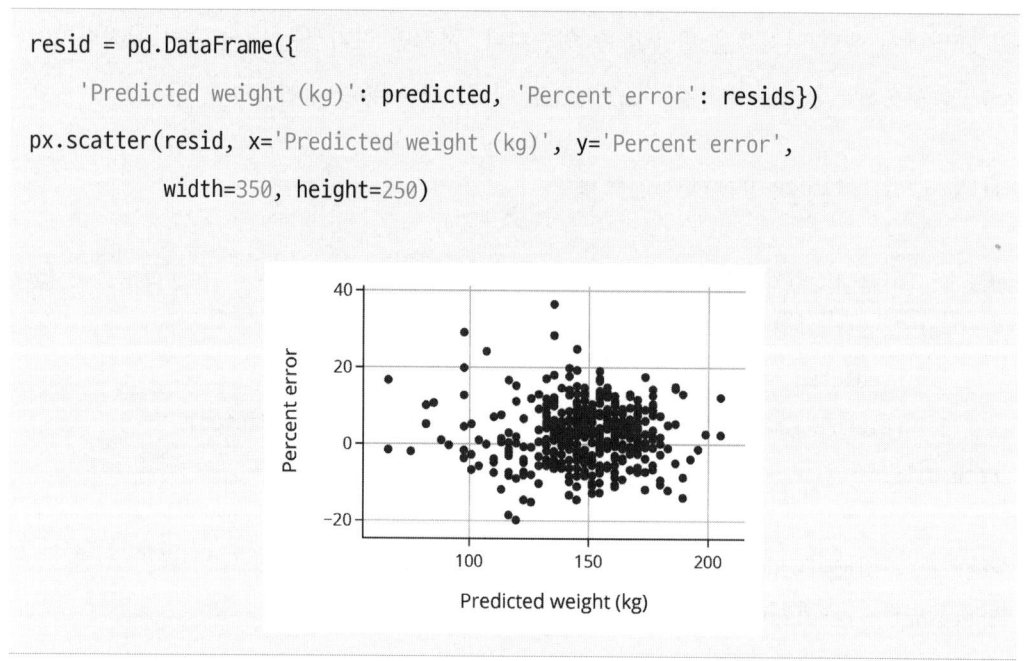

가장 간단한 모델을 사용하면 일부 예측이 20~30% 정도 빗나갑니다. 조금 더 복잡한 모델을 사용하면 예측이 개선되는지 살펴보겠습니다.

18.4.3. 다중 선형 모델 적합화

다른 수치형 변수를 통합하는 추가 모델을 고려해 보겠습니다. 당나귀의 둘레, 길이, 높이를 측정하는 세 가지 수치형 변수가 있으며, 모델에서 이러한 변수를 결합하는 방법은 총 7가지가 있습니다.

```
[['Girth'],
 ['Length'],
 ['Height'],
 ['Girth', 'Length'],
 ['Girth', 'Height'],
 ['Length', 'Height'],
 ['Girth', 'Length', 'Height']]
```

각각의 변수 조합에 대해, 우리가 만든 특별한 손실 함수를 적용한 모델을 만들어 보겠습니다. 그리고 각 모델이 훈련 데이터 집합에 얼마나 잘 들어맞는지 살펴보도록 합니다.

```
def training_error(model):
    X = train_set.assign(intr=1)[['intr', *model]]
    theta_hat = minimize(training_loss(X, y),
                         np.ones(X.shape[1]))['x']
    predicted = X @ theta_hat
    return np.mean(anes_loss(100 * (y - predicted)/ predicted))

model_risks = [
    training_error(model)
    for model in models
]
```

	model	mean_training_error
0	[Girth]	94.36
1	[Length]	200.55
2	[Height]	268.88
3	[Girth,Length]	65.65
4	[Girth,Height]	86.18
5	[Length,Height]	151.15
6	[Girth,Length,Height]	63.44

앞서 언급했듯이 당나귀의 둘레(Girth)는 체중을 예측하는 가장 좋은 단일 지표입니다. 그러나 둘레와 길이(Length)의 조합은 둘레만 사용하는 것보다 평균 손실이 상당히 작으며, 이 특정 두 변수 모델은 세 가지를 모두 포함하는 모델과 거의 비슷합니다. 최대한 간단한 모델을 찾고 있으므로 세 변수 모델보다 두 변수 모델을 선택합니다.

다음으로, 특성 엔지니어링을 사용하여 범주형 변수를 모델에 통합하여 모델을 개선합니다.

18.4.4. 모델에 정성적 특성 가져오기

이전의 탐색적 분석 시에 당나귀의 신체 상태와 나이에 대한 체중의 상자 그래프에서 체중 예측에 유용한 정보가 들어있을 수 있다는 것을 발견했습니다. 이러한 특성은 범주형 특성이므로 15장에서 설명한 대로 원-핫 인코딩을 사용하여 0-1 변수로 변환할 수 있습니다. 원-핫 인코딩을 사용하면 각 범주형 변수 조합에 대해 모델에서 절편항을 조정할 수 있습니다. 현재 모델에는 수치형 변수인 둘레와 길이가 포함되어 있습니다.

$\theta_0 + \theta_1 Girth + \theta_2 Length$

연령 특성을 2세 미만, 2~4세, 5세 이상의 세 가지 범주로 구성하도록 정리하여 연령의 원-핫 인코딩은 각 범주별로 하나씩 세 개의 0-1 특성을 생성하면 다음과 같습니다.

$$\theta_0 + \theta_1 \text{Girth} + \theta_2 \text{Length} + \theta_3 \text{Age} < 2 + \theta_4 \text{Age2-5}$$

여기서 Age<2는 2세 미만의 당나귀일 경우 1, 그렇지 않으면 0이 됩니다. 마찬가지로 Age2-5는 2세 이상 5세 미만의 당나귀일 경우 1, 그렇지 않으면 0이 됩니다.

원-핫 인코딩된 특성을 모델에 포함하면 다음과 같이 나타납니다.

$(\theta_0 + \theta_3) + \theta_1 \text{Girth} + \theta_2 \text{Length}$: 2세 미만의 당나귀

$(\theta_0 + \theta_4) + \theta_1 \text{Girth} + \theta_2 \text{Length}$: 2~4세의 당나귀

$\theta_0 + \theta_1 \text{Girth} + \theta_2 \text{Length}$: 5세 이상의 당나귀

그럼 세 개의 범주형 변수(신체 상태, 연령, 성별) 모두에 원-핫 인코딩을 적용해 봅시다.

```
X_one_hot = (
    train_set.assign(intr=1)
    [['intr', 'Length', 'Girth', 'BCS', 'Age', 'Sex']]
    .pipe(pd.get_dummies, columns=['BCS', 'Age', 'Sex'])
    .drop(columns=['BCS_3.0', 'Age_5-10', 'Sex_female'])
)
X_one_hot
```

	intr	Length	Girth	BCS_1.5	...	Age_<2	Age_>20	Sex_gelding	Sex_stallion
230	1	101	116	0	...	0	0	0	1
74	1	92	117	0	...	0	0	0	1
354	1	103	123	0	...	0	1	0	0
...	...	...	...	...	...	...	...	...	...
157	1	93	123	0	...	0	0	0	1
41	1	89	103	0	...	1	0	0	0
381	1	86	106	0	...	0	0	0	0

433 rows × 15 columns

각 범주형 기능에 대해 더미 변수를 하나씩 삭제했습니다. 신체 상태 점수(BCS), 연령, 성별에는 각각 6개, 6개, 3개의 범주가 있으므로 설계 행렬에 12개의 더미 변수를 추가하여 총 15개의 열(절편항, 둘레, 길이 포함)을 만들었습니다.

두 변수 모델에서 어떤 범주형 변수가 개선되는지 살펴보겠습니다. 이를 위해 세 가지 범주형 특징의 더미와 둘레 및 길이를 모두 포함하는 모델을 적합시킬 수 있습니다.

```
results = minimize(training_loss(X_one_hot, y), np.ones(X_one_hot.shape[1]))

theta_hat = results['x']

y_pred = X_one_hot @ theta_hat
training_error = (np.mean(anes_loss(100 * (y - y_pred) / y_pred)))

print(f'Training error: {training_error:.2f}')
```

Training error: 51.47

평균 손실에 따르면 이 모델은 둘레와 길이만 있는 이전 모델보다 더 나은 성능을 보입니다. 하지만 이제는 정확도를 유지하면서 이 모델을 더 단순하게 만들어 보겠습니다.

이를 위해 각 더미 변수의 계수를 살펴보고 0에 얼마나 가까운지, 그리고 서로 얼마나 가까운지 확인합니다. 즉, 모델에 계수를 포함하면 절편이 얼마나 변할 수 있는지 확인하고자 합니다. 계수 그래프를 사용해서 쉽게 비교할 수 있습니다.

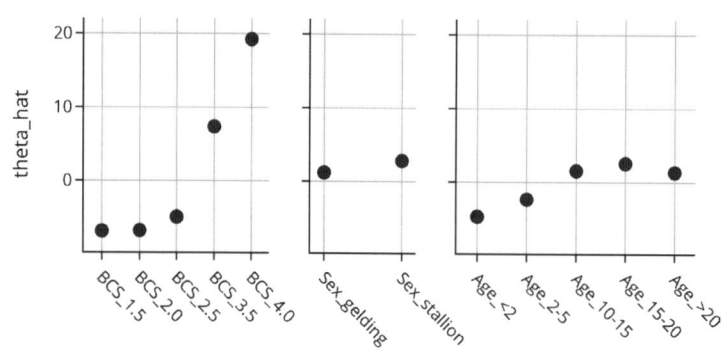

〈그림 18-4〉 계수 그래프

그림 18-4를 보면 상자 그래프에서 봤던 내용을 계수를 통해서 다시 확인할 수 있습니다.

당나귀의 성별에 대한 계수는 0에 가깝기 때문에 성별을 안다고 해서 체중 예측에 큰 변화가 없다는 것을 알 수 있습니다. 또한 5세 이상의 당나귀의 연령 범주를 결합하면 큰 손실 없이 모델을 단순화할 수 있습니다. 마지막으로, 신체 상태 점수가 1.5인 당나귀가 매우 적고 그 계수가 BCS 2에 가깝기 때문에 이 두 범주를 결합하는 것이 좋습니다.

이러한 결과를 고려하여 설계 행렬을 갱신합니다.

```
def combine_bcs(X):
    new_bcs_2 = X['BCS_2.0'] + X['BCS_1.5']
    return X.assign(**{'BCS_2.0':
                       new_bcs_2}).drop(columns=['BCS_1.5'])

def combine_age_and_sex(X):
    return X.drop(columns=['Age_10-15', 'Age_15-20', 'Age_>20',
                           'Sex_gelding', 'Sex_stallion'])

X_one_hot_simple = (
    X_one_hot.pipe(combine_bcs)
    .pipe(combine_age_and_sex)
)
```

그럼 더 간단한 모델을 만들 수 있습니다.

```
results = minimize(training_loss(X_one_hot_simple, y),
                   np.ones(X_one_hot_simple.shape[1]))
theta_hat = results['x']
y_pred = X_one_hot_simple @ theta_hat
training_error = (np.mean(ancs_loss(100 * (y - y_pred)/ y_pred)))
print(f'Training error: {training_error:.2f}')
```

Training error: 53.20

이 평균 오차는 더 복잡한 모델의 평균 오차와 매우 근접하므로 더 단순한 모델을 그대로 사용해도 될 것으로 보입니다. 그러면 계수를 나타내고 모델을 요약해 봅시다.

	var	theta_hat
0	intr	-175.25
1	Length	1.01
2	Girth	1.97
3	BCS_2.0	-6.33
4	BCS_2.5	-5.11
5	BCS_3.5	7.36
6	BCS_4.0	20.05
7	Age_2-5	-3.47
8	Age_<2	-6.49

모델은 대략 다음의 형태입니다.

Weight(체중) ≈ −175 + Length(몸통 길이) + 2Girth(몸통 둘레)

이 초기 추정 값을 사용해서, 범주를 사용해서 추정치를 다음과 같이 조정할 수 있습니다.

- BCS 2 이하의 경우 6.5kg을 뺌
- BCS 2.5의 경우 5.1kg을 뺌
- BCS 3.5인 경우 7.4kg을 더함
- BCS 4의 경우 20kg을 더함
- 2세 미만인 경우 6.5kg을 뺌
- 2~5세의 경우 3.5kg을 뺌

이 모델에 따르면 당나귀의 길이와 둘레를 기반으로 초기 추정을 한 후 몇 가지 예/아니요 질문에 대한 답변에 따라 몇 가지 숫자를 더하거나 빼기 때문에 매우 간단히 구현할 수 있을 것으로 보입니다. 이 모델이 테스트 데이터 집합에 있는 당나귀의 무게를 얼마나 잘 예측하는지 살펴보겠습니다.

18.4.5. 모델 평가

나머지 80%로 탐색하고 모델링하기 전에 데이터의 20%를 따로 보관했다는 것을 기억할 것입니다. 이제 훈련 데이터 집합에서 학습한 내용을 테스트 데이터 집합에 적용할 것입니다. 즉, 적합 모델을 사용하여 테스트 데이터 집합에 있는 당나귀의 무게를 예측합니다. 이를 위해서는 테스트 데이터 집합을 준비해야 합니다. 이 모델은 당나귀의 둘레와 길이, 그리고 당나귀의 나이와 신체 상태 점수에 대한 더미 변수를 사용합니다. 또한 훈련 데이터 집합에서 사용한 모든 변환을 테스트 데이터 집합에도 적용합니다.

```
y_test = test_set['Weight']

X_test = (
    test_set.assign(intr=1)
    [['intr', 'Length', 'Girth', 'BCS', 'Age', 'Sex']]
    .pipe(pd.get_dummies, columns=['BCS', 'Age', 'Sex'])
    .drop(columns=['BCS_3.0', 'Age_5-10', 'Sex_female'])
    .pipe(combine_bcs)
    .pipe(combine_age_and_sex)
)
```

설계 행렬에서 했던 모든 변경사항을 통합하여 훈련 데이터 집합을 사용한 모델링에서 결정한 최종 형태를 만듭니다. 이제 훈련 데이터 집합에 맞춘 θ를 사용하여 테스트 데이터 집합의 당나귀에 대한 체중 예측을 할 수 있습니다.

```
y_pred_test = X_test @ theta_hat
test_set_error = 100 * (y_test - y_pred_test) / y_pred_test
```

구해진 상대 예측 오차를 그래프로 나타내면 다음과 같습니다.

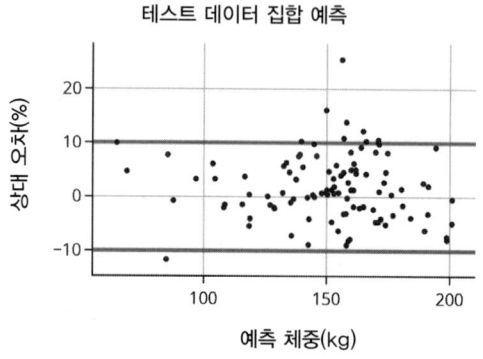

〈그림 18-5〉 상대 예측 오차 그래프

상대 오차가 양수라는 것은 무게를 과소평가한다는 의미이며, 이는 무게를 과대평가하는 것만큼 중요하지 않다는 것을 염두에 두기 바랍니다. 이 잔차 그래프에서 거의 모든 테스트 데이터 집합의 가중치가 예측의 10% 이내이며, 10%를 초과하는 오차는 과대 추정 쪽에 있는 단 한 가지 오차뿐임을 알 수 있습니다. 이는 손실 함수가 과대 추정에 더 많은 불이익을 준다는 점을 고려하면 이해가 됩니다.

실제 값과 예측 값을 10% 오차를 표시하는 선과 함께 보여주는 다른 형태의 산점도를 보면 다른 시각을 얻을 수 있습니다.

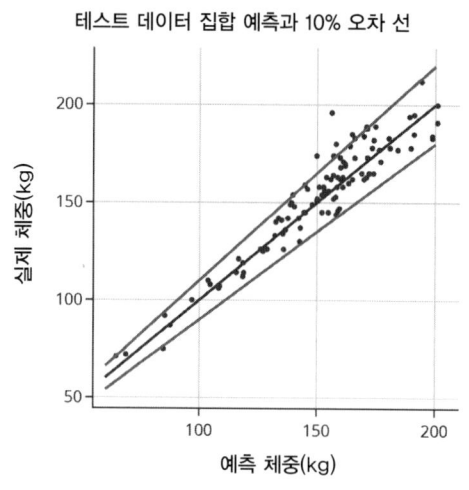

〈그림 18-6〉 10% 오차 선과 함께 나타낸 상대 예측 오차 그래프

10% 선은 가중치가 클수록 예측 선에서 멀어집니다.

이렇게 목표를 달성했습니다! 구하기 쉬운 측정값을 사용하고, 설명서를 만들 수 있을 만큼 간단하며, 실제 당나귀 체중의 10% 이내로 예측할 수 있는 모델을 만들었습니다. 이제 이 예제를 요약하고 우리 모델을 되돌아보겠습니다.

18.5. 정리

이 예제에서는 설명, 추론, 예측이라는 모델링의 다양한 목적을 보여주었습니다. 우선 내용 설명을 위해 간단하고 이해하기 쉬운 모델을 찾았습니다. 분석의 탐색 단계에서 얻은 결과부터 시작하여 이 모델을 직접 만들어 보았습니다. 데이터를 탐색하면서 모델에 특성을 추가로 포함하거나, 카테고리를 축소하거나, 특징을 변형하는 등의 다양한 결정을 했습니다. 당나귀의 체중과 같은 자연 현상을 모델링할 때는 물리적 모델과 통계적 모델을 사용하는 것이 이상적입니다. 이 경우 물리적 모델은 당나귀를 원통으로 표현한 것입니다. 호기심 많은 독자라면 이 표현을 사용하여 길이와 둘레로부터 당나귀(원통)의 무게를 직접 추정할 수 있다고 할 수도 있습니다(둘레는 $2\pi r$이므로).

체중 $\propto$ 둘레^2 $\times$ 길이

이 물리 모델에서 로그를 취한 체중은 대략 둘레 및 길이와 선형 관계가 된다는 것을 도출할 수 있습니다.

$\log(\text{체중}) \propto 2\log(\text{둘레}) + \log(\text{길이})$

그렇다면, 모델을 만들 때 왜 로그 또는 제곱 변환을 사용하지 않았는지 궁금할 수 있습니다. 이유는 간단합니다. 일반적으로 측정된 값의 범위가 작으면 로그 함수는 대략 선형입니다. 또한 우리는 모델을 단순하게 유지하기 위해 둘레와 체중 사이의 높은 상관관계에서 볼 수 있는 통계적 모델의 강점을 살리고자 했기 때문입니다.

이 모델링 작업에서는 많은 데이터 분석을 수행했습니다. 수치형 변수의 선형 조합으로 구축 가능한 모든 모델을 검토하고 더미 변수의 계수를 검토하여 카테고리를 축소할지 여부를 결정했습니다. 이와 같은 반복적인 접근 방식을 사용하여 모델을 만들 때는 모델을 평가

할 데이터를 따로 마련하는 것이 매우 중요합니다. 새로운 데이터로 모델을 평가하면 우리가 선택한 모델이 잘 작동한다는 확신을 가질 수 있습니다. 따로 남겨둔 데이터는 모델을 구축할 때 의사 결정에 영향을 미치지 않았기 때문에 모델이 예측을 얼마나 잘 수행하는지 잘 파악할 수 있습니다.

앞서 설명한 데이터 범위와 잠재적인 편향성을 염두에 두어야 합니다. 우리 모델은 테스트 데이터 집합에서 잘 작동했지만, 이 실험에서의 테스트 데이터 집합과 훈련 데이터 집합은 동일한 데이터 수집 과정을 통해서 만들어진 것입니다. 새로운 데이터에 대한 범위가 동일하게 유지되는 한 실제로도 모델이 잘 작동할 것으로 예상합니다.

마지막으로, 이 예제는 모델을 적합화한다는 것이 종종 단순성과 복잡성, 물리적 모델과 통계적 모델 사이의 균형을 맞추는 것임을 보여줍니다. 물리적 모델은 모델링의 좋은 출발점이 될 수 있으며, 통계 모델은 물리적 모델에 정보를 제공할 수 있습니다. 데이터 과학자로서 우리는 분석의 각 단계에서 판단을 내려야 합니다. 모델링은 예술이자 과학입니다.

이 예제와 앞서 다룬 여러 장에서는 선형 모델을 맞추는 데 중점을 두었습니다. 다음 장에서는 설명하고자 하는 응답 변수가 정량적이지 않고 정성적인 경우에 적합한 또 다른 종류의 모델링을 살펴보겠습니다.

6부. 분류

Python

19장. 분류

20장. 수치 최적화

21장. 예제: 가짜 뉴스 탐지

19장
분류

이 장에서는 데이터 과학 주기의 네 번째 단계인, 세상을 이해하기 위한 모델 적합 및 평가에 대해 계속 살펴볼 것입니다. 지금까지 절대 오차를 사용하여 상수 모델을 맞추는 방법(4장)과 제곱 오차를 사용하여 단순 및 다중 선형 모델을 맞추는 방법(15장)에 대해 설명했습니다. 또한 비대칭 손실 함수(18장)와 정규화된 손실(16장)을 사용하여 선형 모델을 맞추는 방법도 살펴봤습니다. 이 모든 경우에서 우리는 버스 대기 시간, 공기 중에 미세먼지, 당나귀의 체중 등 모두 수치형 변수로 이루어진 결과의 행동을 예측하거나 설명하는 것을 목표로 했습니다.

이 장에서는 모델링에 대한 관점을 확장해 보겠습니다. 수치적 결과를 예측하는 대신 명목형 결과를 예측하는 모델을 구축합니다. 이러한 종류의 모델을 통해 은행은 신용카드 거래의 사기 여부를 예측하고, 의사는 종양을 양성 또는 악성으로 분류하며, 이메일 서비스는 스팸과 일반적인 이메일을 따로 분류할 수 있습니다. 이러한 유형의 모델링을 분류라고 하며 데이터 과학에서 널리 사용됩니다.

이 역시 선형 회귀와 마찬가지로 모델을 공식화하고, 손실 함수를 선택하고, 데이터의 평균 손실을 최소화하여 모델을 적합시키고, 적합된 모델을 평가합니다. 하지만 선형 회귀와 달리, 분류 모델은 선형적이지 않습니다. 손실 함수는 제곱 오차가 아니며 평가는 다양한 종류의 분류 오차를 비교합니다. 이러한 차이점에도 불구하고 모델 적합의 전반적인 구조는 지도 학습(supervised learning)이라는 큰 틀 안에서 회귀와 분류 모두 동일한 방식으로 이해할 수 있습니다. 즉, 관측된 결과와 공변량을 바탕으로 모델을 학습시키는 작업이라는 점에서 두 접근법은 공통된 기반을 공유합니다.

그럼 예제를 살펴보면서 시작하겠습니다.

19.1. 예제: 바람에 피해를 입은 나무

1999년, 미국 동부에서 가장 큰 원시림을 보유한 바운더리 워터스 카누 지역 야생지대[1] (Boundary Waters Canoe Area Wilderness, BWCAW)에 시속 90마일 이상의 강풍이 불어와 수백만 그루의 나무가 피해를 입었습니다. 로이 로렌스 리치(Roy Lawrence Rich)[2]라는 연구원이 바람 피해에 대한 나무의 취약성을 파악하기 위해 BWCAW에 대한 지상 조사를 실시했습니다. 이 연구 이후 몇 년 동안 다른 연구자들은 이 데이터 세트를 사용하여 강풍에 의한 나무의 뿌리 뽑힘, 즉 풍도(windthrow)[3]를 모델링했습니다.

연구 모수는 BWCAW에 있는 나무들입니다. 접근 프레임은 자연경관을 가로지르는 직선인 횡단선(transect)입니다. 이 특정 횡단은 호수 근처에서 시작하여 250-400미터 동안 땅의 경사면에 직각으로 이동합니다. 이 횡단선을 따라 조사원은 25미터마다 멈춰서 5×5미터의 구획을 조사합니다. 각 구획에서 나무의 수를 세고, 쓰러진 나무와 서 있는 나무로 분류하고, 지상에서 6피트 높이에서 지름을 측정하고, 나무의 수종을 기록합니다.

이와 같은 표본 추출 프로토콜은 천연자원을 연구할 때 일반적으로 사용됩니다. BWCAW에서는 이 지역 토지의 80% 이상이 호수에서 500미터 이내에 있기 때문에 접근 프레임이 거의 모든 개체군을 포함합니다. 이 연구는 2000년과 2001년 여름에 걸쳐 진행되었으며, 1999년 폭풍과 데이터 수집 시점 사이에 다른 자연재해는 발생하지 않았습니다.

3,600그루 이상의 나무에서 측정값이 수집되었지만 이 예제에서는 검은 가문비나무만 사용했습니다. 이 데이터는 650개가 넘습니다. 이 데이터를 읽어 들여 보겠습니다.

---

1 https://oreil.ly/O2qOL

2 https://oreil.ly/plX02

3 [역주] 폭우를 동반한 강풍으로 토양이 부드러워져 나무가 뿌리까지 뽑혀 넘어지는 현상

```
trees = pd.read_csv('data/black_spruce.csv')
trees
```

	diameter	storm	status
0	9	0.02	standing
1	11	0.03	standing
2	9	0.03	standing
...	...	...	...
656	9	0.94	fallen
657	17	0.94	fallen
658	8	0.98	fallen

659 rows × 3 columns

각 행은 각각의 나무에 해당하며 다음과 같은 속성을 가집니다.

- diameter

  지상 약 1.8m 높이에서 측정한 나무의 지름(cm)

- storm

  폭풍의 심각도(해당 나무를 포함하는 폭 25미터 영역에서 쓰러진 나무의 비율)

- status

  나무가 "쓰러졌음(fallen)" 또는 "서 있음(standing)"

모델링으로 넘어가기 전에 몇 가지 탐색적 분석부터 시작해 보겠습니다. 먼저 몇 가지 간단한 요약 통계를 계산합니다.

```
trees.describe()[3:]
```

	diameter	storm
min	5	0.02
25%	6	0.21
50%	8	0.36
75%	12	0.55
max	32	0.98

사분위수를 보았을 때, 나무 지름 분포는 우측으로 긴 꼬리가 있는 형태인 것으로 보입니다. 그럼 제대로 서 있는 나무와 쓰러진 나무의 지름 분포를 히스토그램으로 나타내 보겠습니다.

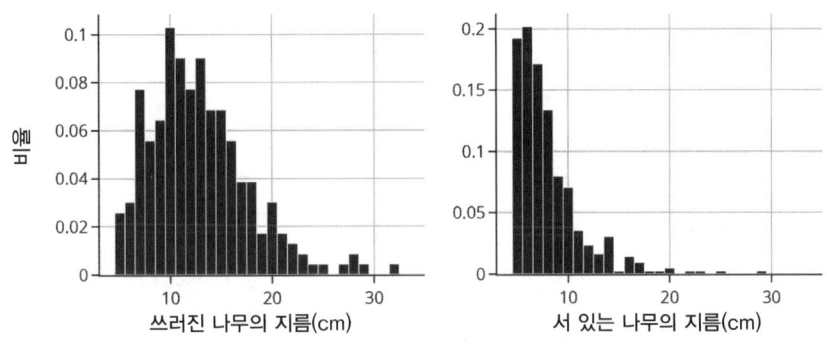

〈그림 19-1〉 나무 상태별 지름 분포

폭풍으로 쓰러진 나무의 직경 분포는 오른쪽으로 치우친 12cm의 중심을 이루고 있습니다. 이에 비해 서 있는 나무는 거의 모두 직경이 10cm 미만이었으며 약 6cm의 모드를 보였습니다(직경 5cm 이상의 나무만 연구에 포함됨).

조사해야 할 또 다른 특징은 폭풍의 강도입니다. 서 있는 나무와 쓰러진 나무를 구분하기 위해 기호와 마커 색상을 사용하여 나무 지름에 대한 폭풍의 강도를 그래프로 나타냅니다. 직경은 기본적으로 근사치인 cm 단위로 측정되므로 많은 나무의 직경이 동일하므로 약간의 값을 추가하여 값을 지터링합니다. 잡음을 추가하여 값을 지터링하여 데이터의 밀집도나 분포를 더 명확히 파악할 수 있습니다(11장 참조). 또한 마커 색상의 불투명도를 조정하여 그래프에서 밀도가 높은 영역을 표시합니다.

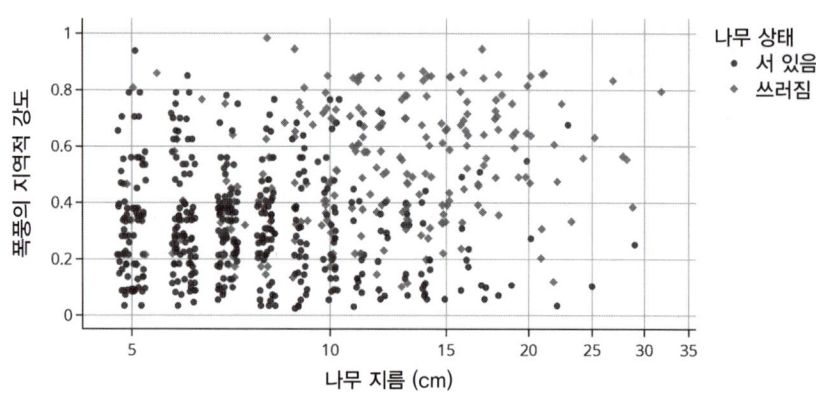

〈그림 19-2〉 나무 상태별 폭풍 강도

이 그래프를 보면 나무의 지름과 폭풍의 강도는 모두 나무가 뿌리째 뽑혔는지 아니면 그냥 서 있었는지 여부와 관련이 있는 것처럼 보입니다. 여기서 예측하려는 특징인 바람의 세기는 명목형 변수라는 점에 유의하기 바랍니다. 이어서 이것이 예측 문제에 어떤 영향을 미치는지 살펴보겠습니다.

19.2. 모델링 및 분류

이번에는 나무가 풍도를 맞기 쉬운지 설명하는 모델을 만들어 보겠습니다. 즉, 쓰러짐 또는 서 있는 두 가지 수준의 명목형 특징에 대한 모델을 구축해야 합니다. 응답 변수가 명목 변수인 경우 이 모델링 작업을 분류라고 합니다. 이 경우 범주가 두 개뿐이므로 이 작업을 보다 구체적으로 이진 분류라고 합니다.

19.2.1. 상수 모델

항상 하나의 클래스를 예측하는 형태의 가장 간단한 모델인 상수 모델부터 고려해 보겠습니다. 상수 모델의 예측을 나타내기 위해 C를 사용합니다. 풍도 데이터 세트의 경우, 이 모델은 모든 입력에 대해 C는 서 있거나 쓰러짐을 예측합니다.

분류에서는 모델이 얼마나 자주 올바른 범주를 예측하는지 추적합니다. 지금은 단순히 올바른 예측의 수를 사용할 것입니다. 손실 함수는 두 가지 가능한 값 중 하나를 취하기 때문에 이를 0-1 오차(zero-one error)라고도 합니다. 잘못된 예측이 이루어지면 1, 올바른 예측이 이루어지면 0입니다. 주어진 관측 결과 y_i와 예측 C에 대해 이 손실 함수는 다음과 같이 나타낼 수 있습니다.

$$l(C,y) = \begin{cases} 0, & C와\ y가\ 같을\ 때 \\ 1, & C와\ y가\ 다를\ 때 \end{cases}$$

수집된 데이터 $y = [y_1, \cdots, y_n]$이 있을 때, 평균 손실은 다음과 같습니다.

$$L(C,y) = \frac{1}{n}\sum_{i=1}^{n} l(C,y)$$

$$= \frac{맞지\ 않는\ 값의\ 개수}{n}$$

상수 모델(4장 참조)의 경우, 손실을 최소화하려면 "가장 많이 등장하는 범주(C)"를 예측값으로 설정해야 합니다. 검은 가문비나무의 경우 서 있는 나무와 쓰러진 나무의 비율은 다음과 같습니다.

```
trees['status'].value_counts() / len(trees)

status
standing 0.65
fallen 0.35
Name: count, dtype: float64
```

따라서 나무 한 그루가 서 있다면 데이터 집합의 평균 손실은 0.35라는 예측을 내릴 수 있습니다. 하지만 이 예측은 특별히 유용하거나 통찰력이 있는 것은 아닙니다. 왜냐하면 모든 나무에 대해 항상 동일한 결과만 예측하기 때문입니다. 예를 들어, 나무 데이터 집합의 EDA에서 나무의 크기는 나무가 서 있는지 또는 쓰러지는 지와 상관관계가 있음을 확인했습니다. 이 정보를 모델에 통합할 수 있지만, 상수 모델은 입력값(예측 변수)을 고려하지 않기 때문에 이를 활용할 수 없습니다. 그럼 예측 변수를 모델에 통합하는 방법에 대한 개념을 구축해 보겠습니다.

19.2.2. 크기와 풍도 간의 관계 파악

이번에는 나무의 크기와 풍도의 관계를 자세히 살펴보고자 합니다. 편의상 명목상 특성인 풍도를 0-1의 숫자형 특성으로 변환하여 1은 쓰러진 나무를, 0은 서 있는 나무를 나타내겠습니다.

```
trees['status_0_1'] = (trees['status'] == 'fallen').astype(int)
trees
```

	diameter	storm	status	status_0_1
0	9	0.02	standing	0
1	11	0.03	standing	0
2	9	0.03	standing	0
...	...	...	...	...
656	9	0.94	fallen	1
657	17	0.94	fallen	1
658	8	0.98	fallen	1

이런 방식은 많은 경우 유용합니다. 예를 들어, status_0_1의 평균은 데이터에서 쓰러진 나무의 비율을 나타냅니다. 즉, 전체 나무 중 약 35%가 쓰러졌다는 의미입니다.

```
pr_fallen = np.mean(trees['status_0_1'])
print(f"Proportion of fallen black spruce: {pr_fallen:0.2f}")
Proportion of fallen black spruce: 0.35
```

이 0-1 특성을 사용하면 나무 지름과 풍도 사이의 관계를 보여주는 그래프를 만들 수도 있습니다. 이는 설명 변수에 대한 결과 변수의 산점도를 만드는 선형 회귀 과정과 유사합니다 (15장 참조).

여기서는 지름에 대한 나무 상태를 그리지만, 각 지름별로 0과 1 값이 겹쳐그려지지 않게 밀도를 볼 수 있도록 상태값에 소량의 무작위 잡음을 추가합니다.

이전과 마찬가지로 지름 값도 지터링하고 마커의 불투명도를 조정하여 오버플로 현상을 줄입니다. 또한 쓰러진 나무의 비율(0.35)에 수평선을 추가합니다.

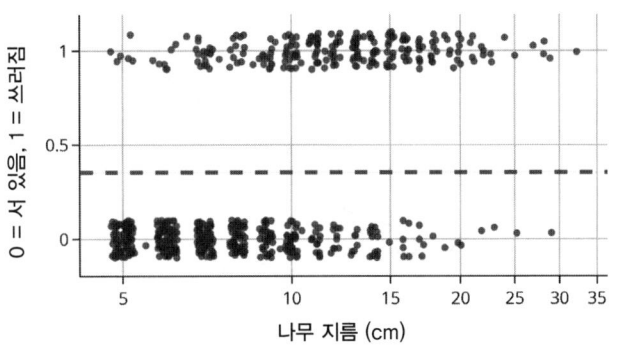

〈그림 19-3〉 지름별 나무 상태

이 산점도를 보면 큰 나무보다 작은 나무가 서 있을 가능성이 더 높다는 것을 확인할 수 있습니다. 나무의 평균 상태(0.35)는 기본적으로 응답 변수에 대한 상수 모델에 잘 들어맞는다는 것을 알 수 있습니다. 나무의 지름을 설명 변수로 사용하는 것을 고려한다면 모델을 개선할 수 있을 것입니다.

우선 다양한 지름에 대해 쓰러진 나무의 비율을 계산하는 것부터 시작해 보도록 합니다. 다음 코드는 나무의 지름을 구간으로 나누고 각 구간에서 쓰러진 나무의 비율을 계산합니다.

```
splits = [4, 5, 6, 7, 8, 9, 10, 12, 14, 17, 20, 25, 32]
tree_bins = (
        trees["status_0_1"]
        .groupby(pd.cut(trees["diameter"], splits))
        .agg(["mean", "count"])
        .rename(columns={"mean": "proportion"})
        .assign(diameter=lambda df: [i.right for i in df.index])
)
```

splits는 지름의 구간을 나누는 기준입니다. pd.cut()은 지름 값을 해당 구간에 따라 나누고, groupby()와 agg()를 통해 각 구간 내 쓰러짐 비율(proportion)과 개수(count)를 계산합니다. 마지막으로 .assign()을 통해 각 구간의 오른쪽 경계값을 시각화용 diameter로 지정합니다.

그럼 나무 지름별 비율을 시각화할 수 있습니다.

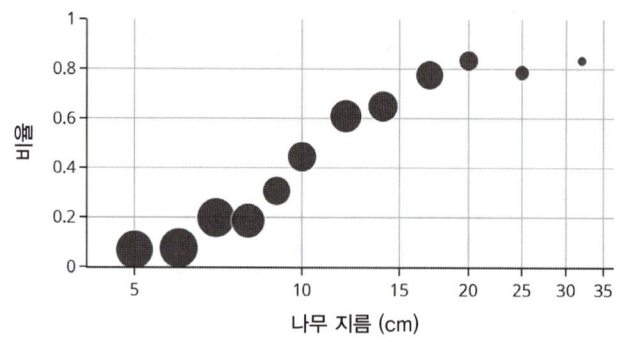

〈그림 19-4〉 지름별 비율

마커의 크기는 지름 범주에 있는 나무의 수를 반영합니다. 이 비율을 사용하여 모델을 개선할 수 있습니다. 예를 들어 지름이 6cm인 나무의 경우 서 있는 것으로 분류하고, 20cm인 나무는 쓰러진 것으로 분류할 수 있습니다. 이진 분류의 자연스러운 출발점은 관찰된 비율을 모델링한 다음 이 비율을 사용하여 분류하는 것입니다. 다음으로 이러한 비율에 대한 모델을 개발해 보도록 하겠습니다.

19.3. 비율(또는 확률) 모델링

모델링할 때 모델, 손실 함수, 훈련 세트에서 평균 손실을 최소화하는 방법, 이 세 가지를 선택해야 한다는 점을 기억해야 합니다. 앞에서는 상수 모델, 0-1 손실, 그리고 모델에 맞는 증명을 선택했습니다. 그러나 상수 모델은 예측 변수를 포함하지 않습니다. 이 섹션에서는 로지스틱 모델이라는 새로운 모델을 도입하여 이 문제를 해결합니다.

이 모델의 동기를 부여하기 위해 나무 지름과 쓰러진 나무의 비율 사이의 관계가 선형적으로 나타나지 않는다는 점에 주목합니다. 이를 설명하기 위해, 간단한 선형 모델을 적용하여 몇 가지 문제점을 확인해 보겠습니다. 15장에서 다룬 기법을 사용하여 나무 상태와 지름의 선형 모델을 적합화합니다.

```
from sklearn.linear_model import LinearRegression
X = trees[['diameter']]
y = trees['status_0_1']

lin_reg = LinearRegression().fit(X, y)
```

그리고 이 추세선을 비율 산점도에 추가합니다.

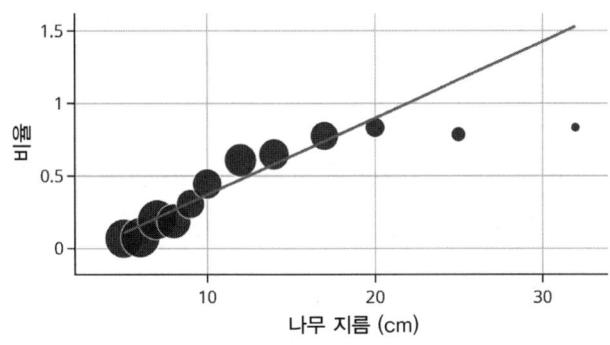

〈그림 19-5〉 추세선을 추가한 지름별 비율

분명히 이 모델은 비율에 전혀 맞지 않습니다. 여기에는 다음과 같은 몇 가지 문제가 있습니다.

- 모델이 큰 나무에 대해 1보다 큰 비율을 제공합니다.
- 모델이 비율에서 곡률을 포착하지 못합니다.
- 극단적인 점(예: 가로 30cm의 나무)이 있으면 추세선이 데이터의 대부분에서 벗어나 오른쪽으로 이동합니다.

이러한 문제를 해결하기 위해 로지스틱 모델을 도입해 보겠습니다.

19.3.1. 로지스틱 모델

로지스틱 모델은 분류를 위해 가장 널리 사용되는 기본 모델 중 하나로 선형 모델을 간단히 확장한 것입니다. 흔히 시그모이드 함수라고 불리는 로지스틱 함수는 다음과 같이 정의됩니다.

$$\text{logistic}(t) = \frac{1}{1+\exp(-t)}$$

> **팁**
>
> 시그모이드 함수는 일반적으로 σ(t)로 표시됩니다. 안타깝게도 그리스 문자 σ는 표준편차, 로지스틱 함수, 순열 등 데이터 과학과 통계학에서 많은 것을 의미하는 데 널리 사용됩니다. σ를 볼 때 주의하고 문맥을 통해 그 의미를 이해해야 합니다.

로지스틱 함수를 그래프로 나타내면 S자 모양(시그모이드 모양)을 확인할 수 있고 0과 1 사이의 숫자를 출력하는 것을 알 수 있습니다. 이 함수는 t에 따라 단조롭게 증가하며 큰 값의 t는 1에 가까워집니다.

```python
def logistic(t):
    return 1. / (1. + np.exp(-t))
```

로지스틱 함수는 0에서 1 사이 구간의 값을 가지므로, 확률 모델링에서 많이 사용됩니다. 또한 로지스틱을 $\theta_0+\theta_1 x$의 선을 나타내는 함수 형태로도 나타낼 수 있습니다.

$$\sigma(\theta_0+\theta_1 x) = 1+\frac{1}{1+\exp(-\theta_0-\theta_1 x)}$$

다음의 그래프는 여러 가지 θ_0과 θ_1에 대한 로지스틱 함수입니다. 이를 참고해서 이 함수의 형태를 머릿속에 바로 그려볼 수 있을 것입니다.

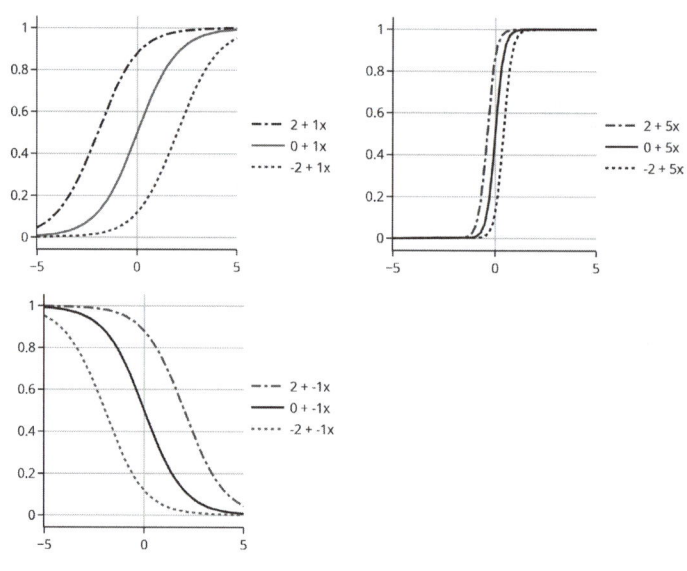

〈그림 19-6〉 다양한 로지스틱 함수

θ_1의 크기를 변경하면 곡선의 기울기가 달라지며, 0에서 멀어질수록 곡선이 가파른 것을 볼 수 있습니다. θ_1의 부호를 뒤집으면 수직선 x = 0 기준으로 곡선이 반전됩니다. θ_0을 변경하면 곡선이 왼쪽 혹은 오른쪽으로 이동합니다.

로지스틱 함수는 선형 함수를 비선형의 부드러운 곡선으로 변환하는 변환으로, 결괏값은 항상 0과 1사이에 위치합니다. 사실 로지스틱 함수의 출력은 확률적으로 더 깊이 해석할 수 있으며, 이에 대해서는 다음에 설명하겠습니다.

19.3.2. 로그 오즈(Log Odds)

오즈는 확률 p에 대한 p/(1 − p)의 비율입니다. 예를 들어 일반적인 동전을 던졌을 때 앞면이 나올 확률은 0.5이므로 오즈는 1이고, 뒷면보다 앞면이 나올 확률이 두 배인 동전(p = 2/3)의 경우 앞면이 나올 오즈는 2입니다. 로지스틱 모델은 로지스틱 함수가 로그 오즈의 선형 함수와 일치하기 때문에 로그 오즈 모델이라고도 합니다.

다음 방정식에서 이를 확인할 수 있습니다. 이를 표현하는 방법은 시그모이드 함수의 분자와 분모에 exp(t)를 곱하면 됩니다.

$$\sigma(t) = 1 + \frac{1}{1+\exp(-t)} = \frac{\exp(t)}{1+\exp(t)}$$

$$(1-\sigma(t)) = 1 - \frac{\exp(t)}{1+\exp(t)} = \frac{1}{1+\exp(t)}$$

여기에 오즈의 로그를 취한 후 정리합니다.

$$\log(\frac{\sigma(t)}{1-\sigma(t)}) = \log(\exp(t)) = t$$

따라서, $\sigma(\theta_0+\theta_1 x)$를 사용하면, 로그 오즈가 x의 선형함수임을 알 수 있습니다.

$$\log(\frac{\sigma(\theta_0+\theta_1 x)}{1-\sigma(\theta_0+\theta_1 x)}) = \log(\exp(\theta_0+\theta_1 x)) = \theta_0+\theta_1 x$$

로지스틱을 로그 오즈로 나타내면 θ_1을 사용해서 유용하게 사용할 수 있습니다. 가령 관측 변수가 1씩 증가한다고 합시다. 이때 오즈는 다음과 같이 바뀝니다.

$$\begin{aligned} \text{odds} &= \exp(\theta_0 + \theta_1(x+1)) \\ &= \exp(\theta_1) \times \exp(\theta_0 + \theta_1 x) \end{aligned}$$

오즈는 $\exp(\theta_1)$ 배수만큼 증가하거나 감소하는 것을 알 수 있습니다.

> **설명**
>
> 여기서 로그 함수는 자연로그입니다. 자연로그는 데이터 과학에서 기본값이므로 굳이 ln으로 작성하지 않습니다.

다음으로, 비율 그래프에 로지스틱 곡선을 추가하여 데이터에 얼마나 잘 맞는지 파악해 보겠습니다.

19.3.3. 로지스틱 곡선 사용하기

다음 그림에서는 쓰러진 나무의 비율 플롯 위에 로지스틱 곡선을 추가했습니다.

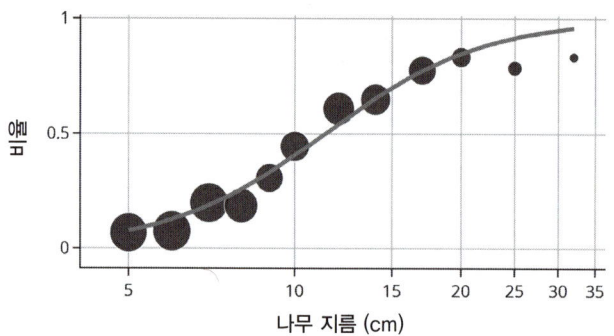

〈그림 19-7〉 로지스틱 곡선을 추가한 지름별 비율

그림 19-7의 곡선이 비율을 상당히 잘 따르는 것을 볼 수 있습니다. 실제로 이 특정 로지스틱을 데이터에 맞춰서 선택했습니다. 적합된 로지스틱 회귀식은 다음과 같습니다.

$\sigma(-7.4 + 3.0x)$

이제 로지스틱 곡선이 확률을 잘 모델링할 수 있다는 것을 알았으므로 데이터에 로지스틱 곡선을 맞추는 과정으로 넘어가겠습니다. 다음에는 모델링의 두 번째 단계인 적절한 손실 함수를 선택하는 과정을 진행합니다.

19.4. 로지스틱 모델의 손실 함수

로지스틱 모델은 확률(또는 경험적 비율)을 제공하므로 손실 함수를 $\ell(p, y)$로 작성하며, 여기서 p는 0과 1 사이입니다. 결과 특성은 이진 분류이므로 응답은 두 값 중 하나를 취합니다. 따라서 모든 손실 함수는 다음과 같이 감소합니다.

$$\ell(p, y) = \begin{cases} \ell(p, 0), & y\text{가 0인 경우} \\ \ell(p, 1), & y\text{가 1인 경우} \end{cases}$$

다시 한번 말하지만, 범주를 0과 1로 나타내면 손실 함수를 다음과 같이 나타낼 수 있어서 매우 편리합니다.

$\ell(p, y) = y\,\ell(p, y) + (1-y)\,\ell(p, 1-y)$

y = 1과 y = 0의 두 가지 경우를 고려하여 이 등식을 확인하는 것이 좋습니다. 로지스틱 모델은 로그 손실에 잘 들어맞습니다.

$$\ell(p, y) = \begin{cases} -\log(p), & y\text{가 1인 경우} \\ -\log(1-p), & y\text{가 0인 경우} \end{cases}$$
$$= -y\log(p) - (1-y)\log(1-p)$$

로그 손실은 0과 1에서 정의되지 않는데, 이는 p가 0에 가까워질수록 −log(p)가 ∞가 되는 경향이 있고 p가 1에 가까워질수록 −log(1 − p)도 마찬가지가 되기 때문입니다. 따라서 최소화에서 끝점을 피하도록 주의해야 합니다. 다음 두 가지 형태의 손실 함수 그래프에서 이를 확인할 수 있습니다.

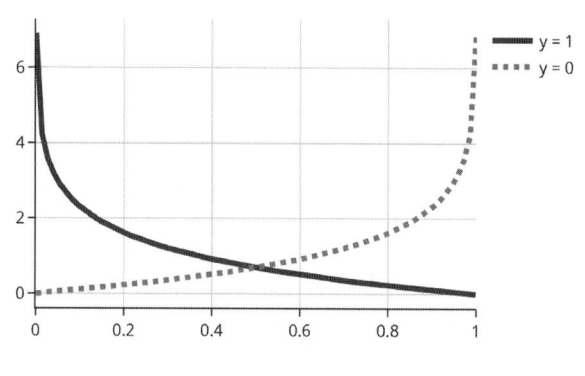

〈그림 19-8〉 손실 함수 그래프

y가 1인 경우(실선) 손실은 p가 1에 가까워질수록 작아지고, y가 0인 경우(점선) 손실은 0에 가까워집니다.

목표가 로그 손실을 사용해서 데이터를 상수항에 적합화시키는 것이라면, 이때 평균 손실은 다음과 같이 구합니다.

$$L(p,y) = \frac{1}{n} \sum_{i}^{n} [-y_i \log(p) - (1-y_i)(\log(1-p)]$$
$$= -\frac{n_1}{n}\log(p) - \frac{n_0}{n}\log(1-p)$$

이때 n_0과 n_1은 0과 1인 y_i의 값입니다. 그럼 p에 따른 최솟값을 찾기 위해 미분을 합니다.

$$\frac{\partial L(p,y)}{\partial p} = \frac{n_1}{np} + \frac{n_0}{n(1-p)}$$

미분값을 0으로 두면 최솟값 $\hat{p}$를 구할 수 있습니다.

$$0 = -\frac{n_1}{n\hat{p}} + \frac{n_0}{n(1-\hat{p})}$$

$$0 = -\hat{p}(1-\hat{p})\frac{n_1}{\hat{p}} + \hat{p}(1-\hat{p})\frac{n_0}{(1-\hat{p})}$$

$$n_1(1-\hat{p}) = n_0\hat{p}$$

$$\hat{p} = \frac{n_1}{n}$$

(마지막 식의 결과는 $n_0+n_1=n$에서 도출한 것입니다.)

로지스틱 함수 기반의 더 복잡한 모델에 적합화시키려면, p를 $\sigma(\theta_0+\theta_1 x)$로 대체해서 살펴봅니다. 이때 로지스틱 모델의 손실 함수는 다음과 같습니다.

$$l(\sigma(\theta_0+\theta_1 x), y) = yl(\sigma(\theta_0+\theta_1 x), y) + (1-y)l(\sigma(\theta_0+\theta_1 x), 1-y)$$
$$= y\log(\sigma(\theta_0+\theta_1 x)) + (1-y)\log(\sigma(\theta_0+\theta_1 x))$$

데이터 전체에 대한 손실의 평균을 내면 다음과 같은 결과가 나옵니다.

$$L(\theta_0,\theta_1,x,y) = \frac{1}{n}\sum_i -y_i\log(\sigma(\theta_0+\theta_1 x_i)) - (1-y_i(\log(1-\sigma(\theta_0+\theta_1 x_i))$$

제곱 손실과 달리 이 손실 함수에 대한 완전한 해법은 없습니다. 대신 평균 손실을 최소화하기 위해 경사 하강(20장 참조)과 같은 반복적인 방법을 사용합니다. 이는 로지스틱 모델에 제곱 오차 손실을 사용하지 않는 이유 중 하나이기도 합니다. 평균제곱오차는 수렴(볼록(Convex))하는 형태가 아니라서 최저화하기가 어렵기 때문입니다. 볼록성(Convexity)의 개념은 20장에서 자세히 다루며, 그림 20-4를 참고하면 직관적으로 이해할 수 있습니다.

> **설명**
>
> 로그 손실은 로지스틱 손실 혹은 교차 엔트로피 손실이라고도 합니다. 로그 손실의 다른 이름은 음의 로그 가능도입니다. 이 이름은 확률 분포를 통해 데이터를 생성했을 가능성을 사용하여 모델을 적합화하는 기법을 뜻합니다. 여기서는 이러한 대체 접근법의 배경에 대해서는 더 자세히 설명하지 않습니다. (로그 손실이 있는) 로지스틱 모델을 맞추는 것을 로지스틱 회귀라고 합니다. 로지스틱 회귀는 일반화된 선형 모델, 즉 비선형 변환이 있는 선형 모델의 한 예입니다.

우리는 scikit-learn으로 로지스틱 모델을 만들 수 있습니다. 패키지 설계자는 최소 제곱으로 선형 모델을 만드는 것과 매우 유사하게 API를 만들었습니다(15장 참조). 먼저 로지스틱 회귀 모듈을 불러옵니다.

```python
from sklearn.linear_model import LogisticRegression
```

그런 다음 결과 y, 트리의 상태, 공변량 X(로그 변환한 지름)를 사용하여 회귀 문제를 설정합니다.

```python
trees['log_diam'] = np.log(trees['diameter'])
X = trees[['log_diam']]
y = trees['status_0_1']
```

그런 다음 로지스틱 회귀를 구하고 지름에 대한 절편과 계수를 조사합니다.

```python
lr_model = LogisticRegression()
lr_model.fit(X, y)

[intercept] = lr_model.intercept_
[[coef]] = lr_model.coef_
print(f'Intercept: {intercept:.1f}')
print(f'Diameter coefficient: {coef:.1f}')
```

```
Intercept: -7.4
Diameter coefficient: 3.0
```

예측 시에 predict 함수는 예측된 (가장 가능성이 높은)클래스를 반환하고 predict$_{proba}$는 예측된 확률을 반환합니다. 지름이 6인 나무의 경우 예측은 높은 확률로 0(standing을 의미)이 될 것으로 예상합니다. 확인해 봅시다.

```
diameter6 = pd.DataFrame({'log_diam': [np.log(6)]})
[pred_prof] = lr_model.predict_proba(diameter6)
print(f'Predicted probabilities: {pred_prof}')
```

```
Predicted probabilities: [0.87 0.13]
```

보시다시피 이 모델은 지름이 6인 나무의 경우 standing일 확률은 0.87이고 fallen일 확률은 0.13이라고 예측했습니다.

이제 한 가지 특징으로 모델을 만들었으므로 폭풍의 세기와 같은 다른 특징을 포함하여 모델을 개선할 수 있는지 살펴볼 수 있습니다. 이를 위해 X에 특징을 추가하고 모델을 다시 만드는 방식으로 다중 로지스틱 회귀 모델을 만들어 볼 수 있습니다.

로지스틱 회귀를 통해 확률을 예측하는 모델을 만들면 지름이 6인 나무가 standing에 속할 확률은 0.87이고 fallen에 속할 확률은 0.13이라고 예측할 수 있다는 것을 알 수 있습니다. 확률은 0과 1 사이의 모든 숫자가 될 수 있으므로 분류를 수행하려면 확률을 다시 범주 형태로 변환해야 합니다. 뒤이어서 이 분류 문제를 다루겠습니다.

19.5. 확률에서 분류로

이 장에서는 명목 응답 변수를 모델링하려는 이진 분류 문제를 제시하는 것부터 살펴보았습니다. 이어서 지금까지 로지스틱 회귀를 사용하여 비율 또는 확률을 모델링했으니, 이제 원래 문제인 예측된 확률을 사용하여 네이터를 분류하는 문세로 돌아갈 수 있습니다. 이 예제에서는 특정 지름의 나무에 대해 로지스틱 회귀의 적합 계수를 사용하여 나무가 쓰러질 확률을 추정합니다. 그 확률이 높으면 나무가 쓰러진 것으로 분류하고, 그렇지 않으면 서 있는 것으로 분류합니다. 하지만 이 의사 결정 규칙을 만들려면 기준이 될 임계값을 선택해야 합니다.

sklearn의 로지스틱 회귀 모델의 predict 함수는 기본 결정 규칙을 구현합니다. 예측 확률

p 〉 0.5인 경우 1을 예측하고, 그렇지 않으면 0을 예측합니다. 이 의사 결정 규칙을 모델 예측 위에 점선으로 겹쳐서 나타냈습니다.

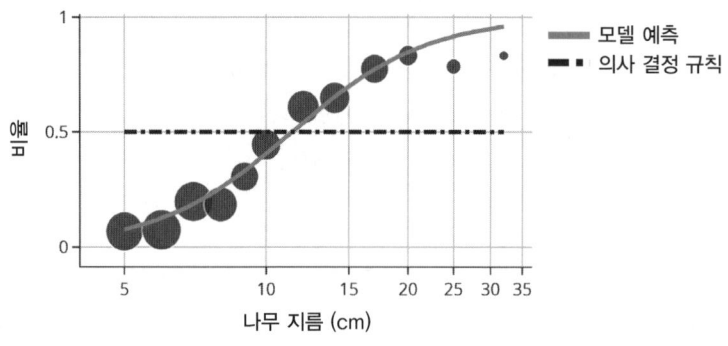

〈그림 19-9〉 의사 결정 규칙을 추가한 지름별 비율

여기서는 보다 일반적인 결정 규칙을 고려합니다. 어떤 선택 τ에 대해 모델의 예측 확률 p 〉 τ인 경우 1을 예측하고, 그렇지 않으면 0을 예측합니다. 기본적으로 sklearn은 τ = 0.5로 설정합니다. τ를 다른 값으로 설정하면 어떤 일이 발생하는지 살펴보겠습니다.

τ의 적절한 값은 목표에 따라 달라집니다. 여기서는 정확도를 최대화하는 것을 목표로 하겠습니다. 분류기의 정확도는 올바른 예측의 비율입니다. 서로 다른 임계값, 즉 서로 다른 τ 값에 대한 정확도를 다음과 같이 구할 수 있습니다.

```python
def threshold_predict(model, X, threshold):
    return np.where(model.predict_proba(X)[:, 1] > threshold, 1.0, 0.0)


def accuracy(threshold, X, y):
    return np.mean(threshold_predict(lr_model, X, threshold) == y)


thresholds = np.linspace(0, 1, 200)
accs = [accuracy(t, X, y) for t in thresholds]
```

τ에 따라 정확도가 어떻게 변하는지를 이해하기 위해 그래프를 만들어 보겠습니다.

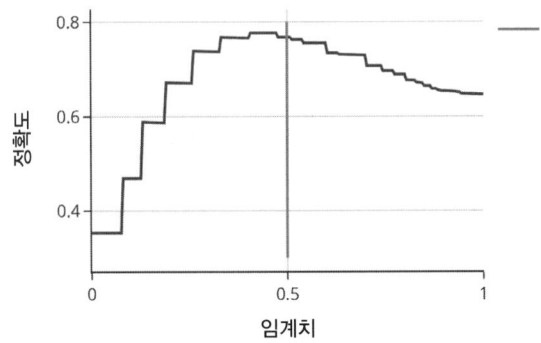

〈그림 19-10〉 임계치에 따른 정확도 변화 그래프

그림 19-10 그래프를 통해 정확도가 가장 높은 임계값이 정확히 0.5가 아니라는 것을 알 수 있습니다. 실제로는 '교차 검증'을 사용하여 임계값을 선택해야 합니다(16장 참조).

정확도를 극대화하는 임계치는 여러 가지 이유로 0.5가 아닌 다른 값이 될 수 있지만, 하나의 범주가 다른 범주보다 더 자주 나타나는 클래스 불균형도 일반적인 이유 중 하나입니다. 클래스 불균형은 데이터를 더 일반적인 범주에 속하는 것으로 분류하는 모델로 이어질 수 있습니다. 데이터의 극히 일부에만 특정 클래스가 포함되어 있는 극단적인 경우(사기 탐지 등)에는, 희귀한 클래스에 대한 좋은 분류자를 학습하지 않고 항상 빈번한 클래스를 예측함으로써 모델이 높은 정확도를 달성하는 것처럼 보일 수 있습니다. 클래스 불균형을 관리하는 기법에는 다음과 같은 것이 있습니다

- 클래스 불균형을 줄이거나 없애기 위해 데이터 표본을 다시 추출하는 방법
- 손실 함수를 조정하여 더 작은 클래스에 더 큰 벌점을 부과하는 방법

이 예제에서는 클래스 불균형이 그렇게 극단적이지 않으므로 이러한 조정 없이 계속 진행합니다.

클래스 불균형 문제를 보면 정확도만으로는 모델을 판단할 수 없는 이유를 알 수 있습니다. 대신 올바른 분류와 잘못된 분류의 유형을 구분하고자 합니다. 이에 대해서는 다음 내용에서 설명하겠습니다.

19.5.1. 혼동 행렬

이진 분류의 오류를 시각화하는 편리한 방법은 혼동 행렬(confusion matrix)을 살펴보는 것입니다. 혼동 행렬은 모델이 예측한 결과와 실제 결과를 비교합니다. 이런 상황에서 나타나는 오류는 두 가지 유형이 있습니다.

- 거짓 양성 (False positives)
  실제 클래스는 0(거짓)인데 모델이 1(참)로 예측하는 경우

- 거짓 음성 (False negatives)
  실제 클래스는 1(참)인데 모델이 0(거짓)으로 예측하는 경우

이상적으로는 두 가지 종류의 오류를 모두 최소화하는 것이 좋지만, 종종 이 두 가지 오류 간의 균형을 관리해야 하는 경우가 있습니다.

> **설명**
> 양성(positive) 및 음성(negative)이라는 용어는 질병 검사에서 유래한 것으로, 질병의 존재가 명시된 검사를 양성 결과라고 합니다. 질병이 있다는 것은 전혀 긍정적이지 않은 것처럼 보이기 때문에 약간 혼란스러울 수 있습니다. 그리고 y = 1은 "양성"인 경우를 나타냅니다. 이를 명확히 하기 위해 데이터의 맥락에서 y = 1이 무엇을 의미하는지를 확인하는 것이 좋습니다.

scikit-learn에는 혼동 행렬을 계산하고 그래프로 나타내는 함수가 있습니다.

```python
from sklearn.metrics import confusion_matrix
mat = confusion_matrix(y, lr_model.predict(X))
mat
```

```
array([[377, 49],
       [104, 129]])
```

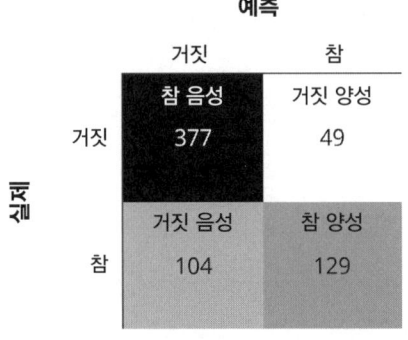

〈그림 19-11〉 혼동 행렬

이상적으로는 대각선 사각형의 모든 개수가 참 음성 및 참 양성으로 표시되면 좋을 것입니다. 즉, 모든 항목을 정확하게 분류했다는 뜻입니다. 하지만 이런 경우는 드물기 때문에 오류의 크기를 평가해야 합니다. 이를 위해 개수보다 비율을 비교하는 것이 더 쉽습니다. 다음 내용에서는 다양한 비율에 대해 설명하고 어느 쪽에 우선순위를 두는 것이 더 나은지 알아보도록 하겠습니다.

19.5.2. 정밀도 대 재현율

어떤 경우에는 양성 사례를 놓치는 데 드는 비용이 훨씬 더 클 수 있습니다. 예를 들어, 종양을 식별하는 분류기를 구축하는 경우 악성 종양을 놓치지 않아야 합니다. 반대로 치료 가능한 종양을 악성으로 분류하는 경우에는 병리학자가 악성 분류를 확인하기 위해 더 자세히 살펴볼 것이므로 덜 걱정할 수 있습니다. 이 경우 실제로 양성인 기록 중 참인 양성률이 높아야 합니다. 이 비율을 민감도 또는 재현율(recall)이라고 합니다.

$$재현율 = \frac{참 양성}{참 양성 + 거짓 음성} = \frac{참 양성}{실제로 참인 경우}$$

재현율이 높을수록 거짓 기록(거짓 양성)을 참으로 예측할 위험이 커집니다.

반면에 이메일을 스팸(양성) 또는 일반 메일(음성)로 분류할 때 중요한 이메일이 스팸 폴더에 들어가면 짜증이 날 수 있습니다. 이 경우에는 높은 정밀도, 즉 양성 예측에 대한 모델의 정확도가 필요합니다.

$$\text{정밀도} = \frac{\text{참 양성}}{\text{참 양성} + \text{거짓 양성}} = \frac{\text{참 양성}}{\text{참으로 예측한 경우}}$$

정밀도가 높은 모델일수록 관측치가 참인 경우를 음성이라고 예측할 가능성이 더 높습니다 (거짓 음성의 비율이 높음).

일반적인 분석에서는 임계치를 조정해가며 정밀도와 재현율을 비교합니다.

```
from sklearn import metrics
precision, recall, threshold = (
    metrics.precision_recall_curve(y, lr_model.predict_proba(X)[:, 1]))

tpr_df = pd.DataFrame({"threshold":threshold,
                "precision":precision[:-1], "recall": recall[:-1], })
```

정밀도(precision)와 재현율(recall)을 각 임계치(threshold) τ 에 대해 그래프로 나타내서 이 둘이 어떤 관계인지를 살펴보도록 하겠습니다.

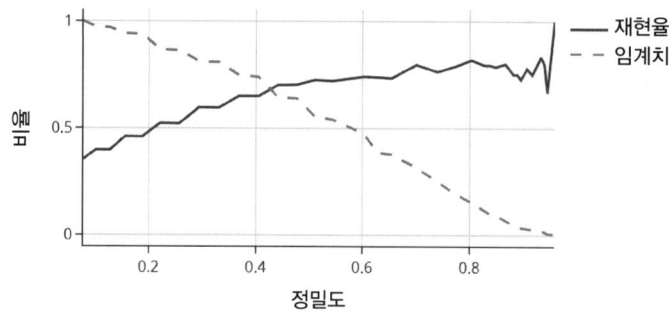

〈그림 19-12〉 정밀도와 재현율의 관계

분류기의 성능 평가에 일반적으로 사용되는 다른 그래프로는 정밀도-재현율 곡선, 줄여서 PR 곡선이라고 부르는 그래프가 있습니다. 이 그래프는 각 임계치에 따른 정밀도와 재현율 쌍을 그래프로 나타냅니다.

```
fig = px.line(tpr_df, x="recall", y="precision",
              labels={"recall":"Recall","precision":"Precision"})
fig.update_layout(width=450, height=250, yaxis_range=[0, 1])
fig
```

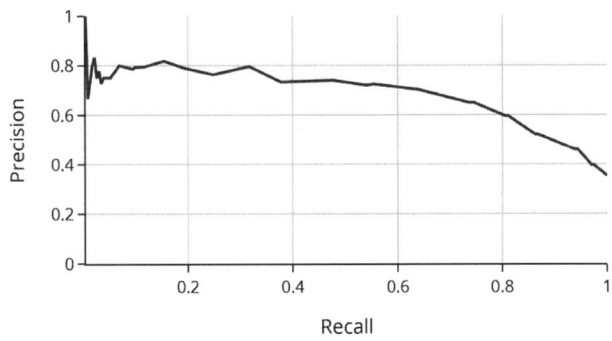

곡선의 오른쪽 끝이 표본의 불균형을 반영하고 있음을 알 수 있습니다. 정밀도는 표본에서 쓰러진 나무의 비율인 0.35와 일치합니다. 여러 모델에 대해 여러 PR 곡선을 그리면 모델을 비교하는 경우 특히 유용할 수 있습니다.

정밀도와 재현율을 사용하면 어떤 종류의 오류가 중요한지에 따라 더 적절하게 제어할 수 있습니다. 예를 들어 쓰러진 나무의 75% 이상을 쓰러진 나무로 분류하고 싶다고 가정해 보겠습니다. 이 문제가 발생하는 임계치를 다음과 같이 구할 수 있습니다.

```
fall75_ind = np.argmin(recall >= 0.75) - 1

fall75_threshold = threshold[fall75_ind]
fall75_precision = precision[fall75_ind]
fall75_recall = recall[fall75_ind]
```

```
Threshold: 0.33
Precision: 0.59
Recall: 0.81
```

즉, 구한 수치를 기준으로 사용하면 쓰러진 나무 중 81%는 올바르게 분류되지만, 반대로 우리가 쓰러진 것으로 분류한 나무 중 약 41%(1 − 정밀도)가 실제로 서 있다는 것을 알 수 있습니다. 또한 이 임계치보다 낮은 나무의 비율도 발견했습니다.

```
print("Proportion of samples below threshold:",
      f"{np.mean(lr_model.predict_proba(X)[:,1] < fall75_threshold):0.2f}")
```

Proportion of samples below threshold: 0.52

따라서 표본의 52%를 서 있는 것으로 분류했습니다(음성). 특이도(Specificity, 참 음성률이라고도 함)는 분류기가 음성으로 분류한 경우 중 음성에 속하는 데이터의 비율을 측정합니다.

$$특이도(Specificity) = \frac{참\ 음성}{참\ 음성 + 거짓\ 양성} = \frac{참\ 음성}{실제\ 거짓인\ 경우}$$

임계값에 대한 특이도는 다음과 같습니다.

```
act_neg = (y == 0)
true_neg = (lr_model.predict_proba(X)[:,1] < fall75_threshold) &
           act_neg
```

Specificity: 0.70

즉, 서 있는 것으로 분류된 나무의 70%가 실제로 서 있다는 뜻입니다.

지금까지 살펴본 것처럼 2×2 혼동 행렬을 사용하는 방법에는 여러 가지가 있습니다. 이상적으로는 정확도, 정밀도, 재현율이 모두 높기를 원합니다. 이는 대부분의 예측이 표의 대각선을 따라 떨어질 때 발생하므로 예측이 거의 모두 정답(참 음성과 참 양성)이 됩니다. 안타깝게도 대부분의 시나리오에서 모델에는 어느 정도의 오차가 발생합니다. 이 예에서 같은 지름의 나무에는 쓰러진 나무와 서 있는 나무가 섞여 있으므로 지름을 기준으로 나무를 완벽하게 분류할 수 없습니다. 실제로 데이터 과학자가 임계치를 선택할 때는 맥락을 고려하여 정밀도, 재현율 또는 특이성 중 어떤 것을 우선순위에 둘지 결정해야 합니다.

19.6. 정리

이 장에서는 하나의 설명 변수로 간단한 로지스틱 회귀를 만들었지만, 설계 행렬에 더 많은 기능을 추가하여 모델에 다른 변수를 쉽게 포함할 수 있습니다. 예를 들어, 일부 예측 변수가 범주형인 경우 이를 원-핫 인코딩한 후 특성으로 포함할 수 있습니다. 이러한 아이디어는 15장과 직접 연결됩니다. 정규화 기법(16장)도 로지스틱 회귀에 적용할 수 있습니다. 21장에서 다룰 가짜 뉴스 분류 모델을 개발하는 예제에서는 모델을 평가하기 위한 훈련-테스트 분할과 임계값을 선택하기 위한 교차 검증을 포함해 이러한 모든 모델링 기법을 통합해 볼 것입니다.

로지스틱 회귀는 머신러닝의 초석이 되는 내용으로, 이로부터 더 복잡한 모델로 자연스럽게 확장할 수 있습니다. 일례로, 로지스틱 회귀는 신경망의 기본 구성 요소 중 하나입니다. 응답 변수에 두 개 이상의 범주가 있는 경우 로지스틱 회귀를 다항 로지스틱 회귀로 확장할 수 있습니다. 개수를 모델링하기 위해 로지스틱 회귀를 또 다르게 확장한 방식은 푸아송 회귀(Poisson regression)라고 합니다. 이러한 다양한 형태의 회귀는 각각 응답 변수의 기본 모델이 이항, 다항 또는 푸아송인 경우의 최대 가능도와 관련이 있으며, 이 경우 각 분포의 매개변수에 대한 데이터의 가능성을 최적화하는 것을 목표로 합니다. 이런 모델 계열을 일반화 선형 모델이라고도 합니다. 이러한 모든 시나리오에서는 손실을 최소화하는 완전한 솔루션이 존재하지 않으므로 평균 손실의 최적화하는 방법이 필요하며, 이러한 최적화 과정을 다음 장에서 자세히 다루겠습니다.

20장
수치 최적화

여기까지 오셨다면, 모델을 정의하고, 손실 함수를 선택하고, 학습 데이터에 대한 평균 손실을 최소화하여 모델을 맞추는 모델링 절차가 익숙하게 느껴질 것입니다. 앞서 손실을 최소화하기 위한 몇 가지 기법을 살펴봤습니다. 예를 들어, 15장에서 미적분과 기하학적 인수를 모두 사용하여 제곱 손실을 사용하여 선형 모델을 적합화하는 간단한 식을 찾았습니다. 하지만 경험적 손실 최소화가 항상 그렇게 간단한 것은 아닙니다. 평균 제곱 손실에 L1 페널티를 추가하는 방식의 라소 회귀는 더 이상 완전한 형태의 해를 가지지 않으며, 로지스틱 회귀는 비선형 모델 적합화에 교차 엔트로피 손실을 사용합니다.

이러한 경우 모델 적합화에 수치 최적화를 사용하여, 최솟값을 찾기 위해 체계적으로 매개변수 값을 선택하여 평균 손실을 평가합니다.

4장에서 손실 함수를 소개할 때 평균 손실의 최솟값을 찾기 위해 간단한 수치 최적화를 수행했습니다. θ 값의 교차표를 만들고 각각의 지점에서 평균 손실을 평가했습니다(그림 20-1 참조). 이 중 평균 손실이 가장 작은 점을 가장 적합한 것으로 간주했습니다. 안타깝게도 이러한 종류의 그리드 검색은 다음과 같은 이유로 금방 쓸모가 없어집니다.

- 많은 특징을 가진 복잡한 모델의 경우 그리드가 다루기 어려워집니다. 4개의 특징과 각 특징에 대해 100개의 값으로 구성된 그리드만 있는 경우 100^4 = 100,000,000개의 그리드 포인트에서 평균 손실을 평가해야 합니다.

- 그리드를 생성하려면 검색할 매개변수 값의 범위를 미리 지정해야 하며, 범위를 잘 모르는 경우 넓은 그리드에서 시작하여 좁은 범위에서 그리드 검색을 반복해야 할 수도 있습니다.

- 관측값이 많으면 그리드의 각 점에 대한 평균 손실 평가가 느려질 수 있습니다.

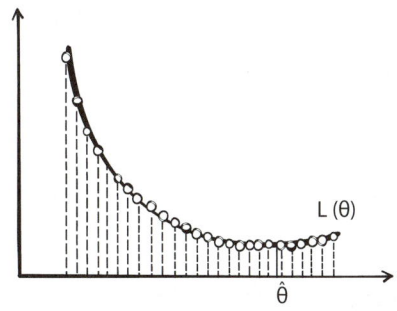

〈그림 20-1〉 그리드를 통한 점 검색은 계산이 느리거나 부정확할 수 있습니다.

이 장에서는 최소 매개변수 값을 찾을 때 손실 함수의 모양과 평활성을 활용하는 수치 최적화 기법을 소개합니다. 먼저 경사 하강 기법의 기본 개념을 소개한 다음, 경사 하강을 작동시키는 손실 함수의 속성을 예제와 함께 설명하고 마지막에는 경사 하강의 몇 가지 확장 기능을 알려드리겠습니다.

20.1. 경사 하강법의 기본 사항

경사 하강법은 많은 손실 함수의 경우 매개변수의 작은 영역에서 함수가 대략 선형이라는 개념에 기반합니다. 그림 20-2는 이 기본 개념에 대한 그림입니다.

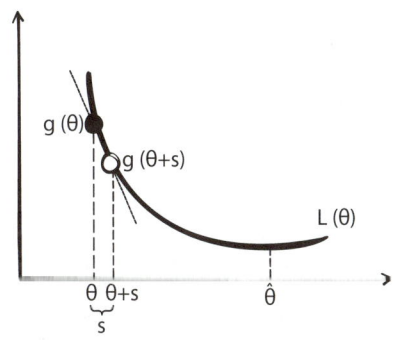

〈그림 20-2〉 경사 하강 기법은 매개변수의 값을 최소화하는 방향으로 조금씩 이동하는 방식입니다.

그림 20-2에서는 최솟값인 $\hat{\theta}$의 왼쪽에 있는 어떤 지점 θ에서 손실 곡선 L에 대한 접선을 그렸습니다. 이때 탄젠트선의 기울기가 음수임을 알 수 있습니다. θ의 오른쪽에서 $\theta + s$로 조금만 이동하면 $\theta + s$의 손실에 가까운 접선상의 한 지점을 얻을 수 있으며 이 손실은

$L(\theta)$보다 작습니다. 즉, 기울기 b가 음수이고 탄젠트선이 θ의 근사치에서 손실 함수를 근사화하므로 다음과 같이 계산할 수 있습니다.

$$L(\theta + s) \approx L(\theta) + b \times s < L(\theta)$$

따라서 이 θ의 오른쪽으로 조금만 이동하면 손실이 줄어듭니다. 반면, 그림 20-2의 그래프에서 $\hat{\theta}$의 오른쪽은 기울기가 양수이므로 왼쪽으로 조금 이동하면 손실이 감소합니다.
새로운 단계마다 접선의 기울기가 양수인지 음수인지를 나타내는 방향으로 조금씩 이동을 반복하면 평균 손실의 값이 점점 작아지고 결국 최솟값 $\hat{\theta}$(또는 이에 매우 근접한 값)에 도달하게 됩니다. 이것이 경사 하강의 기본 개념입니다.
좀 더 공식적으로 설명하면, 매개변수의 일반적인 벡터인 θ에 대해 $L(\theta)$를 최소화하기 위해 경사(일차 편미분)가 이동의 방향과 크기를 결정합니다. 경사 $\nabla_\theta L(\theta)$를 간단히 $g(\theta)$라고 쓰면, 경사 하강은 작은 양의 α에 대해 증분 또는 단계가 $-\alpha g(\theta)$입니다. 이때 새로운 위치에서의 평균 손실은 다음과 같습니다.

$$L(\theta + (-\alpha g(\theta))) \approx L(\theta) - \alpha g(\theta)^T g(\theta)$$
$$< L(\theta)$$

$g(\theta)$는 p × 1 벡터이고 $g(\theta)^T g(\theta)$는 양수입니다.
경사 하강 알고리즘의 단계는 다음과 같습니다.

1. $\theta^{(0)}$이라는 시작값을 선택합니다(일반적으로 $\theta^{(0)} = 0$).
2. $\theta^{(t+1)} = \theta^{(t)} - \alpha g(\theta)$를 계산합니다.
3. 반복이 진행되면서도 $\theta^{(t+1)}$이 변하지 않(거나 거의 변하지 않)을 때까지 2단계를 반복합니다.

수량 α를 학습률이라고 합니다. α를 설정하는 것은 까다로울 수 있습니다. 최솟값을 초과하지 않을 만큼 충분히 작아야 하지만, 몇 단계만 거치면 최솟값에 도달할 수 있을 만큼 충분히 커야 합니다(그림 20-3 참조). 또한, 시간이 지남에 따라 α를 낮추는 것이 유용할 수 있습니다. 반복 중에 α가 변경되면 $\alpha^{(t)}$로 표기하여 학습률이 달라짐을 나타냅니다.

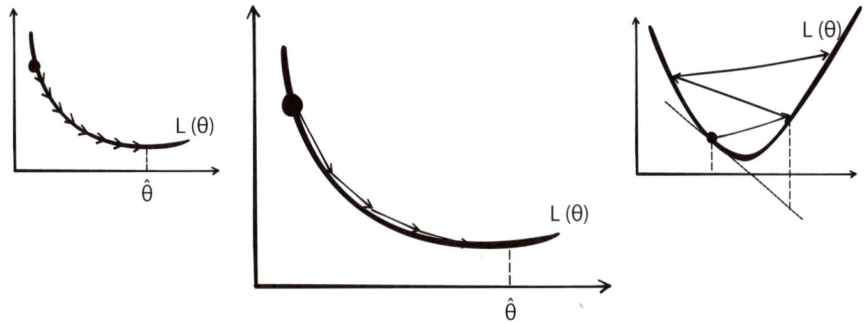

〈그림 20-3〉 학습률이 작으면 수렴하는 데 많은 단계가 필요하고(왼쪽),
학습률이 크면 분산될 수 있으며(오른쪽), 학습률을 잘 선택하면 최솟값에 빠르게 수렴할 수 있습니다(가운데).

경사 하강 알고리즘은 여러 유형의 모델과 여러 유형의 손실 함수에 사용할 수 있기 때문에 간단하면서도 강력합니다. 대규모 데이터에 대한 선형 회귀와 로지스틱 회귀 등 많은 모델을 만들 때 선택되는 계산 방식입니다. 다음에서는 버스 지연 데이터(4장에서 가져옴)에 상수를 적합화하는 알고리즘을 보여드리도록 하겠습니다.

20.2. 후버 손실 최소화하기(Minimizing Huber Loss)

후버 손실은 절대 손실과 제곱 손실을 결합하여 제곱 손실과 같이 미분 가능하고 절대 손실과 같이 이상값에 덜 민감한 함수를 구합니다.

$$L(\theta,y) = \frac{1}{n}\sum_{i=1}^{n} \begin{cases} \frac{1}{2}(y_i-\theta)^2 & |y_i - \theta| \leq \gamma \\ \gamma(|y_i-\theta| - \frac{1}{2}\gamma) & \text{그 외의 경우} \end{cases}$$

후버 손실은 미분 가능하므로 경사 하강법을 사용할 수 있습니다. 먼저 평균 후버 손실의 경사를 구합니다.

$$\nabla_\theta L(\theta,y) = \frac{1}{n}\sum_{i=1}^{n} \begin{cases} -(y_i-\theta) & |y_i - \theta| \leq \gamma \\ -\gamma \cdot \text{sign}(y_i-\theta) & \text{그 외의 경우} \end{cases}$$

평균 손실과 그 경사를 구하기 위해 huber_loss와 grad_huber_loss 함수를 만듭니다. 이 함수는 매개변수와 평균을 구하는 관측 데이터, 손실 함수의 전환점을 지정할 수 있는 시그니처[4]를 갖도록 만듭니다.

```
def huber_loss(theta, dataset, gamma=1):
    d = np.abs(theta - dataset)
    return np.mean(
        np.where(d <= gamma,
                 (theta - dataset)**2 / 2.0,
                 gamma * (d - gamma / 2.0))
    )


def grad_huber_loss(theta, dataset, gamma=1):
    d = np.abs(theta - dataset)
    return np.mean(
        np.where(d <= gamma,
                 -(dataset - theta),
                 -gamma * np.sign(dataset - theta))
    )
```

그리고 간단한 경사 하강을 구현합니다. 함수의 시그니처에는 손실 함수, 손실 함수의 경사, 평균을 구할 데이터가 포함됩니다. 또한 학습률도 넣어줍니다.

---

4 [역주] 함수의 원형에 명시되는 매개변수 리스트

```python
def minimize(loss_fn, grad_loss_fn, dataset, alpha=0.2, progress=False):
    '''
    경사 하강법을 사용해서 loss_fn을 최소화함. theta_hat이 반복 중
    0.001 미만으로 바뀌면 이 값을 theta_hat의 최솟값으로 반환함.
    '''
    theta = 0
    while True:
        if progress:
            print(f'theta: {theta:.2f} | loss: {loss_fn(theta, dataset):.3f}')
        gradient = grad_loss_fn(theta, dataset)
        new_theta = theta - alpha * gradient
        
        if abs(new_theta - theta) < 0.001:
            return new_theta
        
        theta = new_theta
```

버스 지연 데이터 집합은 시애틀의 써드 앤 파이크에 있는 정류장에 북행 C라인 버스가 몇 분 늦게 도착하는지에 대한 1,000개 이상의 측정값으로 구성되어 있었습니다.

```python
delays = pd.read_csv('data/seattle_bus_times_NC.csv')
```

4장에서는 이 데이터에 절대 손실과 제곱 손실에 대한 상수 모델을 적용했습니다. 절대 손실은 데이터의 중앙값을, 제곱 손실은 평균을 산출한다는 것을 알 수 있었습니다.

```python
print(f"Mean: {np.mean(delays['minutes_late']):.3f}")
print(f"Median: {np.median(delays['minutes_late']):.3f}")
```

```
Mean: 1.920
Median: 0.742
```

이제 경사 하강 알고리즘을 사용하여 후버 손실에 대한 최소 상수 모델을 찾습니다.

```
%%time
theta_hat = minimize(huber_loss, grad_huber_loss, delays['minutes_late'])
print(f'Minimizing theta: {theta_hat:.3f}')
print()
```

Minimizing theta: 0.701

CPU times: user 93 ms, sys: 4.24 ms, total: 97.3 ms
Wall time: 140 ms

후버 손실에 대한 최적화 상수는 절대 손실을 최소화하는 값에 가깝습니다. 이는 후버 손실 함수의 모양에서 비롯됩니다. 이 함수는 꼬리 부분이 선형이므로 절대 손실과 달리 제곱 손실과 같은 이상값의 영향을 받지 않습니다.

> **팁**
>
> 알고리즘의 개념을 보여주기 위해 minimize 함수를 작성했습니다. 실제로 사용할 때는 테스트가 잘되고 수치적으로 안정적인 최적화 알고리즘 구현을 사용하고 싶을 것입니다. 예를 들어, scipy 패키지에는 평균 손실의 최솟값을 찾는 데 사용할 수 있는 minimize 메서드가 있으며 경사를 따로 계산할 필요도 없습니다. 이 알고리즘은 우리가 작성할 수 있는 어떤 알고리즘보다 훨씬 빠를 가능성이 높습니다. 실제로 18장에서 최솟값의 한쪽 오류에 대해 손실이 다른 쪽보다 더 커지기를 원하는 특수한 경우를 위해 이차적 손실의 비대칭 수정을 직접 만들 때 이 알고리즘을 사용했습니다.

일반적으로 반복 사이에 $\theta^{(t)}$가 크게 변하지 않을 때 알고리즘을 중지합니다. 앞의 함수에서는 $\theta^{(t+1)} - \theta^{(t)}$가 0.001보다 작을 때 중지합니다. 또한 1,000단계와 같이 많은 수의 단계를 수행한 후 검색을 중지하는 것이 일반적입니다. 1,000회 반복 후에도 알고리즘이 최솟값에 도달하지 못하면 학습 속도가 너무 크거나 최솟값이 $\pm\infty$의 한계에 존재할 수 있기 때문에 알고리즘이 발산하는 것일 수 있습니다.

경사 하강은 최솟값을 분석적으로 쉽게 풀 수 없거나 최소화가 계산 비용이 많이 드는 경우 평균 손실을 최소화하는 일반적인 방법을 제공합니다. 이 알고리즘은 평균 손실 함수의 두 가지 중요한 특성, 즉 θ에서 볼록하고 미분 가능하다는 점에 기반합니다. 다음 내용을 통해 알고리즘이 이러한 특성을 어떻게 활용하는지에 대해 설명하겠습니다.

20.3. 볼록하고 미분 가능한 손실 함수

이름에서 알 수 있듯이 경사 하강 알고리즘은 최소화되는 함수가 미분 가능해야 합니다. 기울기 $\nabla_\theta L(\theta)$을 사용하면 θ 주변의 작은 범위에서 평균 손실에 대한 선형 근사치를 구할 수 있습니다. 이 근사치는 이동 방향(및 크기)을 제공하며, 최솟값인 $\hat\theta$를 초과하지 않는 한 결국에는 도달할 수밖에 없습니다. 손실 함수도 볼록(convex)해야 한다는 것입니다.

최솟값에 대한 단계별 검색도 손실 함수가 볼록한지에 따라 달라집니다. 그림 20-4의 왼쪽 그래프의 함수는 볼록하지만 오른쪽의 함수는 그렇지 않습니다. 오른쪽의 함수는 지역 최솟값을 가지며, 알고리즘의 시작 위치에 따라 이 지역 최솟값에 수렴하여 실제 최솟값을 완전히 놓칠 수 있습니다. 볼록함의 속성은 이 문제를 방지합니다. 볼록 함수는 지역 최솟값 문제를 방지합니다. 따라서 적절한 이동 크기를 사용하면 경사 하강은 모든 볼록 미분 함수에 대해 전역적으로 최적의 θ를 찾을 수 있습니다.

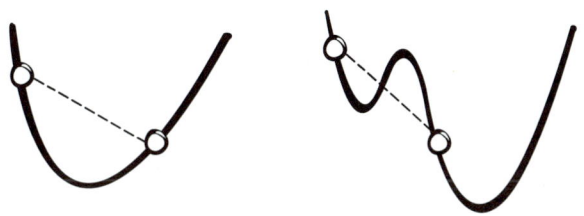

〈그림 20-4〉 볼록하지 않은 함수(오른쪽)의 경우 경사 하강은 전역 최솟값이 아닌 지역 최솟값을 찾을 수 있지만, 볼록한 함수(왼쪽)에서는 이런 일이 발생하지 않습니다.

공식적으로 함수 f는 두 입력값 θ_a와 θ_b, 그리고 0과 1 사이의 임의의 q에 대한 볼록 함수입니다.

$$qf(\theta_a) + (1-q)f(\theta_b) \geq f(q\theta_a + (1-q)\theta_b)$$

이 부등식은 함수의 두 점을 연결하는 모든 선분이 함수 자체의 위 또는 아래에 있어야 함을 의미합니다. 경험적으로 이는 기울기가 음수일 때 오른쪽으로, 기울기가 양수일 때 왼쪽으로 충분히 조금씩 이동을 할 때마다 함수의 최솟값으로 향하게 됩니다.

볼록성의 공식적인 정의를 사용하면 함수가 볼록한지 여부를 정확하게 판단할 수 있습니다. 그리고 이 정의를 통해 평균 손실 $L(\theta)$의 볼록성을 손실 함수 $l(\theta)$에 연결할 수 있습니다. 이 장에서는 지금까지 데이터를 언급하지 않음으로써 $L(\theta)$의 표현을 다음과 같이 단순화했습니다.

$$L(\theta, X, y) = \frac{1}{n} \sum_{i=1}^{n} l(\theta, x_i, y_i)$$

여기서 X는 n × p의 설계 행렬이고 x_i는 설계 행렬의 i번째 행으로, 데이터의 i번째 관측치에 해당합니다. 이 경우, 기울기는 다음과 같이 표현할 수 있습니다.

$$\nabla_\theta L(\theta, X, y) = \frac{1}{n} \sum_{i=1}^{n} \nabla_\theta l(\theta, x_i, y_i)$$

$l(\theta, x_i, y_i)$가 θ의 볼록 함수인 경우 평균 손실도 볼록합니다. 미분도 마찬가지로 $l(\theta, x_i, y_i)$의 미분을 데이터에 대해 구한 뒤 평균을 내어 $L(\theta, X, y)$의 미분을 평가합니다. 연습 문제를 통해 볼록성 속성의 증명을 살펴보겠습니다.

많은 양의 데이터가 있는 경우 $\theta^{(t)}$를 계산하려면 모든 (x_i, y_i)에 대한 기울기 $\nabla_\theta l$의 평균을 계산해야 하므로 계산 비용이 많이 들 수 있습니다. 그럼 모든 데이터에 대한 평균을 구하지 않는 방식을 사용해서 계산 속도를 더 빠르게 하는 경사 하강의 변형 방안에 대해서 알아보겠습니다.

20.4. 경사 하강법의 변형

확률적 경사 하강법과 미니 배치 경사 하강법은 평균 손실의 기울기를 계산할 때 데이터의 일부만 사용하므로 대규모 데이터에서 최적화를 하는 경우 유용합니다. 세 번째 대안인 뉴턴의 방법은 손실 함수가 두 번 미분 가능하다고 가정하에, 선형 근사가 아닌 이차 근사를 사용합니다.

경사 하강법에서는 경사도에 따라 움직이게 됩니다. t번째 이동시 $\theta^{(t)}$에서 다음으로 이동합니다.

$$\theta^{(t+1)} = \theta^{(t)} - \alpha \cdot \nabla_\theta L(\theta^{(t)}, X, y)$$

그리고 $\nabla_\theta L(\theta, X, y)$는 손실 함수 l의 평균 기울기로 표현할 수 있으므로 다음과 같이 표현할 수 있습니다.

$$\nabla_\theta L(\theta, X, y) = \frac{1}{n} \sum_{i=1}^{n} \nabla_\theta l(\theta, x_i, y_i)$$

평균 손실 기울기를 데이터의 각 지점에서의 손실 기울기 평균으로 표현한 이 표현은 알고리즘을 일괄 경사 하강법이라고도 하는 이유를 보여줍니다. 일괄 기울기 하강의 두 가지 변형은 전체 "일괄"이 아닌 소량의 데이터를 사용합니다. 첫 번째인 확률적 경사 하강은 알고리즘의 각 단계에서 하나의 관측값만 사용합니다.

20.4.1. 확률적 경사 하강법(Stochastic Gradient Descent)

일괄 경사 하강은 비교적 적은 반복으로 최적의 θ를 찾을 수 있지만, 데이터에 많은 관측값이 포함된 경우 각 반복을 계산하는 데 시간이 오래 걸릴 수 있습니다. 이 문제를 해결하기 위해 확률적 경사 하강법에서는 무작위로 선택한 단일 데이터를 사용해서 전체 기울기를 근사화합니다. 이 관측값은 무작위로 선택되므로, 무작위로 선택된 관측값의 기울기를 사용하면 평균적으로 올바른 방향으로 이동하여 결국 최소 매개변수로 수렴할 것으로 예상할 수 있습니다.

즉, 확률적 경사 하강법을 수행하기 위해 평균 기울기를 단일 데이터의 기울기로 대체합니다. 이에 따라 갱신된 공식은 다음과 같습니다.

$$\theta^{(t+1)} = \theta^{(t)} - \alpha \cdot \nabla_\theta l(\theta^{(t)}, x_i, y_i)$$

이 공식에서 i번째 관측점(x_i, y_i)은 데이터에서 무작위로 선택됩니다. 데이터를 무작위로 선택하는 것은 확률적 경사 하강을 제대로 수행하기 위해 매우 중요합니다. 데이터를 무작위로 선택하지 않으면 알고리즘이 일괄 경사 하강보다 훨씬 안 좋은 결과를 생성할 수 있습니다.

확률적 경사 하강은 모든 데이터를 무작위로 섞인 데이터를 한 번 완전히 거칠 때까지 각 데이터를 섞은 순서대로 사용하는 방식으로 실행하는 것이 가장 일반적입니다. 알고리즘이 아직 수렴하지 않은 경우, 데이터를 다시 섞고 전체 데이터를 한 번 더 사용합니다. 확률적 경사 하강의 각 반복 회차(iteration)에 걸쳐 각각 하나의 데이터를 조사하고 이때 전체 데이터를 완전히 통과하는 과정을 에포크(epoch)라고 합니다.

확률적 하강은 한 번에 하나의 데이터만 검사하므로 때로는 최솟값인 $\hat{\theta}$에서 멀어지는 단계가 발생할 수 있지만 일반적으로 이러한 단계를 지나 결국 올바른 방향으로 진행됩니다.

또한 이 알고리즘은 일괄 경사 하강보다 훨씬 빠르게 갱신 내용을 계산하기 때문에 일괄 경사 하강이 단일 갱신을 완료하기 전에 최적의 $\hat{\theta}$를 향해 상당히 가까이 도달할 수 있습니다.

20.4.2. 미니 배치 경사 하강법(Mini-Batch Gradient Descent)

이름에서 알 수 있듯이 미니 배치 경사 하강법은 각 반복에서 무작위로 선택된 관측값의 수를 늘려 일괄 경사 하강법과 확률적 경사 하강법 사이의 균형을 맞춥니다. 미니 배치 경사 하강에서는 단일 지점이나 모든 지점이 아닌 몇 개의 데이터에서 손실 함수의 기울기의 평균을 구합니다. 데이터에서 임의 추출된 데이터의 미니 배치를 B로 표현하면 알고리즘의 다음 단계를 다음과 같이 정의할 수 있습니다.

$$\theta^{(t+1)} = \theta^{(t)} - \alpha \cdot \frac{1}{|B|} \sum_{i \in B} \nabla_\theta l(\theta, x_i, y_i)$$

확률적 경사 하강과 마찬가지로, 데이터를 무작위로 섞어 미니 배치 경사 하강을 수행합니다. 그런 다음 데이터를 연속적인 미니 배치로 분할하고 배치들을 순서대로 반복합니다. 각 에포크가 끝날 때마다 데이터를 재구성하고 새로운 미니 배치를 선택합니다.

여기서는 확률적 경사 하강과 미니 배치 경사 하강을 구분했지만, 확률적 경사 하강은 모든 크기의 미니 배치 선택을 포괄하는 포괄적인 용어로 사용되기도 합니다.

또 다른 일반적인 최적화 기법으로 뉴턴법이 있습니다.

20.4.3. 뉴턴법(Newton's Method)

뉴턴법은 이차 미분을 사용하여 손실을 최적화하는 방법입니다. 기본 개념은 선형 근사치가 아닌 이차 곡선을 사용하여 θ의 작은 근사치에서 평균 손실 $L(\theta)$을 근사화하는 것입니다. 작은 단계 s에 대한 근사치는 다음과 같습니다.

$$L(\theta+s) \approx L(\theta) + g(\theta)^T s + \frac{1}{2} s^T H(\theta) s$$

여기서 $g(\theta) = \nabla_\theta L(\theta)$은 기울기이고 $H(\theta) = \nabla_\theta^2 L(\theta)$은 $L(\theta)$의 헤세 행렬[5]입니다. 보다 구체적으로, H는 다음과 같이 i, j 원소에 대해 θ의 2차 부분 도함수의 $p \times p$ 행렬을 갖습니다.

$$H_{(i,j)} = \frac{\partial^2 l}{\partial \theta_i \partial \theta_j}$$

$L(\theta + s)$에 대한 이차 근사는 $s = -[H^{-1}(\theta)]g(\theta)$에서 최솟값을 갖습니다(볼록성은 H가 역행렬을 갖는 대칭 정방 행렬임을 의미합니다). 그런 다음 알고리즘에서 다음 단계는 $\theta^{(t)}$에서 다음으로 이동합니다.

$$\theta^{(t+1)} = \theta^{(t)} + \frac{1}{n} \sum_{i=1}^{n} -[H^{(-1)}(\theta^{(t)})]g(\theta^{(t)})$$

그림 20-5는 뉴턴법 최적화 방식에 대한 개념을 나타낸 것입니다.

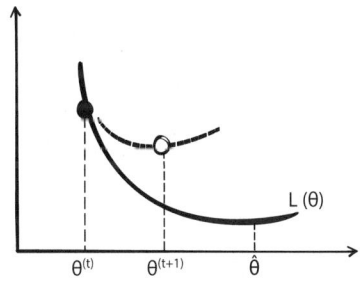

〈그림 20-5〉 뉴턴법은 곡선에 대한 지역 이차 근사를 사용하여 블록하고 두 번 미분 가능한 함수의 최솟값을 향해 진행합니다.

---

5 [역주] 다변수 함수의 이차 미분 계수들을 표현하는 행렬

이 기법은 근사가 정확하고 단계가 작은 경우 빠르게 수렴합니다. 그렇지 않으면 뉴턴법을 사용할 경우 발산할 수 있으며, 이는 함수가 1차원에서 거의 평평한 경우 종종 나타납니다. 함수가 비교적 평평한 경우 미분은 0에 가깝고 그 역은 상당히 클 수 있습니다. 단계가 큰 경우 근사치가 정확한 곳과는 거리가 먼 θ로 이동할 수 있습니다(경사 하강법과 달리 여기에는 단계를 작게 유지하는 학습률이 없습니다).

20.5. 정리

이 장에서는 매개변수 값의 최솟값을 찾을 때 손실 함수의 모양과 평활성을 활용하는 수치 최적화를 위한 몇 가지 기법을 소개했습니다. 먼저 손실 함수의 차분성에 의존하는 경사 하강을 소개했습니다. 일괄 경사 하강이라고도 하는 경사 하강은 모델이 최소 손실에 도달할 때까지 모델 매개변수를 반복적으로 개선합니다. 일괄 경사 하강은 전체 데이터를 사용해, 한 번에 기울기를 계산합니다. 데이터가 큰 경우에는 계산이 어려우므로, 대신 확률적 경사 하강을 사용하여 모델을 적합하기도 합니다.

미니 배치 경사 하강은 일부 컴퓨터의 그래픽 처리 장치(GPU, graphic processing unit) 칩에서 실행할 때 가장 효과적입니다. 이러한 유형의 하드웨어에서는 계산을 병렬로 실행할 수 있으므로 미니 배치(보통 10~100개 관측치)를 사용하면 계산 시간을 늘리지 않고도 기울기의 정확도를 높일 수 있습니다.

손실 함수가 두 번 미분 가능한 경우 뉴턴법을 사용할 수 있습니다. 반복의 계산 비용이 크지만 매우 빠르게 수렴할 수 있습니다. (어떤 방식의) 경사 하강으로 시작한 다음 알고리즘을 뉴턴법으로 전환하는 하이브리드 접근 방식도 널리 사용됩니다. 이 접근 방식은 발산을 피할 수 있고 경사 하강만 사용하는 것보다 빠릅니다.

마지막으로, 단계 크기를 적절하게 조정하는 것도 매우 중요합니다. 또한 특성마다 규모나 빈도가 다를 경우 특성별로 학습률을 다르게 설정하면 학습 효율을 높일 수 있습니다. 예를 들어, 단어 수(word count) 같은 특성은 일반적인 단어와 희귀한 단어 간에 값의 차이가 매우 큽니다.

19장에서 다룬 로지스틱 회귀 모델 역시 이번 장의 수치 최적화 기법으로 학습할 수 있으며, 다음 장에서는 수천 개 특성을 갖는 복잡한 모델을 학습하는 예제로 마무리하겠습니다.

21장
예제: 가짜 뉴스 탐지

가짜 뉴스(다른 사람을 속이기 위해 만들어진 거짓 정보)는 사람들에게 해를 끼칠 수 있기 때문에 중요한 문제입니다. 예를 들어, 그림 21-1의 소셜 미디어 게시물은 손 소독제가 코로나 바이러스에 효과가 없다고 자신 있게 주장했습니다. 사실과 다르지만 이 게시물은 소셜 미디어를 통해 거의 10만 번 공유되었고 수백만 명의 사람들이 보았을 것입니다.

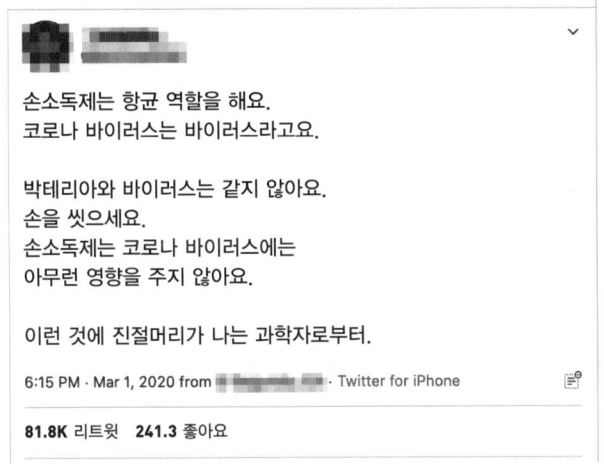

〈그림 21-1〉 2020년 3월에 트위터(현 X)에서 인기 있었던 게시물은 손소독제가 코로나 바이러스를 죽이지 못한다고 잘못된 주장을 했습니다.

이런 사례를 보면, 기사를 읽지 않고도 가짜 뉴스를 자동으로 탐지할 수 있는지 궁금할 수 있습니다. 이 사례 연구에서는 데이터 과학 주기의 단계를 따라 진행합니다. 먼저 연구할 질문을 구체화하고 뉴스 기사와 레이블의 데이터를 확보하는 것으로 시작합니다. 그런 다음 데이터를 전처리하고 변환합니다. 다음으로 데이터를 탐색하여 내용을 파악하고 모델링에 사용할 기능을 고안합니다. 마지막으로 로지스틱 회귀를 사용하여 뉴스 기사가 진짜인지 가짜인지 예측하는 모델을 구축하고 그 성능을 평가합니다.

이 예제를 선택한 이유는 데이터 과학에서 몇 가지 중요한 아이디어를 다시 한번 강조할 수 있기 때문입니다. 첫째, 자연어 데이터는 자주 등장하며 기본적인 기술로도 유용한 분석을 가능하게 할 수 있습니다. 둘째, 모델 선택은 데이터 분석의 중요한 부분이며, 이 사례 연구에서는 교차 검증, 편향-분산 트레이드오프, 정규화 등의 앞서 배운 내용을 적용합니다. 마지막으로, 테스트 데이터 집합에서 잘 작동하는 것으로 판단된 모델도 실제로 사용하려고 할 때 내재적인 한계가 있을 수 있습니다. 이에 대해서도 곧 알아보도록 하겠습니다.

그럼 우선 연구 질문을 구체화하고 데이터의 범위를 이해하는 것부터 시작하겠습니다.

21.1. 질문과 범위

우리의 첫 번째 연구 질문은 '가짜 뉴스를 자동으로 감지할 수 있는가'입니다. 이 질문을 구체화하기 위해 가짜 뉴스를 탐지하는 모델을 구축하는 데 사용할 수 있는 정보의 종류를 고려해 보겠습니다. 사람들이 각 기사를 읽고 가짜 여부를 판단한 뉴스 기사를 수작업으로 분류한 데이터가 있다면, 뉴스의 내용을 바탕으로 가짜 여부를 정확하게 예측하는 모델을 구축할 수 있는가? 라는 질문이 생깁니다.

이 문제를 해결하기 위해 수(Kai Shu)와 연구진의 논문[6]에서 설명한 페이크뉴스넷(FakeNewsNet) 데이터 저장소를 사용할 수 있습니다. 이 저장소에는 뉴스 및 소셜 미디어 웹사이트의 내용과 사용자 참여 지표와 같은 메타데이터가 있습니다. 간단하게 설명하기 위해 데이터 중 정치 뉴스 기사만 살펴보겠습니다. 이 데이터의 하위 집합에는 공신력 있는 초당파적 기관인 폴리티팩트(Politifact)[7]에서 사실 확인을 거친 기사만 포함됩니다. 데이터 집합의 각 기사에는 폴리티팩트의 평가에 따라 "진짜" 또는 "가짜" 레이블이 있으며, 이를 실측 정보로 사용합니다.

폴리티팩트는 비무작위 샘플링 방법을 사용하여 진실을 확인할 기사를 선택합니다. 웹사이트에 따르면, 폴리티팩트의 저널리스트들은 매일 "가장 뉴스 가치가 있고 중요한 주장"을 선정합니다. 폴리티팩트는 2007년에 시작하여 2020년에 저장소를 공개했기 때문에 대부

---

[6] https://arxiv.org/abs/1809.01286

[7] https://www.politifact.com

분의 기사가 2007년부터 2020년 사이에 게시되었습니다.

이 정보를 요약하면 2007년부터 2020년까지 온라인에 게시된 모든 정치 뉴스 기사가 대상 집단으로 결정됩니다(기사의 출처도 나열하고 싶을 것입니다). 접근 프레임은 그날의 가장 뉴스 가치가 있는 주장을 폴리티팩트에서 식별하여 결정합니다. 따라서 이 데이터에는 다음과 같은 편향 가능성이 있습니다.

- **범위 편향**

  뉴스 매체가 폴리티팩트가 모니터링한 매체로 제한되어 있어, 잘 알려지지 않았거나 수명이 짧은 웹 사이트는 누락될 수 있습니다.

- **선택 편향**

  데이터는 폴리티팩트가 사실 확인을 통해 충분히 흥미롭다고 판단한 기사로 제한되므로, 널리 공유되고 논란이 되는 기사로 기사가 왜곡될 수 있습니다.

- **측정 편향**

  어떤 기사를 '가짜'로 분류할지 '진짜'로 분류할지는 한 기관(폴리티팩트)에서 결정하며, 해당 기관의 사실 확인 방법론에 의도적이든 그렇지 않든 편견이 반영됩니다.

- **시간 편향(드리프트)**

  2007년부터 2020년 사이에 게시된 기사만 제공하므로 내용에 편차가 있을 수 있습니다. 빠르게 진화하는 뉴스 트렌드에 따라 주제가 대중화되고 가짜 뉴스가 만들어지기도 합니다.

데이터를 분석할 수 있는 형태로 정리하기 시작할 때 이러한 데이터의 편향과 한계를 염두에 두어야 합니다.

21.2. 데이터 수집 및 전처리

페이크뉴스넷의 github 페이지를 사용하여 데이터를 파이썬으로 가져와 보겠습니다. 저장소 설명과 코드를 읽어보면 저장소에 실제로 뉴스 기사 자체가 저장되어 있지 않다는 것을 알 수 있습니다. 대신, 저장소의 코드를 실행하면 14장에서 다룬 기술을 사용하여 온라인 웹 페이지에서 직접 뉴스 기사를 스크랩합니다. 이 경우 기사가 더 이상 온라인에서 제공되지 않는 경우 데이터에서 누락될 가능성이 높다는 문제가 있습니다. 이 점을 염두에 두고 데이터 다운로드를 진행하겠습니다.

> **설명**
>
>  온라인 데이터는 시간이 지남에 따라 변경되지만, 이러한 데이터의 사본을 저장하고 공유하는 것은 어렵거나 심지어 불법일 수 있다는 점이 재현 가능한 연구에서의 한 가지 과제입니다. 예를 들어, 페이크뉴스넷 데이터의 다른 부분은 트위터 게시물을 사용하지만 데이터 작성자가 해당 게시물의 사본을 저장소에 저장하면 트위터 이용 약관을 위반하게 됩니다. 웹에서 수집한 데이터로 작업할 때는 데이터가 수집된 날짜를 문서화하고 데이터 출처의 이용 약관을 주의 깊게 읽어보는 것이 좋습니다.

스크립트를 실행하여 폴리티팩트 데이터를 다운로드하는 데는 약 한 시간이 걸립니다. 그런 다음 데이터 파일을 data/politifact 폴더에 넣습니다. 폴리티팩트가 가짜와 진짜로 분류한 기사는 data/politifact/fake와 data/politifact/real에 있습니다. "real"로 표시된 문서 중 하나를 살펴보겠습니다.

```
!ls -l data/politifact/real | head -n 5
```

```
total 0
drwxr-xr-x 2 sam staff 64 Jul 14 2022 politifact100
drwxr-xr-x 3 sam staff 96 Jul 14 2022 politifact1013
drwxr-xr-x 3 sam staff 96 Jul 14 2022 politifact1014
drwxr-xr-x 2 sam staff 64 Jul 14 2022 politifact10185
ls: stdout: Undefined error: 0
```

```
!ls -lh data/politifact/real/politifact1013/
```

```
total 16
-rw-r--r-- 1 sam staff 5.7K Jul 14 2022 news content.json
```

각 기사의 데이터는 newscontent.json이라는 JSON 파일에 들어있습니다. 여기에서 기사 하나를 파이썬 딕셔너리로 불러오도록 하겠습니다(14장 참고).

```
import json
from pathlib import Path

article_path = Path('data/politifact/real/politifact1013/news content.json')
article_json = json.loads(article_path.read_text())
```

다음으로 article_json의 키와 값을 표로 정리해 보았습니다.

〈표 21-1〉 article_json의 키와 값

key	value
url	http://www.senate.gov/legislative/LIS/roll_cal...
text	Roll Call Vote 111th Congress - 1st Session\n\...
images	[http://statse.webtrendslive.com/dcs222dj3ow9j...
top_img	http://www.senate.gov/resources/images/us_sen.ico
keywords	[ ]
authors	[ ]
canonical_link	
title	U.S. Senate: U.S. Senate Roll Call Votes 111th...
meta_data	{'viewport': 'width=device-width, initial-scal...
movies	[ ]
publish_date	None
source	http://www.senate.gov
summary	

JSON 파일에는 여러 항목이 있지만, 이 분석에서는 기사 내용과 우선적으로 관련된 제목(title), 텍스트 내용(text), URL, 발행일(publish_date) 같은 몇 가지 항목만 살펴보도록 할 것입니다. 우선 각각의 행이 하나의 기사(개별 뉴스 단위로 구분)에 대한 데이터 프레임을 만듭니다. 각각의 사용 가능한 JSON 파일을 파이썬 딕셔너리로 읽어 들인 후, 사용할 항목을 df_raw라는 pandas DataFrame으로 가져옵니다.

```python
from pathlib import Path


def df_row(content_json):
    return {
        'url': content_json['url'],
        'text': content_json['text'],
        'title': content_json['title'],
        'publish_date': content_json['publish_date'],
    }


def load_json(folder, label):
    filepath = folder / 'news content.json'
    data = df_row(json.loads(filepath.read_text())) if filepath.exists() else {}
    return {
        **data,
        'label': label,
    }


fakes = Path('data/politifact/fake')
reals = Path('data/politifact/real')


df_raw = pd.DataFrame([load_json(path, 'fake') for path in fakes.iterdir()] +
                     [load_json(path, 'real') for path in reals.iterdir()])

df_raw.head(2)
```

	url	text	title	publish_date	label
0	dailybuzzlive.com/cannibals-arrestedflorida/	Police in Vernal Heights, Florida, arrested 3-...	Cannibals Arrested in Florida Claim Eating Hum...	1.62e+09	fake
1	https://web.archive.org/web/20171228192703/htt...	WASHINGTON — Rod Jay Rosenstein, Deputy Attorn...	BREAKING: Trump fires Deputy Attorney General ...	1.45e+09	fake

이 데이터 프레임을 살펴보면 분석을 시작하기 전에 해결해야 할 몇 가지 문제가 있음을 알 수 있습니다. 예를 들면 다음과 같습니다.

- 다운로드 실패: 일부 문서를 다운로드할 수 없습니다. 이 경우 url 열에 NaN이 들어갑니다.
- 본문이 없는 기사: 일부 문서에는 텍스트가 없습니다(동영상만 들어있는 웹 페이지 등). 이러한 문서는 데이터 프레임에서 삭제합니다.
- 게시 날짜 처리: publish_date 열은 타임스탬프를 유닉스 형식(유닉스 시대부터 초 단위로 센 값)으로 저장하므로 이를 pandas.Timestamp 객체로 변환해야 합니다.
- 도메인 추출: 여기서는 웹 페이지의 기본 URL을 파악해야 합니다. 그러나 JSON 파일의 source 열은 url 열에 비해 누락된 값이 많기 때문에 url열의 전체 URL을 사용하여 기본 URL을 추출해야 합니다. 예를 들어, dailybuzzlive.com/cannibals-arrested-florida/ 라는 url 값에서 dailybuzzlive.com을 가져옵니다.
- 웹 아카이브 주소 처리: 일부 기사는 아카이브 웹사이트(web.archive.org)에서 다운로드한 것입니다. 이 경우 web.archive.org 접두사를 제거하고 실제 기본 URL을 추출하려고 합니다.
- 제목과 본문 결합: title 열과 text 열을 합쳐서 기사의 모든 텍스트를 포함하는 하나의 content 열로 만들려고 합니다.

pandas 함수와 정규 표현식을 조합하여 이러한 데이터 문제를 해결할 수 있습니다.

```python
import re

# [1], [2] 결측값 및 빈 문자열 제거
def drop_nans(df):
    return df[~(df['url'].isna() |
                (df['text'].str.strip() == '') |
                (df['title'].str.strip() == ''))]

# [3] 유닉스 타임스탬프를 pandas.Timestamp로 변환
def parse_timestamps(df):
    timestamp = pd.to_datetime(df['publish_date'], unit='s', errors='coerce')
    return df.assign(timestamp=timestamp)

# [4], [5] URL에서 기본 도메인 추출
archive_prefix_re = re.compile(r'https://web.archive.org/web/\d+/')
site_prefix_re = re.compile(r'(https?://)?(www\.)?')
port_re = re.compile(r':\d+')

def url_basename(url):
    if archive_prefix_re.match(url):
        url = archive_prefix_re.sub('', url)
    site = site_prefix_re.sub('', url).split('/')[0]
    return port_re.sub('', site)

# [6] title과 text를 content로 결합
def combine_content(df):
    return df.assign(content=df['title'] + ' ' + df['text'])

def subset_df(df):
    return df[['timestamp', 'baseurl', 'content', 'label']]
```

```
df = (df_raw
    .pipe(drop_nans)
    .reset_index(drop=True)
    .assign(baseurl=lambda df: df['url'].apply(url_basename))
    .pipe(parse_timestamps)
    .pipe(combine_content)
    .pipe(subset_df)
)
```

데이터 전처리를 마치면, 최종적으로 df라는 데이터 프레임을 확인할 수 있습니다.

```
df.head(2)
```

	timestamp	baseurl	content	label
0	2021-04-05 16:39:51	dailybuzzlive.com	Cannibals Arrested in Florida Claim Eating Hum...	fake
1	2016-01-01 23:17:43	houstonchronicle-tv.com	BREAKING: Trump fires Deputy Attorney General ...	fake

이제 데이터를 읽고 정리했으므로 탐색적 데이터 분석을 진행할 수 있습니다.

21.3. 데이터 탐색

여기서 살펴보고 있는 뉴스 기사 데이터는 전체 페이크뉴스넷 데이터의 일부에 불과합니다. 그리다 보니 원례의 논문에서는 데이터의 하위 집합에 대한 자세한 정보가 제공되어 있지 않습니다. 데이터를 더 잘 이해하려면 데이터를 직접 탐색해 보는 것이 필요합니다.

탐색적 데이터 분석(EDA)을 시작하기 전에 데이터를 훈련 데이터 집합과 테스트 데이터 세트로 분할하는 표준 절차를 적용합니다. 그 후 훈련 데이터만 사용하여 EDA를 수행합니다.

```python
from sklearn.model_selection import train_test_split

df['label'] = (df['label'] == 'fake').astype(int)

X_train, X_test, y_train, y_test = train_test_split(
    df[['timestamp', 'baseurl', 'content']], df['label'],
    test_size=0.25, random_state=42,
)

X_train.head(2)
```

	timestamp	baseurl	content
164	2021-04-05 16:39:51	worldnewsdailyreport.com	Chinese lunar rover finds no evidence of Ameri...
28	2016-01-12 21:02:28	occupydemocrats.com	Virginia Republican Wants Schools To Check Chi...

훈련 데이터에 진짜 기사와 가짜 기사가 몇 개씩 들어있는지 확인하겠습니다.

```
y_train.value_counts()
```

```
label
0    320
1    264
Name: count, dtype: int64
```

훈련 데이터에는 총 584개의 기사가 있고, 이 중 real이라고 표시된 기사는 fake보다 60개 더 많습니다. 다음으로 세 개의 항목에 결측치가 있는지 확인합니다.

```
X_train.info()
```

```
<class 'pandas.core.frame.DataFrame'>
Index: 584 entries, 164 to 102
Data columns (total 3 columns):
 #   Column     Non-Null Count  Dtype
---  ------     --------------  -----
 0   timestamp  306 non-null    datetime64[ns]
 1   baseurl    584 non-null    object
 2   content    584 non-null    object
dtypes: datetime64[ns](1), object(2)
memory usage: 18.2+ KB
```

타임스탬프의 반 정도가 비어있습니다. 이 특성을 분석에 사용하는 경우 데이터 사용에 제한이 생길 수 있습니다. 그럼 원 기사가 발행된 웹사이트를 나타내는 baseurl을 좀 더 자세히 살펴보겠습니다.

21.3.1. 발행처 탐색

각 웹사이트별로 기사 숫자가 어떻게 되는지 살펴보면서 baseurl에 대해 알아보도록 하겠습니다.

```
X_train['baseurl'].value_counts()
```

```
baseurl
whitehouse.gov              21
abcnews.go.com              20
nytimes.com                 17
                            ..
occupydemocrats.com          1
legis.state.ak.us            1
dailynewsforamericans.com    1
Name: count, Length: 337, dtype: int64
```

훈련 데이터 집합에는 584개의 행이 있고, 이 중 337개의 서로 다른 발행처 웹사이트가 있다는 것을 확인할 수 있었습니다. 즉 이 데이터에는 소수의 기사만 내는 발행처도 다수 있다는 것입니다. 웹사이트별 발행 기사 수 히스토그램을 보면 이 내용을 확인할 수 있습니다.

```
fig = px.histogram(X_train['baseurl'].value_counts(), width=450,
                   height=250,
                   labels={"value": "Number of articles published at a URL"})

fig.update_layout(showlegend=False)
```

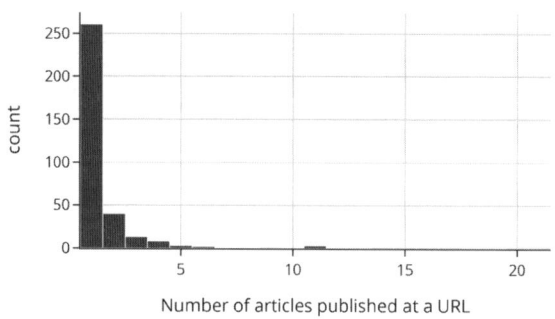

이 히스토그램을 보면 대부분의 웹사이트(337개 중 261개)가 훈련 데이터 집합 상으로는 단 한 개의 기사만을 발행했고, 소수의 웹사이트만이 훈련 데이터 상으로는 5개 이상의 기사를 발행한 것으로 나타납니다. 그럼에도 불구하고 가장 많은 가짜 또는 진짜 기사를 게시

한 웹사이트를 파악하는 것은 유용할 수 있습니다. 먼저 가짜 기사를 가장 많이 게시한 웹사이트를 찾아보겠습니다.

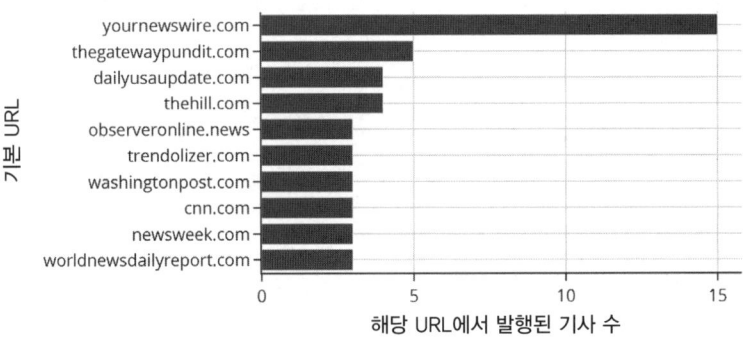

〈그림 21-2〉 URL별 발행 기사 수

다음으로, '진짜' 기사를 많이 발행한 웹사이트의 목록을 만들어 보겠습니다.

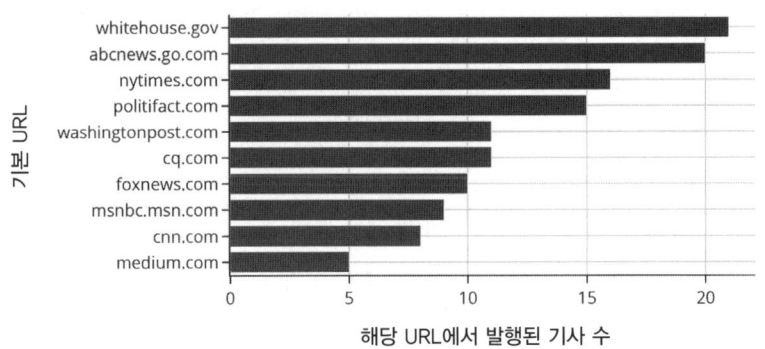

〈그림 21-3〉 URL별 진짜 기사 발행 수

두 목록 모두에 표시되는 웹사이트는 cnn.com과 washingtonpost.com 뿐입니다. 이러한 사이트의 총 기사 수를 알지 못하더라도 yournewswire.com의 기사가 가짜로 분류될 가능성이 더 높은 반면, whitehouse.gov의 기사는 진짜로 분류될 가능성이 더 높다고 예상할 수 있습니다. 하지만 데이터에 포함된 대부분의 웹사이트의 기사가 너무 적기 때문에 게시 웹사이트를 사용하여 기사의 진실성을 예측하는 것은 그다지 효과적이지 않을 것으로 예상됩니다.

다음으로 뉴스 기사의 게시 날짜를 기록하는 timestamp 열을 살펴보겠습니다.

21.3.2. 게시 날짜 탐색

타임스탬프를 히스토그램으로 그려보면 대부분의 기사가 2000년 이후에 게시되었음을 알 수 있지만, 1940년 이전에 게시된 기사도 없지는 않은 것으로 보입니다.

```
fig = px.histogram(
    X_train["timestamp"],
    labels={"value": "Publication year"}, width=550, height=250,
)
fig.update_layout(showlegend=False)
```

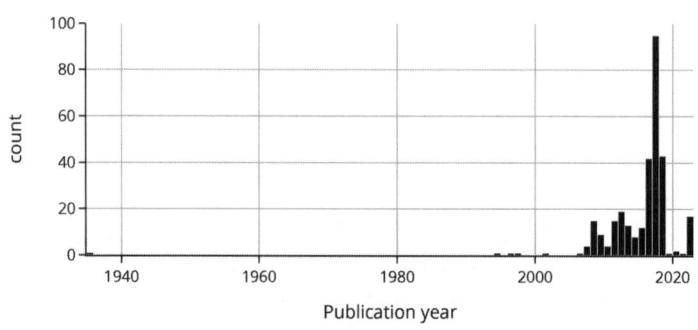

2000년 이전에 발행된 기사를 좀 더 자세히 살펴보면, 타임스탬프가 실제 기사 발행일과 동일하지 않다는 것을 알 수 있습니다. 이런 날짜 문제는 웹 스크래핑 시에 웹페이지에서 잘못된 날짜를 가져온 것과 관련이 있을 가능성이 큽니다. 2000년 이후의 값에 대해 좀 더 자세히 히스토그램을 들여다보도록 합시다.

```
fig = px.histogram(
    X_train.loc[X_train["timestamp"] > "2000", "timestamp"],
    labels={"value": "Publication year"}, width=550, height=250,
)
fig.update_layout(showlegend=False)
```

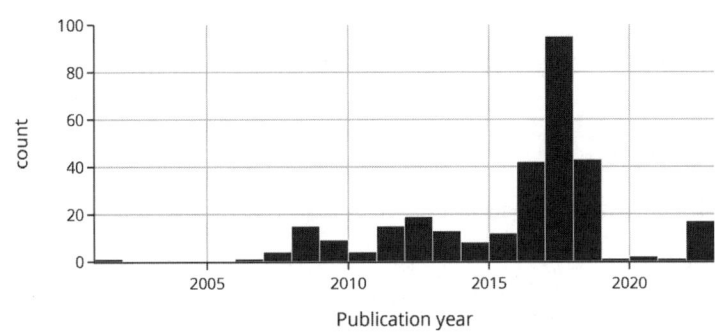

예상대로 대부분의 기사는 2007년(폴리티팩트가 설립된 해)부터 2020년(페이크뉴스넷 저장소가 게시된 해) 사이에 발행되었습니다. 그러나 타임스탬프가 여러 논란이 발생한 2016년 미국 대선이 있었던 해와 그 후 2년 동안인 2016년부터 2018년까지 집중되어 있다는 사실도 발견했습니다. 이러한 내용을 통해 선거가 없는 해에 대한 분석의 한계에 대해 더욱 주의를 기울여야 한다는 것을 알 수 있습니다.

우리의 주요 목표는 분류를 위해 텍스트의 내용을 사용하는 것입니다. 다음에는 기사의 몇 가지 단어 빈도를 살펴보겠습니다.

21.3.3. 기사 내 단어 탐색

기사에 사용된 단어와 해당 기사가 가짜로 분류되었는지 여부 사이에 관계가 있는지 살펴보겠습니다. 이를 위한 간단한 방법 중 하나는 예를 들어 '군대(military)'와 같은 개별 단어를 살펴본 다음 '군대'가 언급된 기사 중 가짜로 분류된 기사가 몇 개나 되는지 세는 것입니다. '군대'가 유용하려면 이 단어를 언급한 기사의 가짜 기사 비율이 45%보다 훨씬 높거나 훨씬 낮아야 합니다(데이터 집합의 가짜 기사 비율: 264/584).

정치 주제에 대한 도메인 지식을 사용하여 탐색할 몇 가지 후보 단어를 선정해 탐색해 볼 수 있습니다.

```python
word_features = [
    # 대통령 후보 이름
    'trump', 'clinton',
    # 의회 용어
    'state', 'vote', 'congress', 'shutdown',
    # 기타 사용 가능 용어
    'military', 'princ', 'investig', 'antifa',
    'joke', 'homeless', 'swamp', 'cnn', 'the'
]
```

각 단어에 대해 해당 단어가 기사에 있으면 True라고 하고 아닌 경우 False 값이 들어가는 새로운 특성을 만드는 함수를 정의합니다.

```python
def make_word_features(df, words):
    features = { word: df['content'].str.contains(word) for word in words }
    return pd.DataFrame(features)
```

이는 단어 포함 여부에 대한 원-핫 인코딩과 비슷합니다(15장 참고). 이 함수를 사용해서 이후 데이터를 정제하고 선택한 단어별로 특성을 만들어 데이터 프레임을 새로 만들 수 있습니다.

```python
df_words = make_word_features(X_train, word_features)
df_words["label"] = df["label"]

df_words.shape
(584, 16)

df_words.head(4)
```

	trump	clinton	state	vote	...	swamp	cnn	the	label
164	FALSE	FALSE	TRUE	FALSE	...	FALSE	FALSE	TRUE	1
28	FALSE	FALSE	FALSE	FALSE	...	FALSE	FALSE	TRUE	1
708	FALSE	FALSE	TRUE	TRUE	...	FALSE	FALSE	TRUE	0
193	FALSE	FALSE	FALSE	FALSE	...	FALSE	FALSE	TRUE	1

4 rows × 16 columns

그럼 이제 fake(가짜)라고 표기된 기사의 비율을 확인해 보도록 합시다. 이를 구한 내용을 다음과 같이 시각화를 했습니다. 전체 훈련 데이터 중 가짜인 기사의 비율을 구하고 좌측 그래프에는 점선을 사용해서 해당 단어 특성이 얼마나 유용한지를 같이 표기했습니다(유용한 단어는 선에서 점이 멀리 떨어져 있습니다).

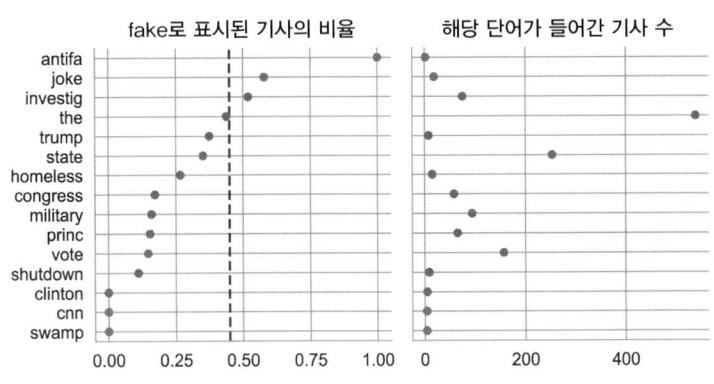

〈그림 21-4〉 단어별 가짜 기사 비율

이 그래프는 모델링에 대한 몇 가지 흥미로운 고려 사항을 보여줍니다. 예를 들어, 'antifa[8]'라는 단어가 언급된 모든 기사는 가짜로 분류되었고, 이 결과 예측력이 높게 나타났다는 것을 알 수 있습니다. 하지만 'antifa'는 일부 기사에만 등장합니다. 반면, 'the'라는 단어는 거의 모든 기사에 등장하지만, 그 단어가 포함된 기사의 비율이 전체 가짜 기사의 비율과 일치하기 때문에 진짜와 가짜 기사를 구분하는 용도로서의 정보가 부족합니다. 대신 예측력이 높고 많은 뉴스 기사에 등장하는 'vote'와 같은 단어를 사용하는 것이 더 효과적일 수 있습니다.

---

8 [역주] Anti-fascists의 줄임말, 극좌파

지금까지 탐색적 분석을 통해 뉴스 기사가 게시된 시간대, 데이터에서 파악된 광범위한 기사 게재 웹사이트, 예측에 사용할 후보 단어를 파악할 수 있었습니다. 다음으로, 기사가 가짜인지 진짜인지 예측하기 위한 모델을 만들어 보겠습니다.

21.4. 모델링

앞서 데이터를 확보하고, 정리하고, 탐색했으므로 이제 기사가 진짜인지 가짜인지 예측하기 위한 모델을 만들어 보겠습니다. 이 예제에는 이진 분류 문제가 있기 때문에 로지스틱 회귀를 사용합니다. 이에 대해 복잡성이 증가하는 세 가지 다른 모델을 만들어 보겠습니다. 먼저, 문서에서 직접 선택한 단일 단어의 존재 여부만을 설명 변수로 사용하는 모델을 만듭니다. 그런 다음 여러 개의 단어를 직접 선택한 모델을 만듭니다. 마지막으로, 훈련 집합의 모든 단어를 사용하는 모델을 tf-idf 변환(13장에서 소개함)을 사용하여 벡터화한 모델을 만듭니다. 우선 간단한 단일 단어 모델부터 시작해 보겠습니다.

21.4.1. 단일 단어 모델

EDA에서 'vote'라는 단어가 기사가 진짜인지 가짜인지와 관련되어 있다는 것을 알아보았습니다. 이를 확인하고자, 기사에 'vote'가 있으면 1이고 아니면 0인 단일 이항 변수를 사용한 로지스틱 회귀 모델을 만들어 보겠습니다. 우선 기사 내용을 다 소문자로 바꾸는 함수를 정의합니다.

```python
def lowercase(df):
    return df.assign(content=df['content'].str.lower())
```

첫 번째 분류기로, 단어 'vote'를 사용합니다.

```python
one_word = ['vote']
```

lowercase 함수와 EDA에서 사용한 make_word_features 함수를 scikit-learn 파이프라인에 넣습니다. 이렇게 하면 데이터 변형과 모델 적합을 한 번에 간단하게 할 수 있습니다.

```
from sklearn.pipeline import make_pipeline
from sklearn.linear_model import LogisticRegressionCV
from sklearn.preprocessing import FunctionTransformer

model1 = make_pipeline(
    FunctionTransformer(lowercase),
    FunctionTransformer(make_word_features, kw_args={'words': one_word}),
    LogisticRegressionCV(Cs=10, solver='saga', n_jobs=4, max_iter=10000),
)
```

이 파이프라인을 사용하면 기사 내용의 문자를 소문자로 변환하고, 각 관심 단어에 대한 이진 변수가 있는 데이터 프레임을 생성하며, L2 정규화를 사용하여 데이터에 적합한 로지스틱 회귀 모델을 만듭니다. 또한 LogisticRegressionCV 함수는 교차 검증(기본적으로 5배수)을 사용하여 최상의 정규화 매개변수를 선택합니다(정규화 및 교차 검증에 대한 자세한 내용은 16장을 참조하십시오).

파이프라인을 사용해 훈련 데이터를 적합시켜 보겠습니다.

```
%%time

model1.fit(X_train, y_train)
print(f'{model1.score(X_train, y_train):.1%} accuracy on training set.')
```

```
61.9% accuracy on training set.
CPU times: user 110 ms, sys: 42.7 ms, total: 152 ms
Wall time: 144 ms
```

전반적으로 단일 단어 분류기는 65%의 글만 정확하게 분류합니다. 훈련 데이터 세트에 대한 분류기의 혼동 행렬을 그려서 어떤 종류의 오류가 일어나는지 살펴봅니다.

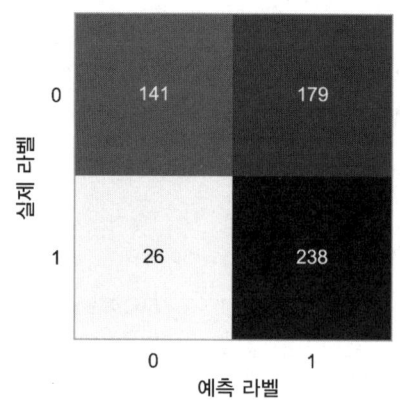

〈그림 21-5〉 단일 단어 모델에서의 분류기의 혼동 행렬

이 모델은 종종 진짜 기사(0)를 가짜 기사(1)로 잘못 분류합니다. 이 모델은 간단하기 때문에 기사에 'vote'라는 단어가 포함되어 있거나 포함되어 있지 않은 두 가지 경우에 대한 확률을 살펴볼 수 있습니다.

```
"vote" present: [[0.72 0.28]]
"vote" absent:  [[0.48 0.52]]
```

기사에 'vote'라는 단어가 포함되어 있으면 이 모델은 해당 기사가 진짜일 확률이 높고, 이 단어가 없을 경우 확률은 가짜 기사 쪽으로 약간 기울어집니다. 로지스틱 회귀 모형의 정의와 적합 계수를 사용하여 한 번 직접 검증해 보시기 바랍니다.

```
print(f'Intercept: {log_reg.intercept_[0]:.2f}')
[[coef]] = log_reg.coef_
print(f'"vote" Coefficient: {coef:.2f}')
```

```
Intercept: 0.08
"vote" Coefficient: -1.00
```

19장에서 살펴본 것처럼 계수는 설명 변수의 변화에 따른 확률 변화의 크기를 나타냅니다. 기사에서 단어의 유무와 같은 0-1 변수의 경우 특히 직관적인 의미가 있습니다. 'vote'가 포함된 기사의 경우 가짜가 될 오즈는 다음과 같이 $\exp(\theta_{vote})$만큼 감소합니다.

```
np.exp(coef)
```

0.36836305405149367

설명

이 모델링 시나리오에서 라벨이 0인 경우 진짜 문서에 해당하고 1은 가짜 문서에 해당한다는 것을 기억하세요. 다소 직관적이지 않은 것처럼 보일 수 있지만, 모델이 가짜 기사를 가짜로 정확하게 예측하는 것을 '참 양성'이라고 합니다. 이진 분류에서 일반적으로 "양성" 결과는 비정상적인 요소가 있는 경우라고 말합니다. 예를 들어, 질병에 대해 양성 반응을 보인 사람은 해당 질병에 걸릴 것으로 예상할 수 있습니다.

사용하는 단어 특성을 추가하여 모델을 좀 더 정교하게 만들어 보겠습니다.

21.4.2. 다중 단어 모델

훈련 데이터 세트의 EDA에서 검사한 단어 중 'the'를 제외한 모든 단어를 사용하는 모델을 만들었습니다. 앞서 살펴본 15가지 단어 특성(word_features)을 사용하여 모델을 학습해 보겠습니다.

```
model2 = make_pipeline(
    FunctionTransformer(lowercase),
    FunctionTransformer(make_word_features, kw_args={'words': word_features}),
    LogisticRegressionCV(Cs=10, solver='saga', n_jobs=4, max_iter=10000),
)
```

```
%%time

model2.fit(X_train, y_train)
print(f'{model2.score(X_train, y_train):.1%} accuracy on training set.')
```

```
74.8% accuracy on training set.
CPU times: user 1.54 s, sys: 59.1 ms, total: 1.6 s
Wall time: 637 ms
```

이 모델은 단일 단어 모델보다 약 10% 포인트 더 정확합니다. 단일 단어 모델에서 15단어 모델로 확장해도 10% 포인트만 향상된다는 것이 다소 의외일 수 있습니다. 혼동 행렬은 이런 경우 어떤 종류의 오류가 발생했는지 파악하는 데 유용합니다.

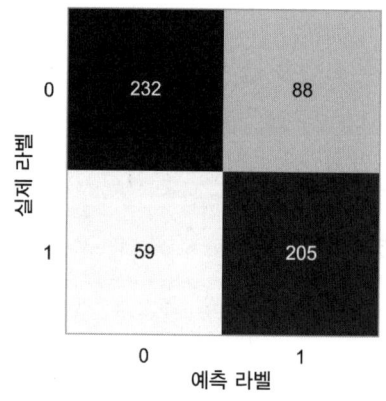

〈그림 21-6〉 다중 단어 모델에서의 분류기의 혼동 행렬

이 분류기가 실제 기사를 정확하게 분류하는 데 더 효과적이라는 것을 알 수 있습니다. 그러나 가짜 기사를 분류할 때는 단순한 한 단어 모델보다 더 많은 실수를 범합니다(가짜 기사 중 59개가 진짜 기사로 잘못 분류되었습니다). 이 시나리오 상에서는 진짜 기사인데 가짜로 분류되는 것보다, 가짜 기사인데 진짜로 잘못 분류되는 경우를 더 우려해야 합니다. 따라서 우리는 높은 정확도, 즉 가짜라고 예측한 기사 중 실제로 가짜인 비율을 높여야 합니다.

```
model1_precision = 238 / (238 + 179)
model2_precision = 205 / (205 + 88)

[round(num, 2) for num in [model1_precision, model2_precision]]]
[0.57, 0.7]
```

더 큰 모델의 정확도는 향상되었지만 가짜로 표시된 기사의 약 30%가 실제로는 진짜 기사라는 것을 보여줍니다. 이 모델의 계수를 살펴봅시다.

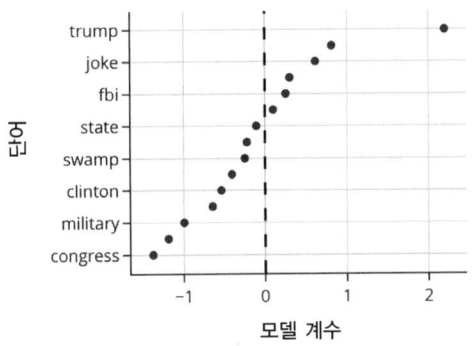

〈그림 21-7〉 다중 단어 모델의 단어별 모델 계수

계수의 부호를 보면 계수를 빠르게 해석할 수 있습니다. 'trump'와 'investig'와 같이 큰 양수값을 갖는다는 것은 이 모델이 이 단어가 포함된 새 게시물이 가짜일 가능성이 높다고 예측한다는 것을 의미합니다. 음의 가중치를 갖는 'congress'나 'vote'와 같은 단어의 경우 그 반대입니다. 이러한 계수를 사용하여 기사에 특정 단어가 포함되어 있거나 포함되어 있지 않을 때의 로그 오즈를 비교할 수 있습니다.

이 더 큰 모델이 난순한 난일 단어 모델보다 더 나은 성능을 보이지만, 처음 설정 시 뉴스에 대한 지식을 사용하여 사용할 단어를 직접 선택해야 했습니다. 예측 가능성이 높은 단어를 놓치면 어떻게 될까요? 이 문제를 해결하기 위해 tf-idf 변환을 사용하여 기사의 모든 단어를 통합해서 활용할 수 있습니다.

21.4.3. tf-idf 변환을 사용한 예측

세 번째이자 마지막 모델에서는 13장의 용어 빈도-역 문서 빈도(term frequency-inverse document frequency, tf-idf) 변환을 사용하여 훈련 데이터 집합에 있는 모든 기사의 전체 텍스트를 벡터화합니다. 이 변환을 사용하면 564개 기사에 나타나는 각 단어에 대해 하나의 요소를 가진 벡터로 변환됩니다. 이 벡터는 단어의 희귀도에 따라 정규화된 기사에서 해당 단어가 나타나는 횟수의 정규화된 수로 구성됩니다. tf-idf는 소수의 문서에만 나타나는 단어에 더 많은 가중치를 부여합니다. 즉, 분류기가 훈련 데이터의 뉴스 기사에 있는 모든 단어를 예측에 사용합니다. 이전에 tf-idf를 도입할 때 했던 것처럼, 먼저 불용어를 제거한 다음 단어를 토큰화한 다음 scikit-learn의 TfidfVectorizer를 사용합니다.

```python
tfidf = TfidfVectorizer(tokenizer=stemming_tokenizer, token_pattern=None)

from sklearn.compose import make_column_transformer

model3 = make_pipeline(
    FunctionTransformer(lowercase),
    make_column_transformer((tfidf, 'content')),
    LogisticRegressionCV(Cs=10,
                         solver='saga',
                         n_jobs=8,
                         max_iter=1000),
    verbose=True,
)

%%time

model3.fit(X_train, y_train)
print(f'{model3.score(X_train, y_train):.1%} accuracy on training set.')
```

```
[Pipeline] (step 1 of 3) Processing functiontransformer, total= 0.0s
[Pipeline] . (step 2 of 3) Processing columntransformer, total= 14.5s
[Pipeline] (step 3 of 3) Processing logisticregressioncv, total= 6.3s
100.0% accuracy on training set.
CPU times: user 50.2 s, sys: 508 ms, total: 50.7 s
Wall time: 34.2 s
```

이 모델이 훈련 데이터 세트에 대해 100% 정확도를 달성한 것을 확인할 수 있습니다. Tf-idf 변환기를 살펴보면 이 모델을 더 잘 이해할 수 있을 것입니다. 이 분류기가 얼마나 많은 고유 토큰을 사용했는지 확인해 봅시다.

```
tfidf = model3.named_steps.columntransformer.named_transformers_.tfidfvectorizer
n_unique_tokens = len(tfidf.vocabulary_.keys())
print(f'{n_unique_tokens} tokens appeared across {len(X_train)} examples.')
```

```
23800 tokens appeared across 584 examples.
```

즉, 이 모델의 분류기는 23,812개의 단어 특성을 가지며, 앞서 사용한 모델이 15개의 단어 특성을 사용한 것에 비해 엄청나게 늘어난 것을 알 수 있습니다. 이 많은 모델 가중치를 다 표시할 수 없으므로, 절대치가 가장 큰 음수 10개와 양수 10개인 가중치만 그림 21-8과 같이 나타냈습니다.

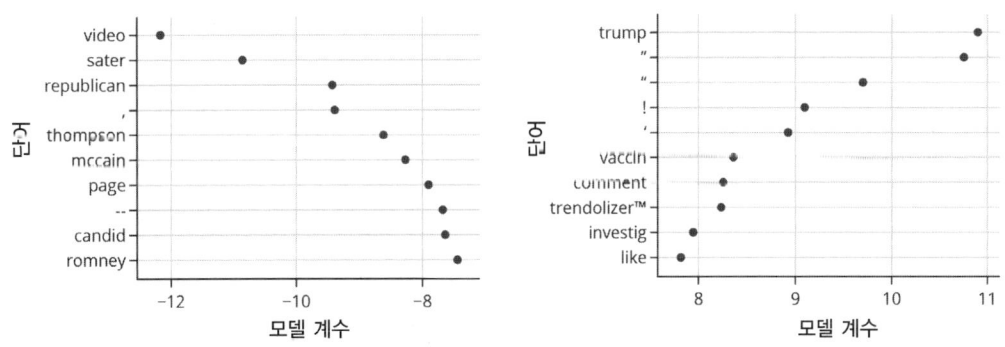

〈그림 21-8〉 tf-idf 단어 모델의 단어별 모델 계수. 절대치가 가장 큰 음수 10개(좌)와 양수 10개(우)

이 계수를 통해 이 모델의 몇 가지 특이한 점을 확인할 수 있습니다. 몇 가지 영향력 있는 특성이 원본 텍스트의 문장 부호에 해당하는 것을 볼 수 있습니다. 모델에서 문장 부호를 정리해야 하는지 여부는 불분명합니다. 한편으로는 문장 부호는 단어만큼 많은 의미를 전달하지 않는 것으로 보입니다. 하지만 기사에 느낌표가 많으면 모델이 기사가 진짜인지 가짜인지 판단하는 데 도움이 될 수 있을 것 같기도 합니다. 이 경우 문장 부호를 유지하기로 결정했지만, 혹시 의문이 든다면 한 번 문장 부호를 제거한 후 이 분석을 반복하여 결과 모델이 어떻게 영향을 받는지 확인하는 것도 좋겠습니다.

마지막으로, 세 모델 모두에 대한 테스트 데이터에서의 정확도를 확인하면서 마무리하겠습니다.

〈표 21-2〉 단어 모델의 테스트 데이터에서의 정확도

	test set
model1	0.61
model2	0.7
model3	0.88

예상한 대로 더 많은 기능을 도입할수록 모델의 정확도가 높아졌습니다. tf-idf를 사용한 모델은 직접 단어를 선택한 후 만든 이진 변수를 활용한 모델보다 훨씬 더 나은 성능을 보였지만 훈련 데이터 때 얻은 정확도 100%에는 미치지 못했습니다. 이는 모델링의 일반적인 절충을 보여줍니다. 충분한 데이터가 주어지면 더 복잡한 모델이 더 단순한 모델을 능가할 수 있으며, 특히 이 예제와 같이 단순한 모델이 너무 많은 모델 편향을 가지고 있어 성능이 좋지 않은 상황에서는 더 복잡한 모델이 더 나은 성능을 발휘할 수 있습니다. 그러나 복잡한 모델은 해석하기가 더 어려울 수 있습니다. 예를 들어, tf-idf 모델에는 20,000개가 넘는 특성이 포함되어 있어 기본적으로 모델이 어떻게 의사 결정을 내리는지 설명하기가 불가능합니다. 또한 tf-idf 모델은 예측을 하는 데 훨씬 더 오랜 시간이 걸리며, 모델 2에 비해 100배 이상 느립니다. 실제로 어떤 모델을 사용할지 결정할 때는 이러한 요소를 모두 고려해야 합니다.

또한 모델이 어떤 용도에서 유용할지에 대해서도 신중하게 고려해야 합니다. 이 모델은 뉴스 기사의 내용을 예측에 사용하므로 훈련 데이터 집합에서 나타나는 단어에 크게 의존하게 됩니다. 그러나 훈련 데이터에 나타나지 않은 단어를 사용하는 새로운 뉴스 기사에서는 모델이 잘 작동하지 않을 가능성이 높습니다. 예를 들어, 여기서는 2016년 미국 대선 후보의 이름은 예측에 사용하지만 사용 단어 중 2020년 또는 2024년 후보의 이름이 포함되는

지는 알 수 없습니다. 장기적으로 모델을 사용하려면 이러한 시간 편향 문제를 해결해야 합니다. 하지만 로지스틱 회귀 모델이 비교적 적은 양의 특성 엔지니어링(tf-idf)으로도 좋은 성능을 낼 수 있다는 것은 놀라운 일입니다. 이 모델은 원래의 연구 질문이었던 데이터 세트에서 가짜 뉴스를 탐지하는 데 효과적인 것으로 나타났으며, 훈련 데이터에 포함된 같은 시기에 게시된 다른 뉴스에도 충분히 일반화할 수 있을 것으로 보입니다.

21.5. 정리

이제 이 장의 마지막이자, 책의 마지막이 다가오고 있습니다. 이 책은 데이터 과학 주기에 대해 이야기하면서 시작했습니다. 그림 21-9에서 주기를 다시 한번 살펴보면서 지금까지 배운 내용을 정리해 보겠습니다.

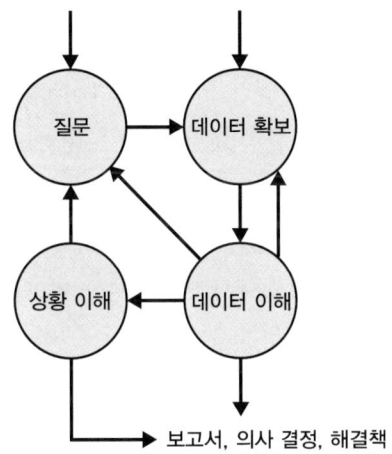

〈그림 21-9〉 이 책 전반에 걸쳐 살펴본 데이터 과학 주기의 네 가지 상위 수준 단계

이 그림은 데이터 과학 주기의 각 단계를 단계별로 설명합니다.

1. 질문(질문과 범위): 많은 데이터 분석은 연구 질문에서 시작됩니다. 이 장에서 소개한 예제는 "가짜 뉴스를 자동으로 탐지하는 모델을 만들 수 있을까?"라는 질문에서 시작되었습니다.
2. 데이터 확보(데이터 수집 및 전처리): 온라인에서 웹 페이지를 JSON 파일로 스크랩하는 코드를 사용하여 데이터를 확보했습니다. 데이터 설명이 비교적 적었기 때문에 데이터를 이해하기 위해 데이터를 정리해야 했습니다. 여기에는 기사에서 특정 단어의 존재 유무를 나타내는 새로운 특성을 만드는 것도 포함되었습니다.

3. **데이터 이해(데이터 탐색)**: 초기 탐색을 통해 예측에 유용할 수 있는 가능한 단어를 파악했습니다. 간단한 모델을 만들고 그 정밀도와 정확도를 탐색한 후, tf-idf를 사용해 각 뉴스 기사를 정규화된 단어 벡터로 변환했습니다.
4. **상황 이해(모델링)**: 벡터화된 텍스트를 로지스틱 모델의 특성으로 사용하고 정규화 및 교차 검증을 통해 최종 모델을 만들었습니다. 마지막으로, 테스트 데이터에서 모델의 정확도와 정밀도를 확인했습니다.

이렇게 주기의 단계를 작성하면 각 단계가 서로 매끄럽게 이어지는 것처럼 보입니다. 하지만 앞의 다이어그램에서 볼 수 있듯이 실제 데이터 분석은 단계 간에 앞뒤가 뒤바뀝니다. 예를 들어, 이번 장의 마지막 부분에서 수명 주기의 이전 단계를 다시 살펴보게 되는 데이터 전처리와 관련된 질문을 발견했습니다. 저희 모델은 꽤 정확했지만, 대부분의 학습 데이터는 2016~2018년 기간에 생성된 것이어서 그 기간 이후에 게시된 기사에 사용하려면 모델의 성능을 신중하게 평가해야 했습니다.

본질적으로 데이터 분석의 모든 단계에서 전체 주기를 염두에 두는 것이 중요합니다. 데이터 과학자는 자신의 결정을 정당화해야 하므로 연구 질문과 데이터를 깊은 이해가 필수입니다. 이 책의 원칙과 기법은 이러한 이해를 위한 토대가 될 것입니다. 앞으로 데이터 과학 여정을 진행하면서 다음과 같은 방법으로 역량을 계속 확장해보세요.

- 이 책의 예제를 다시 살펴봅니다. 이 책에서 제시한 분석 방법을 그대로 따라 하는 것으로 시작한 다음, 데이터에 대해 궁금한 점을 더 깊이 파고듭니다.
- 독립적인 데이터 분석을 수행합니다. 관심 있는 연구 질문을 제기하고, 웹에서 관련 데이터를 찾은 다음, 데이터를 분석하여 데이터가 예상과 얼마나 잘 일치하는지 확인합니다. 이렇게 하면 전체 데이터 과학 주기를 직접 경험할 수 있습니다.
- 더 깊이 학습합니다. 부록의 〈추가 자료〉 항목에 더 깊이 있는 자료가 많이 준비되어 있습니다. 가장 흥미로운 주제를 선택하여 자세히 살펴보시기 바랍니다.

세상에는 여러분처럼 데이터를 기반으로 실질적인 통찰을 이끌어내는 사람들이 필요합니다. 여러분이 이 책을 통해 익힌 기술을 바탕으로, 다른 사람들이 더 효과적인 전략을 세우고, 더 나은 제품을 만들고, 더 정확한 결정을 내리며, 세상에 긍정적인 변화를 만들어내는 데이터 과학자로 성장하길 바랍니다.

부록

Python

부록 1. 추가 자료

부록 2. 데이터 원본

부록 1.
추가 자료

이 책의 큰 주제에 대해 더 깊이 있게 다룰 수 있는 다양한 자료를 정리해 두었습니다. 이 외에도 살짝 다루었던 몇 가지 주제에 대한 추천 자료 역시 정리해 두었습니다. 자료 순서는 책에 나오는 주제 순서입니다.

Shumway와 Stoffer(2017)의 저서 〈Time Series Analysis and Its Applications〉에서는 구글 플루 트렌드 같은 시계열 데이터를 분석하는 방법에 대해서 다룹니다.

질문과 대답 간의 상호 작용에 대해서 더 알고 싶다면 Speed(1986)의 "Questions, Answers, and Statistics"을 추천합니다. "What Is the Question?"을 보면 질문이 어떤 분석으로 이어져야 하는지를 알 수 있습니다.

표본 추출에 대한 더 깊이 이해하고 싶다면 Lohr(2021)의 Sampling: Design and Analysis를 살펴보기 바랍니다. 또한 이 책에는 대상 집단, 접근 프레임, 표본 추출 방법, 편향의 원인에 대해서 다루는 법도 실려 있습니다.

HCE Toolkit[1]이나 National Center for Bioethics in Research and Health Care[2] 도구를 통해 사용자적 측면이나 데이터 윤리에 대해 더 파악할 수 있습니다.

Executive Office of the President. Big Data: Seizing Opportunities, Preserving Values(https://oreil.ly/hTlpq). May 2014.

Ramdas, Aaditya. "Why the Easiest Person to Fool Is Yourself." Accessed September 15, 2023. https://oreil.ly/dYiKe.

Freedman, David et al., Statistics, 4th edition. New York: Norton, 2007.

---

1 University of California, Berkeley, College of Computing, Data Science, and Society. "HCE Toolkit." Accessed September 15, 2023. https://oreil.ly/vzkBn.

2 Tuskegee University. "National Center for Bioethics in Research and Health Care." Accessed September 15, 2023. https://oreil.ly/XLsYx.

Owen, Art B. Monte Carlo Theory, Methods, and Examples (https://artowen.su.domains/mc). Self-published, 2013.

Pitman, Jim. Probability. New York: Springer, 1993.

Blitzstein, Joseph K. and Jessica Hwang. Introduction to Probability. New York: Chapman and Hall, 2014.

Bickel, Peter J. and Kjell A. Doksum. Mathematical Statistics: Basic Ideas and Selected Topics Volume I, 2nd edition. New York: Chapman and Hall, 2015. Mathematical Statistics: Basic Ideas and Selected Topics Volume I

McKinney, Wes. Python for Data Analysis, 3rd edition. Sebastopol, CA: O'Reilly, 2022. (국내 번역서: 『파이썬 라이브러리를 활용한 데이터 분석』(3판), 웨스 맥키니 지음, 한빛미디어, 2023)

Kleppmann, Martin. Designing Data-Intensive Applications. Sebastopol, CA: O'Reilly, 2017. (국내 번역서: 『데이터 중심 애플리케이션 설계』, 마틴 클레프만 지음, 위키북스, 2018)

Hellerstein, Joseph M. et al. Principles of Data Wrangling: Practical Techniques for Data Preparation. Sebastopol, CA: O'Reilly, 2017.

Lohr, "Nonresponse." In Sampling: Design and Analysis.

Little, Roderick J. A., and Donald B. Rubin. Statistical Analysis with Missing Data. Hoboken, NJ: Wiley, 2019.

Tukey, John Wilder. Exploratory Data Analysis. Reading, MA: Addison-Wesley, 1977.

Silverman, Bernard W. Density Estimation for Statistics and Data Analysis. New York: Chapman and Hall, 1998.

Wilke, Claus O. Fundamentals of Data Visualization. Sebastopol, CA: O'Reilly, 2019. (국내 번역서: 『데이터 시각화 교과서』, 클라우스 O. 윌케 지음, 책만, 2020)

Brewer, Cynthia. ColorBrewer2.0. Accessed September 15, 2023. https://colorbrewer2.org.

Osborne, Christine. "Statistical Calibration: A Review" (https://doi.org/10.2307/1403690). International Statistical Review 59, no. 3 (Dec 1991): pp. 309–336.

W3Schools. Python RegEx. Accessed September 15, 2023. https://w3schools.com/

python/python_regex.asp.

Regular Expressions 101. Accessed September 15, 2023. https://regex101.com.

Nield, Thomas. "An Introduction to Regular Expressions." O'Reilly blog. December 13, 2017. https://oreil.ly/EWuO6.

Friedl, Jeffrey. Mastering Regular Expressions. Sebastopol, CA: O'Reilly, 2006.

Fox, John. "Collinearity and Its Purported Remedies." In Applied Regression Analysis and Generalized Linear Models, 3rd edition. Los Angeles: Sage, 2015.

James, Gareth et al. "Unsupervised Learning." In An Introduction to Statistical Learning, 2nd edition. New York: Springer, 2021. (국내 번역서: 『가볍게 시작하는 통계학습』, Gareth James, Daniela Witten, Trevor Hastie, Robert Tibshirani 공저, 루비페이퍼, 2016 – 10장. 비지도학습)

Tompkins, Adrian. "The Beauty of NetCDF". YouTube, April 2, 2021. https://oreil.ly/3U6Rr.

Richardson, Leonard. and Sam Ruby. RESTful Web Services. Sebastopol, CA: O'Reilly, 2007.

Nolan, Deborah, and Duncan Temple Lang. XML and Web Technologies for Data Sciences with R. New York: Springer, 2014.

Faraway, Julian J. Linear Models with Python. New York: Routledge, 2021.

Fox, Applied Regression Analysis and Generalized Linear Models.

James et al. An Introduction to Statistical Learning. (국내 번역서: 『가볍게 시작하는 통계학습』, Gareth James, Daniela Witten, Trevor Hastie, Robert Tibshirani 공저, 루비페이퍼, 2016)

Weisberg, Sanford, Applied Linear Regression Hoboken, NJ: Wiley, 2005.

Perry, Tekla S. "Andrew Ng X-Rays the AI Hype." IEEE Spectrum, May 3, 2021.

James et al. An Introduction to Statistical Learning. (국내 번역서: 『가볍게 시작하는 통계학습』, Gareth James, Daniela Witten, Trevor Hastie, Robert Tibshirani 공저, 루비페이퍼, 2016)

Chiu, Grace et al. "Bent-Cable Regression Theory and Applications." Journal of the American Statistical Association 101, no. 474 (January 1, 2012): pp. 542–553.

Rice, John. Mathematical Statistics and Data Analysis, 3rd edition. Boston, MA: Cengage, 2007.

Wasserstein, Ronald L. and Nicole A. Lazar. "The ASA Statement on p-Values: Context, Process, and Purpose". The American Statistician 70, no. 2 (2016): pp. 129–133.

Gelman, Andrew and Eric Loken. "The Statistical Crisis in Science." American Scientist 102, no. 6 (2014): pp. 460.

Hettmansperger, Thomas. "Nonparametric Rank Tests." In International Encyclopedia of Statistical Science, edited by Miodrag Lovric, 970–972. New York: Springer, 2014.

Doerfler, Ron. "The Art of Nomography." January 8, 2008. https://oreil.ly/twvK5.

Fox, Applied Regression Analysis and Generalized Linear Models. James et al. An Introduction to Statistical Learning. (국내 번역서: 『가볍게 시작하는 통계학습』, Gareth James, Daniela Witten, Trevor Hastie, Robert Tibshirani 공저, 루비페이퍼, 2016)

Wasserman, Larry. "Statistical Decision Theory." In All of Statistics. New York: Springer, 2004.

Segaran, Toby. Programming Collective Intelligence. Sebastopol: O'Reilly, 2007.

Bengfort, Benjamin et al. Applied Text Analysis with Python. Sebastopol: O'Reilly, 2018.

부록 2.
데이터 원본

이 책에서 사용한 모든 데이터는 이 책의 웹사이트(https://learningds.org)와 깃헙 저장소(https://github.com/Youngjin-com/learning_datascience)에서 확인할 수 있습니다. 이 데이터는 공개 저장소 및 개인이 제공한 것입니다. 이 책에서는 모든 출처 및 가능한 경우 저장소에 저장된 데이터의 파일명, 리소스에 대한 설명, 원본 소스에 대한 링크, 관련 출판물 및 저자/소유자를 명시합니다.

먼저 이 책에 소개된 네 가지 사례 연구의 출처를 제공하겠습니다. 이 예제의 데이터 분석은 연구 논문이나 블로그 게시물을 기반으로 하되, 일반적으로 이러한 출처의 질문 내용을 따라 책의 수준에 맞게 분석을 단순화했습니다.

다음은 네 가지 사례 연구입니다.

- seattle_bus_times.csv

  워싱턴 주 교통 센터(https://oreil.ly/3hZ_A)의 마크 할렌벡(Mark Hallenbeck)이 시애틀 대중교통 데이터를 제공하였습니다. 이 분석은 제이크 반더플라스의 블로그 글인 "대기 시간의 역설, 또는 왜 내 버스는 항상 늦는가?"를 기반으로 합니다. (https://oreil.ly/kaQv-)

- aqs_06-067-0010.csv, list_of_aqs_sites.csv, matched_pa_aqs.csv, list_of_purpleair_sensors.json, purpleair_AMTS

  대기질 모니터 연구에 사용된 데이터는 미 환경보호국의 카롤린 바크존이 제공한 것입니다. 이 데이터는 원래 바크존과 협력자들이 미국 대기질 시스템 (https://oreil.ly/Sjku6) 및 퍼플에어(https://www2.purpleair.com)에서 입수한 것입니다. 이 분석은 바크존, 브렛 간트(Brett Gantt), 안드레아 클레멘트(Andrea Clements)의 논문 "퍼플에어 센서로 수집한 PM 2.5 데이터에 대한 미국 전역 보정법 개발 및 적용"(https://oreil.ly/jWuNx)을 기반으로 합니다.

- donkeys.csv

  케이트 밀너는 영국 당나귀 보호소를 대신해 케냐 당나귀 연구를 위한 데이터를 수집했습니다. 조나단 루지에(Jonathan Rougier)가 paramono 패키지(https://oreil.ly/oiMNE)를 통해 데이터를 제공합니다(링크에서 다운로드할 수 있습니다). 이 책의 분석은 밀너와 루지에의 "케냐 시골에서 당나귀의 무게를 재는 방법"(https://doi.org/10.1111/j.1740-9713.2014.00768.x)을 기반으로 합니다.

- fake_news.csv

  수작업으로 분류한 가짜 뉴스 데이터는 카이 슈(Kai Shu) 및 연구자들의 "페이크뉴스넷: 소셜 미디어의 가짜 뉴스 연구를 위한 뉴스 콘텐츠, 사회적 맥락, 시공간적 정보가 포함된 데이터 저장소"(https://arxiv.org/abs/1809.01286)에서 가져온 것입니다.

이 예제 외에도 이 책에서는 20개 이상의 데이터를 사용합니다. 이 책에 등장하는 순서대로 이러한 데이터를 제공한 사람과 조직을 명시하며 감사를 표합니다.

- gft.csv

  구글 독감 트렌드에 대한 데이터는 게리 킹 데이터버스(Gary King Dataverse) (https://doi.org/10.7910/DVN/24823)에서 제공하며, 이 데이터로 만든 그래프는 데이비드 레이저(David Lazer) 및 연구자들의 논문인 "구글 독감에 대한 우화: 빅 데이터 분석의 함정"(https://doi.org/10.1126/science.1248506)을 기반으로 합니다.

- WikipediaExp.csv

  아르노 반 데 리트(Arnout van de Rijt)가 위키피디아 실험데이터를 제공했습니다. 이 데이터는 마이클 레스티보(Michael Restivo)와 반 데 리트의 "동료 생산성의 비공식적 보상에 대한 실험적 연구"(https://oreil.ly/BDDSV)에서 분석했습니다.

- co2_mm_mlo.txt

  미국 해양대기청(NOAA)이 마우나 로아에서 측정한 CO_2 농도(https://noaa.gov)는 글로벌 모니터링 연구소(https://gml.noaa.gov/obop/mlo)에서 확인할 수 있습니다.

- pm30.csv

  이 대기질 측정값은 퍼플에어 지도(https://www2.purpleair.com)에서 하루 동안 센서 1개에서 측정된 대기질을 다운로드한 것입니다.

- babynames.csv

  미국 사회보장국(https://oreil.ly/DBiky)에서 모든 사회보장 카드 신청서의 이름을 제공합니다.

- DAWN-Data.txt

  약물 관련 응급실 방문에 대한 2011 DAWN 조사(https://oreil.ly/n8NOQ) 데이터는 미국 약물 남용 및 정신 건강 서비스국(https://samhsa.gov)에서 관리합니다.

- businesses.csv, inspections.csv, violations.csv

  샌프란시스코의 식당 점검 점수에 대한 데이터는 DataSF(https://datasf.org)에서 가져온 것입니다.

- akc.csv

  개 품종에 대한 데이터는 〈정보는 아름답다〉의[3] "Best in Show: 최고의 데이터견"(https://oreil.ly/Kjlyv) 시각화에서 가져온 것으로, 원래는 미국 애견 클럽 (https://akc.org)에서 가져온 것입니다.

- sfhousing.csv

  샌프란시스코 베이 지역의 주택 판매 가격은 샌프란시스코 크로니클 (https://oreil.ly/kaziA) 부동산 페이지에서 스크랩한 것입니다.

- cherryBlossomMen.csv

  연례 벚꽃 10마일 달리기(https://cherryblossom.org)의 기록은 달리기 결과 웹페이지에서 스크랩한 것입니다.

- earnings2020.csv

  주간 수익 데이터는 미국 노동통계국(https://oreil.ly/cZG_w)에서 제공합니다.

- co2_by_country.csv

  연간 국가별 CO_2 배출량은 데이터로 보는 세상(https://ourworldindata.org)에서 확인할 수 있습니다.

- 100m_sprint.csv

  100미터 스프린트 기록은 538 사이트(https://fivethirtyeight.com/)의 자료로, 해당 그래프는 조쉬 플라노스(Josh Planos)의 "세계에서 가장 빠른 남자들은 여전히 우사인 볼트를 쫓고 있다"(https://oreil.ly/ewY7w)에 근거한 것입니다.

- stateoftheunion1790-2022.txt

  연두교서는 미국 대통령직 프로젝트(https://oreil.ly/AnkW8)에서 수집한 것입니다.

- CDS_ERA5_22-12.nc

  이 데이터는 유럽 중기 예보 센터(https://ecmwf.int)에서 지원하는 기후 데이터 스토어(https://cds.climate.copernicus.eu)에서 수집했습니다.

- world_record_1500m.csv

  1,500미터 세계 기록은 "1,500미터 세계 기록 진행" 위키피디아 페이지 (https://oreil.ly/2_P4H)에서

---

3 [역주]웹사이트나, 책으로도 발간되어 국내 번역서도 나와 있습니다. (정보는 아름답다, 생각과 느낌)

가져온 것입니다.

- the_clash.csv

  클래시 노래는 스포티파이 웹 API(https://oreil.ly/FYP8B)에서 사용할 수 있습니다. 데이터 검색은 스티븐 모스(Steven Morse)의 "파이썬에서 스포티파이 API 탐색하기"(https://oreil.ly/mWgYl)를 따릅니다.

- catalog.xml

  XML 식물 카탈로그 문서는 W3Schools의 식물 카탈로그(https://oreil.ly/MNw-G)에서 가져왔습니다.

- ECB_EU_exchange.csv

  환율은 유럽 중앙 은행(https://oreil.ly/Wc61c)에서 제공합니다.

- mobility.csv

  이러한 데이터는 기회의 인사이트(https://oreil.ly/W_5KH)에서 확인할 수 있으며, 이 예제는 라지 체티(Raj Chetty)및 연구자들의 논문인 '기회의 땅은 어디에 있는가? 미국의 세대 간 이동성 지형"(https://doi.org/10.1093/qje/qju022)에서 가져온 것입니다.

- utilities.csv

  다니엘 카플란(Daniel Kaplan)의 가정 에너지 소비 데이터는 Statistical Modeling: A Fresh Approach(self-pub, CreateSpace)에 수록되어 있으며, 다운로드도 가능합니다(https://oreil.ly/YTAsK).

- market-analysis.csv

  스탄 리포베츠키(Stan Lipovetsky)가 제공한 데이터로, 그의 논문 '상관관계로 정규화된 회귀'(https://oreil.ly/UZUJq)에 실린 데이터와 일치합니다.

- crabs.data

  게 관련 측정값은 캘리포니아 어류 및 야생동물부(https://wildlife.ca.gov)에서 제공한 것으로, 통계 연구실 데이터 저장소(https://oreil.ly/mZsQ8)에서 다운로드할 수 있습니다.

- black_spruce.csv

  로이 로렌스 리치(Roy Lawrence Rich)는 자신의 논문 "경계 수역 카누 지역 황야의 큰 바람 교란: 1999년 7월 4일 폭풍과 관련된 산림 역학 및 개발 변화"에 사용한, 바람에 의해 피해를 입은 나무 데이터를 수집했습니다(https://oreil.ly/Pkw8N). 데이터는 alr4 패키지(https://oreil.ly/6rPOB)에서 온라인으로 확인할 수 있습니다. 이 책의 분석은 와이즈버그의 Applied Linear Regression의 "로지스틱 회귀" 장에 나온 내용을 기반으로 합니다.

찾아보기

한글(ㄱ-ㅎ)

가설검정 542, 576-577
거짓 양성 632
거짓 음성 632
경사 하강법 477, 639-640
경험적 위험 580
고정 폭 형식 184
공분산 575
공통 테이블 표현식 168
과적합 516
관계형 데이터 143, 148
교차 검증 527
구글 독감 트렌드 21
구분 방식 200
군집 표본 추출 46
귀무가설 544
그래픽 문법 350
줄일 수 없는 오차 582
기준선 흔들기 328
기하학적 인수 477
네트워크 공통 데이터 형식 425
누적 326
뉴턴법 649
다변량 초기하 분포 54, 555
다중 결정계수 489
단순 임의 추출 (단순 임의 표본 추출) 43, 45
대립가설 544
대상집단 23
대역폭 317
더미 변수 506
데이터 SF 180
데이터 계보 142
데이터 과학 주기 14-17
데이터 범위 19
데이터 저널리스트 20
디지털 역학 21
라쏘 회귀 534
라이트 조인 132

레이 194
레프트 조인 130, 165-166
로그 변환 310
로그 손실 628
로그 오즈 623
로지스틱 모델 621-623
리브-원-아웃 528
릿지 회귀 534
마우나 로아 30, 211
맵리듀스 194
명령줄 인터페이스 195
모델 변동성 538
모델 분산 581
모델 편향 581
모수화 부트스트랩 555
무응답 편향 34
무작위 대조 실험 36, 60
미니 배치 경사 하강법 648
백 오브 워드 422
뱅킹 307
범위 편향 34, 586, 653
볼록 함수 645
부트스트랩 554
비율에 대한 표본 분포 47
비지칼 141
빈도-역 문서 빈도 420
빔 181
사분위수 317
서브라임 181
선택 편향 34, 586, 653
설계 행렬 485
손실 함수 72, 625
스칼라 함수 169-170
스파크 194
스프레드시트 141-142
슬라이싱 103, 149
시간 편향 653
시그모이드 함수 621-623
시민 과학 20

신뢰 구간 562
심링크 197
아우터 조인 132, 166
약물 남용 경고 네트워크 179
에포크 648
엑셀 142
오버플롯 311
외래 키 204
원-핫 인코딩 505-507
응답 상태 코드 442
이너 조인 129, 162-165
이맥스 181
이차 함수 477
인덱스 102
일반 최소 제곱 472
자바스크립트 객체 표기법 185, 432
잔차 그래프 475
재현율 633
절대오차 73
접근 프레임 24, 28, 542
정규 방정식 477
정규식 405-416
정규표현식 405
정밀도 32-33, 634
정확도 32
제곱 편향 78
지터링 322
차원의 저주 320
차트정크 338
초기하분포 50
최소 제곱 선 473
측정 오차 36
측정 편향 34, 587, 653
층화 표본 추출 46
커널 밀도 추정 313
클래스 불균형 631
테스트 데이터 집합 522
텍스트 표준화 396
특성 공학 500

한글	쪽
특이도	636
편향	32-33
편향-분산 트레이드오프	538, 579
평균 절대 상향 이동성	490
평균 제곱 오차	76, 476
평균절대오차	73
표본	24, 542
표본 변동	36
표현 상태 전송	443
품질 검사	210
피봇팅	124
하이퍼 텍스트 전송 프로토콜	438
할당 변동	36
항아리 모델	36-37, 41-43
행 필터링	151
형태	200
혼동 행렬	632-633
확률변수	573-574
확률적 경사 하강법	647
확장 가능한 마크업 언어	450
회귀선	473
후버 손실	641-644
훈련 데이터 집합	522
훈련-테스트 분할	522

영어(A-Z)

.add_annotation	348
.agg	220
.agg	122
.apply	136, 140
.assign	138
.group_by	220
.groupby	119
.head	133
.iloc	107
.loc	103
.merge	130
.read_json	437
.read_sql	146-147
.resample	377
.size	118
.split	403
.str	402
.sum	121
.TimeStamp	360
.tz_convert	376
.update_layout	343-344
.update_xaxes	344
.update_yaxes	344
.value_counts	118
AUM	490
AVG	171
bash	195
cartopy	432
chardet	188
CLI	195
convex	645
CSV	182
CTE	168, 172
DAWN	179
DESC	153
du	197
epoch	648
feature engineering	500
Figure	341-343
fromstring	454
gdal	431
ggplot2	350
GROUP BY	156-161
head	198, 199
HTTP	438-443
hypergeom.pmf	51
iris	432
JSON	185, 432-438
KDE	313-315
KFold	528
leave-one-out	528
LENGTH	168-169
LIMIT	150
LinearRegression	479
ls	195
lxml	454
MAE	73
man	195
matplotlib	349
minimize	599
model variation	538
MSE	476, 526, 579
MySQL	147
NetCDF	425
netCDF4	431
nltk	420
np.random.choice	43
one-hot encoding	505
OneHotEncoder	506
ORDER BY	153
os	191
P-해킹	583
pathlib	183
pd.Series	105
plotly	340-341
plotly.express	347
PolynomialFeatures	518

PostgreSQL ······ 144, 147, 160, 169
PR 곡선 ························ 634-635
precision ······················· 634
predict ························· 629
px.line ························· 126
px.scatter ················· 342-343
randint ························· 557
random.hypergeometric ······ 50
rankdata ······················· 547
re.findall ······················ 412
read_csv ······················· 213
read_text ······················ 183
recall ·························· 633
request ························ 440
REST ······················ 443-450
scikit-learn ···················· 420
scipy.stats.multivariate_hypergeom.
rvs ····························· 54
seaborn ························ 349
sh ····························· 195
specificity ······················ 636
SQL ············ 146-148, 149-174
sqlalchemy ···················· 146
SQLite ·········· 147, 158-160, 169
SUBSTR ························ 170
tail ························ 198, 199
tf-idf ················· 420, 674-677
train_test_split ················ 523
TSV ···························· 182
Vega ··························· 350
Vega-Altair ···················· 350
VS 코드 ························ 181
wc ····························· 197
WHERE ························ 151
WITH ····················· 172-173
xarray ························· 429
XML ······················ 450-453
zshv ··························· 195

파이썬으로 배우는
데이터 과학

1판 1쇄 발행 2025년 12월 10일

저　　자 | 샘 라우, 조셉 곤잘레스, 데보라 놀란
역　　자 | 권정민
발 행 인 | 김길수
발 행 처 | ㈜영진닷컴
주　　소 | (우)08512 서울특별시 금천구 디지털로9길 32
　　　　　갑을그레이트밸리 B동 10층
등　　록 | 2007. 4. 27. 제16-4189호

ⓒ 2025. ㈜영진닷컴

ISBN | 978-89-314-8148-8

이 책의 한국어판 저작권은 리앤리에이전시를 통한 저작권자와의 독점 계약으로 영진닷컴이 소유합니다.
저작권법에 의하여 한국 내에서 보호를 받는 저작물이므로 무단전재 및 복제를 금합니다.

YoungJin.com Y.